法学核心课程系列辅助教材

知识产权法学

核心知识点精解

王 迁 著

中国人民大学出版社
·北京·

◎ 作者简介

王迁：华东政法大学教授、博士研究生导师、校学术委员会副主任委员。入选"万人计划"哲学社会科学领军人才、教育部长江学者奖励计划青年学者项目、国家百千万人才工程；被授予"有突出贡献中青年专家"称号；获评第九届全国杰出青年法学家、文化名家暨"四个一批"人才、"全国知识产权保护最具影响力人物"、"全国知识产权领军人才"、"中国版权卓越成就者"、"全国优秀教师"、上海市先进工作者；享受国务院政府特殊津贴；获得上海市五一劳动奖章、"霍英东青年教师奖一等奖"。

兼任中国版权协会副理事长和中国法学会知识产权法学研究会常务理事；担任北京市高级人民法院、上海市人民检察院和上海知识产权法院等多家法院和检察院的咨询专家；是《著作权法》第三次修改专家委员会成员；在世界知识产权组织 2012 年《视听表演北京条约》和 2013 年《马拉喀什条约》外交会议中任起草委员会成员和中国代表团成员。

主持国家社会科学基金重大项目等多项国家社会科学基金课题，教育部课题、司法部课题和上海市哲学社会科学规划课题等省部级课题，以及国家版权局、文化部等部委委托的大量课题。独著《版权法对技术措施的保护与规制研究》《网络环境中的著作权保护研究》《〈视听表演北京条约〉释义》《论"基因歧视"及其法律对策》，在《法学研究》《中国法学》等学术刊物上发表学术论文和评论百余篇。研究成果曾获教育部高等学校科学研究优秀成果二等奖、中国法学优秀成果奖、上海市哲学社会科学优秀成果奖和钱端升法学研究成果奖。

编写说明

见到这本书，读者可能会有一个疑问：既然本书的作者已经撰写了《知识产权法教程》（第七版），为什么还要再写一本关于知识产权法的教材呢？实际上，这本教材的定位与《知识产权法教程》（第七版）并不相同。《知识产权法教程》（第七版）力求做到由浅入深，既讲解基础内容又探讨理论上和司法实务中的疑难、复杂和争议问题，不仅可供本科生学习（以书中主体内容为主），也可供研究生使用（以书中采用变体字的内容为主，如"理论研究"专题等），但这也不可避免地导致教材内容较多，篇幅较长，近700页的《知识产权法教程》（第七版）也有些令人望而生畏。

相比之下，本书适合本科生和实务工作者作为知识产权法学习和解决实际问题的参考用书。它针对目前主流教材因受篇幅所限，内容较为原则和抽象的现象，对核心知识点结合现实问题进行了较为全面和详尽的阐述，特别是配合典型案例和题型多样的练习题（其中有不少练习题之前曾在华东政法大学的本科生期末考试试卷中使用过），力求使本科生和实务工作者能对知识产权法的基本规则有较为清晰和透彻的理解，既可以为参加各类考试做准备，也可以为进一步深入学习理解知识产权法打下扎实的基础。本书也将部分有较高思辨性的理论问题设计成思考题，并以"参考答案"的形式提供了作者的初步思考。当然，对这些问题目前尚无定论，"参考答案"也仅供参考，读者当然可以通过自行思考得出不同的结论。

总之，这本书凝聚了《知识产权法教程》（第七版）的精华，其篇幅与讲解深度则更适合本科生和其他初学者的学习要求，其中的"典型案例"可以为解决实际问题提供参考，各类练习题则可用于巩固基础知识和进行延伸思考。期望读者对这本书提出宝贵意见和建议，以便在之后的修订中不断完善。

王　迁

2022 年 10 月于上海

目 录

总　论

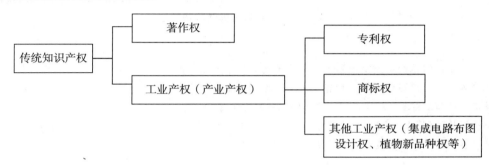

图 0-1　传统知识产权的分类

图解：

"工业产权"中的"工业"不是指与"农业"和"服务业"并列的"工业"，而是泛指"产业"，包括农业和服务业。

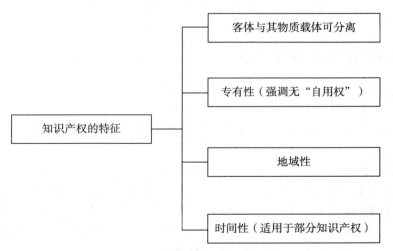

图 0-2　知识产权的特征

图解：

四个要点：（1）物质载体（有体物）所有权与占有的变动与知识产权归属无关。（2）知识产权人是否可以以及以何种方式自行利用知识产权的客体与其知识产权没有关系。（3）《保护文学艺术作品伯尔尼公约》对地域性的影响在于自动保护原则，成员国国民的作品在其他成员国自动受保护；《保护工业产权巴黎公约》没有创造出世界专利权或世界商标权。在某一成员国合法获得的专利权或注册商标专用权在其他成员国并不能受到保护。（4）著作权和专利权的保护有法定期限；注册商标专用权每 10 年续展一次，经过续展可以一直受保护。

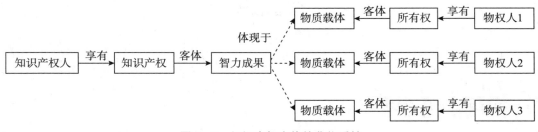

图 0-3 知识产权客体的非物质性

图解：

三个要点：（1）知识产权的客体不是物质载体（有体物）本身，而是物质载体所承载的智力成果和其他客体；（2）以虚线为界，拥有任何一边的权利不一定同时拥有另一边的权利，因此转移作品的载体并不导致知识产权的转移；（3）侵犯任何一边的权利不一定同时侵犯另一边的权利。

一个例外：《著作权法》第 20 条第 1 款规定，作品原件所有权的转移，不改变作品著作权的归属，但美术、摄影作品原件的展览权由原件所有人享有。

▶▶ 本章核心知识点解析

第一节　知识产权的概念与范围

一、正确理解知识产权的概念

◎ **难度与热度**

难度：☆☆☆　热度：☆☆

知识产权是人们依法对自己的特定智力成果、商誉和其他特定相关客体等享有的权利。

对于知识产权的概念，需要注意以下几点：首先，知识产权的客体不是有形的物质，而是智力成果或商誉等非物质性客体。这是知识产权区别于物权的特征。其次，对"知识产权"不能望文生义地理解为"对知识的财产权"，因为并非任何知识都能产生知识产权这种财产权。只有符合知识产权法规定的特定形态和特征的知识形态才可能成为知识产权的客体。公有领域中的知识，如历史、地理知识本身不可能获得知识产权（对公有领域知识的独创性表达可以形成作品，获得著作权保护）。最后，"知识产权"这一术语容易使人形成一个印象，那就是只有智力活动创造出的知识才是知识产权的客体。也正因为如此，知识产权曾经长期被称为智力成果权。而事实上，有一些知识产权的客体与智力创造并无直接关系。例如，经营者完全可以将自然界客观存在的奇花异石的图案、形状或公共领域的词汇注册为商标，享有注册商标专用权。因此，需要对"知识产权"中的"知识"进行广义的理解。

二、正确理解第二类知识产权：工业产权

◎ **难度与热度**

难度：☆☆　热度：☆

传统知识产权包括著作权、专利权和商标权，其中著作权自成一体，专利权和商标权合称为工业产权（见图0-1）。

之所以将专利权和商标权统称为"工业产权"，是因为它们的客体不像著作权的主要客体——作品那样，能够给人带来美感和精神享受（计算机程序有特殊性），而是主要应用于生产和流通领域。专利权保护的是能够在工农业等领域进行实际应用的技术方案和工业品外观设计，商标权保护的是在商业流通领域使用的商标所体现的商誉。虽然外观设计和部分商标也有美感，但专利权和商标权的客体的主要作用并不在于给人以美的感受。如世界上第一部计算机非常庞大和笨重，难有美感可言。发明计算机的意义在于它能够应用于工业生产和科学研究，以其超强的计算能力和信息处理能力给人们带来经济利益。商标也是如此："麦当劳""IBM""华为"等商标身价极高，但其价值并不在于商标的文字和图形本身设计得多么赏心悦目，而在于它代表了一种良好的商业信誉和商品或服务的质量。

需要注意的是，"工业产权"中的"工业"不能仅被理解为作为第二产业的工业，它还包括农业、服务业等"产业"。"工业产权"源于英文 industrial property，"产业产权"应是更好的翻译。以此为标准，随着科学技术的发展和社会的进步，被纳入知识产权保护范围的许多客体，如集成电路布图设计、植物新品种、地理标志和商业秘密等，也都属于工业产权。

第二节　知识产权的特征和性质

一、正确理解知识产权的特征

◎ **难度与热度**

难度：☆☆☆☆☆　热度：☆☆☆☆

知识产权的特征是指知识产权相对于物权（特别是其中的所有权）而言所具有的特点。物权和知识产权都是财产权，而且都是绝对权（对世权），但知识产权存在客体的非物质性（又称无体性）、地域性和时间性的突出特征，同时，强调知识产权专有性的意义在于否认其有"自用权"。

（一）客体与其物质载体可以分离

知识产权与物权相比最为突出的特征在于客体不同。物权的客体是物，而且主要是有体物。而知识产权的客体与固定该客体的物质载体可以分离，是有别于物质载体的作品、发明创造和商誉等。

图 0-3 对知识产权客体的特征进行说明（为了方便讲解，统一将知识产权的客体简称为"智力成果"，但如上文所述，非智力创造成果其实也能成为知识产权的客体）。知识产权的客体往往是依附于物质载体的，但这并不意味着知识产权的客体是物质载体本身，知识产权的客体只是用于固定该客体的物质载体所"承载"或"体现"的成果。

例如，一本 300 页的小说书实际上是由两种客体构成的：其一，300 页纸的整体是有形物质载体，它们是物权的客体。其二，300 页纸上印有文字组成的小说（文字作品），而小说是著作权的客体。300 页纸的物权和小说的著作权完全可能由不同的人享有。作者创作完成小说之后，就对作为文字作品的小说享有著作权。作者授权出版社将小说出版发行之后，印出的 1 000 册书为 1 000 名读者所购买。在这种情况下，读者通过购买小说书仅仅取得了载有小说的 300 页纸的所有权，而没有取得纸张上作品的著作权，因此，读者不得对小说行使复制权、发行权、表演权等归属于小说作者的著作权。而小说作者对 1 000 本已经售出的小说书不享有任何权利，因为其通过创作小说仅仅获得了对作品的著作权，而没有获得对作品物质载体的所有权。尽管人们一般也会通过获得小说的物质载体来欣赏作品，但小说作者的著作权的客体并不是纸张，而是纸张上承载的作品。小说在被印成 1 000 册小说书之后，小说就有了 1 000 个物质载体，但这 1 000 个物质载体之上只有一部作品。1 000 个物质载体作为 1 000 个物，其所有权可以由 1 000 个人所享有，其中任何一本小说书的著作权仍然归属于作者。同样道理，对于雕刻作品而言，尽管创作者需要以某种有形的物质载体来固定作品，但著作权的客体并不是那一块固定了作品的石头，而是石头所固定的作品本身。现代技术可以轻而易举地将雕刻进行无限量的复制，可以放大复制，也可以缩小复制；可以在石头上复制，也可以在塑料上复制。但是，无论最初的雕刻被复制了多少份，有多少个质量不同、材料不同的载体，作品始终就是一个。是这一个作品，而不是那许许多多用于固定作品的物质载体，才是著作权的客体。

对图 0-2 所反映的"知识产权的客体与其物质载体可以分离"，可以从以下三个方面进行进一步理解：首先，图 0-3 中涉及的权利以虚线为界，虚线左边为知识产权，右边为物权，享有一边的权利并不等于享有另一边的权利。其中特别需要注意的是：获得了物质载体并不等于享有物质载体所承载的客体的知识产权。画家将自己创作的油画售出之后，仍然享有美术作品的著作权，但丧失了承载美术作品的画布的所有权，因此，画家不得仅凭油画著作权人的身份，要求合法购买者返还油画原件，而购得油画的人虽然取得了载有美术作品的画布这一物质载体的所有权，但对画布之上承载的美术作品不享有著作权。[①]

其次，转让虚线一边的权利，并不等于同时转让了虚线另一边的权利。作家在自己的稿纸上撰写了一部小说，此时他同时享有对稿纸（物质载体）的所有权和对稿纸之上承载的小说的著作权。假如他日后将该手稿赠送给他人，即转让对载有小说的稿纸的所有权，并不意味着稿纸之上作品的著作权也发生了转移。同样，如果作家与出版社约定将小说的发行权转让给出版社，也并不意味着他同时需要转让对稿纸的所有权。作家完全可以将手稿的复制件交给出版社，或者将手稿中的作品输入计算机后以电子邮件形式

---

① 《著作权法》为美术作品和摄影作品原件的所有权人规定了一些权利，本书在"著作权的内容"一章会作讲解。

发给出版社。在后一种情况下，作家无须转让作品的任何有形载体就可以履行向出版社交稿的义务。

对上述规则，《著作权法》规定了一项例外。《著作权法》第 20 条第 1 款规定："作品原件所有权的转移，不改变作品著作权的归属，但美术、摄影作品原件的展览权由原件所有人享有。"至于为什么要规定此项例外，第三章第二讲会有讲解。

最后，侵犯虚线一边的权利也不等于同时侵犯虚线另一边的权利。例如，小偷偷窃了读者从书店购买的一本小说书，小偷的行为仅仅侵犯了读者对小说书（物）的所有权，而没有侵犯小说的著作权。读者如将小说书借给他人阅读，他人未经许可将小说的内容输入计算机后上传至网站供网友下载，则此人的行为仅侵犯了作者对作品的著作权，并没有侵犯读者对小说书的物权。

（二）"专有性"强调知识产权无所谓"自用权"

专有性又称排他性，是指非经知识产权人许可或法律特别规定，他人不得实施受知识产权专有权利控制的行为。换言之，对于知识产权的客体，只有经过知识产权人许可或在有法律特别规定的情况下，他人才能以特定方式加以利用，否则，构成侵权。对此，有同学可能会提出这样的问题：所有权同样具有强烈的"专有性"，他人未经所有权人许可，不得对物进行占有、使用和处分。为什么"专有性"还是知识产权的一个特征呢？

物权和知识产权在具有排他效力这一点上并无区别。但知识产权的"专有性"强调的是对于知识产权的客体，无所谓"自用权"。《民法典》第 240 条规定："所有权人对自己的不动产或者动产，依法享有占有、使用、收益和处分的权利"。但《民法典》第 123 条第 2 款规定："知识产权是权利人依法就下列客体享有的专有的权利……"理解两者之间的差异至关重要。

假如有人在上海买了一个苹果，请问：此人在上海吃这个苹果的时候，他人是否可能在北京同时吃同一个苹果？这当然是不可能的。这是因为所有权客体主要是有体物，有体物在被甲在上海占有的时候，不可能同时被乙在北京占有。但假如一部新电影公映，主创人员在上海包了一个影院播放该电影自我欣赏，他人能否在北京也通过放映同一部电影对其进行欣赏？这当然是可以的。全国有许多影院可以同时放映这一部电影。由此可见，对所有权从正面表述权利——"权利人可以占有、使用、收益、处分"和从反面表述权利——"权利人有权禁止他人占有、使用、收益、处分"，也就是规定权利人享有专有的权利，在效果上是相同的。既然所有权的客体主要是有体物，在同一时空只能为一个民事主体所占有，那么规定所有权人有权占有和使用，等于规定他人不得未经许可占有和使用。这两种表述就相当于一个硬币的正面和反面，无论从哪个角度去看这个硬币，硬币还是硬币。

但是知识产权与所有权不同。如果《民法典》规定"知识产权人对知识产权的客体有使用的权利"，该规定是没有意义的，因为在知识产权人使用的同时，比如上述那部电影在被主创人员放映的同时，在全国各地未经许可也可以被放映。《民法典》必须规定知识产权人对享有知识产权的客体有依法禁止他人使用的权利，也就是规定知识产权是专有的权利。只有这样才能确保他人在希望利用知识产权的客体时，必须寻求知识产权人的许可，通常情况下还需要向知识产权人付费。因此，作为知识产权的权能之一的许可权，一定是从禁止权中派生出来的。为什么他人要去寻求知识产权人的许可？因为他人如果未经许可，就以受专有权利规制的方式来利用相关的知识产权客体，原则上会构成对知识产权的侵权，是要承担法律责任的。为了避免自己承担侵权责任，他人要以特定方式利用知识产权客体，就必须要寻求知识产权人的许可。有些国际条约将知识产权人的特定权利表述为"许可的权利"，隐含的意思就是该权利一定是专有权利。

由此可见，"专有的权利"就是禁止他人为某种行为的权利，从中可以派生出许可他人实施该行为的权利。知识产权人无所谓"自用权"。"专有的权利"源于英文"Exclusive right"。"Exclusive"意为"排他的"，只有排斥和阻止他人为某种行为的权利才能被称为"Exclusive right"。"Exclusive right"可被译成"专有（的）权利"、"独占权利"或"排他权利"。其中"排他权利"是最佳翻译，因为它清楚地揭示了"Exclusive right"的本质是排斥他人为特定行为的权利。只是"专有（的）权利"的翻译约定俗成，被使用得更多，但其含义仍然是排他权利。因此，作为专有权利的知识产权的作用并不在于确认权利人有为某种行为的自由，而在于排斥他人为特定行为。换言之，在取得知识产权之后，权利人能否对智力成果或其他受保护客体进行利用、能以何种方式进行利用，与知识产权并无关系，而是取决于其他法律、法规的规定，以及是否侵犯他人的知识产权。

例如，在没有《著作权法》的年代，戏剧作品的创作者当然不享有著作权法意义上的"复制权"和"翻译权"，那么该作者是否有权用复印机"复制"自己创作的戏剧作品，以及自行将该作品从中文"翻译"成英文呢？答案当然是肯定的，因为自行复印和翻译作品本来就是宪法赋予公民的自由。同样，只要不违反其他法律、法规的规定，作者也当然可以自行组织剧团公开"表演"该戏剧作品或通过出版社公开发行该戏剧作品。这与有没有《著作权法》以及该法是否规定了"复制权"、"翻译权"、"表演权"和"发行权"无关。享有著作权的意义就在于，他人未经许可不得以特定方式利用作品。如果他人未经许可复制、翻译、表演和发行戏剧作品，只有当《著作权法》规定了相应的"复制权""翻译权""表演权""发行权"时，戏剧作品的作者才能阻止他人实施这些行为。再如，在《著作权法》规定了"发表权"的情况下，为他人拍摄裸体艺术照的摄影师作为摄影作品的著作权人，无权在未经被拍摄者许可的情况下，公开"发表"摄影作品，因为这样做会侵犯他人的隐私权。摄影师享有"发表权"，只意味着其可以阻止他人包括被拍摄者本人，以发表等方式利用该摄影作品。[①]

同样，在我国《专利法》颁布之前，发明人是否有权自行制造和销售其发明创造成果呢？只要该成果不涉及法定违禁品，发明人当然有这样的权利。这与《专利法》之有无没有直接关系。相反，在《专利法》颁布之后，如果发明人就其发明的新型武器获得了发明专利权，其能根据《专利法》赋予的"制造权"和"销售权"，自行"制造"和"销售"武器吗？回答当然是否定的。《专利法》规定"制造权"和"销售权"的作用，绝非确认专利权人自己可以制造和销售，而是使专利权人阻止他人未经许可制造和销售专利产品。

《商标法》规定了"注册商标专用权"，似乎是确定了商标权人的"自用权"。但事实上，商标注册实行自愿注册原则，经营者当然"有权"在商品上使用自己设计的商标标

[①] 张某龙诉汤某著作权侵权纠纷案，北京市朝阳区人民法院（2004）朝民初字第 6811 号民事判决书。

志，只要这种使用不违反法律的禁止性规定，也不侵犯他人的在先权利。这与经营者是否注册商标、取得商标权并无关系。因此，商标权的作用同样不在于使商标权人自己有权使用商标，而在于使商标权人可以阻止他人未经许可在相同或类似的商品或服务上，以容易导致来源混淆的方式使用相同或近似的商标。

（三）掌握不同的国际知识产权条约对地域性的影响

知识产权的地域性是指：知识产权的效力只限于本国境内。这一点与所有权形成了鲜明对比。举例而言，在 1992 年中国加入《保护文学艺术作品伯尔尼公约》（以下简称《伯尔尼公约》）之前，一名中国人在英国被人抢劫，他完全可以要求英国警方抓住劫匪，找回被抢的财物。这是因为对所有权的保护一般不受地域的限制。但是，如果1992 年之前有人在英国未经许可将源于中国的作品翻译成英文并出版发行，中国作者在英国是无法获得保护的。这是因为著作权作为知识产权的一种，具有地域性，在中国加入《伯尔尼公约》或与英国签订保护知识产权的双边协定之前，中国作者在中国取得的著作权仅在中国境内受到保护，英国对于源于中国的作品并无保护中国作者著作权的义务。

为什么知识产权会具有地域性呢？其根本原因在于知识产权是法定权利，同时也是一国公共政策的产物，必须通过法律的强制规定才能存在，其权利的范围和内容也完全取决于本国法律的规定，而各国有关知识产权的获得和保护的规定各不相同。

随着国际经济一体化进程的加速，出现了要求缔约方相互保护知识产权的双边、多边协定和条约，在一定程度上削弱了知识产权的地域性。但是，不同的国际知识产权条约对地域性的影响也有所差异。著作权领域的《伯尔尼公约》规定了"自动保护原则"，即作品一旦创作完成就自动享有著作权，而无须进行登记或发表。同时，《伯尔尼公约》又要求各成员国保护源于其他成员国国民的作品。这意味着一个成员国国民的作品在其他成员国是自动受到保护的，在相当程度上削弱了著作权的地域性。

即使是《伯尔尼公约》，也只是在一定程度上削弱了知识产权的地域性，并没有完全取消地域性。例如，德国《著作权法》规定了对艺术作品原件和稀有复制件的"追续权"，即该原件或稀有复制件被转售时，作者有从售价中获得一定比例分成的权利。而这并不是《伯尔尼公约》要求各成员国必须规定的权利。我国《著作权法》并未规定"追续权"，因此，德国艺术家在德国享有的"追续权"无法在中国受到保护。

对于专利权和商标权而言，地域性的特征更为突出。其中的重要原因在于专利权和注册商标专用权并非自动产生，而是需要经过国家法定机关的授权或注册。而各国专利法和商标法对授权或注册的标准各不相同，因此，在一国获得的专利权和注册商标专用权只能在本国受到保护。例如，美国授予并保护商业方法专利，但多数国家都不承认商业方法的可专利性，因此，同样的商业方法在美国可以获得专利，但在多数国家是不会获得专利的。

虽然在专利权和商标权方面已经有了《保护工业产权巴黎公约》（以下简称《巴黎公约》），但《巴黎公约》并没有取消专利权和商标权的地域性，并未创造出所谓的"世界专利权"或"世界商标权"。例如，虽然中国和美国都是《巴黎公约》的成员国，但在美国合法获得的专利权和获得注册的商标在中国并不会自动受到保护，美国的权利人只有在被授予中国专利权和获得中国商标注册之后，其发明创造和商标才能在中国受到保护。

《巴黎公约》只是规定了各成员国应当对其他成员国国民的工业产权实行的最低保护水平，以及在申请程序等方面的国民待遇等原则。

（四）理解"时间性"只适用于部分知识产权

知识产权的时间性是指多数知识产权的保护期是有限的，一旦超过法律规定的保护期限就不再受保护了。例如，我国《著作权法》对自然人作品规定的保护期限是作者有生之年加 50 年，50 年之后，该作品的著作财产权就不再受《著作权法》保护，出版社可以不经作者继承人的许可而出版该作品，其他作者可以自由地将该作品改编成其他文艺形式并出版。同样，我国《专利法》对发明专利的保护期为 20 年，20 年之后（依法可延长保护期的情形除外）原专利技术就进入了公有领域，可以为任何人自由地使用。

多数知识产权的时间性与所有权的"永续性"形成了鲜明对照。对于所有权而言，只要作为客体的物没有出现毁损、灭失等情况，该物的所有权就可以一直存在。那么为什么客体可以与其物质载体相分离的多数种类知识产权不能像所有权那样"永续"呢？其原因仍然在于知识产权完全是法律基于公共政策创造出的财产权，它的创设是为了激励人们从事文艺创作和创造发明，并保护相关的特定利益。但是，知识产权的客体原本毕竟是能够被自由传播和使用的，如果法律规定其创造者永远享有知识产权，社会公众对此始终需要付费才能使用，反而会妨碍公众根据前人的非物质成果进行新的创作和发明创造，从而形成对知识产权的过度保护。因此，对公开的智力创造成果而言，其知识产权的保护期是受到限制的。

需要注意的是，并不是所有知识产权都受保护期的限制。对于商业标志、商业秘密等非智力创造成果或非公开性信息而言，其原本就不是他人进行创作或创造活动的基础，或者原本就不能为公众所获得，上述限制知识产权保护期的政策理由并不存在，因此，它们可以一直受到保护。但对于注册商标而言，需要在法定期限内进行续展才能获得持续的保护。

二、知识产权的性质

◎ 难度与热度

难度：☆☆　　热度：☆☆

知识产权的性质为民事权利，即是一种私权。知识产权法主要调整平等主体之间，包括公民之间、法人（或非法人组织）之间、公民和法人（或非法人组织）之间，围绕智力成果、商业标志和其他非物质成果形成的财产关系，而且这种财产关系是建立在等价有偿、意思自治的私法原则之上的。尽管知识产权与其他民事权利相比有其自身的特殊之处，但适用于知识产权的基本法律原则和制度都来自民法。

曾经有观点认为：专利权和商标权是国家授予的，没有国家知识产权局代表国家进行授权，专利权就无从产生，因此，专利权带有行政权性质。这一观点是无法成立的：私权的产生是否需要国家机关经过法定程序加以认定与私权的性质并无直接关系。私房买卖需要在国家房地产管理机关进行产权变更登记，这是否就意味着买方对购得的私房享有的所有权也带有行政权的性质呢？同样，结婚也需要经过国家民政部门登记，只有完成了登记手续、取得了结婚证书之后，婚姻关系才合法成立，夫妻之间才互相享有法律上的权利，如法定继承权等，难道夫妻之间的权利也因为需经过国家民政部门登记而取得就成了公权吗？因此，在判断知识产权究竟是公权还是私权的时候，其标准仍然是看主体之间的关系究竟是平等的关系还是不平等的关系、权利的行使主要是以国家单方面意志为主还是以各方意思自治为主。在知识产权领域，尽管存在着公共权力的调整和干预，但它调整的关系主要是民事主体之间等价有偿的财产关系，权利的行使主要取决于民事主体之间的意思自治，所以知识产权是私权。《与贸易有关的知识产权协定》（以下简称 TRIPs 协定）因此开宗明义地指出：知识产权是私权。

>> 本章实务案例研习

一、道琼斯公司使用书法作品案

（一）案情简介

本案原告关某是书法家，他曾书写一幅"道"字书画，其中包括"道"和"君子爱财、取之有道"，并将该幅书画交付给本案被告道琼斯公司委派来的人员。但原告与道琼斯公司之间未就作品的使用问题达成过书面协议，道琼斯公司亦未就此向原告支付过费用。此后，道琼斯公司未经许可在其办公大厅、户外广告牌和网站，以及其公司的手提袋、信封、贺年卡、职员名片、公司简介封面和报刊广告上，将原告书画中的"道"字用于其商业标志。现关某诉道琼斯公司侵犯其作品的著作权。

（二）法院判决

法院认为：本案原告书写的"道"字书画为书法艺术创作成果，属于美术作品中的书法作品。原告作为上述作品的创作者，对该作品享有著作权。未经原告许可，以复制、发行、信息网络传播的方式使用原告上述作品，均属于侵犯原告著作权的行为。道琼斯公司主张该作品是原告为道琼斯公司创作的，故可得出原告许可道琼斯公司使用该作品的结论。但即使该作品是原告为道琼斯公司所创作，也只能认定原告将作品原件的所有权转让与道琼斯公司，根据《著作权法》的规定，道琼斯公司虽然受赠获得该作品的原件，但并未获得该作品的著作权，道琼斯公司可以以展览作品原件的方式使用该作品，但不能据此认为原告已许可其将该作品作为商业标识使用。道琼斯公司未经原告许可，将原告的"道"字书法作品用于其商业标识，在其广告、商业招牌、互联网网页上使用，其行为侵犯了原告对其作品享有的复制权、发行权及信息网络传播权。道琼斯公司在以商业标识方式使用原告作品的过程中，未给原告署名，同时将原告书法作品的题跋、落款、名章、闲章删去，虽然道琼斯公司主张这是将"道"字作为商标使用造成的，但在原告未许可道琼斯公司将其作品作为商标使用的情况下，道琼斯公司的上述行为构成对原告就其作品所享有的署名权、修改权的侵犯。根据《著作权法》的规定，道琼斯公司应就上述侵权行为承担停止侵害、赔礼道歉、赔偿原告因此所遭受的经济损失的民事责任。[①]

---

① 关某诉赵某、道琼斯公司侵犯著作权纠纷案，北京市第一中级人民法院（2003）一中民初字第 2944 号民事判决书。

（三）法律分析

本案的关键在于理解和掌握知识产权有别于物权的特征之一，即知识产权的客体并非该客体的物质载体，转移物质载体的所有权并不等于转让知识产权。

在本案中，书法家把写好的一幅字送给了道琼斯公司，他送出去的是什么？是载有美术作品的纸张（书法作品原件），也就是那张纸的所有权。该赠与行为并没有改变这张纸上所承载的美术作品的著作权归属。前文提及，转让虚线一边的权利并不等于转让另一边的权利，所以道琼斯公司并没有取得书法作品的著作权。其未经书法家许可对书法作品实施的复制、发行和交互式网络传播行为并不是在行使其对载有书法作品的纸张的所有权，而是构成了对书法家著作权的侵权。

二、饭店拆毁壁画案

（一）案情简介

某饭店委托湖北省美术院为新建的饭店创作壁画《赤壁之战》，美术院的四位画家完成了长17米、高3米的大型壁画，并安装在饭店宴会厅的墙壁上。十余年后，在饭店翻修过程中，该壁画被拆毁。四位画家认为饭店实施了"其他侵犯著作权益的行为"，因此起诉该饭店侵权。

（二）法院判决

法院认为：美术作品原件所有权的转移，不视为作品著作权的转移。由于画家与饭店没有就壁画《赤壁之战》之著作权的归属作出约定，该壁画的著作权属于画家，饭店则取得了壁画原件的所有权及展览该原件的权利。饭店如何行使或是否行使上述两项权利既无合同约定，也无相关的法律规定，饭店作为美术作品原件的所有人，在法律规定范围内全面行使支配美术作品原件的权利时，可排除他人干涉。反之，在作品原件所有权转移后，著作权人对作品原件的利用受到作品原件所有权的限制。饭店在委托美术院创作《赤壁之战》时，双方并未就将来拆卸该画时是否要履行告知的义务进行约定，《著作权法》也未对美术作品的拆毁、更换等问题作出特殊保护规定，同时也无其他相关法律对此义务加以特殊规定，因此，饭店拆毁作为自己的财产的美术作品原件，是对自己合法拥有的财产行使处分权，该行为不属于侵犯著作权的行为。[①]

（三）法律分析

本案是知识产权的客体具有非物质性的典型案例，核心仍在于理解和掌握知识产权有别于物权的特征。在本案中，如画家直接在饭店的墙壁上作画，则美术作品原件就是带有美术作品的那堵墙。该原件所有权归属于饭店，饭店当然没有获得美术作品的著作权（除了可展览美术作品原件），但美术作品著作权人也没有原件的所有权，不能干涉所有权人行使所有权，因此饭店拆毁带有美术作品的墙壁（原件），如同前一案例中受赠了书法家原件的公司烧掉该原件一样，并不侵害美术作品的著作权。

需要指出的是，有些对著作权保护水平较高的国家对于特定艺术品的所有权人拆毁艺术作品作出了特别规定，如《美国版权法》将出于故意或极大过失毁损具有较高水准

---

① 湖北省高级人民法院（2003）鄂民三终字第18号民事判决书。

艺术品的行为定性为侵犯保护作品完整权的行为①；并规定，对于被纳入建筑物的艺术品，在对建筑物进行改造和维修时，如果需要移除艺术品，则应向作者发出通知或尽力联系，如无法联系作者或作者在收到通知后 90 天内未自行移除，则所有权人可予以移除。② 这些规定值得我国借鉴，但在《著作权法》明确作出类似规定之前，美术作品原件所有权人拆毁原件的行为并不侵犯著作权。

》》 本章同步练习

一、选择题

（一）单项选择题

某电信公司经理甲与某画家乙为好友。一日乙将自己新创作的一幅水墨画赠送给甲。甲十分欣赏，便未经乙许可将此幅水墨画印在公司发行的电信充值卡上。乙对此提出异议。对此，正确的说法是：（　　）。

A. 甲的行为并不构成侵权，因为乙已将水墨画赠送给甲

B. 甲的行为并不构成侵权，因为将水墨画印在电信充值卡上是展览行为，乙是水墨画原件的所有人，享有展览权

C. 甲的行为不但未损害乙的经济利益，反而提高了该水墨画的知名度，因此不构成侵权

D. 甲的行为侵犯了乙的著作权

（二）多项选择题

甲购买了含有张某的美术作品《青春》的画册。张某不幸英年早逝，该印量有限的画册成为保存其作品的珍贵留存，价格大涨。甲将其中的《青春》剪下之后进行营利性展览。乙与张某曾有交往，但与张某不和，张某之子得知乙有该画册时前往购买，但乙将该画册焚毁。丙将手中的该正版画册以原价的 10 倍出售。丁将《青春》带到《伯尔尼公约》成员国 A 国大量复制后销售。对于《青春》的著作权而言，下列选项中正确的有：（　　）。

A. 甲的行为侵犯了展览权

B. 乙的行为并不构成侵权

C. 丙的行为侵犯了发行权

D. 该作品在 A 国不受保护，因此丁的行为不侵权

（三）不定项选择题

陈某自拍了一段反映其日常生活的短视频，上传至某短视频分享平台。视频发布后，该短视频分享平台认为该段视频内容乏味，于是将其删除。某微信公众号则认为该视频内容有趣，于是未经许可予以转载，但向陈某寄送了报酬。某广告公司希望将该短视频作为广告素材使用，为此取得了陈某许可并支付了许可使用费，在广告制作完成即将播出时，陈某称视频内容需要修改，要求暂不播出。广告公司以必须按期播出为由播出了广告。

对于上述行为，下列选项中正确的是：（　　）。

---

① 17 U. S. C 106A（a）（3）（B）.

② 17 U. S. C 113（d）（2）.

A. 短视频分享平台侵犯了陈某的发表权

B. 短视频分享平台侵犯了陈某的信息网络传播权

C. 微信公众号侵犯了陈某的信息网络传播权

D. 广告公司侵犯了陈某的修改权

二、案例题

1. 某图书馆在明知的情况下购买了盗版图书，并向读者提供这批图书的借阅服务，试问该行为是否属于著作权的侵权行为？如果该图书馆向读者提供这批图书的出租服务，试问答案是否有所不同？

2. 某公司员工为完成公司分配的任务开发了一套计算机软件，该软件的著作权依法归属于该公司。后该员工因与公司发生劳动纠纷而离职，但拒绝向公司归还装有涉案软件的笔记本电脑，致使公司无法对涉案软件进行后续开发并交付给第三方终端用户。现公司提起侵权诉讼，指称该前员工侵害了公司对该软件所享有的修改权与发行权。请分析该前员工的行为是否构成对公司软件著作权的侵权？[①]

3. 甲公司的某员工离职后到乙公司工作，乙公司对该员工的发明提出了专利申请并获得授权。甲公司认为该发明属于该前员工在甲公司任职期间完成的职务发明，其专利申请权应当归属于自己（参见第十章第一节对职务发明创造及专利申请权归属的讲解），并提起了权属纠纷诉讼。乙公司则未缴纳专利年费，导致专利权终止。该权属纠纷诉讼的判决结果是涉案发明被认定为专利申请权属于甲公司的职务发明。甲公司又对乙公司提起诉讼，认为其明知相关专利权的归属存在争议，却不缴纳专利年费，导致专利权终止，损害了自己的利益，侵害了自己的专利权。请分析乙公司的行为是否侵害了甲公司的专利权？[②]

三、论述题

1. 有一种观点认为，物权也有地域性和时间性，因为我国的《物权法》和其他国家的物权法是相互独立的法律，在国外发生的物权纠纷只能适用该国的物权法，而不能适用我国的《物权法》；同时物权也不可能永远存在，一个物无论多么坚固，也总有毁损灭失的时候，物权也会自然消失，所以不能说地域性和时间性是知识产权有别于物权的特征，请论述该观点是否成立。

2. 阅读以下新闻报道：

(1)《横店豪掷 300 亿建圆明新园　圆明园：如果确系山寨将维权》（有删节）

来源：《重庆晨报》，2015 - 04 - 19

横店影视城的创始人徐某日前宣布，其耗资 300 亿元按 1∶1 原样在浙江横店仿建的"圆明新园"将于 5 月 10 日部分建成并对外开放。而圆明园管理处相关负责人前日对记

---

① 本题改自安徽行天电子科技有限公司与毛培友计算机软件著作权权属、侵权纠纷案，最高人民法院（2020）最高法知民终 4 号民事判决书。

② 本题改自中国水产科学研究院南海水产研究所、广州宇景水产科技有限公司与广州德港水产设备有限公司、广州创领水产科技有限公司等财产损害赔偿纠纷案，最高人民法院（2019）最高法知民终 424 号民事判决书。

者表示，圆明园属于世界文化遗产，对其仿建应由国家规划，圆明园管理处一旦发现横店影视城的"圆明新园"对圆明园有侵权行为，将进行维权。

（2）《评：所谓"恢复圆明园"是山寨行为》（作者：杨于泽，有删节）

来源：中国新闻网，2015-05-03。

所谓"恢复圆明园"，说穿了不过是一种山寨行为。实际上还有一个版权或知识产权的问题。圆明园即使150多年前被毁，它的一切权利包括相关知识产权恐怕都是国家的保留权利，横店集团"恢复"圆明园，得到了谁的许可？我们很难想象，美国人会重建被英国人焚毁了的总统府，而法国政府会允许民间山寨一座凡尔赛宫。这里充满了太多的观念悖论，以及法律许可的悬疑。

请分析：重建圆明园是否存在著作权侵权问题？

参考答案

一、选择题

（一）单项选择题

D

解析：美术作品原件所有权的转移并不导致其著作权的转移。根据《著作权法》对展览权的特别规定，美术作品原件所有权人可以展览原件。在本题中，甲的行为不是去展览其获得所有权的原件，而是将其复制在电信充值卡上，该行为受复制权控制；出售印有美术作品的电信充值卡，也就是向公众以销售的方式提供作品的复制件，受发行权的控制。这些行为均需要经过美术作品著作权人许可，否则构成侵权，因此D项正确，ABC项错误。

（二）多项选择题

AB

解析：《著作权法》对展览权规定的例外只适用于美术作品和摄影作品的原件，不能给予复制件，甲所购买的画册，显然是张某美术作品的复制件，而不是原件，因此甲的展览行为侵害美术作品的展览权，因此A项正确。请注意某年国家统一司法考试中有类似设问，但标准答案为对摄影作品复制件进行公开展览不侵害展览权，该答案显然是错误的。

乙是该画册的所有权人，享有处分该画册所有权的权利，而且《著作权法》没有对乙的相关行为设置专有权利，因此乙的行为并不侵权，B项正确。

丙的行为也是对其享有所有权的物进行所有权的处分。虽然该行为也是《著作权法》上的发行行为，但因为该本画册的复制、发行已经经过了著作权人的许可（正版画册），此时适用发行权用尽（见第三章第二节），丙的行为不构成侵权，因此C项错误。

以中国为起源国的作品，在《伯尔尼公约》其他成员国受到保护，因此在A国未经许可复制发行该美术作品，也侵犯著作权，D项错误。

（三）不定项选择题

C

解析：知识产权是《民法典》规定的专有权利，即排斥他人为某种行为的权利，与知识产权人自己的使用没有关系。发表权和信息网络传播权作为专有权利，只能规制他人擅自发表和通过网络进行交互式传播的行为。短视频分享平台删除陈某上传的视频，导致陈某的短视频无法通过信息网络向公众进行传播，与发表权和信息网络传播权没有关系，不能构成对这两项行为的侵权，如果双方存在允许陈某在该短视频分享平台上传播短视频的协议，则短视频分享平台的行为可能构成违约，但仍然不会侵害发表权和信息网络传播权，因此 A 项和 B 项错误。

微信公众号的转载行为并不符合报刊转载法定许可的规定（参见第五章第二节），即使其寄送了报酬，由于其转载行为（通过信息网络进行交互式传播的行为）未经陈某许可，也构成对信息网络传播权的侵害，因此 C 项正确。

修改权作为专有权利，同样与著作权人自己修改的自由没有关系。陈某主张的实际上是一些著作权保护水平较高的大陆法系国家规定的收回作品权。我国《著作权法》中并未规定此项权利。在陈某已经许可他人使用其短视频制作广告和他人即将播放由此制成的广告的情况下，陈某不能以享有修改权为理由阻止他人的播放，因此 D 项是错误的。

二、案例题

1. 在这两种情形下，图书馆的行为均不构成对著作权的侵权。要构成对著作权的直接侵权，其基本的前提是未经许可实施了受专有权利规制的行为，如未经许可实施受复制权规制的复制行为、受发行权规制的向公众销售或赠与作品原件或复制件的行为，以及受信息网络传播权规制的交互式传播行为等。如果一种行为虽然也"使用"了作品，且没有经过许可，但是该行为没有落入任何一项专有权利规制的范围，则该行为不可能构成对著作权的直接侵权。

第一种情形涉及图书馆故意购买盗版书并出借。图书馆做了两件事，第一件事是购买盗版书，第二件事是出借盗版书。转换为《著作权法》的语言，分别是未经许可购买作品和未经许可无偿临时转移作品载体的占有。然而《著作权法》并没有规定"购买权"。《著作权法》规定了针对"卖书"（销售）的权利——发行权，却没有规定针对"买"的权利。与此同时，我国《著作权法》并没有规定"出借权"。有些国家的著作权法虽然规定了"公共借阅权"，但权利的性质并不是用于规制他人行为的专有权利，而是获酬权。既然《著作权法》没有规定出借权，不能规制未经许可对作品原件或复制件的出借，未经许可出借作品的原件或复制件，也就是出借盗版书当然不构成对著作权的侵权。

第二种情形是图书馆出租盗版书。我国《著作权法》规定了出租权，但并非每一类作品的权利人都享有出租权，只有计算机软件和视听作品的权利人才享有针对其作品原件和复制件的出租权。图书通常是文字作品，有时会含有美术作品。但文字作品和美术作品的著作权人对其作品的原件和复制件都不享有出租权，都不能规制图书馆未经许可出租作品的原件或复制件，即出租盗版图书的行为。这与出租是否为图书馆带来了利润并无关系。当然，图书馆购买并出借或出租盗版书的行为不构成著作权侵权，并不意味着这就是正确的行为。相关管理规定当然不会允许图书馆这样做，上级主管部门估计会约谈图书馆的负责人。

2. 该前员工的行为没有侵犯公司的软件著作权。公司提起软件著作权侵权诉讼，反映了公司对著作权作用的误解。修改权是指权利人自己有权修改作品，发行权是权利人自己有权发行作品。该公司显然认为，因为装有软件的电脑被员工侵占，自己没法及时获得软件，也就无法对软件进行修改和发行，因此员工的行为侵害了自己在《著作权法》中的修改权和发行权。但知识产权依《民法典》第 123 条的规定属于"专有的权利"，即排他权，是规制他人对受保护的知识产权客体实施特定行为的权利，与权利人自己可以对受保护的知识产权客体实施何种行为没有关系。《著作权法》中的修改权和发行权的作用当然不是让权利人自己有权去修改和发行作品，否则在 1991 年《著作权法》实施之前，创作作品的作者岂不是无权修改自己的作品，不能通过出版社发行自己的作品了？《著作权法》中的修改权和发行权是指规制他人未经许可修改和发行作品的权利。在本案中，该前员工并没有未经许可修改和发行作品，当然不会侵犯修改权和发行权。至于该员工未及时移交作为工作成果的软件是否违反与公司的约定或管理规定，与著作权侵权没有关系，该公司可以以该员工违约或其行为构成普通民事侵权行为为由提起诉讼。

3. 乙公司的行为没有侵害甲公司的专利权。专利权是由制造权、销售权、许诺销售权、进口权和使用权这些法定权利构成的，作用在于阻止他人未经许可利用已获得专利权的发明创造。乙公司未对权属存在争议的专利及时缴纳年费，并不属于未经许可对相关发明创造进行制造、销售、许诺销售、进口和使用，因此其行为并不侵犯专利权。当然，甲公司基于应当归属于其享有的专利权，本应获得财产性利益，现在因乙公司的行为丧失了预期可得的利益，其合法利益受到了侵害，且由乙公司有意为之的行为导致。甲公司可对乙公司提起侵害财产权的诉讼。

本题源于最高人民法院审理的案件。在该案的判决书中，最高人民法院认为，当事人无论基于何种原因对专利申请权、专利权权属发生争议，基于诚实信用原则，登记的专利权人通常负有使已经获得授权的专利维持有效的善良管理责任，包括持续缴纳专利年费等。登记的专利权人未尽到该善良管理责任，给专利技术所有人造成损失的，应当负有赔偿责任。最高人民法院最终以《侵权责任法》（该法于《民法典》实施时废止，其规定已被纳入《民法典》）而非《专利法》为依据，认定被告应承担侵权责任。

三、论述题

1. 任何概念的使用都有其特定的语境。脱离开特定的语境去看待某一概念或比较概述，往往是没有意义的。"对物权的保护适用本国法律"（准据法为本国法）与"地域性"并不是一回事。前者是说外国人的手表在中国要根据中国法律（而不是该外国人所属国的法律）受到保护（这才是上文所说的"准据法"问题），该外国与中国从未共同参加过保护物权的国际条约，也没有达成过这方面的双边协定，并不会影响该结论的成立。后者是说该国与中国在共同加入《伯尔尼公约》等国际著作权条约之前，以该国为起源国的作品在中国不受保护。

物权在物毁损灭失之后就会消失，因此物权也有"时间性"的观点，与著作权、专利权等部分知识产权有"时间性"，并不是在同一个语境讨论的。上述物权的"时间性"实际上是说物权的存在以物权的客体——物（主要为有体物）没有毁损、灭失为前提。而作品和发明创造等著作权和专利权的客体无所谓毁损灭失的问题，如果著作权法和专利法一方面规定了著作权和专利权，另一方面又没有规定保护期，则相关客体上的著作权和专利权将永远存在；著作权法和专利法刻意限定了保护期，保护期一旦届满，相关的保护就不存在了。

以物权在物毁损灭失之后就会消失，认定物权也有"时间性"，否定知识产权有"时间性"，相当于认为由于在人的生命终结之前，人是不受寿命影响的，因此说"人的寿命"没有意义了。

2. 圆明园中的大量建筑属于建筑作品。然而，作为清朝时期的建筑，它们早已超过著作权保护期。重建圆明园的本质，是复制建筑作品，由于圆明园已过保护期，重建这些建筑并不会构成著作权侵权，因此进行"维权"没有法律依据。

第一章 著作权的客体

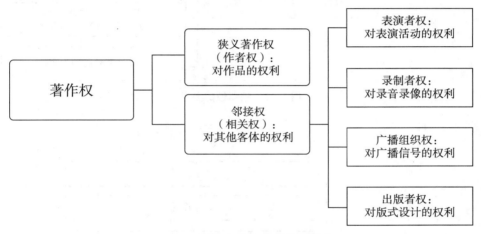

图 1-1 狭义与广义的著作权概念

图解：

狭义著作权（作者权）和邻接权（相关权）的分界在于客体。前者的客体为作品，后者的客体为作品之外的其他客体。注意"专有出版权"并不是邻接权。

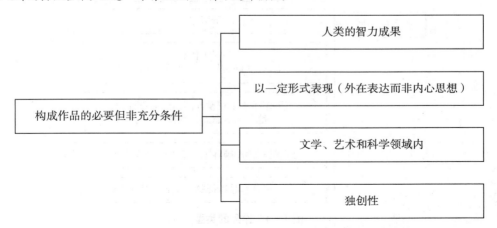

图 1-2 《著作权法》第 3 条的含义：构成作品的必要但非充分条件

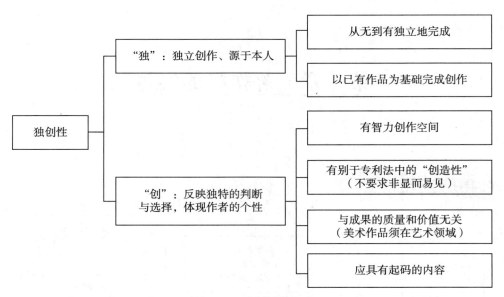

图 1-3　独创性的要求

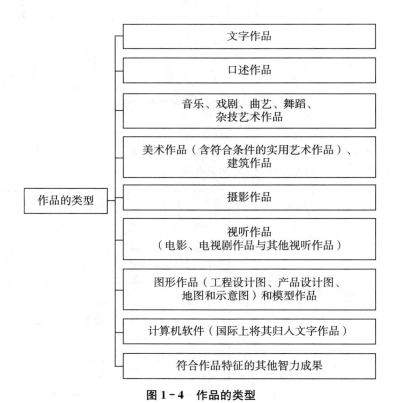

图 1-4　作品的类型

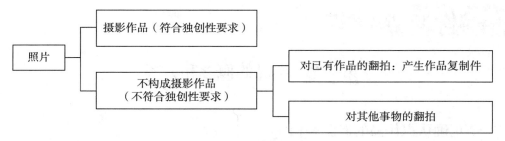

图 1－5 照片与摄影作品

图解：

虽然《著作权法》对摄影作品独创性中"创"的要求不高，但并非所有照片都是摄影作品，有的照片仅是其他作品的复制件。

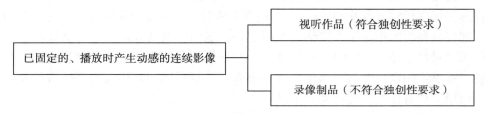

图 1－6 视听作品与录像制品

图解：

视听作品与录像制品是"非此即彼"的关系。已固定的连续影像如果不属于视听作品，一定属于录像制品；反之，如果不属于录像制品，则一定属于视听作品。

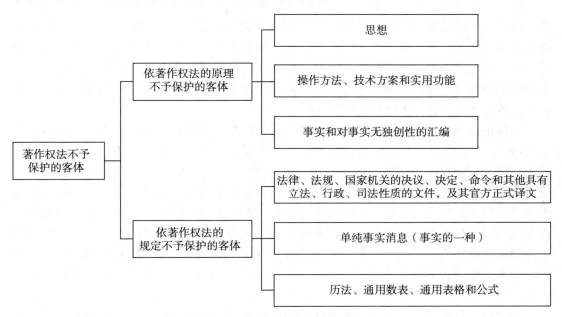

图 1－7 著作权法不予保护的客体

本章核心知识点解析

第一节 作品的概念和分类

一、正确认识作品的概念和构成

◎ **难度与热度**

难度：☆☆☆☆☆ 热度：☆☆☆☆

著作权是民事主体依法对作品及相关客体所享有的专有权利。"著作权"这一概念有狭义和广义之分。狭义的著作权仅指民事主体对作品所享有的一系列专有权利。广义的著作权还包括邻接权（也称相关权），即民事主体对作品之外的客体所享有的一系列专有权利。邻接权在我国依《著作权法》的规定特指表演者对其表演、录音录像制作者对其制作的录音录像制品、广播组织对其播出的节目信号和出版者对其设计的版式享有的专有权利。本书第四章将专门对邻接权进行讲解，本章所述的著作权的客体特指作品，因此本章所用的"著作权"为狭义著作权。

《著作权法》第 3 条对"作品"所下的定义是："本法所称的作品，是指文学、艺术和科学领域内具有独创性并能以一定形式表现的智力成果……"

对于《著作权法》第 3 条有关"作品"的定义，应当从以下四个方面来理解。

（一）须是人类的智力成果

作品必须是人类的智力成果。纯粹的自然风光和声音虽然可能很优美、具有欣赏价值，以至于可以被称为"大自然的杰作"，但它不是人类智力创作的结果，也就不是著作权法意义上的作品。长江三峡上的神女峰宛若亭亭玉立的少女，无疑是一座自然天成的艺术品，但它并非由人雕刻而成，因此，任何人都不可能享有对神女峰的著作权。但如果有摄影师通过对拍摄角度、光线明暗、距离和光圈的选择而拍摄了一幅神女峰的艺术照片，该艺术照片就是摄影师创作的作品。

动物也有智力，有些动物甚至很聪明。但动物生成的内容不能作为作品受到著作权法的保护。这是因为著作权法对作品的保护，主要是为了鼓励作品的创作。我国《著作权法》第 1 条就开宗明义地说明了这种公共政策——"鼓励有益于社会主义精神文明、物质文明建设的作品的创作……"只有人的行为才可能为著作权法所鼓励。动物不会因为其"创作成果"受著作权法保护而受到激励（除非是科幻电影《人猿星球》中那种基因发生变异、具有人类智力和情感的猿猴），从而更加热情地投身于创作活动中，并对其他动物形成良好的示范效应，最终"促进社会主义文化和科学事业的发展与繁荣"。因此，动物生成的内容并不是我国《著作权法》意义上的作品，当然也无著作权法保护可言。

在"猴子自拍案"中，一名英国摄影师在印度尼西亚拍摄时，一只猕猴趁其不备抢走了他的照相机。这只猕猴模仿人使用照相机的方式，连续按下快门进行"自拍"，其中有张照片既清晰又令人捧腹，在网上风靡一时。

美国"善待动物者"组织向法院起诉，称作为拍摄者的猕猴享有自拍照的版权，摄影师未经许可展示和出版照片的行为构成侵权，因此应当将侵权所得利润返还给那只猕猴，并禁止摄影师今后再实施类似侵权行为。美国加州联邦地区法院认为：美国《版权法》并未规定动物可成为作者，以往的判例在分析作者身份时所用的术语也是"人"。同时，可作为参考依据的是，美国版权局在其版权登记手册中明确规定：作品必须是由人创作的。由自然现象或动植物的活动形成的结果不能进行版权登记。法院因此认定，猕猴不是美国《版权法》意义上的"作者"，当然也无诉权。① 如果本案发生在我国，结果也会是相同的。我国《著作权法》第2条第1款规定，"中国公民、法人或者非法人组织的作品，不论是否发表，依照本法享有著作权"。这里的"公民、法人或者非法人组织"当然不包括动物在内。

图1-8　猕猴自拍照

该条规定对外国作品的保护时，用语是"外国人、无国籍人的作品"，也无法解读出外国动物是"外国人、无国籍人"。

（二）是外在表达而非内心所思所想

作品必须是能够被他人客观感知的外在表达。单纯停留在内心世界的思想感情或者"腹稿"并不是著作权法意义上的"作品"。作品是沟通作者内心世界和客观外部世界的桥梁，所思所想如果不借助符号体系，以一定形式表现出来，就无法使社会公众加以阅读、欣赏或感知，也就没有任何社会价值，无法被复制和传播，当然也无法由《著作权法》加以保护。《著作权法》第3条所说的"能以一定形式表现"实际上就是强调"作品"只能是"外在表达"，因为只有"外在表达"才是以一定形式表现的结果。例如，即使准备画竹子的画家已经在脑海中完成了对绘画每一处细节的构思设计，以至于"胸有成竹"，也不能认为他"胸中的成竹"是"作品"。只有当他将构思用画笔付诸纸张，画出了可供他人欣赏的竹子时，才能说这幅竹子图是作品。

（三）是文学、艺术和科学领域的智力成果

作品必须是文学、艺术和科学领域的智力成果。人类的智力成果及其表达形式极为丰富，绝不是所有"能以一定形式表现"的智力成果都属于著作权法意义上的作品。相反，在人类多种多样的智力成果及其表达形式之中，只有一部分能够作为作品受到著作权法的保护。《著作权法》对"文学、艺术和科学领域"的限定，实际上是要求作品作为智力创作成果，必须是对思想、情感或观点具有一定文艺或科学美感的表达。除此之外的智力成果及其表达形式有些受到其他知识产权法律制度或者知识产权之外的其他法律制度的保护，有些则基于某种原因，不能成为财产权的客体而受到法律的保护。

例如，竞技体育活动展现的是运动力量和技巧，无论其中的动作组合是否为"独创"的，由于其并非以展示文学、艺术或科学美感为目标，不属于文学、艺术和科学领域内的智力成果，因而不能构成著作权法意义上的作品。同时，对竞技体育技巧或比赛策略

---

① Naruto v. David john slater, 2016 U. S. Dist. LEXIS 11041. 二审判决维持一审判决的结果，see Naruto Naruto v. Slater, 888 F. 3d 418（9th cir, 2018）。

的设计也仅是一种方法或思想，不能受到著作权法的保护。当然，在竞技体育活动中观众有时也能获得美的享受，如足球运动员轻盈的盘带和巧妙的过人、篮球运动员泰山压顶般的大力扣篮和跳水运动员的身体在空中翻滚划出美妙的弧线，但这些"美感"是在展示身体力量和竞技技巧过程中附带产生的，与竞技技巧无法分离，著作权法不能对其予以保护，因此，奥运会的口号是"更高、更快、更强、更团结"，却没有"更美"。从另一个角度看，将竞技体育活动作为作品保护，意味着竞技动作的首创者有权阻止竞争者使用实质性相似的动作，这会严重影响竞技体育的发展。例如，由我国著名体操运动员程菲首创的一套高难度跳马动作被命名为"程菲跳"，在 2008 年北京奥运会上，朝鲜选手洪恩真用"程菲跳"击败了程菲，获得了金牌。难道程菲可以起诉洪恩真侵犯其著作权，或者在比赛之前向法院申请临时禁令，阻止其在比赛中使用"程菲跳"？当然，某些对思想情感具有美感的外在表达活动虽然也被纳入了比赛活动，但只要其符合独创性的要求，仍然能作为作品受到著作权法的保护。例如，如果某人独立地设计了一套舞蹈动作，即使这套舞蹈动作是在舞蹈比赛中被首次表演的，仍然构成舞蹈作品。

与此同时，无论是我国《著作权法》，还是《伯尔尼公约》，都只提到了"科学领域"，而没有提及"技术领域"。这并不是对技术进步的漠视，而是有意为之。虽然"科学"与"技术"之间存在密切关系，"科学技术"经常作为一个词语使用，但两者之间仍然存在差异，而这个差异在著作权法中极为重要。

"技术"存在于应用层面，具有直接的实用性质。其作用简单地说就是"改造世界"，其最终表现形式为具体的产品、工艺、系统、操作方法和技术手段。一旦对这些成果提供著作权保护，就会造成破坏知识产权法律体系和损害公共利益的严重后果。例如，某人发明了一种新装置（产品发明），该发明创造当然属于"能以一定形式表现"的智力成果，其表现形式当然可以是制造完成的装置本身。试问：该发明创造本身及其表现形式——制造完成的新装置是作品吗？他人未经许可仿造该新装置且投入使用侵犯了作品的著作权吗？回答当然是否定的，否则，专利制度将被架空，也没有存在的必要了。由于无须提出"著作权申请"，无须缴纳申请费和日后的维持年费，无须经过专利局对新颖性、创造性和实用性的审查，就自动使技术方案这类"能以一定形式表现"的智力成果获得长达作者有生之年加 50 年的著作权保护（而不是自申请之日起算的 20 年的发明专利保护期），试问：还有谁会申请专利？因此，不保护实用功能（技术）是著作权法的基本原理，是著作权制度与专利制度的区别，是不容突破的底线。工艺、系统、操作方法和技术方案虽然也属于"能以一定形式表现"的智力成果，但其本身并不可能成为作品。

与之相比，"科学"存在于基础层面，其作用简单地说就是"认识和反映世界"、探索和反映自然规律，其成果表现为论文、图表和科学模型等，通常并不具有直接的实用性，需要通过"技术"的转化才能"改造世界"。此类成果尽管并不处于通常所说的文学和艺术领域并具有文学和艺术美感，但它们具有科学美感，与文学、艺术领域的成果具有同质性，在符合其他条件的情况下是可以作为作品受到著作权法保护的。

（四）《著作权法》第 3 条的规定不是作品构成的充分条件

《著作权法》第 3 条规定的作品构成要件还包括"独创性"。这意味着只有具有"独创性"的外在表达才是作品。"独创性"是作品区别于其他人类劳动成果的关键，但"独创性"的概念以及判断"独创性"的标准比较复杂，本节第二目将对此进行专门讲述。

需要特别指出的是，并非任何在字面上符合《著作权法》第 3 条规定的成果均属于著作权法意义上的"作品"。在浩如烟海的人类独创性智力成果之中，只有一部分构成著作权法意义上的作品。例如，爱因斯坦提出的质能方程 $E=mc^2$ 可谓是 20 世纪最为重要的公式之一，爱因斯坦为此无疑付出了大量的创造性智力劳动。同时，该方程也从未被前人提出过，至少在形式上可谓爱因斯坦的"独创"。但该公式无论在哪个国家，均无法作为"作品"受到著作权法的保护。因此，在认定一种劳动成果是否构成著作权法意义上的作品时，不能仅仅判断其是否为"智力成果"、是否为"独立完成"或"首次完成"，以及其是否凝聚了作者的智力创造，还要根据著作权法的基本原理，将许多类型的智力成果，如思想、程序、操作方法和数学概念等排除出去。如果一种智力成果属于不受著作权法保护的客体，则无论其是否为"独创"，也无论其社会、经济价值如何，都不可能作为作品受到著作权法的保护。换言之，《著作权法》第 3 条对"作品"所下的定义，只能被理解为构成作品的"必要但非充分条件"。换言之，作品必须符合该条的规定，但并非所有字面上符合该条规定的劳动成果都是作品。

二、正确认识独创性

◎ **难度与热度**

难度：☆☆☆☆☆　　热度：☆☆☆☆

只有具有"独创性"的外在表达才能成为著作权法意义上的作品。"独创性"可以被分解为"独"与"创"两个方面的要求。"独"是指"独立创作、源于本人"，即该成果是由本人独立完成的，而非抄袭的结果。"独创性"中"创"要求的是智力创作，即源于作者的表达能够反映作者独特的智力判断与选择，展示作者的个性并达到最基本的创造性要求。

（一）对"独创性"中"独"的理解

"独创性"中的"独"是指"独立创作、源于本人"。需要注意的是，技术文献中使用的"独创"往往是指专利法意义上的"新颖性"，即以前没有相同的技术在国内外被公开发表过或者公开使用过。但是，著作权法意义上的"独创"并非指"首创"或"独一无二"，而是指成果源于本人，即该成果是由本人独立完成的，而非抄袭的结果。

在两种情况下，"独创性"中"独"的要求得以满足。第一种情况是从无到有独立地完成相关成果。只要是独立完成的，相关成果即使碰巧与他人的成果一模一样，也仍然符合"独"的要求。例如，甲、乙均是摄影师，两人出于巧合先后面对同一风景拍出了几乎相同的照片。由于乙独立拍摄，其照片仍然"源自于"乙，符合"独"的要求，只要同时符合"创"的要求，则乙拍摄的照片仍然是受著作权法保护的作品。最高人民法院《关于审理著作权民事纠纷案件适用法律若干问题的解释》第 15 条因此规定："由不同作者就同一题材创作的作品，作品的表达系独立完成并且有创作性的，应当认定作者各自享有独立著作权。"

需要强调的是，"巧合"在创作作品方面的作用不应被夸大。由于每个人观察世界的角度、方法有所差异，内心思想与情感世界不尽相同，表达手段也各有特点，独立创作的结果总是不可避免地会打上个性的烙印，出现完全雷同的可能性是很小的。此外，如果相同作品已经公之于众，每个人都有接触这部作品的合理机会，后人要想证明自己独立创作了与之一模一样的作品会遇到举证上的困难。

满足"独创性"中"独"要求的第二种情况，是以已有作品为基础进行再创作，而由此产生的保留了原作品基本表达的成果与原作品之间存在着可以被客观识别的、并非太过细微的差异。例如，下图右侧西班牙画家萨尔瓦多·达利在名作《蒙娜丽莎》基础上根据自己的容貌所绘制的画作与原作之间的差异是明显的，其差异部分（脸庞和手中的钱币）源自达利自己的创作，符合"独"的要求。

图 1-9 《蒙娜丽莎》原作　　　　　　图 1-10 萨尔瓦多·达利的作品

如果以他人作品为基础形成的成果与原作品过于相似，以至于缺乏能够被客观识别的差异，那么这种成果就会因为不符合"独"的要求而只能被称为原作品的"复制件"，形成该成果的过程也只能是"复制"而非"创作"。例如，将他人长篇小说加以抄写并改正其中错别字的行为虽然也具有一定价值，但由此产生的成果与原小说之间的差异过于细微。修改过的小说并不是符合"独"的要求的新作品。

需要特别指出的是，"独"是对表达的要求，即能够成为作品的表达必须是独立形成的，而非源自他人。如果前人的表达已经客观存在，另一人通过独立的艰苦努力再现或还原了相同的表达，并不符合"独"的要求。换言之，仅仅是"自己动手"，还不一定能形成作品。例如，有诗人创作出诗歌后对其进行加密处理，即以特定方法打乱文字顺序。有人解密、将诗歌还原。解密者固然挥洒了辛勤的汗水且进行了大量智力投入，其解密的诗歌也非源于解密者，而是源于诗人。解密者的行为仍然只是复制（尽管是极其复杂的复制）而非创作。

（二）对"独创性"中"创"的理解

"独创性"中"创"要求的是智力创作。对于独创性而言，在"独"之外，"创"是另一个要求。一种成果要成为受著作权法保护的作品，首先要"源于自己"，即本人对该成果作出独立的贡献。但除此之外，该成果还要体现一定程度的"智力创造性"，即能够反映作者独特的智力判断与选择，展示作者的个性并达到最基本的创造性要求。"独"与"创"两个条件对于构成作品而言缺一不可。一项独立完成的成果也可能因为没有达到最基本的创造性要求而无法成为作品、受到著作权法的保护。例如，一个孩子心情烦乱，拿起粉笔在黑板上随手乱画几道横线作为发泄。这种随手进行的乱涂乱抹缺乏最起码的艺术造型和智力创造成分，虽然是由孩子"独立完成"的，但也不能形成著作权法意义上的作品。再如，我国《著作权法》承认尚未被固定在有形载体之上的口头表达也可以成为"口头作品"而受到保护。而要构成口述作品，即兴的口头创作就必须具有最低限度的内容和最低限度的长度，这样才有可能符合"创"的要求。人们在日常生活中随口说的话并非都是口述作品。最高人民法院在相关判决中也指出："《著作权法》保护的是具有独创性的作品，必须同时符合'独立创作'和'具有最低限度创造性'两个方面的条件才可能成为《著作权法》意义上的作品。受《著作权法》保护的作品不仅要求独立完成，还需达到一定水准的智力创造高度，智力创造性能够体现作者独特的智力判断与选择、展示作者的个性并达到一定创作高度要求，'独'与'创'缺一不可。"①

对于"独创性"中"创"的理解，应特别注意以下问题。

第一，"创"需要有智力创作空间。产生作品的过程必须给人留下智力创作空间，否则，由此获得的结果不可能符合独创性的要求。如果仅仅是按照既定的规则机械地完成一种工作，即使必须应用某种技能或知识，而且这种技能或知识需要经过长期的学习、训练和研究才能获得，或者他人都不掌握这种技能或知识，由此形成的成果也不是作品。这首先是因为该成果往往不符合"独"的要求，不包含源于本人的表达；其次是因为该过程没有给人留下智力创作空间和个性发挥余地，不能被称为"创作"。例如，对于将用简谱记载的音乐改成五线谱的工作，虽然只有识谱的人才能完成，但简谱与五线谱之间存在着一一对应的关系，任何具有音乐知识的人只要不犯错误，根据简谱改成的五线谱就是相同的。由于音乐作品无论用简谱还是用五线谱形式体现，本身都没有发生改变，因而在简谱与五线谱之间的转换过程中没有产生源于转换者的音乐作品，不符合"独"的要求，也不可能符合"创"的要求。相反，将一篇英文小说翻译成中文却是创作活动，翻译的结果是作品。这是因为面对同一个英文词、句或段，不同的翻译者根据自己对原作的理解，在翻译上有很大的选择、判断甚至再创作的余地，翻译的结果必定打上了个性的烙印，是个人智力创造的产物。同样，摄影也可能产生摄影作品，因为即使对于同一场景，不同的摄影师也可以选取不同的拍摄角度、光线明暗、距离、曝光等，这都涉及高度个性化的智力判断和选择。

第二，"创"有别于专利法中的"创造性"。著作权法中的"独创性"（originality）与专利法中的"创造性"（creativity 或 inventive step）不同。后者作为发明和实用新型获得专利权的实质性要件，要求的创造高度远超前者。我国《专利法》第 22 条第 3 款规定："创造性，是指与现有技术相比，该发明具有突出的实质性特点和显著的进步，该实用新型具有实质性特点和进步。"如果一项发明或实用新型在本领域的专业技术人员看来是显而易见的，该项技术就缺乏创造性。而"独创性"中的"创"并非要求一种成果比他人现有成果先进或高明，或创作出了他人不能轻易完成的成果，只是要求该成果是智力创造的结果。

第三，"创"与成果的质量和价值无关。文学艺术大师们的经典传世之作当然是作品，在大师眼中显得平庸、乏味的智力创造成果仍然可能是作品，只要它是创作者智力创造活动的结果，体现了创作者富有个性的判断和选择。梵高等天才画家的绘画在早期

---

① 宝佳商标有限公司与国家工商行政管理总局商标评审委员会等商标异议行政纠纷案，最高人民法院（2012）知行字第 38 号行政裁定书。

都曾被世人当作平庸之作而未受到重视，在当代却成为价值连城的精品。画家在作画时对线条、色彩、手法和具体画面设计的选择和判断都足以使绘画符合"独创性"中"创"的要求。一名儿童虽然并未受过美术训练，但仍然能够观察、感知和理解世界，并通过画笔描绘对美的感受。只要能完成一幅较为完整、能够表达一定感情的绘画，儿童在这一过程中对绘画对象的选择和判断、对色彩的选择、对形状大小的选择和判断无不是高度个性化的，是具有一定智力创造性的。如果儿童的绘画被人未经许可用于商业用途，则更可以印证该绘画具有美感和一定艺术价值，体现了儿童的智力创造。因此，该绘画也符合"独创性"中"创"的要求。换言之，作品不仅是指"阳春白雪"，也包括"下里巴人"。

需要指出的是："创"与成果的质量和价值无关，并不意味着著作权法对艺术作品（如我国《著作权法》中规定的美术作品和建筑作品）不要求艺术性。世界知识产权组织指出："艺术作品（artistic work or work of art）是一种意图吸引感知者审美感官的创作成果。"① 因此，一种成果要构成艺术作品就应当是一种具有美感的艺术表达。换言之，该成果是否为艺术表达是一回事，该艺术表达的质量或价值如何则是另一回事。如果一种成果因缺乏最起码的美感而不能被认为是艺术表达，则其也不可能被称为艺术作品。同时，虽然"创"对智力创造性的要求并不高，但毕竟还是存在一定创造高度的要求。如果一种成果中体现的智力创造性微不足道，同样不符合"创"的标准。如现代工业品的设计多少都会带一点美感，如普通的桌椅在边缘部分也会有弧形的弯曲。如果仅以此认定其为立体美术作品（实用艺术作品），则外观设计专利制度就会被架空。

第四，作为作品的表达应具有起码的内容。例如，文字作品是用于表达作者的独特思想感情、展示文艺美感或传递一定量的信息的。如果一种文字表达缺乏最起码的长度，仅仅是个别字词或字词的简单组合，不但往往不符合"独"的要求，也难以较为完整地表达作者的思想感情、展示文艺美感或传递一定量的信息。此时不同的人使用该字词或字词的简单组合，都只能表达相同的意思，无法进行个性化的表达，而这并不符合"创"的要求。

假设汉字中本不存在"囧"字，有人第一次写出了"囧"，那么能否认为"囧"是作品呢？网络中流行的网友们"独创"的新词汇，如"喜大普奔""火钳刘明""不明觉厉""男默女泪""人艰不拆""细思恐极""说闹觉余""啊痛悟蜡""十动然拒"等，如果不在"百度百科"等网站查询，许多人根本不了解其含义。这些新词是否为作品呢？同样，如果几个词汇的组合也是首次出现，如"舌尖上的中国"，该组合能否构成作品呢？不可否认的是，创造一个新的字或词是需要智力投入的，但正如前文强调的那样，并非所有人类的智力成果都是著作权法意义上的作品。这些字、词本身只有与其他文字结合起来成为一个整体，才可能较为完整且个性化地表达作者的思想感情、展示文艺美感或传递一定量的信息，因此，对于文字作品而言，"创"意味着文字组合应当具备起码的长度。同时，单独存在的字、词以及词汇的简单组合是公众表达自己思想感情的基本工具。文字作品类似于一栋房子，字与词则类似于构筑房子的基本建筑材料——砖与瓦。不同的人使用相同的砖与瓦可以搭建不同造型的房子，著作权法保护房子的独特造型，他人不得未经许可搭建相同造型的房子。但是，如果将一砖一瓦都垄断起来，公众就无法用相

---

① 世界知识产权组织. 著作权与邻接权法律术语汇编：中英法对照. 刘波林，译. 北京：北京大学出版社，2007：13.

同的砖瓦搭建造型各异的房子，而这是与著作权法鼓励创作的立法目的背道而驰的。随着科技的进步和社会文化生活的日益丰富，越来越多的新字、词被不断创造出来，如"给力""抓手"等都是近年来才出现的新词，它们必须被留在公有领域，成为创作文字作品的基本材料。

（三）独创性与侵权作品的认定

对侵权作品应遵循"接触＋实质性相似"的认定方法。如果被控侵权人曾接触过原告受著作权法保护的作品，同时被控侵权作品又与原告作品存在内容上的实质性相似，则除非有合理使用等法定抗辩理由，否则即可认定其为侵权作品。至于被告利用侵权作品的行为侵犯何种专有权利，则需要结合被控侵权内容的特征和被告的行为加以具体判断。

独创性与侵权认定具有密切的关系。成果具有独创性是其作为作品受著作权法保护的前提，任何人只能就自己独创的内容主张作品的著作权保护。在著作权侵权诉讼中，即使被告的成果与原告的作品实质性相似，但若被告能够举证证明该部分并非由原告独创，而是源于第三人，那么原告的诉讼请求也不能成立。

目前，有关独创性与侵权认定之间关系的最大误解在于，"只要被告的成果具有独创性、构成了作品，被告利用该成果的行为就不侵权"。实际上，独创性只是判断一种成果是否构成作品的标准，并非认定该成果是否为侵权作品的标准。一种成果具有独创性不能在侵权诉讼中成为被告的抗辩理由，其完全可能既构成作品，又侵犯他人的著作权。假设一位漫画家将钱钟书先生的小说《围城》画成了一套漫画，完整地表现了小说《围城》的情节，该套漫画显然是符合独创性要求的作品，但如果未经许可出版这套漫画，则构成对小说《围城》著作权的侵犯。同样，根据小说《围城》拍摄的电视剧当然是视听作品，其独创性是毋庸置疑的，但如果未经许可拍摄并播放，也当然是侵犯小说《围城》著作权的行为。

根据"接触＋实质性相似"的公式，被控侵权成果与原告作品相比是否具有独创性，只影响对侵犯何种具体权利的判断，而不影响对侵权的认定。如果被控侵权成果与原告作品相比，不具有独创性，说明被控侵权成果只是原告作品的复制件，此时应认定被告侵犯了原告的复制权（参见本书第三章第二节）。如果被控侵权成果与原告作品相比，具有独创性，则被控侵权成果可能属于以原告作品为基础的演绎作品，此时应认定被告侵犯的是原告的改编权等演绎权（参见本书第三章第二节）。

三、正确认识作品分类的作用和各类作品的构成

◎ 难度与热度

难度：☆☆☆　　热度：☆☆

我国《著作权法》第3条以表达形式作为依据规定了八类作品，同时还规定了"符合作品特征的其他智力成果"。作品的分类对于判断某种表达形式是否构成作品、与之相应的专有权利以及权利归属都有重要作用。每一类作品都有其各自的构成要件，这些构成要件同时也决定了该类作品受保护的范围。

（一）认识作品分类的作用

作品的分类具有重要意义。首先，人类的表达形式丰富多彩，但并非所有表达形式都可成为受保护的作品。我国《著作权法》第3条以表达形式作为依据规定了八类作品，

说明相应的八种表达形式可以产生受保护的作品。换言之，这八种表达形式只要符合独创性等其他要求，就一定能构成作品。

其次，不同种类作品的著作权人享有的专有权利可能有所不同，例如，出租权只有视听作品和计算机软件这两类作品的著作权人才能享有。

最后，对于不同类别的作品而言，著作权的归属与行使的规则也不同。例如，视听作品中的电影作品和电视剧作品的著作权除署名权外归属于制作者，并不由编剧、导演等全体合作作者共同享有，但其他合作作品的著作权由全体合作作者共同享有。

需要注意的是，某一智力成果可能依观察角度的不同，同时归属于两种作品类型。例如，毛主席以其特有的"毛体"书写了不少诗词，毛主席的创作是文字作品还是美术作品（书法作品）？对这个问题的回答取决于对作品的观察角度。诗词基于其文字组合、遣词造句显然属于文字作品，但同时造型优美的手书又是美术作品。

（二）"文字作品"范围大于"文学作品"

文字作品是指小说、诗词、散文、论文等以文字形式表现的作品，即以书面语言作为表达工具的作品。对文字作品需要注意两点：一是"文字作品"的范围要比"文学作品"更广。没有上升到"文学"水准，但有独创性的文字组合仍然是文字作品，如理工科方面的学术论文等。二是文字作品不仅包括我们平时所熟悉的以文字（包括汉字、英文等）写成的作品，还包括以数字、符号表示的作品。虽然我国《著作权法》将计算机软件单独列为一类作品，但在国际上，计算机软件也属于文字作品。这是因为计算机软件仍然是以语言为表达工具的，其中，源代码是能够为程序员所理解的语言，而目标代码则是能够为计算机所读取的语言。基于同样的原因，盲文也是文字作品。

（三）并非任何口头表述都能构成口述作品

口述作品亦称口头作品，是指即兴的演说、授课、法庭辩论等以口头语言形式表现的作品。创作口述作品与以口头形式表演作品完全不同。在以演说等口述方式创作作品之前，作品并不存在，而是在演说等活动中才被即兴创作出来的。如果演说、授课和法庭辩论基本上是按照事先准备好的讲稿来宣讲的，则有独创性的讲稿属于文字作品，而按照讲稿进行宣讲只是对文字作品的表演。宣讲者并没有创作出新作品，不是作品的作者，而只是已有作品的表演者；其享有的也不是狭义著作权而只是表演者权。

《著作权法实施条例》在定义口述作品时列举了"演说、授课、法庭辩论"这三种典型的口述作品。这种列举并非多余。任何受著作权法保护的作品都必须符合独创性的要求。人们日常交流中的口头表述，如果较为简短或简单，往往源于社会生活中长期重复的表达，很少能符合独创性要求，如"今天天气不错""《著作权法》很重要，大家要努力学习"等，同时还有可能发生思想或事实与表达的混同。只有口头表述达到了一定长度和复杂度，才有可能融入个性因素，展示个人的聪明才智。"演说、授课、法庭辩论"正是典型实例，过于简短或简单的口头表述都不可能被称为"演说、授课、法庭辩论"。《著作权法实施条例》对上述三种口述作品的列举，意味着日常交流中的大量言语是无法被认定为口述作品的，只有句子与句子关联起来，作为一个整体能够较为完整地表达作者的思想感情并反映作者的个性时，才可能构成口述作品。例如，新东方英语教师罗永浩讲课时生动活泼的"段子"被学生录制后，有的网站未经许可传播，法院认定该行为侵犯了罗永浩对其口述作品享有的信息网络传播权。[①]

（四）对"音乐、戏剧、曲艺、舞蹈、杂技艺术作品"的理解

1. **"音乐作品"不等于曲谱**

音乐作品是指歌曲、交响乐等能够演唱或者演奏的带词或者不带词的作品。音乐作品的核心是旋律、音调等音乐要素及其和谐。没有词的曲可以构成音乐作品，但没有曲的词只能是文字作品，不能单独构成音乐作品。音乐作品通常以曲谱形式体现，但不能说没有记录形成的曲谱就没有音乐作品。如贝多芬在皎洁的月光下思如泉涌，即兴为盲女创作并弹奏了《月光曲》。一曲弹毕，传世之作《月光曲》当然已经诞生了，但当时尚无人为他记谱。因此，存在没有曲谱的音乐作品。

2. **"戏剧作品"不等于舞台上的整体表演效果**

戏剧作品是指话剧、歌剧、地方戏等供舞台演出的作品。创作戏剧作品的目的是通过演员在舞台上的表演将故事活灵活现地展示在观众面前。

对于究竟什么是"戏剧作品"，存在不同认识。一种观点认为戏剧作品指的是剧本，另一种观点认为戏剧是指以舞台的演出形式而存在的综合艺术，即"一整台戏"[②]。在文艺界人士看来，戏剧应当是许多人，如戏剧作家、导演、演员、灯光师、化妆师、舞蹈设计师等，创作或劳动的综合产物。但是，在著作权法上，必须区分不同人、不同性质的劳动来决定哪些劳动成果可以作为作品受到保护，以及归入哪一类别的作品加以保护。演员在舞台上的表演虽然非常关键，但演员只能作为戏剧作品的表演者享有表演者权，而非狭义著作权。灯光师和化妆师虽然辛苦，但其付出的是技术性而非智力创造性劳动，不可能符合独创性的要求，因此在著作权法上并不能享受任何权利。同样，按剧本的描述或要求对舞台场景加以布置，也并非创作作品的智力劳动，相关人员也不能在著作权法上享有权利。单纯的舞蹈设计如果无法使观众欣赏到"活的故事"，只能作为舞蹈作品而非戏剧作品受到保护。

因此，著作权法意义上的"戏剧作品"与在舞台上上演的那"一整台戏"是有区别的。戏剧作品只能指被上演的作品本身，它一般是通过对话、旁白、配词等构成的剧本加以体现的。不同的演出团体可以在不同的时间和地点演出这些剧本，但无论演出多少次，被演出的戏剧作品始终只有一部。像曹禺的《雷雨》、老舍的《茶馆》、莎士比亚的《罗密欧与朱丽叶》等都是戏剧作品。当然，并不能绝对地将戏剧作品与写出来的剧本画等号，因为有时戏剧不需要，甚至不能够通过剧本来加以表现。比如，一位戏剧大师对其创作的一部简短戏剧熟记于心，对于场景如何布置，故事如何开始、发展、达到高潮和结束，以及演员应当有怎样的表情、动作和对话，都心中有数，不需要通过文字记载下来。只要他指导表演班子在舞台上表演了这部戏剧，仍然有著作权法意义上的戏剧作品存在（但这是罕见的情况）。再如，哑剧，主要是通过动作、神态和表情来表现的，较难用文字记载。但哑剧只要得以表演，即使没有写好的剧本，也是戏剧作品。

---

① 罗永浩诉北京硅谷动力电子商务有限公司侵犯著作权纠纷案，北京市海淀区人民法院（2006）海民初字第 9749
号民事判决书，北京市第一中级人民法院（2006）一中民终字第 13333 号民事判决书。

② 郑成思. 版权法. 修订本. 北京：中国人民大学出版社，1997：93；刘春田，主编. 知识产权法. 2 版. 北京：中
国人民大学出版社，2002：52.

3."曲艺作品"仅有宣示作用

曲艺作品是指以相声、快书、大鼓、评书等以说唱为主要形式表演的作品。它们均属于我国传统的文艺创作成果。但细究起来，相声、快书、评书等通常需要先以书面方式创作出作品，然后由演员在舞台上进行表演。在这种情况下，关于文字作品的规定就足以保护这类作品的著作权。而相声演员、说书者作为表演者享有表演者权。有时演员可以即兴创作并加以表演，此时《著作权法》关于口述作品的规定也足以对即兴创作者加以保护。而大鼓等由说与唱或对乐器的演奏组成，从作品角度可以分解为文字作品与音乐作品的结合或口述作品与音乐作品的结合，从表演角度看则是对文字作品或口述作品以及音乐作品的表演。既然这类文艺形式中所包括的作品本身就可以作为文字作品、口述作品和音乐作品获得保护，而且将它们单列出来归为"曲艺作品"又没有获得任何特殊的保护，那么单独规定这类作品的意义仅在于宣示这些公众喜闻乐见的曲艺表演中包含受《著作权法》保护的作品，也就是向世人展示我国的传统文化。

4."舞蹈作品"是舞蹈动作的设计

舞蹈作品是指通过连续的动作、姿势、表情等表现思想、情感的作品。换言之，舞蹈作品是通过躯体的具有艺术感染力的活动来表现思想、感情的作品。舞蹈作品同样不是指在舞台上的表演，而是指被表演的舞蹈动作的设计。对舞蹈动作的设计一般是以文字描述、动作标记、绘图示意或录制下的舞蹈画面加以体现的。当然，编舞者也可能将自己设计的动作熟记于心，甚至无须将其上述任何一种方式记录下来，而是可以直接由自己或指导他人表演出来。此时，事前没有物质载体的舞蹈作品仍然是受《著作权法》保护的。

舞蹈作品仍然要符合独创性的要求。早已在公有领域流传多年的常规舞步、造型、动作和顺序等因缺乏独创性，不能构成舞蹈作品。由于舞蹈作品是由"连续"的动作、姿势、表情构成的，这些因素相互组合和连接的方式体现了独创性，静止的、单独的动作、姿势、表情几乎不可能有独创性，因此，仅仅张贴舞蹈表演时拍摄的几张照片，在无法基本还原连续的舞蹈动作设计的情况下，难言构成对舞蹈作品著作权的侵犯。同时，舞蹈作品与戏剧作品不同，后者必须演绎一个"活的故事"，而前者即使是根据某个动人故事设计的，但由于受到表现手法的限制，也只能将故事以极其抽象的身体语言向观众传达，往往难以使观众了解具体故事情节，因此，能够表现具体故事的哑剧应当属于戏剧作品而非舞蹈作品。

5."杂技艺术作品"仅指杂技、魔术、马戏中包含的艺术作品

根据《著作权法实施条例》的解释，杂技艺术作品是指杂技、魔术、马戏等通过形体动作和技巧表现的作品。著作权法保护的是对思想、观念或情感具有一定美感的表达，涉及的领域仅为文学、艺术和科学领域。这就是为什么以展示身体力量和竞技技巧为主要目的和价值的竞技体育活动通常不产生作品。这一原理当然适用于杂技、魔术和马戏。这些活动所展示的技巧，使用的道具和掩人耳目的精巧设计，都属于不受《著作权法》保护的操作方法、技术方案或实用性功能。

因此，此类作品中受保护的只可能是融入杂技、魔术、马戏中的舞蹈作品或其他艺术作品。如对于杂技"俏花旦"而言，即使将其中所有用于杂技表演的道具和难度极高的杂技动作全部拿掉，仅独创性的舞步和动作设计仍然可以构成舞蹈作品。换言之，受保护的是为杂技锦上添花的艺术，而不是构成杂技的核心要素——技巧。

（五）对"美术、建筑作品"的理解

1. "美术作品"是造型艺术作品

美术作品是指绘画、书法、雕塑等以线条、色彩或者其他方式构成的有审美意义的平面或者立体的造型艺术作品。美术作品不但包括各种形式的平面绘画，如油画、水墨画、木版画、铜版画、素描等，也包括各种立体形式的雕刻和雕塑，如石雕、木雕和以各种材料塑造出来的形象。需要注意的是：这里的"平面或者立体的造型艺术作品"不是指物理学意义上的以二维或三维物体为载体表现的艺术作品。我们生活在一个三维世界，任何物体都具备长、宽、高三个维度。例如，画家用以作画的纸张无论多薄，都具有物理学意义上的体积，因此也是三维的。大概只有科幻小说《三体》中导致太阳系毁灭的"二向箔"才是物理学意义上的二维物。[1] 因此，平面美术作品与立体美术作品的区分并不是以作品的载体是否为物理学意义上的二维物为依据的。平面美术作品原件或复制件作为物质载体当然是物理学意义上的三维物，只是在表现该美术作品时，只需要借助该物质载体的两个维度，而无须同时借助三个维度。如画家创作完成一幅国画之时，只需要纸张的两个维度（长度和宽度）即可表现该国画（美术作品），无须借助纸张的第三个维度（厚度）。反之，立体美术作品（如雕塑作品原件）则需同时借助物质载体的三个维度来表现作品。

美术作品必须具备"审美意义"，也就是应具备艺术性，但并不需要具备高度的艺术创作水准或高超的艺术创作质量。只要创作者将其对美学的独特观点在物质载体之上以可视的艺术形式表现出来，形成的艺术造型符合最低限度创造性的要求，就属于美术作品。当然，既然美术作品是"造型艺术作品"，就应当形成具备独创性的艺术造型。过于简单的线条与色彩的组合，如果没有形成起码的艺术造型，就很难有独创性可言，不能作为美术作品受到保护。例如，曾有学生提问：精心设计的弯钩形眉线是否为（美术）作品？它显然不是。仅从"独创"的角度来看，在人类几千年的绘画史中，当然已经有人绘制过两道弯钩形的线条。即使之前它不是眉线，但相同的线条形状早已有之，不可能是"独创"的。即使某人将该线条形状首次用于描绘眉线，也不可能产生作品。这是因为仅仅改变载体（从纸张到人脸），不符合独创性的要求。当然，如果有人独创了类似于京剧脸谱的造型，即使用于化妆，该造型也可作为美术作品受到保护。

同时，不考虑艺术创作水准或质量并不等于不考虑"审美意义"，也就是艺术性。对创作水准或质量的评判总是因人而异、因时而异，难求统一，但如果一种表达形式缺乏最起码的审美意义，甚至都不能被称为一种艺术造型，根本不属于艺术领域的成果，那就不能作为美术作品受到保护。最高人民法院也在相关判决中指出："就美术作品而言，著作权法除了要求具备独创性外，还要符合具有审美意义之条件……只有那些能够体现作者……的个性化审美判断，及其在艺术形象塑造中的创造性劳动的作品，才能被认定为著作权法意义上的（美术）作品。"[2] 下图中的胶带切割机是纯粹的工业产品，法院指

---

① 刘慈欣. 三体：Ⅲ 死神永生. 重庆：重庆出版社，2010：401-420.
② 最高人民法院（2015）民提字第 47 号民事判决书。

图 1-11　胶带切割机

出其"缺乏审美意义，也无法使人体会其要表达何种意境，单独陈列时具有何种欣赏价值"①，当然不属于美术作品。

2. "建筑作品"在我国须以建筑物或构筑物为载体

根据《著作权法实施条例》的解释，建筑作品是指以建筑物或构筑物形式表现的有审美意义的作品。② 这意味着在我国，建筑作品并不包括平面建筑设计图和建筑模型，而只能指三维的建筑物或构筑物。关于建筑设计图和建筑作品的关系，请参见后文"（七）图形作品和模型作品"中的讲解。

建筑物或构筑物能够作为作品受到保护是因为它们具有独立于其实用功能的艺术美感，反映了建筑设计师独特的建筑美学观点与创造力，如上海东方明珠塔、香港中银大厦、悉尼歌剧院等都由于其别具一格的外形而给人以美的享受。建筑作品以建筑物为载体，当然具有实用功能，如居住或办公。但著作权法不保护技术方案和实用性功能（见本章第二节）。例如，某高层建筑物具有独特的弧度，但该弧度设计是为了使该建筑物具有更好的稳定性，能够在台风来袭时保持楼体平衡。在这种情况下，该建筑物无论多么具有艺术观赏性，都不能作为建筑作品受到著作权法的保护，因为在这种情况下建筑物的实用功能与艺术美感是无法分离的，一旦不采用该弧度设计，其抵御台风的实用功能也就消失了或会受到影响。用著作权法保护该外形，势必也将保护具有功能性的设计，而这是违背著作权法基本原则的。

3. 实用艺术品受保护的核心条件：可分离性和艺术性

某些实用品除了有实用功能，还具有一定美感，被称为实用艺术品。实用艺术品应符合何种条件才能受到著作权法的保护呢？根据著作权法的原理，实用艺术品应当符合三个条件才能作为美术作品受到《著作权法》的保护。

第一个条件是：实用艺术品中的实用功能和艺术美感必须能够相互独立。著作权法不能保护操作方法、技术方案和实用功能（见本章第二节）。这一原则完全适用于对实用艺术品的保护：只有当实用艺术品中的艺术成分能够在物理上或观念上独立于其实用功能而存在时，著作权法才对该艺术成分加以保护。

在一些情况下，实用艺术品中具有功能性的部分和展示美感的部分可以在物理上加以分离，此时物理上可以独立存在的美感部分在符合其他条件时当然可以作为美术作品受保护。例如，下页图中精美瓷器的底部被设计为一个可装入茶饼的容器，因此具有实用性。但该部分与上面的艺术部分完全可以在物理上相互独立，因此该瓷器可以作为美术作品受到保护。

在另一些情况下，实用艺术品中的实用性部分与展示美感的部分相互融为一体，无法在物理上加以分离。此时，只有艺术成分在观念上分离出来，能够独立于实用功能而存在时，该实用艺术品才可能受到著作权法的保护。但是，关于判断"观念上分离"的标准众说纷纭。本书认为：如果改动实用艺术品在艺术部分的设计，影响了实用功能的实现，则艺术成分与实用功能就是无法在观念上分离的。但如果改动了实用艺术品在艺

---

① 广东省高级人民法院（2006）粤高法民三终字第 45 号民事判决书。
② 《著作权法实施条例》第 4 条第 9 项。

图 1 - 12　精美瓷器

图 1 - 13　精美瓷器分离图

术部分的设计，不会影响实用功能的实现，则艺术成分与实用功能可以在观念上分离。例如，对于下图所示的男性造型香水瓶和女性造型香水瓶而言，其艺术造型（人体造型）与实用功能部分（容器）无法在物理上分离，但即使香水瓶不被设计成人体造型，也不会影响其实用功能——作为容器装香水，因此，香水瓶的艺术美感是能够与其实用功能在观念上进行分离的。

图 1 - 14　女性造型香水瓶

图 1 - 15　男性造型香水瓶

　　相反，如果一部赛车的流线型设计能够基于空气动力学原理降低赛车在高速行驶时遇到的空气阻力，并保持车身平稳，则该设计无论多么赏心悦目、具有多么高的艺术价值，都不能受到著作权法保护。因为在这种情况下，设计所带来的艺术美感是无法与其具有的实用功能分离的，一旦不再采用这种设计，赛车所具有的行驶平稳、阻力较小的实用功能也就消失了。如果将这种流线型的赛车作为作品用著作权法加以保护，则其他赛车制造商就不能未经许可生产同种流线型赛车，否则，将构成著作权侵权。这实际上使著作权法沦为了保护实用技术方案的工具。

第二个条件是：其能够独立存在的艺术设计是独立创作的。前文已详细论述过独立创作的含义，此处需要强调的是：仅仅在实用品上再现现有作品，也即单纯改变作品的载体，不符合独创性的要求。

第三个条件是：实用艺术品应当能够被公众视为艺术领域的成果，也就是具有一定程度的艺术性。之所以有这样的要求，有如下原因：首先，具有一定美感的实用品还可能获得外观设计专利权保护。获得外观设计专利权需要经过申请程序、支付申请费用，并等待较长时间。而著作权保护是自动产生的，无须任何费用。特别是著作权保护的力度和期限远超外观设计专利权：对自然人作品的著作权保护期限长达作者有生之年加 50年，同时针对作品本身进行保护，即无论在何种载体上使用相同作品都应经过许可。而外观设计专利权的期限只有 15 年，保护只针对相同或相近种类的产品，即如果在其他产品上使用相同造型设计，并不侵犯外观设计专利权。在追求生活品位的现代社会，许多日常实用品都或多或少地有一些美感。可以预见，如果对美感较低的实用品都给予著作权保护，设计者将不再有动力去申请外观设计专利权，导致外观设计专利权的制度设计落空。其次，我国《著作权法》是将符合条件的实用艺术品作为美术作品加以保护的。如果不将一定的艺术性作为实用品受著作权法保护的条件，所有外形可与实用功能分离的日常实用品都可受著作权法保护，就超越了"美术作品"的范畴。也正因为如此，我国多数法院都将实用艺术品具备一定艺术性作为保护条件。如在我国较早发生的涉及实用艺术品的"瑞士英特莱格公司诉乐高（天津）玩具有限公司案"中，法院即指出："（实用艺术作品的）艺术性则要求该物品具有一定的艺术创作程度，这种创作程度至少应使一般公众足以将其看作艺术品。"[1] 下图[2]所示的两块积木均为乐高公司的产品，但法院只认定第一块积木为作品，原因就在于第二块积木不具备应有的艺术性。

图 1－16 乐高公司的积木一

图 1－17 乐高公司的积木二

（六）"摄影作品"：区分创作与复制

摄影作品是指借助器械在感光材料或者其他介质上记录客观物体形象的艺术作品。这里的"感光材料"无疑是指传统的胶卷，而随着技术的进步，胶卷等感光材料以外的"其他介质"也可以记录摄影作品。目前使用胶卷的传统照相机正在逐步被数码相机取代。在数码相机中，记录照片的介质是数字存储器。而当数码照片被拷贝至计算机之后，硬盘或光盘就成为记录照片的介质（物质载体）。

---

① 北京市高级人民法院（2002）高民终字第 279 号民事判决书。
② 北京市第一中级人民法院（2010）一中民初字第 16813 号民事判决书。

　　照片要成为摄影作品，当然要符合独创性的要求。拍摄可以是复制的手段，如为真实再现文件或其他照片而进行的纯粹翻拍，由此形成的照片没有独创性。如法院曾认为拍摄空军某飞行表演队队徽形成的照片仅系对该队徽的简单复制，并未体现出拍摄者的独创性，不能认定为作品。[①] 但拍摄也可以是创作的手段，拍摄过程往往为拍摄者留下了充分展示其个性和创作力的空间。首先，不同的摄影师在对同一景物或人物进行拍摄时，可以对拍摄角度、距离、光线和明暗等拍摄因素进行富有个性化的选择，使得照片影像具有独特的效果。其次，摄影师还可以运用自己的判断力，敏感和准确地捕捉到稍纵即逝的场景，使照片影像体现"瞬间的艺术"。再次，摄影师还可以对被拍摄的场景或人物进行独创性的安排，如要求被拍摄者摆出特定的姿势、表现出特定的表情，为被拍摄者选择服装和道具等，使影像在内容上具有独特的表现力。最后，对拍摄出的照片有时还要使用各种软、硬件工具进行一系列后期处理，以使其产生特殊的影像效果。因此，只要影像内容和效果能够体现摄影师在拍摄过程中具有独创性的选择、安排和处理，就能构成摄影作品。

　　如果照片的影像效果并非摄影师对被拍摄的场景或人物进行独特安排的结果，则摄影师无权阻止他人对同一场景或人物进行拍摄，而只能就其对该场景或人物的独创性表达——照片影像本身获得保护。如果被拍摄的场景或人物造型是摄影师进行独创性安排的结果，则摄影作品的独创性可以体现为这种安排结合对拍摄角度、距离、光线和明暗等拍摄因素的选择所形成的独特影像效果。此时若他人以摄影或绘画、雕塑等方式实质性地再现该影像效果，则可能构成侵权行为。如图 1－18 所示，第一名摄影师独具匠心地设计了两位老人怀抱一群小狗的场景作为拍摄对象，一名艺术家通过雕塑再现了近似的场景和人物造型，被法院认定构成侵权。[②] 需要注意的是，摄影作品以影像为表达形式，对被拍摄的场景或人物造型进行独特安排是形成该影像的手段，是摄影作品独创性的来源之一，因此对这种智力投入的保护只能体现在对影像本身的保护。如果他人通过仿照相似的场景或人物安排而重新拍摄或进行绘制、雕塑，由此形成的照片或绘画、雕塑实质性地再现了影像的视觉效果，则可能构成对摄影作品的侵权，但重现相似的场景或人物安排本身并不属于对摄影作品的侵权。

图 1－18　原告拍摄的照片

图 1－19　被告制作的雕塑品

[①] 　重庆市高级人民法院（2013）渝高法民终字第 00261 号民事判决书。

[②] 　Rogers v. Koons，960 F. 2d 301（2nd Cir.，1992）.

同样道理，下图中被告的油画与原告的摄影作品在内容上高度相似，二者在整体构图，场景布局，人物的姿势、神态、服饰特征以及物品摆放等方面均相同。法院认为：在摄影作品发表在先，油画作者有接触该摄影作品合理机会的情况下，被告的行为属于未经许可改编摄影作品，构成侵权。①

图 1 - 20　原告的摄影作品：《初为人母的美丽》　　图 1 - 21　被告的油画：《卓玛与阿妈》

（七）视听作品：录像制品之外的连续影像

视听作品是指由一系列有伴音或无伴音的画面组成，并借助适当装置放映或者以其他方式传播的作品。需要注意的是，"视听作品"（audiovisual work）一词给人的印象是此类作品必须能够被"听"到（audible），也就是必须有伴音，然而事实并非如此，没有伴音的连续画面如无声电影也可属于"视听作品"②。反之，仅有声音而没有连续画面，则不可能属于"视听作品"。因此，"视听作品"中的"视听"既不能被理解为"视和听"，也不能被理解为"视或听"，而应被理解为"视（可加听）"。我国《著作权法》将视听作品分为两类：第一类为电影作品和电视剧作品，第二类为其他视听作品。在国际上，"视听作品"被认为是《伯尔尼公约》中"电影作品和以类似摄制电影的方法表现的作品"（简称"电影作品"）的同义语。

与摄影作品相仿，视听作品虽然也是借助机器设备拍摄和制作的，但它具备了著作权法意义上的独创性，是个人美学观点和智力创造的结晶；其独创性体现在连续画面上下衔接产生的独特视觉效果。如对于电影而言，导演对剧本的改编和重新设计、对场景的安排，对演员从神情、动作到语言的指导；摄像师根据导演的要求对拍摄角度、距离的选择和对光线明暗的把握；后期制作中使用软、硬件工具对录影的剪辑、编排和加入蒙太奇等特技效果等，都反映了参与创作者独特的视角和极富个性化的选择与判断，因此，即使使用同一电影剧本和同一批演员，不同导演拍摄和制作出的电影也会有很大差异。这正说明由此拍摄和制作的电影是智力成果，符合独创性的要求。

两大法系对独创性的不同要求也体现在视听作品上。美国等英美法系国家对视听作

---

① 北京市朝阳区人民法院（2011）朝民初字第 20682 号民事判决书。

② 1989 年由世界知识产权组织主持缔结的《视听作品国际注册条约》（又称《电影注册条约》，该条约已于 1993 年终止）第 2 条将"视听作品"定义为"任何由一系列有伴音或无伴音的已录制的相关画面组成，可被视觉所感知的作品，当有伴音时，还可被听觉所感知"。

品（有的国家采用的名称为"电影作品和以类似摄制电影的方法表现的作品"或"电影作品和其他视听作品"）的独创性要求极低，只要不是翻拍，由人拍摄的连续影像几乎都会被认定为作品。德国等大陆法系国家则依创作程度将摄制产生的连续影像区分为"视听作品"和"活动图像"，前者受著作权保护，后者受邻接权保护，保护期较短。① 我国《著作权法》在此方面与大陆法系国家的立法相近，将连续影像区分为视听作品和"录像制品"。这就意味着视听作品和录像制品在我国是非此即彼的关系，已经固定但独创程度不足、不属于视听作品的连续影像属于录像制品。由此可见，我国在对视听作品独创程度的要求方面高于英美法系国家。

（八）对"图形作品"和"模型作品"的理解

我国《著作权法》第 3 条规定了"工程设计图、产品设计图、地图、示意图等图形作品和模型作品"（本书简称为"图形作品"和"模型作品"）。

1. 保护图形作品中的图形，而非实用功能与事实

根据《著作权法实施条例》的定义，图形作品是指"为施工、生产绘制的工程设计图、产品设计图，以及反映地理现象、说明事物原理或者结构的地图、示意图等作品"。

美术作品虽然也是以图形为表现形式的，但与工程设计图等图形作品不属一类。这是因为前者处于艺术领域，主要用途在于给人以艺术上美的享受；而后者处于科学领域，虽然也有一定美感，却主要服务于实用性功能，如工程设计图和产品设计图用于建造具有实用性的工程或产品，而地图和示意图供公众了解地理现象或事实原理及结构。

著作权法的基本原则是不保护任何技术方案和实用性功能（见本章第二节），那么将工程设计图与产品设计图列为受著作权法保护的作品是否违背了这一基本原则呢？对此需要指出的是：著作权法保护这类设计图是因为图形本身所具有的美感，而绝非其中的实用性功能。假设有两位产品设计人各自完成了一种电子产品的设计图。第一位设计人员创造性地进行了技术设计，不但使该电子产品轻巧、灵便，而且能够大大降低耗电率。另一位设计人员的设计则有致命的缺陷，按照其设计图制造的电子产品不仅庞大、笨重，而且很容易漏电导致使用者死亡。那么，第二位设计人员绘制的产品设计图是否为受著作权法保护的作品呢？对此正确的回答是：无论工程设计图和产品设计图中体现的技术方案是先进还是落后，其对应的工程和产品是优质还是拙劣，都不会影响设计图本身作为作品的法律地位。而设计图之所以能够成为作品，也与其设计方案及其对应的工程和产品的技术的实用性毫无关系，而是因为工程设计图和产品设计图是由点、线、面和各种几何图形组成的，包含着设计者眼中严谨、精确、简洁、和谐与对称的科学之美。这也是设计图符合独创性标准的方面。换言之，著作权法将设计图作为作品加以保护仅仅是因为图形设计"看上去美"，而不是因为它变成工程或实物之后的美感或实用功能。如果他人未经许可按照工程设计图或产品设计图建造或制造出了工程或产品，是否构成著作权侵权则完全取决于该工程或产品的艺术美感与其实用功能是否能够分离。

事实不受保护也是著作权法的基本原则（见本章第二节），而地图和示意图必须反映客观存在的地理现象、说明事物原理或者结构。例如，北京大学位于北京市海淀区颐和

---

① 德国《著作权法》第 95 条。该条针对的是"sequences of images and sequences of images and sounds which are not protected as cinematographic works"（不能作为电影作品保护的图像或图像和声音的序列）。

园路，北京市地图的绘制者就不可能将北京大学标记到天安门广场。同样，人体解剖图也必须力求真实地再现人体结构，不能为了好看而随意改动骨骼和器官的位置。鲁迅先生的名作《藤野先生》曾经记载了这样一件事：医学教授藤野先生将当时是医学院学生的鲁迅叫到研究室去，翻出鲁迅绘制的人体下臂的血管图并告诉鲁迅："你看，你将这条血管移了一点位置了——自然，这样一移，的确比较的好看些，然而解剖图不是美术，实物是那么样的，我们没法改换它。现在我给你改好了，以后你要全照着黑板上那样的画。"这正说明示意图应当准确地反映客观存在的事实。

那么，反映客观事实的地图和示意图为什么还能成为受著作权法保护的作品呢？这是否违背了著作权法不保护事实的基本原则呢？我们仔细观察日常生活中接触到的各类地图就能发现：地图不仅要反映客观地理现象，还要追求艺术性与可读性，特别是画面的美观和对标注对象与方式的选择和取舍。

首先，不同地图绘制者选择的对象可能有不少差异，地图上往往要标出某条道路上有何文化古迹、历史景点、购物中心、机关单位和大中小学校。标出哪一家、不标出哪一家，完全是地图绘制者自己的选择，反映了其独特的个性。

其次，不同的地图绘制者也会使用不同的标注和绘制方式。有的绘制者会为每一类对象设计独特的艺术性标志、图例或插图。例如，对于北京大学和清华大学，有的北京地图简单地使用"北京大学"和"清华大学"的文字加以标注，但有的北京地图则分别用北京大学和清华大学标志性的建筑——北大西门和清华西门加以标注。这种对标注方式的设计就有了艺术性和美感。再如，对于街道、河流、各类建筑等标注对象，地图绘制者可以选择不同的色彩，这就使地图在整体上反映出绘制者个人对图形色彩搭配与和谐的美学观念。

最后，即使是对客观的地理位置，地图的绘制者也可能进行取舍和艺术处理。地图上往往有一句声明："图形经过变形处理，不作实际测量用"。这说明地图绘制者为了方便读者使用，往往不按实际的比例尺绘制地图。例如，市区在城市中的地位比较重要，而且需要标出的各种机构很多，所以它在城市地图中的大小比例可能就是经过放大的，而郊区在地图画面中所占比例就可能被大大压缩。再如，上海市许多街道都是弯弯曲曲的，如果将其中每一个弯曲点都如实在地图上标出就显得不美观，因此，上海地图仅仅是绘出其大致走向，而不会与现实中每一条街道的每一处客观位置一一对应。这种对形状和大小的取舍也可能符合独创性的要求。

但是，地图因其在整体上符合独创性而成为受著作权法保护的作品，绝不意味着其中每一个要素都受到保护。任何处于公共领域内的要素以及无独创性的选择、编排和处理都将被排除在著作权法保护范围之外。例如，我国的版图形状早已为世人所熟知，本身不可能再被"创作"出来，因此，仅仅把公众知晓的我国版图形状再绘制出来，而没有进行其他艺术加工或处理，不能构成受保护的作品。同样，如果这张版图中标出了我国的直辖市和省会城市的名称，其整体也不能作为作品受到保护，因为在我国版图中标注这些重要的城市是最为常规的方法，对被标注城市的"选择"毫无智力创造性可言。

地图中反映客观事实的成分也不能受到保护，地图绘制者只能阻止他人未经许可使用地图中的艺术性成分，而不能禁止他人借鉴其中反映的事实。如果一张地图中准确地列出了城市中所有街道的名称，即使地图的绘制者第一次在该市地图中列出了这些街道的名称，也不能基于著作权而阻止其他地图绘制者使用相同的街道名称。美国早期的判例曾经根据"额头流汗"标准提出了保护地图版权的所谓"直接观察原则"，即认为只有绘图者直接观察地理状况、收集相关信息，将其反映在地图上，才能符合独创性的要求。如果地图绘制者只是收集来源于其他地图中反映的客观地理状况，而没有亲自去察看，由此绘制而成的地图就没有独创性。① 但这一规则不合理地剥夺了绘图者使用事实的权利，因此已被后来的判例推翻。

示意图之所以能够成为作品，也是因为它包含了绘制者富有个性的选择、取舍和艺术处理。仍然以人体解剖图为例：医学院的教授和学生们固然不能随意改动骨骼和器官的位置，但在色彩、线条和标注方法上仍然有选择和处理的余地，不同的绘制者可以用不同的颜色标注某一器官，可以将美术创作手法应用于描述某一器官的形状——因为示意图中的物体形状与地图中街道的走向一样，并不需要和实物严格地一一对应，只要绘出读者都能理解的大致形状就可以了。

2. 模型作品是科学模型而非按比例放大或缩小形成的模型

根据《著作权法实施条例》的定义，模型作品是指为展示、试验或者观测等用途，根据物体的形状和结构，按照一定比例制成的立体作品。"模型作品"的名称容易使人误认为一些生活常见的模型，如等比例精确缩小的汽车模型等，也属于"模型作品"。任何作品都要符合独创性的要求。精确地按照一定比例对实物进行放大、缩小或按原尺寸制成的"模型"仅是实物的复制品。无论此类模型的制作是机械的复制过程还是需要高超的技巧，由于没有形成有别于原物、源于制作者本身的造型，此类模型都不属于"模型作品"。还有一些模型在造型上与原物存在显著差异，如根据人像雕刻制作一个小雕像，但刻意了改变人像的表情或面部特征，导致缩小版的小雕像具有嘲讽的视觉效果。再如，以波音飞机为原型制作供儿童玩耍的玩具，并非飞机的精确缩小版，而是适应儿童的审美心理，对飞机各部分的形状进行了重新塑造和艺术加工。此类模型具备独创性，当然属于作品，但由于它们不是"为展示、试验或者观察等用途"而制成的，故属于立体美术作品，而不是模型作品。

实际上，《著作权法》规定的"模型作品"来源于《伯尔尼公约》第2条第1款规定的"与地理、地形、建筑或科学有关的……立体作品"，也就是"科学模型"，如为了向学生展示人体结构和山川构造而制作的人体模型和地形地貌模型等。在制作此类模型时，为了达到教学效果，通常不会精确地按照实物进行等比例缩小，而是在不违反科学性的前提下在造型和色彩等方面进行适度夸张和改变，从而使其具备了独创性。

在"'慧鱼'创意组合模型案"中，原告设计和制造了"慧鱼"创意组合模型，其中"机械与结构组合包"中含有拼装组件。学习机械原理和设计的学生可以根据说明书中的示意图（见下页图），搭建30种机械装置的立体造型（图1-22）。本案被告未经许可制造和销售与原告的产品近似的创意组合模型，双方发生诉讼，争议焦点之一是按照说明书搭成的30种机械装置的立体造型是否属于我国《著作权法》规定的模型作品。

法院认为：涉案栅栏、曲柄传动机构等30种立体造型系抽象自现实中的机械、工程结构，现实中存在与之相对应的物体或者结构，但又不完全是复制实物，而是能展示实

---

① Amsterdam v. Triangle Publications, Inc., 93 F. Supp. 79 (E. D. Pa., 1950).

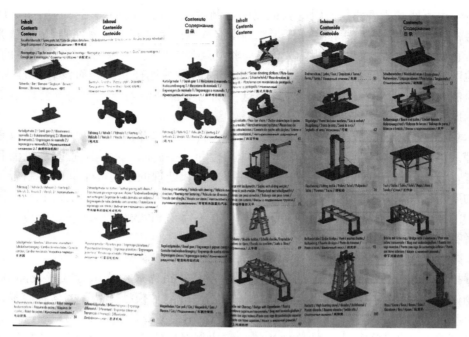

图 1-22 "慧鱼"创意组合模型说明书

物所蕴含的机械原理和物理结构。设计者通过对现有机械及工程结构进行选取和提炼、抽象和简化，在创作过程中对立体结构进行了取舍、浓缩和抽象，展示科学之美，在布局、结构安排、搭配组合等方面，体现了设计者的构思和安排，具有独创性。同时，运用组件，按照说明书的步骤图能够搭建成与安装说明书所附图样一致的具有实物形态的30 种立体造型，即能以有形形式固定。因此，涉案 30 种立体造型均符合我国著作权法规定的模型作品的构成要件，并各自独立于图形作品构成模型作品，应受我国《著作权法》保护。[1] 上述认定是合理的。搭建完成的立体模型一方面能够反映现实中机械装置（如吊车、抽水机等）的形状和结构，便于向使用者展示机械原理，也能让使用者进行观察和学习；另一方面又不是对原物按比例进行精确缩小，而是进行了抽象、夸张、缩略或其他改动，使之在造型与色彩的搭配上具备独创性，因此属于模型作品。

（九）计算机软件：区分代码化指令序列和被调用的数据

计算机软件是《著作权法》保护的一类极为特殊的作品。计算机软件中的程序不同于其他文学、艺术和科学作品的特征在于，它的作用不是展示文学、艺术和科学美感，传递思想感情或特定信息，而是指挥计算机完成任务，因此，早期有不少国家并不赞同将计算机程序认定为著作权法意义上的作品，而是主张用邻接权或其他特殊机制加以保护。但美国作为计算机软件产业最为发达的国家，运用其政治和经济影响力，最终使其他国家同意将计算机程序作为作品纳入著作权的保护范围。[2] 1994 年通过的 TRIPs 协定明确规定计算机程序应作为文字作品受到保护。

---

① 上海知识产权法院（2018）沪 73 民终 268 号民事判决书。

② ［日］小野昌延. 知识产权 100 点. 李可亮，马庆田，译. 王栋全，校. 北京：专利文献出版社，1992：20.

根据我国《计算机软件保护条例》，计算机软件是指计算机程序及其有关文档。其中计算机程序是指为了得到某种结果而可以由计算机等具有信息处理能力的装置执行的代码化指令序列，或者可以被自动转换成代码化指令序列的符号化指令序列或者符号化语句序列。计算机程序有源程序和目标程序两种表现形式。源程序是程序员用高级语言编写的，能够为其他程序员所理解的程序，而目标程序由高级语言转化而来，只能为计算机所读取，而无法为人所理解。文档则指用来描述程序的内容、组成、设计、功能规格、开发情况、测试结果及使用方法的文字资料和图表等，如程序设计说明书、流程图、用户手册等。[1]

从这个定义来看，计算机软件中的文档与文字作品存在一定交叉，因为说明书和用户手册等本身主要由文字组成，只是由于它与软件有关才作为文档成为计算机软件中的一部分。

需要注意的是，著作权法意义上的"计算机程序"与日常口语中所说的"计算机程序"往往不是一回事。著作权法意义上的计算机程序仅指"代码化指令序列，或者可以被自动转换成代码化指令序列的符号化指令序列或者符号化语句序列"（简称"代码化指令序列"），它并不包括被代码化指令序列所调用的数据或其他类型的作品。口语中的"一套软件/程序"在被转化为能够直接为计算机所读取的"机器码"之后，所有内容都以 0 和 1 的"代码"形式表现，其中不但包含了"代码化指令序列"，往往还有大量被"代码化指令"调取的、以代码形式表现的其他类型作品（如文字作品、音乐作品、美术作品和摄影作品等），以及不构成作品的数据。这些作品和数据本身不是指挥计算机完成某种工作的"指令"，因此，即使其存在于口语上的"一套软件/程序"之中，也并不是著作权法意义上的"计算机程序"。

试以本书作者曾编写的一款"英语单词拼写测试软件"为例：该软件在运行时，首先会显示一个中文单词，要求使用者输入相对应的英文单词，并将输入的单词与软件中预存的英文单词加以比对。如果使用者输入的英文单词拼写正确，则告知"拼对了"并播放欢快的歌曲。如果拼写错误，则会提示"拼错了"并播放悲伤的歌曲。该软件由三部分组成：主程序、中英文单词库和两段歌曲。如果将该程序刻入光盘中销售，人们在口语中会说这是一张"软件光盘"。但是，在著作权法意义上，其中真正能够构成"软件"的只有"主程序"，而不包括中英文单词库和两段歌曲。因为"主程序"才是"代码化指令序列"，它可以指挥计算机调取和显示词库中的中文单词，允许用户输入英文单词，将输入的英文单词与词库中预存的英文单词进行比对，显示比对结果并播放相应的歌曲。而中英文单词库是严格根据英语课本中列出的单词构建的，没有编写者独创性的选择与编排，因此仅仅属于无独创性的汇编，其中的内容不能受到著作权法的保护。两首歌曲则只能作为"音乐作品"受到著作权法的保护。因此，中英文单词库与两首歌曲虽然被编入了这套"英语单词拼写测试软件"，却并不构成"计算机程序"，也不能作为"计算机程序"的一部分受到保护。以上关系可用图 1-23 表示。

需要指出的是，以代码形式出现的数据与其他类型作品在著作权法中的地位是有差别的。虽然后者不是"代码化指令序列"，不能作为"计算机程序"受到著作权法的保护，但仍然可以作为其他类型作品受到保护。例如，游戏软件在运行过程中，会显示图片、动画，播放音乐，甚至还会有故事情节，这些内容可能分别构成"美术作品""视听

---

[1] 《计算机软件保护条例》第 2、3 条。

作品""音乐作品""文字作品"。如果未经许可将游戏中的这些作品单独提出后使用，仍然构成著作权侵权。但是，对于软件中单纯的数据而言，如代表游戏中人物生命力、能量级别等的参数、数值，既非"计算机程序"，也不可能作为任何作品类型受到著作权法的保护，因为单纯的数据只是"事实"，并非独创性的表达，不可能构成著作权法上的"作品"。这与产生该数据的过程或机制是否具有智力创造性毫无关系。对数据本身进行复制和修改，不可能构成对计算机程序著作权的侵权。

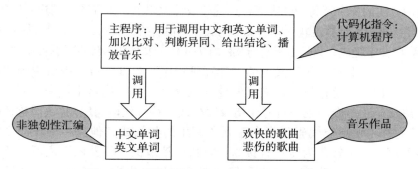

图 1-23 "英语单词拼写测试软件"运行示意图

第二节 著作权法不予保护的客体

我国《著作权法》明文规定了不予保护的客体。但这并不意味着著作权法不予保护的客体仅限于此。一些《著作权法》并未明文排除的客体依著作权法原理也不可能受到著作权法保护。

一、依著作权法的原理不予保护的客体

◎ **难度与热度**

难度：☆☆☆☆☆　热度：☆☆☆☆☆

（一）理解"思想与表达两分法"

著作权法并不保护抽象的思想、思路、观念、理论、构思、创意、概念、工艺、系统、操作方法、技术方案，而只是保护以文字、音乐、美术等各种有形的方式对思想的具体表达。例如，如果有一名画家在世界上第一次想出要画一幅一条正在听主人留声机中声音的小狗，即使他将这个创意告诉了别人，这个创意也不能作为作品受到保护。而且即使他根据这一创意画出了一幅图，他人仍然可以以其他方式使用"一只小狗在听留声机"这个创意。著作权法保护的只是画家以图形的形式对这一创意的具体表达。例如，画家可以画一个具有特定外观的留声机、房间的特定背景、家具的特定摆设，当然还有一只特定品种的小狗、小狗的姿势和表情。这些画面组合在一起就是对创意的表达，也就是受保护的作品。[①]

在"《红楼春秋》著作权侵权纠纷案"中，有"红学"爱好者发表了学术论文《〈红楼梦〉中隐去了何人何事》，其中提出了新观点，即《红楼梦》以隐晦的笔法揭示了雍正

---

① Hugh Laddie，etc.．The Modern Law of Copyright and Designs. 3rd ed. Butterworths（2000），§4.44.

皇帝暴死的真实原因——他被曹雪芹和竺香玉合力毒死。另一"红学"爱好者富某看到这篇论文后受到启发，撰写了一部 25 万字的章回体小说《红楼春秋》并出版。《红楼春秋》作为一部纯文学作品，正是围绕着《〈红楼梦〉中隐去了何人何事》一文的核心观点展开故事叙述的。论文作者认为小说作者侵犯其改编权和保护作品完整权。法院认定富某的行为并不构成侵权。[①] 显然，提出《红楼梦》行文背后隐藏的是曹雪芹和竺香玉毒死雍正皇帝的真相，仅仅是一种观点，属于"思想"的范畴。根据这一思想创作的小说与"红学"论文之间的相似之处如果仅仅在于这一思想本身，则小说作者的行为不构成著作权侵权，因为思想本身是不受著作权法保护的。再如，曾有人在其研究成果《南水北调设想——嘉、汉入渭以济陕、甘诸省》中提出了"引汉济渭方案"，他人将该设想变为现实，只是对思想的利用，并非对表达的复制，因此并不侵害研究成果的著作权。[②]

从著作权法所追求的目的和效果来看，法律赋予作者著作权的最终目的不是奖励作者而是鼓励创作，而创作作品不可能是在空中建楼阁、完全脱离前人已有的成果，每一个作者都会自觉或者不自觉地受到他人的启发，因此，公共政策要求著作权法允许人们自由使用他人作品中所蕴含的思想，用以创作出在表达上具有原创性的作品。如果思想也有著作权，那么市场上不可能出现多少作品，因为完全不借助他人思想而创作的作品几乎是不存在的，而要求每一个作者都向思想的原始提出者交纳许可使用费之后才能使用将会极大地限制创作行为。

1. 思想与表达的分界

既然著作权法不保护思想，而只保护对思想的表达，那么在涉及著作权侵权的诉讼中，就需要判断被告未经许可使用的究竟是原告作品中的思想还是表达。在许多情况下，思想和表达的分界点并非十分清晰。对于小说、戏剧等涉及故事的文学作品而言，它们都会有一个主题，该主题当然属于不受著作权法保护的"思想"。同时，小说或戏剧中每一处细节的描写，则构成"表达"。因此，根据前人的小说创作一部主题相似，但内容完全不同的小说（借用"思想"）并不构成侵权，而一字不差地抄袭他人小说（盗用"表达"）则无疑会侵犯他人的著作权。但是，处于主题和细节这两个极端之间的内容，包括故事的情节、故事的结构、故事中主要的事件、事件之间的顺序、人物的性格、人物之间的关系等，究竟属于"思想"还是"表达"呢？

过去不少著作将"著作权法只保护表达，不保护思想"的原则表述为"著作权法只保护表达形式，不保护思想"，这种说法固然比"著作权法只保护表达"更符合汉语的语法习惯，但容易使人认为著作权法只保护"形式"，而不保护与"形式"相对的"内容"。这意味着任何人都可以自由使用作品的内容，只要不使用相同或相似的语言等表达形式就可以了。按照这种说法，将他人创作的小说或戏剧中的故事用"同义词替换"的方法全部改写一遍并不会侵犯著作权，因为改写之后产生的新作虽然在故事情节、人物、结构、事件发展顺序、人物之间关系等"内容"上与原作相同，但是"形式"，也即具体措辞，完全不同。同样，按照上述说法，如果有漫画家未经许可使用他人小说作品中的全部故事情节和人物等内容绘制出了一套漫画，也不是著作权侵权行为。

---

① 但是，法院同时认定小说是论文的"演绎作品"。这一结论是不能成立的，参见后文对"演绎作品"的分析。
② 陕西省高级人民法院（2017）陕民终 1123 号民事判决书。

这些结论显然是不能成立的，否则，著作权法中的"演绎权"，包括摄制权、改编权和翻译权等，都失去意义了，因为"演绎权"所控制的行为，正是以不同的表达形式表现同一内容。对于改写和翻译而言，虽然新作的遣词造句或所使用的语言文字与原作截然不同，但表达了相同的内容。使用他人小说绘制漫画和拍摄电影尽管很少使用原作的表达形式——书面文字，而是主要借助美术与电影画面，但仍然表现了与小说相同的故事。这些行为均是对原作中"表达"的使用。换言之，对于小说和戏剧而言，与"思想"相对应的"表达"不仅仅包括"形式"，也包括"内容"。

实际上，对于一部小说或一部戏剧而言，能归入"思想"范畴的绝不仅仅是这部小说或戏剧的主题思想。从无数具体的细节，到作品的最终主题思想，这是一个由下至上的"金字塔"形的结构（见图1-24）。

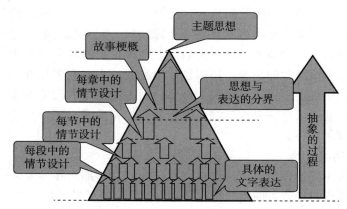

图1-24 "思想"与"表达"金字塔

从金字塔底端的每一句话的文字表达，至金字塔顶端的主题思想之间，可以有一个不断地抽象和概括的过程。我们可以首先对处于"金字塔"底层的每一个段落进行抽象和概括，提炼出每一段的主要意思；然后对每一段落的主要意思进行再抽象和概括，提炼出每一小节的主要意思；接着再对每一小节的主要意思进行抽象和概括，这样又可以提炼出每一章的主要意思，由此最终提炼出整部作品的中心思想，也即到达了金字塔的顶端——故事的主题思想。在这一从"金字塔"底层到顶端的渐进过程中，随着抽象和概括程度的不断提高，越来越多具体的因素被排除出去。而在由下至上的递进关系中，被抽象和概括出的内容相对于下一层次的是"思想"，相对于上一层次却可能是"表达"了。在"金字塔"的底层和顶端之间，总会存在一个分界线，在这条分界线之上就是不受保护的"思想"，而在这条分界线之下就是受保护的"表达"。如果他人仅仅使用了这条分界线之上的内容，并不会构成对著作权的侵犯，反之，如果他人未经许可使用这条分界线之下的内容，就有可能构成著作权侵权。

即使应用"抽象概括法"，要准确地划定"思想与表达"之间的界限，也需要就个案进行分析。[①] 对于故事情节究竟是"思想"还是"表达"的问题，不能一概而论。目前国

---

① 汉德法官在 Nichols v. Universal Pictures Corporation 案的判决中曾说过一句略显悲观的话："思想与表达"之间的界限"没人曾经能够找到，也没人能够找得到"。

际上得到较多认同的结论是：如果故事的情节，包括事件的顺序、角色人物的交互作用和发展足够具体，则属于"表达"的范畴，将受到著作权法的保护。换言之，如果作者创造出了一个被充分描述的结构（sufficiently elaborate structure）时，就有可能作为"表达"受到保护。① 但是，在具体的作品中有哪些情节属于"思想"、哪些情节属于"表达"，并没有一个固定的或者放之四海而皆准的标准，还是要根据具体情况进行分析。但无论如何，"思想与表达"之间的分界线绝不在"金字塔"的最底端，即认为只有每一句话才属于受保护的"表达"，否则，就会得出只要变换措辞重述一部作品，如前文提到的以"同义词替换"的方法对一部小说进行改写，都是在使用"思想"，因而不构成著作权侵权的错误结论。同样，这条分界线也绝不在"金字塔"的最顶端，即认为只有作品最为抽象的主题思想才是不受保护的"思想"，往下的层次均是受保护的"表达"，否则，著作权保护的范围就会过于宽泛，会影响后人对作品进行合理的借鉴。

当被控侵权的文学作品并非直接抄袭原作品中的文字表述，双方只是有部分情节相似时，需要综合考虑以下因素以进行侵权认定。首先，原告要求保护的情节是否由原告独创。在人类数千年的文学史中，有大量的叙事模式早已被使用过了，后人的作品有时是对前人情节设计的翻新。而没有独创性的情节设计不能获得保护，独创性较低的情节设计受到的保护水平则相对较低。例如，在上海市第一中级人民法院审理的"《胭脂盒》案"中，原告认为被告的沪剧《胭脂盒》未经许可改编了自己创作的小说《胭脂扣》，理由之一是两部小说在部分情节上雷同，如男主角陈振邦与女主角如花的恋情遭到陈家反对，导致他们双双服毒殉情。法院指出：这很难说是小说独创的情节，因为富家子与风尘女相恋而遭家庭反对，恋人因爱情遇阻而殉情是爱情题材文学作品中惯常的表达。②

其次，原告要求保护的情节，包括角色人物及其相互之间的关系，以及具体事件的发生、发展和先后顺序，是否已具体到一定程度，可以作为"表达"受到保护。如果原、被告作品之中的相似之处已明显超越了概括的叙事模式，而是较为具体的情节，同时，相似的各要素之间存在强烈的逻辑联系，足以构成"一个被充分描述的结构"，其整体应当属于"表达"。但如果双方作品的相似之处只是较为概括、抽象的情节，则很可能接近金字塔的顶端，而被认为是思想。北京市第二中级人民法院审理的"《潜伏》案"就是如此，《潜伏》的作者认为《地上，地下》与其作品在故事结构方面是相似的：《潜伏》描写的是知识分子余则成打入军统内部，与农村妇女、女游击队员翠平假扮夫妇一起进行地下工作；《地下，地上》描写的是八路军的侦察连长刘克豪打入军统内部，与女游击队员王迎香假扮夫妇一起进行地下工作。这两部作品还都描述了因双方经历、背景方面的差异而产生的暂时矛盾、冲突等。但这两部作品在这方面的相似只关乎整个故事展开的背景，小说的精华应当是这对假扮的夫妇是如何在磕磕碰碰中去完成地下工作任务的。而这些具体的情节设计并不相似，因此法院并未认定《地下，地上》是侵权作品。③

---

① Hugh Laddie, etc.. The Modern Law of Copyright and Designs. 3rd ed. Butterworths (2000)，§3.85.
② 上海市第一中级人民法院（2012）沪一中民五（知）终字第 112 号民事判决书。
③ 北京市第二中级人民法院（2008）二中民终字第 02232 号民事判决书。

最后，被告对原告作品中独创性情节的使用，是否达到了一定的量，即存在"实质性相似"。如果只有个别具体情节是相似的，则难以构成侵权。在"庄羽诉郭敬明案"中，郭敬明的《梦里花落知多少》与庄羽的《圈里圈外》相比，有多处主要情节设计、数十处一般情节设计、数十处语句相似，因此法院判决郭敬明败诉，也即认为两部作品之间是实质性相似的。[①]

2. 思想与表达的混同

"思想"与"表达"的混同是指在某些情况下，对某种"思想"只有一种或极其有限的表达。例如，任何比赛都有一套规则，指示参赛的选手可以做什么、应当怎样去做、不可以做什么，该规则本身可以被称为一种"思想"。但是，如果要用简洁的语言来陈述这一套规则，如"足球比赛中球被本方球员踢出本方底线，由对方罚角球"，则可供选择的表达方式并不多，不同的人用各自的语言描述这套规则的结果总是大同小异的。其原因在于：在保持语言简洁的前提下，能够用于描述该规则的词汇和方式很有限。在这种情况下，原本不受保护的"思想"和原本受到保护的"表达"混在了一起，无法在两者之间划出明确的界限。如果将对规则的语言描述作为"表达"加以著作权保护，会导致"表达"所依附的"思想"本身也被垄断。假设类似"足球比赛中球被本方球员踢出本方底线，由对方罚角球"的表述享有著作权，则除非他人能证明自己从来没有看到过这条规则的表述，而是自己独立提出的，否则就不能未经许可以复制等方式使用这条规则表述。这显然是一种不合理的垄断。所以，此时在立法政策上只能选择不保护这样的规则表述。因此，如果一种"思想"实际上只有一种或非常有限的表达，那么这些表达也被视为"思想"而不受保护。这就是著作权法中的"混同原则"。

我国《计算机软件保护条例》第 29 条规定："软件开发者开发的软件，由于可供选用的表达方式有限而与已经存在的软件相似的，不构成对已经存在的软件的著作权的侵犯。"这也是"混同原则"的反映。

（二）为什么不保护"操作方法、技术方案和实用功能"

操作方法、技术方案和工艺、系统等任何实用性功能也属于"思想"的范畴。只是由于在汉语中这些因素与"思想"并非同义或近义词，本书将其分开讲解，但上文所述的"混同原则"在此也完全适用。

著作权法只保护具有独创性的表达，任何实用性的因素，包括操作方法、技术方案和实用功能等，都不在著作权法的保护范围之内。如果某人撰写了一本介绍美容技术的书，另一人阅读之后，在美容院使用这一技术为顾客服务，或者用自己的语言将这本书中涉及的美容技术重新加以描述和说明，都不会构成著作权侵权，原因是他仅仅再现了美容技术，而这种技术本身是不受著作权法保护的。[②] 再如，在论文中描述对新产品的设计方案，他人未经许可根据论文的描述制造该新产品并应用于工业生产，并不侵犯论文作者的著作权。[③] 论文作者如欲保护自己的发明创造，应当在通过发表论文等方式向社会

---

① 北京市高级人民法院（2005）高民终字第 539 号民事判决书。

② Runge v. Lee，441 F. d 579（9th Cir.，1971）.

③ 孟某诉石家庄棉纺四厂等利用其作品中表明的技术思想绘制图纸后制作装置侵犯著作权案，原判决书案号缺失。

公开之前申请专利权（参见本书第九章）。

为什么对于同一种技术方案，用于专利申请就可能获得对技术方案本身的垄断权，从而使发明人有权阻止他人未经许可使用这种技术，而仅在论文或著作中加以描述就不能阻止他人使用呢？这是因为专利权并不是自发明人完成设计技术方案之时起就自动产生的。一项技术方案只有具备新颖性、创造性和实用性，才能被授予专利权。这种要求确保了这项技术必须是新颖的，能带来技术进步，而且能够运用于产业领域，获得积极的社会效益，国家才对它进行有期限的保护。而著作权是自作品完成之时就自动产生的，没有经过任何实质性的审查，无从保证作品所描述的技术方案具有新颖性、创造性和实用性，作品所描述的技术可能是别人早已公开使用的或者轻易就能想到的，只是从未付诸文字而已；而且著作权保护的时间远远长于专利权，允许作者通过著作权来垄断作品中所描述的技术无疑是不公平的，会阻碍技术的进步和知识传播，因此，我国《计算机软件保护条例》第 6 条针对计算机软件的著作权保护规定："本条例对软件著作权的保护不延及开发软件所用的思想、处理过程、操作方法或者数学概念等。"

（三）为什么不保护"事实及对事实无独创性的汇编"

客观事实本身不能受到著作权法的保护。事实是客观存在和发生的事情，它一旦产生，就不可能再受人类思想或创作活动的影响，不可能由作者"创作"出来，因此不可能是具有独创性的作品。作者可能是第一个发现、报告或描述客观事实的人，但他并不能对事实享有著作权。例如，对于人口统计工作而言，统计人员并没有"创作"出人口统计数字，他们仅仅是通过大量调查发现或揭示了这个数据，因此，统计数据不可能作为作品获得著作权。与人口统计数据一样，各种客观事实，包括科学事实，历史事实、新闻事实，本身都不可能受著作权法的保护。它们从产生那一刻起就进入了著作权法意义上的公共领域，任何人都可以自由使用。

假设一名历史学家在进行了大量的调查和走访之后，撰写了一部有关历史事件的调查报告，该调查报告基于其具有独创性的文字表达当然是受著作权法保护的作品。但这并不意味着构成作品的每一个要素同时也受到著作权法的保护。由于有关历史事件的调查结果本身可以被视为客观事实，或至少是对什么是客观事实的思想、观点，因此，它可以被后来的作者自由使用，借以创作出其他具有独创性的作品，调查报告的作者对此是无权加以阻止的。换言之，虽然这部调查报告也是作品，但只享有较弱的著作权保护。他人虽然不能未经许可对其中的文字表述加以抄袭，或加以发表、出版等，但能够使用被讲述或描述的历史事实。

如果著作权法对于在历史研究过程中为调查、揭示历史事实而付出的努力加以保护，则无异于使作为研究结果的历史事实本身也受到保护，而这是与作者只能就其具有独创性的作品获得著作权的基本原则相违背的。无论研究者付出了多少辛勤的劳动，历史事实并不"源于"研究者，而是早就客观存在着，它不可能成为历史研究者的"作品"。用著作权法保护作为研究结果的历史事实还将妨碍其他人合理地借鉴该历史事实进行文艺创作，也为著作权立法的根本宗旨所不容。

二、依《著作权法》的规定不予保护的客体

◎ **难度与热度**

难度：☆☆☆　热度：☆☆

《著作权法》第5条规定："本法不适用于：（一）法律、法规，国家机关的决议、决定、命令和其他具有立法、行政、司法性质的文件，及其官方正式译文；（二）单纯事实消息；（三）历法、通用数表、通用表格和公式。"

（一）理解"官方文件"的范围

法律、法规，政府决议、决定、命令，法院判决等具有立法、行政、司法性质的官方正式文件及其官方正式译文不受著作权法的保护。这些官方文件完全可能是符合独创性要求的作品，但官方文件涉及社会公众和国家整体利益，属于全体社会成员公有的信息资源，国家要鼓励公众尽可能地加以复制和传播。而著作权是一种相对意义上的垄断权，它意味着未经许可他人不得复制、传播或以其他方式利用相关作品，这与官方文件的性质是截然相反的，因此，官方文件不宜成为著作权法的保护对象，因此，不少法学教科书在附录部分附上相关法律、法规的行为并不构成对著作权的侵犯。

需要注意的是，只要相关文件是具有立法、行政、司法性质的，就不能受到著作权法的保护。这与起草者是否为国家立法、行政或司法机关的工作人员并无关系，即使某部法律草案或相关的立法报告完全由立法机关委托给某位在大学法学院任教的学者起草，该草案和立法报告在被采纳、通过之后，就成为官方正式文件了。如果相关文件虽然为政府工作人员所起草和发表，但并非作为官方正式文件向社会公众提供，则仍然可受到著作权法的保护，例如，参与法律起草的全国人大常委会委员撰文表达个人对法律的看法，以及撰写对工作人员进行培训的教学材料等。

（二）区分作品与"单纯事实消息"

《著作权法》第5条第2项规定：著作权法不适用于单纯事实消息。单纯的事实消息之所以不能作为作品受到著作权法保护，是基于上文所述著作权法不保护事实的基本原理。事实消息仅仅以极为简单的语言描述了事实，即遵循新闻报道的要求，以平铺直叙的方式说明在何时、何地，因何人，以何种方式，发生了何事。该文字表达无法反映撰写者的个性、满足著作权法对独创性的要求，因此其并不构成作品。尽管用于描述事实的语言本身是"表达"，但简单的语言表达很容易与被描述的事实发生"混同"。正如"思想"与"表达"发生混同时，"表达"不能受到保护一样，当"事实"与"表达"发生混同时，"表达"也不能受到保护。

例如，有一篇内容如下："北京5月15日讯　第36届世界期刊大会今天进入第二天，今天进行的主要议题是发展中国家的期刊市场、期刊与搜索引擎：挑战还是机遇、商业媒体的全球化变革、传统期刊的数字化发展战略等，这些议题将在四个分会场同时进行，××网传媒频道全程图文直播。在昨天的开幕式上，国务委员陈至立、新闻出版总署署长柳斌杰、北京市市长王岐山、国际期刊联盟执行主席唐纳德·库墨菲尔德等先后在开幕式上致辞。大会秘书长、新闻出版总署副署长李东东主持开幕式。共有来自全球45个国家和地区的一千多位期刊出版业精英出席了此次大会。"法院认为：该文是对第36届世界期刊大会第二天活动的介绍。议题、出席人员、发言人员等都是客观事实的

组成部分，在介绍时文中没有明显的思想、情感、修辞、评论成分。基于新闻报道的真实性要求，报道者只能按照时间、地点顺序对客观事实进行叙述，没有作者发挥的余地，也没有个性表达的空间，因此，该文中议题、出席人员、发言人员的部分，属于单纯事实消息，不受《著作权法》保护，任何人都无权主张著作权。[1] 显然，该文虽然篇幅较长，但其内容是按照新闻报道的客观规律，以平实的语言陈述事实，个性化很弱，可被认为是发生了"事实与表达的混同"，因此不受著作权法保护。

但是，如果新闻报道不是"单纯事实消息"，而是加入了以文艺手法创作的新闻评论，则其中具有独创性的表达成分仍然是受著作权法保护的。需要注意的是，反映新闻事件的照片通常并不是"单纯的事实消息"。拍摄过程通常都能为拍摄者留下展示其个性的空间，不同的摄影师在对同一事件或人物进行拍摄时，可以对拍摄角度、距离、光线和明暗等拍摄因素进行富有个性化的选择，使照片影像具有独特的效果。摄影师还可以运用自己的判断力，敏感和准确地捕捉到稍纵即逝的场景，使照片影像体现"瞬间的艺术"。因此，新闻照片通常都属于摄影作品。

（三）历法、通用数表、通用表格和公式

《著作权法》第5条第3款规定，"历法、通用数表、通用表格和公式"不受其保护。其中，历法和公式仅是计算方法和数学原理的简单反映，作为"思想"当然不能受到著作权法的保护。通用数表和通用表格是用于记载数据的工具，本身不是文学、艺术和科学领域内的表达，不能构成作品。需要指出的是，上述客体不受保护，并不必然因为其不是"独创"的。例如，爱因斯坦最先提出的质能方程式 $E=mc^2$ 也是"独创"的，在此之前并没有人提出过相同的公式，其是爱因斯坦智力劳动的结晶。但它与爱因斯坦认识和理解物理规律的思想的最佳表达，发生了思想与表达的混同，因此不可受到著作权法保护。

三、违禁作品的保护问题

◎ 难度与热度
难度：☆☆☆☆　热度：☆☆☆☆

2010年修改之前的《著作权法》第4条第1款规定："依法禁止出版、传播的作品，不受本法保护。"2010年修改《著作权法》时删除了该规定，这就意味着"依法禁止出版、传播的作品"仍然受到著作权法的保护。"依法禁止出版、传播的作品"（本书称为违禁作品）特指因内容违法而不可能合法出版、传播的作品，如淫秽照片等，而不是指内容本身不违法，但出版、传播方式不符合有关出版行政管理规定的作品。例如，以买卖书号的方式出版图书是受行政法规禁止的，但这并不导致作品成为著作权法意义上的违禁作品。

违禁作品受到《著作权法》保护。这当然与人们的直觉相冲突，但完全符合著作权法的原理。《著作权法》所规定的各项专有权利，均为"专有权利"，即禁止他人实施某种行为的权利，而不是确认作者有为某种行为的自由。换言之，作者创作完成作品之后，能否自行对作品进行复制、发行、表演和网络传播等，与《著作权法》规定的专有权利并无关系，而完全取决于法律、法规是否有禁止性规定，包括禁止侵犯他人权利的规定。

---

[1]　北京市海淀区人民法院（2009）海民初字第13593号民事判决书。

以发行、公开表演或网络传播等方式向公众提供淫秽小说等违禁作品，当然是法律和行政法规所禁止的行为。作者如果实施了这样的行为，轻则将受到行政处罚，重则将被追究刑事责任。因此绝不能认为《著作权法》对违禁作品的保护，会导致此类作品的公开发行或传播。

对违禁作品的著作权保护也不会损害公共利益。假设某人拍摄了内容淫秽的照片，他人未经其许可通过网络传播这些淫秽照片。拍摄者对其提起侵犯著作权之诉，法院当然应当依法保护这些淫秽照片（摄影作品）的著作权（信息网络传播权），但只能判决侵权人停止侵害，而不能判决向其赔偿损失。如果上述假想例中淫秽照片的拍摄者举证证明他曾许可某网站传播这些照片并获 10 万元许可费，因此主张被告未经其许可传播相同照片给其造成的损失至少为 10 万元，法院并不会支持赔偿损失的诉讼请求。这是因为赔偿损失责任的适用以侵权行为对权利人造成了法律所承认的损失为前提。而对于淫秽照片，包括作者本人在内的任何人都不得公开利用，作者也当然不能合法地从对作品的公开利用中获得任何经济利益，因此淫秽照片拍摄者许可他人公开传播照片的合同，违反法律的强制性规定和公序良俗，属于无效合同，自始不产生效力。拍摄者并不能合法取得 10 万元许可费，因此他人的侵权行为也不可能造成其法律所承认的许可费损失，损害赔偿无从谈起。这样一来，违禁作品的作者起诉他人侵害该作品著作权的，能够获得的救济就是停止侵害，这等于是多了一条制止违禁作品公开利用的渠道，对公共利益有益而无害。

本章实务案例研习

一、第九套广播体操案

（一）案情简介

国家体育总局组织创编了第九套广播体操，并将"复制、出版、发行和信息网络传播权独家授予了中国体育报业总社（人民体育出版社）"。某音像公司出版了第九套广播体操的演示教学 DVD，包括全套正面演示、分解动作教学演示、全套背面演示等 10 段影像。中国体育报业总社起诉该音像公司侵犯著作权。

（二）法院判决

法院认为：广播体操是一种具有健身功能的体育运动，由屈伸、举振、转体、平衡、跳跃等一系列简单肢体动作组成，但与同样包含肢体动作的舞蹈作品不同，其并非通过动作表达思想、感情，而是以肢体动作产生的运动刺激来提高机体各关节的灵敏性，增强大肌肉群的力量，促进循环系统、呼吸系统和精神传导系统功能的改善。简而言之，广播体操的动作有强身健体之功用，而无思想、情感之表达，既不展现文学艺术之美，亦不展现科学之美，故不属于文学、艺术和科学领域内的智力成果……广播体操是一种具有特定功能的身体练习活动，包含一系列连续的肢体动作，当这一系列动作按照规定的方式施行时，将产生既定的健身效果。因此，广播体操本质上属于一种健身方法、步骤或程序，而不是著作权法所保护的作品。[①]

---

① 北京市西城区人民法院（2012）西民初字第 14070 号民事判决书。

（三）法律分析

第九套广播体操中新的动作设计或对已有动作的选择和编排只要是独立完成的，也是智力成果。然而，正如前文所述，并非所有"独创"的成果都是作品。广播体操与舞蹈虽然都主要由动作组成，但性质完全不同：舞蹈动作设计的目的在于展示艺术美感和表达思想、情感，健身只是附带的效果。而广播体操首先要达到强身健体的实用效果，不是为了展示艺术美感和表达思想、情感，不属于文学、艺术或科学领域的成果，不在著作权法的保护范围之内。在美国发生的涉及瑜伽动作的版权诉讼中，美国法院认定独创的瑜伽动作不能受到版权法的保护（判决时间在第九套广播体操案判决后 4 天），因为它具有预防和治疗疾病的功能，属于"系统或方法"，是美国《版权法》明文排除出保护范围的对象。[①] 这与我国"广播体操案"的判决可谓不谋而合。美国版权局也宣布瑜伽动作设计是"功能性的系统或方法"，不能受到版权保护。[②]

二、绘画临摹案

（一）案情简介

原告临摹了已处于公有领域的一些儿童插画并出版，被告又从原告的书中复制了这些插画，出版了《儿童插画库》。争议的焦点在于原告对其临摹的插画是否享有版权。原告提出：首先，其临摹的插画在颜色深浅上与原画有些差异；其次，临摹过程异常复杂，需要耗费艺术家大量时间和精力；最后，对其临摹之作进行保护符合公共利益的需要，因为原作已极为罕见，很难在图书馆中找到，是原告的临摹才使这些画作得以为公众所获得。

（二）法院判决

美国纽约南区联邦地区法院否定了原告临摹成果的独创性。法院认为：首先，临摹成果在颜色深浅上与原画的差异是微不足道的，只是因为原画存放的时间久远，而临摹成果是新近完成的。该差异并不是原告刻意为之的，也不能反映原告自己的艺术观点，其临摹的插画只不过是原作的复制件而已；其次，虽然原告无疑需要极大的努力和许多时间对插画进行复制，但"这种努力和时间本身并不足以认定独创性"；最后，虽然公众确实能够从原告的工作中受益，但也不足以使原告的临摹获得版权保护。[③] 因此法院驳回了原告的诉讼请求。

（三）法律分析

本案是有关精确临摹不构成创作的典型案例。曾有观点认为：临摹原已存在的、享有著作权的绘画作品，不但要具备一定的技巧，而且要在自己的"再现品"中增加自己的创作性劳动，所以这种临摹的结果，实际上是"再创作"出新的美术作品。[④] 然而，只有符合"独创性"要求的劳动成果才是著作权法意义上的作品。而"独"和"创"两方面的要求必须同时得到满足，而"独"在"创"前。没有独立完成的成果，就谈不上该成果是否符合"创"的要求。正是由于精确临摹的结果与原作品相比在视觉上没有可以

---

① Bikram's Yoga College of India v. Evolation Yoga，2012 WL 6548505，at 3（C. D. Cal. ，2012）.

② Copyright Office，"Registration of Claims to Copyright"，77 FR 37605 - 01，at 37607.

③ Michael Patrick Hearn v. Susan E. Meyer，664 F. Supp. 832，at 836，839 - 840（SDNY. ，1987）.

④ 郑成思. 版权法. 修订本. 北京：中国人民大学出版社，1997：161.

被客观识别的差异，或者差异过于细微，即使该临摹需要高度技巧、艺术品位与判断力，临摹的结果也不符合"独创性"中"独"的要求。

当然，精确临摹毕竟是由人而非机器进行的，人的临摹总会融入临摹者个性的因素，涉及高度个性化的选择和判断，如力度大小等，因此，如果有两位艺术大师对同一幅艺术作品进行临摹，从技术上说，无论两位大师多么追求临摹的精确性，他们临摹出来的绘画之间总会存在一定差异，这反过来也说明他们临摹出来的绘画与原艺术作品之间仍然存在一定差异。该差异当然反映了临摹者的"判断和选择"，但是，如果不能形成可以被人们客观识别的、不同于被临摹作品的部分，那么在绝大多数观赏者的眼中，临摹者对于临摹之作仍然没有贡献出不同于原作品，从而"源于"他自己的东西，临摹的结果也只是对原作品的重复和翻版。

某些精确临摹的确对保存濒临灭失的文化成果具有极高的价值，如我国常书鸿先生对敦煌壁画的临摹就是如此。但著作权法的立法宗旨在于鼓励创新，而非鼓励重复。无论精确临摹采用的技艺有多高，都是在重复已有作品。这种为保存和传播现有文化成果而作出的努力，可以受到著作权法之外法律机制的保护，但它不能产生以独创性为前提的"作品"。

当然，如果临摹艺术作品的结果与原作品在视觉上存在差异明显，而且差异部分达到了"独创性"中"创"的要求，那么临摹的结果就是作品（演绎作品）。不过，此时用"临摹"这个词可能不是很恰当了。例如，有文章将张大千模仿石涛的画作（图1-26）称为"临摹"。该"临摹"成果显然不是上文讨论的"临摹"，因为它与原画在构图上差异相当明显，显然是以原图为基础创作的演绎作品。

图1-25　石涛作品　　　　　　　　图1-26　张大千作品

三、电话号码簿案

（一）案情简介

原告美国郊区电话公司拥有得克萨斯州西北部几个社区电话服务的经营权，其出版了一本电话号码簿，其中收录了当地居民的电话号码，并按照居民姓名的字母排序。被告费思特（Feist）出版公司是一家专营电话号码簿的出版商。该公司出版的电话号码簿的特点在于覆盖了较广的区域，使用户通过查阅一本电话号码簿就可以找到附近许多城镇的电话号码。费思特出版公司由于本身没有电话服务的经营权，无法直接获取居民的电话号码。为了编辑电话号码簿，费思特出版公司愿意出资向包括原告在内的 11 个电话公司购买其用户的电话号码。但原告拒绝了费思特出版公司的请求。费思特出版公司便在未经原告许可的情况下复制了其电话号码簿中的电话号码，包括原告为了证明他人擅自复制而加入的 4 个虚构的姓名和电话号码。为此，郊区电话公司起诉费思特出版公司侵犯其对电话号码簿的版权。由于电话号码本身是客观存在的事实，不能受到《版权法》的保护（参见本章第二节），因而本案的关键问题在于原告对电话号码的收集和编排能否构成受保护的作品。

（二）法院判决

美国联邦最高法院指出：版权法意义上的作品是指由作者独创的，而独创性的意思是作者独立创作和体现了最低限度的创造性。就对事实的汇编而言，只要包含对事实具有创造性的选择或编排，也能构成受保护的作品。[①] 虽然被告确实未经许可复制了原告汇编的电话号码，但后者并非是符合独创性要求的作品。因为原告作为对当地电话服务享有专营权的电话公司，只要当地居民申请电话服务，原告就会分配给申请者一个电话号码，并将其印在电话号码簿中。这一过程完全是照章办事，不涉及对电话号码任何有创造性的"选择"。同样，按照居民的姓氏字母顺序来排列他们的电话号码也没有任何创造性可言，因为这种排列方式早就存在，一直沿用，以至于已经成为业界的常规。因此，原告对于电话号码无论在选择还是编排方面都没有体现出任何创造性，其电话号码簿并不是版权法意义上的作品。原告因此败诉。

（三）法律分析

该案是美国版权法历史上具有里程碑意义的案例，它使美国彻底告别了不问智力创造，只看是否辛勤劳动、独立完成工作成果的"额头流汗"标准，而将"最低限度的智力创造性"作为劳动成果具有"独创性"和享有版权的条件，产生了较大影响。

该案中原告的电话号码簿之所以不是作品，一是因为电话号码本身是不受美国版权法保护的数据（事实）；二是电话公司收集了所有辖区居民的电话号码，因此对数据并没有进行个性化的选择；三是对所收集的数据仅按居民姓氏的字母顺序排序，而这是最为常规的排序，也不能体现个人的智力创造，由此形成的电话号码簿并不属于对事实具有独创性的汇编，因此不能构成作品。本案如果发生在我国，结果也是相同的。

四、翻拍平面艺术作品案

（一）案情简介

中美两国都发生过有关翻拍平面艺术作品能否形成摄影作品的纠纷。在美国发生的诉讼中，原告为一家艺术馆，其出于保存版本与展示的目的，将已进入公有领域的油画拍摄成照片，并制成了幻灯片，而被告则未经许可使用，因此发生版权侵权纠纷。

---

① Feist Publications v. Rural Telephone Service，499 U. S. 340，341-344 (1991).

在我国发生的诉讼中，原告对从古代流传下来的孔子画像拍摄了照片（见图1-27），被告未经许可使用，因此发生著作权侵权纠纷。

图1-27 孔子图画像拍摄照片

（二）法院判决

美国法院认为，虽然对于照片而言，"极小程度的个性化表达就足以使其满足独创性的要求"，而且事实上绝大多数照片也因为对拍摄对象摆放位置或姿势的选择和对光线、角度的选择等独创性因素构成作品，但为了准确再现油画所进行的纯粹翻拍则不同。法院指出：原告自己也承认其尽力对公有领域美术作品制作了"精确复制件"（slavish copies）。尽管该项工作需要具备技能和付出努力，也不存丝毫的独创性——实际上，这项工作的意义就是完全忠实地去复制原美术作品。原告称拍摄精确再现艺术品的照片需要极高的技巧，这使其有别于复印或与之类似的复制过程，但这一点并不重要，因为仅在复制过程中运用的技能、付出的劳动以及作出的判断并不具有独创性。[①] 因此法院驳回原告的诉讼请求。

我国法院认为：涉案照片系摄影师对孔子画像图拍摄形成，采用正面平视角度，并使用闪光设备使照片保持与原画相应的亮度。该照片的拍摄出发点和最终呈现都是高度完整地再现孔子画像图，是对该画像图的复制翻拍，故而尽管摄影师在拍摄中投入了劳动努力，但该劳动努力并不能体现出摄影师的个性创作。因此，涉案照片不具有独创性，不属于受著作权法保护的作品。[②] 原告因此败诉。

（三）法律分析

这两个案例是翻拍平面艺术作品不能产生摄影作品的典型案例。请注意在美国的案例中，原告艺术馆请摄影师拍摄油画的目的是保存版本与展示，这就意味着摄影师在拍摄时，必然被要求精准地展示油画，使照片能够精准地反映油画的原貌。假设油画在展厅中灯光的照射下亮度为6，则摄影师所拍摄的油画照片的亮度也必须为6，而不是2或9。再如摄影师也不可能在被拍摄的油画与镜头之间安排一位女模特，形成以油画为背景的肖像照，否则就完全违背了艺术馆聘请他拍摄的目的。而在我国的案例中，涉案的孔子画像照片明显是对流传已久的孔子画像的翻拍。这些单纯为了真实再现绘画而进行的拍摄，为摄影师留下的发挥个人选择与判断的余地非常小。换言之，由于要求精确再现绘画本身，拍摄过程难以体现摄影师与众不同的个性。数名具有同一水准的摄影师用同样的相机为此目的拍出来的照片在视觉上的差异极小。翻拍的结果因此不可能达到独创性的要求，即使在英美法系国家也不可能构成摄影作品。

五、肖像照重拍案

（一）案情简介

一名摄影师以一名年轻女性为模特，拍摄了名为"青春的优雅"的照片，并将该

---

① Bridgeman Art Library v. Corel Corporation，36 F. Supp. 2d 191，197-198 (SDNY.，1999).

② 北京全景视觉网络科技股份有限公司诉广州蓝海豚游船有限公司侵害作品信息网络传播权纠纷案，广东省广州市越秀区人民法院（2018）粤0104民初23850号民事判决书。

照片版权转让给了他人。两年之后，这名摄影师让同一位模特摆出相同的姿势又拍摄了一张照片，在光线、阴影处理等方面都与第一张照片基本相同。但在艺术家或鉴赏家看来，两张照片之间存在一些差异：背景并非完全相同（只是相像）；第一张照片中的模特表情平静，而第二张中的模特面带微笑；而且由于两张照片相隔两年，模特的体型稍有变化。第一张照片版权的受让人就该摄影师利用第二张照片的行为提起了版权侵权诉讼。

（二）法院判决

美国联邦第二巡回上诉法院认为：在拍摄第二张照片时，这名摄影师的天分并没有被用于创作新的作品，而是用于复制原有作品。至于摄影师在拍摄内容相同的照片时，是将第一张照片直接摆放在面前以作参照，还是凭借对第一张照片清晰的记忆，都无关紧要。[①] 因此第二张照片是第一张照片的复制件，而不是新作品。未经第一张照片的版权受让人许可利用第二张照片构成侵权。

（三）法律分析

本案中摄影师实际上"抄袭"了自己以前的作品。正如"精确临摹"是复制而非创作一样，即使摄影师重新实施了拍摄的全部过程，而非直接用机械手段对原有照片进行翻拍，只要新照片仅仅重复了原有照片的内容，其仍然不符合"独创性"中"独"的要求，不能构成新的摄影作品。

本案可能发生争议之处在于两张照片之间存在一些差异。值得我们思考和借鉴的是，美国法院在司法实践中，一方面对于从无到有形成的成果要求的独创性程度很低，另一方面对于以已有作品为基础形成的新成果要求的独创性程度相当之高。美国著名的学者型法官波斯纳曾指出："永远记住版权法中'独创性'这个术语的作用不是去引导艺术判断，而是确保原作品与演绎作品之间存在足够大的差异，以避免使后续描述原作品的艺术家陷入版权问题的泥沼中。……独创性的要求对于演绎作品具有特别重要的意义，如果（对独创性）作出过于宽松的解释，将事与愿违地阻碍，而非促进演绎作品的创作，因为这会给予先来者以干涉后来者根据原作品创作演绎作品的权力。……演绎作品必须与原作品之间存在显著区别，才能获得版权保护。"[②]

审理本案的法院也遵循了这一思考。法院指出："在我们看来，该艺术家（摄影师）小心翼翼地引入了仅足以（就第二张照片是否为演绎作品）引发争议的差异，同时努力使那些没有同时将两张照片拿在手中做比较的（第二张照片的）普通购买者以为第二张照片是（第一张照片的）复制件。"[③] 换言之，法院不认为两张照片之间的差异是摄影师新的艺术观点的表达，没有达到独创性的要求。

在本案中，两张照片由同一名摄影师拍摄，该摄影师显然意图重复已在商业上取得成功的第一张照片中所有的独创性因素。摄影作品的本质是影像效果，是对拍摄角度、距离、光线和明暗等拍摄因素进行个性化选择，对稍纵即逝的场景进行敏感和准确地捕捉，对被拍摄的场景或人物进行独特安排，以及对原始影像进行特效处理等一系列智力

---

① Gross v. Seligman，212 F. 930 (2nd Cir. ，1914).

② Gracen v. Bradford Exchange，698 F. 2d 300，305 (1983)，

③ Gross v. Seligman，212 F. 930，931 - 932 (2nd Cir. ，1914).

投入的结果。在本案中，两张照片中的这些独特性因素基本是相同的，特别是模特的体型变化与拍摄作品的独创性认定无关。第二张照片与第一张照片相比，可能唯一能体现独创性的是对模特表情（微笑）的指引或抓拍。这一差异可能有艺术价值，艺术家可能会认为这一微笑使第二张照片具备了有别于第一张照片的"神韵"。但这一差异在两张照片表达的比较中显得微不足道，在其他独创性因素都不变的情况下，这一点变化尚不足以认定第二张照片为新的作品。

六、"黑棍小人"案

（一）案情简介

原告朱某以"火柴棍小人"作为主题人物形象创作了《小小特警》等一系列网络动漫（flash），并对这些动漫进行了作品登记。美国耐克公司为了推广新产品，发布了其拍摄的宣传广告片，其中含有与"火柴棍小人"相似的"黑棍小人"形象。朱某认为耐克公司侵犯了自己对"火柴棍小人"平面形象的著作权。

图 1 – 28 耐克的"黑棍小人"

图 1 – 29 朱某的"火柴棍小人"

（二）法院判决

法院经审理指出：根据现有证据，在"火柴棍小人"和"黑棍小人"形象出现之前，即已出现以圆球表示头部、以线条表示躯干和四肢的创作人物形象的方法和人物形象，但是从"火柴棍小人"的创作过程及表达形式看，该形象确实包含朱某的选择、判断，具有他本人的个性，朱某力图通过该形象表达他的思想，因此，"火柴棍小人"形象具有独创性，符合作品的构成条件，应受著作权法保护。由于用圆形表示人的头部，以直线表示其他部位方法创作的小人形象已经进入公有领域，任何人均可以此为基础创作小人形象；另外，"火柴棍小人"形象的独创性程度并不高，因此，对"火柴棍小人"形象不能给予过高的保护，同时应将公有领域的部分排除出保护范围。将"火柴棍小人"形象和"黑棍小人"形象进行对比，二者有相同之处，但相同部分主要存在于已进入公有领域、不应得到著作权法保护的部分，其差异部分恰恰体现了各自创作者的独立创作，因此，不能认定"黑棍小人"形象使用了"火柴棍小人"形象的独创性部分。因此"黑棍小人"形象未侵犯朱某"火柴棍小人"形象的著作权。[①]

（三）法律分析

在本案中，"火柴棍小人"与"黑棍小人"确实很像。但问题在于：这种相似度来自何方？《福尔摩斯探案集》中"跳舞的小人"、"男厕所"标志、"注意行人"交通标志和"紧急出口"标志等所使用的"小人"图形，均是以实心圆球表示头部，以线条表示躯干和四肢，且时间均远早于朱某的"火柴棍小人"，因此，这一基本形象并不"源于"朱某。

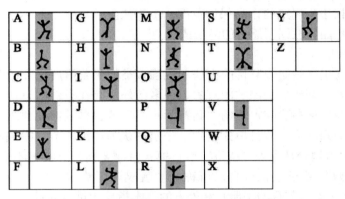

图1-30　《福尔摩斯探案集》中"跳舞的小人"

图1-31　"注意行人"交通标志　　图1-32　"紧急出口"标志　　图1-33　"男厕所"标志

当然，"火柴棍小人"仍然有一些自身的特点，如与"男厕所"标志相比，"火柴棍小人"的头部与躯干是相连的，用于表示躯干和四肢的线条粗细是相同的，而且多了两只"脚"。与"跳舞的小人"相比，"火柴棍小人"的头部（实心圆形）更大些，用于表示躯干和四肢的线条更粗些。正如法院所言：这其中包含了朱某的选择、判断，具有他本人的个性。因此"火柴棍小人"是作品。但该作品应被视为建立在原先各种"小人"形象基础之上的演绎作品。朱某仅能就"源于其本人"的部分享有权利，对于"小人"的基本形象则不能享有任何权利，而"火柴棍小人"与"黑棍小人"的相似之处，并非"火柴棍小人"的独创性部分。这是法院判决耐克公司胜诉的根本原因。

七、《面罩》节目模式案

（一）案情简介

某传媒公司制作了一档名称为"面罩"的深夜访谈节目，模式为由戴着面罩的嘉宾讲述自己在情感中遇到的问题。某网络公司在其网站上也推出了一档名称为"面罩"的

---

① 北京市高级人民法院（2005）高民终字第 538 号民事判决书。

谈话实录节目，形式为嘉宾戴着面罩与主持人互动。该传媒公司起诉该网络公司侵犯其《面罩》节目模式的著作权。

（二）法院判决

法院认为：原告主张的节目模式实际上是对《面罩》节目的构思、创意。这种构思、创意只有通过语言文字、符号、线条、色彩、声音、造型等客观形式表达出来，才能被人们感知，才能以有形形式进行复制；同时，只有当这种表达是独创的且符合法律规定时，才构成著作权法保护的作品，因此，原告对于《面罩》节目的构思、创意本身并不属于我国《著作权法》规定的作品保护范围。最终法院认定《面罩》节目模式不属于著作权法意义上的作品，驳回了原告的诉讼请求。[①]

（三）法律分析

节目模式本身仍然是制作节目的方法和流程，类似于菜谱所记载的制作菜肴的方法和流程，因此不属于著作权法保护的对象。许多国外法院在类似的诉讼中也得出了相同的结论，如在葡萄牙最高法院审理的"葡萄牙小姐"节目模式案和西班牙马德里上诉法院审理的"我有问题问你"节目模式案中，法院都认为单纯的节目模式不受著作权法保护。[②] 当然，国内电视台从海外"引进"节目模式时需要向外方支付不菲的许可使用费，但这并不是许多媒体甚至电视台自己所称的"版权许可费"，而是为获得"制作宝典"（利用节目模式制作电视节目的手册）和外方的技术指导所付出的对价。

八、琼瑶诉于正案

（一）案情简介

中国台湾地区作家琼瑶（本名陈喆）指称于正（本名余征）未经其许可采用其电视剧剧本及同名小说《梅花烙》创作电视剧剧本《宫锁连城》，侵犯其改编权。由于这两部作品的文字表述相去甚远，只有部分情节相似，因而本案的关键在于相似之处是否属于表达上的实质性相似。

（二）法院判决

法院认为：文学作品的表达，不仅包括为文字性的表达，也包括文字所表述的故事内容，但人物设置及相互的关系，以及由具体事件的发生、发展和先后顺序等构成的情节只有具体到一定程度，即文学作品的情节选择、结构安排、情节推进设计反映了作者独特的选择、判断、取舍，才能成为著作权法保护的表达。如果对情节相似之处只能概括到"偷龙转凤"这一标题级别，显然属于思想；如果能概括到"福晋无子，侧房施压，为保住地位偷龙转凤"，仍然属于思想的部分；但包含时间、地点、人物、事件起因、经过、结果等细节的情节，则可以成为著作权法保护的表达。如琼瑶作品中的"福晋连生三女无子，在王爷纳侧福晋后地位受到威胁，计划偷龙转凤，生产当日又产一女，计划实施，弃女肩头带有印记，成为日后相认的凭据"。该情节设计实现了男女主人公身份的调换，为男女主人公长大后的相识进行了铺垫，同时，该情节也是整个故事情节发展脉络的起因，上述细节及其他八处情节的设计均构成具有独创性的具体的情节，属于著作

---

① 北京市海淀区人民法院（2005）海民初字第 15050 号民事判决书。

② 3501/05.0TBOER. L1. S1；355/2013 Case.

权法保护的表达，剧本《宫锁连城》的相应情节与其构成实质性相似。

法院同时指出：《梅花烙》中还有二十余处情节在前后衔接、逻辑顺序上已经紧密贯穿为完整的个性化表达。《宫锁连城》虽然在故事线索上更为复杂，但上述情节的前后衔接、逻辑顺序均可映射在剧本《宫锁连城》的情节推演中。上述情节在《宫锁连城》的所有情节中所占比例并不高，但是其基本包含了涉案作品的故事内容架构，以至于受众足以感知到来源于涉案作品，且上述情节是《梅花烙》的绝大部分内容，因此，剧本《宫锁连城》与涉案作品在整体上仍然构成实质性相似。据此，法院认定于正的行为侵犯了琼瑶的改编权。①

（三）法律分析

本案中原告作品中许多相似的情节设计已经足够具体，且反映了原告独特的构思，已经超出了思想相似的范畴，而属于表达相似了。即使双方作品中相似的每一个情节都能在更早的作品中找到影子，原告对这些情节的重新组合和排序也能形成全新的故事，从而成为具有独创性的表达，被告的作品与之整体的相似也属于表达上的实质性相似。

》 本章同步练习

一、选择题

（一）单项选择题

1. 史密斯是 A 国国民，其创作了一部内容淫秽的小说，在 B 国首先出版。A 国不是《伯尔尼公约》成员国，B 国是《伯尔尼公约》成员国。该小说在我国被张某未经许可翻译成中文在网络上传播。下列选项中正确的是：（ ）。

A. 该小说属于违法作品，不受我国《著作权法》保护

B. 该小说作者不是《伯尔尼公约》成员国国民，该小说不受我国《著作权法》保护

C. 如史密斯希望其小说受我国《著作权法》保护，应当在我国进行作品登记

D. 如史密斯起诉张某侵犯其著作权，法院应当判决张某停止侵权，但不应判决赔偿损失

2. 作家甲创作了描写西湖美景的散文，画家乙未去过西湖，但根据散文的描述绘制了西湖的美景，甲认为乙的绘画与自己的散文意境相似，因此乙侵害了自己的著作权。下列说法中正确的是：（ ）。

A. 乙的行为构成侵权

B. 乙的行为是合理使用，不构成侵权

C. 乙的行为属于法定许可，不构成侵权，但应当向甲支付许可费

D. 乙的绘画与甲的散文不构成实质性相似，因此乙的行为不构成侵权

3. 下列哪一选项属于我国《著作权法》保护的作品？（ ）

A. 对名画的精确临摹，与原画的差异难以被普通人所识别

---

① 北京市高级人民法院（2015）高民（知）终字第 1039 号民事判决书。

B. 某大学创办的新期刊名称《知产新视界》，之前没有该名称的期刊

C. 三岁孩子凭想象力画出的外星人水彩画

D. 运动专家独创的广播体操动作

4. 下列行为中，哪一项能形成作品？（　　）

A. 将汉字小说改为盲文

B. 将计算机程序的源代码转换为目标代码

C. 按照新型手枪的设计图生产手枪

D. 将小说改编为戏剧

5. 下列哪一选项属于《著作权法》保护的作品？（　　）

A. 三峡大坝的工程设计图

B. 植物新品种

C. 舞蹈演员的表演

D. 对小鸟鸣叫的录音

（二）多项选择题

1. 下列不属于《著作权法》保护对象的是：（　　）。

A. 未经我国审批的《伯尔尼公约》其他成员国的电影

B. 编辑订正稿件中错别字的结果

C. 新创设的太极拳动作

D. 综艺节目模式

2. 法学院研究生甲撰写了一篇法学论文，其导师乙向他提供了材料、案例，其同学丙与之讨论时提出的核心观点和论证思路被他采用，另一同学丁将论文翻译成英文，使其在国外期刊上发表。下列选项中何人的工作可受《著作权法》保护？（　　）

A. 甲　　　　　　B. 乙　　　　　　C. 丙　　　　　　D. 丁

3. 张某独创了一种按摩手法，能有效地缓解颈椎疼痛，其撰写并出版了《颈椎按摩精解》一书并配有图解。张某发现在某电视台播出的健康节目中，主持人演示和用自己生动的语言风格讲解的按摩手法与其书中的描述基本一致，但在部分细节上做了改动，并省略了张某认为最重要的一个动作，同时未说明参考了张某的《颈椎按摩精解》。对电视台未经张某许可制作和播放节目的行为，下列选项中错误的是：（　　）。

A. 侵犯了张某的修改权

B. 侵犯了张某的署名权

C. 侵犯了张某的表演权

D. 侵犯了张某的保护作品完整权

4. 受我国《著作权法》保护的作品是：（　　）。

A. 最高人民法院的司法解释

B. 某国家机关负责人撰写的个人年度述职报告

C. 学者针对法院判决书撰写的学术论文

D. 教师在公开课上的即兴授课

5. 下列选项中属于我国《著作权法》保护的作品是：（　　）。

A. 猴子自拍照

B. 仿照古代名画的风格以不同主题完成的绘画，且伪造了古代画家的印章，使人误认是古代画作

C. 根据我军现役战斗机制作的等比例精确缩小模型

D. 为名人制作的蜡像

（三）不定项选择题

1. 下列选项中，受我国《著作权法》保护的作品是：（　　　）。

A. 法院的判决书

B. 商务部组织翻译的国际条约中译本

C. 行政机关的处罚决定书

D. 律师即兴发表的辩护意见

2. 下列各项中不能够受到《著作权法》保护的是：（　　　）。

A. 学者张某翻译的《与贸易有关的知识产权协定》

B. 国务院新闻办公室发表的《中国知识产权白皮书》

C. 某报社记者对新闻时事所撰写的时事评论

D. 人大代表在人民代表大会上所做的即兴发言

3. 下列选项中属于我国《著作权法》保护的作品的是：（　　　）。

A. 猴子模仿人类使用照相机进行自拍形成的照片

B. 公共场所放置的衣物捐献箱的独创熊猫造型

C. 篮球明星独创的扣篮动作

D. 对歌星现场演唱会进行录制形成的录音

4. 学者甲在其学术论文中提出了一个新颖的观点：中国近代不是因为落后才"挨打"，而是因为腐败才"挨打"。学者乙在其学术论文中阐述了类似的观点，没有注明该观点源于甲，但文字表述与甲的论文完全不同。下列说法错误的是：（　　　）。

A. 乙的行为构成侵权，侵犯了甲的署名权

B. 乙的行为构成侵权，侵犯了甲的修改权

C. 乙的行为构成侵权，侵犯了甲的改编权

D. 乙的行为不构成侵权，因其行为属于合理使用

二、案例题

1. 某新型战斗机的设计、研发单位根据该战斗机的设计图纸制作了等比例缩小模型。他人未经许可制作、销售该战斗机的模型。该战斗机研发单位认为，战斗机的模型是模型作品，因为"为了实现展示、试验或者观测等目的，模型与原物的近似程度越高或者越满足实际需要，其独创性越高""虽然该模型是战斗机造型的等比例缩小，但该模型的独创性恰恰体现于此，其已构成模型作品，应当受到《著作权法》的保护"并指称他人仿造模型的行为侵犯了模型作品的著作权。据查，他人制作的模型与战斗机的外观造型是完全相同的，区别仅在于尺寸和制作材料。[①] 请分析他人未经许可制作等比例缩小

---

① 本题改编自北京中航智成科技有限公司诉深圳市飞鹏达精品制造有限公司侵害著作权纠纷案，北京市高级人民法院（2014）高民（知）终字第 3451 号民事判决书。

战斗机模型的行为是否侵犯模型作品的著作权。

2. 甲创作了以猴子形状撰写"寿"字的书法作品，将之命名为"猴寿"。乙在看过甲的"猴寿"后，书写了与之造型接近的"太极猴寿"并进行经营活动。甲起诉乙侵犯其著作权。

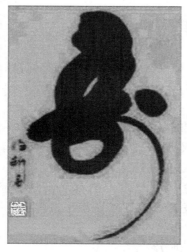

图1-34 甲的"猴寿"

图1-35 乙的"太极猴寿"

一种观点认为，乙使用"太极猴寿"是否侵犯了甲对"猴寿"的著作权，关键是看乙的"太极猴寿"是否具有独创性。而乙的"太极猴寿"显然不是对甲的"猴寿"的简单复制，二者的作品在造型、姿态、可视性、视觉美感性等表现形式上存在着不同之处。乙的"太极猴寿"是智力成果，有其特有的表现手法，具有独创性，因此未侵犯甲对其创作的"猴寿"作品的著作权。[①] 请分析乙使用"太极猴寿"是否侵犯了甲对"猴寿"作品的著作权。

3. 某厨师经过精心钻研、查阅无数资料并经过多次实验，设计出了一种配料为炸鸡胸饼、生菜、番茄、美洲干酪和蒜香蛋黄酱的新品汉堡包，且取得了商业上的巨大成功。[②] 请问他人未经许可印制该厨师写下的描述这种汉堡包配料和制作方法的菜谱，是否侵犯了这名厨师的著作权？

4. 某考古工作者参加了全国文物普查工作，在《文物调查表》和《文物分布一览表》的"名称、位置、时代、内容（包括坐向、平面布局、建筑材料、建筑形式、测量数据、特定、价值等）、保存现状、周围环境、墓葬形制规格、出土器物、墓碑"等栏目中根据实地调查情况填入了相应的内容。他人未经其许可利用了《文物调查表》和《文物分布一览表》。该考古工作者认为其对相关文物点历史年代的考证具有创新性，其为相关数据的准确测量付出了辛苦劳动，因此其填写的调查表为作品，被告未经许可的使用构成侵权。

[①] 本题改编自真实案例，参见任某诉与李某侵犯著作权纠纷案，陕西省高级人民法院（2008）陕民三终字第16号民事判决书。

[②] 该问题改自真实案例，See Colón v. South American Restaurants，799 F. 3d 31，34-35（1st Cir.，2015）。

5. 某人使用 WPS 表格处理软件，在将日期和鸡苗价格设定为图表的横轴和纵轴，选择了软件自带的模板，并输入每天的鸡苗价格数据后，生成了鸡苗价格曲线。在先后点击"添加趋势线"选项、移动平均值选择，并在周期选项中输入天数后，生成了移动平均趋势线。① 请问他人未经许可使用在其经营的网站中提供这些图表，是否侵害图形作品的著作权？

6. 某图片网站出现了标有"网站版权所有"的国旗与国徽图片。共青团中央的微博对此质疑："国旗、国徽的版权也是贵公司的？"

一种观点认为"关于国旗、国徽的版权问题，必须明确图片版权保护的客体是国旗、国徽本身还是那个照片。事实上，要拍一个正面的、清晰的、不反光的国旗国徽（照片），是很不容易的，可能还需要动用特殊设备才能完成。这样的照片是有著作权的。"请对该观点进行评述。

三、论述题

1. 任何作品都必须具备独创性。然而，学术界和实务界对于独创性中的"创"是否应有高度（程度）要求存在不同看法。一种观点认为，独创性只有"有无"问题，无所谓"高低"（程度）。这一观点在"中超赛事现场直播案"的再审判决中得到了体现。在该案中，中国足球协会通过中超公司授权新浪网对中国足球超级联赛进行网络直播，新浪网的经营者指称凤凰网的经营者未经许可对其直播的中超联赛进行了网络转播，构成侵权。本案的焦点之一在于中超联赛的现场直播画面是否符合独创性的要求。再审判决认为，"对于作品的独创性判断，只能定性其独创性之有无，而无法定量其独创性之高低……（规定）邻接权……目的在于对那些不具有独创性……的成果也给予保护……电影类作品与录像制品的划分标准应为有无独创性，而非独创性程度的高低"② 请论述该观点是否成立（注意：本题为开放式问题，没有标准答案，后文的"参考答案"仅供参考）。

2.《著作权法》将"工程设计图"和"建筑作品"分列为两种类型的作品，且"建筑作品"的表现形式被限定为"建筑物或构筑物"，并不包括反映建筑外观的设计图。请根据著作权法原理论述反映建筑外观的设计图和与之相对应的"建筑物或构筑物"之间的关系。

3. 诗人北岛有一首名为《网》的诗，只有一个字"网"。你认为它是作品吗？

参考答案

一、选择题

（一）单项选择题

1. D

解析：依法禁止出版、传播的作品也仍然受《著作权法》保护，因此 A 项错误。非

---

① 该问题改自真实案例，参见孙某与马某侵害著作权纠纷案，最高人民法院（2016）最高法民申 2136 号民事裁定书。

② 北京市高级人民法院（2020）京民再 128 号民事判决书，以下引用该判决时不再重复本注释。

《伯尔尼公约》成员国国民如果在成员国首先出版作品，该作品也受《伯尔尼公约》保护，因此史密斯的小说在我国受《著作权法》保护，B 项错误。一旦作品受《伯尔尼公约》保护，成员国就应当进行自动保护，不能以作品登记等作为保护条件，因此 C 项错误。著作权是禁止权而非自用权，该违法作品虽然受保护，但因内容违法，作者不可能进行公开的合法利用，因为他人的侵权行为不可能造成其受法律承认的损失。因此，法院应当判决停止侵权，但不赔偿，D 项正确。

2. D

解析：描写西湖美景的散文与描绘西湖美景的绘画只可能存在思想相似，不可能存在表达相似（如果将以西湖为场景展开的小说画成一套漫画，可能存在表达相似），因此乙的行为不构成对甲的散文的侵权。故 A、B、C 项错误，D 正确。

3. C

解析：精确临摹准确再现了被临摹的美术作品，与被临摹作品的差异过于细微，属于复制而不是创作，因此 A 项错误。《知产新视界》的名称即使第一次出现，也不可能独立表达思想感情，缺乏必要的长度，不属于文字作品，因此 B 项错误。孩子独立完成的艺术造型体现了孩子对外星人的艺术想象，属于美术作品。广播体操动作的作用在于强身健体，即有实用功能，而不在文学、艺术和科学领域，因此不是作品，故 D 项错误。

4. D

解析：汉字与盲文之间、计算机程序的源代码与目标代码之间存在着一一对应的关系。只要按规律去做且不出错，任何人所做的结果都是相同的，这个过程没有给人留下发挥其聪明才智和展示其个性的空间，因此该过程不是创作而是复制（转换），形成的是复制件而不是作品。因此 A 项和 B 项错误。手枪是典型的实用品，手枪的造型是为了实现技术功能，如方便击发等，无艺术美感可言。即使在军事迷眼中某款手枪的造型很"美"，该美感与其实用功能也难以分离，因为一旦改变手枪的造型，其实用功能会受到影响，而且这种"美"恐也难以被认为是艺术美感。只有手枪上印制的花纹才有可能属于作品。因此 C 项错误。将小说改编为戏剧，属于以原作品为基础，在保留原作品基本表达（小说的基本情节和对话等）的情况下，通过发展和改动该表达形成新表达，可以产生演绎作品，故 D 项正确。

5. A

解析：工程设计图是《著作权法》规定的作品类型，因此 A 项正确。植物新品种不属于文学、艺术和科学领域的表达，不是作品，而是《植物新品种保护条例》的保护对象，因此 B 项错误。表演和录音制品是《著作权法》明确规定的作品之外的其他受保护客体，即邻接权的客体，当然不是作品，因此 C 项和 D 项错误。

（二）多项选择题

1. BCD

解析：《伯尔尼公约》其他成员国的电影受我国《著作权法》保护，而且是自动获得保护，无须履行审批手续。未经审批的外国电影不能在我国合法公开传播，但其著作权仍然受保护，因此不应选 A 项。编辑订正稿件（文字作品）中的错别字，没有改变作品的基本表达，不符合独创性要求，因此产生的是原作品的非精确复制件，而不是新作品，故应选 B 项。太极拳动作不在文学、艺术和科学领域，不构成作品，因此应选 C 项。综艺节目模式本身属于制作节目的流程和方法，属于思想的范畴，不受著作权法保护，因此应选 D 项。故，BCD 当选。

2. AD

解析：甲是论文的作者，其当然可以作为著作权人受到保护。乙向作者提供材料和案例，只是对创作的辅助，本身并不是创作行为，不可能形成受《著作权法》保护的作品或者其他客体。丙的行为是提供思想，但思想并不在《著作权法》的保护范围之内。丁的行为是翻译，能够形成基于原作品的演绎作品（翻译作品），因此丁可以作为翻译作品的著作权人受到保护。故 AD 正确，BC 错误。

3. ABCD

解析：张某创作的《颈椎按摩精解》属于文字作品，其图解属于示意图作品，均可受到《著作权法》的保护，但其独创的按摩手法只是操作方法，具有实用功能，不在文学，艺术和科学领域之内，不是《著作权法》所保护的对象。主持人所演示和讲解的是按摩方法，没有利用文字作品的表达（文字组合、遣词造句），因此不构成对著作权的侵权。因此 ABCD 错误。

4. BCD

解析：A 项为具有司法性质的文件，不受《著作权法》保护。B 项不是具有行政性质的文件，是个人工作总结，受《著作权法》保护。C 项和 D 项分别为文字作品和口述作品，没有被列入不受《著作权法》保护的作品类别，因此应当选 BCD。

5. BD

解析：猴子自拍是动物的行为，不是人的行为，不可能产生作品，故 A 项错。仿照古画的风格以不同主题完成的绘画是具有独创性的，可以构成作品。即使其作伪行为使人误认为这是古人的绘画，也不影响其作为作品受到保护，故 B 项正确。根据现役战斗机制作等比例精确缩小的模型只是复制行为，在造型上无独创性，不能构成作品，故 C 项错误。为名人制作蜡像如同对名人拍照一样，虽然制作出来的蜡像能够真实地反映名人的相貌，但人是千姿百态的，选择哪一个瞬间的人物姿态动作和表情制作蜡像，具有很大的选择判断的空间。由此形成的蜡像通常符合独创性的要求，应作为作品保护，故 D 项正确。

（三）不定项选择题

1. D

解析：A 项和 C 项属于具有司法和行政性质的文件，不受《著作权法》保护。B 项为官方正文译文，也不受《著作权法》保护。律师即兴发表的辩护意见是口述作品，受《著作权法》保护，因此 D 项正确，ABC 项错误。

2. B

解析：A项属于个人的翻译，不是官方翻译，受《著作权法》保护。B项属于具有行政性质的文件，不受《著作权法》保护。C项为文字作品，D项为口述作品，均受《著作权法》保护，因此应当选B。

3. B

解析：A项为动物的成果，不属于《著作权法》第2条所述的中国公民、法人或其他组织的作品以及外国人、无国籍人的作品，因此不受保护。B项中的衣物捐献箱为实用艺术品，艺术作品应用于实用品并不影响其受保护的资格，因此应当选B项。C项不属于文学、艺术和科学领域中的成果。D项为录音制品，是录制者权的客体，不属于作品。因此选B项。

4. ABCD

解析：学者甲和学者乙的论文只有思想观点上的相似，没有表达上的相似，因此学者乙的论文不能被认定为侵权作品，不可能侵害学者甲的著作权，包括署名权、修改权和改编权。同时，乙的论文不能被认定为侵权作品的原因，并非是乙的行为落入了权利限制的范围，而是乙的论文与甲的论文不构成表达上的实质性相似。因此应当选A项、B项、C项和D项。

二、案例题

1. 既然他人制造的战斗机模型的外观造型完全忠实于战斗机本身，属于对战斗机的等比例缩小，则模型制作者就没有贡献出任何源于其本人的造型设计。这一准确再现战斗机外观造型的等比例缩小模型不同于那些以实物为基础但进行了艺术夸张与处理的玩具模型，它并不具备独创性，只是原物的缩小版复制件而已，因此战斗机的研发单位并没有创作出模型作品，他人未经许可制造和销售战斗机模型的行为并不侵犯模型作品的著作权。

此问题源于真实案例，涉案战斗机模型为"歼十"战斗机模型。最高人民法院指出：本案中要求保护的"歼十"飞机模型与"歼十"飞机相比，除材质、大小不同外，外观造型完全相同，因此，无论模型制作者在将"歼十"飞机等比例缩小的过程中付出多么艰辛的劳动，均未经过自己的选择、取舍、安排、设计、综合、描述，创作出新的点、线、面和几何结构，其等比例缩小的过程只是在另一载体上精确地再现了"歼十"飞机原有的外观造型，没有带来新的表达，属于严格按比例缩小的技术过程。该过程仍然是复制，产生的"歼十"飞机模型属于"歼十"飞机的复制件，不构成受我国《著作权法》所保护的模型作品。[①]

2. 题目中所述观点是不正确的，是误解独创性作用的结果。某种成果是否具有独创性是判断该成果是否构成作品的因素之一，而不是认定该成果是否为侵权成果的因素。一种成果有独创性、构成作品并受到《著作权法》的保护，并不意味着它就不可能成为

---

① 最高人民法院（2017）最高法民再353号民事判决书。

侵权作品。如未经小说权利人许可，将该小说改编成剧本并公开演出或拍摄成电影公开放映，该剧本或电影当然也是具有独创性的作品、能受到《著作权法》的保护，但不能说明公开演出该戏剧或公开放映该电影就不是对小说权利人的侵权行为，否则《著作权法》规定的改编权、拍摄权将完全丧失意义。本案中乙的"太极猴寿"明显源于构成美术作品的"猴寿"。虽然局部造型（如猴子的尾部）有所变化，但整体上实质性地再现了"猴寿"的独创造型。乙的行为应构成侵权。

3. 著作权法不保护操作方法，只保护具有独创性的表达。制作汉堡包的方法即使是新颖的，也不能受到著作权法保护。[1] 如果记载配料和做法的文字简洁明了，是这种思想的唯一或最佳表达，就会发生"思想与表达的混同"，不能受到保护。如果厨师采用了个性化的表达，比如写了一首诗来说明做菜的方法，则该首诗可作为文字作品受到保护。但这种情况极为少见，而且保护的也是构成诗歌的文字组合、遣词造句，而不是被描述的做菜方法。

4. 表格中所填写的内容是对文物点名称、年代、形状、数量、大小等事实的客观描述。受上述基本事实信息真实、客观、准确要求的限制，其文字选择有限、表达方式相对固定，属于事实与表达的混同。同时，由于对历史年代的考证结论以及说明事物性状具体数据的表达形式有限，对相关数据的测量行为不属于著作权法意义上的创作行为，因而不能将其作为判断是否为作品的构成要件。他人的利用行为并不构成对著作权的侵害。[2]

5. 他人的行为并不侵犯作品的著作权。相关图表是在用户输入数据后，调用其选择的模板并根据函数关系自动生成的。各种图表模板的设计及与数据之间的转换程序，都需要投入智力劳动。但是，如果将它们应用于原始材料之后，无论由何人实施，获得的结果均具有唯一性，就排除了使用者发挥聪明才智的可能性，导致相应的结果无法具有个性化的特征，从而不符合独创性的要求。可以想象，任何人输入相同的鸡苗价格和选定相同的图表模板后，所能够获得的各类图表都是相同的，这些图表显然不能构成作品。

需要指出的是，即使用于计算的函数是"独创"的，生成的图表也不是作品。这是因为这些函数作为公式，是思想与表达混同的产物，本身不受著作权法保护，而在函数中输入相同数据会产生相同结果，该过程没有给人留下智力创作空间，属于计算而非创作，不能产生作品。

6. （仅作参考，非"标准答案"）图中所示的国旗和国徽的高清晰度照片显然是翻拍的结果，没有拍摄角度、光线、明暗等各方面体现出独创性。其拍摄结果精确再现了国旗、国徽，属于复制，而非创作。

"要拍一个正面的、清晰的、不反光的国旗国徽（照片），其实很不容易"仅仅是说过程的艰难，但这个过程究竟是创作的过程还是复制的过程，必须分清楚。如果是复制，无论过程多么艰难，其结果仍然是复制件，此时著作权法不能提供保护。当然，其他法

① Publications Intern，Ltd. v. Meredith Corp.，88 F. 3d 473，480 (7th Cir.，1996).
② 马琦与乐山市文化广播影视新闻出版局等著作权权属及侵害著作权纠纷案，最高人民法院（2015）民申字第1665号民事裁定书。

律机制可以提供一定程度的保护。比如由于拍摄高清晰度的国旗国徽照片并不容易，因此这样照片是有价值的。拍摄者完全可以要求使用者在付费后才提供原尺寸大图，为此双方可以签订合同，这就是合同法对国旗国徽照片（一种有价值的劳动成果）的保护，但这并不能从中推出该合同保护的是作品的著作权。换言之，下载高清晰的国旗、国徽照片也需要付费，但这是合同上的对价，不是作品使用许可费。至于"需要动用特殊设备才能完成"讲的仍然是拍摄过程的不易。如前文所述，这样的行为是纯粹翻拍，不符合独创性要求，不构成作品。

三、论述题

1. 再审判决认为独创性是"零或一"的问题（"零"就是没有独创性，"一"就是有独创性），而不是"零至十"的判断（"零"为独创性的程度最低，"十"为独创性的程度最高）问题。再审判决进一步认为作品都"有"（"零和一"中的"一"）独创性，邻接权客体都"无"（"零和一"中的"零"）独创性。据此认为涉案的赛事直播是有独创性（无论其程度如何）的，因此是作品。

本书认为：这一认识是不能成立的。以"零和一"意义上的"一"去理解独创性，无法解释作品与邻接权客体的划分，也就是无法解释作者权和邻接权的划分。

试举一例：某音像出版社录制了小鸟鸣叫的录音。为了取得令人震撼的声音效果，出版社在小鸟鸣叫的现场布置了 16 台录音装置，从不同角度捕捉小鸟鸣叫的声音及其他大自然的天籁之声，并对这些声音进行剪辑和音效处理。录制过程包括以下步骤：一是录制准备。制作者需要在小鸟鸣叫的现场对录制场景、录音范围、录音机定点以及音效等进行选择和安排。该步骤需要对小鸟鸣叫的规律、小鸟活动的范围等作出充分预判。二是现场录制。制作者在录音采集时需要对音源方向、摆放录音设备的角度、现场氛围等进行选择和判断。为了全方位捕捉精彩声音，需要十几台录音设备进行多设备分工配合。三是加工剪辑。制作者运用包括数字录音技术在内的多种计算机程序，对不同录音设备采集后的声音内容进行选择、加工和剪辑。由此形成的录音制品在声音效果方面当然会因人而异，即不同的制作团队呈现的小鸟鸣叫的录音制品（不是指小鸟鸣叫本身，而是指制作的录音的效果）相互之间会存在不小的差异。试问：这样的录音制品有没有独创性？

对此问题，依据再审判决对其认为有独创性的赛事直播画面的形成过程，完全可以得到肯定的回答。再审判决认定："从该类赛事节目的制作过程看，一般包括如下步骤：一是摄制准备，制作者需要在赛事现场对摄制场景、拍摄范围、机位定点以及灯光音效等进行选择和安排，该步骤需要对赛事规律、运动员的活动范围等作出充分预判；二是现场拍摄，制作者在拍摄采集时需要对镜头定焦、拍摄视角、现场氛围等进行选择和判断，为了全方位捕捉现场精彩画面，经常需要进行多镜头分工配合；三是加工剪辑，制作者运用包括数字遥感等技术在内的多种计算机程序，对不同摄像机采集后的赛事视听内容进行选择、加工和剪辑……"[1]

---

[1] 北京新浪互联信息服务有限公司诉北京天盈九州网络技术有限公司案，北京市高级人民法院（2020）京民再 128 号民事判决书。

按照上述案件再审判决对"摄制准备、现场拍摄、加工剪辑"三个步骤中需要"作出一系列个性化的选择和安排"的"定性",经过同样三个步骤制作的上述录制了小鸟鸣叫的录音制品,即使在选择和判断方面的程度或难度不如为对体育赛事进行现场直播而进行的选择和判断,根据上述案件再审判决有关"对于作品的独创性判断,只能定性其独创性之有无,而无法定量其独创性之高低"的论述,从逻辑上当然应当得出"该录音制品是有独创性的作品"这一结论。

然而,依据我国《著作权法》,上述录音制品当然不是作品,这是因为我国《著作权法》将录音制品规定为邻接权——录制者权的客体。这就决定了录音制品本身不可能是我国《著作权法》保护的作品,否则会带来体系上的混乱。

由此可见,将录音制品设置为邻接权的客体,并非如再审判决所述,"目的在于对那些不具有独创性……的成果也给予保护"。相反,完全符合上述案件再审判决所述独创性(是"一"而不是"零")的成果也可以属于邻接权的客体,而非作品。特定国家的著作权法区分作品和其他受保护客体并非依据其是否具备一点点独创性,而是必须综合考虑该国著作权法划分著作权和邻接权的体系,以及是否采用"作品类型法定"模式等一系列因素。

从比较法的视角观察,上述案件再审判决对独创性认识的不当就更为突出。前文所述的精心制作而成的小鸟鸣叫的录音在我国并不属于作品,而是作为邻接权客体的录音制品。但该录音依美国《版权法》当然是作品。这是因为美国《版权法》规定的作品类型中就包含录音制品(sound recording)[1],同时美国《版权法》并未规定以录音制品为客体的、作为邻接权的"录制者权"。需要指出的是:在美国《版权法》中,作为作品受到保护的录音制品同样必须符合独创性的要求。[2] 按照上述案件再审判决有关独创性只能是"有无"而非"高低"的论断,相同的录音制品在我国(以及所有规定了以录音制品为客体的录制者邻接权的大陆法系国家)"无"独创性("零"和"一"选择中的"零"),而在美国"有"独创性("零"和"一"选择中的"一")。试问:对此如何解释?如果只是"零"和"一"的判断,而不是从"零"至"十"的判断,则相同的东西在所有国家都在"零"和"一"中有相同的判断,即均为"零"或均为"一",怎么会在有的国家是"零",而在有的国家为"一"?

对此只能作出一种合理解释,即如果要以"有无"来认识独创性,则"有"和"无"并不是上述案子再审法院所理解的"一"和"零"的关系,而仍然是对程度的描述。"有无"在不同的语境下具有不同的含义。假如在大学校友聚会中,大家相互询问,"你有孩子了吗?"("有无"孩子)则回答只能是"有"或者"无",也就是"一"和"零"的关系,而不是高低(程度)的问题。但是,当谈论一个人的财富时(此人"有没有钱"),人们经常会说"此人没钱"或"此人有钱"。这里的"没钱"并不必然意味着此人拥有的财富以货币衡量为"零",而是指此人拥有的财富没有达到当地观念中设置的特定水准,比如年收入人民币 10 万元。正是在这个意义上,"没钱"和"有钱"的区分在不同国家存在显著差异,可能在某些国家,一个人年收入相当于人民币 1 万元就被认为是"有钱"

---

① 17 U. S. C. 102 (a) (7).
② 17 U. S. C. 102 (a).

了，而在另一些国家，一个人年收入可能需要达到相当于人民币 100 万元才能被认为是"有钱"。正因为如此，抛开一个人所在的国家去讨论他"有钱"还是"没钱"，在许多情况下是没有意义的。更为重要的是，讨论"有钱"和"没钱"究竟是"有无"还是"高低"（"多少"）也是没有意义的，因为这里的"有无"根本上还是以"高低"（"多少"）进行界定的，也就是在当地财富"高"到多少才能被认为是"有"钱。在这个语境下的"有无"和"高低"（"多少"）是表述一个概念的同义词，是可以互换使用的概念。

所谓独创性的"有无"和"高低"也是一样的道理。如果要用"有无"来描述独创性，则这里的"有无"是程度问题，是以"高低"进行界定的，也就是只有达到了一定的程度，才能被称为"有"独创性，未达到该程度就被称为"无"独创性。不同国家对特定类型的作品要求的独创性程度不同，才会导致出现同一表达在有些国家被认为"有"独创性，在另一些国家被认为"无"独创性。同一录音制品在中美两国立法中的不同地位就是最好的实例。在两国都规定作品必须具备独创性的情况下，该录音制品在美国属于作品，在我国不属于作品，是因为美国《版权法》和我国《著作权法》要求的独创性程度不同。制作录音制品所需的较低程度的独创性在美国《版权法》中可被称为"有"独创性，而在我国《著作权法》中则可被称为"无"独创性。由此可见，只有从"高低"（程度）角度去理解独创性的"有无"，"有无"才是有意义的用语。"中超赛事现场直播案"的再审判决将独创性的"有无"与"高低"对立起来，以此说明只要独创性不是"零"的连续影像都是电影和类电作品（现为"视听作品"），是对独创性标准的误解。

2. 我国《著作权法》将"工程设计图"和"建筑作品"分列为两种类型的作品，且"建筑作品"的表现形式被限定为"建筑物或构筑物"，并不包括反映建筑外观的设计图，似乎说明反映建筑外观的设计图和与之对应的"建筑物或构筑物"完全没有关系。但这种认识不能成立。

问题的关键在于正确地认识"建筑设计图"是何种作品。前文在"认识作品分类的作用"中已经指出，毛主席以"毛体"书写的诗歌可以体现为不同的作品：诗歌的内容（遣词造句）为文字作品，而造型优美的文字外观又是美术作品。同样的道理：如果"建筑设计图"同时包含了对建筑物外观和内部结构的设计，从不同角度观察"建筑设计图"，就可以发现其体现了不同作品。

此类"建筑设计图"中必然包含各种用于描绘建筑物内部空间位置、相互关系和线路设计的图形，如房间的大小、电梯的位置、排水管道的走向等。它体现的是实用技术性的设计，该设计本身作为"技术方案和实用功能"不能受到著作权法的保护。但设计图体现了科学美感，因此构成"工程设计图"作品。由于"建筑作品"只涉及建筑外观，与内部结构的设计无关，因此如果仅从其反映建筑物内部结构设计的角度观察"建筑设计图"，它是"工程设计图"作品而非"建筑作品"。

与此同时，此类"建筑设计图"还能够体现建筑物的外在美感，即建筑物的优美外形。一幢建筑物如果构成建筑作品，与其内部构造和设计毫无关系，而仅在于其外形能够给人以美的享受，因此，从"建筑设计图"体现建筑物优美外形的角度看，它应当是建筑作品的平面表现形式。

　　这一区分在实用艺术品中也存在，以"功夫熊猫"漫画为例：假如作者意图制作一个带闹钟的"功夫熊猫"玩具，因此在作画时，不但画出了"功夫熊猫"的外形，还在外形的轮廓中画出了闹钟的构造。从绘画可以用于制造闹钟的角度，该绘画是"产品设计图"。但该绘画又有完全独立于闹钟设计的艺术造型"功夫熊猫"，因此它也是"美术作品"。

　　著作权法将"建筑作品"限定为"以建筑物或者构筑物形式表现"是有缺陷的。许多国家和地区的著作权立法仅将建筑物作为"建筑作品"的表现形式之一，而非唯一的表现形式，原因就在于勾画出建筑物优美外形的设计图也可以表现"建筑作品"。如美国《版权法》将"建筑作品"定义为"对建筑物的设计，该设计可在任何有形介质上体现，包括建筑物、建筑设计图和绘画（architectural plans，or drawings）"。因此，《著作权法》对"建筑作品"的定义应修改为"以建筑物、构筑物或其设计图形式表现的有审美意义的作品"。这样一来，表现"建筑作品"（仅指优美的外形）的设计图与表现内部实用性和功能性构造的设计图可以分属于不同类别的作品，在逻辑上就可被理顺了。

　　3. "网"字来源于公有领域，不是作者的独创。即便作者生造了一个字，这个字单独出现，也不可能完整地表达作者的思想感情或传递相关信息。一个"网"字，后面再加省略号，只能引起读者的联想，比如渔网、互联网和关系网，等等，其意义并不在于通过文字组合、遣词造句表达思想感情或者传递信息，因此不属于著作权法上的作品。

第二章 著作权的取得与归属

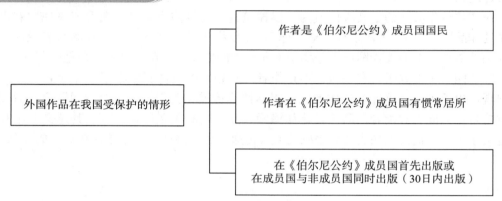

图 2-1 外国作品在我国受保护的情形

图解：

注意：（1）表中是外国作品在我国受保护的三种情形，而不是必须同时满足的三个条件。（2）出版不同于发表，出版＝复制＋发行，而发行必须有物质载体所有权的转移，因此首次以公开表演、广播和交互式网络传播等方式，将作品公之于众，仅属于发表而不是发行，因此不构成出版。

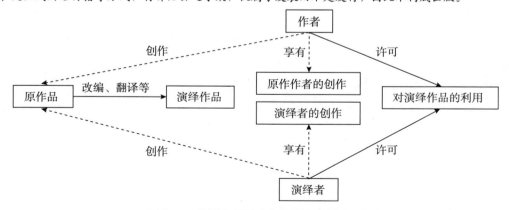

图 2-2 演绎作品著作权归属与行使规则

图解：

对演绎作品采用"双重权利、双重许可"规则。演绎作品中同时含有原作品作者和演绎者的创作，双方都有权利，因此他人要利用时，应当同时经过原作品作者和演绎者的许可。

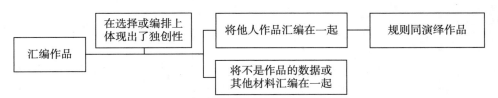

图2-3　汇编作品著作权归属与行使规则

图解：

对第一类汇编作品也采用"双重权利、双重许可"规则；第二类汇编作品中不存在双重权利，进行利用时，只需要经过汇编作品著作权人许可。

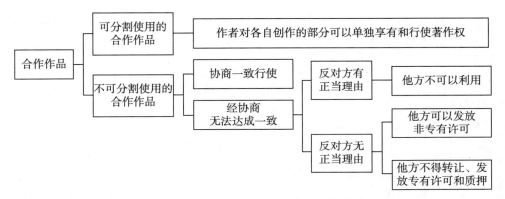

图2-4　合作作品著作权归属与行使规则

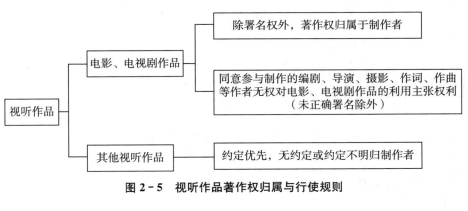

图2-5　视听作品著作权归属与行使规则

图2-6　电影、电视剧作品著作权行使规则

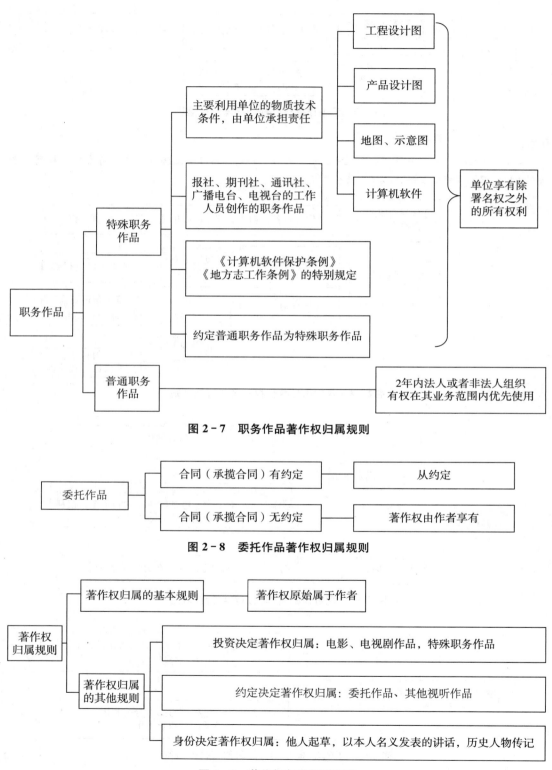

图 2－7　职务作品著作权归属规则

图 2－8　委托作品著作权归属规则

图 2－9　著作权归属规则总结

本章核心知识点解析

第一节　著作权的取得

一、掌握外国作品何时受我国《著作权法》保护

◎ **难度与热度**

难度：☆☆☆☆　热度：☆☆☆☆

《伯尔尼公约》第 3 条规定，作者只要属于以下任何一种情形，其作品就受到《伯尔尼公约》的保护。这三种情形是：作者是成员国的国民（国籍标准）；作者并非成员国的国民，但在成员国有惯常居所（惯常居所标准）；作者并非成员国的国民，但其作品首先在成员国出版，或者在成员国和非成员国同时出版（出版标准）。[①]"同时出版"并不是指同一天出版，而是指作品在非成员国首先出版后 30 天内，又在其他国家出版。[②]

需要强调的是，此处的"出版"（publication）与"发表"并不是同义词。如本书第三章第一节所述，"发表"是指将作品公之于众，也即使作品内容处于为公众所知的状态，而"发表"的具体方式是多种多样的，包括发行、广播、放映、口述、展览和网络传播等。但《伯尔尼公约》第 3 条中的"出版"有其特定的含义，仅指经过作者许可，向公众提供复制件，即转移复制件的所有权，且应根据作品的性质满足公众的合理需求。[③]这就意味着"发行"是"出版"的唯一方式，以"发行"之外的其他方式将作品公之于众的行为，不能构成《伯尔尼公约》第 3 条中的"出版"。

我国《著作权法》第 2 条根据《伯尔尼公约》规定了外国作品在我国受《著作权法》保护的情形。首先，"外国人、无国籍人的作品根据其作者所属国或者经常居住地国同中国签订的协议或者共同参加的国际条约享有的著作权"，受《著作权法》保护。这里的"国际条约"主要指《伯尔尼公约》。这就意味着《伯尔尼公约》成员国的国民，或者虽非成员国国民，但在成员国有经常居住地的人，其作品可受我国《著作权法》保护。例如，韩国是《伯尔尼公约》的成员国，韩国国民所创作的作品在我国自动受到我国《著作权法》的保护。再如，伊朗尚未加入《伯尔尼公约》，但如果伊朗国民在韩国经商，有经常居住地，则该伊朗国民的作品就可以在我国受到保护。可见，我国《著作权法》的该条规定体现了《伯尔尼公约》中的"国籍标准"和"惯常居所标准"。

其次，"外国人、无国籍人的作品首先在中国境内出版的"，根据《著作权法》享有著作权、受到保护。由于中国是《伯尔尼公约》成员国，外国人的作品在中国首先出版，无论该外国人是否为《伯尔尼公约》成员国的国民，或是否在《伯尔尼公约》成员国有经常居住地，该外国人都可以依《著作权法》的规定在中国受到保护，同时其他《伯尔尼公约》成员国也应当对其提供保护。例如，伊朗国民的作品如在我国首先出版，就可

---

① 《伯尔尼公约》第 3 条第 1、2 款。

② 《伯尔尼公约》第 3 条第 4 款。

③ 《伯尔尼公约》第 3 条第 3 款。

以受到我国和其他《伯尔尼公约》成员国的保护。我国《著作权法》的该条规定体现了《伯尔尼公约》中的"出版标准"。《著作权法》第 58 条规定，"本法第二条所称的出版，指作品的复制、发行"。该条规定与《伯尔尼公约》的要求一致，意味着不构成"复制、发行"的信息网络传播等行为并不属于"出版"。

最后，"未与中国签订协议或者共同参加国际条约的国家的作者以及无国籍人的作品首次在中国参加的国际条约的成员国出版的，或者在成员国和非成员国同时出版的"，受我国《著作权法》保护。例如，伊朗国民如果在《伯尔尼公约》成员国没有经常居住地，但在韩国首先出版了其作品，或者在伊朗首先出版之后，在 30 天内又在韩国出版，就可以受到我国《著作权法》的保护。同时，根据《伯尔尼公约》，该作品在其他成员国也受保护。该条规定体现的也是《伯尔尼公约》中的"出版标准"。

二、理解作品自动受保护的含义

◎ **难度与热度**

难度：☆☆☆☆☆　　热度：☆☆☆☆☆

我国根据《伯尔尼公约》的要求，采取著作权自动取得制度。也就是只要经过创作形成了符合法定要求的作品，著作权就依法自动产生，并受到法律的保护。

作品一旦创作完成，就自动受保护。需要注意的是，不能将"作品完成"简单地理解为作品的最终完成。即使作品没有最终完成，只要已完成部分达到了独创性的要求，该部分仍然能够作为作品受到《著作权法》的保护。例如，作家创作小说往往需要在初稿完成之后反复修改，作为创作过程中一个阶段性成果的初稿仍然是作品，作家可以就其获得著作权。如著名作家金庸写武侠小说，经常是边写边连载。每次连载的小说章节尽管长度只有整部作品的几十分之一，但它也必然包含了一定的人物、情节、对话等实质性内容，已经具有了独创性，因此，它们本身也受到《著作权法》保护。

作品自动保护制度意味着发表并非取得著作权的条件，作品完成之后，即使作者一直将其藏在家中而不公之于众，作者仍然能够获得著作权。《著作权法》第 2 条第 1 款对此明确规定："中国公民、法人或者非法人组织的作品，不论是否发表，依照本法享有著作权。"

与此同时，我国实行作品自愿登记制度，作品登记证书可以作为著作权归属的初步证明，但登记并非取得著作权的前提。《著作权法》第 12 条第 2 款规定："作者等著作权人可以向国家著作权主管部门认定的登记机构办理作品登记。"其中的用语是"可以"。这意味着作品登记是自愿的。国家版权局颁布的《作品自愿登记试行办法》第 2 条明确规定："作品实行自愿登记。作品不论是否登记，作者或其他著作权人依法取得的著作权不受影响。"

第二节　作者的认定及著作权的归属与行使

一、作者的概念与认定

◎ **难度与热度**

难度：☆☆☆☆☆　　热度：☆☆☆☆☆

作者可分为两类：自然人以及视为作者的法人和非法人组织。自然人作者必须实际创作了作品。由法人或者非法人组织主持，代表法人或者非法人组织意志创作，并由法人或者非法人组织承担责任的作品，法人或者非法人组织视为作者。

（一）自然人作者须实际创作了作品

我国《著作权法》第 11 条第 2 款规定：创作作品的自然人是作者。《著作权法实施条例》第 3 条第 1 款规定："著作权法所称创作，是指直接产生文学、艺术和科学作品的智力活动。"据此，只有那些实际从事了创作的自然人才是作者，没有实际进行创作，而仅仅组织他人创作、提供物质条件或者承担资料收集和其他辅助工作的人都不是作者。实践中曾经有某丛书的项目策划和责任编辑试图以作者的身份主张著作权，但法院正确地指出，"书的项目策划和责任编辑均系劳务性工作，基于此种工作并不能成为图书的作者、译者、著作权人或出版者，也并不因其策划或责编行为另外产生新的作品"①。同样，基于"思想无版权"的基本原理，思想和创意无论多么有价值都不受著作权法的保护，提供思想和创意的人也不是作者。例如，研究生导师在研究生撰写学位论文的过程中，往往会为研究生确定研究方向、论文题目和篇章结构，提供核心观点和论证思路，并在写作方法上进行指导，对学位论文的最终完成起到了十分重要的作用。但从著作权法的角度看，导师对学位论文的贡献主要是不受著作权法保护的思想和方法，而不是具体的文字表述，因此，导师并不是学位论文的作者。

还需要注意的是：创作作品的行为是典型的事实行为，而不是法律行为，因此，创作者无论是否具有行为能力都可以作为作者享有著作权。例如，只要一名 6 岁孩子绘制的图画具有独创性，他就能成为该图画的作者，对自己创作的美术作品享有著作权。

（二）注意"法人或非法人组织视为作者"的后果

我国《著作权法》不但规定了自然人作者，还承认本身不能进行思考和创作的法人或非法人组织可以成为"作者"。《著作权法》第 11 条第 3 款规定："由法人或者非法人组织主持，代表法人或者非法人组织意志创作，并由法人或者非法人组织承担责任的作品，法人或者非法人组织视为作者。"以这种方式创作的作品被称为"法人作品"。例如，国家知识产权局每年发布的《中国知识产权保护状况》在文字组合、遣词造句上具有一定独创性，属于文字作品。但它由国家知识产权局主持撰写，体现的并不是执笔者个人的观点和见解，而是国家知识产权局的意志，责任也由国家知识产权局承担，因此，它属于法人作品，国家知识产权局被视为作者。

需要注意的是，法人或者非法人组织既然被视为作者（成为拟制作者），当然享有作品的一切著作权。真正创作完成作品的自然人对作品没有任何著作权法意义上的权利，包括没有署名权。因此，本书认为，法人作品的范围应当被严格界定在公文类作品，以免过度限制自然人创作者的权利，并避免与后文所述的特殊职务作品发生混淆。

（三）"作者身份的推定、著作权的存在和归属推定"的应用

《著作权法》及相关的司法解释规定以署名进行作者身份的推定、著作权的存在推定和归属推定。这样的规定是为了适当减轻权利人在诉讼中的举证责任，加强对著作权的保护。

---

① 刘某与华夏出版社其他知识产权纠纷案，北京市第二中级人民法院（2004）二中民初字第 12600 号民事判决书。

《著作权法》第 12 条第 1 款规定："在作品上署名的自然人、法人或者非法人组织为作者，且该作品上存在相应权利，但有相反证明的除外。"这就是以署名推定作者身份和作品中著作权的存在。作者身份推定是指在没有相反证据的情况下，在作品上署名的自然人、法人或者非法人组织被推定为作者，享有作者的法律地位。但推定可以被更强的相反证据推翻。换言之，如果有证据能够证明在作品上署名的自然人、法人或者非法人组织并不是作者，就不能再以署名认定其是作者。假设甲创作的小说被乙抄袭后，乙以自己的名义发表，后丙又未经许可将署名为乙的该小说在网络中传播，乙发现后起诉丙侵权。在缺乏相反证据的情况下，法院将以乙在小说上的署名为依据，推定乙为作者，并以此为基础认定丙的行为侵犯了乙的著作权。但如果丙举证证明该小说的实际作者为甲，乙抄袭了甲的小说，则上述推定就被推翻，法院应当认定丙没有侵犯乙的著作权（是否侵犯甲的著作权并不是该案要解决的问题）并驳回乙的诉讼请求。

在作品上有作者署名的情况下，应当视情况推定存在著作权（该作品受《著作权法》保护）。需要注意的是，"著作权存在推定"不能被误解为推定相关内容是作品。该推定的前提是相关成果是作品，换言之，相关成果是否属于作品不能通过署名而推定，而是需要法院结合相关事实和证据认定。假设有人捡了块石头并在上面写上自己的名字，当然不能以该"署名"认定这块石头是作品。相反，如果某部摄影作品上有作者署名，作者起诉他人未经许可复制发行该摄影作品侵权时，即使对涉案作品保护期应根据 2020 年修改之前的《著作权法》（当时规定摄影作品的保护期为首次发表后 50 年）确定，法院也不能要求作者举证证明该摄影作品的发表时间，而是应推定该摄影作品仍然受《著作权法》保护。对此，被诉侵权人可以举证证明自己复制、发行时，该摄影作品距首次发表时间已超过 50 年，从而推翻著作权存在的推定。同样道理，当甲起诉乙抄袭自己之前发表的作品时，只要甲提供了载有自己署名的作品的出版物，如图书、期刊等，法院就可以直接推定该作品受《著作权法》保护。如果乙抗辩称甲的作品抄袭自公有领域的作品，因此不受《著作权法》保护，则应当由乙承担举证责任。

权利归属推定是指相关作品的著作权推定归属于以作者身份署名的自然人、法人或者非法人组织。最高人民法院《关于加强著作权和与著作权有关的权利保护的意见》第 3 条第一句规定："在作品、表演、录音制品上以通常方式署名的自然人、法人和非法人组织，应当推定为该作品、表演、录音制品的著作权人或者与著作权有关的权利的权利人，但有相反证据足以推翻的除外。"① 上文曾举例，甲起诉乙抄袭自己之前发表的作品并提供了载有自己署名的作品的出版物，如图书、期刊等。此时法院就可以直接推定该作品受《著作权法》保护且其著作权归属于甲，不应要求甲提供原始稿件等其他证据，以证明自己是著作权人。如果乙抗辩称甲之前已将该作品的著作财产权转让给了他人，因此自己并不侵犯甲的著作财产权，则应当由乙举证证明。

---

① 　请注意本条中的"署名"用语不够准确。"署名"是表明作者身份的行为。表明表演者身份的行为也可以被认为是广义上的"署名"。但录音制作者表明自己是录制者的行为（比如在录音制品上打上"℗＋录制者名称"），不是著作权法上的"署名"，而是"权利标志"。

二、著作权的归属和行使

◎ **难度与热度**

难度：☆☆☆☆　　热度：☆☆☆☆☆

在无特别规定的情况下，著作权归属于作者。但对于一些特殊情形，《著作权法》对其著作权归属作出了特别规定。

著作权归属的基本原则是著作权原始归属于作者，包括自然人作者和被视为作者的法人或非法人单位（拟制作者）。上文所述的权利归属推定，即相关作品的著作权推定归属于以作者身份署名的自然人、法人或者非法人组织，也体现了这一原则。但法律对于著作权的归属和行使还有一些特别规定。

（一）演绎作品："双重权利、双重许可"

演绎作品，又称派生作品，是指以原有作品为基础进行再创作，在保持原有作品基本表达的基础上，使新表达与原有作品融为一体而形成的新作品。本书第一章第一节曾讲解过符合"独创性"中"独"的要求的第二种情形，即对在他人作品的基础之上进行的再创作，只要由此产生的保留了原作品基本表达的成果与原作品之间存在可以被客观识别的、并非太过细微的差异，该差异部分仍然符合"独创性"中"独"的要求；如果该差异部分又符合"创"的要求，且与原有表达融为一个整体，则由此形成的成果就是原作品的演绎作品。例如，将俄文版的《战争与和平》翻译成中文，将金庸的小说《天龙八部》改编成电视剧剧本，将《红楼梦》改编成越剧，以及将文学名著缩写后编成配图本供儿童阅读等，均能产生新的演绎作品。

但是，如果只对原作进行了很少的改变，改变的结果与原作品之间不存在可以被客观识别的显著差异，或者该差异不符合"创"的要求，则改变的成果只能被视为原作品的一种复制件，这种改变行为也只不过是复制而已。例如，对小说手稿进行校对，改正了其中的一些错别字，并调整了几个句子之间的顺序。尽管有"改"、有"编"，但校对后的稿件与原手稿相比，不存在可以被客观识别的显著变化，并未形成新的作品，因此，校对行为并非演绎行为，校对稿在著作权法意义上仍然只是原作品的复制件，而非原作品的演绎作品。

同时，只有新作品与原作品在表达上相似，新作品才能被称为原作品的演绎作品。例如，对于翻译作品而言，无论原作品被翻译成了何种语言文字，原作品的基本含义不会发生改变，因此，翻译的成果通常是原作品的演绎作品。如果新作品与原作品在表达上已无实质性相似之处，只有思想、观念和创意上的相似，则新作品并非原作品的演绎作品。换言之，如果原作品具有独创性的表达在新作品中已经无法被客观地辨别了，那么新作品对原作品的使用就只属于对思想的使用。例如，如果有人根据杜牧的诗歌《清明》的意境创作了一幅画，绘出了清明节的阴雨蒙蒙、行人祭奠先人之后的悲痛，以及行人向牧童问路，牧童手指远方杏花村酒家的场景；或者有人根据《清明上河图》而创作了一首诗，将画中的主要场景用诗的语言描述了出来，则都没有使用原作品的基本表达。

对于演绎作品著作权的归属与行使，《著作权法》第 13 条规定："改编、翻译、注释、整理已有作品而产生的作品，其著作权由改编、翻译、注释、整理人享有，但行使著作权时不得侵犯原作品的著作权。"第 16 条规定："使用改编、翻译、注释、整理、汇编已有作品而产生的作品进行出版、演出和制作录音录像制品，应当取得该作品的著作权人和原作品的著作权人许可，并支付报酬。"这就是"双重权利、双重许可"规则。演绎者在以他人作品为基础进行创作时投入了创造性智力劳动，对作为智力劳动成果的演绎作品享有著作权。但是，根据他人作品创作演绎作品并利用演绎作品应得到原作品著作权人的许可，这是因为原作品著作权人享有改编权、翻译权等演绎权，未经许可演绎他人作品并加以利用会构成对演绎权的侵犯。

演绎者对演绎作品享有著作权并不意味着同时享有对原作品的著作权，演绎者也不能因为创作了演绎作品，就可以代替原作品作者行使著作权。例如，漫画家将他人创作的小说改编成一套漫画，漫画即是小说的演绎作品，漫画家对该漫画享有著作权，但未经小说著作权人许可，出版社不得出版该套漫画，否则，就会侵犯小说作者的著作权。同样道理，翻译家对翻译外文小说而形成的翻译作品享有著作权，但未经外国小说著作权人的许可，出版社不得出版译作，否则，构成著作权侵权。当然，在实务中原作品著作权人在授权他人翻译时，一般也同时授权他人出版、发行翻译作品，这样翻译者就可以在翻译完成之后单独许可出版社出版、发行其翻译作品了。但如果电影公司希望将该翻译作品拍摄成电影，则仍然需要同时经过原作品著作权人和翻译作品著作权人的许可。

（二）合作作品：权利行使的分类规定与权利继承的特别规定

合作作品是指两个以上的作者经过共同创作所形成的作品。要构成合作作品，两名以上作者应有共同创作的合意，知道要将自己创作的部分与他人创作的部分合为一个整体。例如，由一人主编并统稿，由几人分章写作的教科书即为典型的合作作品。但《红楼梦》并不是曹雪芹和高鹗的合作作品，因为通说认为高鹗是在曹雪芹去世之后，在《红楼梦》前 80 回的基础之上续写后 40 回的，两人并无共同创作《红楼梦》的合意。再如，某出版社经过众多学者同意之后，将这些学者已发表的相同主题的学术论文汇编一部文集，则该文集也并非这些学者的合作作品。一些国家的著作权法将此类含有两名以上作者的创作成果，但作者之间并无创作合意的作品称为"复合作品"[①]。

需要注意的是：只有那些实际参与创作活动，对最终的作品作出了独创性贡献的人才能成为合作作者，仅仅为创作提供咨询意见、物质条件、素材或其他辅助劳动的人并非合作作者。当然，"参与创作"的形式可能是多种多样的，并不一定意味着亲自动手。例如，一名资深摄影师带领其学生进行拍摄，资深摄影师在拍摄对象、角度、焦距、明暗等方面给予具体指示，而学生完全根据这些指示摆放和调整照相机并按下快门，则学生只是资深摄影师进行创作的消极工具，由此形成的摄影作品应当由资深摄影师独享著作权。但如果学生在拍摄过程中加入了自己的选择和判断，则资深摄影师和学生均可成为合作作者。相反，如果拍摄是由学生独立进行的，资深摄影师只是将自己多年积累的拍摄经验传授给学生，或只是告诉学生何处场景值得拍摄、采用何种拍摄手法效果较好，则资深摄影师并未实际参与创作，不能成为合作作者，由此形成的摄影作品的著作权应当归属于学生本人。

---

① 《法国知识产权法典》第 L113—2 条。

　　既然合作作品是两人以上合作创作的，其著作权就应当由各合作作者共同享有。《著作权法》第 14 条第 1 款中规定："两人以上合作创作的作品，著作权由合作作者共同享有。"对于合作作品著作权的行使方式，《著作权法》又根据合作作品是否可以被分割使用，分两种情况加以规定。

　　对于可以分割使用的合作作品，作者对各自创作的部分可以单独享有著作权，但行使著作权时不得侵犯合作作品整体的著作权。"可以分割使用"是指一部合作作品中由某一合作作者创作的部分可以相对独立，具有独立的价值，并可以单独加以使用。例如，某知识产权法教材共有四章，分为"总论""著作权""专利权""商标权"，由四名知识产权学者各自撰写。由于其中每一章都相对独立于其他章节并且可以被单独使用，各章的著作权都由撰写者所单独享有并行使。如果某一章的作者想出版一部文集，将自己撰写的一章纳入其中，并不需要经过其他章节作者的许可。但各合作作者不能超越自己的权利界限行使属于他人的权利，例如，合作作者不能未经其他合作作者的许可擅自发表整部合作作品。

　　对于不可分割使用的合作作品，必须在保护每名合作作者的利益的同时，尽量促进对合作作品的利用，因此，在利用不可分割的合作作品时，合作作者应当进行协商，通过协商一致行使著作权；不能协商一致，又无正当理由的，则任何一方不得阻止他方行使除转让、许可他人专有使用、出质以外的其他权利，但是所得收益应当合理分配给所有合作作者。例如，两位作曲家共同谱写一部乐谱，由于经过双方反复讨论和修改，在最后定稿的乐谱中已经无法清楚地分辨哪一小节为哪一位所创作。在这种情况下，不但该合作作品的著作权由各合作作者共同享有，而且对该合作作品的利用也应当由各合作作者协商一致。但是，作品毕竟具有公共文化的属性，立法政策要求作品能够尽可能地被公之于众和得以利用。同时，当各合作作者无法对合作作品的使用达成一致意见时，如果绝对禁止对作品加以使用，也会使要求使用合作作品的合作作者的利益受到损害。仍以上述两位作曲家共同创作音乐作品为例：该乐谱无法分割使用，后来两人交恶，一人想向某唱片公司发放使用该乐曲录制录音制品的非专有许可，另一人出于阻止对方获得声誉的目的而拒绝许可。在这种情况下对方就可以在协商未果时单方许可唱片公司使用该乐曲，但应当将由此获得的报酬分配给拒绝许可的一方。

　　根据《著作权法》第 14 条第 2 款的规定，在利用不可分割的合作作品时，"协商"是利用该合作作品的必经程序，如果没有经过协商，部分合作作者原则上不能许可他人利用该合作作品。同时，即使某一合作作者无正当理由反对其他合作作者行使合作作品的著作权，其他合作作者也不能转让合作作品的著作权，或者许可他人专有使用或出质。这就意味着在上述两位作曲家共同创作音乐作品的假想例中，如果其中一位希望向唱片公司发放将该音乐作品制作为录音制品的专有许可，而经过协商，另一位在无正当理由的情况下提出反对，第一位合作作者也不能向唱片公司发放专有许可，只能发放非专有许可。

　　《著作权法》规定这些限制的原因在于，转让合作作品著作财产权属于权利变动，发放专有许可接近于权利变动，而出质则有导致权利变动的可能。既然合作作品由合作作者基于创作的合意共同创作完成，其著作财产权应为合作作者的共同财产。对其进行可能发生权利变动或接近于权利变动的处分行为，将涉及全体合作作者的重大利益。转让合作作品的著作财产权自不待言，专有许可意味着被许可人"有权排除包括著作权人在内的任何人以同样的方式使用作品"①，同时专有被许可人还可以以自己的名义向法院提起侵权诉讼或申请诉前措施，无须再经过著作权人的许可。由此可见，专有许可具有财产权的排他效力。在专有许可合同约定的时间和地域范围内，被许可人取得了接近著作权人的法律地位。合作作者之一向他人发放专有许可，相当于著作财产权在合同约定的时间和地域范围内发生了权利变动，对其他合作作者的利益会产生很大影响，因为在承认该专有许可有效的情况下，其他合作作者既不能向他人发放相同的专有许可或非专有许可，也不能以相同的方式利用作品。而著作权人（债务人）为担保债务的履行而以著作财产权出质后，当著作权人（债务人）不能履行到期债务或者发生当事人约定的实现质权的情形时，债权人有权就该著作财产权优先受偿。② 这就意味着此时将发生著作财产权的权利变动。对于可能引起权利变动的出质和引起类似权利变动的专有许可，立法者要求全体合作作者一致同意，是具有合理性的。

合作作者之一死亡后，其对合作作品享有的财产权利无人继承又无人受遗赠的，《著作权法实施条例》第14条作出了特别规定，即在这种情况下著作财产权由其他合作作者享有。这不同于《民法典》继承编的规定。《民法典》第1160条中规定：无人继承又无人受遗赠的遗产，归国家所有。对于合作作者之一死亡后既没有继承人又没有受遗赠人的情形，如果适用该条规定，则该作者对作品享有的财产权利只能归国家所有。但这样一来，其他在世的合作作者就与国家共同享有对作品的财产权利，在行使财产权利的过程中会遇到很多麻烦。例如，在对该合作作品进行专有许可，或者转让其财产权时，在世的合作作者还必须经过国家的同意，所得收益还要按比例分给国家。而规定无人继承又无人受遗赠的著作财产权归其他合作作者享有，便于其他合作作者有效和便捷地行使著作财产权。

（三）汇编作品：认定与分类

汇编作品，是指汇编若干作品、作品的片段或者不构成作品的资料或者其他材料，对其内容的选择或者编排体现独创性的作品。汇编作品是一种以体系化的方式呈现的作品、数据或其他信息的集合。需要指出的是，如果对创作素材作独创性的选择或编排形成的是能够独立表现思想或文学艺术美感的内容，则选择或编排仅仅是创作《著作权法》第3条中各类作品的手段，并不将其归入汇编作品。例如，以文字形式表现的作品无非是从数千个汉字中"选择"一部分，以特定方式加以排列、组合之后形成的。这种独创性"选择"和"编排"形成的显然是文字作品，而不是汇编作品。

虽然独创性汇编的结果并不产生新的文字内容、艺术造型、音乐旋律等传统文学艺术作品的表现形态，但也能表达汇编者的观点。将作品、数据或其他信息的集合体系化地加以呈现，其作用在于以汇编者认为的合理呈现方式，提供汇编者眼中有价值的作品、数据或其他信息。换言之，汇编者通过对信息的独特选择或特殊编排，表达其对信息价值或呈现方式的观点。这样一来，使用者接受的就是打上了汇编者个性化烙印的信息集合。

① 《著作权法实施条例》第24条。
② 《民法典》第425、446条。

无论被汇编的材料是否是作品，如果在选择或编排方面没有体现出独创性，则不能构成汇编作品。如果一种选择或编排过程只要按照既定规则或规律去做，结果都是相同的，没有给人留下发挥聪明才智的空间，则这种汇编结果不可能具有独创性，当然也不会构成作品。例如，出版社将鲁迅先生的全部作品按照文体及发表时间编成《鲁迅全集》，则该《鲁迅全集》并非汇编作品。因为收录鲁迅先生的全部作品不涉及选择，而且根据文体及发表时间安排作品顺序是最为常规的方法，没有任何智力创造性可言。本书在第一章案例研习部分讲解过"电话号码簿案"。在该案中，被告原样抄袭原告出版的电话号码簿之所以不构成版权侵权，是因为电话号码本身不是作品，原告对电话号码无版权可言，同时原告将全部订户的号码均编入电话号码簿，而且按订户姓名字母顺序排列，无论在选择还是编排方面均没有体现出最低限度的智力创造性。同样道理，"中国期刊全文数据库"和"中国优秀博硕士学位论文全文数据库"如果对全国各期刊刊登的文章或各大学的学位论文照单全收，并没有根据论文质量进行评判、甄别，就不存在独创性的选择。同时，对论文根据学科的专业门类进行编排，也是常规的编排方式，难有独创性可言。

由于汇编作品是以体系化的方式呈现的信息集合，而不是其中孤立存在的信息，所以汇编作品的独创性就只能体现在对既有信息的选择或编排方面，而不能体现在该信息的产生或来源方面。因此，在认定汇编作品的过程中，区分"为取得被汇编的信息所付出的独创性劳动"与"对取得的信息进行独创性的选择与编排"极为重要，因为前者仅是一个产生、发现、确认信息的过程，不能直接形成以体系化方式呈现的信息集合，无论需要多少智力投入，其结果都不能受著作权法保护。例如，一家出版社经过大量走访调查和分析研究，首次发现了鲁迅先生以前不为人所知的作品，并将这些作品与其他鲁迅先生的作品一起按照作品类型和发表时间顺序编入了《鲁迅全集》。再如，出版社想方设法（这种方法很可能有创造性）劝说用户告知其电话号码，从而第一次收集到了某地所有居民的电话号码，并按照居民姓名的拼音顺序编制了电话号码簿。对上述鲁迅先生的作品和居民电话号码的取得并非简单的"额头流汗"，而是需要一定智力投入的。然而，这一过程仅仅是发现和确认了客观存在的作品和数据本身，其所涉及的智力投入与汇编作品毫无关系。只有对这些作品和数据所进行的独创性选择或者编排，才是构成汇编作品所需要的智力创造。

汇编作品可以分为两类：对作品进行汇编而形成的汇编作品，以及对事实、数据等不构成作品的信息进行汇编而形成的汇编作品。第一类汇编作品是汇编若干作品或作品片段而形成的新作品，即被汇编的材料本身就是作品。各类法学期刊、报纸和小说选集等就属于第一类汇编作品。汇编已有的作品之所以能够成为有别于被汇编作品的新作品，不是因为它是由作品集合而成，而是因为其在选择或编排作品方面体现出了独创性。例如，法学期刊上的每一篇论文无疑都是作品，但法学期刊构成汇编作品并不是因为上面登载的论文都是作品，而是因为期刊编辑部的编辑对论文的选择和编排付出了创造性劳动：首先，编辑们要阅读大量来稿，从中选择出学术质量较高的文章；其次，编辑还要根据文章的内容和本期关注的重点问题，设置特定的栏目并按一定的方式对文章进行编排。正是由于这种选择和编排是一种智力创造性劳动，符合独创性的要求，法学期刊才构成汇编作品。第一类汇编作品不同于合作作品。要构成合作作品，作者之间必须有共同创作的合意。而汇编作品并不需要被汇编作品的作者之间有这种创作合意，而是要求对各作品的选择或编排体现出了独创性。

第二类汇编作品是将原本就不受著作权保护的事实、数据等材料通过具有独创性的选择和编排汇集在一起。例如，出版社通过自己的判断，在上海众多餐馆中选择了最味美、实惠的50家并进行排序，同时附上地址和电话号码，编成《最佳餐馆50家》。虽然餐馆名称、地址和电话号码本身都不是作品，但对众多餐馆进行选择和排序是需要付出具有个性化的智力劳动的，由此形成的《最佳餐馆50家》就是汇编作品。

根据《著作权法》第15条的规定，汇编作品的著作权由汇编人享有，但行使著作权时，不得侵犯原作品的著作权。由于其中出现了"原作品"的表述，说明该条针对的是第一类汇编作品，即对作品或作品片段的汇编。第一类汇编作品的著作权归属和行使规则非常类似于演绎作品。汇编者在经过各作品作者许可，通过独创性的选择或编排将各作品进行汇编之后，对由此形成的汇编作品享有著作权。但汇编者对汇编作品的著作权仅限于体现独创性选择或编排的体系化的作品集合，而不能及于被汇编的作品本身。例如，某出版社出版了一本《鲁迅作品精选》，收集了100篇鲁迅先生的作品，并按照编辑认为的精彩程度予以排序。该精选就是典型的汇编作品，因为编辑在选择和编排作品方面体现出了智力创造性。如果其他出版社未经许可也选择了同样的100篇鲁迅先生的作品出版，则侵犯了对汇编作品的著作权。但是，《鲁迅作品精选》的汇编者无权阻止其他出版社选择不同的鲁迅先生的作品汇编成册，因为鲁迅先生的作品的著作权保护期已届满，任何人都可以自由使用。汇编者虽然对作为汇编作品的《鲁迅作品精选》享有著作权，却不能因为汇编行为而对被汇编的作品本身享有著作权。

与此同时，他人利用第一类汇编作品时，应当同时经过汇编作品著作权人和被汇编作品的著作权人（如果被汇编作品仍然在保护期内）的许可。《著作权法》第16条规定："使用改编、翻译、注释、整理、汇编已有作品而产生的作品进行出版、演出和制作录音录像制品，应当取得该作品的著作权人和原作品的著作权人许可，并支付报酬。"如果被汇编的作品仍在著作权保护期内，他人未经许可使用作为一个整体的汇编作品就会同时侵犯汇编作品的著作权和被汇编的作品的著作权。例如，出版社编辑人员在大量现代诗中，根据自己的判断选择了100首最优秀的诗，并在经过作者许可之后汇编成《现代诗精选》。该《现代诗精选》因体现了出版社具有创造性的选择而成为汇编作品，但音像公司要将这本《现代诗精选》录制成有声书出版，既要获得出版社的许可，也要获得各诗作者的许可，因为各首诗的著作权仍然掌握在作者手中。

（四）视听作品：权利归属的分类规定

视听作品的著作权归属与行使是一个特别复杂的问题。这一方面是因为视听作品往往属于特殊的演绎作品，如故事片通常是根据他人的小说拍摄的，但如果将视听作品视为普通的演绎作品，就意味着在约定不明的情况下，对电影的任何利用都需要经过原作品著作权人与电影作品著作权人的双重许可；另一方面是因为许多视听作品凝结了编剧、导演、摄影师、剪接师和作词、作曲者等诸多人员共同付出的创造性劳动，从某种意义上说其是最为复杂的合作作品，但如果按照合作作品的著作权归属和行使的规则，视听作品的著作权一概由对视听作品的创作付出了独创性劳动的所有人共同享有，对视听作品的利用都需要经过全体合作作者的共同许可，势必带来视听作品在利用方面的诸多纷争和极大不便，因此，《著作权法》对视听作品著作权的归属与行使作出了特别规定。

1. "电影作品、电视剧作品"的著作权归属

《著作权法》第17条将"视听作品"分为"电影作品、电视剧作品"和"其他视听作品"，并分别规定了著作权归属。第17条第1款规定："视听作品中的电影作品、电视剧作品的著作权由制作者享有，但编剧、导演、摄影、作词者、作曲者等作者享有署名权，并有权按照与制作者签订的合同获得报酬。"

视听作品中的电影作品、电视剧作品往往是根据已有的小说、戏剧拍摄而成，因此属于演绎作品。同时电影作品、电视剧作品又是编剧、导演、摄影、作词者、作曲者等作者基于合意合作完成的，因此又属于合作作品。但是，为了促进电影作品、电视剧作品的传播并保护交易安全，《著作权法》是将它们作为特殊的演绎作品和合作作品对待的，在其著作权归属的规定上也体现出了特殊性。

首先，电影作品、电视剧作品是特殊的演绎作品。拍摄电影、电视剧往往需要将原先存在的小说或戏剧改编成影视剧本，再根据剧本拍摄。由此形成的电影作品、电视剧作品实际上是小说或戏剧的演绎作品。但是，如果将电影作品、电视剧作品视为普通的演绎作品，适用"双重权利、双重许可"规则，就意味着在约定不明的情况下，对电影作品、电视剧作品的任何利用都需要经过原作品著作权人与电影作品、电视剧作品著作权人的双重许可，电影作品、电视剧作品著作权人自己也不能在约定不明的情况下利用电影作品、电视剧作品，而这会给电影作品、电视剧作品的传播造成极大的障碍，因此，《著作权法》对此类作品的著作权归属和行使规则作出了较为特别的规定。

我国《著作权法》一方面在第13条规定了演绎作品"双重权利、双重许可"的规则，另一方面在第17条第1款规定电影作品、电视剧作品的著作权属于制作者。制作者是指负责组织视听作品的创作并对其承担责任的个人或实体。在电影作品、电视剧作品与原作品（小说、戏剧等）的关系上，《著作权法》并没有作出明文规定，但其第48条规定："电视台播放他人的视听作品、录像制品，应当取得视听作品著作权人或者录像制作者许可，并支付报酬；播放他人的录像制品，还应当取得著作权人许可，并支付报酬。"该条并未规定"播放视听作品，还应当取得（原作品）著作权人的许可"。这就说明对于电视台播放包括电影作品、电视剧作品在内的视听作品，并不适用"双重权利、双重许可"规则。根据《伯尔尼公约》并参考各国著作权法的规定，对我国《著作权法》第13条和第17条第1款较为恰当的解释是：电影作品、电视剧作品是一种特殊的演绎作品。一方面，电影作品、电视剧作品仍然是原作品（小说、戏剧等）的演绎作品，电影作品、电视剧作品之中存在"双重权利"，因此要将电影作品、电视剧作品改编成其他文艺形式，如改编成漫画书出版，或改编成戏剧上演，需要经过原作品著作权人和电影作品、电视剧作品著作权人（制作者）的许可。《伯尔尼公约》第14条第2款明确规定：要将由文学或艺术作品派生而来的电影作品改编为其他任何艺术形式，除要经过电影作品作者的许可之外，还要经过原作品作者的许可。该条说明《伯尔尼公约》认为在根据小说、戏剧等原作品拍摄而成的电影作品之中是存在"双重权利"的。对我国《著作权法》相关规定的解释，不能使我国违反国际义务，因此，对电影作品、电视剧作品的改编需要同时经过原作品著作权人和电影作品、电视剧作品著作权人的许可。

例如，著名作家白先勇创作了小说《谪仙记》，后许可上海电影制片厂将其改编后拍

摄成电影《最后的贵族》。某公司经制片厂许可，将电影改编为同名话剧并公开演出，但未取得白先勇的许可。白先勇起诉该公司侵犯其著作权。法院指出：上海电影制片厂对其拍摄的电影《最后的贵族》享有著作权，但电影《最后的贵族》属于演绎作品，将该演绎作品改编为另一种作品形式即话剧并进行公开演出，需要同时取得原作品（小说《谪仙记》）和演绎作品（电影《最后的贵族》）的著作权人的许可，因此，被告侵犯了白先勇的著作权。[①]

另一方面，电影作品、电视剧作品是特殊的演绎作品，其特殊性体现在：利用电影作品、电视剧作品自身（排除将其改编成其他文艺形式的利用方式）的权利，完全属于制作者。对电影作品、电视剧作品的复制、发行、放映、网络传播或配音、翻译等，只需要经过电影作品、电视剧作品制作者的许可，而无须经过原作品著作权人的许可。

其次，电影作品、电视剧作品是特殊的合作作品。电影作品、电视剧作品的创作过程，往往需要许多人共同参与，因此电影作品、电视剧作品也是合作作品。按照合作作品的著作权归属和行使规则，电影作品、电视剧作品的著作权应由对电影作品、电视剧作品的创作付出了独创性劳动的全体合作作者共同享有。这就意味着对电影作品、电视剧作品的利用需要经过全体合作作者的共同许可，而这势必带来电影作品、电视剧作品在利用方面的诸多纷争和极大不便，因此，各国著作权立法在这方面也体现出了灵活性。无论是规定电影作品、电视剧作品的著作权原始归属于制作者，还是规定电影作品、电视剧作品的著作权由各合作作者转让给了制作者，制作者至少可以取得利用电影作品、电视剧作品的专有权利。换言之，电影作品、电视剧作品被视为特殊的合作作品，普通合作作品著作权归属与行使的规则，对电影作品、电视剧作品不再适用。

我国《著作权法》第17条第1款规定："视听作品中的电影作品、电视剧作品的著作权由制作者享有，但编剧、导演、摄影、作词、作曲等作者享有署名权，并有权按照与制作者签订的合同获得报酬。"可以看出，我国《著作权法》将电影作品、电视剧作品的整体著作权直接赋予制作者，而不是按照普通合作作品的著作权归属规则，由共同参与电影作品、电视剧作品创作的作者共享该作品的著作权。编剧、导演、摄影和词曲作者等电影作品、电视剧作品的合作作者只能对该作品享有署名权，并按照与制作者的合同获得报酬。这意味着当电影作品、电视剧作品作为一个整体被使用时，只能由该作品的著作权人——制作者去行使权利，参与该作品创作的人在这种情况下是无权行使权利的。

例如，在"《天仙配》著作权侵权案"中，著名黄梅戏表演艺术家严凤英作为唱腔设计者和主演、主唱参与了黄梅戏电影《天仙配》的摄制，其继承人发现某音像出版社发行了《天仙配》光盘，但未经其许可并支付报酬，因此，起诉该音像出版社和销售商侵犯了严凤英对唱腔曲调的著作权。[②] 法院认为：由上海电影制片厂拍摄的《天仙配》属于电影作品。即使严凤英在该片中的唱腔设计因具有独创性而形成了新的作品，但由于电影作品的整体著作权属于制片人，当发生电影作品著作权被侵权的情形时，也只能由制

---

① 白先勇诉上海电影（集团）有限公司、上海艺响文化传播有限公司等著作权权属、侵权纠纷案，上海市第二中级人民法院（2014）沪二中民五（知）初字第83号民事判决书。

② 本案原告还起诉被告侵犯了严凤英的表演者权。参见本书第六章第二节。

片人作为著作权人对外主张权利，电影作品的作者和表演者无权向该侵权人主张权利。本案中被告出版、发行黄梅戏电影《天仙配》光盘的行为，是对电影作品整体的使用，因此，本案原告无权向其主张权利。①

本案中的唱腔设计可以类比为专门为拍摄电影而创作的音乐。只要该音乐是为拍摄电影而创作的，音乐作品的著作权人对于作为一个整体的电影并不享有财产性权利，因此当该电影被未经许可利用时，只有电影的著作权人，也就是电影制片者（《著作权法》中的制作者）才能主张权利，其中音乐作品的作者无权主张。

2. "其他视听作品"的著作权归属

《著作权法》第 17 条第 2 款规定，对于电影作品、电视剧作品以外的视听作品，"著作权归属由当事人约定；没有约定或者约定不明确的，由制作者享有，但作者享有署名权和获得报酬的权利"。根据该规定，"其他视听作品"的著作权归属采用"约定优先，无约定时归制作者"的规则。这就意味着，"其他视听作品"的制作者可以与诸多参与视听作品创作的作者通过约定决定该视听作品著作权的归属，既可以约定由制作者享有，也可以约定由全体创作者共同享有，还可以约定由制作者与全体创作者共同享有，或者由创作者中的一位或几位享有。只有在没有约定或约定不明时，此类视听作品的著作权才由制作者享有。

3. 视听作品中"可以单独使用的作品"的著作权归属与行使

《著作权法》第 17 条第 3 款规定："视听作品中的剧本、音乐等可以单独使用的作品的作者有权单独行使其著作权。"据此，如果一种为视听作品所体现的作品属于"可以单独使用的作品"，若他人希望获取使用许可，则该作品的作者"有权单独行使其著作权"，也即单独发放许可。换言之，他人要单独使用视听作品中"可以单独使用的作品"，应请求该作品的作者给予许可，而不是请求视听作品的制作者给予许可。

"单独使用"中的"单独"是相对于视听作品，即带伴音或不带伴音的连续画面而言的。在脱离视听作品的情况下使用剧本、音乐等作品，如出版社出版电影剧本，或唱片公司让其聘用的歌星重新演唱电影插曲并制成录音制品发行，应当经过这些作品著作权人的许可，而非经过电影制作者许可。虽然《著作权法》第 17 条第 3 款只将"剧本、音乐"明确列举为视听作品中"可以单独使用的作品"，但该列举并非穷尽式的，后面还有"等"字，说明视听作品中包含的其他作品也可能像剧本和音乐一样"可以单独使用"。例如，聘请舞蹈演员将影视剧中出现的舞蹈重跳一次，或者复制影视剧中出现的雕塑，都不需要再现影视剧的画面，因此属于对视听作品中的舞蹈作品和立体美术作品的单独使用，相关行为无须经过视听作品制作者的许可，只需要经过舞蹈作品和立体美术作品著作权人的许可。

相反，如果在使用视听作品中的音乐或剧本的同时，使用了连续画面，则这种行为并非对音乐或剧本的"单独使用"。例如，电视台对一些影视剧的片段进行了剪辑，编成

---

① 王某等诉深圳书城南山城实业有限公司、安徽音像出版社著作权纠纷案，广东省深圳市南山区人民法院（2006）深南法知初字第 10 号民事判决书，广东省深圳市中级人民法院（2009）深中法民三终字第 86 号民事判决书。本案虽然是按 2020 年修改前的《著作权法》审理和裁判的，但由于涉案作品属于 2020 年修改后《著作权法》第 17 条第 1 款所述的"电影作品、电视剧作品"，因此著作权归属规则并没有发生变化。

"电影经典对白"并播放，由于播出的并非单纯的文字对话，而是附有影视剧画面，则这种使用也并非对其中剧本片段的"单独使用"。

（五）职务作品：权利归属的分类规定

《著作权法》第18条中规定：自然人为完成法人或者非法人组织工作任务所创作的作品是职务作品。据此，要构成职务作品，必须符合两个条件：第一，创作作品的自然人必须是法人或者非法人组织（以下简称单位）的工作人员，与单位有实质意义上的劳动或雇佣关系，包括正式工作人员、临时工、实习生或试用人员。第二，作品必须因履行职务行为的需要而创作，即为了完成单位的工作任务而产生。"工作任务"是指工作人员在该单位中应当履行的职责。例如，对于游戏软件公司技术部中的程序员而言，他在日常工作中的职责就是编写和维护游戏软件。该程序员为了履行这一职责所编写的软件作品就是职务作品。如果作品的创作与工作人员应当履行的职责无关，则即使该作品的创作利用了单位的物质技术条件或该作品是在上班时间创作的，也不属于职务作品。例如，游戏软件公司技术部的程序员在上班时利用闲暇时间为自己的儿子编写了一套学习软件，该软件就不属于职务作品。我国《著作权法》将职务作品分为两种情况，分别规定了其著作权归属。

1. 特殊职务作品及著作权的归属

《著作权法》第18条第2款规定了特殊职务作品，除署名权外其著作权由单位享有。特殊职务作品又被分为四类：第一类是主要是利用单位的物质技术条件创作，并由单位承担责任的工程设计图、产品设计图、地图、示意图、计算机软件等职务作品。其中的"物质技术条件"，根据《著作权法实施条例》的解释，是指单位为自然人完成创作专门提供的资金、设备或者资料。[①]"主要是利用单位专门提供的物质技术条件"，并非泛指利用了单位特意为创作提供的条件，还强调作者利用的物质技术条件与作品的创作直接相关，且无法从其他地方轻易获得。这就排除了用于创作作品的通用工具或其他条件。例如，在单位上班时进行创作，难免会用到单位的办公室、计算机、电源，以及纸、笔等各种文具。但这些东西随处可得，换一家单位也能享用。即使单位专门拨出一间办公室，拨专款购买了计算机等通用设备和文具，也不能仅因此认定相关作品是特殊职务作品。

《著作权法》规定的第一类特殊职务作品通常很难依靠自然人本人的力量单独完成，而必须借助于单位专门提供的资金、设备和资料等。以计算机软件为例：对于许多大型软件，或者具有特定用途的软件，程序员往往需要使用单位提供的高性能计算机，用单位的资金购买相关的资料，特别是要和单位的其他程序员交流，利用他们在编程方面的专门技术和经验，有时候还需要使用单位才可能获得的专有技术和技术秘密。例如，目前国内许多软件公司都在组织程序员编写网络游戏软件，但网络游戏软件中被称为"游戏引擎"的核心部分往往是进口的，需要软件公司花费巨资从国外引进，并聘请外国专家进行技术指导。正是因为单位对于这类作品的创作提供了不可或缺的"物质技术条件"，为了鼓励单位对作品的创作进行投资，保护它们对于投资的合理利益，法律才规定这类作品除署名权之外的著作权的其他权利归属于单位。

---

① 《著作权法实施条例》第11条第2款。

　　《著作权法》规定的第二类"特殊职务作品"是报社、期刊社、通讯社、广播电台、电视台的工作人员创作的职务作品。在报社、期刊社、通讯社、广播电台、电视台的工作人员创作的职务作品中，只有少数作品的创作才会"主要利用"报刊通讯社和电台、电视台的物质技术条件。例如，记者撰写采访报道与评论性文章，往往只需利用通用的辅助设备如照相机、摄像机、录音笔和计算机即可。报社、通讯社和电台、电视台当然也会提供一定的物质技术条件，如提供辅助设备和经费等，但很难说离开这些物质技术条件，相关作品的创作就无法完成或难以完成。如果将此类职务作品的著作权归属于作者（员工），会带来诸多不便，因为报社、通讯社和电台、电视台对此类作品的后续利用和维权都需要以与作者（员工）签订合同为前提。《著作权法》因此将报社、通讯社和电台、电视台工作人员的职务作品规定为特殊职务作品，以使报社、通讯社和电台、电视台取得署名权之外的著作权，便于对此类职务作品的后续利用和维权。

　　《著作权法》规定的第三类"特殊职务作品"是法律、行政法规规定的著作权由单位享有的职务作品。这就为其他法律或行政法规对职务作品的著作权归属作出特别规定留下了空间。该款允许法律、行政法规规定，对于某种职务作品，除署名权之外的著作权由单位享有。《计算机软件保护条例》就作出了这样的特别规定，其第13条内容为："自然人在法人或者其他组织中任职期间所开发的软件有下列情形之一的，该软件著作权由该法人或者其他组织享有，该法人或者其他组织可以对开发软件的自然人进行奖励：（一）针对本职工作中明确指定的开发目标所开发的软件；（二）开发的软件是从事本职工作活动所预见的结果或者自然的结果；（三）主要使用了法人或者其他组织的资金、专用设备、未公开的专门信息等物质技术条件所开发并由法人或者其他组织承担责任的软件。"[1] 其中的第三种情况已被纳入《著作权法》第18条第2款规定的特殊职务作品中。但其他两种情况则属于该条例作出的特别规定。《地方志工作条例》也对职务作品著作权的归属作出了特别规定，其第15条规定："以县级以上行政区域名称冠名的地方志书、地方综合年鉴为职务作品……其著作权由组织编纂的负责地方志工作的机构享有，参与编纂的人员享有署名权。"据此，基于职务行为创作的地方志，除署名权之外的著作权各项权利由组织编纂的机构享有。[2]

　　《著作权法》规定的第四类"特殊职务作品"是合同约定著作权由单位享有的职务作品，也就是允许单位与作者通过合同将职务作品约定为"特殊职务作品"，从而使单位享有除署名权之外的著作权。需要注意的是，该约定有效的前提是相关作品本身为职务作品。如果相关作品并不是职务作品，如上文提及的游戏软件公司的程序员在上班时为儿子编写的一套学习软件，则单位不能通过与作者签订合同将其约定为"特殊职务作品"并取得除署名权之外的著作权。这样的限制是为了避免单位利用缔约优势侵害作者的权益。《著作权法》对"特殊职务作品"的著作权归属作出有利于单位的规定，是为了保护单位对作品的投资。如果相关作品根本不属于职务作品，说明作品的形成与单位的投资无关，此时法律不允许单位在不付出额外代价的情况下仅凭事先的约定就取得著作权。

---

① 2020年《著作权法》修改后，"法人或者其他组织"的用语已被"法人或者非法人组织"所取代，但在本书成稿之时，《计算机软件保护条例》中的用语尚未被修改。下同。
② 甘肃省兰州市中级人民法院（2012）兰法民三初字第005号民事判决书。

2. 普通职务作品及著作权的归属与行使

"特殊职务作品"之外的其他职务作品就是普通职务作品。根据《著作权法》第18条第1款的规定，其著作权由作者享有，但单位有权在其业务范围内优先使用。作品完成2年内，未经单位同意，作者不得许可第三人以与单位使用的相同方式使用该作品。这类职务作品虽然也是为了履行工作职责而创作的，但并不需要单位提供特定的物质技术条件。例如，中学教师为备课所撰写的教案，虽然也属于为了完成学校交付的授课任务而创作的作品，但教师准备教案并不需要学校为此进行特定投资，因此，在这种情况下《著作权法》对单位利益的保护水平较低，单位只享有作品完成2年之内的优先使用权。当然，在职务作品完成2年之内，只要经单位同意，作者也可许可第三人以与单位使用的相同方式使用作品，但所获报酬，应由作者与单位按约定的比例分配。[①]

（六）委托作品：区分有约定和无约定时的著作权归属

委托作品是指受托人根据委托人的委托而创作的作品。需要注意的是，虽然《著作权法》第19条使用了"受委托创作"的用语，但一方应另一方的请求创作作品，由此产生的并不是《民法典》合同编中的委托合同，而是承揽合同。《民法典》第919条规定的"委托合同是委托人和受托人约定，由受托人处理委托人事务的合同"，显然与"受委托创作"无关。《民法典》第770条第1款规定："承揽合同是承揽人按照定作人的要求完成工作，交付工作成果，定作人支付报酬的合同。"这里的"完成工作"即包括了《著作权法》第19条所述的"受委托创作"。例如，新婚夫妇赴影楼拍摄结婚纪念照，实际上就是影楼（承揽人）按照新婚夫妇（定作人）的要求，为其创作摄影作品。再如，大型体育比赛组织者请音乐家为赛事撰写会歌，也是词曲作者作为承揽人，为组织者（定作人）创作音乐作品。但为了与《著作权法》及相关司法解释的用语保持一致，下文仍然使用"委托作品""委托""委托合同""委托人""受托人"的用语。

我国《著作权法》第19条规定："受委托创作的作品，著作权的归属由委托人和受托人通过合同约定。合同未作明确约定或者没有订立合同的，著作权属于受托人。"根据相关司法解释，如果委托作品的著作权归属于受托人，则委托人在约定的使用范围内享有使用作品的权利；双方没有约定使用作品范围的，委托人可以在委托创作的特定目的范围内免费使用该作品。[②]例如，某公司委托画家创作一幅体现公司形象和经营理念的宣传画。如果双方没有对该宣传画的著作权归属和使用作品的范围作出约定，则著作权属于画家，但公司可以出于对外宣传的目的而展示、悬挂这幅宣传画，或将它印刷在公司的宣传册上，无须再经过画家许可，也无须支付额外报酬。

（七）作者身份不明的作品

《著作权法实施条例》第13条规定：作者身份不明的作品，由作品原件的所有人行使除署名权以外的著作权。作者身份确定后，由作者或者其继承人行使著作权。

作品具有个人智力成果和文化产品的双重属性，著作权法在立法政策上鼓励作品尽可能地被社会利用，因此，对于作者身份不明的作品，规定作品原件的所有人除不能在

---

① 《著作权法实施条例》第12条。
② 最高人民法院《著作权司法解释》第12条。

作品上以作者身份署名外，可以以各种方式利用作品，包括许可他人利用作品。需要注意的是：作者身份不明的作品仅指世人无法确定作者身份的作品。那些虽然未署名或未署真名，但仍然能够通过其他途径确定作者身份的作品并不是作者身份不明的作品。例如，"鲁迅"是"周树人"的笔名，最初许多人并不知道"鲁迅"就是"周树人"，但通过"鲁迅"这一笔名，作品的出版者和其他使用者仍然能够获取许可和支付报酬。在这种情况下作者的身份实际上是确定的。

（八）其他两种特殊情形

1. 由他人执笔，本人审阅定稿并以本人名义发表的报告、讲话等作品

最高人民法院《著作权司法解释》第 13 条中规定："由他人执笔，本人审阅定稿并以本人名义发表的报告、讲话等作品，著作权归报告人或者讲话人享有。著作权人可以支付执笔人适当的报酬。"

报告、讲话及类似作品由报告人或者讲话人之外的人执笔，由报告人或者讲话人审阅定稿的情况并不罕见。此类作品与其他文字作品的创作和使用目的存在较大区别，通常要反映报告人、讲话人或其单位的意志，其文字组合、遣词造句的最终决定权掌握在报告人、讲话人或其单位（法人或非法人组织）手中。

此类作品的创作大致可分为三种情况：第一种情况是由单位组织、体现单位意志并由单位承担责任，如本单位的年度工作总结。此时该作品为法人作品，视该单位为作者，著作权当然由该单位享有。即使在该报告、讲话上有报告人或者讲话人的姓名，该报告人或讲话人也不是著作权法意义上的作者，出现在该报告、讲话上的该姓名也不是著作权法意义上的署名，仅表示报告人或讲话人代表该单位发表该报告、讲话。对于这种情形，前述司法解释不能适用。第二种情况是，该报告、讲话的执笔人是单位的工作人员，该报告、讲话是作为执笔人上级的报告人、讲话人要求执笔人完成的工作任务，并以报告人、讲话人的名义发表，反映的是报告人、讲话人的意志，由其个人承担责任，如单位负责人的年度工作总结。此时该报告、讲话属于普通职务作品。第三种情况是该报告、讲话的执笔人并非单位的工作人员，该报告、讲话是报告人、讲话人委托其创作的，并以报告人、讲话人的名义发表。此时该报告、讲话属于委托作品。对于第二、三种情况，如果适用普通职务作品和委托作品有关著作权归属的规定，在无特别约定时，作品的著作权就会由执笔人享有，且执笔人有署名权，这就会给报告人、讲话人利用此类作品造成不便，也会由于多数人无法区别著作权法意义上的署名和表明承担作品责任的署名而造成认识上的混乱，因此司法解释作出特别规定，在这两种情况下著作权都由报告人或讲话人享有。虽然该司法解释没有明确规定署名权的归属，但根据制定该司法解释的目的，应当理解为署名权也由报告人或讲话人享有。

2. 当事人合意以特定人物经历为题材完成的自传体作品

最高人民法院《著作权司法解释》第 14 条规定：当事人合意以特定人物经历为题材完成的自传体作品，当事人对著作权权属有约定的，依其约定；没有约定的，著作权归该特定人享有。执笔人或整理人对作品完成付出劳动的，著作权人可以向其支付适当的报酬。根据这一条的规定，如果某特定人物向传记作家提供素材，由传记作家为其撰写自传，但没有约定自传的著作权归属，则著作权应由该特定人物享有。传记作者除能够获得适当报酬之外，对自传不享有任何著作权，包括署名权。

该条的制定应当是考虑到了现实中读者对自传体作品的通常看法。自传体作品的价值并不在于其文字组合遣词造句的优美，而在于其反映了历史的真实。尽管著作权法意义上的署名针对的是表达，而不是被记录和描述的事实，但如果在自传体作品上作为作者署名的人并不是相关特定人物本人，会使一般读者产生其中内容为虚构的印象，因此司法解释对此类作品的著作权归属作出了特别规定。

本章实务案例研习

一、《歌乐山烈士群雕》案

（一）案情简介

20 世纪 80 年代初，重庆市有关部门聘请叶某设计《歌乐山烈士群雕》（以下简称《群雕》）。叶某完成并展示了《群雕》初稿之后，重庆市歌乐山烈士陵园管理处美工刘某根据领导指示，为说明《群雕》所处位置而制作了烈士墓模型。随后刘某在叶某的指导下，参加了《群雕》泥塑放大制作和其他一些工作。在泥塑放大制作过程中，叶某经常到现场进行指导、刻画和修改，并对有关方面提出的合理化建议予以采纳。对于刘某提出的一些建议，叶某认为符合自己创作意图和表现手法的，亦予采纳。刘某遂认为自己是《群雕》的作者之一，因此引发纠纷。

（二）法院判决

一审法院认为：原告刘某在《群雕》制作过程中提过一些建议，按照叶某的创作稿做过一些具体工作，但不能因此认定其为《群雕》的共同创作人。二审法院进一步指出：叶某独立创作了《群雕》初稿，该作品的著作权应为叶某所享有。《群雕》放大稿是在叶某亲自参加和指导下完成的，刘某参与了放大制作，做了一些工作，通过口头或实际刻画制作提出过建议，但最终是否采纳、认可，取决于叶某。《群雕》放大稿与初稿相比较，在主题思想、整体结构、基本形态、表现手法等方面是一致的，没有实质的改变；出现的一些变化也是在叶某的指导、参加和认可下完成的，是在初稿基础上的修改、完善。因此，刘某认为实际参与制作的放大稿较初稿有变化，从而其应享有著作权的主张不能成立，不能认定其为《群雕》的共同创作人。[①]

（三）法律分析

从判决书的描述来看。在本案中，刘某所做的工作主要是技术性的，也就是根据初稿制作模型和进行放大，类似于制作纪念碑的碑文时，将书法家在纸上撰写的书法作品凿刻到石碑上，贡献出的是技艺而不是新的作品。即使其对作品修改提出了合理化的建议并被采纳，但是否采纳的决定权在叶某的手中。如果就此承认刘某可以成为合作作者并共享雕塑的著作权，对叶某是不公平的，一旦认定该雕塑作品是合作作品，其必然是不可分割使用的合作作品，则叶某在未经刘某（虽然其贡献很小）同意的情况下，无法发放专有使用的许可。对此，曾有国外法院指出：如果作者一旦咨询他人并采纳有用的建议后，就丧失了独享版权的法律地位，则无法实现宪法促进文艺创作的立法目的。如

---

① 刘某与叶某著作权纠纷上诉案，四川省高级人民法院（1990）川法民上字第 7 号民事判决书。

果将认定作者的标准定得过于宽松，会迫使作者将自己封闭起来，而不采用他人本可以作出的贡献。对作者作太过宽泛的解释，还会使合作作者的范围延及过多的人，使作者仅因他人提供的某种形式的帮助而丧失单一作者的地位。这是值得借鉴的。

二、小学教案案

（一）案情简介

原告高某是某小学的老师，其按照学校的要求编写并上交教案，但有 44 册不知所终。高某起诉学校侵犯其著作权。学校则认为：即使涉案教案是作品，也属于职务作品，其著作权应归属于学校。

（二）法院判决

法院认为：虽然高某创作教案利用了学校一定的物质技术条件（如空白教案本等），但并不是主要地利用了学校的物质技术条件，而且涉案的教案也不是由学校承担责任，因此，涉案的教案应当属于普通职务作品，著作权由高某享有，学校有权在其业务范围内优先使用。一般情况下，所有权人对作品载体的处分只会导致作品载体本身灭失，并不会导致作品也随之灭失，从而不会侵犯作品的著作权。但是，在知道或者应当知道教案本是记载原告教案作品唯一载体的情况下，被告作为所有权人对作品唯一载体的处分不仅会导致作品载体本身灭失，也会导致作品随之灭失，原告享有的教案作品著作权无法实现，从而侵犯了原告享有的教案作品著作权。[①]

（三）法律分析

在本案中，学校显然是希望法院认定教案为特殊职务作品，理由是提供了用于创作的物质技术条件，即空白的教案本。但该理由不能成立。《著作权法》第 18 条第 2 款中规定：构成特殊职务作品的条件是作品"主要是利用法人或者非法人组织的物质技术条件创作"。对该条件不能作过于宽松的解释，如果连利用单位的空白教案本、计算机等通用工具进行创作都被视为"主要是利用法人或者非法人组织的物质技术条件创作"，恐怕大部分职务作品都会被认定为特殊职务作品了。本案涉及的空白教案本是最普通不过且最基本的物质条件，无论哪家学校都可提供，而且与作品的创作并无直接关系，因此，涉案的教案并不属于特殊职务作品。

严格地说，本案中的学校并没有直接实施受著作权各项专有权利控制的行为，也就是其并没有未经许可对教案进行复制和网络传播等，因此其行为并不构成严格意义上的侵犯著作权。最高人民法院《著作权司法解释》第 23 条规定："出版者将著作权人交付出版的作品丢失、毁损致使出版合同不能履行的，著作权人有权依据民法典第一百八十六条、第二百三十八条、第一千一百八十四条等规定要求出版者承担相应的民事责任。"出版者将著作权人交付出版的作品丢失、毁损，非常类似于本案中学校丢失老师的教案。著作权人如果起诉出版者侵权，一定是因为著作权人将原稿寄给了出版社，自己并没有制作复制件，否则，著作权人利用复制件再次投稿即可，又何必起诉出版社侵权呢？依司法解释，如著作权人提起侵权之诉，应适用《民法典》第 1184 条（"侵害他人财产的，

---

① 高某与重庆市南岸区四公里小学校著作权纠纷案，重庆市第一中级人民法院（2005）渝一中民初字第 603 号民事判决书。

财产损失按照损失发生时的市场价格或者其他合理方式计算"），而未提及对《著作权法》的适用，也能看出该行为并不属于对著作权的侵害。

三、《死了都不卖》歌曲改编案

（一）案情简介

2007年，歌曲填词爱好者龚某有感于自己的炒股经历和当时火爆的股市，根据信乐团主唱阿信演唱的歌曲《死了都要爱》的曲调重新填写了歌词，命名为《死了都不卖》，曾在网上流行一时。某公司未经许可将《死了都不卖》的歌词修改后在网络中传播，龚某起诉该公司侵犯其著作权。三者对比见表2-1。

表2-1　歌词对比表

《死了都要爱》	龚某版《死了都不卖》	被告版《死了都不卖》
把每天当成是末日来相爱 一分一秒都美到泪水掉下来 不理会别人是看好或看坏 只要你勇敢跟我来 爱不用刻意安排 凭感觉去亲吻相拥就会很愉快 享受现在别一开怀就怕受伤害 许多奇迹我们相信才会存在 死了都要爱 不淋漓尽致不痛快 感情多深只有这样才足够表白 死了都要爱 不哭到微笑不痛快 宇宙毁灭心还在 穷途末路都要爱 不极度浪漫不痛快 发会雪白土会掩埋 思念不腐坏 到绝路都要爱 不天荒地老不痛快 不怕热爱变火海 爱到沸腾才精彩	把股票当成是投资才买来 一涨一跌都不必害怕掉下来 不理会大盘是看好或看坏 只要你翻倍我才卖 我不听别人安排 凭感觉就买入赚钱就会很愉快 享受现在别一套牢就怕受失败 许多奇迹中国股市永远存在 死了都不卖 不给我翻倍不痛快 我们散户只有这样才不被打败 死了都不卖 不涨到心慌不痛快 投资中国心永在 就算深套也不卖 不等到暴涨不痛快 你会明白卖会责怪 心态会变坏 到顶部都不卖 做股民就要不摇摆 不怕套牢或摘牌 股票终究有未来	把股票为了是赚钱才买来 一涨一跌都不用害怕掉下来 不理会大盘是看好或看坏 只要你翻倍我才卖 我不听别人安排 凭感觉就买入赚钱我会很愉快 可是现在有人套牢就怕受失败 许多奇迹中国股市永远存在 死了都不卖 不给我翻倍不痛快 我们散户只有这样才不被打败 死了都不卖 不涨到心慌不痛快 股市牛市一直在 就算深套也不卖 不等到暴涨不痛快 你会明白操作不好 心态会变坏 到顶部我才卖 做股民就要不摇摆 不怕套牢或洗牌 股票终究有未来

被告认为：龚某版《死了都不卖》的歌词抄袭了《死了都要爱》，两者句式结构相同，字数也相等，只是将内容由爱情改为股票，因此，原告龚某的歌曲属于侵权作品，不具有著作权，依法不应受保护。

（二）法院判决

法院认为：独创既可以是从无到有地、独立地创作一个作品，也可以在他人作品的基础上创作，但发挥了智力创造性，使之与原作品之间存在客观上容易识别的差异，构成新的作品。原告根据自己的炒股经历和对股票市场的认识而作的《死了都不卖》歌词，与《死了都要爱》歌词相比，主题、内容都不同，文字表达上存在较大的差异，客观上足以识别为一个新的文字作品。该文字作品符合我国《著作权法》所保护的作品应达到的独创性要求，故原告对此享有著作权，应受到我国《著作权法》的保护。被告以龚某版《死了都不卖》抄袭《死了都要爱》歌词和使用《死了都要爱》曲调为由抗辩原告的主张，但原告的歌词对《死了都要爱》的歌词是否构成侵权，不是本案审理的范围。即使原告的歌词与《死了都要爱》的歌词之间存在侵权嫌疑，也是原告与《死了都要爱》歌词作者之间的关系，且这只可能影响原告利用作品，并不影响原告在自己的作品被侵权时向他人主张权利。原告填写歌词，使用了《死了都要爱》一歌的乐曲，原告应处理好与《死了都要爱》曲作者之间的关系，未经曲作者许可，不得利用改填词后的歌曲。但这同样不影响原告就其创作的文字作品在被他人侵权时主张保护的权利。法院据此认定被告构成侵权。[①]

（三）法律分析

本案中龚某的歌词《死了都不卖》明显改编自《死了都要爱》，但因具有独创性，构成改编作品。本书第一章第二节中"违禁作品的保护问题"部分提及：《著作权法》原第4条第1款的规定"依法禁止出版、传播的作品，不受本法保护"已被删除。即使是内容根本违法的作品也能受到《著作权法》的保护，更何况"侵权演绎作品"呢？既然《死了都不卖》作为演绎作品受保护，他人在利用时，就必须根据"双重权利、双重许可"的规则，同时取得原作品著作权人和演绎作品著作权人的许可，因此本案被告的行为侵害了《死了都不卖》（演绎作品）的著作权。

四、教辅图书使用教科书目录侵权案

（一）案情简介

人民教育出版社（以下简称人教社）组织编写、出版了某教科书，某出版社出版的教辅图书使用了与该教科书相同的目录。人教社认为教科书的目录体现了其对内容的选择和编排，未经许可使用是侵权行为。

（二）法院判决

法院认为：对汇编作品著作权的侵权应当体现为原、被告双方所用的编排的结构、顺序、体例以及与之对应的内容（包括作品或非作品）均相同，而被告的教辅图书的目录虽然与原告的教科书的目录基本相同，但对应的内容不尽相同。同时，与教科书配套的教辅图书的编写必须以教科书为基础。这就决定了教辅图书必然尊重并依照教科书的目录、顺序来编写，若不这样，将会给学生带来使用上的不便与混乱。如果禁止采用与教科书相同的目录、顺序编写教辅图书，将造成教辅图书市场的垄断，并必然会缩小学校、教师和学生选择教辅图书的范围，不利于鼓励更多的人编写形式多样的、实用的、高质量的教辅图书。[②] 法院因此判决原告败诉。

（三）法律分析

汇编作品应当是体系化的信息集合。确定何种信息被纳入汇编的结果，也就是确定

---

① 龚某与浙江泛亚电子商务有限公司、王某著作财产权纠纷案，上海市浦东新区人民法院（2007）浦民三（知）初字第 120 号民事判决书。

② 人民教育出版社有限公司与江苏凤凰出版传媒集团有限公司等侵害著作权纠纷案，江苏省南京市鼓楼区人民法院（2011）鼓知民初字第 226 号民事判决书，江苏省南京市中级人民法院（2013）宁知民终字第 10 号民事判决书。

事实的过程本身不能受到保护，对确定的事实的选择和编排结果才可能受到保护。以中央电视台的春节联欢晚会为例。在各地方台报送的上百个备选节目中，选哪些节目进春晚？这当然需要进行选择和判断。春晚节目一旦确定，公布的节目单就是事实的反映，不是汇编作品，但春晚作为一个整体可以成为汇编作品。从另外一个角度看，汇编作品是从对作品或其他材料的选择或编排方面体现出独创性的，其最小构成单位是被选择或编排的作品或其他材料。春晚导演选择和编排的是节目（作品及其表演），不是由几个字构成的节目的标题。换言之，作为一个整体的春晚是汇编作品，而春晚节目单不是。同样道理，本案中教科书的目录不是汇编作品，但教科书作为一个整体可以成为汇编作品。

▶▶ 本章同步练习

一、选择题

（一）单项选择题

1. 甲国尚未加入《伯尔尼公约》等国际版权条约，在下列哪种情况下，该国公民创作的作品不能受我国《著作权法》保护？（ ）

A. 该作品在甲国首先出版后一个月内又在中国出版

B. 该作品从未出版

C. 该作者在中国有惯常居所

D. 该作品在中国首先出版

2. 中国和英国都是《伯尔尼公约》成员国，中国于 1992 年加入《伯尔尼公约》。2019 年，中国人甲将英国人乙于 1990 年创作的一部英文小说翻译成中文，现中国某出版社欲出版该小说中文版，下列哪一个说法是正确的？（ ）

A. 需要经过甲的许可，但无须经过乙的许可

B. 需要经过乙的许可，但无须经过甲的许可

C. 需要同时经过甲和乙的许可

D. 乙的作品在中国不受保护，无须经过甲和乙的许可

3. 一名中学教师把自己的教案汇集成册后出版，没有注明学校名称，学校认为教师此举损害了学校的著作权，下列哪一选项是正确的？（ ）

A. 对于该书，学校在 2 年时间内出于教学的需要可以优先使用，但著作权归属于教师个人

B. 对于该书，教师享有署名权，著作权的其他权利属于学校

C. 该书与学校无关，学校不能取得著作权或优先使用权

D. 该书的著作权由学校和教师共有

4. 软件公司的程序员为完成公司下达的编写工程软件的任务编写了一套计算机软件。对于该套计算机软件著作权的归属和保护，下列选项正确的是：（ ）。

A. 著作权归属于软件公司，但只有经过软件作品登记、取得"登记证书"后才能享有著作权

B. 著作权归属于软件公司，无须发表软件就能享有著作权

C. 著作权归属于程序员，但只有在软件上加注©标记后才能享有著作权

D. 著作权由软件公司和程序员共有，且自动享有著作权

5. 甲、乙合作创作了一首音乐作品，其中已无法清楚地分辨甲和乙各自创作的部分。后甲和乙交恶，因此乙在甲与之协商如何利用该音乐作品时，对所有甲提出的利用方式均予以拒绝。以下说法正确的是：（　　）。

A. 甲可以单独给予唱片公司制作数字专辑的非专有许可

B. 甲为避免日后与乙协商的麻烦，可以将自己对音乐作品的份额转让给他人

C. 甲可以单独与音乐出版社签订"音乐作品专有出版合同"

D. 如果甲希望许可某歌手在演唱会上公开演唱，必须与组织者签订附条件许可合同，要求其取得乙的许可

（二）多项选择题

1. 下列选项中有关《著作权法》对作者规定的说法正确的是：（　　）。

A. 如无相反证明，在作品上署名者为作者

B. 只有自然人才能成为或被视为作者

C. 为研究生确定论文题目、主要观点和写作思路的研究生导师不是该研究生所完成论文的作者

D. 曹雪芹和高鹗是《红楼梦》的合作作者

2. 某设计公司将一幢购物中心的设计任务交由本公司工程师甲进行承担。甲与该设计公司签订的劳动合同中约定：甲为完成公司交付的工作任务所创作的作品，著作权归属于公司。建筑公司按照甲的设计图建造出了造型独特且外观优美的大楼。以下说法正确的是：（　　）。

A. 甲与该公司就著作权归属的约定如属于格式条款，因剥夺了甲的主要权利，不具有法律效力

B. 该建筑设计图的署名权由甲个人享有

C. 设计公司只有在设计图完成2年之内优先使用该设计图的权利

D. 如果建筑公司未经许可按照设计图建造了大楼，属于侵犯著作权的行为

3. 模特甲聘请摄影师乙为其拍摄一套裸体艺术照，双方未对著作权归属作出约定。甲授权某出版社将艺术照收入《模特风采集》中出版，乙将艺术照用于个人摄影展，双方均未征得对方同意。下列选项中错误的是：（　　）。

A. 甲可以授权某出版社将艺术照收入《模特风采集》中出版

B. 乙可以自行公开展览艺术照

C. 如甲希望授权将艺术照用作某艺术杂志插页，应与乙协商，如乙无正当理由拒绝，甲可以单独授权

D. 如乙希望授权图片网站收录该艺术照，应与甲协商，如甲无正当理由拒绝，乙只能进行非专有许可

（三）不定项选择题

1. 甲国尚未加入《伯尔尼公约》等国际知识产权条约，甲国公民史密斯在其他国家没有惯常居所。史密斯创作的音乐作品除以下选项指明的方式首次使用外，没有以其

他任何方式使用过。史密斯对其音乐作品以下列哪个（哪些）选项中的方式首次使用，能使该作品受我国《著作权法》保护？（　　）

  A. 在我国举办的音乐会上现场公开表演该音乐作品

  B. 在本国通过网络音乐会直播其对音乐作品的表演

  C. 将乐谱上传至我国的音乐网站供公众下载

  D. 授权乐谱在我国印刷成册、公开发行

  2. 鲁迅先生于1936年去世，甲出版社从鲁迅先生的数百篇杂文中首次精选出50篇，按发表时间顺序加以编排，出版了《鲁迅杂文精选》一书。乙出版社看到此书销量不错，未经甲出版社许可也出版了同名书籍，其中所选的50篇杂文与甲出版社的选择相同，但按照重要性排序。现甲出版社起诉乙出版社侵犯著作权，对此正确的说法是：（　　）。

  A. 鲁迅先生的作品已超过著作权保护期，任何人都可以免费使用，因此乙出版社的行为不侵犯甲出版社的著作权

  B. 乙出版社的行为侵犯了甲的复制权和发行权

  C. 乙出版社侵犯了甲出版社的汇编权

  D. 甲出版社的编排行为不具有独创性，因此乙出版社的行为不侵权

  3. 甲、乙合作完成了一篇学术论文，其观点与表述融为一体，难以分割。后甲、乙交恶。甲希望发表论文以申请评定职称，乙则出于阻止甲评职称的动机不愿发表作品。下列说法正确的是：（　　）。

  A. 该篇学术论文的著作权由甲、乙共同享有

  B. 如甲去世后既无继承人又无受遗赠人，其对作品的著作财产权由乙享有

  C. 甲可以在不与乙协商的情况下径行发表该学术论文

  D. 甲应当先与乙协商，在乙无正当理由反对时，可以向学术期刊投稿，并在录用后在线签订专有许可合同

  4. 作家创作了一部小说，电影公司经其许可，根据小说创作了剧本并拍摄了电影。下列选项中正确的是：（　　）。

  A. 即使许可合同未明确约定电影公司可将电影通过网络传播，电影公司仍然可以这么做

  B. 即使许可合同未明确约定电影公司可将电影改编成漫画出版，电影公司仍然可以这么做

  C. 如出版社希望出版该小说并注明"该小说已被拍摄成同名电影"，应当同时获得作家和电影公司许可

  D. 如出版社希望出版电影剧本，只需要经过电影公司许可，无须经过作家许可

二、案例题

  1. 某年国家司法考试一道单项选择题为：甲、乙共同创作完成一部小说，甲主张发表，乙不同意。后乙死亡，有一继承人。后甲将该小说发表。下列说法哪一个是错误的？（　　）

  A. 乙生前不同意发表该小说，甲无权发表

  B. 发表该小说的稿费全部由甲获得

C. 该小说的使用权保护期限应截止于甲死亡后第 50 年的 12 月 31 日

D. 甲不能剥夺乙的署名权

该题的标准答案为 A，这意味着 B 项内容是正确的，理由是发表权是人身权，不能继承。你是否同意？

2. 假设出版社在编辑年度《法学优秀论文集》时，首次采用了一种可以量化的方法选出 100 篇优秀法学论文并加以排序，如根据被《新华文摘》、《中国社会科学文摘》和《人大复印报刊资料》全文转载的次数、在核心期刊被他人引用的次数、该论文获奖的次数和级别等，并运用自创的公式进行加权计算，最终选择了 100 篇论文，并按照以上述公式计算出的数值进行排序，由此形成的《百篇优秀法学论文集》是否构成汇编作品？

3. 张某创作了一部小说，并授权新星电影公司将其拍摄成电影。新星电影公司聘请李某任导演，聘请赵某创作主题曲，拍摄了同名电影，公映后取得好评。电影主题曲没有以任何其他形式被使用过。现某网站在其网站中提供该部电影的点播，某电视台在"影视金曲"栏目播放了带有电影主题曲的 2 分钟电影片段，某剧团将电影编成舞台剧公演，某唱片公司自聘歌手重新演唱了电影中的主题曲后录制成专辑通过网络提供付费点播和下载。网站、电视台、剧团和唱片公司的上述行为均未取得张某、新星电影公司、李某和赵某的许可。

请回答下列问题：

(1) 张某、新星电影公司和李某均起诉网络公司侵权，请问网络公司的行为是否构成对上述权利人的侵权？如果侵权，侵害了谁的何种权利？

(2) 赵某起诉电视台的行为侵犯了其音乐作品的著作权，请问电视台的行为是否构成侵权？如果侵权，侵害了何种权利？

(3) 张某和新星电影公司均起诉剧团的行为侵犯其著作权，请问剧团的行为是否构成侵权？如果侵权，侵害了谁的何种权利？

(4) 赵某和新星电影公司均起诉唱片公司侵犯其著作权，请问唱片公司的行为是否构成侵权？如果侵权，侵害了谁的何种权利？

4. 张三与李四合作创作了一部小说，小说出版之后，新星电影公司非常欣赏，希望将该部小说拍摄成电影。张三同意授权但李四无理由拒绝授权，于是新星电影公司仅与张三签订了非专有许可协议，并向张三支付了报酬，同时试图将相同数额的报酬支付给李四，但李四拒绝接受。新星电影公司聘请了王五担任领衔主演，并聘请赵六为电影创作了片尾曲。电影中注明了"根据张三与李四创作的同名小说改编"。电影上映后大受好评。

请回答下列问题：

(1) 现李四起诉新星电影公司侵犯其著作权，请问其诉讼请求能否成立？

(2) 张三与新星电影公司签订的非专有许可协议中载明：授权新星电影公司将小说改编成剧本，并拍摄成电影放映。而新星电影公司在电影档期结束后，又授权视频网站提供电影的在线点播服务。现张三起诉新星电影公司侵犯其著作权，请问其诉讼请求能否成立？

(3) 电影放映后，一家出版社仅经过新星电影公司的许可，就将电影改编成漫画出版。现张三与李四起诉该出版社侵犯其著作权，请问其诉讼请求能否成立？

（4）电影放映后，某音像出版社未经许可，即制作了电影的 DVD 销售，现王五起诉该音像出版社侵犯其表演者权，请问其诉讼请求能否成立？

（5）电影放映后，一家唱片公司未经许可，自聘一名歌星，将电影中的片尾曲演唱后，录制成录音制品出版。现赵六起诉该唱片公司侵犯其著作权，该唱片公司提出了两点抗辩，一是只有新星电影公司才有权起诉，二是其行为符合制作录音制品法定许可的规定，并愿意支付法定许可费，请问该唱片公司的抗辩能否成立？

5. 词曲作者陈某创作了一首歌曲，歌星许某经过陈某许可在演唱会上演唱这首歌曲，百合唱片公司经过陈某和许某许可，将许某的演唱录制成专辑发行。新月电影公司经过陈某、许某和百合唱片公司的许可后将该专辑中录制的许某的演唱用作其新出品的电影的插曲。请回答下列问题：

（1）一家广播电台购买百合唱片公司制作出版的专辑后，在"音乐欣赏"栏目中播放，未经任何人许可，也未向任何人支付报酬。现陈某、许某和百合唱片公司均起诉广播电台侵权。请问该广播电台的行为是否侵权？如果侵权，侵害了谁的何种权利？

（2）一家电视台播放新月电影公司拍摄的该部电影，未经任何人许可，也未向任何人支付报酬。现陈某、许某、百合唱片公司和新月电影公司均起诉该电视台侵权。请问该电视台的行为是否侵权？如果侵权，侵害了谁的何种权利？

参考答案

一、选择题

（一）单项选择题

1. B

解析：依《伯尔尼公约》和我国《著作权法》的规定，非《伯尔尼公约》成员国甲国国民的作品在我国（成员国）首先出版，或在甲国与我国同时出版，或作者在我国有惯常居所，该作品均受我国《著作权法》保护。但如果该作品从未出版，则不符合受保护条件，因此应当选 B。

2. C

解析：本题的迷惑项在于，中国于 1992 年加入《伯尔尼公约》，英国人乙于 1990 年创作小说，故有学生会误认为乙的作品在中国不受保护，实际上《著作权法》第 2 条在规定外国人和无国籍人作品受我国《著作权法》保护的条件时，并没有要求外国人和无国籍人的作品必须在中国加入国际条约之后才创作完成。我国于 1992 年加入《伯尔尼公约》之后，对于在 1992 年之前由其他成员国国民创作的作品，只要没有超过保护期，当然有义务提供保护［对此问题希望有深入了解的同学，可阅读王迁. 论我国摄影作品保护期与国际版权条约的衔接. 东方法学，2020（6）］。因此英国人在 1990 年创作的作品，现在在我国当然受保护，因此 D 项错误。甲的翻译作品为演绎作品，对演绎作品的利用适用"双重权利、双重许可"规则，因此出版社需要同时经过甲和乙的许可。A 项和 B 项错误，C 项正确。

3. B

解析：本题中的教案是教师为了完成学校的教学任务而创作的，因此属于职务作品，但是不属于《著作权法》所规定的四类特殊职务作品。其属于普通职务作品，学校依法在 2 年内有优先使用权，因此 B 项正确。

4. B

解析：软件作品和其他类型作品一样，著作权是自动产生和受保护的，无须履行任何手续，因此 A 项和 C 项错误。《计算机软件保护条例》规定，针对本职工作中明确指定的开发目标所开发的软件属于特殊职务作品，因此 B 项正确，D 项错误。

5. A

解析：该音乐作品明显为不可分割使用的合作作品。经过协商，如果有合作作者无正当理由拒绝其他合作作者提出的使用方式，其他合作作者可以单独进行非专有许可，因此 A 项正确，D 项错误。对于不可分割使用的合作作品，不存在著作权的份额问题，因此甲不能转让自己所谓的份额，故 B 项错误。专有出版合同包含专有许可，即使乙无正当理由拒绝许可，甲也不可以单独进行专有许可，因此 C 项错误。

（二）多项选择题

1. BC

《著作权法》规定，如无相反证明，在作品上署名者为作者，因此 A 项正确。《著作权法》不但规定了自然人作者，还规定了视法人或非法人组织为作者的情形，因此 B 项错误。研究生导师的贡献主要为思想而不是表达，不能成为作者，故 C 项正确。需要注意的是在理工科的论文中，导师署名第一位是常见的现象，但这里的"署名"不一定是《著作权法》意义上的署名，因为理工科的论文上署名数量较多，包括实验员也会"署名"，这显然不是表明作品作者身份的行为。高鹗是在曹雪芹去世后才续写《红楼梦》后 40 回的，因此，曹雪芹和高鹗没有共同创作的合意，两人并非合作作者，故 D 项错误。

2. BD

解析：法人或非法人组织与其工作人员约定工作人员为完成工作任务而创作的作品（职务作品）的著作权除署名权之外，归法人或非法人组织。《著作权法》承认该约定的效力，采用格式条款的形式并不影响其效力，A 项错误。依合同约定和《著作权法》的规定，该作品的著作权除署名权外归法人或非法人组织享有，署名权由作者享有，因此 B 项正确，C 项错误。建筑公司的行为是从平面到立体的复制，也就是再现了建筑优美的外观，是对复制权的侵犯，因此 D 项正确。

3. ABCD

该套艺术照为委托作品，由于双方未进行著作权归属的约定，著作权由乙享有，但由于该套艺术照片涉及甲的隐私（裸体照片），著作权人也不能擅自利用，因此甲和乙在未得到对方同意的情况下都不能公开利用该套艺术照片，因此，ABCD 都是错误的。需要注意的是，甲并没有进行创作，因此甲和乙并不是合作作者，这套照片并不是甲和乙基于合意共同创作的合作作品，合作作品著作权归属与行使规则不能适用。

（三）不定项选择题

1. D

解析：依《伯尔尼公约》和我国《著作权法》的规定，前三种行为都属于非《伯尔尼公约》成员国国民的作品在成员国的首次发表，而不是首次出版，因为前三种行为都不涉及对作品物质载体所有权的转移，不构成出版。特别注意的是，通过网络传播作品，并不会导致作品物质载体（作品的原件或复制件）所有权的转移，因此不属于著作权法意义上的发行。通过网络传播作品，也不构成《伯尔尼公约》第3条中的出版。而题干已经说明，史密斯在《伯尔尼公约》成员国没有惯常居所，因此前三个选项中的行为都不能使史密斯的作品在我国受保护。D项中的行为属于"复制＋发行"，也就是在我国首先出版音乐作品，因此D项正确。

2. B

解析：甲出版社从数百篇鲁迅先生的杂文中精选出50篇，在选择上有独创性；按照发表时间排序，在编排上无独创性。由于在选择或者编排上有独创性就可以构成汇编作品，《鲁迅杂文精选》仍然是汇编作品，受《著作权法》保护。他人未经许可，不得出版选择篇目上相同的《鲁迅杂文精选》，因此A项错误，D项也错误。乙出版社的行为是对构成汇编作品的《鲁迅杂文精选》的复制和发行，因此B项正确。汇编作品和汇编权是完全不同的概念，汇编权是指著作权人享有禁止和许可他人将自己的作品通过独创性的选择或编排收入汇编作品的权利。甲出版社享有的是汇编作品著作权，而不是汇编权，因此C项错误。

3. AB

解析：甲和乙合作创作的学术论文为不可分割使用的合作作品，其著作权由甲和乙共同享有，故A项正确。合作作品的合作作者之一去世后，其著作财产权无人继承，也无人受遗赠的，由其他合作作者享有，故B项正确。对于不可分割使用的合作作品，协商是必经程序。经协商，一方无正当理由反对对方使用的，对方可以对作品进行利用，但不得转让、进行专有许可和质押，因此C项和D项都错误。

4. A

解析：电影剧本是小说的演绎作品。要出版剧本也就是演绎作品，适用"双重权利、双重许可"规则，因此应当同时获得作家和电影公司许可，因此D项错误。根据小说拍摄而成的电影，是特殊的演绎作品，对电影本身以各种方式的利用不再需要经过原作品作者的许可，即使当时的许可合同没有明确提及这种使用的方式也是如此，因此，A项正确。将电影改编成其他文艺形式进行使用，仍然适用"双重权利、双重许可"规则，需要经过原作品著作权人许可，因此，B项错误。即使小说已被拍摄成电影，但是出版小说与后续的演绎作品无关，因此出版小说无须经过电影公司许可，因此C项错误。

二、案例题

1. 该题的标准答案中没有选 B，这是不能成立的，因为 B 项是不正确的。稿费的实质是复制权和发行权的许可费，是财产权利的体现。著作权中的经济权利及其带来的收益当然可由著作权人的继承人继承。依据《著作权法》第 14 条第 2 款的规定，经过协商之后，即使不可分割使用的合作作品的作者反对以特定方式利用合作作品，只要其反对没有正当理由，其他合作作者也可以以非专有许可的方式进行利用。但由此获得的报酬应当由全体合作作者分享。据此，乙当然有权分享许可复制权和发行权这两项经济权利所带来的许可费，其继承人也可以继承，因此 B 项是错误的。当然，A 项也是错误的，因为如果经过协商，乙反对发表缺乏正当理由，甲可以发表，只是不能签订专有许可合同。

2. 该书的编者首创了一种对论文进行量化评价的方法和相应的公式，但该方法和公式都属于思想的范畴，不能受到著作权法的保护。同时，运用该方法和公式获得的选择优秀论文和为其排序的结果具有唯一性，即任何出版社使用该方法，都能选出相同的 100 篇论文，并以相同的顺序排列，因此，运用该方法的过程没有给汇编者留下聪明才智发挥的空间，汇编者与众不同的个性无从发挥，该《百篇优秀法学论文集》并不构成汇编作品。此时无论汇编方法和公式是否为首创，该方法、公式和与之对应的结果均不能作为作品受到《著作权法》的保护。

3. （1）网站的行为只侵犯了新星电影公司的著作权，因为电影作品的著作权由制作者（新星电影公司）享有。没有侵犯其他三者的著作权，因为合作作者（导演、词曲作者）在参与电影作品创作后，只享有署名权。同时，电影作品是特殊的演绎作品，原作者许可制作者使用其作品拍摄电影后，不能阻止对电影作品本身的使用。

（2）不侵权。如果认为只需要经过音乐作品著作权人的许可，那通常是因为"影视金曲"栏目意在传播音乐，观众收看也是出于欣赏音乐的目的。该观点不能成立。视听作品的本质是有伴音或无伴音的连续画面。《著作权法》第 17 条第 3 款中的"单独使用"显然是指对剧本、音乐等作品在脱离视听作品的情况下进行使用。换言之，这种使用仅针对剧本、音乐作品等，而不涉及视听作品本身，因此，如果在使用视听作品中的音乐作品或剧本的同时，使用了连续画面，则这种行为并非对音乐作品或剧本的"单独使用"。题中所述"影视金曲"栏目播放影视剧中带插曲的画面片段，还是在利用视听作品本身，而不是单独利用脱离了连续画面的音乐作品，因此这种情况并不属于对视听作品中可单独使用的作品的单独使用。电视台应就此获得视听作品（电影）著作权人的许可，无须获得音乐作品著作权人的许可。

（3）侵犯了张某的著作权和新星电影公司的著作权。（此问源于真实案例。①）本题中的电影作品显然属于小说作品的演绎作品。对作为演绎作品的电影作品而言，如需要将其改编成其他艺术形式使用，应遵循"双重权利、双重许可"的规则，因此剧团应当同时取得电影制片公司和小说作者的许可，否则构成侵权。

---

① 白先勇诉上海电影（集团）有限公司、上海艺响文化传播有限公司等著作权权属、侵权纠纷案，上海市第二中级人民法院（2014）沪二中民五（知）初字第 83 号民事判决书。

（4）侵犯了赵某的著作权，没有侵犯新星电影公司的著作权。唱片公司的行为没有利用连续画面，是对电影作品中音乐作品的单独使用，因此无须经过电影作品著作权人的许可。音乐作品被纳入电影的使用，不属于制作录音制品，对其不适用制作录音制品法定许可，因此唱片公司不能未经赵某许可使用其音乐作品制作录音制品。

4.（1）李四的诉讼请求不能成立。该小说为合作作品，经过协商后，合作作者任何一方无正当理由不得阻止其他合作方以除转让著作权、专有许可和出质之外的方式利用作品，只是有权分享报酬，因此新星电影公司取得张三的非专有许可后改编小说并拍摄电影是合法的。

（2）张三的诉讼请求不能成立。小说作者一旦许可将其作品拍摄成电影作品，对于电影作品自身的利用不再适用"双重权利、双重许可"规则。将电影授权通过网络提供交互式传播属于对电影作品本身的利用，不再需要经过小说作者许可。

（3）张三和李四的诉讼请求可以成立。电影作品是特殊的改编作品，将电影作品改编成其他艺术形式利用，应当适用"双重权利、双重许可"规则，除了需要经过制作者许可，还需要经过原作品作者的许可。

（4）王五的诉讼请求不能成立。《著作权法》对邻接权的保护，原则上不会超越对著作权的保护。既然电影作品的作者都不能再保留对电影的著作权，表演者自然也不能再保留电影中的表演者权，因此只有新星电影公司才能对该音像公司提起诉讼并胜诉。

（5）唱片公司的抗辩不能成立。电影作品著作权虽然归属于制作者，但对于其中的音乐作品进行单独使用时，应当取得音乐作品著作权人的许可。唱片公司自聘歌手演唱电影中的片尾曲并制作录音制品出版，是对电影中音乐作品的单独利用，并没有利用带伴音的电影作品（连续画面），因此新星电影公司无诉权，只有音乐作品的作者才有诉权。制作录音制品法定许可的前提是音乐作品已被制作成录音制品出版，而放映电影并不符合这一条件。

5.（1）广播电台播放音乐专辑的行为属于广播行为。陈某作为音乐作品的作者，享有作为专有权利的广播权，但该音乐作品已被发表，对广播电台的广播行为适用法定许可，广播电台应当向陈某付费（通常通过著作权集体管理组织）。广播电台未付费，侵害陈某在法定许可机制下的获酬权。表演者对于载有表演的录音品，既没有作为专有权利的广播权，也没有广播获酬权，因此广播电台播放音乐专辑的行为不侵害表演者许某的权利。录音制作者对其制作的录音制品不享有作为专有权利的广播权，但享有广播获酬权，因此广播电台播放音乐专辑而未向百合唱片公司付费，侵害其广播获酬权。

（2）电影作品的著作权归制作者，电视台未经制作者许可播放电影作品侵犯了新月电影公司的广播权。小说、剧本等作者在授权电影公司使用其作品拍摄电影后，由此形成的电影虽为演绎作品，但只要是对电影本身的利用，并不适用"双重权利、双重许可"规则，因此小说、剧本等的作者对他人未经许可利用电影作品的行为并不能主张权利。举重以明轻，邻接权人在授权电影公司在电影中使用其表演和录音制品后，对由此形成的电影本身的未经许可的利用，也不能主张权利，因此该电视台没有侵害陈某、许某和百合唱片公司的著作权。

第三章 著作权的内容

本章知识点速览

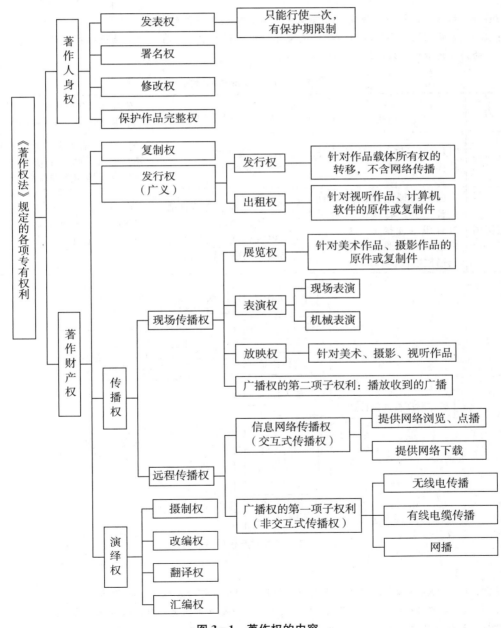

图 3-1 著作权的内容

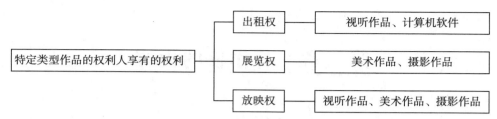

图 3-2 特定作品类型的权利人享有的权利

图解：

如图所示，《著作权法》规定，有些权利只有特定类型作品的权利人才能享有。需要注意的是，《著作权法》未明确规定表演权只有特定类型作品的权利人才能享有，但不是所有类型的作品都能被"表演"的，如视听作品只能被"放映"而不能被"表演"。

表 3-1 广播权规制的行为

行为	非交互式初始传播（远程传播）	转播（远程传播）	公开播放经初始非交互式传播的作品（现场传播）
法条规定	"以有线或者无线方式公开传播……作品"	"以有线或者无线方式……转播作品"	"通过扩音器或者其他传送符号、声音、图像的类似工具向公众传播广播的作品"
典型实例	广播电台通过无线电波直播音乐会，有线电视台通过有线电缆播放电影，网络电视台按照预定的时间表播放电视剧	就电视台对音乐会的直播，另一广播电台以无线电波，另一电视台通过有线电缆，网站通过网络进行转播	餐厅用收音机或电视台接收广播电台或电视台对音乐会的直播，让在现场的顾客欣赏

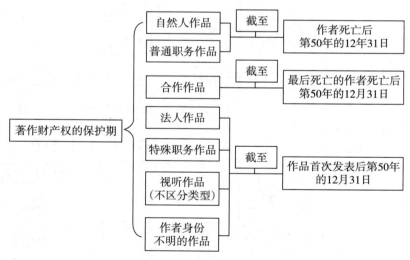

图 3-3 著作财产权的保护期

图解：

注意：（1）发表权虽然属于著作人身权，但保护期与著作财产权保护期相同，为作者终生及其死亡后 50 年，截至作者死亡后第 50 年的 12 月 31 日。（2）保护期与著作财产权转让无关。如将法人作品的著作财产权转让给自然人，保护期仍然是作品发表后的第 50 年的 12 月 31 日。

本章核心知识点解析

第一节　著作人身权

著作人身权，又称精神权利，是与著作财产权（或经济权利）相对的一个概念。作品不但具有经济价值，还体现了作者独特的人格、思想、意识、情感等精神状态。作者对作品中体现出的人格和精神享有的权利就是著作人身权。著作人身权带有民法上一般人身权的特征，不可转让、继承或受遗赠。我国《著作权法》第10条第3款中规定："著作权人可以全部或者部分转让本条第一款第五项至第十七项规定的权利。"；《著作权法》第21条规定："著作权属于自然人的，自然人死亡后，其本法第十条第一款第五项至第十七项规定的权利在本法规定的保护期内，依法转移。"而《著作权法》第10条第1款第5项至第17项规定的权利全部为著作财产权，这就意味着著作人身权不得转让和继承。《著作权法实施条例》第15条第1款规定，"作者死亡后，其著作权中的署名权、修改权和保护作品完整权由作者的继承人或者受遗赠人保护"。该条的用语是"保护"而非"享有"，也说明著作人身权是不能被继承或受遗赠的。

一、理解发表权："公之于众"的含义及发表权的特征

◎ 难度与热度

难度：☆☆☆　　热度：☆☆☆

发表权是指作者享有的决定是否将其作品公之于众，于何时、何处公之于众，以及以何种形式公之于众的权利。

理解发表权的关键在于知晓何为将作品"公之于众"。"公之于众"是指以发行、广播、上映、口述、演出、展示和网络传播等方式披露作品并使作品处于为公众所知的状态。至于公众是否实际知悉或关注被发表的作品，则无关紧要。例如，作家将新撰写的小说通过网络上传到个人博客中，即使无人实际登录过该博客阅读这篇小说，由于博客本身是向公众开放的，小说一旦上传至此，任何人都可以通过搜索引擎找到小说的位置并登录该博客进行阅读，故小说已经处于为公众所知的状态，作家的上传行为就是对小说的发表。

作品是作者的思想、观念、情感、理想、主张、价值观的反映，是否发表应当由作者自己决定。有时作者完成作品的创作之后，基于某些原因暂时不想发表，或希望在某一特定时刻、特定场合通过某种特定方式发表。作者的这种意愿必须获得充分尊重，任何人不得违背作者意愿擅自发表作品。例如，作者在给朋友的书信中写了一首诗，收信人虽然享有信纸的所有权，但却不能擅自将书信发表，即使该封书信不涉及任何私人隐私也是如此，因为该行为将侵犯作者对诗歌的发表权。

与其他著作人身权相比，发表权有以下三个特点：首先，作者只要将作品公之于众，即完成了对作品的发表。作品被公之于众这一状态是不可逆转的，因此，作者首次将作品公之于众之后，再次公开利用作品的行为，并不构成对作品的发表，即作者不可能两

次发表同一部作品。例如，作家将作品上传至向公众开放的博客之后，有出版社未经许可将该作品下载，并收入文集中出版。此时作者只能以出版社侵犯其复制权和发行权为由起诉，而不能以侵犯发表权起诉，因为作家的上传行为已经将作品公之于众，出版社的行为并非对该作品的"发表"，不应被认定为侵犯发表权。

其次，如果作者已转让著作财产权或许可他人以特定方式利用作品，通常可以视情况推定作者许可发表作品。例如，词曲作者在许可唱片公司使用其未发表的音乐作品举办演唱会或制作、发行唱片之后，不能以在合同中没有明确许可唱片公司发表该音乐作品为由，阻止唱片公司举办演唱会或制作、发行唱片。再如，小说作者在许可电影公司将其未发表小说改编成剧本并拍摄成电影后，不能因为没有明确许可电影公司发表其小说，就认为电影公司不能公开放映拍摄完成的电影，否则，将会导致电影公司所依据取得"摄制权"并支付报酬的合同完全丧失意义。

最后，作者的继承人或者受遗赠人可以在不违背作者生前意志的情况下发表作品。《著作权法实施条例》第17条规定：作者生前未发表的作品，如果作者未明确表示不发表，作者死亡后50年内，其发表权可由继承人或受遗赠人行使；没有继承人又无人受遗赠的，由作品原件的所有人行使。可见，基于发表权与著作财产权之间的密切联系，同时为了促进优秀作品的传播，法律允许作者的继承人或者受遗赠人甚至特定情况下的原件所有人，在不违背作者生前意志的情况下发表作品。

二、理解署名权：阻止他人增删署名和改变署名方式

◎ **难度与热度**

难度：☆☆☆　　热度：☆☆☆

署名权是表明作者身份，在作品上署名的权利。

署名权是著作人身权的核心：作者与作品的关系通常被比喻成父亲与儿子的关系。署名即是在昭示作者与作品之间一种自然的、类似于父子关系的密切联系。署名权不能被理解为作者有署名的自由，否则无法解释早在没有著作权法的时代，《红楼梦》也有曹雪芹的署名。作者享有署名权的意义是他人必须尊重作者关于是否在自己创作的作品上署名，以及以何种方式署名（署真名或假名）的决定。他人擅自删除作者的署名、增加未参与创作者的署名，以及擅自改变作者署名方式的行为，即构成对署名权的侵犯。例如，作者向杂志社投稿时署了笔名，编辑就不能擅自标出作者的真名，更不能不署作者的笔名。如果未参与创作者利用权势强行在他人的作品上署名，也构成对作者署名权的侵犯。因此，抄袭他人作品不但侵犯了著作财产权中的复制权，也侵犯了著作人身权中的署名权，因为抄袭实际上是在他人作品之上署上自己的名字。

需要注意的是：对于基于原作品而产生的演绎作品，原作品的作者仍然有署名权。例如，电影公司根据鲁迅先生创作的小说拍摄了同名电影之后，应当注明"根据鲁迅同名小说改编"。当然，作者的署名权应当与商业习惯相协调。例如，对于作者众多的百科全书而言，出版社可以在扉页中集中地说明哪一位作者撰写了哪一章节，而不一定要在封面将全部作者一一列出。再如，在公共场所播放录音制品中的音乐作品，是不可能将音乐作品的词曲作者一一报出的。《著作权法实施条例》第19条规定：使用他人作品的，应当指明作者姓名。但是，当事人另有约定或者由于作品使用方式的特性无法指明的除

外。例如，将他人美术作品印制在床单上，由于"按照习惯在床上用品的图案上一般不标注作者名字"，该行为并不侵犯作者的署名权。[①]

三、思考修改权：是否有规定的必要

◎ **难度与热度**

难度：☆☆☆　热度：☆

修改权是指修改或者授权他人修改作品的权利。

根据有关解释，修改是对作品内容作局部的变更以及文字、用语的修正。[②] 对修改权需要注意以下几点：第一，作者自行修改作品的权利，与修改权毫无关系。前者属于作者的人身自由，属于"法无禁止皆可行"。如果认为《著作权法》规定修改权的意义在于确认作者有修改作品的自由，则世界各国著作权法共有的最大缺陷就是没有为作者规定"创作权"，因为确认作者有创作的自由，当然比确认作者有修改的自由重要得多。作为专有权利的修改权只能是限制他人未经许可修改作品的权利。

第二，《著作权法》一方面将修改权列为人身权利，一方面又规定修改权包括"授权他人修改作品的权利"，这是自相矛盾的。人身权利不可授权他人行使，否则署名权岂不应当包括"授权他人署名的权利"？

第三，修改权与著作财产权中的改编权不同，受改编权控制的改编行为是根据原作品的基本表达，创作出新的作品，因此，对作品进行修改的结果一旦产生了新作品，就不再是修改行为，而是改编行为了。需要指出的是，修改权不是绝大多数国家《著作权法》所单独规定的权利。本书作者质疑《著作权法》规定修改权的必要性，见本章同步练习中的论述题。

四、理解保护作品完整权："歪曲、篡改"的判断

◎ **难度与热度**

难度：☆☆☆　热度：☆☆☆

保护作品完整权，即保护作品不受歪曲、篡改的权利。

保护作品完整权是指保护作品不受歪曲、篡改的权利。歪曲是指故意改变事物的真相或内容；篡改则是用作伪的手段对作品进行改动或曲解。保护作品不受歪曲、篡改，就是要防止他人在利用作品时（即使利用行为本身经过许可），通过对作品的不当改动或利用，导致作品无法正确地反映作者原本要表达的思想、感情。作品是连接作者的内心世界与外部世界的桥梁，是公众了解作者所思所想的窗口。对作品进行歪曲、篡改，实质性地改变了作者在作品中传递的思想、感情，一方面会误导公众，另一方面也会使公众对作者产生误解。那样，该作品对作者而言还有什么意义呢？因此，保护作品完整权和署名权一样，是著作人身权中的核心权利。

需要注意的是：《伯尔尼公约》和多数国家还将"可能对作者的声誉造成损害"作为侵犯保护作品完整权的要件。这一限定有其合理性：一方面，他人对作品的改动或特定

---

① 上海市第一中级人民法院（2013）沪一中民五（知）终字第78号民事判决书。
② 胡康生，主编. 中华人民共和国著作权法释义. 北京：法律出版社，2002：43.

利用方式是否扭曲了作者要表达的思想感情，通常只有作者本人最有资格作出判断；另一方面，作者会像珍爱自己的孩子那样珍惜自己的作品，许多作者难以容忍他人对作品进行哪怕是细枝末节的、无关实质内容的改动。而他人经许可利用作品时，在许多情况下难以避免对作品进行适当变动。如歌曲《烛光里的妈妈》在由男歌手演唱时，恐怕就得将其中的"女儿已经长大"改为"孩儿已经长大"。因此，必须在保护作者与促进作品正常传播之间实现平衡。"有损作者声誉"是相对客观的标准，起到了安全阀的作用，用于防止过于敏感的作者在其作品仅被轻微改动，尚不足以影响其声誉时提起诉讼。[①] 当然，对于"有损作者声誉"应当进行正确的解读。这里的"声誉"是指作者通过作品希望获得的声誉。假设对作品的改动使作品获得了更好的社会评价，进而提升了作者的声望，但该声誉是作者原本所反对的，那么这种改动仍然侵害了保护作品完整权。法国作家罗曼·罗兰的名著《约翰·克利斯朵夫》中有一个情节：年轻的约翰·克利斯朵夫撰写了一系列批评德国音乐和音乐人的文章，发表后恶评如潮，使他众叛亲离、身败名裂，但他坚持自己的观点，继续写此类文章。他在报社的朋友利用他只管投稿不看刊登其文章的报纸的习惯，对他的文章进行改写，改成了对德国音乐和音乐人的赞美之作。这些被篡改的文章发表后，好评如潮。后来约翰·克利斯朵夫惊奇地发现他所强烈批评的音乐人也主动亲近他、感谢他，让他一头雾水。待终于了解真相后他勃然大怒。显然，约翰·克利斯朵夫的保护作品完整权受到了侵害，对他文章的这种改动，违背了其意愿，有损其原本希望获得的社会评价，即他是德国音乐和音乐人的批判者，当然应被认为有损其声誉。

我国《著作权法》虽然没有规定"有损作者声誉"的要件，但完全可以用此来解释"歪曲"和"篡改"，因为"歪曲"和"篡改"本身就有强烈的贬义，有程度上的要求。如果对作品的修改实质性地改变了作者在作品中原本要表达的思想、感情，导致作者未能实现其希望获得的对作品的社会评价，即构成对保护作品完整权的侵犯。

基于合理利用作品的需要，保护作品完整权也要受到必要的限制。如前文所述的男歌手演唱《烛光里的妈妈》时将其中的"女儿已经长大"改为"孩儿已经长大"应属于作者基于诚实信用原则不能反对的改动。再如，建筑设计者创作了建筑作品之后，建筑施工方可以根据实际需要进行必要的改动，并不构成对保护作品完整权的侵犯。同样，对于电影的摄制而言，必然涉及对小说或剧本的重大修改，只要这种修改没有从根本上改变作者的原意和其思想感情，就不构成对保护作品完整权的侵犯。依据我国《著作权法实施条例》第10条的规定：著作权人许可他人将其作品制作为视听作品的，视为已同意对其作品进行必要的改动，但是这种改动不得歪曲、篡改原作品。

第二节　著作财产权

著作财产权又被称为著作权中的"经济权利"，是指那些作者和其他著作权人享有的以特定方式利用作品并获得经济利益的专有权利。著作权法的根本目标是促进优秀作品

[①] Adolf Dietzn, *Germany*, §7 (1) (c), in Paul Edward Geller (ed.), International Copyright Law and Practice. Matthew Bender & Company, Inc., 2006.

的创作与传播，而使创作者从对作品的利用中获得相应的经济回报是实现这一目标最为重要的手段。只有赋予著作权人一系列控制作品利用方式的财产性权利，使著作权人能够在他人以特定方式利用作品时获得合理的报酬，才能鼓励和刺激更多的人积极投身于创作活动之中。从更为宏观的角度看，不但著作权人经济利益的实现取决于法律对著作财产权的有效保护，一个与国民经济和国家综合实力密切相关的产业——版权产业的生存、发展和壮大，也高度依赖于本国乃至其他国家对著作财产权的保护。

一、理解复制权：复制的构成与分类

◎ **难度与热度**

难度：☆☆☆☆　热度：☆☆☆☆☆

复制权是指以印刷、复印、拓印、录音、录像、翻录、翻拍、数字化等方式将作品制作一份或者多份的权利。

复制权是著作财产权中最为核心的权利。时至今日，最常见的对著作权人经济利益的损害也多与未经许可复制作品有关。要理解复制权，就必须搞清哪些行为是受复制权控制的复制行为。

（一）"复制行为"的构成

如果仅仅将"复制行为"理解为"再现"作品的行为，则表演、广播、放映作品，甚至翻译和改编作品的行为都可以被称为对作品的"复制"。但并非所有"再现"作品的行为都是受"复制权"控制的"复制行为"，只有以特定方式对作品"再现"才是著作权法意义上的"复制行为"。

首先，该行为应当在有形物质载体（有体物）之上再现作品。在有形物质载体之上再现作品，是复制行为与其他再现作品行为，如表演、广播和放映等，最根本的区别。如果再现作品的行为并不借助于有形物质载体，则该行为不可能是著作权法意义上的复制。如仅将他人的诗歌记住并以朗诵的方式加以再现就不是著作权法意义上的复制，原因是无论记忆还是朗诵都没有在有形物质载体上再现作品。特别需要注意的是：记忆是一种精神方面的活动，并非通过物理机制或化学反应将作品固定在有形物质载体上。当然，人的身体在某些情况下是可以充当物质载体的。同样，现在有不少年轻人喜欢"文身"，即将美术图案刻在身体上。只要图案本身是作品，"文身"也是复制行为。

其次，该行为应当使作品被相对稳定和持久地"固定"在有形物质载体之上，形成作品的有形复制件。著作权法意义上的复制行为应当是能够产生作品复制件的行为，即我国《著作权法》对"复制权"的定义中的"将作品制作一份或者多份"。而要产生作品复制件，就必须将作品相对稳定、持久地固定在有形物质载体之上。例如，印刷厂印刷书籍的行为就是典型的复制行为，因为印刷将使作品被固定在有形物质载体——纸张之上，形成作品有形复制件——书本；而且这种"固定"是相当稳定和持久的，只要人们不去毁坏载体或消除载体上的作品，如用"消字灵"把书本上的文字涂掉，作品都将长期保存在载体之上。在一幅画前面摆放一面镜子以让镜面映出这幅画的全貌，并不是对美术作品的"复制"，因为镜子实际上只是暂时照出了这幅画，而没有真正地把这幅画"固定"在镜子之上，一旦将这幅画拿开，"镜中花"也就消失了。但是，如果一名工匠把这幅画刻在了镜面上，则这面镜子就"固定"了作品，镜面就成了作品的有形物质载体，镜子也就是画的复制件了，该名工匠的雕刻行为就是著作权法意义上的复制行为。

（二）复制行为的分类

一种再现作品的行为只要符合复制行为的构成要件，就应当受到著作权法中复制权的控制，无论其实施的手段、形式和载体是什么。《著作权法》将复制权定义为"以印刷、复印、拓印、录音、录像、翻录、翻拍、数字化等方式将作品制作一份或者多份的权利"[①]，其中的"一份或多份"似乎意味着只有制作精确复制件的行为才能被称为"复制"。但这种理解是不正确的，否则，只要对作品进行了一些改动或者未利用作品的全部内容，由此产生的就不是作品的复制件，该过程也不构成复制了。实际上，只要在新的物质载体中保留了原作品的基本表达，同时没有通过发展原作品的表达而形成新作品，将该作品或其实质性部分在物质载体上加以固定的行为就应构成复制。

由此可见，复制行为首先可被分为"精确复制"和"非精确复制"。前者包括典型的"盗版"行为，如翻印书籍或将电影刻录在光盘上；后者包括在稍作修改的情况下抄袭论文等。同时，根据复制行为涉及的载体类型，大致可将复制行为分为以下几类：

第一，"从平面到平面"的复制。它是指作品在被复制之时是被固定在平面载体之上的，而被复制之后，仍然被固定在同一或另一种平面载体之上，如静电复印、油印、胶印、铅印、打印、照相翻拍、录音带翻录、录像带翻录、刻录 CD、扫描、上传和下载等。需要注意的是，正如第一章第一节讲解平面美术作品和立体美术作品的分类时所述，这里的"平面载体"不是指该载体是物理学意义上的二维物，因为任何物质载体都有长、宽和高三个维度，都属于物理学意义上的三维物。"平面载体"是指通过该载体的长和宽两个维度就足以再现该美术作品了。

第二，"从平面到立体"的复制。这是指作品在被复制之时是被固定在平面载体之上的，而被固定在新载体之上后，是以新载体的三个维度来表现作品的。在著作权法之中，"从平面到立体"的复制主要指按照美术作品或描绘外观的设计图制作立体艺术品，以及根据建筑作品的平面设计图（该图必须描绘了建筑物的外观）建造建筑物的行为。例如，画家用画笔绘制的 2022 年北京冬季奥运会吉祥物"冰墩墩"是平面美术作品，将其制作成立体的玩具，即是一个典型的"从平面到立体"的复制行为。需要指出的是，将平面美术作品以立体形式再现，往往需要运用技巧和技法，有时还需要运用极为高超的技巧。但著作权法保护的美术作品是造型艺术作品，而不是技巧和技法。只要立体造型没有改变平面美术作品的造型，就不属于新的美术作品（演绎作品）。当然，以立体形式再现平面美术作品，总会因为载体维度的增加而带来一些视觉上的不同感受。但如果这种差异仅是载体不同本身造成的，而并不源于艺术造型方面的创作，就不足以认定产生新的作品。最高人民法院曾在相关判决中指出："无论其制作过程多么艰辛繁复、所需的技艺多么高超独特，都可能因缺乏独创性或不具有审美意义而不能被认定为著作权法意义上的美术作品。"[②]

[①] 《著作权法》第 10 条第 1 款第 5 项。
[②] 最高人民法院（2015）民提字第 47 号民事判决书。

根据建筑作品的外观设计图建造立体的建筑物也是从"平面到立体"的复制。三维的建筑物如果能够给人以美感，是符合独创性要求的作品，则该建筑物本身就受到著作权法的保护。在这种情况下，绘制建筑物的设计图是完成建筑作品的一个关键步骤，因为建筑物具有独创性的设计全都包含在建筑设计图之中了。而他人如果要复制一幢具有美感的建筑物，绝大多数情况下需要拿到建筑物的设计图纸。如果不制止未经许可按照平面建筑设计图来建造三维建筑作品的行为，那么对建筑作品的著作权保护就无法实现，因此，各国（地区）著作权立法都选择用复制权来控制这种行为。

第三，"从立体到平面"的复制。"从平面到立体"复制的反方向就是"从立体到平面"的复制，它是指作品在被复制之时是被固定在三维载体之上的，而复制之后体现在二维载体之上。例如，为了制作档案资料而对雕刻作品和建筑作品进行拍摄就是典型的从立体到平面的复制。因为拍摄的结果是使作品由平面载体加以体现和反映，所以在一些立体艺术作品的展览会上，组织者不允许参观者拍摄，如果未经许可拍摄，就可能构成对复制权的侵犯。但是，雕刻、雕塑和建筑作品等三维作品往往存在于公共场所，如果一概限制公众对这些作品进行"从立体到平面"的复制即拍摄或临摹，对公众而言是不大公平的，因此，许多国家都对这类位于公共场所的立体艺术作品和建筑物的复制权加以一定程度的限制。我国《著作权法》第24条第1款第10项也规定："对设置或者陈列在公共场所的艺术作品进行临摹、绘画、摄影、录像"可以不经著作权人许可。

第四，"从立体到立体"的复制。一般情况下，复制他人的三维作品，如雕塑艺术品等，都需要经历"从立体到平面"和"从平面到立体"两个步骤，即先根据立体造型绘出平面设计图，再根据平面设计图复原立体艺术品。但有些技艺高超的艺术家可以直接根据立体艺术品，制作出同样大小或按比例缩放的立体艺术品，这就是典型的"从立体到立体"的复制。

第五，"从无载体到有载体"的复制。此种复制是指从无载体的作品来源对作品进行复制，使作品被固定在物质载体之上，形成了作品的有形复制件。例如，某人即兴发表演讲，即创作口述作品（在此人创作口述作品的时候，不能说此人就是口述作品的物质载体）。他人通过速记或录音将演讲记录下来，则口述作品就被固定在了物质载体之上，纸张或录音带等就成了作品的复制件。再如，在演唱会上对歌手演唱的录制也是典型的"从无载体到有载体"的复制，无论是被演唱的音乐作品还是歌手的声音，都通过录音被固定在了物质载体之上，形成了音乐作品和表演的复制件。

二、理解发行权：核心是转移载体（有体物）所有权

◎ 难度与热度

难度：☆☆☆☆　　热度：☆☆☆☆☆

发行权是指著作权人享有的以出售或者赠与方式向公众提供作品的原件或者复制件的权利。

发行权是指著作权人享有的以出售或者赠与方式向公众提供作品的原件或者复制件的权利。[①] 向公众提供作品原件的情况是极为罕见的，因为毕竟原件只有一份，所以发行

---

① 《著作权法》第10条第1款第6项。

权主要是用于控制向公众提供作品复制件的行为。根据"以受控行为定义专有权利"的基本原理，要理解发行权，同样首先需要搞清什么是著作权法意义上的发行行为。

（一）发行行为的构成

日常口语中所说的"出版发行"与著作权法意义上的发行行为是有一定差异的。"出版发行"一般只是指出版社将作品印刷成册，或制作完成音像制品后，再向社会公开销售，而著作权法意义上的发行行为的主体并不仅限于出版社，同时行为的方式也不限于销售，因此，口语中的"出版发行"仅仅是发行行为的一种而已。要构成著作权法意义上的发行行为，应当符合以下几个条件：

首先，该行为应当面向"公众"提供作品的原件或复制件。著作权法意义上的发行又被称为"公开发行"，它仅指面向不特定的公众提供作品的原件或复制件的行为。例如，出版社公开出版一部美术画册，书店出售小说书，以及拍卖行公开拍卖艺术大师的国画原件等，均属于公开发行行为。相反，非公开性地提供作品原件或复制件如作者将手稿复印三份，分别送给三个朋友，不构成发行行为。

其次，该行为应当以转移作品有形物质载体（有体物）所有权的方式提供作品的原件或复制件。"原件"是作品首次被固定在有形物质载体之上形成的，而"复制件"是指通过复制行为，作品被固定在另一物质载体之上形成的。换言之，无论是"原件"还是"复制件"，均指"作品"＋"有形物质载体"，本质上就是有体物，因此，我国《著作权法》发行权定义中的"以出售或者赠与方式向公众提供作品的原件或者复制件"就是指将固定了作品的有形物质载体面向公众进行出售或赠与，即转移物质载体的所有权。这也是"发行"行为区别于"表演"、"广播"和"展览"等行为的关键所在。公开朗诵诗歌、演唱歌曲，展览油画，或通过无线、有线系统向公众传送作品虽然也能使公众欣赏到作品的内容，但并不转移作品原件或有形复制件的所有权，因此，这些行为并非发行行为。

（二）"发行权用尽"

"发行权用尽"是著作权法对发行权的限制。它的含义是：虽然著作权人享有以所有权转移方式向公众提供作品原件或复制件的发行权，但作品原件和复制件经著作权人许可，或依法律规定，首次销售或赠与之后，著作权人就无权控制该原件或特定复制件所有权的再次转让了。合法获得该作品原件或特定复制件所有权的人可以不经著作权人许可将其再次出售或赠与。换言之，著作权人对作品原件或特定复制件的发行权在该原件或特定复制件首次被合法销售或赠与后即"用尽"了。正是由于"发行权用尽"的存在，书店可以将从出版社购进的正版书籍予以公开销售，个人也可将其用过的正版书籍和唱片在二手市场出售，而无须经过著作权人的许可。

"发行权用尽"的基础在于前网络时代作品和其有形载体的不可分性。对于作为作品原件或复制件的书籍或唱片等而言，它们具有双重属性：首先，它们有长、宽、高，占据一定物理空间，能够为人力所控制和支配，是物权法意义上的有体物，是物权的客体，购得书籍或唱片者对其享有物权法上的所有权。其次，它们又承载着作为智力创造成果的作品，而使用作品的特定行为受到著作权专有权利的控制。这样，对书籍或唱片的使用，就可能同时涉及所有权与著作权。在许多情况下，这两类权利并不发生冲突，例如，阅读书籍或在自家播放唱片，既属于对"物"的使用，又没有侵犯著作权人对其作品的任何一项专有权利。然而，当书籍或唱片的所有权人意欲在公开市场上出售该书籍或唱片时，就可能导致所有权和发行权的冲突，因为出售合法购得的作品原件或复制件属于对所有权的行使，而该行为又构成对作品原件或复制件的发行行为，受发行权的控制。

著作权法创设发行权的主要目的在于防止他人出售作品的非法复制件，在作品原件或复制件已经经过著作权人授权在市场公开流通的情况下，如果允许著作权人限制买受人转售其购得的作品原件或复制件，就偏离了发行权的立法目的，而演变为授权著作权人对他人所有权和有形财产的合法流通加以干涉了，这将严重损害允许合法商品自由流转这一市场经济赖以存在的基本规则，因此，对于已经经过著作权人许可或依法律规定（如依法定许可制作和发行的音乐作品的录音制品）向公众发行的作品原件和复制件而言，著作权人的发行权已经"用尽"，著作权人无权阻止该原件或特定复制件的所有权人向公众出售或赠与。

适用"发行权用尽"原则的前提是，作品的原件或特定复制件已经著作权人授权或根据法律规定而发生所有权转移。对于非法制作并销售的作品复制件，如盗版电影光盘等，由于其在市场上的销售不可能经过著作权人许可，所以没有"发行权用尽"原则的适用余地，盗版电影光盘无论辗转落入何人之手，也无论买受人在购买时是否知道该电影光盘是非法复制件，持有人公开销售盗版电影光盘的行为都是侵犯电影著作权人的发行权的。假设小说作者与出版社签订合同，授权出版社限量印刷出版 1 000 本，出版社销售这 1 000 本之后，购得此书的书店或消费者再次公开销售此书时适用"发行权用尽"原则，并不构成对发行权的侵犯。但如出版社在该 1 000 本售罄之后，未经作者再次授权就自行加印了 3 000 本，则出版社销售这 3 000 本的行为侵犯了作者的发行权，如果一家书店购入这 3 000 本之后再向消费者出售，并不能适用"发行权用尽"原则，因为这 3 000 本是未经著作权人许可非法制作的复制件。因此，严格地说，并不是"作品的发行权"用尽了，而是经合法销售或赠与的作品原件或特定复制件的发行权用尽了。

三、理解出租权：核心是转移载体（有体物）的占有

◎ **难度与热度**

难度：☆☆☆☆　热度：☆

出租权是"有偿许可他人临时使用视听作品、计算机软件的原件或者复制件的权利，计算机软件不是出租的主要标的的除外"[1]。将出租权定义为提供作品的"原件或者复制件的权利"意味着只有转移作品有形载体（原件或复制件，即有体物）占有的行为才构成出租。例如，许多视频网站提供电影的"限时观看"服务，即用户付费后，就可以一段时间内在线观看这部电影。这种行为由于没有提供"作品的原件或者复制件"，即未转移作品有形载体的占有，不可能构成"出租"行为，只构成交互式传播行为。

我国《著作权法》只将有关作品的出租权赋予了视听作品和计算机软件这两类作品的权利人。这意味着向公众出租视听作品和计算机软件的原件或复制件是需要经过著作权人许可的行为。但对于计算机软件而言，如果软件并非出租的主要标的，而是作为被出租物中的一个附属，则该出租行为无须获得著作权人的许可。例如，某人向公众出租

---

[1] 《著作权法》第 10 条第 1 款第 7 项。

全自动洗衣机或智能手机，而全自动洗衣机和智能手机中必然装有固定了计算机软件的电脑芯片，但该软件并非出租的主要标的，因此，未经软件著作权人许可出租该全自动洗衣机或智能手机并非侵犯出租权的行为。

在我国商业出租市场已基本消失的情况下，出租权目前只有使《著作权法》符合国际条约要求的意义。

四、理解展览权：掌握法定例外

◎ 难度与热度

难度：☆☆☆☆　　热度：☆☆☆☆

展览权是指"公开陈列美术作品、摄影作品的原件或者复制件的权利"[1]。根据定义，只有美术作品和摄影作品这两类作品的著作权人才享有展览作品的专有权利，因此，未经音乐作品著作权人许可将其已发表过的音乐手稿予以公开展览，并不侵犯展览权。

需要注意的是：《著作权法》对展览权规定了例外。《著作权法》第 20 条第 1 款规定："作品原件所有权的转移，不改变作品著作权的归属，但美术、摄影作品原件的展览权由原件所有人享有。"按照著作权法的基本原理，展览权既然是著作权人的一项专有权利，自然应当由著作权人享有，而无论作品的载体辗转落入何人的手中。正如记录歌曲的纸张的所有权无论落入何人之手，公开演唱这首歌曲的权利仍然归作词、作曲者一样，他人如希望在营利性演唱会上演唱该歌曲，仍然需要经过词、曲作者许可。但是，美术作品原件与普通作品的载体具有不同意义和价值。对于其他许多类型的作品而言，原件和复制件的区别意义不大。如对于一本小说而言，在作家使用计算机打字的情况下，数字化的原件（由作品首次固定在硬盘中形成）和复制件（由将作品拷入移动存储器中形成）在价值上没有任何区别。但是美术作品多数情况下仍然在纸张上创作，其原件与复制件在价值上往往相去甚远。毕加索等著名画家的作品原件动辄达到上百万美元，而复制件与之相比则十分廉价。他人购买美术作品原件的目的，往往不仅仅在于满足个人的欣赏愿望，而是希望能够向世人展示自己的艺术收藏，或者在适当时机出售。如果美术作品作者仍然控制原件的展览权，就能够阻止原件所有人公开展览作品或为了出售而首先公开展示作品，势必严重影响原件购买者的利益。我国规定美术作品原件的展览权由原件所有人享有，这是基于美术作品原件价值的特殊性作出的一种特别规定。

《著作权法》于 2020 年修改时，增加了摄影作品原件的展览权由原件所有人享有的规定，这可能是因为立法者觉得摄影作品与美术作品一样，原件的价值远高于复制件的价值。然而，与多数美术作品仍然在纸张等非数字载体上进行创作不同，摄影作品目前已极少拍摄在传统的胶卷上，而是以数码相机、智能手机等数码摄制设备中的存储卡为初始载体。当拍摄者按下快门时，就在内存等电子存储设备上固定了影像，从而形成"原件"。只要将体现摄影作品的数字文件从数码摄制设备中拷贝出来，存储在计算机硬盘、闪存卡或其他存储设备上，形成的就是"复制件"。而展览数字化摄影作品需要将相应的数字影像打印出来，此时形成的也是复制件。因此法律需要明确规定区分"原件"

---

[1] 《著作权法》第 10 条第 1 款第 8 项。

与"复制件"的标准，否则摄影作品"原件"所有权人有权展览"原件"，而摄影作品"复制件"所有权人无权展览"复制件"的规定，难以取得实际效果。

虽然美术作品和摄影作品原件的展览权由原件所有人享有，但如果该美术作品和摄影作品尚未发表过，美术作品和摄影作品的作者向他人转让原件所有权后，受让人一旦公开展览美术作品原件，势必会导致美术作品和摄影作品被首次公之于众。那么，该公开展览行为是否会侵犯著作权人的发表权呢？对此，《著作权法》第20条第2款规定："作者将未发表的美术、摄影作品的原件所有权转让给他人，受让人展览该原件不构成对作者发表权的侵犯。"这仍然是考虑到了作品原件的特殊价值，以及作品原件所有权人展示自己艺术收藏的需要。这就意味着未发表的美术、摄影作品原件所有权的受让人可以对该原件进行公开展览。即使作者与之有不得公开展览的约定，受让人的行为也只构成违约，而不属于对发表权的侵害。

五、理解表演权：区分（演员）表演与机械表演

◎ **难度与热度**

难度：☆☆☆☆　热度：☆☆☆☆

表演权是"公开表演作品，以及用各种手段公开播送作品的表演的权利"[1]。据此，我国表演权控制的是两种面向现场公众实施的表演行为——由演员对作品进行的表演，以及将对作品的表演以各种手段进行播放（机械表演）。其中最为典型的是将对作品的表演录制下来之后使用机器设备进行公开播放。

（一）（演员）表演

根据我国《著作权法》，由人对文字作品、戏剧作品、音乐作品和舞蹈作品等所进行的公开现场表演都是著作权法意义上的公开表演，如在公开场合对诗歌的朗诵、对音乐的演奏、对歌曲的演唱、表演舞蹈和上演戏剧等，因此，举办演唱会时，如果被演唱的歌曲是尚在著作权保护期之内的作品，主办方应直接向著作权人或向代表音乐著作权人的集体管理组织取得授权，而不能"想唱就唱"。《著作权法》第38条对此明确规定：使用他人作品演出，表演者应当取得著作权人许可，并支付报酬。演出组织者组织演出，由该组织者取得著作权人许可，并支付报酬。当然，即使是未经著作权人许可的公开表演，如果属于《著作权法》第24条规定的"免费表演"，也不构成著作权侵权。

（二）机械表演

"机械表演"的概念根据各国对表演权控制范围的规定不同而有所差别，在我国就仅指将对作品的表演使用机器设备向现场公众进行播放的行为，而不包括公开放映电影和通过无线电、有线电缆和互联网传播对作品的表演。例如，在歌舞厅、商场、超市、宾馆、酒店、餐馆、飞机、火车等场所播放背景音乐的行为就是典型的机械表演。在这些场所播放背景音乐带有营利性质，经营者应当向音乐著作权人支付报酬，否则，将构成对著作权的侵害。

需要注意的是，《著作权法》中的表演权只针对面向现场公众的演员表演和机械表演。如果通过网络传播（远程传播）对作品的表演并不适用表演权。对"网播"（非交互

---

[1]　《著作权法》第10条第1款第9项。

式网络传播，如主播通过网络直播对歌曲的演唱）适用下文讲解的广播权，对交互式网络传播（如提供音乐作品演唱的录音的在线点播或下载），适用信息网络传播权。

六、理解放映权：适用的作品类型有限定

◎ **难度与热度**

难度：☆☆　　热度：☆☆

放映权是"通过放映机、幻灯机等技术设备公开再现美术、摄影、视听作品等的权利"。公开放映行为在许多国家的著作权法中都被定为机械表演的一种，但也有一些国家单独设立放映权控制公开播放美术作品、摄影作品和电影作品等的行为。我国《著作权法》采取的是后一种立法模式。据此，在电影院等公开场所由经营者直接放映电影，当然属于放映权控制的行为，应当经过电影作品著作权人的许可。近年来，名为"点播影院""小影吧"的经营场所提供互联网电视和网络视频服务账号，供用户自行点播源于互联网中他人提供的影视剧，对经营者而言也属于放映行为。

七、理解广播权：区分两项子权利

◎ **难度与热度**

难度：☆☆☆☆☆　　热度：☆☆☆☆☆

广播权包含两项子权利，第一项子权利规制以各种非交互式手段将作品传送至不在传播发生地的公众，包括电台、电视台的无线电传播、有线电视台的有线电缆传播和"网播"。第二项子权利规制向公众开放的场所接收到上述以非交互式传播的作品后，通过收音机、电视机和计算机等设备播放。

《著作权法》规定，广播权是"以有线或者无线方式公开传播或者转播作品，以及通过扩音器或者其他传送符号、声音、图像的类似工具向公众传播广播的作品的权利，但不包括本款第十二项规定的权利"[①]。这意味着广播权包含两项子权利：一是非交互式传播权，属于远程传播权。其规制的行为是以非交互式技术手段将作品传送至不在现场的公众（"以有线或者无线方式公开传播或者转播作品"）。二是公开播放接收到的经初始传播的作品的权利，属于现场传播权。其规制的行为是利用机械装置播放接收到的经初始传播的作品（"通过扩音器或者其他传送符号、声音、图像的类似工具向公众传播广播的作品的权利"）。

（一）广播权的第一项子权利

广播权的第一项子权利是作为远程传播权的非交互式传播权，其规制的行为是以非交互式技术手段将作品传送至不在现场的公众。"非交互式传播"是与"交互式传播"相对而言的，在传播技术业界也称为"线性传播"，意为由传播者决定传播的时间，受众只能被动接受，无法自主选择传播开始的时间以及传播的内容。按照预定的节目时间表传送节目的无线电广播（broadcasting，含卫星广播）、有线电缆传播（cablecasting）和网播（webcasting）均属于非交互式传播。转播（同步播放）上述传播内容，如一家电视台、广播电台或一家互联网网站转播另一家电视台播放的音乐会，也属于非交互式传播。

[①] 《著作权法》第 10 条第 1 款第 11 项。

这些传播行为均受制于广播权的第一项子权利。

广播权的第一项子权利"以有线或者无线方式公开传播或者转播作品……的权利"中的"以有线或者无线方式"是一个典型的技术中立的用语，实际上与"以任何技术传送手段"无异，当然包括通过互联网进行的非交互式传播。"但不包括本款第十二项规定的权利"的用语限定了广播权的第一项子权利的范围，在广播权的第一项子权利（非交互式传播权）和信息网络传播权（交互式传播权，即"本款第十二项规定的权利"）之间划出了明确的界限。在不加限定的情况下，"以有线或者无线方式"传播作品同时包含了交互式传播和非交互式传播，将导致广播权的第一项子权利与信息网络传播权出现重叠。加入这一限定起到的效果就是，明确在广播权的第一项子权利规制的远程传播（"向公众传播"）行为中并不包括交互式传播行为。

（二）广播权的第二项子权利

公开播放接收到的经初始传播的作品，是指在接收到以非交互式技术手段进行的初始传播后，通过扩音器、电视机等设备或手段将其向公众播放。餐厅、咖啡厅、酒吧、酒店大堂、商场和超市等通过连接收音机的扩音器或通过大屏幕电视机，使公众能够欣赏广播电台、电视台正在播出的作品，或者通过互联网电视，使公众能够欣赏某一网络电视台正在根据节目时间表传播的作品，即为广播权的第二项子权利所控制的行为。

有人可能会认为：这些经营场所接收并播放广播电台、电视台正在播出的作品，是对经初始传播的作品（"广播的作品"）的正常利用，经初始传播的作品的著作权人默许这种行为，因此无须再经过许可并支付报酬。这种观点是不能成立的：该项权利源于《伯尔尼公约》第 11 条之二第 1 款，我国《著作权法》也明确规定公开播放接收到的经初始传播的作品是受广播权控制的行为。首先，如果法律认定著作权人在许可广播电台、电视台对其作品进行无线或有线电缆传播时就已经许可接收者在公开场所利用收音机、电视机等装置向公众播放经初始传播的作品，则在立法上没有必要规定这种行为受广播权控制；其次，经营场所通过收音机、电视机等装置公开播放经初始传播的作品，与通过 CD 机和投影仪直接播放作品（机械表演或放映）并不存在本质区别，都是以播放设备形成了面向公众进行传播的"传播源"，利用被传播的作品谋取利益，因此，著作权人对这种营利性公开播放的行为有权加以控制。

由于面对的是难以计数且在地理上分散的经营场所，著作权人只能通过集体管理组织向这些场所发放许可和收取许可使用费。在我国，集体管理组织向广播电台和电视台针对其初始传播行为收取作品许可使用费的工作也才刚刚开始，要让播放经初始传播的作品的经营场所支付许可使用费，以实现广播权的第二项子权利的设立目的，可能还需要等待相当长的一段时间。

广播权规制的行为可总结如表 3-1 所示。

八、理解信息网络传播权：交互式远程传播权

◎ **难度与热度**

难度：☆☆☆☆☆　热度：☆☆☆☆☆

信息网络传播权是以有线或者无线方式向公众提供，使公众可以在其选定的时间和地点获得作品的权利，即交互式远程传播权。提供作品在线浏览、点播和下载均属于该

项权利规制的行为。

信息网络传播权是为了应对互联网对著作权保护带来的挑战而规定的。在网络出现之前，以无线或有线方式向不在现场的公众进行的传播都是由传播者"单向"提供作品内容，供公众欣赏的行为。公众只是被动的接受者，只能在作品传播者指定的时间欣赏作品。例如，中央电视台预告在下午3点至4点播出"流行金曲"节目，希望欣赏的观众虽然可以自己选择一个收看的地点，如自己家中、朋友家中或办公室中，但只能在当天下午3点至4点这个时间段收看。

网络传播带来了传播模式上革命性的变化，它可以在远程传播中实现双向作用的"交互式传播"。如果将一部电影"数字化"后上传至向公众开放的网络服务器中提供点播或下载，只要网络服务器保持运行和联网状态，任何用户即可在任何一台联网的计算机（自己选定的地点）上任一时刻（自己选定的时间）在线点播或下载电影文件。网络服务器何时开始向某一特定用户传送这部电影，以及向哪一部联网的计算机传送，主动权都掌握在用户手中（用计算机领域的术语，就是由用户向服务器发出传送作品的指令），从而实现"交互式传播"，即"按需点播"。信息网络传播权就是针对"交互式传播"而规定的。要构成受此项权利规制的交互式传播行为，应当具备以下条件。

首先，该行为应当是通过信息网络向公众提供作品，也就是可使作品通过网络被传送至远端。所谓"提供作品"，仅仅是指使公众获得作品的可能性，而不是指他人已经获得作品的状态。只要将作品"上传"或以其他方式使作品处于在网络服务器中供网络用户获取的状态，就构成对作品的"提供"，而无论是否有人实际进行过浏览、下载或点播。这里的"信息网络"是广义的概念。根据最高人民法院《关于审理侵害信息网络传播权民事纠纷案件适用法律若干问题的规定》第2条，"信息网络"包括以计算机、电视机、固定电话机、移动电话机等电子设备为终端的计算机互联网、广播电视网、固定通信网、移动通信网等信息网络，以及向公众开放的局域网络。在"三网融合"的技术背景下，任何网络只要能够实现交互式远程传播，都属于信息网络传播权定义中的"信息网络"。例如，我国有些地区已经开通了数字电视服务。观众在家中通过遥控器就可以自行"点播"电影等节目，并根据点播的节目单独付费。这同样实现了使公众在其"选定的时间和地点获得（作品）"，因此，数字电视经营商提供的这种服务也是受信息网络传播权控制的行为。

其次，该行为应当是"交互式传播"行为。"交互式传播"是指并非由传播者指定受众获得作品的时间和地点，而是能够"使公众可以在其选定的时间和地点获得"的传播行为。换言之，这种行为应当使公众能够"按需"获得作品。这是受信息网络传播权规制的"向公众传播"（远程传播）行为区别于其他远程传播行为的本质特征。如果网络传播行为并未采用"交互式"手段，则不受信息网络传播权规制。例如，目前一些互联网站提供"网播"服务，用户在登录后只能在线收听或收看到网络电台、电视台按照预定节目表在这一时刻正在播出的节目，而无法自行选择节目。这种"网播"并不是交互式网络传播，因为它仍然只能使公众在传播者"指定的时间"获得作品，而无法使公众在"其选定的时间获得作品"。对此类网播行为应当适用广播权中的第一项子权利——非交互式传播权，而不是信息网络传播权。但如果该网站将以往的节目录制下来，置于网站中供用户"点播"，则构成典型的交互式传播。

　　还需要注意的是，提供作品下载虽然从表面上看也能使公众获得作品的复制件——用户下载之后，将在自己的硬盘中形成作品的复制件。但该行为并不属于"发行"。发行权的定义是"向公众提供作品的原件或者复制件的权利"，而不是"向公众提供作品的权利"。假设某人要将一部小说上传至某文学网站供公众下载，在上传之前，该小说存储在此人的计算机中。此时该小说当然有其物质载体——此人计算机的硬盘，因此，"小说＋计算机硬盘"是该小说的复制件。在上传完成后，该小说存储在文学网站服务器中，此时该小说也有其物质载体——网站服务器的硬盘，因此，"小说＋网站服务器硬盘"也是该小说的复制件。然而，此硬盘非彼硬盘。此人能上传小说，却不可能上传存储了小说的硬盘（小说的复制件），因此，此人并没有"以出售或赠与方式"（所有权转让方式）向公众"提供作品的原件或者复制件"，而是向公众"提供作品"。因此，该行为与发行权无关，而受信息网络传播权规制。

九、理解摄制权：属于演绎权

◎ **难度与热度**

难度：☆☆☆　热度：☆☆☆

　　摄制权是指"以摄制视听作品的方法将作品固定在载体上的权利"，规制将文学、戏剧等作品制作为视听作品的行为。

　　此处讲解的摄制权以及下文讲解的改编权、翻译权和汇编权都属于广义的"演绎权"。"演绎权"这个术语并不是指一项具体的专有权利，而是指一类专有权利的总称。演绎权控制的是在保留原作品基本表达的情况下，通过发展这种表达在原作品基础之上创作新作品（由此形成的新作品被称为"演绎作品"）并加以后续利用的行为。

　　《著作权法》规定，摄制权是指"以摄制视听作品的方法将作品固定在载体上的权利"[1]。如果仅根据该规定的字面含义，很容易认为摄制权就是复制权，只不过是将作品复制到视听作品中的权利，因为"将作品固定在载体上"就是复制行为。如果这样理解摄制权，则只有在制作视听作品时，用摄像机将挂在墙上的一幅画摄入镜头等单纯的复制行为，才属于受摄制权控制的行为。这将导致摄制权丧失意义，因为对这些行为完全可以适用复制权。实际上，摄制权的主要作用在于控制根据小说、戏剧等作品制作视听作品的行为，也就是将原作品中的内容以视听形式予以展现。换言之，摄制权控制的行为应当是将他人的小说、戏剧等作品以拍摄或其他方式制作成电影、电视剧等视听作品。由此形成的视听作品本身当然是有别于小说、戏剧作品的新作品，属于演绎作品。如果其取得了商业上的成功，编剧、导演和摄影等视听作品作者的智力贡献当然功不可没，但也与作为视听作品基础的小说、戏剧等作品具有价值密不可分，因此，要将小说、戏剧等作品拍摄成电影、电视剧等视听作品，需要经过这些作品作者的许可。本书第二章第二节在讲解视听作品的著作权归属和利用时曾说明，将视听作品改为其他艺术形式进行利用，需要得到作为视听作品基础的小说、戏剧等作品的权利人和视听作品权利人的双重许可。

---

[1] 《著作权法》第 10 条第 1 款第 13 项。

十、理解改编权：保留原作品基本表达创作新作品

◎ **难度与热度**

难度：☆☆☆　　热度：☆☆☆

改编权是"改变作品，创作出具有独创性的新作品的权利"[①]，即以原作品为基础，在保留原作品基本表达的情况下，通过改动和发展原有表达而产生在表达上与原作品实质性相似的新作品的权利。

上述定义并未涉及原作品与新作品之间的关系。如第二章第二节所述，仅仅根据原作品的思想创作出新作品并非受改编权控制的行为，只有在保留原作品基本表达的情况下通过改变原作品创作出新作品，才是著作权法意义上的改编行为。例如，将长篇小说改编成一套漫画，将抒情歌曲改编为摇滚乐，将戏剧改编成电影剧本等，都是改编。

根据"专有权利控制行为"的基本原理，我国《著作权法》对改编权的规定看似赋予了作者控制改编行为的权利。但是，在发表改编作品或对改编作品以其他方式加以利用之前，著作权人是无法阻止他人出于个人兴趣对作品加以改编的，如画家在自己家中将小说绘制成连环画，因为该行为完全可以构成为个人学习、研究的合理使用。因此，将改编权解释为并非规制单独的改编行为，而是对改编作品加以后续利用的行为，如发表、发行和公开表演等，可能更为合理。

十一、理解翻译权：独创性的文字转换

◎ **难度与热度**

难度：☆☆　　热度：☆☆☆

翻译权是将作品从一种语言文字转换成另一种语言文字的权利。[②]

在世界经济一体化进程加速的今天，翻译权是国际著作权保护中最重要的权利之一，它往往能够使作品的著作权人在他国因对其作品的翻译和后续利用而获得新的经济利益。例如，将汉语写成的小说译成英语等其他语言都是受翻译权控制的行为，未经许可将尚在保护期内的作品进行翻译并出版，构成侵权。

需要注意的是，并非所有的转换作品表达方式的行为都是著作权法意义上的翻译行为。例如，将汉语写成的小说改成盲文供盲人阅读并非翻译行为，这是因为汉语文字与盲文符号之间存在着严格的一一对应关系，任何懂汉语和盲文的人只要按照规则正确地进行转换，都会得到相同的结果。在这种情况下，没有发挥个人的智力创造力的余地，转换行为缺乏起码的智力创造性，不符合独创性的要求，因此，这种转换只是复制行为，而非翻译行为。

十二、思考汇编权：是否有必要规定

◎ **难度与热度**

难度：☆☆　　热度：☆

[①] 《著作权法》第 10 条第 1 款第 14 项。
[②] 《著作权法》第 10 条第 1 款第 15 项。

汇编权是将作品或者作品的片段通过独创性的选择或者编排，汇集成新作品的权利。[①]

《著作权法》规定的汇编权仅控制将作品或其片段汇集成汇编作品的权利。这意味着如果汇编的结果并非符合独创性要求的作品，则该将作品汇集成册的行为并非受汇编权控制的行为。要构成汇编作品，必须在选择或者编排作品方面体现出独创性。例如，某出版社精选出鲁迅先生的 50 篇杂文，编成《鲁迅杂文精选》。该书即为汇编作品，因为出版社至少在选择被汇编的杂文方面体现出了智力创造性——该选择涉及编辑与众不同的对杂文的理解和判断。但是，如果该出版社将鲁迅先生的全部杂文按发表时间顺序编成《鲁迅杂文全集》，则无论在选择还是编排方面都没有独创性。因为既然鲁迅先生的全部杂文都被收录，就不涉及有智力创造性的选择过程；同时，按照发表时间排序又是一种最为常规和传统的方法，也没有体现出智力创造性，故该《鲁迅杂文全集》就不是汇编作品。即使鲁迅先生的作品在今天尚未过保护期，他人未经许可编辑并出版这本《鲁迅杂文全集》也不是侵犯汇编权的行为。

对于我国《著作权法》是否有必要规定汇编权，请见本章同步练习中的论述题。

第三节　著作的保护期

著作人身权中的署名权、修改权、保护作品完整权具有人身性，永远受到保护。[②] 但著作财产权并不是永久受保护的权利。为了在促进创作和公众利用作品之间实现平衡，《著作权法》规定了著作财产权的保护期。

一、掌握著作人身权的保护期：发表权例外

◎ 难度与热度

难度：☆☆　热度：☆☆

署名权、修改权和保护完整权的保护不受时间限制。发表权的保护受时间限制。

著作人身权具有民法上一般人身权的性质，因此在一些国家被视为"自然权利"，与功利主义的立法目的——鼓励创作，没有直接关系。有些国家甚至规定，无论是否有条约义务，对他国作者的著作人身权都提供保护。因此对署名权、修改权和保护完整权，《著作权法》没有规定保护期限。

著作人身权中的发表权因与著作财产权存在密切关系——对未发表作品的多数利用行为会导致将作品公之于众，《著作权法》也对发表权规定了与著作财产权相同的保护期。保护期届满，就意味着他人以发行、网络传播等方式将之前未发表的作品首次公之于众，并不构成对发表权的侵犯。

二、掌握著作财产权的保护期：分清类别

◎ 难度与热度

难度：☆☆☆☆　热度：☆☆☆☆

---

① 《著作权法》第 10 条第 1 款第 16 项。
② 《著作权法》第 22 条。

自然人作品和普通职务作品的著作财产权保护期为作者有生之年加 50 年。合作作品的著作财产权保护期为最后死亡的作者有生之年加 50 年。法人作品、特殊职务作品和视听作品的著作财产权保护期为作品首次发表后的 50 年。

《著作权法》第 23 条规定：对于自然人的作品，其发表权及各项著作财产权的保护期为作者终生及其死亡后 50 年，截止于作者死亡后第 50 年的 12 月 31 日。合作作品的发表权和各项财产权的保护期则为最后死亡的作者有生之年加 50 年。这是为了避免单独计算合作作品每一部分的著作权保护期造成的不便。更何况对于不可分割使用的合作作品而言，甚至都无法分辨哪一部分是由哪一位合作作者单独创作的。以最后一位合作作者去世的时间作为计算保护期的依据，较为科学与可行。

法人作品、特殊职务作品以及视听作品，其发表权的保护期为 50 年，截止于作品创作完成后第 50 年的 12 月 31 日；著作财产权的保护期为 50 年，截止于作品首次发表后第 50 年的 12 月 31 日，但作品自创作完成后 50 年内未发表的，《著作权法》不再保护。对于作者身份不明的作品，其著作财产权的保护期截止于作品首次发表后第 50 年的 12 月 31 日。作者身份确定后，按照前述规则计算保护期。

从上述规定可以看出，《著作权法》对保护期的规定基本是以作品著作权是否原始归属于自然人为分类依据的。对于著作权原始归属于自然人的作品，给予较长保护期（作者有生之年加 50 年）。对于著作权原始归属于一个组织的作品，则给予的保护期较短（首次发表后 50 年）。这可能是考虑到自然人需要借助著作权的保护养育下一代，而一个组织则无这方面的需要。需要指出的是，《著作权法》于 2020 年修改后，视听作品中电影作品、电视剧作品之外的"其他视听作品"的著作权归属可以由制作者与创作者进行约定，这可能导致"其他视听作品"的著作权依约定归属于作为视听作品作者的自然人。但由于《著作权法》已经对视听作品的保护期作出了特别规定——其著作财产权的权利的保护期为 50 年，截止于视听作品首次发表后第 50 年的 12 月 31 日，视听作品自创作完成后 50 年内未发表的，不再保护，同时又没有区分视听作品中电影作品、电视剧作品和"其他视听作品"的保护期，因此在自然人作者依约定取得"其他视听作品"著作权的情况下，该"其他视听作品"的保护期并不是该自然人作者有生之年再加 50 年。

还需要注意的是，保护期是由著作权原始归属的情况决定的。例如，某电影公司投资、组织电影摄制之后，将电影作品的著作权转让给了一名自然人，该电影作品的著作权保护期并不是该自然人有生之年加 50 年，而是该电影作品首次发表之后的 50 年。同样，某画家将其画作的著作财产权转让给了某艺术馆，该美术作品的著作财产权的保护期也不会因此缩短为美术作品首次发表之后的 50 年。

本章实务案例研习

一、钱锺书书信拍卖案

（一）案情简介

钱锺书及其夫人杨季康和女儿曾先后给朋友李某写过百余封私人书信，某拍卖公司发布公告称其即将进行上述书信的拍卖。钱锺书夫人杨季康向法院提出申请[①]，请求责令该公司立即停止侵害著作权的行为。

（二）法院判决

法院认为：书信作为人类沟通感情、交流思想、洽谈事项的工具，通常是写信人独立构思并创作而成的文字作品。杨季康作为著作权人或著作权人的继承人，享有涉案书信作品的发表权，即享有决定作品是否公之于众的权利。如果他人未经许可非法发表涉案书信手稿，将导致对申请人杨季康的发表权造成难以弥补的损害。此外，发表权是著作权人行使和保护其他权利的基础，一旦作品被非法发表，极易导致权利人对复制、发行等行为失去控制能力。在杨季康明确表示不同意将其享有权利的涉案作品公之于众的情况下，拍卖公司即将公开预展、公开拍卖涉案书信手稿，以及为拍卖而正在或即将通过报刊、光盘、宣传册、计算机网络等复制、发行涉案书信手稿的行为，构成对申请人杨季康的发表权及复制权、发行权的侵犯，将导致申请人受到难以弥补的损害。法院据此裁定：拍卖公司在拍卖、预展及宣传等活动中不得以公开发表、展览、复制、发行、信息网络传播等方式实施侵害钱锺书、杨季康及其女儿写给李某的涉案书信手稿著作权的行为。[②]

（三）法律分析

发表权属于《著作权法》规定的人身权利，钱锺书先生对书信（文字作品）的发表权虽然不能由其夫人和女儿继承，但由她们在保护期内保护。钱锺书先生及其夫人和女儿对自己的书信当然享有发表权。其书信的物质载体（载有文字作品的纸张）所有权由收信人享有，以及收信人再向他人转移该载体所有权的事实，并不影响上述结论。他人未经其同意，发表钱锺书先生和其夫人、女儿的书信属于侵权发表权的行为。

二、《九层妖塔》著作权侵权案

（一）案情简介

根据小说《鬼吹灯》之《精绝古城》改编拍摄的电影《九层妖塔》上映后，《鬼吹灯》的作者起诉称，《九层妖塔》的故事情节、人物设置、故事背景均与原著相差甚远，严重歪曲、篡改了原著，社会评价极低，侵犯了原告的保护作品完整权。

（二）法院判决

一审法院认为：小说《鬼吹灯》销量过千万册。由于具有较高的知名度和广泛的读者基础，小说的内容、观点已经深入人心。一般读者能够清晰地看到电影与小说两者之间的差别，电影并没有使读者对原著小说的内容、观点造成误解。被告提供的关于电影《九层妖塔》的获奖证据，能够证明涉案电影得到了行业的认可，亦能说明其改编、摄制行为并未违背电影创作的规律。在判断涉案电影是否侵犯原告的保护作品完整权时，应当要充分考虑改编者的艺术创作自由，尽量缩小保护作品完整权的控制范围。原告虽然提供了网络中批评电影的评论，但必须看到这些评论、批评明确指向电影《九层妖塔》，而不是小说《精绝古城》，因此评论所产生的后果虽然可能影响电影《九层妖塔》的声

---

① 钱锺书及钱锺书与杨季康之女已经去世。
② 北京市第二中级人民法院（2013）二中保字第 9727 号民事裁定书。

誉，但并没有证据证明电影在内容、观点上对小说造成贬损、丑化，导致小说《精绝古城》的社会评价降低。①

二审法院则认为：改编者的自由不是绝对的，而是有限度的。对于改编作品，普通观众的普遍认知是电影内容应当在整体思想感情上与原作品保持基本一致。观众会把电影所要表达的思想情感认为是原作者在原著中要表达的思想情感。如果改编作品对原作品构成歪曲、篡改，则会使观众对原作品产生误解，进而导致原作品作者的声誉遭受损害。本案中，涉案电影观众会产生对涉案小说的误解，即小说存在地球人反抗外星文明、主人公具有超能力等内容。社会公众对涉案电影的评论虽然没有针对涉案小说，但已经足以证明涉案小说作者的声誉因为涉案电影的改编而遭到贬损。涉案电影中把外星文明直接作为整体背景设定，并将男、女主人公都设定为拥有一定特异功能的外星人后裔，严重违背了原作品作者在原作品中的基础设定，实质上改变了作者在原作品中的思想观点，足以构成歪曲、篡改。②

（三）法律分析

一审法院的判决未能正确地适用认定侵害保护作品完整权的标准。一是误解了"有损作者声誉"的含义。"有损作者声誉"是指有损作者通过作品希望获得的社会评价。对作品实质内容的改动即使客观上产生了极佳的社会评价（如前文引述的约翰·克利斯朵夫的朋友对其文章观点的改动，使文章获得好评），但只要这种改动的程度违背作者的意志、背离了作者要表达的思想感情，就仍然侵害了作者的保护作品完整权。以电影《九层妖塔》的获奖证据认定电影对作品内容的偏离未损害作者的声誉，并不能成立。

二是一审法院认为由于原作品知名度高，即使出现了对电影的负面评价，影响的也是电影的声誉而不是小说的声誉，因此不构成侵权。这等于断然否定改编作品有任何因歪曲、篡改高知名度作品而侵害保护作品完整权的可能，因为发生任何因涉嫌在改编时歪曲、篡改原作品并利用如此改编后的作品而引发的保护作品完整权纠纷中，无论公众如何评价改编作品，被告都可以抗辩说负面评价仅能导致改编作品作者声誉的降低，而不会导致原作品作者声誉的降低。这就意味着原作品的知名度越高，他人的改编（无论程度如何）就越不可能侵害保护作品完整权。这显然是不能成立的。电影《九层妖塔》的大量观众不见得都读过小说《精绝古城》（本书作者就是如此），很容易认为根据该小说改编拍摄的电影大致反映了小说的原貌，从而因感觉电影内容不佳而认定小说质量不高。一审法院的观点也与《著作权法实施条例》第10条有关根据原作品拍摄电影时，对原作品的改动不得歪曲、篡改原作品的规定相违背。

三是一审法院似乎受到了美国好莱坞有关拍摄电影时可以自由改编，只以原著为起点，无须忠实于原著的观点和做法的影响。一审法院可能没有意识到，美国《版权法》对精神权利（著作人身权）的保护极其有限，只保护绘画、雕塑等视觉艺术作品作者的精神权利③，文字作品的作者根本就不享有任何精神权利④，因此好莱坞无论怎样改编小

---

① 北京市西城区人民法院（2016）京0102民初83号民事判决书。
② 北京知识产权法院（2016）京73民终587号民事判决书。
③ 17 U. S. C. 106A.
④ 17 U. S. C. 101，"work of visual art".

说、剧本等原著，都不可能有侵害保护作品完整权的问题。我国《著作权法》和美国《版权法》在这一点上截然相反，好莱坞的观点和做法对我国没有参考价值。20 世纪 60 年代，为修改《伯尔尼公约》而成立的国际专家委员会指出："不能因为作者许可将其作品拍摄成电影，就给了制片者一张可随意改动的空白支票。"① 此言值得借鉴，因此二审法院的判决结果是正确的。

三、迪比特诉摩托罗拉案

（一）案情简介

上海迪比特实业有限公司完成了 T189 手机的印刷线路板布图设计，而摩托罗拉公司擅自根据该设计图制造了印刷线路板，用于制造手机。迪比特公司认为：T189 手机的印刷线路板布图设计是具有独创性并能以一定形式表现的智力成果，是受著作权法保护的工程技术作品和图形作品，摩托罗拉公司的行为构成对其著作权的侵害。

（二）法院判决

法院认为：印刷线路板是表面制有网状导电图形的绝缘板，其作用是通过它把多个电子元器件（集成电路、电阻、电容等）组合安装并向这些电子元器件提供它们之间需要的电路连接。印刷线路板属于一种具有实用功能的工业布图设计（产品设计图）产品，不属于文学、艺术和科学领域，不是著作权法保护的客体。但印刷线路板布图设计属于图形作品，应受著作权法保护，他人未经著作权人许可，不得复制、发行印刷线路板布图设计。同时，著作权法意义上对工程设计图、产品设计图的复制，仅指以印刷、复印、翻拍等复制形式使用图纸，而不包括按照工程设计图、产品设计图进行施工、生产工业产品，因此，被告摩托罗拉公司按照印刷线路板布图设计生产印刷线路板的行为，是生产工业产品的行为，而不属于著作权法意义上的复制行为。因此，法院驳回了原告的诉讼请求。②

（三）法律分析

该案是有关图形作品保护范围的典型案例。不保护操作方法、技术方案和实用性功能是著作权法的基本原则。本书第一章第一节在讲解"图形作品"时曾经提道：工程设计图、产品设计图之所以能够成为作品，与其设计方案以及与其相对应的工程和产品的实用性毫无关系，而是因为工程、产品设计图是由点、线、面和各种几何图形组成的，包含着设计者眼中严谨、精确、简洁、和谐与对称的科学之美。同时，立体的工程或产品如果只有功能性而无艺术美感，则不能作为作品受到著作权法的保护。即使该工程或产品具有一定艺术美感，只要该艺术美感无法与其实用性功能在物理或概念上分离，就不能受到著作权法的保护。这是世界各国著作权立法所普遍遵循的原则。例如，自动简易灭火系统只有实用功能而无艺术美感，本身并不是作品。再如，一把多用老虎钳在某些人看来具有某些美妙的弯曲和弧线，但只要这些弯曲和弧线的设计是为了使用起来更为省力或提高效率，该老虎钳就不能受到著作权法的保护。对于这种本身不受著作权法

---

① BIRPI DA/22/4，Committee of Governmental Experts，Informatory Document：Report by Prof. H. Desbois，p. 12.

② 上海市第二中级人民法院（2002）沪二中民五（知）初字第 132 号民事判决书。

保护的立体工程、产品和建筑物，按照其设计图进行施工或建造就不是著作权法意义上"从平面到立体"的复制，他人即使未经许可实施了这样的行为，也不可能构成对复制权或其他著作权专有权利的侵犯。如果认为按照设计图建造和生产本身不受著作权法保护的工程和产品是著作权法意义上的复制行为，未经许可这样做构成对复制权的侵犯，必然会导致以著作权法保护实用功能的结果，这是违背著作权法基本原则的，因此，这为世界各国的著作权立法和司法实践所一致拒绝。

因此，著作权法意义上"从平面到立体"的复制仅仅指按照平面美术作品或设计图去制作、建造受著作权法保护的三维艺术品和建筑作品。如果三维的实物不是著作权意义上的作品和建筑作品，则这种按平面设计图进行的建筑和生产就不是著作权法意义上的复制行为。

本案中的印刷线路板是典型的技术型产品，发挥的是实用功能，因此不能受到著作权法的保护。但印刷线路板的布图设计体现了严谨、精确、简洁、和谐与对称的科学之美，能够作为产品设计图受到著作权法的保护。但按照印刷线路板布图设计制造本身不受著作权保护的印刷线路板不是侵犯复制权的行为，否则，必然导致用著作权法保护技术功能的后果。这是与著作权法的基本原则相违背的。

本章同步练习

一、选择题

（一）单项选择题

1. 出版社聘请画家为新年挂历创作了一幅水墨画，双方未约定著作权归属。挂历的购买者张某将印有该水墨画的那一页裁剪下来在网上出售，售价为整部挂历的三倍。某画展组织者从网上购买之后，将其作为展品在画展中展出。下列说法中正确的是：（　　）。

A. 张某的行为侵害了画家的复制权

B. 张某的行为侵害了画家的发行权

C. 张某的行为侵害了出版社的信息网络传播权

D. 画展组织者的行为侵害了画家的展览权

2. 下列哪一作品的著作权人享有展览权？（　　）

A. 银河系的教学模型　　　　　　　　B. 小说手稿

C. 音乐曲谱　　　　　　　　　　　　D. 山水画

3. 下列哪项未经许可实施的行为构成对相关作品信息网络传播权的侵权？（　　）

A. 网红主播在网络直播中演唱歌曲

B. 网络电视台按照预定的节目时间表通过网络传播电影

C. 将作品上传至大学校园网中的网络论坛上，只有本校师生才能登录欣赏

D. 地铁经营者通过地铁车厢屏幕播放短视频

4. 甲创作了一部小说，一直没有发表，而且甲明确表示不愿发表。2008 年 4 月 1 日甲去世，其继承人为乙。下列说法中正确的是：（　　）。

A. 无论何时任何人都无权发表这部小说

B. 乙可以在 2008 年 4 月 2 日发表这部小说

C. 乙可以在 2058 年 4 月 2 日发表这部小说

D. 乙可以在 2059 年 1 月 1 日发表这部小说

5. 以下哪项权利的保护期是没有期限的？（　　）

A. 发表权　　　　　　　　　　B. 发行权

C. 改编权　　　　　　　　　　D. 修改权

（二）多项选择题

1. 画家甲将自己未发表的国画送交拍卖行公开拍卖。乙以高价拍得此幅国画后，下列哪一选项中的行为侵犯了甲的著作权？（　　）

A. 将此幅国画的原件公开展出

B. 将此幅国画出租给他人欣赏

C. 将此幅国画扫描、印刷 100 份装裱后出售

D. 将此幅国画扫描成数字格式置于网上供他人欣赏，但不允许他人下载

2. 甲将自己创作的小说置于个人网站上传播。某出版社主编乙看到这篇小说后，未经许可即将小说收入《当代网络小说精选》出版。对此，下列哪些选项是正确的？（　　）

A. 侵害了甲的发表权　　　　　　B. 侵害了甲的汇编权

C. 侵害了甲的复制权　　　　　　D. 侵害了甲的发行权

3. 甲创作了一幅油画并将原件出售给乙。乙将油画改编成漫画。对乙的后续行为，下列说法正确的是：（　　）。

A. 乙有权公开展览油画原件

B. 无须甲的许可，乙就可以高价转售油画原件

C. 无须甲的许可，乙就可以出版其创作的漫画

D. 他人擅自出版该漫画同时侵害了甲和乙的著作权

（三）不定项选择题

1. 甲和乙均从某专门提供盗版的网站下载了同一首流行歌曲。甲在家庭聚会上播放，乙将其用微信分享给好友丙和丁，丙在其 30 人的班级联欢会上播放了该歌曲，丁又将该歌曲上传至另一视频网站。下列何人实施了侵权行为？（　　）

A. 甲　　　　　　　　　　　　B. 乙

C. 丙　　　　　　　　　　　　D. 丁

2. 下列未经作品著作权许可的行为中，侵害表演权的有：（　　）。

A. 网红主播在直播中演唱歌曲

B. 商场播放正版音乐 CD

C. 学校周末在礼堂向学生播放电影

D. 舞蹈演员在养老院为老人义务表演舞蹈

3. 甲在自己的博客中提供了其撰写的一篇游记。下列说法中正确的是：（　　）。

A. 甲在博客中首次将其游记公之于众是发表行为

B. 甲只有在将博客中的游记进行作品登记后才能对其享有著作权

C. 其他网站要转载甲在博客中的游记无须经过甲的许可，但应注明出处并向甲支付报酬

D. 甲自将游记在其博客提供之时开始对游记享有著作权

二、案例题

1. 某餐厅安装了大电视机,在营业时间打开,供就餐客人欣赏电视节目。该行为未经相关视听作品著作权人的许可,请问是否构成侵权?

2. 某公司未经许可,将栩栩如生的人物绘画制成了浮雕,保持了绘画中的造型和色彩。现绘画作者起诉该公司侵害其著作权,试问该公司的行为是侵害复制权,还是侵害改编权?

3. 有商家把电子游戏"愤怒的小鸟"中的小鸟形象印在商品上销售。对此,某律师指出:就著作权而言,网游到底属于哪一类作品,一直存在较大的争议。目前,我国《著作权法》共列出电影、美术、文字、摄影、音乐等13类作品,由于网游尚未归类,所以无法用《著作权法》进行保护。不过,在国际上,将形象印在服装和商品上,国际知识产权组织将其定义为角色商品化权或促销权,多数国家按反不正当竞争法进行规制,简言之就是"用我的商品为你的商品促销",构成侵权。请问该律师的分析是否正确?

4. 请阅读以下新闻报道:

《美国男子 3D 扫描米开朗基罗塑像被控侵权》

来源:中国知识产权资讯网,2015 - 01 - 27

尽管有很多博物馆和公共机构都张开双臂,欢迎使用 3D 扫描仪对他们的馆藏艺术品进行复制并供世界上其他地方的人 3D 打印,但是还是有些机构不那么认同公开共享艺术作品的理念。

最近,美国南达科他州 Sioux Falls 的一位 3D 打印爱好者 Jerry Fisher 就遇到了麻烦。麻烦的源头就是他 3D 扫描了当地一所艺术学院校园里的一座塑像(见图 3 - 4),并将其 3D 模型传到了网上。这座为 Fisher 带来麻烦的雕像是一尊全尺寸青铜铸造的米开朗基罗雕塑作品摩西(Moses),它与该学校的另外一尊同样是米开朗基罗的作品大卫(David)都是 20 世纪初当地一位发明家捐赠给 Sioux Falls 市和 Augustana 学院的。Fisher 是一位很有探索精神的 3D 打印爱好者,他本来是想通过上千张照片生成一个塑像的高品质、细节丰富的 3D 模型。

在决定把摩西的塑像作为自己首个尝试的对象之后,Fisher 在社交媒体上贴出了他建模进展的各种截图,最后又把自己首次尝试完成的摩西塑像 3D 模型上传到了 3D 文件共享平台 Thingiverse 上。"不久后",Fisher 说,"Augustana 的代表就联系我,要求我马上删除已经上传的摩西模型,并联系任何已经下载这个 3D 模型的用户,告诉他们要删除它。"

图 3 - 4 摩西塑像

带着惊讶和失望，Fisher 询问了为什么 Augustana 学院会认为自己拥有摩西塑像的知识产权……因为他认为这是一件公共艺术作品，这是别人捐赠给学校的，而不是学校购买的。在试图与 Augustana 学院沟通未果之后，Fisher 随后来到当地律师事务所进一步研究到底谁是正确的，谁是错的。

据律师称，她认为对摩西和大卫塑像的摄影完全没有问题，但如果有人试图出售该摄影或将其转化为模型，那么某种形式的版权或知识产权可能就受到了侵犯……Fisher 说："问题在于在我带着相机来到塑像这里之前他们应该设置一个标识牌。"愤怒的 Fisher 要去告诉学校和市政府，他们应该把这件公共艺术作品搬到屋里，然后禁止拍摄——Fisher 去了当地市长办公室，将此事告知了市长办公室的秘书。而这位秘书对此十分惊讶，并认为这在公共领域是完全正常的，Fisher 尚未听到她或市长对此事的回复。尽管有这些经历，而且此事还没有最终结果，但 Fisher 有信心，一旦更多的人听到他的故事——或者自己也经历了这些——那么更大的课题，比如用可 3D 打印的模型复制公共艺术作品问题也就迎刃而解。

"我认为这件事覆盖的范围越广，最后的结果越好。"Fisher 补充说，"不管什么原因，美国很多地方都存在着对于版权或知识产权的矛盾解释……我由于懵然无知碰到了这个问题，而且由于无知才会对这些感到恐惧。"

请问该新闻报道中律师的说法是否正确？未经该学院许可拍摄摩西雕像后，将其制作成 3D 模型出售的行为是否构成对著作权的侵害？为什么？

三、论述题

1. 假设甲为知名画家，乙为不知名画家。乙为了使自己的画卖出高价，在自己的画作上伪造了甲的签名和印章。请论述此类假冒他人的姓名发表自己的作品（冒名）的行为是否属于对著作权中署名权的侵犯。（注意本题无标准答案）

2. 你认为《著作权法》有必要规定修改权吗？查阅有关讨论修改权存在价值的观点，陈述并认证你的看法。（注意本题无标准答案）

3.《著作权法》之所以规定了汇编权，根据参与立法者的解释，是因为从《伯尔尼公约》第 2 条之二的规定"推理可知，作者对于其完全享有著作权的作品自然有汇编权"[①]。请阅读《伯尔尼公约》第 2 条之二及研究《伯尔尼公约》的文献，思考参与立法者对《伯尔尼公约》该条的理解是否正确，《著作权法》是否有必要规定汇编权，并论证你的观点。（注意本题无标准答案）

4. 提供作品下载也能使公众通过自行下载，在自己的硬盘或移动存储器上形成作品的复制件，为什么该行为与发行权无关？除上文讲解的该行为与发行权定义不符之外，还有什么理由？请进行论证。

---

① 胡康生，主编. 中华人民共和国著作权法释义. 北京：法律出版社，2002：60.

参考答案

一、选择题

(一) 单项选择题

1. D

解析：张某仅仅是将挂历中的那一页剪下来而没有以任何方式将其中的美术作品固定到另一个物质载体上，形成复制件，因此张某的行为不侵害复制权，A项错。挂历的那一页本身是经过画家许可制作和发行的复制件，其发行权已经用尽，张某的行为等同于出售二手商品。其行为并不侵害发行权，因此B项错。出版社并不是著作权人，其享有的版式设计权，也不包含信息网络传播权，因此C项错。挂历中的那一页，载有美术作品的纸张是复制件，而不是原件。《著作权法》只规定美术作品原件所有权人可以展览美术作品原件，并没有规定美术作品复制件的所有权人可以展览美术作品的复制件，因此展览者的行为属于未经许可展览美术作品的复制件，构成侵权，D项正确。

2. D

解析：只有美术作品和摄影作品的权利人有展览权，其他类型作品的权利人均无展览权，因此应选D。

3. C

解析：信息网络传播权只规制交互式网络传播行为，并不规制非交互式网络传播行为。A项和B项中的行为均为"网播"，也就是由传播者单方决定受众何时能够通过网络欣赏作品，对其应当适用广播权而非信息网络传播权，因此A项和B项错误。信息网络传播权定义中的"使公众在其选定的时间和地点获得作品"当然不是要求普天下的每一个人都能在不受任何时间和地点限制的情况下获得作品，而是指面向构成公众的人群，在传播者划定的时间和地域范围内，能够实现按需传播。在大学校园网中对作品进行交互式传播，使足以构成公众的师生在校园网中自行选择时间和地点获得作品，是受信息网络传播权规制的行为，因此C项正确. 地铁上的播放虽然有可能利用了其中的内部网络，但还是由地铁经营者单方决定受众欣赏作品的时间，因此不属于交互式传播，D项错。

4. A

解析：《著作权法实施条例》第17条规定：作者生前未发表的作品，如果作者未明确表示不发表，作者死亡后50年内，其发表权可由继承人或者受遗赠人行使。据此，如果作者生前明确表示不发表，则即使是继承人或受遗赠人也不能违背其生前意志而予以发表，因此A项正确，BCD项错误。

5. D

解析：上述权利中只有修改权是著作权中的人身权利。对人身权利的保护不受保护期的限制。

(二) 多项选择题

1. CD

解析：乙通过拍卖获得了该幅国画原件的所有权，依法可以公开展览该原件，因此A项的行为不侵权。在作品中只有视听作品和计算机软件的权利人有出租权，美术作品的权利人没有出租权，不能规制他人未经许可出租美术作品的原件或复制件，因此B项的行为不侵权。作品原件所有权的转移并不等于其中作品著作权的转移，C项中的行为是未经许可对美术作品的复制和发行，构成对复制权和发行权的侵害。D项中的行为是未经许可对美术作品的交互式网络传播，构成对信息网络传播权的侵害。因此C项和D项正确。

2. BCD

解析：甲自行将作品在网络上公开传播，已经使作品处于公众可获知的状态，此时作品已经发表，他人对作品的后续利用都不可能再侵害发表权，因此A项错误。《当代小说精选》属于在选择或编排上有独创性的汇编作品，未经许可将他人作品编入汇编作品侵害汇编权，因此B项正确。将甲的作品未经许可编入《当代小说精选》并出版，同时涉及复制和发行，侵害了复制权和发行权，因此C项和D项正确。

3. ABD

解析：依《著作权法》的规定，美术作品原件的所有人有权公开展览该原件，因此A项正确。由于甲的油画原件已经自愿售出，发行权用尽，乙再次出售，无论加价多少均不侵害甲的发行权，因此B项正确。乙的漫画是甲的油画的改编作品，对其利用需要遵循"双重权利、双重许可"规则，因此若乙希望出版漫画，应当经过甲的许可。未经许可出版作为演绎作品的漫画，同时侵害了原作作品和演绎作品的著作权，因此C项错误，D项正确。

(三) 不定项选择题

1. D

甲的行为属于未经许可复制，但由于为个人欣赏的复制可以构成合理使用，故不侵权，A项错。乙仅向两个好友分享了歌曲，并未面向公众传播，其行为不构成受传播权控制的行为，B项错误。本班30个同学属于有密切交往的朋友圈子，不能构成公众，丙的行为不属于面向公众的机械表演，故C项错误。将歌曲再发到网络上，供他人点播或下载属于新的信息网络传播行为，侵害信息网络传播权，因此D项正确。

2. B

解析：表演权在我国是现场传播权而非远程传播权，只能规制面向现场受众的演员表演和机械表演，因此A项错。B项是典型的机械表演，受表演权的控制，因此应当选B。C项中的播放电影是受放映权规制的行为，不受表演权的规制，因此C项错。D项的行为属于演员的现场表演，但是属于双向免费构成合理使用（参见本书"著作权的限制"一章），因此不应选D项。

3. A

解析：作者首次将作品公之于众就属于发表，其方式在所不问，因此 A 项正确。作品自创作完成之时就产生著作权并受保护，无须登记，也无须发表，因此 B 项和 D 项错误。对在网络中发表的作品的转载必须经过许可（合理使用除外），不适用本书后文讲解的报刊转载法定许可，因此 C 项错误。

二、案例题

1. 餐厅的行为构成侵权，侵害了《著作权法》广播权的第二项子权利，即"通过扩音器或者其他传送符号、声音、图像的类似工具向公众传播广播的作品的权利"。

需要注意的是，该结论与电视台播放相关作品时，是否经过许可没有任何关系。因为广播权中的第二项子权利是一项独立的权利，与广播权中的第一项子权利，并不是同一项权利。这正如即使是对于一张正版的音乐 CD，超市也不得未经许可在营业时间作为背景音乐播放。同时，著作权人尚未就该项权利向餐厅等经营场所提起侵权诉讼，以及餐厅等经营场所普遍未经许可实施该行为，也并不意味着该行为就不构成侵权。随着我国著作权保护水平的逐步提高，未来著作权集体管理组织会对此项权利进行集体管理，届时餐厅等经营场所就会为此行为而向著作权集体管理组织支付适当费用。

2. 浮雕除非改变了艺术造型，否则并不属于创作，而是从平面到立体的复制。例如，书法家在纸上手书了碑文，工匠将书法家的手书凿刻到石碑上。尽管石碑上的凿刻是立体的，但并没有改变书法作品的造型，没有体现符合独创性要求的贡献，因此工匠的行为属于复制而不是创作。

本题改编自真实案例[①]，法院就此指出：浮雕制作本身是一门成熟的技艺，将人物姿态、肢体动作、面部表情、衣冠服饰、色彩搭配等要素已经固定的平面或立体造型制作成对应一致的浮雕件，是对工艺和技法的应用，即利用常规工艺技术将同一艺术形象在不同载体之间进行转换，其人物形象本身并没有因制作行为体现出与原有人物形象有明显区别的构思。至于浮雕作品所呈现的更为直观、丰满的特征，也仅属于众所周知的浮雕工艺品的固有特性，不能被视为创造性智力活动的成果。这一判决结果是正确的。因此，本题中公司的行为侵害复制权，而非改编权。

3. 该律师的回答不正确。只要电子游戏"愤怒的小鸟"中的小鸟造型具有独创性，就能作为美术作品受到《著作权法》的保护。计算机游戏程序本身是作为计算机软件受保护的，与运行游戏时展示出的美术作品、影视作品或文字作品并无关系。未经许可将具有独创性的美术作品印在商品上并出售，是对著作权人复制权和发行权的侵害，无须借助商品化权或不正当竞争进行规制。

4. 律师的回答是不准确的。摩西雕像属于立体美术作品，摄影师的行为可分为两个步骤：一是立体到平面的复制，即用照相机拍摄该雕像；二是从平面到立体的复制，即用 3D 打印机将平面的造型制作为立体造型。但摩西雕像是文艺复兴时代的作品，从未受

---

① 段某与成都市风雅堂工艺品有限公司等著作权侵权纠纷案，四川省高级人民法院（2010）川民终字第 476 号民事判决书。

到过著作权法的保护，即使当年有著作权，也早已进入了公有领域。任何人都可以进行免费的复制。学院只是雕像的所有权人，不是著作权人，无权阻止他人对该立体美术作品进行复制。律师的回答涉及对公共场所艺术作品的合理使用，即允许对公共场所艺术作品进行拍摄，但前提是作品受著作权法保护。如果该作品不受著作权法保护，任何人都可以自由复制，何来合理使用呢？

三、论述题

1. 假冒他人的姓名发表自己的作品（冒名）并不属于对著作权中署名权的侵犯。既然署名权是作者的权利，当然只能针对作者自己创作的作品。被冒名的人既然没有创作冒名作品，不是冒名作品的作者，当然不会侵犯著作权法意义上的署名权。

从比较法的角度看，各国立法中明确禁止冒名的基本上只有英美法系国家的版权法。英国《版权法》第 84 条规定了禁止冒名的权利（right against false attribution），澳大利亚《版权法》第 195AC 条和新西兰《版权法》第 102 条也规定了相似的"作者禁止冒名权"（author's right not to have authorship falsely attributed）。美国 1990 年通过的《视觉艺术家权利法》为视觉艺术作品作者规定的精神权利中，也包括"阻止将其姓名标明为其未创作作品的作者"的权利。[①] 但英美法系国家对作品的观念本来就是有别于大陆法系国家的，它们更为注重作品作为财产的经济价值。冒名的实质是利用名家的声誉去牟取不当经济利益，会在损害著名作者声誉的同时影响其今后作品的销售，因此，英美法系国家规定的"禁止冒名权"实际上是为了制止利用名家的名誉进行不正当竞争。同时，这些英美法系国家的版权法规定的"禁止冒名权"是与"署名权"相并列的一项独立权利。换言之，他人制作冒名作品侵犯的并非署名权，而是署名权之外的"禁止冒名权"。因此，"禁止冒名权"并非大陆法系国家传统著作权法中的署名权。

既然我国在著作人身权这一部分继受了大陆法系国家的立法传统，从保持理论体系和谐这一角度出发，不宜认定冒名为侵害署名权的行为，而应当认定为不正当竞争行为或侵犯民法中姓名权的行为。

2. 《著作权法》没有必要规定修改权。修改权极少作为一项独立的著作人身权出现在其他国家的著作权立法之中。有的大陆法系国家虽然规定了"修改与收回作品权"，或者在规定"收回作品权"的同时规定"修改权"，但其中的"修改权"[②] 只能与收回权一起行使，并不是我国《著作权法》意义上的"修改权"。

根据参与立法者的解释，作品的修改之所以必要，一是因为要更好地反映作者的意志，二是随着客观事物的变化，人的思想、认识也在不断变化，作者也需要对某些作品作出符合实际的修改。作者不但享有作品产生的权益，也对作品产生的社会效果和责任负责。因此，作者应有修改权。[③] 然而，有必要修改作品并不等于就应当设立修改权。"法无禁止皆可行"，作者当然可以自行修改作品，根本无须额外赋予作者"修改权"。在没有《著作权法》的时代，难道会有作者完成初稿之后，本来准备修改，但一查法律发

---

① 17 U. S. C. 106A（a）（1）（B）.

② 《法国知识产权法典》第 L121 - 4 条。

③ 胡康生，主编. 中华人民共和国著作权法释义. 北京：法律出版社，2002：44.

现尚未颁布《著作权法》，没有"修改权"，所以吓得不敢修改自己的作品了？同时，仅规定"修改权"而不规定"收回权"也不可能使作者在作品已经固定在有形物质载体之上且该载体已由他人合法享有时，对作品进行修改。例如，建筑作品的设计者在建筑物业已完工的情况下，即使认为应对建筑作品进行修改，也不能要求在已建成的建筑物上随意修改，甚至将建筑物推倒重建。再如，当小说作品已经在作者许可的情况下印刷出版时，作者不能因为想修改小说就要求出版社将已经售出的小说书全部收回。

有一种观点认为：赋予作者修改权，可以使作者在作品再版之前对作品进行修改，即使这种修改对出版社并不一定有利，因此，修改权可以算作"半个收回作品权"。本书作者认为：这种观点难以成立。如果作者已经与出版社就原作品再版的条件签订了合同，出版社已经做好了印刷、出版的准备，作者临时提出修改作品会影响出版社的出版计划，则作者因要求修改而拒绝交稿构成违约行为，并不能因为修改权的存在而免除其违约责任。如果出版社严格按照合同约定将原作品付梓，也不会因此而侵犯作者的修改权。这就是为什么大陆法系国家著作权法规定的收回权以作者补偿他人损失为行使条件。"修改权"达不到收回权的效果。

还有一种观点认为，狭义的修改权与保护作品完整权具有相同的含义，不过是一项权利的两个方面。也就是说，从正面讲，作者有权修改自己的作品，可以授权他人修改自己的作品。从反面讲，作者有权禁止他人篡改、歪曲、割裂自己的作品。然而，著作权法中的各项权利的作用在于规制他人的行为（我国《著作权法》未作规定的收回作品权等特殊权利除外），使修改权仅仅成为"一项权利的正面"，与去设立一项"作者有权创作作品"的"创作权"一样，是没有意义的。

作者当然需要禁止他人未经许可修改作品，但问题在于：《著作权法》已经规定了保护作品完整权这一著作人身权和改编权这一著作财产权。如果他人修改作品的结果是产生了新的作品，而且新作品保留了原作品中的基本表达，则此项行为由改编权加以控制。如果作品经过他人修改之后，其原意被歪曲和篡改，可能导致作者声誉受损，则这种修改行为构成对保护作品完整权的侵犯。有一种观点认为：保护作品完整权与修改权是互相联系的，侵害修改权往往也侵害了作者的保护作品完整权。[1] 这等于是说修改权的控制范围与保护作品完整权相同，或者是在保护作品完整权的控制范围之内。这一解释将使修改权的存在变成多余，那又何必在保护作品完整权之外另行规定修改权呢？

为了在逻辑上划清修改权、改编权与保护作品完整权之间的界限，修改权能够控制的行为就只剩下他人对"作品内容作局部的变更以及文字、用语的修正"[2]，而且该修改的结果既不是对作品的歪曲和篡改，也没有导致新作品的产生。在现实中，对作品进行这种类型修改的人主要是报刊社和出版社的编辑人员，而且既然没有以任何方式歪曲、篡改作品，也很难对作者造成任何精神上的损害。同时，对来稿作品进行局部变更及文字、用语的修改是任何报刊社、出版社的日常工作，我国《著作权法》也明确予以肯定。在这种情况下，修改权几乎没有赋予作者任何新的控制他人修改作品的禁止权。这可能也是除中国之外世界各国都没有设立"修改权"的原因。本书作者认为：既然我国《著

[1] 胡康生，主编. 中华人民共和国著作权法释义. 北京：法律出版社，2002：44.
[2] 同[1]：43.

作权法》已经明确规定了保护作品完整权和改编权，同时报刊社和出版社又有对来稿作品进行适当文字性修改的权利，则规定修改权没有意义。

3. 在《著作权法》已经规定了复制权、发行权和信息网络传播权的情况下，另行规定汇编权缺乏意义。将作品或其片段编入文集，并没有导致作品或其片段的内容或表现形式发生任何变化。这种汇编的结果无论是否产生了新的汇编作品，都会使原作品或其片段被固定在有形物质载体之上，形成复制件。这一行为应当属于对作品或其片段的复制，无疑应受到复制权的控制。即使《著作权法》中没有汇编权的规定，未经许可将作品或其片段编入文集，只要不构成"合理使用"（如为介绍、评论目的而适当引用作品片段），仍然是侵权行为。

《伯尔尼公约》中提及所谓"汇编权"的第2条之二共有3款：（1）本联盟成员国有权通过立法自行决定是否将政治演讲和司法诉讼过程中发表的言论全部或部分排除在上条提供的保护之外；（2）本联盟成员国同样有权通过立法自行决定在何种条件下，对讲演、发言或其他在公共场所发表的同类性质作品可由报刊媒体加以复制、向公众进行无线广播或有线传播，以及通过第11条之二第1款规定的方式进行公开传播，只要上述使用是出于提供信息的正当目的；（3）但是，作者享有将上两款所述作品收编成汇集本的专有权利。

这一条的结构清楚地显示，《伯尔尼公约》仅是在允许成员国对"政治演讲、司法诉讼过程中发表的言论"、在公共场所进行的"讲演、发言"的著作权进行限制的前提下，要求成员国为作者保留将这些作品收编成汇集本的专有权利。例如，成员国的著作权法可以规定对于公众集会上的政治演讲，为了使公众及时知晓，任何媒体都可以自由刊登，无须经过演讲者许可，也无须向其支付报酬。但某出版社如果收集了此名演讲者在各种公众集会上的所有政治演讲，并希望汇集成册出版发行，则应当获得演讲者（作者）的许可，否则，是侵权行为。

从《伯尔尼公约》的上述规定中可以得出两个结论：首先，所谓"作者享有将作品收编成汇集本的专有权利"并不是在复制权之外新增加一项专有权利，而只是复制权的另一种说法。其次，通过《伯尔尼公约》的英文文本可以看出，"作者享有将上两款所述作品收编成汇集本的专有权利"，是特指将作者本人的许多公开演讲类作品收编成汇集本，而不是指将作者的一篇作品，与其他众多作者的许多作品编在一起，形成汇集本。

由此可见，《著作权法》中的汇编权并无独立存在的价值，需要对其进行重构。《著作权法》第24条第1款第5项规定：报纸、期刊、广播电台、电视台等媒体刊登或者播放在公众集会上发表的讲话，可以不经著作权人许可，不向其支付报酬。这实际上是在实施《伯尔尼公约》第2条之二中第1款和第2款有关限制公开演讲类作品著作权的规定。但仅从这一项规定，还无法判断媒体是只能在讲话发表后即时刊登，还是可以将以往的讲话汇集起来刊登。为了明晰起见，《著作权法》完全可以在此项之后根据《伯尔尼公约》第2条之二中第3款的要求，增加一项"但书"——"但是，将讲话进行汇集，应当经过著作权人的许可，并支付报酬"。这一"但书"应当被解释为著作权人可以通过"复制权"阻止他人未经许可将其在公众集会上发表的讲话汇集后发行或传播。

4. 《著作权法》同时规定了发行权和信息网络传播权，如果认为通过网络传播作品属于发行权控制的行为，那么信息网络传播权就将被架空，因为其规制的相当一部分行为已经落入了发行权规制范围。这显然不符合立法原意。与此同时，一旦将通过网络对作品进行交互式传播的行为定为"发行"，就可适用"发行权用尽"原则。这就意味着在权利人第一次许可将作品通过网络传播之后，他人就可不经权利人许可通过网络传播其作品。这对权利人显然是不公平的。因此，"通过网络向公众传播作品"与"发行"之间在法理上存在着一条不可逾越的界限：凡是通过网络向公众传播作品的行为都不可能是《著作权法》意义上的"发行"行为，与发行权无关。

第四章　邻接权

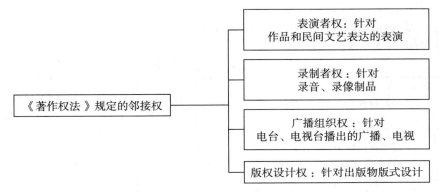

图 4-1　《著作权法》中邻接权的类型

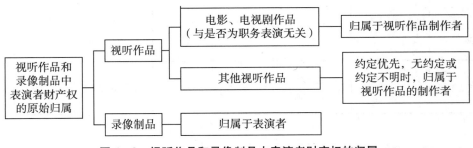

图 4-2　视听作品和录像制品中表演者财产权的归属

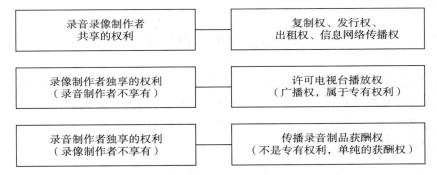

图 4-3　录音制作者和录像制作者的权利比较

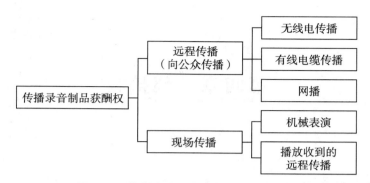

图 4-4　传播录音制品获酬权的适用范围

图解：

对录音制品提供交互式网络传播的，适用信息网络传播权（专有权利），原则上应经过录音制作者许可，不适用传播录音制品获酬权。

表 4-1　主要邻接权内容比较

权利人 ＼ 权利	人身权	复制权	发行权	机械表演权	广播权	信息网络传播权	出租权
表演者	表明身份权＋禁止歪曲权	现场录制权＋后续复制权	√	—	现场直播权（半个广播权）	√	√
录音制作者	—	√	√	仅有获酬权	仅有获酬权	√	√
录像制作者	—	√	√	—	许可电视台播放	√	√
广播电台、电视台	—	录制权＋后续复制权	—	—	仅限转播权	√	—

≫ 本章核心知识点解析

第一节　邻接权概述

邻接权（相关权）的产生源于保护作品传播过程中产生的、无法作为作品受保护的新成果的需要，因此狭义著作权与邻接权的本质区别在于客体、前者为作品，后者为作品之外的其他客体。虽然邻接权常被称为"作品传播者权"，但实际上该用语有可能被误读，需要对其进行合理解释。

一、邻接权的含义与邻接权的产生：理解著作权法为什么保护作品之外的客体

◎ **难度与热度**

难度：☆☆☆　　热度：☆☆☆

邻接权在我国《著作权法》中特指表演者权、录音录像制作者权、广播组织权和版式设计权。

邻接权是指不构成作品的特定文化产品的创造者对该文化产品所依法享有的专有权利。在我国《著作权法》中，邻接权特指表演者对其表演活动、录音录像制作者对其制作的录音录像制品、广播组织对其播出的广播以及出版者对其版式设计所享有的专有权利。由此可见，邻接权与狭义著作权的关键区别在于客体。邻接权的客体都不是作品，而是作品之外的其他成果，狭义著作权的客体则必须是作品。凡是以作品为客体的权利均为狭义著作权，不属于邻接权。

邻接权产生的主要原因，是某些有价值的成果由于独创性不足或不符合著作权法规定的其他作品的构成条件，无法受到狭义著作权的保护。大陆法系著作权法理论认为：只有那些能够反映作者个性、打上了作者个性智力烙印、体现一定智力创造水准的成果才算具有"独创性"，才能受到著作权法的保护。例如，大陆法系国家著作权法对摄影作品和普通照片加以区分，只有表达了摄影师独特艺术观点与创造力的照片才能作为摄影作品受到保护。至于身份证证件照等照片，大部分大陆法系国家的著作权法不认为其构成作品，原因就在于这种照片不能够体现作者个性，没有达到应有的创作高度。

对独创性的较高要求在 19 世纪末 20 世纪初遇到了挑战。当时，录音技术、电影摄制技术和无线广播技术得到了初步发展，由此产生了一系列需要法律作出明确回答的问题：如何保护表演者的劳动？如何保护录音制作者的劳动？如何保护广播组织的劳动？这些问题产生的原因在于：一方面，表演活动、录制活动和广播活动的创造性都比较低，难以达到多数国家的著作权法对独创性的要求，无法产生受到著作权法保护的作品；另一方面，这些活动促进了作品的传播，所形成的成果又面临着容易被未经许可而复制和传播的风险，急需法律加以保护。

对于表演活动而言，一个技巧高超的表演艺术家对作品的表演可能具有很高的艺术价值。例如，对于同一首钢琴曲，不同的人即使都是严格按照曲谱来弹奏，其效果和艺术感染力也不可能是相同的。杰出的钢琴家能够准确地理解曲谱中所蕴含的情感，从而调动自己的艺术激情，通过按键强弱和节奏的变化来充分展现曲谱中的艺术价值，其中必然包含了钢琴家对曲谱与众不同的理解和判断。再如，对于同样的舞蹈动作设计，在观众看来领舞者总是跳得比伴舞者好，就是因为技艺高超的领舞者对舞蹈作品的理解和形体的表现能力要高人一筹。然而，表演活动无法达到多数国家对于独创性的要求，因为表演者所做的毕竟只是最大限度地展示被表演作品中的美感，换言之，从观众的角度来看，表演者都必须忠实于作品的内容。表演者在表演过程中所进行的艺术发挥，相对于作者对作品的创作而言，独创性程度较低。因此，表演者的表演在大多数国家并不被承认为达到独创性要求的作品。

对已有作品进行表演，虽然并不产生新作品，但它对作品的传播至关重要。对于以旋律为核心的音乐作品以及由舞蹈动作设计构成的舞蹈作品而言，如果没有歌手、乐队的演唱、演奏和舞者的舞蹈，它们几乎无法被公众欣赏，因为仅仅阅读曲谱和舞蹈动作设计图，是难以完整地领略其中的艺术美感的。而对于由文字构成的戏剧剧本和电影剧本而言，虽然公众直接阅读就能知晓其中内容，但演员的表演能够淋漓尽致地展现剧本中的故事情节，使公众对作品获得更佳的理解和体验。同时，不保护表演者会产生严重的不利后果：在录音、录像技术以及广播技术发明和广泛应用之前，社会公众如果希望聆听或观看表演，就必须购票，亲临现场，而表演者就可以从门票收入中获得报酬。但是，在录音、录像技术和广播技术得到普遍应用之后，现场的表演就有可能被直播，或者被录制下来并通过唱片、录音带、录像带的出售，使社会公众足不出户就可欣赏表演。如果表演者无法限制他人对表演的直播和录制，愿意购票亲临现场观赏表演的人数就会减少，表演者的收入就可能锐减。

录音制品的制作者也面临着类似情形：在互联网普及之前，要欣赏对作品的表演，除了亲临表演现场、收听广播和收看电视节目，购买录音制品是主要途径，因此，录音制品对于作品的传播同样至关重要。但是，录音本身往往并不符合独创性的要求。如唱片公司组织专业人员录制唱片时，录制人员的主要任务是在技术上提供一个最佳演唱环境，如搭建专业化的录音棚，使歌手能够最大限度地发挥其歌唱才能、进行最佳效果的演唱，同时利用专业设备进行忠实的录制，并在对录音进行过滤、剪辑之后灌制成唱片。录制人员的工作主要是技术性的，创造性程度并不高。尽管对录音也需要进行一定的后期制作，但这种工作在当时的条件下毕竟只是对录音的小幅调整，由此制成的录音制品很难符合大多数国家对"独创性"的要求。

对于唱片公司而言，要合法地录制歌手演唱的歌曲并制成唱片出版、发行，必须与词曲作者（音乐著作权人）以及歌手签约，获得他们的许可并支付报酬。同时，这家唱片公司必须组织自己的专业录制小组，搭建专业录音棚，并使用昂贵的录音设备，对现场演唱进行高质量的录音。录制完成后又必须投入人力进行后期的剪辑和制作。唱片公司在向词曲作者和歌手付出报酬，同时又对录制和制作这张唱片耗费了人力与财力之后，如果其他唱片公司未经许可就擅自复制这张唱片，自行在市场上发行，自然会严重损害唱片公司的经济利益。此时，如果不保护唱片公司在制作唱片过程中投入的劳动，唱片公司就无权制止擅自复制和发行其唱片的行为。当然，由于唱片中包含了音乐作品，词曲作者可以以音乐作品著作权人的身份对这种侵犯其复制权和发行权的行为提起诉讼。但是这与唱片公司并无关系，唱片公司的利益仍然无法得到保护。

显然，在一个复制和传播技术日益发达的时代，如果不对表演者和录制者等作品的传播者就其为传播作品而形成的新成果提供保护，不仅会导致极为不公平的结果，而且还会导致人们放弃艺术表演活动或对唱片产业进行投资，从而影响对作品的传播。但是，表演和录制活动的独创性程度不高，无法达到大陆法系国家著作权法对作品的基本要求，因此，大陆法系传统的著作权法不能用于保护这种劳动。虽然英美法系国家整体上对独创性要求并不高，但许多英美法系国家也认为表演和录音制品不能构成作品，无法给予传统的版权保护。有些英美法系国家虽然规定录音制品是一类作品，但绝大多数也不认为表演能够形成作品。

如果表演活动和录音制品无法作为作品受到保护，那么应当如何对表演和录音制品进行保护呢？一种解决方案是将表演和录音制品均视为符合独创性要求的作品，但是这会破坏著作权法的传统理论；另一种解决方案是在著作权法之外另行制定特别法，但这样的立法成本显然过高，因此，多数国家的选择是在著作权法中新设一种与传统著作权并列的新型权利类型，专门用于保护那些独创性程度不高但又与作品有一定联系的成果，这种新型权利就是邻接权。

二、邻接权与狭义著作权的关系：理解联系与区别

◎ **难度与热度**

难度：☆☆☆　热度：☆☆☆

邻接权的客体都不是作品，是著作权法保护的其他文化成果，主要产生于对作品的传播中。著作权法对狭义著作权和邻接权的保护水平有所差异。

早期的几类邻接权与狭义著作权均有较为密切的联系，这也正是立法者选择在著作权法中创设邻接权的原因：首先，邻接权的客体与作品存在一定关联，因此"邻接权"也被称为"相关权"。例如，著作权法所保护的表演活动绝大多数是对作品的表演；录音制品大多是音乐作品的演唱或演奏的录制品，而广播电台、电视台的广播多数也与音乐、电影、电视剧等作品有关。其次，邻接权与狭义著作权在性质上都是专有权利，而且邻接权人享有的许多专有权利不仅与狭义著作权人享有的专有权利名称相同，并且控制类似行为。例如，我国《著作权法》规定录音制作者享有复制权、发行权、信息网络传播权和出租权，而视听作品、计算机软件的著作权人也享有这些权利，控制着同种性质的行为。

需要注意的是，虽然早期的邻接权均是在作品传播过程中产生，邻接权也经常被称为"作品传播者权"，但传播作品的行为本身不可能，也不应该产生邻接权，只有当为了传播作品而通过投资和劳动，甚至通过一定程度的智力投入而产生了新的成果，也就是上文所述的"特定文化产品"时，才能就这种成果享有邻接权。表演者权针对的是表演活动中产生的新成果——表演的声音、动作、态势等，而不是被表演的作品本身；录音录像制作者权针对的是首次制作的录音制品和录像制品，即首次固定在物质载体上的声音和（独创性不足的）连续影像，而不是被录制的作品。后文还会讲解，如果是对他人的电影作品在播放时进行机械录制，并不能产生邻接权，这正是因为这种录制没有产生新成果，而是电影作品的复制件。广播组织权针对的是播放节目时产生的载有节目的信号，而不是已有的视听作品或录音录像制品。版式设计权针对的是为出版作品而进行的版式设计，而不是已有的作品。反之，电影院为了传播电影可能进行了大量的投资，如建造造价高昂的 3D 放映厅，购入 3D 眼镜，安装舒适的座椅等，而且电影院对于电影作品的传播作出了巨大的贡献。但没有哪个国家仅仅因为电影院对电影的传播，就在著作权法中赋予其邻接权。这是因为电影院在电影传播的过程中没有形成新的成果。因此，邻接权不是仅仅因为传播了作品，甚至是因为在传播作品过程中投入了巨大的资金和劳动就能产生的。换言之，不是所有的作品传播者都能成为邻接权人。

邻接权与狭义著作权虽然有密切联系，但毕竟是两类不同的权利，它们之间的差异也是很明显的：第一，两者的客体不同。狭义著作权的客体是符合"独创性"要求的作

品，而邻接权的客体"独创性"不足，是不构成作品的其他成果。第二，邻接权客体的创造性程度低于作品，其享受的法律保护水平也相应较低。邻接权人享有的专有权利数量要少于狭义著作权人，其受法律保护的时间也短于狭义著作权。例如，我国《著作权法》并未赋予表演者和录音制作者以机械表演权。这意味着舞厅等经营性场所播放唱片只需要经过音乐著作权人许可，而无须经过表演者和录音制作者许可。

第二节　表演者权

表演者权是指表演者对其表演活动所享有的专有权利。表演者权是极为重要的邻接权，保护邻接权的国际条约和各国立法中，保护的第一项邻接权都是表演者权。表演活动不但如本书前文所述，对于民众对音乐作品、舞蹈作品等作品的欣赏具有难以替代的关键作用，而且在许多情况下还是产生其他邻接权的基础，如享有录制者权的录音录像制品多数都是录制表演的结果，广播电台、电视台播出的广播中有也大量的现场表演和表演的录制品，因此保护表演者权有重要的意义。

一、表演者权的主体：作品和民间文学艺术表达的表演者

◎ **难度与热度**

难度：☆☆☆☆　　热度：☆☆☆☆

只有表演作品和民间文学艺术表达的人才是《著作权法》保护的表演者。认定表演者与被表演的内容是否仍受《著作权法》保护，以及是否进行了"公开"表演无关。

我国参加的《世界知识产权组织表演和录音制品条约》和《视听表演北京条约》第2条均将"表演者"定义为"演员、歌唱家、音乐家、舞蹈家以及对文学或艺术作品或民间文学艺术表达进行表演、歌唱、演说、朗诵、演奏、表现或以其他方式进行表演的其他人员"[1]。对于"表演者"的概念，应当注意以下问题。

首先，表演者多数情况下都是作品的表演者，但表演者也可以是不构成作品的"民间文学艺术表达"的表演者。"民间文学艺术表达"与"民间文学艺术作品"并非同一概念，前者的范围要广于后者的。根据联合国教科文组织和世界知识产权组织联合制定的《关于保护民间文学艺术表达、防止不当利用及其他损害行为对国内立法的示范法》（以下简称《示范法》），"民间文学艺术表达"形式极为多样，其中一些"表达"难以构成版权法意义上的"作品"。例如，"仪式"被《示范法》明文列为受保护的"表达"[2]："仪式"中的舞蹈、诵词和音乐当然是"作品"，但"仪式"本身是由一系列行动流程和操作

---

① 细心的读者可能会发现，虽然《视听表演北京条约》与《世界知识产权组织表演和录音制品条约》各自的中文文本对"表演者"的定义并不相同，前者定义的表演者包括对"民间文学艺术表达"进行表演的人，而后者定义的表演者包括对"民间文学艺术作品"进行表演的人，但实际上这两处文字对应的英文都是"Expressions of folklore"，只是《视听表演北京条约》的中文文本使用的翻译是"民间文学艺术表达"，而《世界知识产权组织表演和录音制品条约》的中文文本使用的翻译是"民间文学艺术作品"。《视听表演北京条约》的中文文本使用的"民间文学艺术表达"才是准确的。后文也会说明，"Expressions of folklore"在很多情况下并不是"作品"。

② Model Provisions for National Laws on the Protection of Expressions of Folklore against Illicit Exploitation and other Prejudicial Actions, with a Commentary, Section 2.

方法构成的，并不属于"作品"①。

既然著作权法意义上"表演者"的范围限于作品和"民间文学艺术表达"的表演者，那么就不能认为所有日常口语中的"表演者"都是受著作权法保护的"表演者"。例如，在足球"表演赛"中，足球运动员更多的是在"表演"他们的球技，而不是在争夺比赛的胜利。在这种情况下足球运动员并不是著作权法意义上的表演者，因为足球比赛活动本身并非作品或"民间文学艺术表达"。同样，在影视剧中，许多群众演员会组成"茫茫人海"，充当某一场景的背景，比如在地上"躺平"扮演战争中阵亡的士兵。但他们并没有以演唱、舞蹈和说出整段台词等方式表现文学艺术作品或"民间文学艺术表达"，因此他们并不属于著作权法意义上的"表演者"，其利益需要通过与视听作品制作者签订的合同得到保护。

其次，被表演的作品和"民间文学艺术表达"是否过了著作权保护期，甚至作品是否曾经受到著作权法的保护，都不影响对其进行表演的人可以作为著作权法意义上的表演者受到保护。例如，我国的古曲《春江花月夜》、《高山流水》和《十面埋伏》等都是早在著作权法出现之前就创作完成的作品，从来就没有受到过《著作权法》的保护，其创作者当然也谈不上享有著作权。但是，今天演奏这些古曲的艺术家仍然是著作权法意义上的表演者，对其表演活动享有表演者权。"民间文学艺术表达"在许多情况下根本就不是作品，或者即便是作品也超过了保护期，但这同样不影响对其进行表演的人能够享有表演者的法律地位。

最后，不能认为只有对文学艺术作品或"民间文学艺术表达"进行了公开表演的人才是"表演者"。《世界知识产权组织表演和录音制品条约》和《视听表演北京条约》对"表演者"的定义，是"演员……或以其他方式进行表演的其他人员"，并不是"演员……或以其他方式进行公开表演的其他人员"。之所以会产生只有进行公开表演的人才是表演者的误解，可能是因为作品的著作权人享有的表演权只能规制他人对作品进行公开表演的行为，只有未经许可公开表演作品（如音乐会上的钢琴弹奏）才可能构成对表演权的侵害，因此，未经许可在家中演唱歌曲，由于不属于"公开表演"，不可能侵犯音乐作品作者的表演权。但这并不意味着非公开的表演就不是"表演"，更不能认为非公开的表演不能产生表演者权，否则，将歌手在录音棚演唱的歌曲录下并制成录音制品发行后，他人擅自翻录并销售录音制品的行为岂不是不构成对歌手（表演者）的侵权了吗？这几乎将架空《著作权法》第 39 条第 1 款第 4 至 6 项对已录制的表演提供的保护。显然，他人将演唱者在家中的演唱用手机录制下来，并未经许可地将音频上传至互联网中传播，仍然会构成对表演者权的侵犯。无论是公开表演还是非公开表演，只要被表演的是文学艺术作品或"民间文学艺术表达"，该表演者都是著作权法意义上的"表演者"。

二、表演者权的客体：对作品和民间文学艺术表达的每一次表演

◎ 难度与热度

难度：☆☆☆☆ 热度：☆☆☆☆

---

① TRIPs 协定第 9 条第 2 款明确规定：版权的保护仅延伸至表达方式，而不延伸至思想、程序、操作方法或数学概念本身。

表演者权的客体是表演活动。同一表演者对相同的作品或"民间文学艺术表达"的每一次内容相同的表演都产生新的表演者权。

表演者权的客体是表演活动，也就是表演者根据自己对作品或"民间文学艺术表达"的理解和阐释，以自己的声音、动作、表情或者借助乐器等道具表现文学艺术作品或"民间文学艺术表达"的内容。如果表演者多次进行了表演，则无论每次表演的内容是否相同，表演者对每一次表演都享有表演者权。例如某舞蹈艺术家在北京表演了一场舞蹈之后，又在上海进行了相同内容的演出，则该舞蹈家对这两次表演分别享有表演者权。即使在北京演出时该舞蹈家授权某电视台进行现场直播，也不意味着该电视台可以于该舞蹈家在上海演出时未经授权进行现场直播。

三、表演者权的内容：两项人身权利＋五项财产权利

◎ 难度与热度

难度：☆☆☆☆☆　热度：☆☆☆☆☆

表演者享有两项人身权利，包括表明表演者身份权和保护表演形象不受歪曲权，还享有五项财产权，分别为现场直播权、首次固定权（首次录制权）、（对已录制表演的）复制和发行权、出租权和信息网络传播权。

表演者权的内容在邻接权各类权利中是非常特殊的，因为它是唯一由人身权利和财产权利共同构成的邻接权。其中的主要原因在于，表演活动与表演者个人对文学艺术作品和"民间文学艺术表达"的独特理解紧密相连，在某种程度上可以认为表演也是表演者人格的延伸。其他的邻接权人如录音录像制作者与录音录像制品之间关系的密切程度，不可能达到表演者与表演之间的联系水平。

（一）表演者的人身权利

1. 表明表演者身份权

表演者享有的两项人身权利之一是表明表演者身份的权利，类似于作者的署名权。当然，传播表演活动的方式不同，表明表演者身份的方式也各异。剧院可以把表演者的姓名印在海报和节目单上，或在电子屏幕上加以显示；电视台转播表演时可以在字幕中列出表演者的姓名；而载有表演的录音录像制品的发行者可以将表演者的姓名印在制品的包装上。此外，表明表演者身份的方式还要与商业习惯和便利性的要求相协调，如在表演者众多的情况下可只列举其中主要表演者。如果在利用表演时未能以适当方式表明表演者身份，则构成对表演者此项权利的侵害。

2. 保护表演形象不受歪曲权

保护表演形象不受歪曲权是指表演者有权禁止他人对自己在表演中的形象加以歪曲和篡改，防止对表演者的声誉和声望的损害。例如，未经许可将他人演唱的录音通过电子手段加以特殊处理，使其完全丧失原有的艺术表现风格，而产生滑稽、可笑的效果，就是侵犯表演者形象的典型表现。

（二）表演者的财产权利

1. 现场直播权

根据我国《著作权法》第39条的规定，表演者对其表演享有"许可他人从现场直播和公开传送其现场表演，并获得报酬"的权利。本书将其称为"现场直播权"。参照国际

条约对"广播和向公众传播其尚未录制的表演的权利"的定义和有关解释①，我国《著作权法》第 39 条中的"现场直播和公开传送"应当是指以无线电波、有线电缆和网播等各种非交互式技术手段，将现场表演传送至不在现场的公众。

现场直播权是表演者享有的重要财产权利。如果表演者无法阻止他人对其表演活动进行现场直播，势必会导致大量观众或听众选择在表演场所之外的地方收看或收听现场直播，而表演者无法得到任何补偿，从而严重损害表演者的经济利益。从权利内容来看，表演者的现场直播权类似于狭义著作权中广播权的第一项子权利，但表演者的现场直播权仅能控制对"现场"的表演进行同步直播的广播行为。如果表演者已经许可他人对现场表演加以录制，根据我国《著作权法》的规定，广播电台或电视台播放由此制成的录音录像制品时无须经过表演者的许可，也无须向表演者支付报酬。因此，可以将表演者的现场直播权视为"半个广播权"。

2. 首次固定权（首次录制权）

我国《著作权法》规定：表演者有权许可他人对其表演录音、录像并获得报酬。这项表演者的专有权利在国际上被称为"首次固定权"（也称"首次录制权"），因为在对表演活动进行录音或录像之前，表演活动没有被固定（录制）在物质载体之上，而对现场表演进行录音或录像之后，表演活动就被首次固定在了有形物质载体之上，形成了表演活动的复制件。对表演活动进行录音、录像，实际上是对表演活动从无载体到有载体的复制行为，是日后进一步以播放等方式利用表演活动的前提，对表演者的利益有重大影响，因此，《著作权法》规定表演者有权对其加以控制。

3. 复制、发行权

我国《著作权法》规定：表演者有权许可他人复制、发行录有其表演的录音录像制品并获得报酬。对现场表演加以录音或录像之后，表演活动已经被固定在了物质载体之上，形成了录有表演活动的录音、录像制品，对该制品的复制实际上是对表演活动从平面到平面的复制，而向公众以销售或赠与的方式提供该录制品是对录有表演活动的录制品的发行。复制、发行录有表演活动的录音、录像制品能够使大量公众在表演现场之外的场所欣赏表演活动，也会影响表演者的经济利益，因此，《著作权法》赋予表演者对其加以控制的专有权利。

4. 出租权

由于《著作权法》在定义著作权人享有的出租权时，明确规定其针对的并不是作品本身，而是作品的"原件或复制件"，与之相应，表演者的出租权针对的也不可能是表演本身，而是表演录制品的原件或复制件。由于录制品复制件的出租市场几乎已经在我国绝迹，表演者的出租权已很少有机会适用。

5. 信息网络传播权

与作品的著作权人一样，表演者也享有信息网络传播权。需要注意的是：表演者与作品著作权人享有的信息网络传播权控制的行为是相同的，都是交互式的网络传播行为。由于交互式网络传播必然能够实现用户的"按需"获取，也就是在其选定的时间和地点获得，因此对表演者而言，对表演提供交互式传播的唯一可能就是提供表演的录制品。

---

① 《世界知识产权组织表演和录音制品条约》和《视听表演北京条约》第 2 条与第 6 条。

这就是为什么《世界知识产权组织表演和录音制品条约》和《视听表演北京条约》第 10 条在为表演者规定此项权利时，名称都是"提供已录制表演的权利"，规制的行为是授权通过有线或无线的方式向公众提供其以录音制品或视听录制品录制的表演，使该表演可为公众中的成员在其个人选定的地点和时间获得。因此，未经表演者许可，将录有表演活动的录音、录像制品上传到网络中，供公众在其选定的时间和地点在线欣赏或下载的行为构成对表演者权中的信息网络传播权的侵犯。如果仅仅通过网络对现场表演进行同步的直播，由于这种传播表演的方式无法使公众在其选定的时间在线欣赏或下载，不属于交互式传播，并不侵犯表演者的信息网络传播权，而是构成对前述"现场直播权"的侵害。

根据《著作权法》第 41 条的规定，表演者权中的表明表演者身份权和保护表演形象不受歪曲权因具有人身性，其保护不受期限限制；而其他五项权利为财产权，受保护期为 50 年，截止于该表演发生后第 50 年的 12 月 31 日。

四、表演者的义务：获得被表演作品著作权人的许可

◎ **难度与热度**

难度：☆☆☆☆☆   热度：☆☆☆☆☆

对他人作品的公开表演以及对该表演的后续利用，应当取得作品著作权人的许可。组织表演的，由组织者负责获得许可。

著作权人对其音乐、戏剧等作品享有表演权，因此，表演者如欲公开表演他人作品，除属于"合理使用"的免费表演之外，应当经过著作权人的许可。同时，对表演的利用，往往涉及被表演的作品的著作权，此时还要视情况取得著作权人的许可。例如，将表演活动录制下来并制成录音或录像制品出售，既是对被表演作品的复制和发行，也是对表演活动的"首次固定"和对载有表演活动的录音或录像制品的发行，也应同时获得著作权人和表演者的许可。如果著作权人事先仅许可表演者对其作品进行公开表演，而没有许可将表演活动录制后出版、发行，则要录制其表演活动并制成录音、录像制品出售，除了应获得表演者许可，还应获得著作权人的许可。

需要注意的是，在演艺圈中，艺人往往与娱乐公司签约，演艺活动均由公司安排，其表演活动已不是个人行为，而是职务行为。同时，许多表演活动是由组织者安排、策划的，表演者是受邀参加。在这些情况下，要求表演者个人直接取得著作权人对表演权的许可是不现实的。为此，我国《著作权法》第 38 条规定："使用他人作品演出，表演者应当取得著作权人许可，并支付报酬。演出组织者组织演出，由该组织者取得著作权人许可，并支付报酬。"这是较为合理的。例如，歌手沙宝亮曾在他人组织的服装节上演唱了歌曲《暗香》，被词作者起诉侵权。法院认为：就该表演行为征得著作权人许可的责任在于涉案演出的组织单位，而不是表演者个人，因此表演者本人并不承担未经许可公开表演涉案作品的侵权责任。①

---

① 陈某诉沙宝亮、北京现代力量文化发展有限公司著作权侵权纠纷案，北京市第二中级人民法院（2004）二中民终字第 1923 号民事判决书。

五、表演者权的归属：掌握职务表演与视听录制品中的表演的特殊规则

◎ **难度与热度**

难度：☆☆☆☆　热度：☆☆☆☆☆

职务表演的表演者权归属，有约定的从约定；没有约定或约定不明的，其中的财产权利归属于演出单位。

表演者权归属的基本规则与狭义著作权归属是类似的。通常情况下表演了作品或"民间文学艺术表达"的自然人当然可以作为表演者享有表演者权，但对于职务表演，《著作权法》作出了特别规定。同时，视听录制品中表演者的权利归属是特别复杂的问题，《著作权法》对视听作品著作权的分类归属体现了这一问题的复杂性。

（一）职务表演中表演者权的归属

《著作权法》对职务表演的表演者权的归属作出了特别规定。其第 40 条第 1 款规定："演员为完成本演出单位的演出任务进行的表演为职务表演，演员享有表明身份和保护表演形象不受歪曲的权利，其他权利归属由当事人约定。当事人没有约定或者约定不明确的，职务表演的权利由演出单位享有。"第 2 款规定："职务表演的权利由演员享有的，演出单位可以在其业务范围内免费使用该表演。"本书第二章在讲解职务作品的著作权归属时，曾说明认定职务作品必须符合两个条件：一是创作作品的自然人必须是法人或者非法人组织（单位）的工作人员，与单位有实质意义上的劳动或雇佣关系，包括正式工作人员、临时工、实习生或试用人员。二是作品必须因履行职务行为的需要而创作，即自然人作者为了完成在单位中应当履行的职责而创作。这两个条件对于认定职务表演同样适用。

在职务表演的情况下，演出单位往往在培养、培训表演者和组织演出方面都进行了大量的投入，其利益需要得到保护。采用"约定优先，无约定或约定不明时归演出单位"的表演者权归属规则，解决了演出单位与其聘用的表演者之间利益平衡的问题。据此，职务表演中的表演者仍然享有人身权，即表明表演者身份权和保护表演形象不受歪曲权。但通常情况下职务表演产生的表演者权中的财产权将归属于演出单位，因为演出单位很少会与本单位的表演者约定表演者权中的财产权利归属于表演者本人。如果确定出现了这样的约定，演出单位仍然可以在其业务范围内免费使用该表演。

（二）视听作品中表演者权的归属

在表演者同意将其表演以视频形式予以录制，形成视听作品或录像制品（国际上统称为"视听录制品"）之后，其表演者权如何归属？对此，不同的国家有不同规定。《著作权法》表面上没有针对视听录制品中的表演者权利归属作出任何特别规定，但实际情况要复杂得多。对于视听作品中的"电影作品、电视剧作品"，可以运用法律解释方法，推出此类视听作品的表演者不能再保留对视听作品（视听录制品的一种）中表演的表演者经济权利。《著作权法》第 17 条第 1 款规定：视听作品中的电影作品、电视剧作品的著作权由制作者享有，但编剧、导演、摄影、作词、作曲等作者享有署名权，并有权按照与制作者签订的合同获得报酬。如本书第二章在讲解视听作品著作权归属时所述，此类视听作品虽源于编剧、导演、摄影、作词、作曲等多位作者合作的创作，属于合作作品，但其著作权并不根据《著作权法》对合作作品著作权归属的规定，由全体合作作者

共同享有，而是由制作者享有。这就意味着他人在利用此类视听作品时，并不需要一一取得编剧、导演、摄影、作词、作曲等作者的许可，而是只需要取得制作者的许可。同样，如果发生了未经许可复制和放映此类视听作品的侵权行为，编剧等各合作作者并无资格对侵权人提起诉讼，只有制作者才能以著作权人的身份提起诉讼。

与此同时，在区分狭义著作权与邻接权的立法中，对邻接权的保护水平原则上不会超过对狭义著作权的保护水平。这是因为狭义著作权的客体是有独创性的作品，其中蕴含的智力创作程度较高。著作权法规定邻接权的初衷也是通过保护在传播作品的过程中产生的新成果，来促进作品的传播，维护作者的利益。虽然《著作权法》第 17 条第 1 款仅规定电影作品、电视剧作品的合作作者对于此类作品不再保留除署名权之外的其他权利，并未对电影作品、电视剧作品中的演员（表演者）作出相同的明确规定，但根据"举重以明轻"的法律解释方法，既然受到较高保护水平的作者都不能对其参与创作的此类作品保留除署名权之外的其他权利，那么演员（表演者）也不可能对其参与表演的相同作品保留其除署名权之外的其他权利。即使此时演员（表演者）受聘于制作者，其表演都是职务表演，上述结论也不会改变。换言之，对于电影作品、电视剧作品中的职务表演，不适用《著作权法》第 40 条第 1 款的规定。

但是，《著作权法》第 17 条第 2 款对电影作品、电视剧作品之外的"其他视听作品"作出了完全不同的著作权归属规定。根据该款，此类视听作品的著作权归属"由当事人约定"。既然此类视听作品的著作权并不法定归属于制作者，而是约定优先，则认为其中演员（表演者）的表演者权法定归属于制作者的观点就失去了基础，也就是无法"举重以明轻"。再加上《著作权法》第 40 条明文规定在职务表演的情况下，表演者可以与单位约定表演者权的归属，在"其他视听作品"中的演员（表演者）是制作者员工的情况下，就更无法否认此类表演者有权与制作者约定表演者权的归属。

这样一来，"其他视听作品"的权利结构将出现异常复杂的局面。不仅创作者可以与制作者约定著作权归属，出现著作权归属的不同可能性，而且演员（表演者）也可以与制作者约定表演者权的归属，又出现表演者权归属的不同可能性。同时，上述两种情况又可以进行排列组合，如合作作者与制作者约定著作权归全体创作者共有，但表演者与制作者约定表演者权归制作者等。假如约定表演者权由全体表演者共同享有，则对其表演者权的许可应比照《著作权法》第 14 条第 2 款有关"不可分割使用的合作作品"的规定进行，也就是应以"协商"为必经程序，某一表演者即使无正当理由，也可阻止其他表演者对该表演者权进行专有许可。

显而易见的是，"其他视听作品"的潜在利用者要想合法地获得许可，传播该作品，必须查清每一名合作作者以及每一名表演者是否与制作者进行过约定、约定的内容如何。如果查实该"视听作品"的著作权经约定归属于全体合作作者，并且表演者权经约定归属于全体表演者，则必须要找到每一位合作作者和每一位表演者获得许可，且任何一名作者或表演者的反对都将使专有许可无法实现。这将令"其他视听作品"的传播产生极高的交易成本，遭遇巨大障碍。

（三）录像制品中表演者权的归属

《著作权法》规定的录像制品也属于"视听录制品"。如果录像制品是录制表演形成的，其中表演者权应如何归属呢？

对于载有作品的录像制品（如对老师授课的录像，对现场演唱会的录像等），《著作权法》不但没有规定其中作品的作者不再对录像制品享有权利，反而在第 48 条明确规定，"电视台播放他人的……录像制品，应当取得……录像制作者许可，并支付报酬；播放他人的录像制品，还应当取得著作权人许可，并支付报酬"。由此可见，电视台播放录像制品，应当取得录像制作者和著作权人的"双重许可"。这意味着录像制品中作品的作者仍然对载有其作品的录像制品享有权利，并不因为作者同意使用其作品制作"录像制品"，其权利就归属于录像制作者了。

由于《著作权法》并未赋予表演者对经其许可录制的表演的广播权（表演者只有现场直播权，即本书所称的"半个广播权"），因此《著作权法》第 48 条也未规定电视台播放录像制品时，还要经过表演者许可。但是，既然《著作权法》并未明确规定表演者的权利转让给了录像制作者，同时也无法采用"举重以明轻"等法律解释方法从其他条文中推出这一结论，那么在《著作权法》中，表演者仍然可以对录像制品行使表演者权。换言之，如果他人要对录像制品进行复制、发行、出租和网络传播，就必须经过表演者的许可。

在"视听录制品"中，表演者权的归属情况如表 4-2 所示。

表 4-2　视听录制品中表演者财产权利的原始归属

视听作品		录像制品
电影、电视剧作品	其他视听作品	
归属于视听作品的制作者	约定优先，无约定或约定不明时，归属于视听作品的制作者	归属于表演者

第三节　录音录像制作者权

录音录像制作者权（录制者权），是指录音、录像制品的制作者对其制作的录音、录像享有的专有权利。录音、录像制品对于作品的传播非常重要，本书前文已提及，对音乐作品和舞蹈作品而言，如果没有表演，几乎无法被欣赏。但人们不可能将在现场欣赏音乐和舞蹈表演以及收听、收看该表演的现场直播作为欣赏的主要渠道，而是通过购买录制了表演的录音、录像制品，或者在网上点播或下载该录音、录像制品进行欣赏，因此保护录音录像制作者，对于作品和表演的传播都有促进作用。

一、录音录像制作者权的主体和客体：理解两类录音、录像制品

◎ 难度与热度

难度：☆☆☆☆　热度：☆☆☆☆

录音录像制作者权的主体是录音、录像制品的制作者，即首次制作录音、录像制品的人。录音录像制作者权的客体是录音制品和录像制品。

录音录像制作者权的主体即录音、录像制品的制作者，是指首次制作录音、录像制品的人；录音录像制作者权的客体是录音制品和录像制品，即已被录制（固定）的声音

和连续图像。我国《著作权法实施条例》将录音制品界定为"任何对表演的声音和其他声音的录制品",将录像制品界定为"电影作品和以类似摄制电影的方法创作的作品以外的任何有伴音或者无伴音的连续相关形象、图像的录制品"(2020 年《著作权法》修改时,"电影作品和以类似摄制电影的方法创作的作品"被改为"视听作品")。需要指出的是,"录音、录像制品"并不是指录有声音和连续影像的物质载体(有体物),而是指物质载体上承载的已录制的声音和连续影像。这正如小说作者享有的著作权针对的并不是"书本",而是书本之上承载的小说。因此应当区分"录音、录像制品"和"录音、录像制品的原件和复制件"。

录音、录像制品均可分为两类:第一类是录制表演者表演活动的结果,第二类是录制表演活动之外其他事件的结果。后者又分为两种情况:一是录制人类生活中声音和活动的结果,如录制他人谈话、生活场景和比赛实况的结果;二是录制纯粹自然界声音和事件的结果,如录制动物的鸣叫、雷电和潮汐声。[①] 这种分类的意义在于,由于《著作权法》保护的表演多数情况下是对作品的表演,录制对作品的表演所形成的录音制品与录像制品,多数情况下也内含三重权利——作品的著作权、表演者权和录音录像制作者权。他人如需利用该录音制品或录像制品,可能需要同时获得著作权人、表演者和录制者的许可。录制表演之外的声音和活动、事件形成的录音制品与录像制品则并不包含作品的著作权和表演者权,他人在利用该录音制品与录像制品时只需获得录制者的许可。

由该定义可见,《著作权法》以独创性为标准把所有已录制(固定)的连续影像一分为二,达到独创性要求的属于视听作品,其他的则属于录像制品。如果不属于视听作品,则必然属于录像制品,反之亦然。与此同时,《著作权法实施条例》将"录像制作者"定义为"录像制品的首次制作人"[②]。也就是说,构成录像制品的连续影像必须是由此人首次制作,而不是翻录(纯粹翻拍)"现存的"连续影像而获得的。假如有人用摄像机对准电视机屏幕录制电视台正在播放的电影,试问录制的结果是否为录像制品?以此可思考:摄像机的操作者在忠实地录制被电视台播放的电影作品之前,连续影像是否已经形成?回答是当然已经形成,那是电影作品制片者拍摄完成的。那么摄像机的操作者有没有首次制作出任何不同于电影的连续影像?回答是当然没有。此人只不过是采用技术设备(摄像机)把制作者已经拍摄完成的连续影像——"现存的"电影作品,复制到了新的物质载体(录像带或存储卡)之中。这一行为,与音像出版社采用技术设备(如光盘刻录机)将"现存的"电影作品复制到空白塑料片(光盘)上并无不同。这不是制作录像制品的行为,而是复制"现存的"电影作品的行为。因此,对准电视机屏幕摄录正在播出的电影,形成的不可能是录像制品,而是"现存的"电影作品的复制件。摄像机操作者的法律地位也不是录像制品制作者,而是电影作品的复制者,不可能享有我国《著作权法》所规定的录像制作者权。

---

① 对鸟鸣的录制可以形成受《罗马公约》保护的录音制品。罗马公约和录音制品公约指南. 刘波林,译. 北京:中国人民大学出版社,2002:17.
② 《著作权法实施条例》第 5 条第 5 项。

二、录音录像制作者权的内容：掌握录音制作者权和录像制作者权的区别

◎ **难度与热度**

难度：☆☆☆☆☆　　热度：☆☆☆☆☆

录音制作者和录像制作者都享有复制权、发行权、出租权和信息网络传播权。录音制作者独享"传播录音制品获酬权"，录像制作者独享"许可电视台播放的权利"（专有权利）。

《著作权法》没有为录音录像制作者规定人身权利，仅规定了财产权利。其中，复制权、发行权、出租权和信息网络传播权是录音制作者和录像制作者均有的财产权利。此外，《著作权法》还为录音制作者规定了"传播录音制品获酬权"，为录像制作者规定了作为专有权利的"许可电视台播放的权利"。

（一）复制权

对录音、录像制品的复制是指将原有录制品中所包含的声音和画面固定在另一载体之上。通常所说的对录音、录像制品的盗版，即指未经许可将录音、录像制品进行翻录、翻刻以及拷贝至硬盘等存储器中的行为。

（二）发行权

对录音、录像制品的发行是指以出售或者赠与方式向公众提供录音、录像制品的原件或复制件的行为。音像店出售包含演唱者歌声录音的磁带、光盘即为典型的发行录音制品的行为，因此，销售盗版唱片是侵犯录音制作者发行权的行为。

（三）信息网络传播权

录音、录像制品制作者享有信息网络传播权，因此，未经录制者许可，将CD、DVD中的声音、连续图像上传到网络中，供公众在其选定的时间和地点在线点播欣赏或下载的行为构成对录制者权的侵犯。需要注意的是：录制者与作品著作权人、表演者享有的信息网络传播权控制的行为是相同的，都是"交互式"的网络传播行为。一些"网络广播电台、电视台"按照预定的时间表定时传播录音、录像制品的行为，并不能使公众在其选定的时间在线欣赏或下载录音、录像制品，不属于"交互式"传播，并不侵犯录制者的信息网络传播权。

（四）出租权

录音、录像制品制作者享有出租权。这意味着有偿许可他人临时使用录音、录像制品的原件或复制件需要经过录音录像制作者的许可，否则构成侵权行为。由于录制品复制件的出租市场几乎已经在我国绝迹，录制者的出租权已很少有机会适用。

（五）录音制作者的"传播录音制品获酬权"

《著作权法》第45条为录音制作者规定了"传播录音制品的获酬权"，该条内容为："将录音制品用于有线或者无线公开传播，或者通过传送声音的技术设备向公众公开播送的，应当向录音制作者支付报酬。"

据此，在两种利用录音制品的情况下，应当向录音制作者支付报酬。第一种情况是"将录音制品用于有线或者无线公开传播"。这里的"有线或者无线公开传播"是指通过无线电广播、有线电缆传输或"网播"等非交互式传输手段，将录音制品传送至不在传播发生地的公众，供其欣赏的行为。之所以将其解释为非交互式传播，是因为对录音制

品的交互式传播，《著作权法》已经规定了相应的专有权利——信息网络传播权。获酬权是专有权利的权能，因此如果他人希望对录音制品进行交互式传播，如提供体现录音制品的数字文件的下载，当然应当经过录制者许可并支付许可使用费。此时并无适用《著作权法》第 45 条的余地。

第二种需要向录制者支付报酬的利用录音制品的情况，是"通过传送声音的技术设备向公众公开播送"，它既包括超市、餐厅和酒吧使用 CD 机等设备直接播放 CD 等录音制品的行为，也包括这些场所打开收音机、电视机，接收广播电台、电视台正在播出的播放录音制品的节目（如播放音乐演唱会的录音），并通过收音机、电视机及与之相连的扬声器使在场公众欣赏的行为。当然，无论是对于第一种情况还是第二种情况，要求录音制品的上述传播者自行找到录音制作者直接付酬是不现实的，只有成立相应的集体管理组织，统一收取报酬并进行分配才是可行的。

需要指出的是，对录音制品传播获酬权的规定并不属于法定许可。法定许可是对专有权利的限制，以法律已规定专有权利为基本前提。在对专有权利设有法定许可的情况下，符合条件的利用者可以不经许可而以法律规定的方式利用作品或其他受著作权法保护的客体。换言之，此时专有许可限制了专有权利的禁止效力，所以才被称为权利限制。而传播录音制品获酬权并未针对任何专有权利。《著作权法》并没有为录音制作者规定作为专有权利的广播权和表演权，录音制作者唯一享有的作为专有权利的传播权就是信息网络传播权，因此该项获酬权自然也谈不上是对专有权利的限制。可见《著作权法》第 45 条规定的并不是法定许可，而是单纯的获酬权。

（六）录像制作者的"许可电视台播放权"

《著作权法》除了在第 44 条规定录音、录像制作者对其制作的录音、录像制品享有复制权、发行权、出租权和信息网络传播权，还在第 48 条规定：电视台播放录像制品，应当取得录像制作者和（被录制的作品的）著作权人许可，并支付报酬。换言之，对作品的表演进行录制形成的录像制品，电视台在播放时遵循"双重许可"规则，应同时取得作品著作权人和录像制作者的许可。这说明录像制作者还享有许可电视台播放的专有权利，即针对电视台的广播权。但录音制作者并无类似专有权利，换言之，广播电台播放录音制品，无须经过录音制作者的许可，因为《著作权法》并没有为录音制作者规定作为专有权利的广播权，但广播电台应根据《著作权法》第 45 条的规定，向录音制作者支付报酬。

根据《著作权法》第 44 条的规定，录制者权的保护期为 50 年，截止于录音、录像制品首次制作完成后第 50 年的 12 月 31 日。该保护期与《世界知识产权组织表演和录音制品条约》规定的保护期存在差异。该条约第 17 条第 2 款规定："依本条约授予录音制品制作者的保护期，应自该录音制品发行之年年终算起，至少持续到 50 年期满为止；或如果录音制品自录制完成起 50 年内未被发行，则保护期应自录制完成之年年终起至少持续 50 年。""首次制作完成"的时间与"发行"的时间通常并不是同一时间。假设某录音制品于 2000 年首次制作完成，但于 2001 年首次发行，则依我国《著作权法》，其保护期截止于 2050 年 12 月 31 日，但依《世界知识产权组织表演和录音制品条约》，其保护期截止于 2051 年 12 月 31 日。该差异有赖于通过修改《著作权法》予以解决。

三、录音、录像制作者的义务：获得著作权人和表演者的许可

◎ 难度与热度

难度：☆☆☆☆　热度：☆☆☆☆

录音、录像制作者利用对他人的表演制作录音、录像制品，并进行后续利用，只要相关行为受到作品著作权和表演者权的规则，就应取得著作权人和表演者的许可。

表演者表演他人受保护的作品时，录制者如希望录制现场表演，以及发行由此形成的录音、录像制品的复制件，或将该录音、录像制品以数字格式置于网络中供公众点播或下载，必须同时获得被表演作品的著作权人和表演者许可。原因是录制为典型的复制行为，而录制表演活动既是对表演活动本身的复制，也是对被表演作品的复制，由此形成的录音、录像制品既载有表演活动，也载有被表演的作品。换言之，该录音、录像制品既是表演活动的复制件，也是作品的复制件。向公众出售该录音、录像制品的复制件即为向公众发行载有表演和作品的复制件，构成对已录制的表演和作品的发行。而将该录音、录像制品以数字格式置于网络中供公众点播或下载，既是以交互式手段通过网络传播已录制的表演，也是以交互式手段通过网络传播作品。而著作权人对作品享有复制权、发行权和信息网络传播权，表演者则对其表演活动享有首次固定权，复制权、发行权和信息网络传播权。录制者的上述活动均受到著作权人和表演者专有权利的控制，除有"合理使用"与"法定许可"的情形之外，均应同时获得他们的许可。

第四节　广播组织权

广播组织权是指广播电台、电视台对其播放的广播、电视享有的权利。广播电台、电视台对节目的播放对于促进作品、表演和录音、录像制品的传播以及丰富文化生活具有重要作用。即使这些节目不是由广播电台、电视台所创作或制作的，或者它们对诸多节目的选择或编排未能形成汇编作品，或者它们只是作为节目的普通被许可人播出节目，甚至被播出的内容根本不是作品或其他受著作权法保护的客体，如对某些重大活动的现场直播，它们也对获取节目和播出节目进行了投资，如支付许可使用费、编制节目时间表、购买播出设备以及雇用技术人员等，并形成了新的成果——载有节目的信号，因此广播电台、电视台作为传播者和载有节目的信号的产生者，其利益应当受到著作权法的保护。

一、广播组织权的主体和客体：理解"广播组织"的概念

◎ 难度与热度

难度：☆☆☆☆☆　热度：☆☆☆

广播组织权的主体是广播电台、电视台。广播组织权的客体是其播放的广播、电视。

广播组织权的主体当然就是"广播组织"，然而《著作权法》及相关条例和司法解释均未对"广播组织"进行界定。但《广播电视管理条例》第 8 条第 2 款规定："本条例所称广播电台、电视台是指采编、制作并通过有线或者无线的方式播放广播电视节目的机

构。"参考这一定义,结合我国《著作权法》保护广播组织权的立法背景和各国的立法例,可以认为,在我国能够享有"广播组织权"的广播组织为"无线广播组织"和"有线广播组织",即广播电台和电视台(包括有线电视台),暂不包括"网播组织"。未来随着网播的重要性不断提升,将网播组织纳入可享有广播组织权的广播组织范围是有可能的。

广播组织权的客体,依《著作权法》第47条第1款的规定,是"其播放的广播、电视"。那么"其播放的广播、电视"又是什么?从应然状态而言,广播组织权的客体是广播组织播放的载有广播、电视节目的信号。需要注意的是:广播组织权的客体不能等同于广播组织制作的广播、电视节目,因为广播组织制作的节目是其他权利的客体,例如,许多广播组织制作的节目是满足独创性要求的视听作品。如电视台拍摄的电视连续剧是视听作品,此时,电视台以视听作品制作者的身份享有著作权。再如,对于中央电视台记者采访他人形成的录音、录像制品,中央电视台可以以录制者的身份享有录制者权。在这种情况下,广播组织作为视听作品著作权人或录音、录像制作者就可获得法律保护。

因此,广播组织获得广播组织权的依据并不是"制作节目",而是"播放节目"。无论该节目是否为广播组织自己制作,只要是广播组织合法播放的,广播组织对由此产生的节目信号都享有广播组织权。例如,中央电视台直播国外重大赛事如奥运会、世界杯时,需要向赛事的主办方支付高额费用购买现场直播权(注意,此处的"现场直播权"并非著作权法中的权利),但直播画面往往并不是中央电视台的工作人员在比赛现场拍摄、编辑和制作的,而是赛事主办者提供的画面信号("公用信号"),播出时再加上中央电视台体育解说员的解说。虽然这些现场直播的比赛画面并不是中央电视台自己制作的,但中央电视台作为广播组织在我国境内对载有其现场直播的比赛节目信号享有专有权利。当然,广播组织如果播出的是自己制作的节目,则可能同时享有几类权利。例如,电视台播放自己拍摄的电视剧时,既作为电视剧作品的制作者享有著作权,又作为广播组织对播出的节目信号享有广播组织权。

广播组织的客体应当是载有节目的信号。广播组织只能对载有节目的信号享有广播组织权,而不能对经其播出的节目本身(作品或录音、录像制品)享有广播组织权。前文已经说明,传播作品的行为本身不可能,也不应该产生邻接权。只有当为了传播作品而通过投资和劳动,甚至通过一定程度的智力投入而产生了新的成果时,著作权法才可能对该新成果设定邻接权。如电影院是电影作品的传播者,但电影院不能因为放映电影作品的行为就对电影作品本身享有"作品传播者权"。本章讲解的其他几种邻接权,包括表演者权、录音录像制作者权和版式设计权,针对的都不是被表演、被录制以及被进行了版式设计的作品本身,而是产生的新成果,也就是本部分第一节所称的"特定文化产品"——有别于作品本身的表演活动,录音、录像制品和出版物版式设计。同样道理,广播组织不能因为播放节目就对节目本身享有邻接权,而只能对在播放节目过程中产生的载有节目的信号享有邻接权。在世界知识产权组织主持起草《世界知识产权组织保护广播组织条约》的过程中,其最高权力机构——世界知识产权组织大会要求在该条约中采取"以信号为基础的方法"(signal-based approach)[①],这一点得到了成员国的广泛认

---

① WO/GA/33/10,WIPO General Assembly,Thirty-Third (16th Extraordinary) Session,Report,para. 107;WO/GA/34/8.

同。作为条约讨论基础的各草案、提案或工作文件均将广播组织权的客体定义为"广播组织用于传送节目的信号"。如世界知识产权组织"版权及相关权常设委员会"（SCCR）有关该条约的文件指出："依本条约授予的保护仅延及广播组织播送的或代表广播组织播送的，作为广播的载有节目的信号，包括预广播信号，而不延及其中所载的节目。"[①] 因此，广播组织权的应然客体是广播组织在播出节目时形成的载有节目的信号，而不是被播出的节目本身。

二、广播组织权的内容：理解各项权利的含义

◎ **难度与热度**

难度：☆☆☆☆☆　　热度：☆☆☆☆☆

广播组织对其播放的广播、电视享有转播权、录制和复制权，以及信息网络传播权。

（一）转播权

《著作权法》第47条第1款中规定：广播电台、电视台有权禁止未经其许可"将其播放的广播、电视以有线或者无线方式转播"。该规定中的"转播"是指同步传播，这就排除了"录播"。例如，一家电视台将另一家电视台播出的电视节目录制下来之后第二天再进行播放，并不是"转播"，因为这种播放并非与初始传播同时进行。同样，网站录制电视台播出的电视节目后，将录制品以数字文件格式上传至服务器，供公众点播或下载，即实现交互式传播，也不属于"转播"，该行为由广播组织享有的信息网络传播权规制。未经许可转播可能会严重损害广播组织的经济利益。例如，中央电视台对奥运会、世界杯等重大赛事的现场直播都是以付费为前提的，如果允许其他电视台随意转播中央电视台的现场直播信号，必然导致中央电视台的观众数量减少和广告收入降低，这对中央电视台很不公平。因此，转播权是广播组织权中最为重要的权利，而且转播必然会同步利用接收到的原始节目信号，对该行为进行规制完全符合"以信号为基础的方法"。

《著作权法》在为广播组织规定转播权时，使用了"以有线或无线方式转播"的用语，是为了明确对转播权的规定采用了技术中立的立法，即该项转播权可以涵盖包括互联网传送在内的以任何技术手段对广播组织播放的节目信号进行的同步传播（非交互式传播）。未经许可截取广播电台、电视台载有节目的信号后，无论是广播电台、电视台通过无线电波、有线电缆，还是互联网网站通过互联网进行同步传播，都将构成对广播组织权中的转播权的侵害。

（二）录制、复制权

《著作权法》第47条第1款规定：广播电台、电视台有权禁止未经其许可将其播放的广播、电视录制在音像载体上以及复制音像载体。该规定中的"录制"是指将广播组织播出的节目通过录制而固定在物质载体之上，形成节目的复制件。"录制"与接收信号同步进行，至少利用了信号。"复制"则是指将该复制件中的节目固定在另一物质载体之上。此项行为与信号无关，纯属对节目的利用。

---

① SCCR/39/4.

《著作权法》对广播组织权中的录制和复制权的规定，直接源于 1961 年的《罗马公约》。在当时，人们对于广播组织权的客体究竟为何认识并不深入，因此并不是根据"以信号为基础的方法"确定广播组织权的客体并规定广播组织享有的专有权利的。但此项权利在现实中作用有限，因为《著作权法》并没有针对后续利用该节目录制品及其复制件或其中节目的发行和重播行为设定专有权利。如果是录制后上传至网络服务器供公众在其选定的时间和地点获得，也就是公众可以点播或下载，则落入了信息网络传播权的规制范围。

（三）信息网络传播权

《著作权法》第 47 条第 1 款规定："广播电台、电视台有权禁止未经其许可的下列行为：……（三）将其播放的广播、电视通过信息网络向公众传播。"此项权利就是广播组织权中的信息网络传播权。需要注意的是，此项权利是交互式传播权，其规制的行为是将广播电台、电视台播放的广播、电视（节目）录制后上传至网络服务器，使公众在其选定的时间和地点获得，也就是使公众可以点播或下载节目，并不包括非交互式网络传播行为。

将信息网络传播权纳入广播组织权，意味着他人未经播放节目的广播组织许可，将其播放的节目录制后上传至网络服务器，使公众可以点播或下载该节目，将构成对播放该节目的广播组织享有的信息网络传播权的侵犯。即使该节目是由他人创作的或制作的，或者构成该节目的作品或录音、录像制品已超过了保护期，也是如此。这将难以与"以信号为基础的方法"相协调，同时将带来严重的正当性问题——作品的传播者仅仅因为传播了他人的作品，就对被传播的作品本身（而不是对传播过程中产生的新成果）享有邻接权。

三、广播组织的义务：取得被播放的广播、电视中其他权利人的许可

◎ **难度与热度**

难度：☆☆☆☆☆　　热度：☆☆☆☆☆

广播组织播放广播、电视及进行后续利用时，如相关行为受被播放节目中作品、表演和录音、录像制品相关权利的规制，应当取得相应许可。

著作权人对其作品享有广播权和信息网络传播权，表演者对其现场表演活动享有现场直播权，对于表演的录制品享有信息网络传播权，录音、录像制作者对录音、录像制品享有信息网络传播权，录音制作者还享有传播录音制品获酬权，而录像制作者享有许可广播组织播放其录像制品的权利，因此，广播组织在进行现场直播、播放作品或载有表演活动的录制品，以及进行交互式传播时，应当尊重著作权人、表演者和录音、录像制作者的上述权利。如表演者表演他人作品时，广播组织希望对现场表演进行直播，应同时获得被表演作品的著作权人和表演者许可，原因是现场直播既是对表演活动的广播，也是对被表演作品的广播。如果广播组织播放的录像制品录有对作品的表演，则广播组织应当同时经过录像制作者和被表演作品著作权人的许可。当然，广播组织此时无须经过表演者许可，因为表演者对经其许可录制的表演并无广播权。对此《著作权法》第 48 条规定："电视台播放他人的……录像制品，应当取得……录像制作者许可，并支付报酬；播放他人的录像制品，还应当取得著作权人许可，并支付报酬。"如果广播组织希望

将其播放的该录像制品自行上传至网络中供公众点播或下载，则需要同时经过著作权人、表演者和录像制品制作者许可。如果广播组织播放对已发表作品表演的录音制品，则还需要向作品的著作权人和录音制作者支付报酬。

第五节　版式设计权

◎ **难度与热度**

难度：☆☆☆☆☆　　热度：☆☆☆☆☆

版式设计权是出版者对其出版物的版式设计享有的权利。

《著作权法》第 37 条规定：出版者有权许可或者禁止他人使用其出版的图书、期刊的版式设计。前款规定的权利的保护期为 10 年，截止于使用该版式设计的图书、期刊首次出版后第 10 年的 12 月 31 日。该权利即为出版者享有的版式设计权。

版式设计权的主体为图书、期刊的出版者，客体为其在出版的图书、期刊中采用的版式设计，即对印刷品的版面格式的设计，包括对版心、排式、用字、行距、标点等版面布局因素的安排。[①] 不同的出版社出版的同一部作品，如《红楼梦》《莎士比亚四大悲剧》等，在版面格式上往往有不小的区别，这体现了出版社的劳动和设计成果。尤其是在出版音乐作品的曲谱时，出版社经常会根据同一音乐作品的不同使用目的，如独奏、合奏等，对其格式进行不同的安排。[②] 在计算机数字化排版技术尚未出现的年代，对印刷品进行版式设计是极为费时、费力的工作，需要相当的投入。虽然出版社的版式设计难以达到"独创性"的要求，无法作为作品受到狭义著作权的保护，但如果放任其他出版社再出版相同作品，特别是已过保护期的作品，通过翻印其出版的印刷品而使用其中的版式设计，对于设计者而言显然是不公平的，故《著作权法》特设版式设计权以对出版社的这种成果予以保护。

版式毕竟是有限的，出版界常用的版式本身是可以穷尽的，如果对版式设计的保护过于宽泛，将会影响出版业的发展。同时，在计算机数字化排版技术尚未出现的年代，对于一家出版社在一部作品（如《水浒传》）的印刷品上采用的版式设计，另一家出版社在另一部作品（如《红楼梦》）的印刷品上使用，同样要经历人工排版的过程，仍然费时、费力，因此，版式设计权在当时的主要用途是，防止第二家出版社通过直接翻印第一家出版社出版的同一部作品的印刷品，而使用第一家出版社对该作品的版式设计。换言之，版式设计权针对的行为，是在同一部作品上使用相同的版式设计。例如，甲出版社出版了《水浒传》之后，乙出版社不得以相同的版式出版《水浒传》。

在我国计算机科学家王选发明汉字激光照排技术之后，对印刷品的排版在计算机上实现了数字化，大大提高了效率、降低了难度，很少再会有出版者通过翻印其他出版者出版的图书、期刊而使用其对同一作品的版式设计，因此在今天，版式设计权的作用已经相当有限。

---

① 胡康生，主编. 中华人民共和国著作权法释义. 北京：法律出版社，2002：148.

② 同①：149.

我国《著作权法》和《信息网络传播权保护条例》均未规定出版者的版权设计权中包含信息网络传播权,因此,将《水浒传》扫描后上传至网络传播的行为,并不会侵犯出版社的版式设计权。有法院认为该行为侵犯了版式设计权[1],这是明显缺乏法律依据的。

▷▷ 本章实务案例研习

一、对口型假唱案

(一)案情简介

原告芦某演唱了一首歌曲并将演唱录音交给某文化馆。文化馆在其组织的文化旅游节开幕式上安排其工作人员"对口型"假唱,同时播放芦某的演唱录音,在电子屏幕上注明的演唱者是该名工作人员。现芦某起诉文化馆侵犯其表演者权。文化馆的抗辩理由之一是芦某是在录音棚演唱的歌曲,不属于公开表演,不享有表演者权。

(二)法院判决

法院认为,表演者是否以公开方式表演作品,并不影响其表演者身份以及依法享有的相关权利。文化馆一方面播放芦某演唱的录音,另一方面又将演唱者署名为他人,侵犯了芦某的表明表演者身份权。[2]

(三)法律分析

文化馆对表演者权的理解显然是错误的。著作权人享有的表演权只能控制公开表演,对作品进行非公开表演,如在家中演唱歌曲当然不会侵害表演权。但这并不意味着非公开表演不是"表演",对作品进行非公开表演的人不是"表演者",不能享有表演者权。否则,唱片公司旗下的歌手绝大多数都是在录音棚演唱歌曲并被制作成专辑的,难道这些歌手都不享有表演者权吗?

二、真人秀和纪录片中的人物主张表演者权案

(一)案情简介

在"《诱惑岛》案"中,真人秀节目"诱惑岛"的 52 名参与者要求确认他们在著作权法中的表演者身份,理由是真人秀节目并不是完全"真实"的,也有为实现电视效果而人为编造的成分,如制作者会设计一些场景、安排一些对话或制造一些冲突等。

另一起涉及表演者认定的案件源于 2002 年法国拍摄的纪录片 Être et avoir(国内译为《山村犹有读书声》)。该片以 12 名孩子以及他们的老师为中心,记录了在只有一间教室的乡村学校的日常活动,上映后又被制成了录像带和 DVD,并在法国的电视台播放。该纪录片曾荣获包括欧洲电影节最佳纪录片奖和美国影评人协会奖最佳纪录片奖在内的一系列奖项。然而,该纪录片中的乡村教师提起诉讼,其中的诉由之一是他的表演者权受到了侵害。

---

[1] 北京市高级人民法院《侵害著作权案件审理指南》第 6.6 条。
[2] 四川省高级人民法院(2016)川民终 900 号民事判决书。

（二）法院判决

这两起案件均上诉至了法国最高法院，法国最高法院认定真人秀和纪录片中自然人不是著作权法中的表演者。在真人秀节目案中，法国最高法院认为，真人秀节目的参与者并没有对作品进行表演，他们只是展示自我，并对各种情境作出自然的反应。虽然其中有一些人为的因素，但尚不足以使他们的行为构成著作权法意义上的表演。①在纪录片案中，法国最高法院指出，纪录片中的教师仅仅是在履行他的职责，而不是为了拍摄而表演作品，纪录片的导演也没有分配给他表演作品的任务。涉案电影是一部纯粹的纪录片，这样的纪录片排斥了任何（对作品的）表演，因此，片中的乡村教师不能被承认为著作权法意义上的表演者。②

（三）法律分析

著作权法所保护的表演者必须是表演了作品或"民间文学艺术表达"的人。但真人秀节目以跟踪拍摄人物的正常生活状态为特色，没有事先安排的剧本。虽然真人秀节目并非参与者自然生活状态原汁原味的记录，而是包含了制作者，甚至导演的一些刻意的安排和引导，但在程度上与演员按照已有作品进行表演，如扮演戏剧中的角色，按照舞蹈动作跳舞和按照词曲演唱等，相去甚远。著作权法保护表演者的主要目的是促进作品的传播，并非单纯地保护劳动本身，而上述真人秀节目吸引观众之处也并不在于其中有任何作品的传播，而是参与者自然、真实的生活状态，因此，此类真人秀节目参与者并不能被视为著作权法意义上的表演者而获得保护。当然，如果某一节目虽然名为"真人秀"，但实际上是按照既定的台词和剧本来表演，其中的参与者与戏剧舞台上的演员无异，则参与者当然可以获得著作权法对表演者的保护。不过，这样的"真人秀"是在愚弄观众，参与者一旦提供证据主张表演者权，"西洋镜"就会被揭穿。纪录片的情况与之类似，在有关乡村学校的纪录片中，教师并不是演员，并不是在表演电影剧本。退一步讲，即使其中包含有其授课的片段，将他即兴创作并表演的口述作品拍了进去，该教师又许可拍摄和制作纪录片，其对视听录制品中表演所享有的权利，依《法国知识产权法典》的规定，也推定由制作者行使。

三、将电影中同性接吻的镜头纳入艾滋病纪录片案

（一）案情简介

在西班牙公共电视台第一频道播出的一部有关同性恋与艾滋病的纪录片中，使用了两名男子接吻的画面。该画面源于一部电影的镜头，是电影故事情节的展现。这两名男演员提起诉讼，认为这种使用会使观众误认为他们是男同性恋且患有艾滋病，从而侵犯了他们表演者权中的保护表演者形象不受歪曲权。

（二）法院判决

西班牙最高法院认为：虽然电影演员在参加电影拍摄时，已经将其表演者权中的复制权和向公众传播权转让给了制片者，但对其形象的这种使用歪曲了其形象，损害了其

① Mr. Ammour v. the French TV channel TF1，French Supreme Court，Decision of 24 April 2013.
② Lopez v. N. Philiber（"Etre et Avoir"），Case No. 06－16.278，2008（Cour de cassation），IIC 2010，41（1），101－103.

声誉，仍可构成侵权。

（三）法律分析

在本案中，两位男演员在电影中接吻的镜头被从电影中提取出来，在脱离其背景和情节的情况下被置于有关同性恋与艾滋病的纪录片中，确实可能会使公众基于纪录片通常记录真实人物或事情的性质，误认为这两人是感染了艾滋病的同性恋，从而歪曲其形象，有损其声誉，构成对表演者人身权利的侵害。

四、安东尼诉乐视网信息公司

（一）案情简介

安东尼是美国著名的鼓手。2016 年某音乐公司邀请安东尼在一场"国际鼓手节"中表演，并提出"一家名为'乐视'的专业互联网媒体公司将播出整个现场表演"。安东尼同意表演，但并未明确同意由乐视网对其表演进行现场直播。该音乐公司则与乐视网签订合同，约定其授权乐视网对该"国际鼓手节"利用互联网进行现场直播。安东尼在鼓手节活动中进行表演时，乐视网进行了网络直播。后安东尼起诉乐视网侵权。

（二）法院判决

法院认为，虽然音乐公司在邀请安东尼表演时，告知其乐视网将直播其表演的安排，但安东尼并未对此作出肯定性的答复，同时还提出双方需要进一步沟通，且音乐公司也未提交证据证明双方在后续的沟通中，安东尼作出了同意乐视网现场直播的意思表示。对民事权利的处分一般应当以权利人的明确授权为原则。安东尼虽然未对乐视网传播涉案表演作出否认的意思表示，但该行为不能使音乐公司对乐视网有权传播涉案表演产生合理的期待，安东尼也未以行为对音乐公司和乐视网传播涉案表演表明接受。因此，法院认定音乐公司未经安东尼许可，擅自许可乐视网现场直播涉案表演，且未就传播行为支付报酬，与乐视网共同侵害了安东尼对涉案表演享有的表演者权。[1]

（三）法律分析

通过网络对现场表演进行直播（"网播"）是受表演者现场直播权规制的行为。有关利用他人知识产权的合同在约定不明时，应当作出有利于知识产权人的解释，以保护知识产权人的利益。在本案中，原告没有明确表示同意对其表演进行网络直播，而且也无法从其实际行为中推定其默许网络直播，此时被告的网络直播就属于未经许可，构成对表演者权的侵害。

五、《天仙配》表演者权侵权案

（一）案情简介

著名黄梅戏艺术家严凤英曾于 20 世纪 50 年代作为主演和主唱参与了黄梅戏电影《天仙配》的摄制。严凤英的继承人指称某音像出版社未经许可出版了黄梅戏电影《天仙配》的光盘，并认为此举侵犯了严凤英的表演者权。[2]

---

[1] 四川省成都市中级人民法院（2017）川 01 民初 3806 号民事判决书。
[2] 本案中原告还起诉被告侵犯了严凤英作为"唱腔作品"设计者的著作权，对此前文已经进行讨论，此处不再重复。

（二）法院判决

法院认为：在电影作品《天仙配》中严凤英并非固定在舞台表演，该电影作品运用了大量电影专有的拍摄及演出方法，严凤英专为拍摄电影作品而进行了表演，电影演员对为完成电影拍摄所进行的表演除享有获得报酬的权利以外不再享有其他经济权利。法院因此驳回了原告的诉讼请求。①

（三）法律分析

对于电影作品、电视剧作品中的表演者权的归属，《著作权法》本身没有作出明确规定，但如前文所述根据"举重以明轻"的法律解释方法，既然编剧、导演、摄影、作词、作曲等作者对于电影作品、电视剧作品都不能再保留除署名权之外的著作权，作为邻接权人的表演者，也不可能保留对电影作品、电视剧作品中的表演所享有的权利，因此只要表演者同意作为演员参加电影作品、电视剧作品的拍摄，其表演者权应当被认定为由制作者享有。

本章同步练习

一、选择题

（一）单项选择题

1. 对于邻接权，下列说法正确的是：（   ）。

A. 将电影制作成 DVD 形成了录像制品

B. 邻接权区别于著作权的特征在于邻接权的客体不是作品

C. 我国《著作权法》规定的各类邻接权都不含有人身权

D. 邻接权的保护期为 25 年

2. 某诗人在赈灾义演中即兴创作了一首诗歌并当场朗诵，根据《著作权法》的规定，以下说法正确的是：（   ）。

A. 该诗人作为作者享有著作权，不能作为表演者享有表演者权

B. 某网站如要对该义演进行直播无须经过诗人的许可，但应当向其支付报酬

C. 如该诗人已许可将义演录音制成 CD 销售，广播电台播放该 CD 既无须经过诗人许可，也无须向其支付报酬

D. 如该诗人已许可将义演录像制成 DVD 销售，他人购入正版后出租仍应经过该诗人许可

3. 甲电视台请李教授在"法律讲堂"节目中作知识产权法讲座，并经其许可录制成DVD 销售，乙电视台购买了该 DVD 并希望播出，乙电视台应当（   ）。

A. 获得李教授许可，但无须获得甲电视台许可

B. 获得甲电视台许可，但无须获得李教授许可

C. 无须获得李教授和甲电视台许可，但需要向李教授和甲电视台支付报酬

---

① 王某等诉深圳书城南山城实业有限公司、安徽音像出版社著作权纠纷案，广东省深圳市南山区人民法院（2006）深南法知初字第 10 号民事判决书。

D. 既获得李教授许可，也获得甲电视台许可

4. 某超市购买了一张正版音乐 CD，在营业时间在营业厅内播放，并未经过歌曲作者、歌手和唱片公司的许可，也未向三者支付报酬。有关超市侵害民事主体在《著作权法》中的权利的说法中，哪一项是正确的？（　　）

A. 只侵害了词曲作者的权利

B. 只侵害了词曲作者和歌手的权利

C. 只侵害了侵害词曲作者和唱片公司的权利

D. 同时侵害词曲作者、歌手和唱片公司的权利

5. 甲创作了一首歌曲，乙演唱了该歌曲，丙为乙的演唱录像，丁将丙的录像刻成 DVD 发行。某公司买了该 DVD，希望提供下载，应经过谁的许可？（　　）

A. 甲、乙、丙　　　　　　　　　　B. 甲、乙、丁

C. 甲、乙、丙、丁　　　　　　　　D. 甲、丙、丁

（二）多项选择题

1. 刘某创作了一首歌曲，陈某在文艺晚会上演唱了这首歌曲，张某录制了陈某的演唱，制成数字音频上传至网络。下载该数字音频后，下列哪些未经许可实施的行为同时侵害了刘某的著作权，以及陈某和张某的邻接权？（　　）

A. 航空公司在飞机上播放

B. 音乐网站转换数字音频格式后提供在线点播

C. 广播电台播放

D. 音像出版社制成 CD 销售

2. 某电视台播出一部已超过著作权保护期的电影，下列行为中侵害电视台广播组织权的行为是：（　　）。

A. 在电视台播出时，某网站进行同步转播

B. 录制电视台播出的电影，制成电影光碟销售

C. 录制电视台播出的电影，制成电影光碟出租

D. 录制电视台播出的电影，上传至网站提供在线点播

（三）不定项选择题

1. 张某创作了一首歌曲，李某在某音乐节出售门票的演唱会上演唱，飞天唱片公司在现场录制，后又制作了 CD 发行，某广播电台购入 CD 后在音乐节目中播放，黄某购入 CD 后将其转成 MP3 格式文件上传至网络供公众下载。下列选项正确的是：（　　）。

A. 应当由音乐节的主办者负责取得张某的许可

B. 飞天唱片公司应当同时取得张某和李某的许可

C. 广播电台的行为应当经过张某和李某的许可，无须经过飞天唱片公司的许可，只需要向其支付报酬

D. 黄某的行为应当经过张某、李某和飞天唱片公司的许可

2. 某电视台购买了 A 国超级足球联赛在我国的独家现场直播权，由甲电视台派人在现场利用卫星设备播送比赛实况。甲网站未经许可截取电视台的直播信号予以转播，乙网站将电视台的现场直播录制后提供点播。根据我国《著作权法》，下列说法正确的是：（　　）。

A. 甲网站侵犯了 A 国超级足球联赛组织者的广播权

B. 甲网站侵犯了足球运动员的表演者权

C. 乙网站侵害了电视台广播组织权中的转播权

D. 乙网站侵害了电视台广播组织权中的信息网络传播权

3. 电影公司拍摄了一部故事片，并与音像出版社签订专有出版合同，约定由该音像出版社将电影以 DVD 形式发行。音像出版社发现黄某未经许可翻刻其出版的 DVD，起诉其侵权。对于黄某的行为，下列选项中正确的是？（　　　）

A. 侵害了电影公司的著作权

B. 侵害了音像出版社的专有出版权

C. 侵害了音像出版社的录像制作者权

D. 音像出版社只能以电影作品专有被许可人的身份起诉

二、案例题

1. 某人声情并茂地朗读了一本小说并将其上传至某听书网站供他人点播。另一网站未经其许可转载，朗读者起诉其侵权，但理由是其朗读属于创作，形成了新的作品，因此转载网站侵害了其作为作者享有的著作权。请问朗读者的理由能否成立？转载网站侵害了朗读者的何种权利？

2. 某文化传播公司在其经营的歌舞剧院组织了一场演出，某演艺人员受邀演唱了两首歌曲并与主持人合作表演了一部小品。某企业策划公司根据与该文化传播公司的合作协议，对现场的演出进行了拍摄并制作成影碟，并授权某音像公司出版发行。演艺人员认为上述行为均未经其许可，因此起诉某文化传播公司、某企业策划公司和某音像公司侵害其表演者权。请问上述文化传播公司、企业策划公司和音像公司的行为是否侵权？

3. 假设甲唱片公司聘请歌星演唱歌曲并录制成数字专辑在网上提供，乙唱片公司聘请同一名歌星演唱相同的歌曲，并刻意模仿甲公司所聘歌星的演唱风格以及该专辑中的伴音，制成了音效相似的数字专辑。请问：乙公司的行为侵害甲公司所聘歌手的表演者权以及甲公司享有的录制者权吗？如果乙公司的行为未经被演唱的歌曲的著作权人的许可，是否侵害音乐作品的著作权？

4. 张三创作了一首歌曲，歌手李四经张三许可在演唱会上演唱该歌曲，蓝天音像公司在征得张三和李四许可后对李四的现场演唱进行了录音，并将其制作成 CD 公开发行。白云音像公司未经张三、李四和蓝天音像公司许可擅自批量复制该正版 CD 并出售。喜悦超市购买了蓝天音像公司发行的 CD 后，在营业时间作为背景音乐播放，未征得张三、李四和蓝天音像公司任何一方许可，也未向其中任何一方支付报酬。绿水音像出租店在市场上购买了蓝天音像公司发行的一批 CD 后，未征得张三、李四和蓝天音像公司任何一方许可，也未向其中任何一方支付报酬，就向公众出租该批 CD。

请回答下列问题：

（1）白云音像公司的行为是否构成对张三、李四和蓝天音像公司的侵权？如认为构成侵权，请说明侵害了何者的何种专有权利？

（2）喜悦超市的行为是否构成对张三、李四和蓝天音像公司的侵权？如认为构成侵权，请说明侵害了何者的何种专有权利？

（3）绿水音像出租店的行为是否构成对张三、李四和蓝天音像公司的侵权？如认为构成侵权，请说明侵害了何者的何种专有权利？

5. 张三创作了一首歌曲并已发表，一家由政府设立的公益性儿童福利院为了丰富儿童们的业余生活，请歌星李四周末为儿童们进行免费义演，李四在义演中为福利院的全体儿童们演唱了张三创作的歌曲，但未收取任何报酬。请针对下列情形回答问题：

（1）某网站希望对李四的现场演唱进行网络直播。请问该网络直播是否需要经过许可？如认为需要，请说明应当经过何者对何种专有权利的许可？

（2）某音像公司希望对上述网站的网络直播进行录音，并将其制作成专辑通过应用程序提供在线点播和下载。请问是否需要经过许可？如认为需要，请说明应当经过何者对何种专有权利的许可？

（3）某广播电台下载了上述音像公司制作的专辑后在广播节目中予以播放，未征得张三、李四和音像公司中任何一方许可，也未向其中任何一方支付报酬。请问广播电台的行为是否侵权？如认为构成侵权，请说明侵害了何者的何种权利？

6. 孙某创作了一部历史小说《大唐帝国》。长江电视台请孙某在其《名家论坛》节目中进行讲解，播出后受到欢迎。长江电视台经过孙某的许可后将其现场讲解的录像制成DVD《名家论坛之大唐帝国》后公开发行，并多次重播。某网站在长江电视台重播该节目时，擅自将其录制下来，将视频文件通过其应用程序提供点播和下载。黄河电视台购买了《名家论坛之大唐帝国》的DVD，未经许可即进行播放。请回答下列问题：

（1）网站的行为侵害了何者的何种权利？

（2）黄河电视台的行为侵害了何者的何种权利？

三、论述题

1. 2020年修改《著作权法》时，将《著作权法》第四章的标题从"出版、表演、录音录像、播放"改为"与著作权有关的权利"。而第四章第一节的标题为"图书、报刊的出版"，该章一开始就规定了图书出版者的"专有出版权"，其中第32条规定："图书出版者出版图书应当和著作权人订立出版合同，并支付报酬。"第33条规定："图书出版者对著作权人交付出版的作品，按照合同约定享有的专有出版权受法律保护，他人不得出版该作品。"请论述图书出版者的专有出版权是否为邻接权。

2. 有人即兴创作了作品（如诗歌、舞蹈）并同时进行了表演（如朗诵、跳舞）。此人是否因其作为作者，享有的狭义著作权（作者权）受保护的水平超过表演者权受保护的水平，就不再作为表演者享有表演者权了？对此存在争议。请提出你的观点并进行论证。

3.《著作权法》第10条第1款第12项在赋予作者"信息网络传播权"的同时，还对该项权利进行了定义——"以有线或者无线方式向公众提供，使公众可以在其选定的时间和地点获得作品的权利"。该项权利的定义清楚地说明其只能控制"交互式"传播行为。然而，《著作权法》第39条和第44条在规定表演者和录制者的专有权利时，均只规定二者享有"通过信息网络向公众传播并获得报酬的权利"；第47条在规定广播组织的信息网络传播权时，也只规定广播电台、电视台有权禁止未经其许可将其播放的广播、电视"通过信息网络向公众传播"，均未将"通过信息网络传播"的方式明确限定为"使公众可以在其选定的时间和地点获得"。对比上述法条，能否认为表演者、录制者和广播组织享有的"通过信息网络传播"的权利在范围上大于作者享有的信息网络传播权，也就是其既可以控制交互式传播，也能控制非交互式传播。请提出并论证你的观点。

4. 2020年修改《著作权法》时，学术界和实务界对于是否应当在广播组织权中增加信息网络传播权存在巨大争议。请提出你的观点并进行论证（本题无标准答案）。

参考答案

一、选择题

（一）单项选择题

1. B

解析：将电影作品刻录成DVD是对已有的已固定的符合独创性要求的连续影像，即电影作品的复制，而不是制作电影作品之外的其他连续影像，因此不形成录像制品。因此A项错误。邻接权客体均不是作品，这是邻接权区别于狭义著作权（作者权）的根本特征，因此B项正确。邻接权中的表演者权含有人身权，因此C项错误。各项邻接权的保护期并不相同，但没有保护期为25年的，因此D项错误。

2. D

解析：该诗人即兴创作并朗诵，可以同时取得文字作品著作权人和表演者的法律地位。其作为作者受保护，并不影响其作为表演者受保护，因此A项错误（对此参见论述题第1题的参考答案）。该诗人无论作为作品的作者还是表演者都对现场直播享有专有权利，且对此不存在法定许可，因此B项错误。广播电台播放已经发表的作品，对其中的著作权（具体为广播权）适用法定许可，也就是无须经过许可，但需要支付法定许可费。因此C项错误。作为作者的诗人对其口述作品没有出租权，但是作为表演者的诗人对其表演的录制品享有出租权。他人出租表演的录制品应当经过表演者许可，这与该录制品是正版还是盗版没有关系，因此D项正确。

3. D

解析：李教授是其文字作品或者口述作品的作者，电视台是录像制作者。电视台该节目的性质并不是视听作品，而是录像制品。作品著作权人享有广播权（注意电视台播放录像制品时，其中作品著作权的广播权不受《著作权法》第46条第2款法定许可的限制），录像制作者享有许可电视台播放的权利。播放根据作品录制的录像制品，需要同时获得著作权人和录像制作者的许可，因此D项正确。

4. C

解析：超市的行为为机械表演。词曲作者有机械表演权，且为专有权利；表演者没有机械表演权；录音制作者没有机械表演权，但有传播录音制品获酬权，因此超市播放CD（音乐作品表演的录音制品）的行为，在未经许可，也未付酬的情况下，侵害了词曲作者的表演权，没有侵害表演者的权利。侵害了录音制作者的获酬权。因此C项正确。

5. ABC

解析：甲是音乐作品的作者，乙是该音乐作品的表演者，丙是该表演的录像制品的制作者，三者都享有信息网络传播权，因此要就该首音乐作品表演的录像制品提供下载，应当同时经过三者许可，因此 A 正确，BD 错误。丁仅是录像制品的复制者，没有制作出新的录像制品，因此丁不能享有《著作权法》中的权利，故 C 错误。

(二) 多项选择题

1. BD

解析：著作权人、表演者和录音制作者都享有复制权、发行权和信息网络传播权。B 项的行为是交互式网络传播行为，同时侵犯三者的信息网络传播权，D 项的行为是复制、发行行为，同时，侵害三者的复制权和发行权，因此 B 项和 D 项正确。A 项的行为是机械表演，但表演者不享有机械表演权；录音制作者只有"传播录音制品获酬权"，可以从他人的机械表演中获得报酬，但是不享有禁止他人进行机械表演的专有权利，因此 A 项错误。C 项行为是广播，但表演者只有"半个广播权"，即现场直播权。对于播放录制了表演的录音制品，表演者没有专有权利；录音制作者也没有作为专有权利的广播权，只有"传播录音制品获酬权"，即就此广播行为获酬，因此 C 项错误。注意本题的题干没有提及行为人是否付酬，但即使理解为行为人没有付酬，A 项和 C 项的行为也侵害了录音制作者享有的"传播录音制品获酬权"，A 项和 C 项也是错误的，因为表演者并不享有机械表演权和针对其表演录制品的广播权。

2. ABCD

解析：电视台作为广播组织，对其播放的电视享有广播组织权，而且广播组织权的享有，与广播组织播放的节目是否由广播组织自行制作以及相关的作品或者录音、录像制品是否超过了保护期没有关系。在本问题中，电视台播出的"电视"特指电视台播出的超出保护期的那部电影。广播组织权中包括转播权，A 项的行为是未经许可转播，故该行为侵权。广播组织权中还包括录制权，B 项和 C 项的行为均包含录制，因此这两项行为都侵权。注意广播组织权中并没有发行权和出租权，因此 B 项和 C 项行为侵权不是因为后续的发行和出租，而是录制。广播组织权中还包含信息网络传播权，即交互式传播权，因此 D 项行为侵权。本题答案是根据《著作权法》的规定提供的，各位读者可以思考：这样的规定有没有道理？是否符合著作权法的基本原理？

(三) 不定项选择题

1. ABD

解析：在组织表演的情况下由组织者负责取得公开表演作品的许可，因此 A 项正确。作者和表演者都享有复制权和发行权，飞天唱片公司在演出现场录制演唱并且制作成 CD 发行的行为，同时涉及作者和表演者的复制权和发行权，应当同时取得作者和表演者对复制权和发行权的许可，因此 B 项正确。广播电台的行为是广播行为，作者享有广播权这项专有权利，但是对已经发表的作品适用法定许可，广播电台无须经过作者许可，只需要向作者支付法定许可的许可费；表演者没有对经其许可制作的表演录制品的广播权，因此广播电台播放 CD 并不需要经过表演者许可；录音制作者对于其制作的录音制品不享有作为专有权利的广播权，只享有传播录音制品获酬权，因此广播电台播放 CD 也不需要经过录音制作者许可，只需要向其支付报酬，因此 C 项错误。作者、表演者和录音制作者都享有信息网络传播权，因此要将音乐作品演唱的录音制品上传到网络中提供交互式传播，应当同时经过作者、表演者和录制者对信息网络传播权的许可，因此第 D 项正确。

2. D

解析：电视台对其播出的电视享有广播组织权，其中既包括以无线或者有线方式进行转播的转播权，也包括信息网络传播权，可规制将其电视录制后提供交互式网络传播的行为。乙网站没有实施同步转播，仅实施了对已录制的广播的交互式网络传播，侵害的是信息网络传播权，而不是转播权，因此 C 项错误，D 项正确。赛事组织者不享有著作权法上的权利，因此 A 项错误。足球运动员并没有表演作品或者民间文学艺术表达，不享有著作权法上的权利，因此 B 项错误。

3. AD

解析：本题最容易选错的选项是 C。许多人可能会误认为该音像出版社制作了录像制品，因此享有录像制作者权即邻接权。该认识是错误的，该音像出版社并没有首次制作出有别于电影作品的无独创性的连续画面，其只是将电影公司已经拍摄完成的电影作品刻录到了新的物质载体，即空白 DVD 上，其行为是复制已有的电影作品，而不是首次制作电影作品之外的其他连续影像，因此该音像出版社并没有制作出录像制品，并不享有录像制作者权，因此 C 项是错误的。黄某未经许可复制、发行该 DVD，实际上是对电影作品的复制和发行，因此侵害电影公司的著作权，A 项正确。虽然题干中提及电影公司和音像出版社签订了专有出版合同，但是《著作权法》中规定的专有出版权仅针对图书的出版者，并不针对电影作品或者其他类型作品的出版，因此 B 项错误。由于音像出版社从著作权人那里获得了在 DVD 上复制电影，并且发行由此形成的 DVD 的专有许可，可以以自己的名义提起诉讼，但这个名义必须是电影作品专有被许可人的身份，而不是录像制作者的身份，因此 D 项正确。

二、案例题

1. 无论朗读得多么声情并茂，只要没有即兴创作，也就是改变小说的内容，朗读行为应当被认定为表演而不是创作。由此形成的是受邻接权中表演者权保护的表演活动，而不是由狭义著作权保护的作品，否则《著作权法》规定表演者权就没有太大意义了。转载网站的行为侵害的是朗读者的表演者权，具体为表演者权中的信息网络传播权。

本题来源于真实案例。法院指出，"朗读行为不属于创作行为，而属于对作品的表演，朗读本身不会为作品添加新的独创性成分。固然，对同一作品，不同的朗读者在朗读时会对音调、语速作出不同的选择，甚至于会配以富有个性的背景音乐或音效，最终传递出的声音可能存在差别，给听众带来不同的感受。但因这种选择与安排并未改变作品的文字内容，即未改变作品之表达，故不属于对作品的演绎"[1]。

2. 某文化传播公司作为演出组织者，在没有经过演艺人员明确许可的情况下，不能对其现场表演进行录制，否则侵害演艺人员的首次固定权（首次录制权）。由于视频录制未经许可，由此形成的录像制品必然也是侵权复制品。对该侵权复制品进行复制、发行必然也是侵权行为，侵犯表演者的复制权和发行权。因此某文化传播公司、某企业策划公司共同侵害了演艺人员的表演者权。某音像公司的行为属于对侵权录像制品的发行，也侵害了表演者权。如果其没有审查授权链的完整性，因此未发现自己获得的授权有瑕疵，就没有尽到合理注意义务，也应承担对表演者的赔偿责任。

本题源于真实案例。法院认为：某文化传播公司作为演出组织者，与本案原告、知名演艺人员何某之间存在事实上的表演合同关系，双方以行为达成一致的意思表示，即何某演出一次，某文化传播公司即支付其该次表演的报酬。由于此次演出的形式是面向现场观众的晚会式演出，故某文化传播公司支付给何某的报酬应当被认定为对何某现场表演的报酬。在没有充分证据的情况下，不能认定某文化传播公司已得到何某许可对其表演进行录像并支付了相应的报酬，故某文化传播公司未取得何某的同意而将其表演制作成录像制品，亦未支付何某相应的报酬，侵犯了何某依法享有的表演者权。某企业策划公司和某音像公司均有义务依照《著作权法》的规定取得涉案影碟中表演者的许可并支付报酬，或对此负有充分注意的义务。某企业策划公司和某音像公司仅凭一份协议或授权委托书即制作涉案录像制品，显然违背了前述法定义务，对于侵犯何某的表演者权有过错，亦应当承担相应的侵权责任，应承担连带责任[2]。

3. 乙公司的行为并不侵害表演者权和录制者权。表演者仅对其表演享有权利，不能阻止他人模仿自己的表演风格。录制者的复制权仅能控制他人翻录录音、录像制品的行为，不能阻止他人通过独立的录音、录像行为，刻意制作声音与影像高度相似的录音录像制品。[3] 与之形成对比的是，题干中乙公司的行为构成对相关音乐作品的复制。这其中的差异在于：音乐作品是指"歌曲、交响乐等能够演唱或者演奏的带词或者不带词的作品"，著作权法保护的是构成音乐作品的曲与词等要素。无论何人演唱该作品，也无论他人是否曾经使用该作品制作过录音制品，录制该演唱都会在物质载体上固定相同的词与曲，从而构成对音乐作品的复制。但"录音制品"是指"任何对表演的声音和其他声音的录制品"，"录像制品"是指视听作品以外的"任何有伴音或者无伴音的连续相关形象、图像的录制品"。著作权法对录音录像的保护，仅限于录制行为形成的录制成果，而不包括与录制行为无关的曲谱、歌词或表演形成的声音与形象。也正因为如此，如果有两家唱片公司同时在现场录制演唱会的实况，虽然录下的声音是相同的，但都是各自录制行为的结果，这两家唱片公司对其各自享有独立的录制者权。

4.（1）白云音像公司的行为是未经许可的复制和发行，同时侵犯张三、李四和蓝天音像公司的权利，分别侵犯了张三、李四和蓝天音像公司的复制权和发行权，因为词曲

---

[1] 谢某诉深圳市懒人在线科技有限公司、杭州创策科技有限公司等侵害作品信息网络传播权纠纷案，杭州铁路运输法院（2016）浙 8601 民初 354 号民事判决书。

[2] 何某诉湖南平和堂实业有限公司等肖像权、著作权纠纷案，湖南省长沙市天心区人民法院（2007）天民初字第 403 号民事判决书。

[3] 相关案例参见 Australia Ltd. v. Telmak Teleproducts（Aust）Pty Ltd.（1987）9 IPR 440。

作者、音乐作品的表演者和录音制品制作者都享有复制权和发行权。

（2）喜悦超市的行为属于机械表演，侵害了张三作为词曲作者的专有权利——表演权。由于表演者没有机械表演权，也没有相应的获酬权，因此超市的行为没有侵害李四的权利；录音制品制作者享有传播录音制品获酬权，超市播放录音制品应当向录音制作者支付报酬，因此超市的行为也侵害了蓝天音像公司的获酬权。

（3）在各类作品的著作权人中，只有计算机软件和视听作品的著作权人享有出租权，音乐作品的著作权人并不享有出租权（各位读者可以阅读《世界知识产权组织版权条约》第7条，思考我国《著作权法》法在这方面的规定是否符合该条约的要求），因此未经许可出租音乐CD并不侵害音乐作品著作权人的权利；表演者和录音制品制作者享有出租权，未经许可出租音乐CD侵害了表演者李四和录音制品制作者蓝天音像公司的出租权。

5.（1）应当同时经过张三和李四的许可。该网站的行为属于非交互式远程传播行为，受广播权的规制，应当从张三处获得广播权的许可。同时该网站的行为也属于对现场表演的现场直播，应从李四处获得现场直播权的许可。

（2）应当同时获得张三和李四的许可，无须获得直播网站的许可。音像公司的行为是交互式网络传播，受信息网络传播权的规制，著作权人和表演者都享有信息网络传播权，因此音像公司应当分别获得著作权人张三和表演者李四的许可；网站虽然对表演进行现场直播，但网站并不属于电台、电视台，并不能享有广播组织权，自然也不能享有广播组织权中的信息网络传播权，因此该音像公司的行为无须经过直播网站的许可。

（3）广播电台的行为属于广播行为。广播电台播放已发表的作品，对其中的著作权而言，采用法定许可，因此广播电台播放该专辑无须经过张三许可，只需要向张三支付法定许可费。表演者对于其表演的录音制品并不享有作为专有权利的广播权或者获酬权，因此广播电台既无须获得李四的许可，也无须向李四支付报酬。广播电台播放录音制品无须经过录音制作者许可，因为录音制作者并不享有作为专有权利的广播权，但录音制作者享有传播录音制品获酬权，因此广播电台应当向录音制作者某音像公司支付报酬。

6.（1）孙某既是作品的作者又是作品的表演者，同时具有著作权人和表演者的法律地位。电视台既是录像制品制作者，又是相关电视的播放者，同时具有录像制作者和广播组织的法律地位。网站将电视台播出的讲解内容录制下来属于复制行为，同时侵害了孙某作为著作权人和作为表演者的复制权，以及电视台作为广播组织享有的复制权。网站提供电视录制品的在线点播和下载，又同时侵害了孙某作为著作权人和表演者享有的信息网络传播权，以及电视台作为广播组织对其播放的电视享有的信息网络传播权。

（2）黄河电视台的行为是播放作品表演的录像制品，属于广播行为。孙某作为作者享有作为专有权利的广播权，长江电视台是录像制作者，也享有许可电视台播放的专有权利，也就是广播权。黄河电视台播放其制作的录像制品应当经过著作权人孙某和录像制作者长江电视台的许可。这里需要特别注意的是，孙某的作品虽然已经发表，但播放其作品的录像制品时，其广播权并不受到法定许可的限制。黄河电视台播放该录像制品时，仍然需要经过孙某的许可。孙某作为表演者，并不享有作为专有权利的广播权或者获酬权，因此黄河电视台无须向作为表演者的孙某获取许可。

三、论述题

1. 专有出版权并不是邻接权。邻接权与狭义著作权一样，都是绝对权，只能依法律的规定而产生，并不像债权那样，可以通过当事人的约定形成。如果一种权利源于当事人的约定而不是法律的规定，那么这种权利不可能是狭义著作权或者邻接权。

从《著作权法》第 32 条和第 33 条的规定可以看出，"专有出版权"是图书出版者与著作权人在出版合同中约定的权利。它实际上是著作权人将自己对相关作品所享有的属于狭义著作权的复制权和发行权许可给图书出版者行使，只不过许可的方式是专有许可而已。这就意味着专有出版权是图书出版者依据与著作权人签订的合同，从著作权人手中获得的对相关作品以图书的形式进行复制和发行的权利。图书出版者是以著作权人享有的复制权和发行权的专有被许可人的身份来行使权利的。因此专有出版权与其他民事主体依据与著作权人签订的合同而取得的其他专有权利的专有许可，在法律性质上没有任何区别。

假设某视频网站与电影制片者（电影作品的著作权人）签订的许可合同约定：该视频网站享有在特定区域、特定时间范围内特定电影作品信息网络传播权的专有许可，则该视频网站依据该专有许可合同取得的利用电影作品的权利，与图书出版者依据与著作权人签订的专有许可合同（图书出版合同）取得的专有出版权在性质上是相同的，本质上都属于狭义著作权，并不是邻接权。

2. 即兴创作作品并同时表演该作品的人，可以同时享有对作品的著作权和对表演的表演者权。如果有人并不是对此前已经创作完成的作品进行表演（如朗诵者拿着已出版的诗集朗诵其中的诗歌）而是即兴创作和即兴表演，依《著作权法》的规定，其创作的作品和进行的表演都受保护，此人并不因为是作品的作者，就丧失了表演者的法律地位。《著作权法》在规定表演者权时，也没有这样的"但书"。

以中国古代著名的《七步诗》为例，魏文帝曹丕要求其弟曹植在七步之内就作出一首诗，否则就要加害于他。曹植事先当然不可能有所准备，于是曹植即兴赋诗一首："煮豆燃豆萁，豆在釜中泣。本是同根生，相煎何太急？"假设当年也有著作权法，则边创作边吟诵的曹植就同时具有作者和表演者的身份，可以同时享有狭义著作权和表演者权，只是这两类权利针对的客体不同，前者针对诗歌（作品），后者针对表演活动（对诗歌的吟诵）。可能会有观点认为，《著作权法》中的表演者不包括即兴创作的作品并同时进行表演的人，理由是此人已经享有作品的著作权，没有必要再享有表演者权。这一观点并不成立，不仅在《著作权法》中没有依据，也不符合国际条约的规定。

《视听表演北京条约》对"表演者"定义的"议定声明"明确指出："各方达成共识，表演者的定义涵盖凡对表演过程中创作的或首次录制的文学或艺术作品进行表演的人。"[1] 根据此项"议定声明"，即兴创作作品并同时表演该作品的人，当然属于《视听表演北京条约》所定义的"表演者"。

与此同时，认为即兴创作作品并同时表演该作品的人只能作为作者享有狭义著作权，不能作为表演者享有表演者权的观点，也会不合理地损害此类民事主体的合法利益。假设甲为诗歌作者，乙为朗诵者，甲许可乙在收取门票的朗诵会上公开朗诵其诗歌。丙未

---

① 《视听表演北京条约》关于第 2 条 a 款的议定声明。

经许可将乙现场的吟诵进行录音，并制成录音制品提供网络点播。此举显然同时侵犯甲作为作者和乙作为表演者分别享有的狭义著作权和表演者权（具体为其中的信息网络传播权）。假设甲和乙均起诉丙侵权，法院分别判决丙向甲赔偿2万元、向乙赔偿1万元，即丙对未经许可传播作品和对作品的表演的侵权行为，总计应当赔偿3万元。但如果改变上述假想例中的事实，即改为乙在朗诵会上即兴创作了相同的诗歌并吟诵，而丙未经许可将其现场的吟诵进行录音，并制成录音制品提供网络点播。试问：乙起诉丙侵权后，法院应当认为丙仅侵犯了乙作为作者享有的狭义著作权，还是应当同时认定丙也侵犯了乙的表演者权？如果认为回答是前者，则乙仅应当获赔2万元，而不是3万元。这当然是不合理的，因为是乙的两种性质的成果——作品（诗歌）和表演未经许可被利用，乙理应就这两类成果都受到保护。

3. 回答是否定的。表演者、录制者和广播组织享有的"通过信息网络传播"的权利只能控制交互式传播，不能控制非交互式传播。

首先，从著作权法原理来看，作品的智力创造程度通常高于邻接权的客体，因此，《著作权法》对狭义著作权（作者权）的保护力度相应地高于对邻接权的保护力度，至少原则上不会低于对它们的保护力度。因此，《著作权法》不可能在同样赋予作者和邻接权人一项专有权利的情况下，规定邻接权人享有的这项专有权利在范围上更广。

其次，《世界知识产权组织版权条约》第8条规定：文学和艺术作品的作者应享有专有权，以授权将其作品以有线或无线方式向公众传播，包括将其作品向公众提供，使公众中的成员在其个人选定的地点和时间可获得这些作品。而《世界知识产权组织表演和录音制品条约》第10条和第14条仅规定：表演者和录音制作者应享有专有权，以授权通过有线或无线的方式向公众提供其录音制品，使该表演和该录音制品可为公众中的成员在其个人选定的地点和时间获得。两相对比，可以清楚地发现：该两项条约只要求缔约方赋予表演者和录制者以交互式手段提供其已录制的表演和录音制品的权利，但要求缔约方赋予作者以一项广义的"向公众传播权"，其中包括以交互式手段提供作品的权利。考虑到我国《著作权法》对作者、表演者和录制者的信息网络传播权的规定皆借鉴自这两项条约[1]，《著作权法》不可能超越这两项条约的要求，将表演者和录制者享有的信息网络传播权的范围规定得比作者享有的相同权利的范围还广。

最后，《信息网络传播权保护条例》第26条规定：信息网络传播权，是指以有线或者无线方式向公众提供作品、表演或者录音录像制品，使公众可以在其个人选定的时间和地点获得作品、表演或者录音录像制品的权利。这一条规定清楚地表明：表演者和录制者享有的"通过信息网络传播"的权利就是"信息网络传播权"，只涉及"交互式"传播，在范围上与作者享有的"信息网络传播权"没有任何区别。

4. 2020年修改的《著作权法》在广播组织权中规定信息网络传播权，会带来严重的正当性问题。试举一例说明：电影《永不消逝的电波》的保护期早已届满[2]，进入了公有

---

[1] 参与立法者清楚地指出：我国《著作权法》第41条（2020年修改后为第44条）是参照《世界知识产权组织表演和录音制品条约》第14条，为录制者规定"通过信息网络传播的权利"的。胡康生，主编. 中华人民共和国著作权法释义. 北京：法律出版社，2001：173-174.

[2] 电影《永不消逝的电波》于1958年上映。该片以李白烈士的事迹为原型，讲述了中共党员李侠潜伏在敌占区坚持用电台发送情报，为革命事业奉献出生命的故事。

领域，市面上也很难找到这部电影的光盘。某视频网站将某电视台播出的这部电影录制下来并提供点播服务，该视频网站是否侵犯了某电视台的信息网络传播权？按照《著作权法》第47条第1款的规定，回答是肯定的。这就意味着电视台仅仅因为播出了一部公有领域的电影，就对这部电影享有自播出之日起长达50年的信息网络传播权，而且只要每隔几年播出一次，就会不断获得新的50年的保护期，则某电视台因播放电影《永不消逝的电波》而取得的对"其播放的广播电视"的信息网络传播权将"永不消逝"！他人将永远不能录制某电视台播放的这部电影并提供网络点播。

有一种观点认为，在上述假想例中，某电视台每播出一次电影《永不消逝的电波》就享有一次保护期为50年的信息网络传播权的结果是正当的。其理由是乐队每演奏一次早已超过保护期的古典音乐，就享有一次保护期为50年的信息网络传播权。这是典型的"引喻失义"：表演者在表演作品（如乐队演奏古典音乐）的过程中，作出了有别于被表演作品的新贡献，即表演的声音或动作，因此表演者权指向的是"作品的表演"，也就是表演的声音或动作，而不是"被表演的作品"。不同的表演者对相同的作品进行表演，形成的声音或动作并不相同。即使是同一名表演者对相同的作品进行多次表演，每次表演所形成的声音或动作都会有所差异，表演者难免有时会说自己"这次发挥不好"，这正说明了对相同作品的多次表演不可能做到完全相同。换言之，即使表演相同的作品，表演者每表演一次都会作出新的贡献。这就是为什么表演者权针对的是每一次的表演。然而，同一电视台多次播放电影《永不消逝的电波》，或者不同电视台分别播放电影《永不消逝的电波》，该电视节目（电影的内容）并不会有任何区别。

显然，广播组织播放节目产生的贡献是载有节目的信号，因此其广播组织权针对的客体本也应该是信号。未经许可以有线或无线方式转播（"信号盗版"），直接利用了载有节目的信号，会分流广播组织的受众、减少其广告收入，因此广播组织应有权予以规制。但是，为广播组织规定信息网络传播权，远远超出了制止"信号盗版"的范围，而演变成为广播组织就其播出的节目享有权利。仍然以电视台播放电影《永不消逝的电波》为例：视频网站将电影录制后上传至服务器提供点播之时，载有电影的信号早已消失得无影无踪。信号本身是不可能"永不消逝"的，信号达到其传送的极限后自然就会消失。电影《永不消逝的电波》所要表达的思想当然不是电波（信号）本身能一直停留在空中，而是以片中主角的原型李白烈士为代表的中国共产党人为中国人民谋幸福、为中华民族谋复兴的伟大革命精神永不消逝！上述视频网站提供节目（已录制的电影）点播的行为，利用的仅仅是电视台播出的电影本身，而不是载有电影的信号。认为视频网站将电视台播出的电影录制下来后提供点播侵犯电视台的信息网络传播权，就如同认为网站将电影院播出的电影录制下来提供点播，或者将书店销售的图书扫描后提供下载侵犯电影院和书店的邻接权一样，在逻辑上是无法成立的，在后果上将导致对公共领域的侵蚀。

还有观点认为，只要视频网站没有录制电视台播出的这部电影，而是自行找到了这部电影的其他片源（没有电视台的台标）并将其上传至服务器供公众点播，就不会侵犯广播组织的信息网络传播权，因此为广播组织规定信息网络传播权不会损害公共利益。这一观点就相当于要求为电影院就其播放的电影和为书店就其销售的图书规定信息网络传播权，然后又称只要不是将在电影院偷拍的电影和在书店偷拍的图书上传至服务器供公众点播，就不会侵犯电影院和书店的信息网络传播权，因此为电影院和书店规定信息网络传播权是正当的。这种观点的谬误是显而易见的。如前文所述，单纯对作品的传播不可能产生邻接权，而一旦规定邻接权，任何人未经许可原则上不得实施受其专有权利控制的行为。这当然是在缺乏正当性的情况下挤压公共领域，损害公共利益。

第五章 著作权的限制

本章知识点速览

表 5-1 广播电台、电视台播放录音制品和录像制品（对作品表演的录音和录像）涉及的权利和许可

行为	电视台播放载有作品的录像制品	广播电台、电视台播放载有作品的录音制品
法条	《著作权法》第 48 条	《著作权法》第 45 条、第 46 条第 2 款
作品著作权	自愿许可	法定许可
表演者权	无权利，无须许可	
录制者权	自愿许可	获酬权（不是法定许可）

表 5-2 法定许可条款是否允许权利人作出保留声明的比较

许可类型	是否允许著作权人通过事先作出不得使用的 保留声明而排除法定许可的适用
报刊转载法定许可	允许
制作录音制品法定许可	允许
播放作品法定许可	不允许
编写出版教科书法定许可	不允许
制作和提供课件法定许可	不允许
通过网络向农村提供特定作品的准法定许可	网络服务提供者公告之日起 30 日，著作权人不同意提供的，网络服务提供者不得提供其作品

本章核心知识点解析

我国《著作权法》为著作权人规定了系列权利。为了鼓励和促进人们的创作积极性，保护这些权利具有重要的意义。但是出于公共政策的考虑，在赋予著作权人有限垄断权的同时，也要满足社会对知识和信息的需要，在一定条件下应该允许他人不经许可使用，甚至可以无偿使用作品。我国《著作权法》规定了对著作权的两类限制：合理使用和法定许可。它们之间的区别仅在于根据后者使用作品无须经过著作权人许可，但应当支付报酬；而根据前者对作品进行使用既不需要经过著作权人许可，也不需要支付报酬。

第一节 合理使用

一、了解合理使用的概念

◎ 难度与热度

难度：☆☆☆　热度：☆☆

既不需要经过权利人许可，也无须向权利人付费，就可依法利用作品或其他受保护客体的行为。

严格意义上的"合理使用"特指美国《版权法》第 107 条规定的机制。该条将既不需要经过版权人许可，也不需要向其支付报酬的使用作品行为称为"合理使用"（fair use），但并没有穷尽式地列举构成"合理使用"的各种具体情形，只是规定了法官在判断他人未经许可实施一种受专有权利控制的行为是否构成"合理使用"时四个可供考虑的因素：（1）使用的目的和性质，即使用是出于商业目的还是教育目的；（2）被使用作品的性质，即作品是具有高度独创性的还是包含大量公有领域的材料；（3）被使用部分的数量和重要性，即被使用的部分占原作的比例及重要程度；（4）对作品潜在市场或价值的影响，即使用是否会影响原作及演绎作品的市场销路。

欧洲大陆法系国家的著作权立法中并没有"合理使用"的称谓，而是将所有不需要经过著作权人许可的使用作品行为归入"权利的例外和限制"条款，这些条款总是对各种例外情形作出非常具体、全面的列举，但往往缺乏一项判定特定行为是否属于"例外和限制"的一般原则。这样，法官就难以运用自由裁量权在著作权法规定的情形之外认定受"专有权利"控制的行为不构成侵权。[①] 英国、加拿大等其他英美法系国家的版权法在这方面接近大陆法系国家的模式，只是将"限制和例外"称为"公平行为"（fair dealing），同时又以判例法确定的原则作为法官在个案审理时的补充。

我国《著作权法》第 24 条并未规定判定特定行为是否属于"例外和限制"的一般原则或供法官考虑的因素，而是一一列举了既无须经过许可，也无须付费的使用情形，因此，我国并没有严格意义上的"合理使用"机制。但由于学界和业界已习惯于将《著作权法》第 24 条规定的"权利的限制"称为"合理使用"，本书为了论述的方便，下文仍然沿用"合理使用"的说法。

《伯尔尼公约》、TRIPs 协定和《世界知识产权组织版权条约》虽然允许成员国对著作权规定限制和例外，但均以该规定只能在特殊情况下作出、与作品的正常利用不相冲突，以及没有不合理地损害权利人合法权益这三个条件为前提。这就是"三步检验法"或"三步检验标准"（three-step test）。根据"三步检验标准"，各成员国不仅只能针对特定情形规定对"专有权利"的限制和例外，而且对相应条款的制定和解释应当适当、合理，不能导致影响作品正常利用和严重损害权利人合法权益的后果。换言之，一种本应受到专有权利控制的行为是否无须经过权利人许可或不向其支付报酬，最终判断标准并不是它是否被列举在成员国立法所规定的"权利限制"条款之中（包括称为"合理使用"

[①] Andre Lucasn, Pascal Kaminan, Robert Plaisantn. FRA International Copyright Law and Practice. Matthew Bender & Company, Inc., 2005.

"权利的限制和例外"的条款），而是它是否能够通过"三步检验标准"的检验。我国《著作权法》第 24 条也明确规定，对于该条所列举的可以不经著作人许可，不向其支付报酬的使用行为，"不得影响该作品的正常使用，也不得不合理地损害著作权人的合法权益"，从而体现了"三步检验标准"的要求。因此，"三步检验标准"已经被转换为我国国内立法，成为法院在作出相关判断时必须依据的最终标准。

当然，由于"与作品的正常利用不相冲突""不能无理损害权利人合法权益"都是十分抽象的用语，各成员国可能会有不同的理解和判断标准。例如，美国《版权法》第 107 条专门指出：即使作品尚未发表，对作品未经许可的使用仍然可能构成"合理使用"。这与我国《著作权法》的规定是截然相反的。但是，某些明显损害著作权人其他合法权益的使用，如在引用他人著作时不注明出处等，在各国都是不被允许的。

二、合理使用的类型

◎ 难度与热度

难度：☆☆☆☆　　热度：☆☆☆☆

《著作权法》第 24 条列举了 12 种合理使用的情形，每一种都有其法定条件。

《著作权法》第 24 条列出了可构成"合理使用"的具体情形，同时，《信息网络传播权保护条例》也在此范围内规定了在数字环境中"合理使用"的具体情形，但均是针对已发表作品，同时必须"指明作者姓名或者名称、作品名称，并且不得影响该作品的正常使用，也不得不合理地损害著作权人的合法权益"。下文对这些情形加以逐一讲解。

（一）个人使用

我国《著作权法》第 24 条规定的第一种"合理使用"情形是：为个人学习、研究或者欣赏，使用他人已经发表的作品。这种"合理使用"情形仅限于纯粹为个人目的而进行的使用，如学者或学生在图书馆复印一部作品的片段或期刊中的一篇文章等。如果使用具有直接商业动机，或者将复制件向公众散发，则不能构成"合理使用"。例如，在日本发生的著名判例"三精运输机株式会社（Sansei Yusoki K. K）诉东宝舞台株式会社（Toho Stage K. K）案"中，被告复制了原告为投标韩国的国家大剧院而制作的设计图。被告认为自己的行为是私人复制，可构成"合理使用"。但法院拒绝了这一理由，指出："合理使用"只允许在家庭或有限范围内为个人使用而进行复制，在公司中为商业目的进行的复制不是个人使用，需要获得原告的许可。[①] 但是，大部分国家都承认公司中科研人员为进行研究而使用他人作品的行为只具有间接商业目的，仍然可能构成"合理使用"。

（二）适当引用

第二种"合理使用"情形是：为介绍、评论某一作品或者说明某一问题，在作品中适当引用他人已经发表的作品，包括在通过信息网络提供的作品中适当引用他人已经发表的作品。这种"合理使用"是为创作作品，特别是创作评论文章或学术著作所必需的，因为在对他人的作品进行评论或论证观点、说明问题时，经常需要对他人作品中的具体表述加以引用，即所谓"旁征博引"。例如，一名学者要对另一名学者某篇论文中的某种

---

① Teruo Doin, *Japan*, §8（2）（a）（i）, in Paul Edward Geller（ed.）, International Copyright Law and Practice. Matthew Bender & Company, Inc. , 2006.

学术观点进行批评，就需要引用后者的一部分原文，以使读者明了批评的对象。有时甚至需要全文引用，如对他人发表的短诗撰写鉴赏文章，此时当然会发生"复制"行为。再如，电视台开办的影视评论栏目需要播放影视剧的片段，以使观众理解评论员对影视剧成功或缺陷之处的评价。本项"合理使用"正是豁免了此类复制或播放行为所可能导致的侵权责任。

《著作权法》将"为介绍、评论某一作品"和"为说明某一问题"相并列，意味着区分了两种情况：一种是对作品的引用与该作品直接相关，这是对作品本身的介绍和评论；另一种则是对作品的引用与该作品并不直接相关，这是用作品说明其他问题。例如，邵逸夫先生去世时，由于他是邵氏兄弟电影公司的创办人之一，电视台制作了专题节目回顾他的生平，其中展示了邵氏兄弟电影公司拍摄的经典电影片段，这比单纯地用文字播报这些电影的名称更能说明邵氏兄弟电影公司事业的成功。再如，在历史题材的专题片中，为了对某一历史人物或事件加以说明，往往会配上电影中的一些相关镜头。虽然引用电影片段可能并非为说明这一问题所必需，但并不意味着这种引用就一概侵权。《伯尔尼公约》第10条第1款规定：对于已合法公之于众的作品，允许进行引用，只要这种引用符合公平惯例，且不超出达到目的的正当需要范围。可见该条没有将引用的目的限于对被引用作品本身的介绍或评论。

"适当引用"意味着应当在自己的创作过程中引用合理长度的作品片段，而不允许完全或主要以他人作品代替自己的创作，因此，将他人作品中的内容加以拼接的行为并不是创作中的适当引用。"引用"的目的应当限于"介绍、评论和说明"，而不是单纯地向读者展现被引用的作品本身，导致新作品与原作品在市场上形成竞争。例如，为了对他人油画中使用的技巧进行评论和说明，可以在文中复制这幅画。但如果仅仅将他人油画用作自己作品的装饰，以增加作品的吸引力，则不构成"合理使用"，而应当取得作者许可。

（三）新闻报道中的使用

第三种"合理使用"情形是：为报道新闻，在报纸、期刊、广播电台、电视台等媒体中，以及在通过网络向公众提供的作品中不可避免地再现或者引用已发表的作品。

这一"合理使用"是为了保障公民对新闻的知情权，而允许在进行新闻报道时附带性地复制或广播作品。例如，电视台要制作并播出某演唱会的新闻，就需要对现场情况有选择地加以录制、剪辑和播出，其中不可避免地会将歌手演唱的实况片段纳入新闻节目中播出，这必然涉及对音乐作品的复制和广播。这种行为只要没有超出报道新闻的必要限度，就可以构成"合理使用"。但是，电视台未经许可而将演唱会中歌手对一首歌曲的演唱完整地录制下来并播出，就不再是"合理使用"，而是构成侵权行为了。

需要注意的是，"不可避免地再现或者引用"并不能被理解为只要不再现或引用作品，就完全无法报道新闻，否则，该条"合理使用"的规定就几乎丧失存在价值了，因为绝大多数新闻都可以用简单的文字描述加以报道。如电视台要报道演唱会的新闻，即使不录制演唱会现场的歌声片段，仅让播音员进行解说，也能对该新闻进行报道，只是这样的报道不够生动而已。世界知识产权组织编写的《伯尔尼公约指南》在解释《伯尔尼公约》允许为报道新闻而引用作品时指出："时事新闻报道的主要目的是让公众有一种参与其中的感觉。"① 如果在报道演唱会时不使用一小段现场录音,或在报道画展时没有一两个画作的特写镜头,听众或观众很难有"参与其中"的感觉。因此,"不可避免"并不是指在不再现或不引用作品的情况下,就无法以任何其他方式报道新闻,而是指如果不再现或不引用作品,就无法使公众身临其境地了解新闻事件的内容。这就意味着如果作品本身就出现在了新闻事件之中,在进行新闻报道时附带性地再现或引用作品,应被认定为"合理使用"。如一部新电影上映后票房收入创出新高,为报道这一新闻,电视台可以给出影院正在播放的电影的几秒钟片段,以使观众切身感受到该电影在影院热播的场景。

(四) 对时事性文章的使用

第四种"合理使用"情形是:刊登或播放其他报纸、期刊、广播电台、电视台等媒体已发表的关于政治、经济、宗教问题的时事性文章,以及向公众通过网络提供已经在网络上发表的关于政治、经济问题的时事性文章,但著作权人声明不许刊登、播放、提供的除外。之所以有权作出声明的是"著作权人"而不限于"作者",是因为根据《著作权法》第18条第2款的规定,报社、期刊社、通讯社、广播电台、电视台的工作人员创作的职务作品属于特殊职务作品,其除署名权外的著作权由该报社、期刊社、通讯社、广播电台、电视台享有。而报纸、期刊、广播电台、电视台等媒体已发表的关于政治、经济、宗教问题的时事性文章,许多都属于此类特殊职务作品,除署名权之外的著作权并不归属于作者,因此,此类特殊职务作品的著作权人,即报社、期刊社、通讯社、广播电台、电视台,可以作出不许刊登、播放、提供的声明。

了解国家目前的政治、经济状况,不仅是每个公民的权利,也是公民参加国家政治生活、参与民主政治进程的前提条件,例如,《人民日报》刊登的政治评论员文章属于典型的"政治问题的时事性文章",其他报刊可以不经作者许可进行转载,广播电台、电视台也可以不经作者许可而播放,但应当指明作者姓名(如"任仲平",即"《人民日报》重要评论"的谐音,是《人民日报》选择采用的署名)及其原载《人民日报》。在网络时代,有的时事性文章可能会首先在网络中发表,为了保障公民的知情权,其他网站就可以对其进行转载。需要指出的是:一篇文章只有在涉及对当前政治、经济和宗教生活中重大问题且具有很强的时效性时,才属于"时事性文章",对它的转载和广播才可能被认定为"合理使用"。

例如,某网站未经许可转载了《国产手机乱象》一文。该文开篇即介绍了国产手机遭到国际手机巨头强势阻击,经营遇到困难的情况,接着分别简要介绍了"夏新""TCL""中科健""迪比特"四款国产手机企业的发展战略特点及得失,随之引出国产手机"选择什么路,能决定的,最终还会是自己"的观点。为此,该文以"联想""TCL"手机生产企业能够"一枝独秀""逆风飞扬"的发展事例,进一步指出要将企业发展的"根"牢牢地扎在养育自己的土地上。在此基础上,该文更进一步提出解决国产手机出路的途径还是企业"各自对手机产业未来的判断,以及它们所形成的资源整合力在产业内的相对竞争优势"。最后,该文围绕着其提出的这一摆脱国产手机产业发展困境的途径,逐一评析"迪比特""中科健""TCL""夏新"等国产手机企业在应对市场环境过程中所

---

① 保护文学和艺术作品伯尔尼公约(1971年巴黎文本)指南. 刘波林,译. 北京:中国人民大学出版社,2002:51.

采取的经营举措、经验教训。[1]该文的著作权人起诉该网站侵权，本案的关键在于该文是否属于"有关政治、经济、宗教问题的时事性文章"。法院认为："时事性文章"应具备时效性和重大性。《国产手机乱象》关于时效性和重大性的严峻形势的内容约为文章篇幅的四分之一左右，而营销策略部分则占到四分之三左右。由于"国产手机乱象"并不能归结为"国内外大事"，缺乏重大性特征，故《国产手机乱象》一文虽可以被认定为关于经济问题的文章，但不能被当然地认定为关于经济问题的"时事性文章"。据此，法院认定网站的转载行为构成侵权。[2]

（五）对公众集会上讲话的使用

第五种"合理使用"情形是：刊登、播放或通过网络传播在公众集会上的讲话，但作者声明不许刊登、播放、提供的除外。允许使用此种作品是为了让公众了解当前政治生活中的事件和观点，为公民的参与创造条件。

例如，某一政府官员在公开会议上作当前政治、经济形势的报告。该报告虽然也可能符合作品的构成要件，但它更为重要的意义是向公众传达公共政策信息。再如，人民代表在各级人民代表大会上的发言，不仅可能构成口述作品，还传达了民意以及代表个人的政治理念。在这种情况下，只要讲话者没有作出保留声明，公众对政治生活的知情权应当优先于讲话者个人的著作权。对该报告，报刊可以刊登，广播电台、电视台可以播放，网站也可以传播。

需要注意的是，本项"合理使用"的立法目的是确保相关信息迅速地向公众传播。如果将他人的多次演讲结集成册出版或传播，则超出了保障公众在第一时间"知情"的需要，这种行为应当获得演讲者的许可。《伯尔尼公约》第2条之二第2款规定：本联盟成员国的立法可以规定在何种条件下，如在为提供信息所需的合理范围内，准许对公开进行的授课、演讲或其他相同性质的作品进行报刊登载、无线广播或向公众以有线方式传播。第3款则规定：作者享有将上述作品收编成汇集本的专有权利。我国《著作权法》规定"汇编权"，本意也是为实施《伯尔尼公约》的这一规定[3]，只是实施方式似有不妥。

（六）在课堂教学和科研中使用

第六种"合理使用"情形是：为学校课堂教学或者科学研究，翻译、改编、汇编、播放或者少量复制已经发表的作品，供教学或者科研人员使用，但不得出版发行，以及通过网络向少数教学、科研人员提供少量已经发表的作品。

在教学准备和教学活动中，教师有时需要将图书馆中外文藏书的一小部分予以复印，用作教学时的参考；或者将这部分翻译成中文，供本教研室其他教师参考；语文教师需要将一部长篇小说为教学目的改写成适合低龄学生理解的缩写版，以此为基础进行备课，或者在平时收集整理名人名言，将其汇编成册，在课堂上讲解。这些活动是为教学所必需的，因此被归入"合理使用"。

---

[1] 这是本案一审法院对该文内容的总结，参见北京三面向版权代理有限公司与合肥邦略科技发展有限公司著作权侵权纠纷案，安徽省合肥市中级人民法院（2007）合民三初字第66号民事判决书。

[2] 北京三面向版权代理有限公司与合肥邦略科技发展有限公司著作权侵权纠纷案，安徽省高级人民法院（2007）皖民三终字第0029号民事判决书。

[3] 遗憾的是，我国的立法者对《伯尔尼公约》的该条规定有所误解，参见本书第三章同步练习中相关论述题的解答。

还需要指出的是：如果翻译、改编、汇编、复制和网络传播超出了必要的限度，导致了"市场替代"效果，使学校和科研机构不再购买正版作品，而是经常性地使用未经许可的翻译件、复制件、改编版本或汇编版本作为替代，从而实质性地损害了著作权人的合法利益，则不应被视为"合理使用"。假如某机构将自己订购的国外期刊经常性地予以复印并分发给其他大学或科研机构，或者将期刊扫描之后置于教学网上供大量教师下载，或者将他人教材按学生人数全书复印后发给学生，即使没有从中赢利，也没有公开出版、发行，仍然不能构成"合理使用"。在"美国教育考试服务中心诉新东方学校案"中，新东方学校未经许可，复制托福（TOEFL）考试题并以出版物的形式在其校内和网上向不特定人公开销售。法院认定其使用作品的方式已超出了课堂教学合理使用的范围，构成侵权行为。[①]

本项"合理使用"有"供教学或者科研人员使用"的限定，也就是只能供"教学人员"（教师）和"科研人员"使用。这就意味着"供教学对象"（学生）使用，并不在此项"合理使用"的范围之内。如在大学课堂上，教师有时需要先向学生印发他人论文片段并提出问题，再在课堂上进行讨论。该行为虽然属于课堂教学活动，但并非将他人论文"供教学或者科研人员使用"，不符合本项"合理使用"的条件。但许多国家的著作权法并未作如此狭窄的限定，而是允许在符合"三步检验标准"的前提下向学生散发作品片段或以其他方式使用作品。在我国，开展文字作品著作权集体管理的时间并不长，按照复印数量向著作权人支付许可使用费在现实中尚不可能，更是应当承认合理范围内为教学目的向学生散发作品片段的使用是"合理使用"。

（七）国家机关公务使用

第七种"合理使用"情形是：国家机关为执行公务在合理范围内使用已经发表的作品，包括在合理范围内通过网络向公众提供已经发表的作品。

国家机关出于执行公务目的经常需要以合理的方式对作品进行使用。例如，公安机关张贴或在网络中分发的通缉令中往往要使用犯罪嫌疑人的照片或画像，即使该照片或画像是受著作权法保护的作品，由于公安机关并非出于展示照片或画像艺术价值的目的，而是出于向公众宣告犯罪嫌疑人长相的目的，故该公务性使用仍然可构成"合理使用"。再如，法院在审理案件过程中，法官可复印一部著作的片段用作参考资料。在结案之后，法院还需要将全套诉讼材料复印、扫描后存档。即使其中有原、被告提交的作为证据使用的作品，法院也可以复制。

但是，为执行公务而使用仍然要符合"三步检验标准"，要受到"合理范围"的限制。例如，政府机关不能以"执行公务"为借口使用盗版软件，因为这种使用与公务之间实际并无必然联系，并且会导致对软件著作权人不合理的损害。同样，政府机关也不能仅仅因为经费紧张就不去订购报刊资料，而经常性地加以复印。换言之，国家机关对作品的使用应具有必要性，使用方式应与执行公务的需要相适应。例如，某市监察局未经许可在其主办的当地廉政网上刊登了一部4 000字的以反腐倡廉为主题的人物传记。法院认为：公务性合理使用有严格的条件限制，使用的目的是执行公务，而且使用的必要程度、方式、范围、所使用部分的数量和内容等均应合理。虽然监察局负有宣传反腐

---

① 北京市高级人民法院（2003）高民终字第1393号民事判决书。

倡廉的工作任务，但其使用涉案作品并非完成该项任务所必需，且使用了作品的全文，传播范围十分广泛，因此该使用行为并不属于合理使用。[①]

（八）图书馆等对馆藏作品的特定复制和传播

第八种"合理使用"适用于图书馆、档案馆、纪念馆、博物馆、美术馆、文化馆等。《著作权法》规定：这些机构为了陈列或者保存版本的需要，可以在不经过著作权人许可且无须支付报酬的情况下复制本馆收藏的作品，包括以数字化形式复制本馆收藏的作品。

图书馆等收藏的作品的物质载体经过长期使用后会自然磨损。出于继续向公众提供借阅或展览的需要，此类主体需要以复制方式保存版本。这在作品已经绝版的情况下特别有用。这种复制并不会严重损害著作权人的经济利益，可以构成"合理使用"。但是，如果图书馆等不是出于保存本馆藏品的需要，而是出于节省开支的考虑以廉价的复印件代替市场上出售的原版作品，显然不是"合理使用"。

鉴于数字化复制的廉价和迅捷可能会对著作权人的利益造成不利影响，《信息网络传播权保护条例》第 7 条对图书馆、档案馆、纪念馆、博物馆、美术馆等为了陈列或者保存版本的需要而以数字化形式复制本馆收藏的作品作出了特别限定：这些作品应当是已经损毁或者濒临损毁、丢失或者失窃，或者其存储格式已经过时，并且在市场上无法购买或者只能以明显高于标定的价格购买的作品。例如，图书馆所藏的热门书籍失窃之后，只要市场上仍然有相同书籍出售，图书馆就应当出资购买，而不能为了节省经费自行以数字化手段加以复制。再如，图书馆原来藏有以录像带形式保存的电影作品，即使录像带因时间久远濒临损坏，而且该录像使用的也是已经过时的 VHS 或 Betamax 存储格式，但只要该电影作品在市场上还有以 DVD 光盘为存储介质的销售，图书馆就不能自行将录像带转录成 DVD 格式加以保存，而应当在市场上购买，否则，仍然会构成对著作权人复制权的侵犯。

图书馆等同时具有"资料保存"与"信息提供"这两种不同功能，上述适用于图书馆等的"合理使用"应是针对前一种功能而言的。随着技术的进步，图书馆的"信息提供"方式也日益多样化，除了出借纸质书等作品有形复制件，图书馆还可以在视听阅览室中播放音乐或电影，以及将数字化作品置于网上传播。这些行为不但可能涉及对作品的复制，而且还可能涉及对作品的机械表演、放映或网络传播，如果不当实施就可能不合理地损害权利人的利益，因此，这类行为只有在符合严格法定条件的情况下才能构成"合理使用"。例如，有的图书馆的视听阅览室是在向读者收费之后才允许读者点播欣赏电影的。这等同于使用电影作品牟利，此时图书馆与一般的影视厅并没有什么不同，如果未经电影作品著作权人许可必然会构成对权利人放映权的侵犯。即使视听阅览室是免费提供电影作品点播的，但如果其放映的是正在影院热播的新电影，就可能影响票房，造成不利影响，也很难构成"合理使用"。图书馆通过网络传播作品对著作权人的影响更大，如果读者足不出户就可以登录图书馆的网站全文阅读或下载作品，必然会影响作品在有形市场上的销量。

对此，我国《著作权法》仅对图书馆的"信息保存"功能规定了上文所述的"合理使用"。对于"信息提供"功能，《信息网络传播权保护条例》第 7 条第 1 款规定：图书

---

① 浙江省高级人民法院（2009）浙知终字第 118 号民事判决书。

馆、档案馆、纪念馆、博物馆、美术馆等可以不经著作权人许可，通过信息网络向本馆馆舍内服务对象提供本馆收藏的合法出版的数字作品和依法为陈列或者保存版本的需要以数字化形式复制的作品，不向其支付报酬，但不得直接或者间接获得经济利益。当事人另有约定的除外。同时，该条例第 10 条还要求图书馆等采取技术措施，防止服务对象以外的其他人获得著作权人的作品，并防止服务对象的复制行为对著作权人的利益造成实质性损害。

这项"合理使用"规定为图书馆等限定了通过网络提供数字化作品的场所、对象和方式。首先，图书馆等只能通过网络在馆舍之内向读者提供数字化作品，而不能通过网络向馆舍之外的读者提供数字化作品，如将作品置于网络之上，使读者在馆外也可以在联网的计算机上登录阅读。其次，图书馆等能够通过网络在馆舍之内合法提供的作品被严格限定为两种情况：一是图书馆等在合法收藏时就是以数字格式存在的，如光盘版《中国大百科全书》。二是在馆藏作品已经损毁或者濒临损毁、丢失或者失窃，或者其存储格式已经过时，并且在市场上无法购买或者只能以明显高于标定的价格购买时，图书馆等为了陈列或保存版本的需要而制作的数字化复制件。这意味着图书馆不得为了通过网络向馆舍内的读者提供作品而超出上述范围擅自将馆藏作品进行数字化。最后，图书馆等必须在通过网络向馆舍内的读者提供数字化作品时采用加密、身份验证等技术性措施，只允许读者在线阅读，而不允许读者将数字化作品复制到自带的移动硬盘等存储设备之中，以防止该数字化作品被带到馆舍之外后又被复制和传播，影响著作权人的利益。

（九）免费表演

第九种"合理使用"情形是：免费表演已经发表的作品，该表演未向公众收取费用，也未向表演者支付报酬，且不以营利为目的。

《著作权法》第 10 条第 1 款第 9 项规定，表演权是"公开表演作品，以及用各种手段公开播送作品的表演的权利"。这说明著作权法意义上的"表演"不仅指由表演者在现场进行的朗诵、演唱、演奏、跳舞等表演活动，也包括"机械表演"，如用 CD 机播放音乐 CD，通过自动钢琴弹奏音乐等。此项"合理使用"的规定并没有明确说明"免费表演"是仅指"现场表演"还是同时指"机械表演"，但从"未向表演者支付报酬"推断，应当仅指"现场表演"，而不包括"机械表演"在内，因为在"机械表演"的情况下，不存在表演者（表演作品的人），自然也无所谓"向表演者支付报酬"。据此，交响乐团赴养老院为老人进行义务演出，学生在大学的校庆晚会上面向全校师生唱歌跳舞，就属于此项"合理使用"。

构成这种"合理使用"有严格的条件限制：既不能向公众收取费用，也不能向表演者支付报酬，且不以营利为目的。这里的"费用"和"报酬"包括以任何名义收取或支付的、与欣赏或表演作品有关的、直接或间接的费用和报酬，如向表演者支付的车马费、出场费或实物对价，以及向观众收取的餐饮费、场地费、会员费等；"营利"也包括直接和间接的"营利"。如果一家餐馆有偿聘用一名歌手在席间弹唱享有著作权的歌曲，当然应当获得著作权人的许可并支付报酬。即使餐馆并未向歌手支付任何费用，也没有向前来就餐者直接收取餐费之外的额外费用，该表演也不属于"免费表演"，原因是在这种营利性场所表演是一种招揽顾客的手段，能带来额外的营业收入。假设有两家菜品质量和环境等其他条件都几乎相当的餐厅，一家餐厅中有音乐演奏，另一家没有，相信多数顾客会倾向于去有音乐演奏那家餐厅就餐。允许其免费利用作品增加营业收入对著作权人而言是不公平的，因此不应认定该表演行为属于"免费表演"。由此可见，经营场所的此类表演本质上都以营利为目的，都需要经过著作权人的许可。

（十）对公共场所艺术品以平面形式进行利用

第十种"合理使用"情形是：对设置或者陈列在公共场所的艺术作品进行临摹、绘画、摄影、录像。

对于绘画、书法等平面艺术作品进行临摹、绘画、摄影和录像，是一种典型的以无接触方式实施的"从平面到平面"的复制或演绎行为；而对于雕塑等三维艺术作品的临摹、绘画、摄影和录像，则是以无接触方式实施的"从立体到平面"的复制或演绎行为。虽然这两类复制或演绎行为都受艺术作品著作权人复制权或演绎权的控制，但设置或陈列在公共场所的艺术作品已经成为公共文化生活的一部分，应当给予公众以较多的使用自由。同时，在这种情况下要求公众在临摹、绘画、摄影和录像之前征得著作权人许可并支付报酬，在许多情况下也是不现实的。这样，对公共场所的雕刻、雕像、书法、绘画等进行上述利用，就不是侵犯著作权的行为。

值得讨论的是，以临摹、绘画、摄影和录像方式将公共场所的艺术作品复制或演绎到平面载体上之后，能否再以其他受"专有权利"控制的方式加以使用呢？根据最高人民法院《著作权司法解释》第 18 条的规定，公共场所艺术作品的临摹、绘画、摄影、录像人，可以对其成果以合理的方式和范围再行使用，不构成侵权。那么，何种使用方式和范围才属于"合理的"呢？首先，如果对公共场所的平面美术作品，如绘画和书法等，进行"从平面到平面"的拍摄或临摹之后，再将由此形成的平面复制件或演绎作品进行商业性利用的行为，如制作明信片或挂历等，应构成侵权行为。这是因为著作权人正常使用平面美术作品的方式比较单一，就是授权他人复制作品或创作演绎作品之后再加以商业性利用。例如，美术作品作者可以授权电信部门在其发行的各类电信卡上再现其美术作品，或授权网站在其网页上使用其美术作品作为装饰等。如果认为只要一幅平面美术作品被置于公共场所，他人就可以在拍摄或临摹之后随意进行商业性使用，势必会严重影响美术作品著作权人对他人发放许可，并威胁到其收入来源，因此会构成与美术作品正常使用方式的冲突并影响著作权人的合法利益。

其次，对于公共场所的雕刻、雕塑和建筑作品等三维艺术作品进行"从立体到平面"的拍摄或临摹之后，还可能以两种方式对其进行"从平面到立体"的利用。第一种方式是根据平面照片或绘画，重新制作或建造完全相同或相似的三维艺术作品。这种利用方式显然已经超出了"合理"的范围，不符合"三步检验标准"。这是因为制作或建造相同或相似的三维艺术作品是权利人利用三维艺术作品的正常方式，也是权利人获得经济利益的主要来源。如创作建筑作品的主要目的就是去建造建筑物，如果将根据平面的建筑作品照片去建造相同或相似建筑物的行为视为"合理使用"，则任何人都可以据此在不经过许可和支付报酬的情况下随意模仿世界上著名的建筑作品（如上海的金茂大厦、香港的中银大厦、台北的 101 大楼等），对建筑作品的著作权保护就成了一句空话，因此，这种行为应被认定为侵权。

第二种方式是根据平面照片或绘画，制作模型纪念品等复制件并向公众销售。这种现象在现实中比较常见，如上海"东方明珠塔"附近有许多小贩会向游客兜售"东方明珠塔"的模型。对于这种行为是否构成侵权，我国《著作权法》和相关司法解释并未作出明确规定。部分国家已在著作权立法中明确禁止这种行为。三维的模型复制件虽然不能完全展示原三维雕刻、雕塑和建筑作品的美感和艺术价值，但毕竟可以在一定程度上被视为原作品在艺术上的替代欣赏品，与原作品存在一定竞争和替代关系。特别是许多建筑作品的权利人都会授权制作三维模型，作为纪念品销售。因此，未经许可制作和出售公共场所三维艺术作品的模型复制件可能会与对这些作品的"正常使用"产生冲突。

例如，在"鸟巢型烟花案"中，某烟花公司制造并销售的一款名为"盛放鸟巢"的烟花产品（见图5-2）与国家体育场（见图5-1）（常被称为"鸟巢"）的造型非常相似，对国家体育场建筑作品享有著作权的国家体育场有限责任公司起诉该烟花公司侵犯建筑作品著作权。

图5-1　国家体育场　　　　　　　　图5-2　"盛放鸟巢"烟花产品

法院经审理后认为：在判断是否构成合理使用时，需要考虑该使用方式是否会影响作品的价值或者潜在市场，亦即是否会影响权利人对该作品的正常使用。作品的正常使用，是指在一般情况下人们可能合理地预期到的作者利用其作品的各种方式，包括作者所预期的现实存在的作品使用方式和未来可能出现的作品使用方式。将建筑设计应用到其他产品上属于可以预见的使用方式，被告的行为直接影响到原告对其作品的二次商业化利用，会不合理地损害原告的利益。法院因此判决被告败诉。[①]

最后，对公共场所的雕刻、雕塑和建筑作品等三维艺术作品进行"从立体到平面"的拍摄、绘画或临摹之后，还可能对由此形成的照片、绘画等平面复制件进行商业利用，如制作并出售明信片或挂历。这种行为对著作权人经济利益的影响是有限的。这是因为这类艺术作品原本是以三维形式存在的，对其"正常的使用方式"也是使用其三维形式，如展出雕刻、雕塑，或在其他场所重新制造并矗立三维的雕刻、雕塑，或在其他场所重新建造相同的建筑作品。作者获得经济利益的主要方式，也是对其作品以三维形式进行使用。这类三维艺术作品的二维形式（照片、绘画）并不能全面体现三维作品的美感和价值，因此，二维复制件与三维作品之间并不存在直接的市场替代或竞争关系，例如，上海"东方明珠塔"的明信片并不会与"东方明珠塔"本身产生竞争关系。加之考虑到设置或陈列在公共场所的立体艺术作品本身是公共文化生活的一部分，允许对这类艺术作品二维形式的利用是合理的。在我国司法实践中，也多次发生过因对拍摄室外雕刻或建筑作品而形成的平面复制件进行商业性再利用而引发的纠纷。例如，在2003年发生的"五月的风"案中，青岛海信通信公司未经许可，将矗立在青岛市五四广场的雕塑作品

———————————
① 国家体育场有限责任公司与熊猫烟花集团股份有限公司等著作权纠纷案，北京市第一中级人民法院（2009）一中民初字第4476号民事判决书。

"五月的风"拍摄成照片后,将照片作为"壁纸"设置在其所生产的海信手机显示屏中。雕塑作品权利人起诉被告侵害其著作权。在此案审理过程中,山东省高级人民法院向最高人民法院进行请示,最高人民法院回复指出:最高人民法院《著作权司法解释》第18条第2款已经规定:对(《著作权法》第24条第1款第10项中)艺术作品的临摹、绘画、摄影、录像人,可以对其成果以合理的方式和范围再行使用,不构成侵权。而"合理的方式和范围",应包括以营利为目的的"再行使用"。这是制定该司法解释的本意。该司法解释的这一规定既符合《伯尔尼公约》规定的合理使用的基本精神,也与世界大多数国家的立法例相吻合。[①] 据此,法院驳回了原告的诉讼请求。[②]

(十一)制作少数民族语言文字版本

第十一种"合理使用"情形是:将中国自然人、法人或者非法人组织已经发表的以国家通用语言文字创作的作品翻译成少数民族语言文字作品在国内出版发行,以及通过网络向中国境内少数民族提供。《国家通用语言文字法》第2条规定:"本法所称的国家通用语言文字是普通话和规范汉字。"因此,本项"合理使用"允许将以汉字创作的作品翻译成少数民族语言文字作品在国内出版发行,但不允许将以少数民族语言文字创作的作品翻译成汉字作品出版发行。

这种"合理使用"是为了增加少数民族获得信息和受教育的机会,以促进少数民族社会、经济的发展。这一公共政策比保障著作权人的利益更为重要。但是,各国民族构成不同,对少数民族的政策也有所区别。要求外国著作权人也放弃许可和获得报酬的权利,为我国的少数民族服务并不合适,也缺乏条约依据。换言之,国内作者有义务"将汉族的科学文化知识介绍给兄弟民族,加速当地科学文化的发展"[③],但外国作者并无这样的义务。因此,本条"合理使用"将使用范围限定于将中国自然人或组织的汉字作品翻译成少数民族语言文字在中国境内出版发行以及通过网络向中国境内的少数民族提供。这意味着要想将外国人的作品翻译成少数民族语言文字作品并出版发行,或通过网络向中国境内的少数民族提供,仍然应当经过许可并支付报酬。

(十二)制作、提供无障碍格式版本

第十二种"合理使用"情形是:以阅读障碍者能够感知的无障碍方式向其提供已经发表的作品。阅读作品是人们接受教育和参与文化生活的主要方式。然而,由于先天残疾、后天疾病或事故,有相当一部分人无法正常阅读。根据2013年缔结的《关于为盲人、视力障碍者和其他印刷品阅读障碍者获得已出版作品提供便利的马拉喀什条约》(以下简称《马拉喀什条约》)第3条(受益人)的规定,"阅读障碍者"特指"印刷品阅读障碍者",包括以下三类人群:(1)盲人;(2)有视觉缺陷、知觉障碍或阅读障碍的人,无法改善到基本达到无此类缺陷或障碍者的视觉功能,因而无法像无缺陷或无障碍者一样以基本相同的程度阅读印刷作品;(3)在其他方面因身体伤残而不能持书或翻书,或者不能集中目光或移动目光进行正常阅读的人。由此可见,"阅读障碍者"不

---

① 最高人民法院《关于对山东省高级人民法院关于山东天笠广告有限责任公司与青岛海信通信有限公司侵犯著作权纠纷一案的请示报告的复函》〔(2004)民三他字第5号〕。

② 山东省青岛市中级人民法院(2003)青民三初字第964号民事判决书。

③ 胡康生,主编. 中华人民共和国著作权法释义. 北京:法律出版社,2011:111;姚红,主编. 中华人民共和国著作权法释解. 北京:群众出版社,2001:171.

限于双目失明或基本失明的盲人。例如，严重弱视，无法矫正，但尚存视力者以及因神经系统受损，无法转动眼球，以移动目光进行阅读者或因先天残疾或意外事故丧失双手而无法持书者，都是阅读障碍者。与之相适应，阅读障碍者能够感知的作品的无障碍格式版本包括盲文（供触摸感知的由不同排列的凸出的点表现的文字）、大字版和有声读物。

为了使阅读障碍者能够获得受教育和参与文化生活的机会，就需要将作品制作成盲文版、大字版或有声读物等无障碍格式版本向其提供或者以某种特定方式直接使其感知作品。而这一过程涉及一系列受著作权专有权利控制的行为。如将作品转换成无障碍格式版本是复制行为；以销售或赠与的方式向阅读障碍者提供无障碍格式版本的复制件是发行行为；在阅读障碍者聚集的康复机构康复或疗养机构，由收取一定费用的演员向阅读障碍者表演作品，或者通过机械装置向其播放作品属于表演行为；在电影院向阅读障碍者放映带有解说的电影属于放映行为；通过网络以交互式手段向阅读障碍者提供作品则是信息网络传播行为，分别涉及复制权、发行权、表演权、放映权和信息网络传播权。由于阅读障碍者的经济承受能力显著低于视力正常者，如果要求实施上述行为均经过权利人许可并支付许可使用费，则除非有大笔公共资金的支持，否则将导致许多阅读障碍者无力承担，其能够获得的作品的数量也会非常有限，因此需要设定相应的权利限制，以使阅读障碍者能够像视力正常人一样感知作品。

本项"合理使用"没有明确规定对哪些专有权利进行限制，但根据《马拉喀什条约》的规定和向阅读障碍者提供作品的现实需要，应当认为复制权、发行权、表演权、放映权和信息网络传播权都属于此项权利限制的对象。当然，对权利限制的适用必须符合"三步检验标准"。例如，有声书已成为重要的无障碍格式版本，不经著作权人许可将作品制成有声书并通过互联网向阅读障碍者提供有声书下载是《著作权法》所允许的。但提供时必须设置技术措施，验证下载者是否为阅读障碍者或帮助其获得作品的人。如果不设技术措施，就意味着视力正常者也能免费获得，导致纸质书或收费有声书的销量下降。这就违背了设置此项权利限制的目的，不符合"三步检验标准"，属于侵权行为。

（十三）法律、行政法规规定的其他情形

除了上述十二种"合理使用"情形，《著作权法》中还有一项兜底性规定："法律、行政法规规定的其他情形。"前文指出，《著作权法》并没有规定严格意义上的"合理使用"机制，而是采用了欧洲大陆法系国家的"权利限制与例外"模式，即对著作权的限制必须有明确规定，没有给法院留下自行认定某种未经许可以受专有权利规制的方式利用作品不构成侵权的空间。

然而，我国《著作权法》只规定了 12 种可以在不经许可、不支付报酬的情况下利用作品的行为，在数量上远远少于欧洲大陆法系国家著作权法规定的权利限制，尚不能满足现实的需要。为此，2020 年修改的《著作权法》规定了无须许可、无须付费即可利用作品的第十三种情形，即"法律、行政法规规定的其他情形"，从而具有一定程度的灵活性。

第二节　法定许可

一、法定许可的概念

◎ **难度与热度**

难度：☆☆☆　　热度：☆☆

"法定许可"是指法律明确规定实施某种原本受专有权利控制的行为无须经过著作权人许可，但应向著作权人支付报酬。换言之，在符合法定条件的情况下，专有权利禁止他人利用作品的权能消失了，或者说由法律代替著作权人自动向行为人"发放"了使用作品的许可，但专有权利中获得报酬的权能仍然存在，只是付酬的标准由法律规定。虽然有的"法定许可"条款没有明确要求"指明作者姓名、作品名称，并且不得侵犯著作权人依照本法享有的其他权利"，但既然对著作权限制程度更高的"合理使用"都有此要求，对"法定许可"当然也应有同样的要求。

二、法定许可的类型

◎ **难度与热度**

难度：☆☆☆☆　　热度：☆☆☆☆☆

我国目前有五种法定许可和一种准法定许可，每一种都有法定条件。

我国《著作权法》一共规定了四种"法定许可"，《信息网络传播权保护条例》又增加了一种"法定许可"和一种"准法定许可"。

（一）报刊转载法定许可

第一种是《著作权法》第35条第2款规定的"报刊转载法定许可"。该款规定："作品刊登后，除著作权人声明不得转载、摘编的外，其他报刊可以转载或者作为文摘、资料刊登，但应当按照规定向著作权人支付报酬。"其中，"转载"是指原封不动或者略有改动之后刊登已经其他报刊发表的作品，"摘编"则是指对原文的主要内容进行摘录、缩写。[①] 该项"法定许可"是对文字作品复制权和发行权的限制，意在使著作权人获得合理报酬的情况下，为通过报刊转载促进优秀作品的传播提供便利。也正是因为有了本项法定许可，《报刊文摘》、《文摘报》和《文摘周报》等文摘类报纸，以及《人大复印报刊资料》、《中国社会科学文摘》和《高校文科学术文摘》等学术文摘期刊才能够合法地存在。

本项法定许可只适用于报刊之间的相互转载，并不适用于书籍之间、书籍与报刊之间、网络与报刊以及网络与网络之间的相互转载。同时，进行转载、摘编的报刊也不能侵犯著作权人的其他合法权益，特别是应当尊重作者的署名权并保持作品的完整性。例如，为了进行摘要转载而概括原文观点时，不能以偏概全、断章取义，从而歪曲、篡改和割裂作者的观点，对作者的声誉造成损害。

如果在报刊刊登作品时，著作权人声明不得转载、摘编，就可以排除"报刊转载法

---

① 胡康生，主编. 中华人民共和国著作权法释义. 北京：法律出版社，2001：142.

定许可"的适用。刊登在报刊上的作品可能是由该报刊社的编辑、记者等工作人员创作的职务作品。根据《著作权法》第18条第2款的规定，此类职务作品的著作权除署名权外由该报刊社享有，因此该报刊社可以对此类作品作出不得转载、摘编的声明。对于刊登在报刊上的其他作品，作品的著作权通常属于作者，此时应由作为著作权人的作者作出上述声明。报刊社在未得到此类作品著作权人授权的情况下，作出的转载、摘编的声明并无法律效力。

（二）制作录音制品法定许可

第二种"法定许可"为"制作录音制品法定许可"。《著作权法》第42条第2款规定：录音制作者使用他人已经合法录制为录音制品的音乐作品制作录音制品，可以不经著作权人许可，但应当按照规定支付报酬；著作权人声明不许使用的不得使用。

在国际上，"制作录音制品法定许可"起源于20世纪初，其立法目的是防止出现对音乐的垄断[1]，并增加音乐文化的多样性。那时词曲作者（音乐作品著作权人）往往先通过乐谱出版商出版其乐谱，并将权利转让给出版商或给予其专有许可，而大唱片公司从出版商手中购买大量音乐的机械复制权（将音乐制作成录音制品出版的权利）或专有许可，以成为唯一有权使用这些音乐作品制作录音制品的唱片公司。在当时的技术条件下，唱片很难像书籍、报刊那样被复制，同时唱片出租市场也尚未形成，而购买唱片是公众得以欣赏音乐作品的主要渠道，因此，获得专有许可的大唱片公司有可能借助市场垄断地位提高唱片价格。同时，音乐作品虽然可以以曲谱形式被记录并传播，但需求者只有乐团、乐队和歌手等音乐表演者，以及音乐的教学者和学习者。多数人都不可能将曲谱放在眼前或耳旁去感知跳动的音符，而是需要通过倾听演唱或演奏才能欣赏音乐。音乐作品如果不经过表演，以声音形式被表现，将无法被绝大多数人所欣赏。如果音乐作品权利人向一家录音制作者发放制作和发行录音制品的专有许可，则除非专有许可协议允许被许可人进行分许可，以及被许可人愿意向其他录音制作者进行分许可，否则其他录音制作者在该专有许可期限内，对相同的音乐作品，就没有机会聘请不同的表演者进行演奏或演唱后录制成录音制品发行。这将导致公众无法通过购买录音制品欣赏不同表演者对相同音乐作品的演唱或演奏，从而严重影响音乐作品通过录有不同风格表演的录音制品进行传播，也会实质性地限制公众的选择权，损害了音乐文化的多样性。为了使唱片公司之间能够形成合理的竞争，使唱片价格维持在较合理的水平，同时维护并促进音乐文化的多样性，一些国家规定，只要音乐作品已经被合法制作为录音制品并发行，其他唱片公司就可以不经音乐著作权人许可，将其音乐作品录制在唱片上销售，但需要支付法定报酬。这样一来，对相同的音乐作品，就会出现不同唱片公司制作的、录有不同风格音乐表演的录音制品并相互竞争，一方面适当平抑了唱片价格，另一方面扩大了公众对不同风格音乐表演的选择范围。

需要注意的是："制作录音制品法定许可"只适用于已经被合法录制为录音制品发行的音乐作品。[2] 如果音乐作品尚未被合法录制为录音制品发行，如仅在网络中传播，就不

---

[1] Melvile B. Nimmer & David Nimmer, Nimmer on Copyright. Matthew Bender & Company, Inc. , 2003. chapter 8. 04 [A] [2] [a].

[2] 最高人民法院（2008）民提字第51号民事判决书。

能未经音乐作品著作权人许可而制作录音制品。[①] 同时，如果音乐作品作为配乐被视听作品使用，则该视听作品的制作和出版不能被视为"已经将音乐作品合法录制为录音制品"，因为视听作品中的配乐与连续图面一并使用时，只是视听作品的一部分，视听作品也不是"录音制品"。

更重要的是：该项法定许可也只是针对为出版录音制品而涉及的音乐作品著作权人的复制权和发行权，并不包括对表演者和录音制作者享有的复制权和发行权的许可。如果直接翻录他人制作的录音制品，或在翻录的基础上以技术手段进行加工和编辑，制成新的录音制品出版，将同时构成对表演者和前一录音制作者的复制权和发行权的侵犯，因此，"制作录音制品的法定许可"实际上只允许使用词曲本身。根据法定许可制作录音制品者，必须自己聘用表演者，并将演唱或演奏录制下来制成录音制品。

《著作权法》规定该项法定许可时有一条但书——"著作权人声明不许使用的不得使用"。这与大多数国家的规定不同。如前文所述，在国际上，此项"法定许可"是为了防止对唱片市场的垄断。而允许音乐著作权人作出保留声明无异于使此项"法定许可"从根本上失去了作用，因为那些希望垄断市场的唱片公司必然会在与音乐著作权人签订独家许可协议时要求其作出保留声明，以排斥竞争对手根据"法定许可"使用同样的音乐作品制作录音制品。这样，防止市场垄断的立法目的就难以实现了。

由于近年来我国互联网产业的飞速发展，我国数字音乐在音乐市场的占比远超其他国家。实体唱片在我国音乐市场的销售收入占比已经微不足道，对音乐传播的作用已可忽略不计。如前文所述，"制作录音制品法定许可"只适用于将音乐作品制作成录音制品后发行其复制件，也就是只针对实体唱片的制作和销售，并不适用于网络传播，这就导致"制作录音制品法定许可"在当下几乎丧失了其存在的价值。与此同时，我国数字音乐市场出现了高度集中的趋势。将实体唱片时代的"制作录音制品法定许可"改造为适应数字音乐时代的权利限制，是立法者应当认真考虑的选项。

（三）播放作品法定许可

第三种法定许可为"播放作品法定许可"。《著作权法》第46条第2款规定，"广播电台、电视台播放他人已发表的作品，可以不经著作权人许可，但应当按照规定支付报酬"。此项法定许可是对广播权中第一项子权利的限制，是为了适当降低广播电台、电视台获得许可的难度，促进作品的传播。例如，电台在"小说连播"栏目请播音员朗读已出版的小说，并不需要经过小说著作权人许可，只需向其支付报酬。同样，广播电台、电视台播放根据以已发表作品为基础制作的录音制品，如音乐演唱的CD，无须经过音乐作品著作权人许可，只需要向其支付法定许可使用费。当然，此时广播电台、电视台还需要向录音制作者支付报酬，只是向录音制作者支付的报酬与向音乐著作权人支付的报酬性质不同，前者为《著作权法》第45条（传播录音制品获酬权）规定的报酬，不属于法定许可使用费（参见本书第四章第二节），后者则为《著作权法》第46条第2款规定的法定许可而产生的法定许可使用费。

需要指出的是："播放作品法定许可"不适用于电视台播放视听作品，因为《著作权法》第48条明确规定：电视台播放他人的视听作品，应当取得著作权人许可。同

[①] 广东省深圳市中级人民法院（2014）深中法知民终字第421号民事判决书。

时，它也不适用于电视台播放以录像制品录制的作品，因为对该行为适用第48条的特别规定——电视台播放他人的录像制品，除应取得录像制作者许可之外，还应当取得其中作品著作权人许可，并支付报酬。因此，如果一位诗人已发表了他创作的10首诗歌，电视台可以不经这位诗人的许可，就在《诗词鉴赏》栏目让播音员朗诵这些诗歌并播出。但是，如果这位诗人对这10首诗歌的朗诵被一家音像公司制成了配有风景画面的DVD（录像制品）发行，购买了这张DVD的电视台就不能未经诗人许可而播出该DVD。[①]

对上述内容的总结见表5-1。

(四) 编写出版教科书法定许可

第四种"法定许可"是"编写出版教科书法定许可"。《著作权法》第25条第1款规定：为实施义务教育和国家教育规划而编写出版教科书，可以不经著作权人许可，在教科书中汇编已经发表的作品片段或者短小的文字作品、音乐作品或者单幅的美术作品、摄影作品、图形作品，但应当按照规定向著作权人支付报酬，指明作者姓名、作品名称，并且不得侵犯著作权人依照本法享有的其他权利。第2款规定：前款规定适用于对与著作权有关的权利的限制。

"编写出版教科书法定许可"意在促进义务教育和国家教育规划的实施，著作权人并不能通过声明不许使用而排斥该项法定许可的适用。与其他几项法定许可一样，使用者必须尊重作者的署名权、注明出处并支付报酬。此外，"编写出版教科书法定许可"对使用作品的目的和数量作了严格限制，只有"为实施义务教育和国家教育规划"而编写教科书才能援引此项法定许可。根据国家版权局、国家发展和改革委员颁布的《教科书法定许可使用作品支付报酬办法》（以下简称《作品付酬办法》）第2条第2款的规定，义务教育教科书和国家教育规划教科书是指为实施义务教育、高中阶段教育、职业教育、高等教育、民族教育、特殊教育，保证基本的教学标准，或者为达到国家对某一领域、某一方面教育教学的要求，根据国务院教育行政部门或者省级人民政府教育行政部门制定的课程方案、专业教学指导方案而编写出版的教科书，并不包括教学参考书和教学辅导材料。这就意味着出于其他教育目的，如国家教育规划之外的社会培训而编写教科书，或编写教科书之外的辅导材料等，均不属于此项法定许可的范围。同时，编写者只限于使用作品"片段"、"短小"的文字作品、音乐作品或"单幅"的美术作品、摄影作品和图形作品。《作品付酬办法》规定："作品片段或者短小的文字作品"，对于义务教育教科书而言，是指其中使用的单篇不超过2000字的文字作品；对于国家教育规划（不含义务教育）教科书而言，是指其中使用的单篇不超过3000字的文字作品。"短小的音乐作品"，是指义务教育和国家教育规划教科书中使用的单篇不超过5页面或时长不超过5分钟的单声部音乐作品，或者乘以相应倍数的多声部音乐作品。

(五) 制作和提供课件法定许可

"制作和提供课件法定许可"是《信息网络传播权保护条例》规定的，其含义是，为通过信息网络实施义务教育或者国家教育规划，可以不经著作权人许可，使用其已经发

---

① 同时，电视台也不能未经DVD制作者许可而播放该DVD。

表作品的片段或者短小的文字作品、音乐作品或者单幅的美术作品、摄影作品和图形作品[①]制作课件，由制作课件或者依法取得课件的远程教育机构通过信息网络向注册学生提供，但应当向著作权人支付报酬。该项法定许可的立法目的与"编写出版教科书法定许可"相同，都是为了促进义务教育和国家教育规划的实施，实际上是将"编写出版教科书法定许可"延伸到了网络环境。随着网络技术的发展，许多教育机构开设了远程网络教育课程，需要使用作品片段制作多媒体课件供学生通过网络在远端加以使用。只要该课件用于实施义务教育或者国家教育规划，就可以在制作该课件时使用上述作品。但是，《信息网络传播权保护条例》规定，在网络远程教育中使用该课件的教学机构应当采取技术措施，"防止服务对象以外的其他人获得著作权人的作品"。这意味着这些教学机构应当采用身份验证或地址控制等技术手段，仅允许义务教育或者国家教育规划项目中符合条件的特定学生群体使用。

需要指出的是，无论是"编写出版教科书法定许可"还是"制作和提供课件法定许可"，其适用的行为都是将作品作为教学材料使用，比如在编写初中英语课本时，将一篇英文短篇小说作为课文编入。如果是在教科书或课件中，为了介绍、说明某一作品或说明某一问题，适当引用他人已发表的作品，则属于本章第二节所讲解的"适当引用"，既无须经过许可，也无须支付报酬。例如，本教材在介绍、分析一些著作权侵权案件时配有涉案作品的图片，其作用就在于使读者直接地了解涉案作品的内容，以便理解法院的判决和本教材的讲解。这种在教材中对作品的使用就属于"适当引用"，与法定许可无关。

（六）通过网络向农村提供特定作品的准法定许可

《信息网络传播权保护条例》规定了一种类似法定许可，但它又不是严格意义上法定许可的权利限制。根据其第 9 条的规定，为扶助贫困，通过信息网络向农村地区的公众免费提供中国自然人、法人或者非法人组织已经发表的种植养殖、防病治病、防灾减灾等与扶助贫困有关的作品和适应基本文化需求的作品，网络服务提供者应当在提供前公告拟提供的作品及其作者、拟支付报酬的标准。自公告之日起 30 日内，著作权人不同意提供的，网络服务提供者不得提供其作品；自公告之日起满 30 日，著作权人没有异议的，网络服务提供者可以提供其作品，并按照公告的标准向著作权人支付报酬。网络服务提供者提供著作权人的作品后，著作权人不同意提供的，网络服务提供者应当立即删除著作权人的作品，并按照公告的标准向著作权人支付提供作品期间的报酬。依照前款规定提供作品的，不得直接或者间接获得经济利益。

农村地区的书店、图书馆较少，但农村地区同样需要获得满足基本文化需要的作品，特别是有关种植养殖、防病治病、防灾减灾等与扶助贫困有关的作品。目前，国家正在投资加快在农村地区进行基础网络建设，以使农村地区居民能够利用现代化网络以更低的成本和更快的速度获得丰富的信息。但是，将农村地区需要的作品置于网上向农村地区提供仍然属于受信息网络传播权控制的行为，如果未经许可，将构成侵权。为了调和

---

① 《著作权法》是在 2020 年修改时将"图形作品"增加为编写"出版教科书法定许可"适用的对象。至本书成书之时，《信息网络传播权保护条例》的修订尚未完成，还未将"图形作品"纳入"制作和提供课件法定许可"的范围，但可以肯定的是，该条例修改后会相应地纳入"图形作品"。

农村地区对特定作品的需求和保护著作权的需要，《信息网络传播权保护条例》规定了这条权利限制，但也设置了严格的条件限制。

首先，作品的作者范围被限定在中国自然人、法人或者非法人组织。将主体限定为中国人是因为本项权利限制的受益者是中国农村地区的居民，而权利人的利益会受到一定影响，如报酬是法定的，一般情况下会低于双方自由协商的报酬标准。在缺乏条约依据的情况下，不能强制要求外国著作权人牺牲自己的利益帮助我国农村地区的居民。

其次，作品的范围被限定在已经发表的种植养殖、防病治病、防灾减灾等与扶助贫困有关的作品，以及适应基本文化需求的作品。这是因为本条权利限制的立法目的就是满足农村地区不同于城市的特殊需要，即保障农村居民能够享受基本的物质与文化生活。如果对作品类别不加任何限制，将导致所有类别作品的著作权人都基本上丧失了控制向数亿农村居民通过网络传播作品的权利，势必无法通过"三步检验标准"的第一步"只能将例外限制在特定情形"的检验。

再次，网络服务提供者必须依法定程序进行公告，给予著作权人提出异议的权利。在这一点上，本项权利限制与其他法定许可是有所区别的。有的法定许可条款允许著作权人事先作出不得使用的保留声明，但在著作权人没有作出保留声明的情况下，符合条件的使用者即可径行以法定方式使用作品，此时著作权人不能再提出异议，阻止他人进行使用。但《信息网络传播权保护条例》第9条规定：著作权人不但可以在公告之日起30日内提出异议，从而阻止提供其作品，而且可以在公告期届满、网络服务提供者开始提供作品之后提出异议。而网络服务提供者不但应当立即删除作品，而且要支付使用期间的报酬，因此，本书将本项权利限制称为"准法定许可"。

最后，不得直接或者间接获得经济利益。本项权利限制属于对农村居民的帮助，是为了保障其基本的物质和文化权利。而其成本的一部分实际是由著作权人承担的，因为其获得的报酬一般低于许可商业性使用时获得的报酬。如果网络服务提供者营利性地向农村地区提供作品，无异于在没有给著作人充分补偿的情况下使用其作品牟利，因此，是不能被允许的。至于通过网络向农村地区提供作品所带来的必要成本，虽然可以向农村使用者收取，但基于本项权利限制的立法目的，由国家予以承担才是较为合适的。

本章实务案例研习

一、歌曲片段试听案

（一）案情简介

加拿大某网络服务商提供30秒～90秒的歌曲在线免费"试听"服务，集体管理组织"加拿大作曲家、作者和音乐出版商协会"（简称SOCAN）要求就该项服务收取许可使用费，但网络服务商认为其行为构成加拿大《版权法》中的"合理使用"（fair dealing，直译应为"公平行为"，为了理解的方便，本书仍然称其为"合理使用"）。

（二）法院判决

加拿大最高法院认为：提供试听的目的是让用户判断其是否喜欢该音乐，从而作出购买与否的决定。同时，用户只能在线试听音乐的部分片段，无法下载，音质也较差，因此，无法代替对音乐的购买（付费下载）。而且除试听之外，很难有其他途径能够让用户便捷、有效地了解音乐的内容，并同时保护版权人的利益。因此，提供试听是"公平"的使用行为，并不构成侵权。[①]

（三）法律分析

本案中被告的行为被认定为合理使用的关键，在于其提供的歌曲片段的在线试听不可能替代正版数字音乐的下载，也就是不可能对权利人的市场造成影响，反而还会使用户了解该音乐是否为其所喜爱，从而做出是否付费购买的决定，因此是允许的。

二、电影海报使用动漫形象案

（一）案情简介

电影《80后的独立宣言》的宣传海报（见图 5 - 3）上使用了上海美术电影制片厂享有著作权的"葫芦娃"和"黑猫警长"动漫形象（美术作品），其制作者被诉侵权。

（二）法院判决

法院认为：涉案影片讲述了一个"80后"年轻人自主创业的励志故事，"葫芦娃""黑猫警长"形象诞生于 20 世纪 80 年代，是"80后"群体闪亮的童年记忆，海报中的其他元素皆属"80后"成长记忆中具有代表性的人、物、景，是为配合说明影片的"80后"主题，因此这种使用是为了说明某一问题，即涉案电影主角的年龄特征。再加上两个动漫形象在海报中处于辅助、配角、从属的背景地位，

图 5 - 3 电影《80后的独立宣言》
宣传海报

所占面积很小，属于适度的引用。[②] 因此，涉案电影海报是为说明 20 世纪 80 年代少年儿童的年代特征这一特殊情况，适当引用当时具有代表性的少儿动画形象"葫芦娃""黑猫警长"，与其他具有当年年代特征的元素一起作为电影海报背景图案，构成合理使用。[③]

（三）法律分析

本案中宣传海报对"葫芦娃"和"黑猫警长"动漫形象的使用具有明显的转换性——并不是为了让读者在偌大的电影海报中寻找并不突出的两个动漫人物并欣赏其美感，而是为了提示该电影的时代背景，即与其他伴随 20 世纪 80 年代出生的一代人成长的代表性物品和活动一起，让潜在的观众了解该电影讲述的是"80后"的成长经历。加之两个动漫形象的尺寸和占比都很小，很难认定这种使用替代了原作品，从而损害其市场价值。

① Society of Composers，Authors and Music Publishers of Canada v. Bell Canada，2012，SCC 36.
② 上海美术电影制片厂与浙江新影年代文化传播有限公司等著作权侵权纠纷案，上海市普陀区人民法院（2014）普民三（知）初字 258 号民事判决书。
③ 上海美术电影制片厂与浙江新影年代文化传播有限公司等著作权侵权纠纷案，上海知识产权法院（2015）沪知民终字第 730 号民事判决书。

三、《新概念英语》网络教学案

（一）案情简介

路易·亚历山大是英语教材《新概念英语》的作者之一，教材前三册中课文均由其创作。某学校提供"新概念英语"的网络教学课程，在其课件中，老师的讲解方式有三种：一是对每篇课文进行朗读，页面显示全部或部分课文中的句子；二是对单词和短语进行讲解，页面显示全部或部分单词和短语；三是页面显示老师扩充讲解的部分内容。路易·亚历山大的继承人起诉该学校未经许可使用《新概念英语》的行为构成侵权。

（二）法院判决

法院认为：对于第一种情况，老师对课文的朗读以及在页面上对作品内容的显示，是对涉案作品在网络上公开进行的传播。该传播行为，未经著作权人许可，使公众可以通过互联网在其选定的时间和地点获得涉案作品，已经构成对原告享有的信息网络传播权的侵犯。第二种情况是对单词和短语的显示和讲解，因这些单词和短语并非作品，且其选择、排序也不具有独创性，故对原告相关主张不予支持。第三种情况是老师对作品的扩充讲解，并非对涉案作品的使用，显然不构成对原告著作权的侵犯。[1]

（三）法律分析

对于教学性合理使用，《著作权法》和《信息网络传播权保护条例》仅允许"为学校课堂教学"而翻译或少量复制已发表作品供教学人员使用，或"为学校课堂教学"通过信息网络向少数教学人员提供少量已发表作品。如果法院审理时以该规定为唯一依据，则该案非常简单：被告通过网络提供涉案教材的全文朗读，显然不是"供教学人员使用"，不符合教学性合理使用的构成条件。但如上文所述，《著作权法》作出如此限制性规定本身就缺乏合理性，因此，本案法院实际上参考了美国《版权法》第107条规定的判断"合理使用"的四个考虑因素进行分析。法院指出：判断是否构成合理使用一般参考以下标准，即是否基于商业目的而使用、所使用作品的性质、使用的数量和比例、使用行为对作品的潜在市场价值是否有较大的不利影响。本案中，被告作为营利性教学机构使用《新概念英语》的行为，显然不属于非商业使用；其对《新概念英语》绝大部分英文内容进行了使用，而非少量使用；学员通过涉案网络教学中的朗读和显示，完全可以不再购买《新概念英语》而进行学习，这对《新概念英语》潜在的市场价值也具有较大的不利影响。[2] 这种司法裁决的方法在一定程度上弥补了立法的缺陷。

四、高考试卷使用他人作品案

（一）案情简介

由教育部考试中心组织出题的2007年全国高考语文试卷中，命题作文《摔了一跤》所使用的漫画（见图5-5）与何某创作的漫画《摔了一跤》（见图5-4）非常相似。教

---

[1] 朱莉亚·班纳·亚历山大与北京市海淀区戴尔培训学校著作权纠纷案，北京市高级人民法院（2008）高民终字第185号民事判决书。

[2] 同[1].

育部考试中心是教育部指定的负责全国高考命题及试卷、成绩统计分析与评价工作等的直属事业单位。何某认为教育部考试中心此举侵犯了其著作权。本案的焦点之一是教育部考试中心在全国高考试卷中将他人作品用作试题是否属于"国家机关为执行公务在合理范围内使用已经发表作品"。

图 5-4　何某创作的漫画《摔了一跤》　　　　图 5-5　高考语文作文试题《摔了一跤》

（二）法院判决

法院首先认为：比较两幅漫画，二者在构图、故事设计、人物形态等方面存在较大的相似性，可见一种紧密联系、发展演变的过程；教育部考试中心亦认可曾事先接触过原告的漫画，因此，教育部考试中心在高考作文中使用的漫画，是以何某漫画的主要特征为基础，增加新的创作要素和构思完成的，已经形成了由何某漫画演绎而来的新作品。

对于该使用是否为合理使用的问题，法院认为：国家机关执行公务存在两种形式，一种是国家机关自行执行公务，另一种是国家机关授权或委托其他单位执行公务。教育部考试中心虽然不属于国家机关，但它是教育部根据《教育法》指定的执行高考试卷命题等公务的机关，其组织高考出题的行为属于后一种执行公务的情形，因此，教育部考试中心在组织高考试卷出题过程中使用原告作品的行为应属于国家机关为执行公务在合理范围内使用已经发表的作品。

与此同时，法院认为在公共利益较著作权人利益明显重要时，应有条件地限制著作权人的相关权利。本案中，因高考保密的严格要求，事先获得相关作者的改编许可变得不具有可行性，为确保通过高考选拔出高素质人才的公共利益得以实现，高考出题者考虑高考试题的难度要求、篇幅要求和背景要求等特点，可对作品进行一定的改编，以适应出题角度和技巧的要求，因此，教育部考试中心的行为并不构成对原告改编权的侵犯。对于原告认为教育部考试中心在高考试卷中使用演绎作品时未指明原作者姓名和作品名称的问题，法院认为考试中心对涉案漫画不署名的做法有其合理性：（1）高考过程中，考试时间对考生而言是非常紧张和宝贵的，考生的注意力亦极为有限，如对试题的来源均进行署名会增加考生的阅读量，浪费考生的宝贵时间。（2）看图作文的漫画署名给考生提供的是无用信息，出题者出于避免考生浪费不必要的时间注意无用信息等考虑，采取不署名的方式亦是适当的。因此，教育部考试中心未在高考试题中为原告署名，不构成侵权。法院驳回了原告的诉讼请求。①

（三）法律分析

教育部委托其下属的考试中心命题，如法院所述，确实属于执行公务的情形。而且在此类考试中以他人作品为基础命题是常见做法，也是难以避免的，否则很难想象语文和英语卷中的阅读理解题的内容从哪里来。基于考试的保密性质，要求命题者事先取得作者许可是不可行的。因此将此类考试中使用他人作品命题的行为认定为公务性合理使用是正确的。读者可以思考，将在考卷使用的作品旁以小字标明作品出处会浪费考生时间、分散考生注意力的观点，是否言过其实？需要说明的是：此案判决后，北京市海淀区人民法院向教育部考试中心发出司法建议函，建议教育部考试中心在高考结束后，

阅读下面的漫画材料，根据要求写一篇不少于800字的文章。

（据"小林漫画"作品改编）

图 5 - 6　2019 年四川省高考语文作文题

以发函或致电形式对作者进行相应的告知和感谢。此举得到了教育部考试中心的积极回应。教育部考试中心已决定在高考结束后，以适当方式公开试题中使用相关材料的情况，并以教育部考试中心和广大考生的名义对相关权利人表示感谢。这不失为一种在《著作权法》框架下巧妙维系著作权人与公众利益平衡的方法。2019 年四川省高考语文试卷中，在用于作文题的漫画下方，清楚地标注了漫画的出处（见图 5 - 6），这体现了对作者的尊重。

五、未设身份验证措施，提供无障碍电影点播侵犯著作权

（一）案情简介

本案被告提供无障碍电影的点播。电影中如有人物对话则屏幕右下角会同步出现手语解说画面，如有无对话的画面则会添加配音对画面中的人物表情动作、场景、情景转换等进行同步描述，并附有声源字幕（如图 5 - 7 所示，可见右下角有手语解说。将电影画面限于环形镜头内是原电影的表现手法）。但在电影作品权利人起诉前，被告在提供该服务时没有残疾人身份验证机制，在权利人起诉后被告增加了残疾人身份验证机

图 5 - 7　电影手语解说画面

制，但其中身份证号和残疾证号为选填项，仅填入手机号即可通过获取验证码的方式登录并点播电影。被告也承认其并无核验用户注册时选填的身份证号及残疾证号是否属实的能力。

（二）法院判决

法院认为：由于被告并未采用和实施验证机制以保障登录用户为特定的残障人士，不特定社会公众均可登录其应用程序获取影视资源。涉案影片无障碍版系在涉案影片画面及声效基础上添加相应配音、手语翻译及声源字幕，能够实质呈现涉案影片的具体表

---

① 何某诉教育部考试中心侵犯著作权纠纷案，北京市海淀区人民法院（2007）海民初字第 26273 号民事判决书。

达，公众可通过观看或收听的方式完整地获悉涉案影片的全部内容，故被诉侵权行为对涉案影片起到了实质性替代作用，影响了涉案影片的正常使用。加之该应用程序面向不特定的社会公众开放，导致原属于权利人的相关流量被分流，势必会影响其通过授权涉案影片使用获得的经济利益，造成了对其合法权益的损害。因此，法院认定被告的行为构成侵权。①

（三）法律分析

本案被告本可以完成功德无量的善举——免费向残疾人提供无障碍电影，但遗憾的是，由于其没有采取有效的残疾人身份验证措施，无视觉和听觉残疾的公众也可以免费欣赏涉案电影，而且其观赏体验并不会因电影中添加的手语和画外音解说而受到多少影响。这样一来，被告服务的对象并未限于残疾人，而是所有人。这显然会与对电影作品的正常利用相冲突，不合理地损害权利人的合法权益，因此，被告的行为并非合理使用。

六、出版翻唱《传奇》歌曲 CD 案

（一）案情简介

歌曲《传奇》由李健作曲、刘兵填词，于 2008 年被合法地录制为录音制品，并收录在李健演唱的音乐专辑《似水流年》中出版，该专辑盘封上显示有"版权所有　翻录必究"字样。后词曲作者将著作权独家授权给某文化公司。2012 年，中国唱片总公司出版了名为《十二种毛宁》的 CD 专辑，其中收录了由毛宁演唱的《传奇》。某文化公司起诉中国唱片总公司侵犯其著作权。法院经审理查明：《十二种毛宁》专辑的制作者已经为使用歌曲《传奇》向中国音乐著作权协会支付了发行 5 000 张 CD 的著作权使用费。

（二）法院判决

法院认为：歌曲《传奇》在涉案专辑《十二种毛宁》制作之前，已经由词曲作者授权他人在先合法录制、出版，而且词曲作者并未在该歌曲发表时作出不得使用的声明。虽然经许可出版的专辑上显示有"版权所有　翻录必究"字样，但从上述内容的文义来看，应理解为系禁止他人擅自翻录录音制品的声明，而不能视为词曲作者作出的不得使用歌曲《传奇》词、曲的声明。同时，《十二种毛宁》的录音制作者虽然未就使用涉案歌曲直接向词曲作者支付使用费，但在该专辑出版前向负有法定许可使用费收转职能的中国音乐著作权协会交付了使用费，符合相关规定。因此，涉案专辑《十二种毛宁》对歌曲《传奇》的使用符合《著作权法》对制作录音制品法定许可的规定。法院据此驳回了原告的诉讼请求。②

（三）法律分析

在本案中被告的行为符合"制作录音制品法定许可"的要求，因为毛宁所演唱的音乐作品此前已被合法制作为录音制品出版。最大的争议点在于"版权所有　翻录必究"的用语，是否意味着音乐作品的著作权人作出了排除"制作录音制品法定许可"的声明。被告的行为并不是"翻录"，因为"翻录"意味着直接复制 CD，而被告是将歌手毛宁对

---

① 北京爱奇艺科技有限公司与上海俏佳人文化传媒有限公司侵害作品信息网络传播权纠纷案，北京互联网法院（2020）京 0491 民初 14935 号民事判决书。
② 北京市朝阳区人民法院（2013）朝民初字第 32575 号民事判决书。

歌曲的重新演唱制作为新的 CD 出版。该声明并不包含禁止他人使用音乐作品重新制作录音制品的含义，法院的判决是正确的。

▶▶ 本章同步练习

一、选择题

（一）单项选择题

1. 某词曲作者创作了一首风格独特的音乐作品，下列哪种行为属于合理使用？（ ）

A. 一名歌星未经许可即在出售门票的演唱会上演唱

B. 另一词曲作者未经许可模仿该音乐作品的风格，创作了另一首旋律、歌词等与之完全不同的音乐作品并置于网络中传播

C. 一名歌星未经许可即在"音乐进校园"公益活动中向师生演唱，听众可免费欣赏，该歌星也未获得报酬

D. 另一词作者未经许可替换了歌词，使之成为一首讽刺某社会现象的歌曲，并置于网络中传播

2. 下列哪种未经著作权人许可而实施的行为属于我国《著作权法》规定的合理使用？（ ）

A. 将《伯尔尼公约》其他成员国国民以汉语言文字出版的作品改成盲文出版

B. 将《伯尔尼公约》其他成员国国民以汉语言文字出版的作品翻译成少数民族语言文字作品在国内出版发行

C. 国家机关为减少办公开支，使用盗版文字处理软件起草文件

D. 图书馆为丰富公众的文化生活，在馆舍内免费放映电影

3. 某剧团为残疾人举行义演，表演他人已经发表的作品，既没有向表演者支付报酬，也没有向前来欣赏的残疾人收费。下列选项中哪一项是正确的：（ ）。

A. 可以不经著作权人许可，且不必支付报酬

B. 应取得著作权人许可，并支付报酬

C. 可不经著作权人许可，但应支付报酬

D. 应取得著作权人许可，但不必支付报酬

4. 作家吴某在某杂志上发表了一篇文章。该杂志在其封面显著位置声明："未经本杂志社许可，不得转载、摘编杂志中的文章。"一文摘类杂志未经上述杂志许可转载了这篇文章，并向吴某寄送了报酬，对于该文摘类杂志的行为，下列选项中正确的是：（ ）。

A. 侵犯了吴某的著作权

B. 侵犯了某杂志社的著作权

C. 属于法定许可，不侵权

D. 属于合理使用，不侵权

（二）多项选择题

1. 某舞蹈家在大型歌舞晚会上表演自己编排的一套舞蹈，以下选项中正确的是：（ ）。

A. 广播电台对该舞蹈表演进行现场直播需要经过舞蹈家的许可

B. 网站将该录像提供网络下载需要经过舞蹈家许可

C. 如果舞蹈家已经许可音像公司对该舞蹈表演进行录像并出版发行，电视台播放该录像无须经过舞蹈家许可，但应当向其支付报酬

D. 如果舞蹈家已经许可音像公司对该舞蹈表演进行录像并出版发行，出租该录像既无须经过舞蹈家许可，也无须向其支付报酬

2. 下列哪种未经著作权人许可、未向其支付报酬的行为属于我国《著作权法》规定的"合理使用"？（　　　）

A. 某大学为节省学生购书开支，将一本教材全书复印后发给全体学生，只收取复印成本费

B. 某电视台"影视欣赏"节目将一部长度 120 分钟的电影选取 90 分钟的片段向公众播出，并用"画外音"介绍其余部分的内容

C. 甲撰写了一篇对乙已发表的一首五言绝句的评论文章，对该诗进行了逐句点评，从而全文引用了这首诗

D. 出版社将已出版的小说制成有声读物向盲人提供

（三）不定项选择题

1. 某人创作了一本学术专著，学生甲未经许可复印了该书的部分章节自用，教师乙未经许可大量复印该书供学生免费使用，学者丙在文章中引用了该书的部分观点，学者丁将该书的核心观点浓缩成一句话发表。下列何人侵犯该书的著作权：（　　　）。

A. 甲　　　　　　　　　　　　B. 乙

C. 丙　　　　　　　　　　　　D. 丁

2. 下列选项中，未经著作权人许可、未向其支付报酬的行为属于我国《著作权法》规定的"合理使用"的是：（　　　）。

A. 某出版社将盲人用盲文创作的小说改为普通字体印刷的书籍出版

B. 某大学图书馆为了节省经费开支，将其他图书馆购入的 100 种享有著作权的图书借来后全部复印，供读者借阅

C. 某邮政局拍摄了上海地标性建筑国际金融中心，将照片制成明信片发行。

D. 某餐厅经营者的女儿在客人就餐时弹奏钢琴曲，未获报酬，也未向客人收取额外的费用

二、案例题

1. 甲是专业摄影师，拍摄了一系列有关我空军飞行表演的照片，配于有关我军先进装备的报道之中。某网站未经许可转载了含有照片的上述报道文章。甲起诉该网站侵害其摄影作品的著作权。网站提出了两项抗辩，一是相关照片属于事实消息，不受《著作权法》保护；二是即使这些照片受《著作权法》保护，其也是为报道新闻而使用照片，属于"合理使用"。请问网站的抗辩能否成立？

2. 歌曲《传奇》由李某作曲、刘某填词，于 2008 年被合法地录制为录音制品，并收录在李某演唱的音乐专辑《似水流年》中出版，该专辑盘封上显示有"版权所有　翻录必究"字样。后词曲作者将著作权独家授权给某文化公司。2012 年，某唱片公司出版

了一张 CD 专辑，其中收录了由毛某演唱的《传奇》，但未经词曲作者许可。该唱片公司为使用歌曲《传奇》向中国音乐著作权协会支付了发行 5 000 张 CD 的著作权使用费。现某文化公司起诉某唱片公司侵犯其著作权。请问该唱片公司的行为是否侵权？

3. 杨某开办了一家"考试百分百网站"并收集了大量大、中、小学的各类试卷，分门别类地加以整理后放在网站中的各种栏目之中，如"高一数学""大学英语"等。杨某同时出售用户卡，只有购买了用户卡之后才能获得用户名和密码，用以进入网站浏览并下载试卷。杨某在网站中声明："本站所有试卷仅为个人学习和研究使用，请于下载后24 小时内删除，本站不承担任何由于不删除下载的试卷而可能导致的侵权后果。"李某在购买了用户卡之后，从"大学英语"栏目中下载了全部试卷，并自行印刷成册，向大学生兜售。生产智能学习机的厂商也购买了用户卡，并从"大学英语"栏目中下载了全部试卷，并将其固化到智能学习机的芯片中，购买了学习机的使用者可以直接在学习机中调出试卷并做练习。一所大学外语系的教师从李某手中买了一套英语试卷，发现其中许多试卷是自己前几年出的。

请回答下列问题：

（1）该外语系教师现起诉杨某侵犯其著作权，并向法院提交了当时出题的原始草稿和学生考试用卷等证据。杨某抗辩称：自己提供试卷下载是为了让学生们复习考试，属于"合理使用"。同时认为自己在网站中刊登了"免责声明"，不应承担责任。请问杨某的抗辩理由能否成立？

（2）假设杨某在网站中设置的技术措施仅允许购买了用户卡的用户在线阅读试卷，而不允许下载试卷，请问杨某的行为是否还构成侵权？

（3）现该外语系教师起诉李某侵犯自己对试卷的著作权。李某认为自己仅从网站下载试卷，并不知道这些试卷是未经许可而上传的，因此只同意今后不再出售这些试卷。同时李某还提出了另一项抗辩：该试卷为"职务作品"或"法人作品"，因此试卷的著作权应当由学校享有，而不是该外语系教师个人，因此法院应当驳回该外语系教师的诉讼请求，请问这些抗辩理由能否成立？

（4）该外语系教师现起诉智能学习机生产厂商侵犯其著作权中的复制权和发行权。该生产厂商抗辩称，自己的行为仅是将试卷进行数字化后，固定在智能学习机芯片中，并出售智能学习机，该行为并不是著作权法意义上的复制行为和发行行为。请问该项抗辩理由能否成立？

4. 黄某创作了一部小说，其中含有色情描写。黄某将书稿借给李某阅读，李某嗓音较好，擅自将小说在家朗读后录制，并将音频上传到某有声阅读网站，供用户免费收听或下载，并在开始处说明"本小说由黄某创作，李某朗读"。某音像出版社的编辑下载后，将其中色情描写的部分去除，聘用一名播音员重新朗读，并制作成音频，以 CD 形式出售，封面上注明了黄某为小说作者。某广播电台下载了李某朗读的音频后，将其中色情描写的部分去除，在"小说连播"栏目中播出，并说明小说由黄某创作、李某朗读，因不知黄某的联系方式，该广播电台向文字著作权集体管理组织寄送了报酬，要求其转交给黄某。请回答下列问题：

（1）黄某起诉李某侵权，李某认为，黄某的作品含有色情内容，因此不受《著作权法》保护。李某的抗辩能否成立？如果不成立，李某的行为侵害了黄某的何种权利？

（2）黄某起诉某音像出版社侵权，该音像出版社认为自己的行为符合"制作录音制品法定许可"的规定，因此只愿意向黄某支付法定许可费。音像出版社的观点能否成立？如果不成立，音像出版社的行为侵害了黄某何种权利？（注意，此问并不暗示音像出版社侵权或不侵权）

（3）黄某和李某分别起诉广播电台侵权，广播电台认为自己的行为不构成对黄某和李某的侵权，并认为其行为符合法定许可的条件，广播电台的观点能否成立？如不成立，广播电台的行为侵害了黄某和李某的何种权利？（注意，此问并不暗示音像出版社侵权或不侵权）

三、论述题

《著作权法》第 24 条规定的第六种"合理使用"情形是，为学校课堂教学或者科学研究，翻译、改编、汇编、播放或者少量复制已经发表的作品，供教学或者科研人员使用。其中"改编、汇编、播放"是 2020 年修改《著作权法》时新增加的用语。你觉得增加"播放"的意义是什么？请论证你的观点。（本题无标准答案）

参考答案

一、选择题

（一）单项选择题

1. C

解析：构成合理使用的免费表演，必须双向免费，即不向受众收费，表演者自己也不能获得报酬。因此 A 项错误，C 项正确。音乐作品也有思想和表达的区分。风格属于思想，既没有使用旋律也没有使用歌词，仅仅是模仿风格的，没有表达相似，不构成侵权。但这种行为不能被称为合理使用，因为合理使用以表达上的实质性相似为前提。因此，B 项错误。D 项中的行为是对音乐作品曲部分的使用，用它来讽刺社会现象，不属于对原作品的讽刺性模仿，也就是不构成对原作品的评论，因此不是合理使用。

2. A

解析：将作品改成包括盲文在内的无障碍格式向阅读障碍者提供属于合理使用，《著作权法》没有限定作者的国籍或作品的起源国，因此 A 项正确。《著作权法》只将中国自然人、法人和非法人组织的作品翻译成少数民族语言文字在国内出版设定为合理使用。这意味着将外国人的作品翻译成少数民族语言文字在国内出版发行仍然需要经过许可，因此 B 项错误。国家机关公务性合理使用的认定，必须符合合理性的条件，办公软件是国家机关履行公务必须使用的，相关的使用许可费是必要的经费支出，不能以履行公务为借口使用盗版，因此 C 项错误。《著作权法》只允许图书馆为保存版本的需要而复制作品，并不允许图书馆向公众未经许可播放电影。《信息网络传播权保护条例》第 7 条中规定："图书馆、档案馆、纪念馆、博物馆、美术馆等可以不经著作权人许可，通过信息网络向本馆馆舍内服务对象提供本馆收藏的合法出版的数字作品和依法为陈列或者保存版本的需要以数字化形式复制的作品，不向其支付报酬，但不得直接或者间接获得经济利益。"该规定并未对图书馆等通过网络向馆舍内读者提供作品的类型进行限定，因此在字面上看，图书馆等可以将合法购入的最新 DVD 电影置于本馆的网络之中供馆舍内的读者点击欣赏。但这种行为可能会严重损害电影著作权人的利益，难以构成符合"三步检验标准"的"合理使用"。

3. A

解析：公开表演作品，如果既未向受众收取费用，也未向表演者支付报酬，则属于合理使用。本题题干的描述符合这一要求，因此是合理使用，A 项正确。

4. C

解析：作家吴某并不是杂志社的工作人员，不是为了杂志社的工作任务而创作该文章，因此该文章的著作权归属于吴某，并不归属于杂志社。杂志社做出的不准转载的声明没有法律效力，其他报刊可以进行转载，只是需要向著作权人支付报酬。题干中的文摘类杂志已经向作者支付了报酬，其转载行为符合法定许可的要求，不构成侵权，因此 C 项正确。

(二) 多项选择题

1. AB

解析：该舞蹈家既是舞蹈作品的作者，又是舞蹈作品的表演者，同时享有狭义著作权和表演者权。两种权利都可以规制未经许可的现场直播，因此 A 项正确。狭义著作权和表演者权中都有信息网络传播权，规制交互式网络传播行为，因此 B 项正确。表演者权中不包含针对表演录制品的广播权；狭义著作权中有此项权利，只是对于已发表的作品的录制品，广播组织播放时适用法定许可。例外情形是播放录像制品需要同时获得录像制作者和作品著作权人的许可。因此 C 项中的行为需要获得舞蹈作品著作权人的许可，不适用播放已发表作品的法定许可，故 C 项错误。狭义著作权中的出租权不针对舞蹈作品，但是表演者有出租权，因此出租舞蹈表演的录像制品，应当经过表演者的许可，这与录像制品是否经过许可制作和发行没有关系，因此 D 项错误。

2. CD

解析：A 项的行为超出了课堂教学合理使用的范围，形成了市场替代，不构成合理使用。B 项的行为超出了为介绍作品而适当引用的范围，观众观赏该电影的核心情节之后，无须再去影院观赏、购买 DVD 或付费点播，形成了市场替代，不构成合理使用。C 项中的行为虽然全文引用了作品，但这是为评论短诗所必需的，没有超出适当性的范围，因此构成合理使用。D 项中的行为属于向阅读障碍者提供无障碍格式作品，构成合理使用，此处应特别注意无障碍格式作品不再限于盲文版，而是包括能使阅读障碍者理解的作品形式，含有声读物。

(三) 不定项选择题

1. B

解析：甲的行为属于私人复制，构成合理使用，因此不侵权。乙的行为超出了课堂教学合理使用的范围，且导致学生不再购买正版教材，形成了市场替代，因此属于侵权行为，应当选 B 项。丙的行为属于适当引用，构成合理使用。丁的行为属于对思想的使用，不构成侵权。

2. C

解析：《著作权法》规定可以将作品制成无障碍格式向阅读障碍者提供，这就意味着把作品改成盲文向盲人提供是合理使用，但是反向过程并不构成合理使用，因此 A 项错误。《著作权法》允许为课堂教学和科学研究少量复制作品，向教学科研人员提供，而 B 项中图书馆的行为已经超出了课堂教学和科学研究的合理限度，导致图书馆不用再订购期刊，形成了市场替代，与对作品的正常利用相冲突，不合理地损害了制作权的利益，并不属于合理使用。C 项中的行为是将公共场所艺术品从三维形式复制为二维形式后进行再利用，根据最高人民法院的司法解释和司法政策，构成合理使用。D 项中的餐厅虽然并没有向客人直接就欣赏音乐的服务收取费用，但是餐厅的表演显然起到了吸引客人就餐的作用，属于以营利为目的，因此不符合《著作权法》有关免费表演构成合理使用的规定，不属于合理使用。因此应当选 C 项。

二、案例题

1. 反映新闻事件的照片并不是"单纯的事实消息"。照片是对事实的一种表达，且很少会与事实本身发生混同。本题源于真实案例，法院也指出：即使涉案报道中有些属于"单纯的事实消息"，其所配的照片也可能属于作品。涉案照片之取图的画面、取图的角度、画面的亮度、局部的光彩等都凝聚了拍摄者创造性的劳动，属于具有独创性的摄影作品。因此该网站的第一项抗辩不能成立。

为新闻报道进行的"合理使用"应当针对出现在新闻事件之中的作品。此时为了新闻报道而附带性地再现或引用作品属于"合理使用"。但网站一方面并没有报道新闻，而只是转载了他人的文章，另一方面涉案照片（摄影作品）并不是在新闻事件中出现的作品。法院也指出：《著作权法》规定新闻报道合理使用，目的是允许在用文字、广播、摄影等手段报道新闻时，对在报道事件过程中所看到或听到的作品在报道目的正当需要范围内予以复制。本案中被告转载的涉案摄影作品并非所报道的新闻中出现的作品，而是甲在报道人物和事件过程中创作产生的作品。因此被告的行为构成侵权，并非合理使用。[①] 因此网站的第二项抗辩也不成立。

2. 该问题源于真实案例。[②] 音乐作品《传奇》在涉案 CD（录音制品）制作之前，已经由词曲作者授权他人在先合法录制、出版。本题可能引起误解的是"版权所有　翻录必究"的用语，可能会有人认为音乐作品的著作权人做出了排除"制作录音制品法定许可"的声明。然而，被告的行为并不是"翻录"，因为"翻录"意味着直接复制 CD，而被告是将歌手毛某对歌曲的重新演唱制作为新的 CD 出版。该声明并不包含禁止他人使

① 乔某与重庆华龙网新闻传媒有限公司侵害著作权纠纷案，重庆市高级人民法院（2013）渝高法民终字第 00261 号民事判决书。
② 北京市朝阳区人民法院（2013）朝民初字第 32575 号民事判决书。

用音乐作品重新制作录音制品的含义。因此，该用语应理解为禁止他人擅自翻录录音制品的声明，而不是词曲作者作出的不得使用歌曲《传奇》词、曲的声明。同时，涉案 CD 的录音制作者虽然未就使用涉案歌曲直接向词曲作者支付使用费，但在该专辑出版前向负有法定许可使用费收转职能的中国音乐著作权协会交付了使用费，符合制作录音制品法定许可的规定。因此，涉案 CD 对歌曲《传奇》的使用并不侵权。

3.（1）杨某的行为并非合理使用。杨某将试卷置于网站中进行交互式传播，使众多用户可以获得作品，是受信息网络传播权控制的行为。该行为并不是为课堂教学和科学研究而向少数教学科研人员提供，严重损害了作品的市场价值，影响了作者通过相同渠道许可他人使用的能力，同时还是营利性使用，与作品的正常利用相冲突。免责声明不具有任何法律效力，不能使侵权者免责。

（2）杨某的行为仍然构成侵权，信息网络传播权控制的行为是使公众"获得"作品，提供在线阅读仍然是使公众获得作品的方式，且能够在线阅读的是不特定公众，因此仍然侵害了信息网络传播权。

（3）李某的行为构成侵权，因为其行为属于未经许可以销售的方式提供试卷的复制件，无论其是否有主观过错均构成对发行权的侵权。且李某应当知道自己未获得相应许可，主观过错明显，应当承担停止侵权和赔偿损失的责任。同时，试卷并不能直接体现学校（法人）意志，不属于法人作品；该卷是教师为了完成自己的工作职责而创作的，属于职务作品，但离开了学校提供的一般工作环境也能完成创作，不符合特殊职务作品的构成要件，属于普通职务作品，因此著作权仍然属于个人。

（4）该项抗辩理由不能成立。虽然《著作权法》在规定复制行为时，并没有直接列举将作品固定在芯片中的情形，但只要将作品固定在有形载体上形成复制件，就是著作权法意义上的复制行为，将作品进行数字化是第一次复制，将作品固定在芯片中则是第二次复制。由此形成的芯片为作品的复制件，以销售的方式向公众提供该芯片即构成发行。

4.（1）李某的抗辩不能成立。《著作权法》早已删除了"依法禁止出版传播的作品不受本法保护"的规定。内容不合法的作品仍然能够受到《著作权法》的保护。李某行为属于未经许可发表通过信息网络传播作品，侵害了黄某对作品享有的发表权和信息网络传播权。

（2）不能成立。制作录音制品法定许可的前提是，作品已经被合法录制为录音制品出版，而李某的录制并未经过黄某的许可，因此某音像出版社的再次录制侵害黄某的复制权和发行权。

（3）广播电台播放黄某的作品不符合法定许可的条件，因为播放作品的法定许可要求作品已经许可发表，而黄某自己未发表作品也未许可他人发表作品，因此广播电台侵害了黄某对作品享有的广播权。广播电台的行为并不侵害李某的表演者权，因为李某作为表演者并不享有对表演的录音制品的广播权。

三、论述题

在不改动本条其他用语的情况下，增加"播放"没有意义。试举一例，在大学历史公选课上，教师有时需要播放历史题材的电影片段或者构成视听作品的纪录片片段，以使学生直观地了解某一重大历史事件。这种使用在教学和科研活动中是大量存在的，通常不会对著作权人的利益造成严重损害，并不会构成侵权。然而，此例中的"播放"与本项"合理使用"有何关系呢？《著作权法》和《信息网络传播权保护条例》将为课堂教学进行"合理使用"的主体限定于教学人员，因为《著作权法》的用语是"供教学或者科研人员使用"，而不是"供教学或者科研活动使用"。从字面上看，并不允许向学生播放作品。因此，上述实例中历史教师在课堂上为教学需要而播放历史题材的电影片段或者构成视听作品的纪录片片段，由于并不属于"供教学或者科研人员使用"视听作品，无法被纳入此项"合理使用"。

与此同时，"播放"应当是指通过机械设备，使现场的受众能够感知作品的行为，如播放电影、音乐、有声书、图片和照片等，可能涉及的专有权利包括表演权（机械表演权）、放映权和广播权的第二项子权利（"通过扩音器或者其他传送符号、声音、图像的类似工具向公众传播广播的作品的权利"，现场传播权）。然而各类传播权所规制的行为必须面向"公众"。未面向"公众"所进行的播放与传播权无涉，当然也不应被归入权利限制。顾名思义，权利限制是对专有权利行使的限制，如果某项未经许可实施的利用作品行为，根本未落入任何专有权利的规制范围，自然不可能构成对该项专有权利的直接侵害。也无须将其纳入权利限制。

如本书第三章第二节讲解公开传播权时所述，"公众"是指家庭成员和经常交往的朋友圈子之外的不特定多数人。对于课堂教学而言，常见的情况是播放的受众就是一个班或几个班的学生。这些学生几年在一起相处，相互之间形成的密切的联系属于正常的社交关系。因此在这些课堂上播放相关作品并不属于面向"公众"的传播。即使某些课堂教学涉及面向公众的播放（如大学中供全校学生选修的大课，因学生来自全校多个院系，且课堂人数较多，相互之间缺乏密切联系，可构成"公众"），只要对作品的播放是出于教学的需要且程度适当，就可以归入另一种"合理使用"——"为介绍、评论某一作品或者说明某一问题，在作品中适当引用他人已经发表的作品"。仍以历史教师在课堂上为教学需要而播放历史题材的电影片段或者构成视听作品的纪录片片段为例：只要教师在讲解（属于即兴创作口述作品）中播放相关内容是为了介绍、说明某一历史问题，且长度与这一目的相适应，自然不构成侵权，并不属于为课堂教学进行"合理使用"。

由此可见，如果不对此项合理使用中"供教学或者科研人员使用"的限制进行适当调整，将课堂教学中的"播放"定为合理使用似缺乏现实意义。

第六章　著作权的利用

本章知识点速览

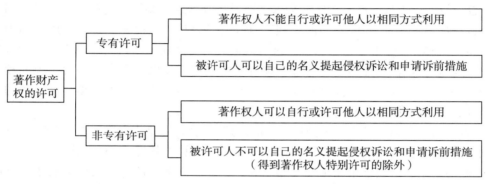

图 6 - 1　著作财产权的许可类型

本章核心知识点解析

第一节　著作权集体管理机制

一、认识著作权集体管理的概念与适用范围

◎ **难度与热度**

难度：☆☆　　热度：☆

著作权集体管理机制是指由权利人依法成立集体管理组织并授权其管理自己的权利，由集体管理组织根据权利人的授权向使用者发放许可，并向权利人分配许可费的机制。著作权集体管理的对象是权利人自己难以直接行使的"小权利"。

著作权集体管理是什么？为什么会产生？对此可以用音乐作品的表演权为例说明。著作权法赋予音乐作品作者以表演权，而表演权控制的行为包括诸如超市播放背景音乐的机械表演。从理论上说，任何面向公众播放录有音乐作品的录音制品，都应当事先向音乐作品著作权人取得许可，并支付报酬。然而，由于使用机械设备播放音乐作品的情况随时随地都可能发生，音乐作品著作权人不可能与每一名使用者都签订许可合同，也难以知悉全国有多少个人和组织在何时何地播放自己的作品。同样，使用者要找到著作权人获得许可也并不容易。特别是在一次播放涉及多部音乐作品时，要事先逐一寻找著作权人几乎是不可能的。在近 180 个国家加入《伯尔尼公约》之后，权利人和全世界的使用者要就机械表演直接商谈许可费并完成报酬的支付，更是难上加难。在这种情况下，要有效行使著作权法赋予音乐作品著作权人的表演权，唯一现实可行的办法就是成立一个代表音乐著作权人的组织，由该组织向分散的使用者发放许可并收取报酬，并在作为会员的音乐著作权人之间分配报酬，这种机制就是对著作权的集体管理。

著作权的集体管理对于权利人和使用者而言都极为重要。对于许多权利而言，权利人难以直接向众多使用者商谈许可条件并收取使用费，需要利用大量作品的使用者也难以一一找到权利人寻求许可。只有通过集体管理组织发放许可和收取、分配使用费，对大量作品的利用才能井然有序，这就是著作权集体管理产生的必要性和必然性。

著作权集体管理主要是为了解决权利人难以直接与使用者商谈许可条件和收取许可费的问题，因此，如果对于一种权利，权利人可以有效地直接发放许可并收取许可费，就无须著作权集体管理组织的参与，这类权利通常被称为"大权利"（grand right）。例如，出版社要将作者的著作印刷成册出版，需要经过作者对相关复制权和发行权的许可。由于出版社的数量有限，作者与出版社之间很容易就某部作品的出版进行直接协商，相关的复制权和发行权就是"大权利"。同样，要将一部小说拍摄成影视剧播放需要投入较大的人力、物力和财力，只能由专业的影视公司承担。影视公司与作者进行一对一的直接谈判并不困难，因此相关的摄制权也是"大权利"。相反，如果对于一种权利而言，权利人难以进行有效的单独许可和收费，该权利就被称为"小权利"（small right）。一首歌曲的表演权就是典型的"小权利"，权利人只能通过集体管理，才能较为有效地向众多分散的使用者发放许可和收取许可费。由此可见，"小权利"与"大权利"并不是指该项权利在经济上对权利人的重要性，而是反映了权利人自己行使该项权利的难度。我国《著作权集体管理条例》第 4 条规定："著作权法规定的表演权、放映权、广播权、出租权、信息网络传播权、复制权等权利人自己难以有效行使的权利，可以由著作权集体管理组织进行集体管理。"这就说明立法者认为其中的权利属于"小权利"。

需要注意的是，"大权利"和"小权利"不仅是针对权利本身而言的，有时也涉及作品类型。例如，戏剧音乐作品（dramatic-musical works）的现场表演权并不是"小权利"。这是因为能够在舞台上表演戏剧音乐作品的，一般都是专业的剧院，权利人可以直接发放许可和收取许可费。① 再如，出版涉及的复制权是"大权利"，而复印涉及的复制权则是"小权利"。

传统的著作权集体管理组织主要是音乐作品著作权的集体管理组织。其原因就在于音乐作品最经常地以公开表演和广播等方式向公众传播，而著作权人又最难以行使表演权和广播权。但是，随着现代科学技术的发展，特别是复制手段和传播手段的飞速更新，针对文字作品、美术作品、视听作品等类型作品的著作权集体管理组织也在许多国家建立起来。

---

① Mihaly Ficsor，Collective Management of Copyright and Related Rights，WIPO Publication No，855（E），Geneva（2002），p. 38.

二、认识著作权集体管理组织

◎ **难度与热度**

难度：☆☆　　热度：☆

著作权集体管理组织是非官方机构、非营利法人，属于信托机构。

著作权集体管理是通过集体管理组织实现的。可以说，著作权集体管理组织是著作权集体管理制度的核心。我国《著作权集体管理条例》第 3 条规定，著作权集体管理组织是指为权利人的利益依法设立，根据权利人授权，对权利人的著作权或者与著作权有关的权利进行集体管理的社会团体。目前，我国有五家著作权集体管理组织，分别为"中国音乐著作权协会"、"中国电影著作权协会"、"中国音像著作权集体管理协会"、"中国文字著作权协会"和"中国摄影著作权协会"。

（一）著作权集体管理组织的性质

著作权集体管理组织的性质可总结如下。

第一，著作权集体管理组织具有非官方性。著作权属于私权，著作权集体管理组织是著作权人管理自己权利、保障自身利益的组织，应当由著作权人自己来组织。虽然有的著作权集体管理组织是在官方的推进和支持之下成立的，例如我国的"中国音乐著作权协会"即是由国家版权局和中国音乐家协会共同发起设立的，而且著作权集体管理组织的活动要受到相关政府机关的监督。但这并不能改变著作权集体管理组织非官方机构的性质。著作权集体管理组织在行使著作权人授予的权利时，与使用者之间是平等民事主体之间的关系。在发放许可时，著作权集体管理组织与作品使用者要进行平等协商。《著作权法》第 8 条第 2 款对此规定："著作权集体管理组织根据授权向使用者收取使用费。使用费的收取标准由著作权集体管理组织和使用者代表协商确定，协商不成的，可以向国家著作权主管部门申请裁决，对裁决不服的，可以向人民法院提起诉讼；当事人也可以直接向人民法院提起诉讼。"因此，著作权集体管理组织是代表著作权人行使权利的民间机构。著作权集体管理组织的非官方性还意味着不得强迫著作权人加入著作权集体管理组织。同时，即使著作权人已经自愿加入，仍然有退出的自由。

第二，各国的著作权集体管理组织大多具有非营利性。除在收取的许可费中扣除 10％～15％ 的金额作为管理费用之外，著作权集体管理组织应将剩余部分全部分配给著作权人。《著作权法》第 8 条第 1 款中规定："依法设立的著作权集体管理组织是非营利法人。"《著作权集体管理条例》第 29 条也规定：著作权集体管理组织收取的使用费，在提取管理费后，应当全部转付给权利人，不得挪作他用。

第三，著作权集体管理组织属于信托机构。我国学术界和实务界曾经就著作权集体管理组织能否以自己的名义提起仲裁或诉讼发生过争议，因为有一种观点认为著作权集体管理组织只能以著作权人的名义提起仲裁或起诉。但是，著作权集体管理组织实为信托机构，是基于委托人（著作权人）的信任和委托，以自己的名义管理委托人的财产（著作财产权）的组织。我国《信托法》第 2 条规定："本法所称信托，是指委托人基于对受托人的信任，将其财产权委托给受托人，由受托人按委托人的意愿以自己的名义，为受益人的利益或者特定目的，进行管理或者处分的行为。"著作权集体管理组织是符合这一定义的。《著作权法》第 8 条规定："……著作权集体管理组织……被授权后可以以自己的名义为著作权人和与著作权有关的权利人主张权利，并可以作为当事人进行涉及著作权或者与著作权有关的权利的诉讼、仲裁、调解活动。"《著作权集体管理条例》第2条规定：本条例所称著作权集体管理，是指著作权集体管理组织经权利人授权，集中行使权利人的有关权利并以自己的名义进行特定活动。这些规定说明我国法律实际上是将著作权集体管理组织作为信托机构对待的。

（二）著作权集体管理组织的设立

由于著作权的集体管理不仅涉及对众多著作权人权利的管理与保护，还涉及向公众收取许可费这种与公众利益相关的行为，需要对著作权集体管理组织的设立条件加以规定，以确保著作权集体管理组织能够有效地履行各项职责。《著作权集体管理条例》第3条第2款规定："著作权集体管理组织应当依照有关社会团体登记管理的行政法规和本条例的规定进行登记并开展活动。"第6条规定："除依照本条例规定设立的著作权集体管理组织外，任何组织和个人不得从事著作权集体管理活动。"这说明我国对著作权集体管理组织实行登记许可制，未经登记许可的，不能成立著作权集体管理组织并开展活动。

1. 设立著作权集体管理组织的条件

《著作权集体管理条例》第7条和第8条规定了设立著作权集体管理组织的实质条件。第7条规定，依法享有著作权或者与著作权有关的权利的中国公民、法人或者其他组织，可以发起设立著作权集体管理组织。设立著作权集体管理组织，应当具备下列条件：（1）发起设立著作权集体管理组织的权利人不少于50人；（2）不与已经依法登记的著作权集体管理组织的业务范围交叉、重合；（3）能在全国范围代表相关权利人的利益；（4）有著作权集体管理组织的章程草案、使用费收取标准草案和向权利人转付使用费的办法草案。第8条规定，著作权集体管理组织章程应当载明下列事项：（1）名称、住所；（2）设立宗旨；（3）业务范围；（4）组织机构及其职权；（5）会员大会的最低人数；（6）理事会的职责及理事会负责人的条件和产生、罢免的程序；（7）管理费提取、使用办法；（8）会员加入、退出著作权集体管理组织的条件、程序；（9）章程的修改程序；（10）著作权集体管理组织终止的条件、程序和终止后资产的处理。

《著作权集体管理条例》要求拟将设立的著作权集体管理组织不能与已经依法登记的著作权集体管理组织的业务范围交叉、重合，从而赋予了在某一业务领域依法成立的著作权集体管理组织以事实上的垄断权。

2. 设立著作权集体管理组织的程序

根据《著作权集体管理条例》第9条至第16条的规定，申请设立著作权集体管理组织，应当向国务院著作权管理部门提交证明符合《著作权集体管理条例》第7条规定的条件的材料。国务院著作权管理部门应当自收到材料之日起60日内，作出批准或者不予批准的决定。批准的，发给著作权集体管理许可证；不予批准的，应当说明理由。在获得许可证之后，申请人应在30日内依照有关社会团体登记管理的行政法规到国务院民政部门办理登记手续。完成登记手续、取得登记证书之后，申请人应在30日内将其登记证书副本报国务院著作权管理部门备案；国务院著作权管理部门应当将报备的登记证书副本以及著作权集体管理组织章程、使用费收取标准、使用费转付办法予以公告。著作权集体管理组织依法登记成立后，如要设立分支机构，应当经国务院著作权管理部门批准，并依照有关社会团体登记管理的行政法规到国务院民政部门办理登记手续。经依法登记的，应当将分支机构的登记证书副本报国务院著作权管理部门备案，由国务院著作权管理部门予以公告。著作权集体管理组织修改章程，应当将章程修改草案报国务院著作权管理部门批准，并依法经国务院民政部门核准后，由国务院著作权管理部门予以公告。著作权集体管理组织被依法撤销登记的，自被撤销登记之日起不得再进行著作权集体管理业务活动。

（三）著作权集体管理组织的职责、收费与分配

对于著作权集体管理组织的正常运作而言，首先需要确定其职责范围，然后发放许可并收取许可费，最后是对许可费进行分配。

1. 职责

各国著作权集体管理组织的职责范围都很相似，主要包括以下几项：（1）代表权利人与作品使用者就使用作品的条件和许可费进行协商谈判，并发放许可、收取使用费；（2）与境外的著作权集体管理组织签订协议，代表境外著作权人管理其权利；（3）在扣除必要的管理费用后，将收取的许可费公平合理地分配给会员；（4）如发现他人侵犯属于自己管理的权利，以自己的名义提起仲裁或诉讼；（5）开展其他活动，如对社会公众进行宣传教育、帮助青年作者、为会员提供社会保障等。

《著作权集体管理条例》第2条规定，著作权集体管理组织可以自己的名义进行下列活动：与使用者订立著作权或者与著作权有关的权利许可使用合同；向使用者收取使用费；向权利人转付使用费；进行涉及著作权或者与著作权有关的权利的诉讼、仲裁等。随着我国社会经济发展水平的提高和著作权集体管理能力的增强，我国著作权集体管理组织的职能还将进一步扩张。

我国已经加入了《伯尔尼公约》等一系列著作权保护国际条约，有义务保护以其他成员国为起源国的作品的著作权。同时，我国公民的著作权在其他成员国也受到保护。要在国内对外国人的著作权以及在外国对中国人的著作权提供充分保护，最有效的办法是由中国与其他成员国的著作权集体管理组织签订相互代表协议，从而代表对方的会员管理著作权。《著作权集体管理条例》第22条第1款规定：外国人、无国籍人可以通过与中国的著作权集体管理组织订立相互代表协议的境外同类组织，授权中国的著作权集体管理组织管理其依法在中国境内享有的著作权或者与著作权有关的权利。因此，集体管理组织的重要职责之一就是与境外的集体管理组织签订相互代表协议，并在必要时代表境外权利人维权。例如，中国音乐著作权协会已经与几十家境外著作权集体管理组织签订了相互代表协议，在实践中也多次代表境外著作权人提起诉讼并胜诉。

2. 许可与收费

发放许可与收取许可费是著作权集体管理组织的基本工作。从各国的实践来看，许可的方式基本可分为两种。第一种方式是采用"一揽子许可"，适用于使用者对作品的需要量较大的情况。如广播电台、电视台，以及宾馆、超市、航空公司、娱乐场所等每年都要播出或播放大量音乐作品，集体管理组织对单个作品进行分别许可显然是不现实的。而一项"一揽子许可"可允许使用者在约定的时间、地域范围内以约定的方式使用该集体组织管理的全部作品，从而减少了许可成本、提高了许可效率。

第二种方式是单项许可，即著作权集体管理组织针对每一次特定的使用作品行为，向使用者发放许可并收取许可费。例如，演唱会的组织者如欲使用享有著作权的音乐作品，就要与音乐著作权集体管理组织就许可费进行谈判，根据票价、场地面积等支付许可费。

对于收费标准，《著作权集体管理条例》第 13 条规定："著作权集体管理组织应当根据下列因素制定使用费收取标准：（一）使用作品、录音录像制品等的时间、方式和地域范围；（二）权利的种类；（三）订立许可使用合同和收取使用费工作的繁简程度。"第 25 条规定，除了《著作权法》要求国务院规定具体收费办法或已经存在收费办法的"法定许可"情形，"著作权集体管理组织应当根据国务院著作权管理部门公告的使用费收取标准，与使用者约定收取使用费的具体数额"。这说明对于法定许可的许可费，著作权集体管理组织的作用不是制订许可费标准，而是收转许可费。其他使用费则采用由著作权集体管理组织与使用者自由协商的模式。

此外，《著作权集体管理条例》还对著作权集体管理组织发放许可的条件和类型作出了限定。第 23 条规定：著作权集体管理组织许可他人使用其管理的作品、录音录像制品等，应当与使用者以书面形式订立许可使用合同，但不得与使用者订立专有许可使用合同。使用者以合理的条件要求与著作权集体管理组织订立许可使用合同，著作权集体管理组织不得拒绝。许可使用合同的期限不得超过 2 年；合同期限届满可以续订。这样的规定是为了防止集体管理组织滥用权利，损害作品使用者以合理条件获得许可的机会。

3. 分配

著作权集体管理组织对于收取的许可费，先要扣除必要的管理费，以维持日常运作。而剩下的部分应全部分配给会员。我国《著作权集体管理条例》第 28 条和 29 条也规定：著作权集体管理组织除从收取的使用费中提取一定比例作为管理费用于维持其正常的业务活动之外，应当全部转付给权利人，不得挪作他用。此外，第 14 条还要求著作权集体管理组织根据权利人的作品或者录音录像制品等使用情况制定使用费转付办法。

如果著作权集体管理组织能够了解收到的许可费是来自于对哪些会员作品的使用，则可直接将许可费分配给这些会员。《著作权集体管理条例》第 27 条第 1 款规定："使用者向著作权集体管理组织支付使用费时，应当提供其使用的作品、录音录像制品等的名称、权利人姓名或者名称和使用的方式、数量、时间等有关使用情况；许可使用合同另有约定的除外。"这说明记录被使用作品或录音、录像制品的情况在我国是被许可人的义务。

对于一些使用者而言，其要准确地记录和统计哪一位会员的作品被使用了多少次，有时是非常困难的。如超市、餐厅、宾馆、酒吧和舞厅等播放背景音乐时，可能使用了多种渠道来源的音乐，要准确地统计被播放的曲目和次数几乎是不可能的。在这种情况下，著作权集体管理组织只能对作品的使用情况进行估算。如根据广播电台、电视台的播放情况、音乐网站的下载情况以及现场演唱会对音乐的演唱，辅之以对餐厅、宾馆等场所播放音乐的情况进行的抽样统计，大致估算出各音乐作品被使用的次数作为分配的依据。[1]

---

[1] Mihaly Ficsor，Collective Management of Copyright and Related Rights，WIPO Publication No，855（E），Geneva（2002），p. 46.

为了保障权利人获得合理分配份额的权利，《著作权法》第 8 条第 3 款中规定："著作权集体管理组织应当将使用费的收取和转付、管理费的提取和使用、使用费的未分配部分等总体情况定期向社会公布，并应当建立权利信息查询系统，供权利人和使用者查询。"《著作权集体管理条例》第 29 条第 2 款还规定："著作权集体管理组织转付使用费，应当编制使用费转付记录。使用费转付记录应当载明使用费总额、管理费数额、权利人姓名或者名称、作品或者录音录像制品等的名称、有关使用情况、向各权利人转付使用费的具体数额等事项，并应当保存 10 年以上。"

三、认识著作权集体管理组织的内部管理和外部监督

◎ 难度与热度

难度：☆☆　　热度：☆

著作权集体管理组织要有效地履行其职能，必须建立完善的内部管理机构和制度，同时要接受来自政府和民众的监督。

（一）著作权集体管理组织的内部管理

著作权集体管理组织的内部管理主要涉及管理权力机构、加入与退出集体管理组织的程序与条件，以及财会管理等问题。我国《著作权集体管理组织条例》第 17 条规定：会员大会为著作权集体管理组织的权力机构。会员大会作为权力机构的地位是由著作权集体管理组织的性质决定的。既然著作权集体管理组织是非官方的民间组织，是著作权人为了有效地管理自己的权利而设立的，加入著作权集体管理组织的著作权人自然享有管理权。第 17 条同时规定：会员大会可制定和修改章程、制定和修改使用费收取标准、制定和修改使用费转付办法、选举和罢免理事、审议批准理事会的工作报告和财务报告、制定内部管理制度、决定使用费转付方案和著作权集体管理组织提取管理费的比例，以及决定其他重大事项。会员大会每年召开一次；经 10％以上会员或者理事会提议，可以召开临时会员大会。会员大会作出决定，应当经出席会议的会员过半数表决通过。《著作权集体管理组织条例》还规定：著作权集体管理组织设立理事会，作为会员大会的执行机构，执行会员大会的决定，并对会员大会负责。理事会负责召集会员大会。

著作权集体管理组织存在的意义就是帮助著作权人有效地管理其权利，因此著作权集体管理组织应当是一个开放的组织，只要著作权人愿意按照章程授权该组织管理其权利，就应当允许其加入，而不应设立其他条件。同样，如果著作权人基于某种原因希望自己亲自管理所有权利，也应当有自由退出著作权集体管理组织的权利。但是，在著作权人授权著作权集体管理组织管理其特定权利期间，著作权集体管理组织应当是该特定权利的唯一管理者，否则就会出现著作权人和著作权集体管理组织同时管理一项权利的情况，使社会公众无所适从。因此，《著作权集体管理组织条例》第 19 条至 21 条规定：权利人符合章程规定加入条件的，著作权集体管理组织应当与其订立著作权集体管理合同，不得拒绝；权利人可以依照章程规定的程序，退出著作权集体管理组织，终止著作权集体管理合同；但是，著作权集体管理组织已经与他人订立许可使用合同的，该合同在期限届满前继续有效，权利人在与著作权集体管理组织合同约定期限内，不得自己行使或者许可他人行使合同约定的由著作权集体管理组织行使的权利。

（二）著作权集体管理组织的外部管理

著作权集体管理组织必须接受来自政府和民众的监督。著作权集体管理组织在权利人授权范围内对特定类型的权利进行统一管理，固然有利于保障权利人利益和简化许可手续，但也可能因其事实上的垄断性产生滥用权利和官僚化的倾向，如不合理地提高许可条件和许可费等。为此，有必要在建立内部管理机制的同时，从外部对著作权集体管理组织的活动加以监督。相关政府部门应当持续监督著作权集体管理组织的运行状况，包括其是否依法开展了著作权集体管理活动，许可费率的设定和收取是否公平，管理成本是否过高，是否按时对报酬进行了合理的分配等。许多国家的著作权法都规定相关政府部门有权检查著作权集体管理组织的财务和业务状况，以及著作权集体管理组织必须接受独立的审计。[①]

《著作权集体管理条例》规定：著作权集体管理组织的资产使用和财务管理受国务院著作权管理部门和民政部门的监督，其他活动也应接受国务院民政部门和其他有关部门的监督。国务院著作权管理部门可以检查著作权集体管理组织的业务活动是否符合《著作权集体管理条例》及其章程的规定，核查著作权集体管理组织的会计账簿、年度预算和决算报告及其他有关业务材料，派员列席著作权集体管理组织的会员大会、理事会等重要会议，以此对著作权集体管理组织进行监督。

第二节 著作财产权的许可

一、许可使用的概念

◎ **难度与热度**

难度：☆☆☆ 热度：☆☆☆

著作权中既有著作人身权，也有著作财产权。如前文所述，著作人身权具有一般人身权的特征，不能转让、继承和遗赠。著作权中的财产权则与其他财产性权利一样，可以在不违反法律规定的情况下，由权利人进行转让、许可或质押，从而为其带来经济利益。

由于著作财产权是排他权，除法定例外情形，他人未经许可以受其控制的行为利用作品构成侵权，因此，他人要合法地利用作品，原则上应当与权利人签订许可使用合同。

二、许可使用的种类

◎ **难度与热度**

难度：☆☆☆ 热度：☆☆☆

许可使用合同分为两类：专有许可使用合同和非专有许可使用合同。著作权专有许可使用类似于《专利法》中的独占实施许可和《商标法》规定的独占使用许可，是指著作权人在约定的时间和地域范围内，仅许可一个被许可人以特定方式利用作品。图书出

---

① Mihaly Ficsor, Collective Management of Copyright and Related Rights, WIPO Publication No, 855（E），Geneva（2002），p. 143.

版合同通常为专有许可使用合同，约定图书出版者享有"专有出版权"，图书出版者据此成为图书出版涉及的复制权与发行权的专有被许可人。[1] 非专有许可使用则是指著作权人在约定的时间和地域范围内，可同时许可多个主体以相同方式利用作品。无论采用哪一种许可方式，除合同另有约定外，被许可人许可第三人以相同的方式利用作品，必须取得著作权人的许可。[2]

"非专有被许可人"不能排除他人以相同的方式使用作品，其地位与著作权人相去甚远，但"专有被许可人"的法律地位与之完全不同。根据《著作权法实施条例》第24条的规定，对于专有许可使用权的内容，合同没有约定或者约定不明的，视为被许可人有权排除包括著作权人在内的任何人以同样的方式使用作品。同时，著作权的专有被许可人还可以作为著作权人的利害关系人，以自己的名义，就他人在相同的时间、地域范围内未经许可以相同方式使用作品的行为提起诉讼或申请临时措施（参见本书第七章第三节）。这就意味着专有被许可人取得了接近于著作权人的地位，即享有排除他人以相同方式使用作品的权利。而非专有许可使用合同的被许可人不能单独向法院提出申请，只能在权利人明确授权以自己的名义起诉时，单独提出申请。[3]

当然，"专有许可"和"非专有许可"是《著作权法实施条例》规定的许可类型。著作权人和使用者之间当然可以基于意思自治，做出其他的合同安排。如一名大学教授允许某法律网站将其授课（口述作品）录制后在该网站中向公众提供，并承认不再授权其他网站实施相同的利用行为，但保留自己在网站中提供的权利。这就相当于约定了专利法和商标法中的"排他许可"。此约定不违反法律的强制性规定，当然是有效的。

第三节　著作财产权的其他利用方式

一、著作权的转让

◎ 难度与热度

难度：☆☆☆　热度：☆☆☆

著作财产权可以转让，在发生"重复转让"时，成立在先合同的受让人取得著作财产权。

对著作财产权还可以其他方式进行利用。著作权中的财产权当然可以在不违反法律规定的情况下，由权利人转让给他人。其具体规则及转让合同的内容可直接适用《民法典》的相关规定，此处不再赘述。

需要指出的是：与转让专利权及注册商标专用权需要进行登记及公告不同，《著作权法》并不要求对著作财产权的转让进行登记及公告。《著作权法》也没有规定著作财产权转让的"登记对抗"制度。这就导致著作财产权的变动缺乏公示，在权利人就相同的著

---

[1] 《著作权法》第33条。
[2] 《著作权法实施条例》第24条。
[3] 最高人民法院《关于审查知识产权纠纷行为保全案件适用法律若干问题的规定》第2条第2款。

作财产权订立多重转让合同的情况下，只能参照适用买卖合同的有关规定[①]，在多个转让合同均有效的情况下，成立在先合同的受让人应当取得相应的著作财产权。[②] 当然，这样的制度设计对于在后合同的受让人是不利的。著作财产权作为绝对权，其权利变动应当进行公示，以保护交易安全。此问题还有待《著作权法》在下次修改时予以解决。

二、著作权的质押

◎ **难度与热度**

难度：☆☆　热度：☆☆

根据《民法典》第 440 条的规定，著作财产权可以出质。著作财产权出质后，出质人不得转让或者许可他人使用，但经出质人与质权人协商同意的除外。出质人转让已出质作品的著作财产权或者许可他人使用已出质的作品所得的价款，应当向质权人提前清偿债务或者提存。以著作财产权出质的，由出质人和质权人向国家版权局办理出质登记，质权自登记之日起设立。[③]

在我国《著作权法》规定的邻接权中，除表演者权中的人身权利之外，其他权利均为财产权，都可以比照适用著作财产权的规定进行转让、许可或质押。

》本章实务案例研习

歌曲《老鼠爱大米》"一权三卖"案

（一）案情简介

2002 年 7 月 13 日，王某与歌曲《这样爱你》（后更名为《老鼠爱大米》）的作者杨某刚签订合同，约定王某自合同签订之日起拥有对歌曲《这样爱你》的永久版权，并永久保留杨某刚的作者冠名权；杨某刚自合同签订之日起至 2004 年元月止，不得利用此歌曲进行任何商业性的盈利活动，自 2004 年元月起，王某允许杨某刚拥有此歌曲的商业演出权；合同自签订之日起生效。王某称杨某刚于该合同签订之后向其交付歌曲《这样爱你》词曲手稿，但杨某刚对此予以否认。王某当庭称该份合同中的"永久版权"系著作财产权之义。

2002 年 11 月 6 日，田某与杨某刚签订合同，主要内容为：杨某刚以 2 000 元的标准将《这样爱你》的著作权转让给田某；杨某刚将作品版权的复制权、发行权、信息网络传播权等应当由著作权人享有的其他相关权利全部转让给田某。田某亦称杨某刚已于该合同签订之后向其交付歌曲《这样爱你》词曲手稿。

2003 年 3 月 1 日，王某再次与杨某刚签订合同，主要内容为：自 2003 年 3 月 1 日起杨某刚向王某无偿转让歌曲《这样爱你》的永久版权，王某受让的权利种类包括作品的复制权、发行权、出租权、放映权、广播权、摄制权、改编权、翻译权、汇编权以及其

[①] 最高人民法院《关于审理买卖合同纠纷案件适用法律问题的解释》第 32 条第 1 款规定："法律或者行政法规对……权利转让合同……没有规定的，人民法院可以……参照适用买卖合同的有关规定。"

[②] 最高人民法院《关于审理买卖合同纠纷案件适用法律问题的解释》第 6 条。

[③] 《民法典》第 444 条，《著作权法》第 28 条，《著作权质权登记办法》第 2 条、第 4 条、第 5 条、第 11 条。

他所有法定著作权权利；从此作品版权转让之日起四个月之后，杨某刚可使用此作品进行非商业性和非盈利性的演出，2004 年 6 月 1 日杨某刚可使用此作品进行商业性演出。

2003 年 4 月 20 日，王某做出书面版权转让声明，主要内容为：声明人王某曾于 2002 年 7 月 13 日和 2003 年 3 月 1 日与杨某刚签订合同，并由此享有了歌曲《这样爱你》的词曲版权；王某将上述权益全部无偿转让给北京太格印象文化传播有限公司（以下简称北京太格印象公司）。

2004 年 10 月 10 日，杨某刚与广东飞乐影视制品有限公司（以下简称广东飞乐公司）签订合同，其中包括杨某刚授权广东飞乐公司独家使用、制作、发行歌曲《这样爱你》等条款。后广东飞乐公司发现杨某刚此前曾与他人签订该歌曲词曲的著作权转让合同，认为田某已通过与杨某刚签订合法有效的著作权转让合同而成为该歌曲词曲的真正著作权人，故与田某联系并从其处取得使用该歌曲词曲的授权，并制作了歌曲《这样爱你》的录音制品，由贵州文化音像出版社发行。现北京太格印象公司诉广东飞乐公司和贵州文化音像出版社侵权。

在本案二审中，法院又查明，武汉仲裁委员会于 2006 年 1 月 6 日作出"裁决书"，内容为：2001 年 12 月 23 日，肖某与杨某刚签订"版权转让合同"，约定杨某刚将自行创作的歌曲《这样爱你》的发表权、署名权、修改权、保护作品完整权、复制权、发行权、出租权、展览权、表演权、放映权、广播权、信息网络传播权、摄制权、改编权、翻译权、汇编权和应当由歌曲著作权人享有的其他权利绝卖给肖某，肖某以人民币 500 元的价格受让取得《这样爱你》的全部版权即《著作权法》第 10 条规定的 17 项权利。同日，杨某刚将歌曲《这样爱你》的手稿交给肖某，并出具写有"今收到歌曲《这样爱你》转让费伍佰元整"的收条给肖某。仲裁庭认为肖某与杨某刚签订上述"版权转让合同"时，具有相应的民事权利能力和民事行为能力，意思表示真实，是依法成立的合同，受法律保护；该合同涉及人身权的部分无效，并不影响其他部分效力，其他部分仍然有效。

（二）法院判决

一审法院认为（当时尚不知上述仲裁裁决书），王某与杨某刚于 2002 年 7 月 13 日所签合同于签订之时合法成立并生效，当时歌曲《这样爱你》词曲已由杨某刚创作完成，该歌曲词曲著作权亦已于当时转移，杨某刚于签约之后是否向王某实际交付该歌曲的词曲手稿或杨某刚实际交付的词曲手稿是否为其本人所书写，均无碍于王某于 2002 年 7 月 13 日受让取得该歌曲词曲的著作财产权。及至 2003 年 3 月 1 日王某与杨某刚签订第二份著作权转让合同之时，杨某刚已非歌曲《这样爱你》词曲的著作财产权人，而王某作为真正权利人与杨某刚对其著作财产权内容进行详细约定，并授予杨某刚较之 2002 年 7 月 13 日所签合同更大范围的演出权等，系王某自由处分其受让取得的著作财产权之行为，该合同亦合法有效，其中关于权利种类、转让价金、违约责任、争议解决等约定如与 2002 年 7 月 13 日合同不符，应以双方当事人意思表示变更之后的该份合同为准，但因王某已于 2002 年 7 月 13 日实际受让取得该歌曲词曲的著作财产权，该份合同中约定的自 2003 年 3 月 1 日起杨某刚向王某转让歌曲《这样爱你》词曲的复制权等列举权利应为强调之义，此处的 2003 年 3 月 1 日时间约定已无实际意义。王某于 2003 年 4 月 20 日将其对歌曲《这样爱你》词曲享有的权益全部无偿转让给北京太格印象公司，应属合法有效，北京太格印象公司由此成为歌曲《这样爱你》词曲的著作财产权人。

　　杨某刚于 2002 年 11 月 6 日与田某签订著作权转让合同时已不再是歌曲《这样爱你》词曲的著作财产权人，该转让行为应属无权处分，而该歌曲词曲的著作财产权人北京太格印象公司未对该无权处分行为予以追认，杨某刚亦已无法在与田某签订合同之后再行取得处分权，故田某无法据此合同受让该歌曲词曲著作权。杨某刚于 2004 年 10 月 10 日与广东飞乐公司签订的著作权许可使用合同情形亦是如此，其后广东飞乐公司与田某签订合同亦无法补正其权利瑕疵。我国现行《著作权法》并无关于善意取得制度的规定，对于作为无形财产的著作权来讲，现并无与之相关的适当公示方法及相应的公信力，在著作权曾数次转让情况下适用善意取得制度可能发生诸多第三人均享有著作权之冲突，从而导致无法保障真正权利人的利益，亦无法保护交易安全，故田某不能取得歌曲《这样爱你》的词曲著作权，广东飞乐公司亦不能取得该歌曲词曲的许可使用权。

　　虽然广东飞乐公司、贵州文化音像出版社使用《这样爱你》词曲之时已尽合理的审查义务，但其行为客观上未经该歌曲词曲著作财产权人北京太格印象公司许可，应立即予以停止并向北京太格印象公司返还其侵权所得利润，但对北京太格印象公司要求广东飞乐公司、贵州文化音像出版社公开致歉的诉讼请求不予支持。[①]

　　二审法院认为，根据上述"裁决书"所确认的事实，2001 年 12 月 23 日，杨某刚已经将歌曲《这样爱你》词曲著作权中除涉及人身权以外的所有权利转让给肖某。杨某刚于 2002 年 7 月 13 日及 2003 年 3 月 1 日与王某签订著作权转让合同时杨某刚已不再享有歌曲《这样爱你》词曲著作权中的财产权，该转让行为属于无权处分，现王某没有证据证明该歌曲词曲著作权中财产权的所有人肖某对该无权处分行为曾经予以追认，王某无法据上述合同受让该歌曲词曲著作权中的财产权，因此，王某于 2003 年 4 月 20 日所作出的书面版权转让声明将歌曲《这样爱你》词曲著作权转让给北京太格印象公司亦属无权处分。现北京太格印象公司亦无证据证明该歌曲词曲著作权中财产权的所有人肖某对该无权处分行为曾经予以追认，故北京太格印象公司亦不能取得歌曲《这样爱你》词曲的著作财产权。

　　根据《民事诉讼法》的规定，原告是与本案有直接利害关系的公民、法人和其他组织才符合起诉的条件。北京太格印象公司不是歌曲《这样爱你》词曲著作权中财产权的所有人，却以著作权中财产权所有人的身份起诉广东飞乐公司、贵州文化音像出版社侵犯其著作权，不符合《民事诉讼法》有关起诉必须具备的条件，原审法院不应当受理本案。因此裁定撤销原审判决，驳回北京太格印象公司对广东飞乐公司、贵州文化音像出版社的起诉。[②]

（三）法律分析

　　本案属于"一权三卖"，即作者先后三次将其创作的同一作品的著作财产权转让给了三个不同的民事主体。根据民法原理，作者转让作品的著作财产权后，已不再是著作财产权的权利人，不能再转让属于他人（受让著作财产权的民事主体）的著作财产权，因

---

① 北京太格印象文化传播有限公司诉广东飞乐影视制品有限公司、贵州文化音像出版社侵犯著作权纠纷案，北京市海淀区人民法院（2005）海民初字第 510 号民事判决书。

② 广东飞乐影视制品有限公司与北京太格印象文化传播有限公司侵犯著作权纠纷上诉案，北京市第一中级人民法院（2006）一中民终字第 2500 号民事裁定书。

此作者此后签订的著作财产权转让合同，均不能使合同中约定的受让人取得相应的著作财产权。此后这些"受让人"以复制、发行等方式利用作品的行为，均缺乏法律依据，构成侵权。当然，由于这些"受让人"直接从作者手中通过合同"受让"著作财产权，在没有证据表明他们知道该作品著作财产权已经转让给他人的情况下，并无过错可言。此时，他们只应当承担停止侵害和返还所得利润的责任，无须进行赔偿。因此本案一审时，在法院在不知道作者在与原告签订著作财产权转让合同之前，已经将著作财产权转让给他人的情况下，认定本案原告有诉权，被告承担停止侵害和返还利润的责任是正确的。二审中，由于法院发现作者在与本案原告签订著作财产权转让合同之前，已经将著作财产权转让给了他人，因此本案原告不能取得著作财产权，无权起诉。这也是正确的。需要指出的是：从本案也可以看出，由于著作财产权的专有许可和转让缺乏公示方法，容易导致"一权二卖"甚至"三卖"的情况发生，《著作权法》在今后修订时，可以借鉴《商标法》有关登记对抗的规定，也就是著作权专有许可合同和著作财产权转让合同未经登记，不得对抗善意第三人，以此降低"一权二卖"对善意第三人造成的影响。

》 本章同步练习

一、选择题

（一）单项选择题

刘某创作了一首歌曲，与中国音乐著作权协会（本题中简称音著协）签订了著作权管理合同。后音著协发现某大型餐饮连锁店未经许可播放这首歌曲的专辑，要求其支付许可使用费，遭到拒绝。下列选项中正确的是：（　　）。

A. 音著协可以直接以自己的名义起诉该餐饮店

B. 音著协应当以刘某代理人的名义起诉该餐饮店

C. 音著协应当先获得刘某对诉权的授权，再以自己的名义起诉该餐饮店

D. 音著协应当和刘某共同起诉该餐饮店

（二）多项选择题

张某创作了一部小说，并与小说阅读网站"青山网"签订了该部小说信息网络传播权的专有许可合同，现"青山网"发现某一有声书网站未经许可提供该部小说音频的付费点播和下载。下列选项中正确的是：（　　）。

A. 有声书网站可通过从"青山网"获取信息网络传播权的非专有许可，以避免侵权

B. "青山网"可以在起诉有声书网站前以自己的名义请求法院责令其停止传播该有声书

C. "青山网"可以以自己的名义起诉有声书网侵害信息网络传播权

D. "青山网"不能胜诉，因为有声书网站传播的是小说朗读（表演）的录音制品，而不是小说本身

二、案例题

陈某拍摄了与多位女性合影的裸照并存储在自己的电脑中。电脑发生故障后，陈某将电脑送修，其中的裸照被修理人员发现并上传至网络，引发许多网站转载。陈某发现

后，找到其中一家网站，要求其支付著作权许可费。该网站同意支付 10 万元许可费。陈某又找到第二家网站要求其支付许可费，但该网站拒绝支付许可费。陈某随即将该网站诉至法院，并提交了其已获得第一家网站支付的 10 万元许可费的证据，要求法院判决该网站：（1）停止传播；（2）赔偿 10 万元损失。请回答下列问题：

(1) 这些照片能否构成作品？

(2) 法院是否应当受理此案，并判决网站停止侵权？

(3) 如果法院应当受理，是否应当判决网站向陈某支付赔偿金？

三、论述题

请阅读下列新闻报道①：

年已九旬的李泽厚，突然成为上周的热门文化人物，他发布的一纸声明，让这位著名学者成为舆论焦点。

……一切因为由李泽厚亲笔起草的"特别声明"而起，这份声明 5 月 29 日发表在微信公众号"刘悦笛"上。……他使用了比较坚定的语气，表示自己从未出版过《美的哲学》一书，以后也不会有，某出版社出版的《美的哲学》三卷本，既未通知他，也不知是如何选择、安排、改动、删窜的，所以他不能承认这本书是他的著作，对此也不负任何责任……

北京某传媒公司反应速度很快，在同一天紧急发布了一份声明，梳理了《美的哲学》一书的版权来源链：这家传媒公司与某电子商务公司签署了出版与发行合同，而某电子商务公司所拥有的李泽厚作品出版授权协议，来自我国台湾地区某书局，台湾地区这家书局的李泽厚作品著作权，来自李泽厚本人转让，至于出版《美的哲学》一书的出版社，则是北京这家传媒公司授权的。

这一系列著作权的转让、授权、再授权乍看上去令人眼花缭乱，但其实链条还是蛮清晰的……1994 年，李泽厚与台湾地区某书局签署了"著作财产权让与契约"及"著作财产权让与证明书"，将《美的历程》《华夏美学》《美学四讲》等 10 部作品，以《李泽厚论著集》（著作权中的著作财产权）转让给台湾地区某书局，并收取了稿费。2010 年，国家版权局向台湾地区某书局颁发了"著作权登记证书"，证实该书局永久取得了《李泽厚论著集》的"著作权财产权"。……（在后来的诉讼中）法院判决……（李泽厚与台湾地区某书局的合同）已经事实上构成了著作权的转让，台湾地区某书局有权利对写进合同的李泽厚作品的著作权进行财产权方面的处置。

……出版社究竟错在哪儿？

《美的历程》是李泽厚最重要的代表作，此书 1981 年首次出版后引发震动，被冯友兰评价为"一部大书"，迄今不仅畅销数十万册，也是了解中国文学、哲学、文化的一部必读的思想之书。

……这次新出版的《美的哲学》，其实就是李泽厚《美学论集》的内容。《美学论集》1980 年由上海文艺出版社出版，此次新版与 1980 版的《美学论集》内容高度相近，仅

---

① 韩浩月. 李泽厚这次真的被侵权了. 中国青年报，2020-06-02 (9).

有个别篇目做了删减。但新版出版方在腰封上写的宣传语"中国美学大师李泽厚成名之作，'美学四书'之遗珠"，容易给读者造成误导，导致部分读者误认为是未出版过的新作。

《美的哲学》的出版方作为一家正规出版社，对于图书出版的流程应当是很熟悉的。比如：出书需要拿到作者的文稿、得到作者的允许、签订详细的合同，这是常识，况且作者还在世，拿到联系方式并不难。而从李泽厚的声明看，这次出版社压根就没和作者打招呼，直接把稿子拿过来就印刷使用，虽然有来自某传媒公司的授权，但并不能撇清出版社在流程上有欠考虑。

即便与作者、著作权代理机构谈妥、搞清楚了权利关系，签订了无可挑剔的合同，可作为新的出版物，也应就图书内容的修改增删等工作，与作者保持密切沟通。

《美的哲学》收录的文章创作于 20 世纪八九十年代，不排除作者的观点与理念发生变化，有想要修改的愿望，这个愿望应得到出版方的尊重，以更新后的内容呈现给读者，也是对作者与读者的负责。

"既未通知本人，也不知是如何选择、安排、改动、删窜的。"李泽厚的声明虽短，却把出版社的问题全说明白了，他这次没有谈财产权，也没说署名权有问题，而是说著作权中人身权的主要构成部分：修改权、保护作品完整权、尊重作品权，这三个权利是永久属于作者的。

李泽厚作品著作权有陈年隐情也好，有后边的官司纠纷也好，甚至对于他个人的评价，都不影响这次他所发布的声明合理性、正当性。

一位写作者可能左右不了自己的作品被印刷、销售，但作品的著作人身权，无论什么时候都应该得到充分的尊重。获得了著作权中的财产权，不意味着可以随意违背作者意愿，出版一本连作者都不承认、不接受的图书。

请分析报道中有关著作权侵权的观点能否成立。

参考答案

一、选择题

（一）单项选择题
A

解析：著作权集体管理组织被权利人授权后可以以自己的名义为权利人主张权利，并可以作为当事人进行涉及著作权的诉讼，无须再经过权利人对诉权的特别授权，也无须和权利人共同提起诉讼。因此 A 项正确，其他选项错误。

（二）多项选择题
BC

解析：除非专有许可合同有特别约定，否则被许可人不得进行分许可，因此 A 项错误。专有被许可人可以以自己的名义，在专有许可合同中约定的专有权利遭受侵害时，提起侵权诉讼和申请诉前措施，因此 B 项和 C 项正确。提供有声书的在线阅读和下载，实际是对作品的表演的录音制品的交互式网络传播，也就是对作品、表演和录音制品三者的交互式传播，其中包括对作品的交互式传播，作品信息网络传播权的专有被许可人有诉权，因此D项错误。

二、案例题

（1）这些照片是陈某独立拍摄的结果，并非翻拍而来，有陈某对拍摄对象、角度、光线和距离等要素的选择。由于《著作权法》对摄影作品的独创性要求很低，因此这些照片可以构成摄影作品。

（2）《著作权法》于2010年修改后，删除了"依法禁止出版、传播的作品，不受本法保护"的规定，因此内容非法的作品也自动受《著作权法》保护。陈某对这些照片享有著作权并应受保护，因此法院应当受理，并应判决网站停止侵权。

（3）赔偿的基本原则是补偿损失。该损失必须是使合法利益受到的损失。由于这些照片内容违法，在我国不能合法传播，作者不能从中获得任何合法利益，也不会遭受法律所承认的损失。陈某与第一家网站签订的合同的目的是传播违法内容，应被认定为无效，陈某不能以此证明其遭受的损失。因此法院不能判决赔偿。

三、论述题

第一，李泽厚作品的著作财产权已经转让，因此受让人出版其作品不再需要经过其许可，也无须支付稿费（许可费）。第二，我国《著作权法》并没有规定类似于德国等大陆法系国家著作权法中的收回权，因此即使李泽厚的学术观点此后已经发生了改变，也无权阻止著作财产权的受让人重印和发行其作品。第三，将作品汇编成册，并且起一个新的名称，只要这个名称没有改变作者的思想感情，不能认为侵犯了作者的著作人身权。第四，如果出版社对内容进行了改动，歪曲、篡改了原意，会侵害保护作品完整权。第五，文中对《著作权法》规定的著作人身权的描述（"著作权中人身权的主要构成部分：修改权、保护作品完整权、尊重作品权"）是不准确的。《著作权法》没有规定"尊重作品权"，对作品中表达的作者的思想感情的尊重，体现在保护作品完整权中。

第七章 侵害著作权的行为及法律责任

>> 本章知识点速览

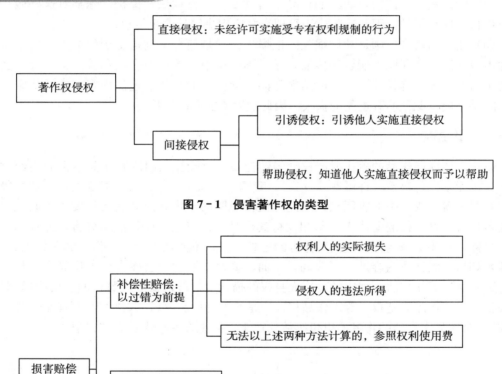

图 7-1 侵害著作权的类型

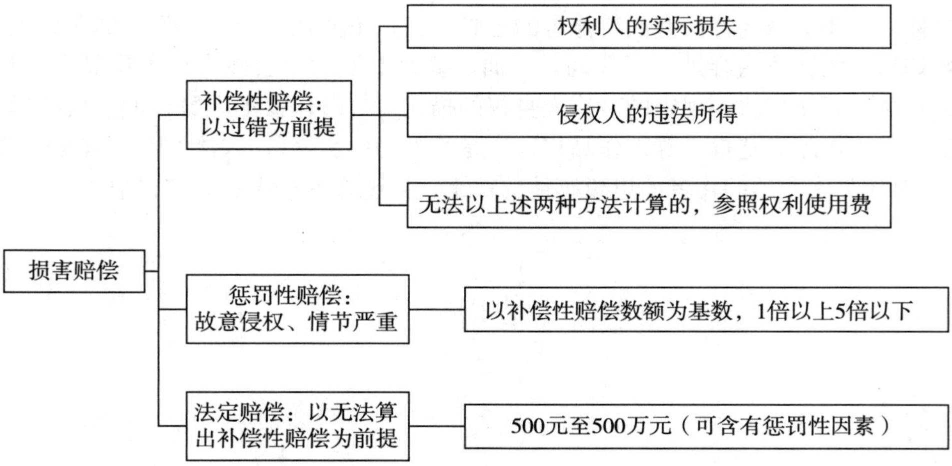

图 7-2 侵权损害赔偿

图解：

注意：以权利使用费计算赔偿数额的，不能以使用费的倍数作为计算基准，此点与《专利法》和《商标法》的规定不同。

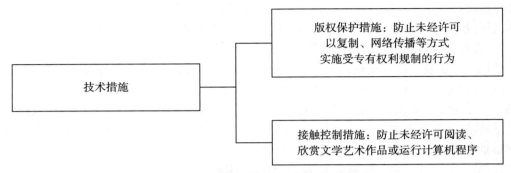

图 7 - 3 著作权法保护的技术措施的类型

》》 本章核心知识点解析

第一节 侵害著作权的行为

一、直接侵权

◎ **难度与热度**

难度：☆☆☆ 热度：☆☆☆☆☆

侵犯著作权的行为可分为直接侵权和间接侵权，这种区分与著作权法中的核心概念——专有权利密不可分。构成直接侵权的行为都落入了专有权利的控制范围，而构成间接侵权的行为并不受专有权利的直接控制。

（一）直接侵权的概念和构成要件

直接侵权的概念是与构成著作权权利内容的一系列专有权利密切相关的，每一项专有权利都控制着一类特定行为，如复制权、表演权和信息网络传播权分别规制对作品的复制行为、公开表演行为和交互式传播行为等如果未经著作权人许可，又缺乏"合理使用""法定许可"等抗辩理由，而实施受专有权利控制的行为，即构成"直接侵权"。换言之，专有权利划定了一个只有著作权人或经其授权的人才能享有的特定领域，未经著作权人或法律的许可而擅自闯入这一领域即可构成"直接侵权"。这非常类似于侵害他人土地所有权的概念——在法律没有特别许可的情况下，未经权利人同意，擅自闯入他人的土地即构成对他人土地所有权的侵害（trespass）。

因此，一项特定行为是否构成直接侵犯著作权的行为，关键在于这项行为是否受到专有权利的规制，以及是否存在特定的法定免责事由。例如，一个公司的程序员明知市场上出售的一本《计算机软件手册》是盗版书，却故意前去购买、阅读，用以为公司编写商业软件，是否构成直接侵权行为？如果这名程序员明知市场上出售的一份软件是盗版的，却故意前去购买并在公司的计算机上安装运行，以提供商业服务，是否构成直接侵权行为？这两项貌似类似的行为具有完全不同的法律性质。在《著作权法》明确赋予著作权人的 16 项专有权利中，没有一项能够控制购买和阅读盗版书籍的行为。购买和阅读盗版书籍，并不构成对文字作品的复制、发行、表演等受专有权利规制的行为，因此，故意购买和阅读盗版书籍的行为并不构成对著作权的直接侵害。

但是，"安装"计算机软件则是一个将软件从其他物质载体（如光盘）"复制"到计算机硬盘的过程，且"安装"的最终结果是在硬盘这一物质载体之上形成软件的永久性复制件，因此，"安装"是一个典型的复制行为，受到复制权的控制。安装盗版软件当然是未经软件著作权人许可的复制行为，同时，商业性的复制也不属于《著作权法》规定的权利限制范围，因此，商业性使用（安装）盗版软件构成对软件著作权的直接侵害。最高人民法院《著作权司法解释》第 21 条据此明确规定："计算机软件用户未经许可或者超过许可范围商业使用计算机软件的，依据著作权法第四十八条第（一）项、《计算机软件保护条例》第二十四条第（一）项的规定承担民事责任。"而《著作权法》第 53 条第 1 项和《计算机软件保护条例》第 24 条第 1 款第 1 项均规定了未经许可复制作品而应承担的侵权责任。需要指出的是：即使最高人民法院对此没有作出司法解释，法院依然可以从专有权利的性质推出同样的结论。

从这个角度看，《著作权法》第 52 条和第 53 条的规定在很大程度上是不必要的，因为这两条所列出的侵权行为绝大多数都是"直接侵权"，而所有的"直接侵权"都可以从第 10 条规定的"专有权利"中推出。例如，出现在第 52 条中的"未经著作权人许可，发表其作品"，是对"发表权"的"直接侵权"；"没有参加创作，为谋取个人名利，在他人作品上署名"，和"未经合作作者许可，将与他人合作创作的作品当作自己单独创作的作品发表"，是对"署名权"或"发表权"的"直接侵权"；"歪曲、篡改他人作品"是对"保护作品完整权"的"直接侵权"等，并不需要用单独的条款将这些"直接侵权"行为列出。

（二）直接侵权与主观过错

对包括著作权在内的知识产权的直接侵权，与普通民事侵权不同。前者的英文为 infringement（在不加特别说明的情况下，infringement 就是指 direct infringement，即直接侵权），后者的英文为 tort。在英美法系以及内容受英美法系影响的 TRIPs 协定中，infringement 的构成无须主观过错，但赔偿责任的承担往往需要具有主观过错。如 TRIPs 协定第 45 条第 2 款规定：在适当的情况下，即使侵权人（infringer）并不知道，也没有合理理由知道自己从事了侵权行为（infringing activity），各成员国仍可授权司法机关责令其返还利润和/或支付法定赔偿。该条中使用的"侵权人"（infringer）和"侵权行为"（infringing activity）显然与主观过错无关，因此，TRIPs 协定中使用的"侵权"（infringement）一词，并非民法中的"侵权"（tort）。从民事侵权的角度看，如果行为人不知道，也没有合理理由知道自己的行为侵害了他人的权利，其行为并不构成民事侵权（tort）。但基于物权等绝对权的效力，权利人可以请求行为人停止相关行为。如果我国知识产权法仅从普通民事侵权的角度规定知识产权侵权行为，就会出现与国际条约在制度和用语方面的差异，因此，我国知识产权法中的"侵权"，实际上均为 infringement，而不是 tort。由此可见，只要未经知识产权人许可，也没有法律规定的抗辩理由，擅自实施受专有权利规制的行为即构成直接侵权。至于行为人的心理状态如何、是否具有主观过错，只影响损害赔偿数额或救济方法，并不影响对行为构成直接侵权的认定。

例如，作家甲创作了一部小说，其友乙将书稿借去阅读，却在甲不知情的情况下，在书稿上署上自己的名字，并送至出版社。出版社虽然尽到了符合出版业常规的审查义务，但仍然没有发现事实真相。那么，出版社将小说予以出版并署上乙的姓名是否构成侵害甲的著作权的行为？显然，出版社已经尽到了合理审查义务，并无故意或过失。但是，出版社在未经著作权人甲许可的情况下，将其未发表的作品予以出版的行为受到四项专有权利的规制：首先，将未发表的作品通过出版的方式首次公之于众受发表权的规制；其次，出版社出版的是未正确署名的作品，受署名权的规制；再次，出版的前提是将作品印刷在纸张上，而印刷是典型的复制行为，受到复制权的规制；最后，出版意味着向公众出售已印刷、装订成册的书籍，即作品的复制件，而这又是受发行权规制的发行行为。上述未经许可而实施的受专有权利规制的四种行为，根据《著作权法》的规定，均不属于权利限制的范围，因此，尽管出版社没有主观过错，其行为仍然构成对甲的发表权、署名权、复制权和发行权的直接侵害，出版社仍然应当承担相应的法律责任。

（三）直接侵权责任与合法来源抗辩

虽然直接侵权的构成要件中并无主观过错，但过错是承担赔偿责任的前提。《著作权司法解释》第 20 条第 1、2 款规定：出版物侵害他人著作权的，出版者应当根据其过错、侵权程度及损害后果等承担赔偿损失的责任。出版者对其出版行为的授权、稿件来源和署名、所编辑出版物的内容等未尽到合理注意义务的，承担赔偿损失的责任。这意味着只有"未尽到合理注意义务"，即有过错，直接侵权者才承担赔偿责任。如果直接侵权者确无主观过错，则其无须承担损害赔偿责任。《著作权法》以此原理为基础规定了"合法来源抗辩"。《著作权法》第 59 条第 1 款规定："……复制品的发行者……不能证明其发行……的复制品有合法来源的，应当承担法律责任。"（此处的"法律责任"实为赔偿责任）。

"合法来源抗辩"的前提是行为人未经许可实施了受专有权利规制的特定行为，即受著作权中发行权规制的发行行为（以销售或赠与的方式向公众提供作品的原件或复制件）。该行为构成对相关专有权利的直接侵害，只是行为人可以通过举证证明相关复制品来源合法而说明自己的行为并非基于过错，从而免除赔偿责任，因此，"合法来源抗辩"并不是对侵权成立的抗辩，而是对赔偿损失诉请的抗辩。

被诉侵权人要进行"合法来源抗辩"，以证明其无过错，也就是不知道，也不应当知道相关复制品是侵害著作权的复制品。对此被诉侵权人应当证明相关复制品有合法来源，也就是提供合同、进货单和发票等符合交易习惯的相关证据来证明自己从正规渠道以正常价格进货，合乎交易惯例，无从知晓相关复制品侵害他人著作权。如被诉侵权人能够证明合法来源，则可推定其不知道且不应当知道相关复制品为侵权复制品，即推定其无过错。此时，应由权利人提供相反证据。在权利人未进一步提供足以推翻上述推定的相反证据的情况下，应认定"合法来源抗辩"成立。[①] 相关司法解释对此规定："被告依法主张合法来源抗辩的，应当举证证明合法取得被诉侵权产品、复制品的事实，包括合法的购货渠道、合理的价格和直接的供货方等。被告提供的被诉侵权产品、复制品来源证

---

① 最高人民法院（2019）最高法知民终 118 号民事判决书。

据与其合理注意义务程度相当的，可以认定其完成前款所称举证，并推定其不知道被诉侵权产品、复制品侵害知识产权。被告的经营规模、专业程度、市场交易习惯等，可以作为确定其合理注意义务的证据。"[1] 例如，在"《傅雷家书》案"中，"当当网"销售的《傅雷家书》是某出版社未经著作权人许可出版的，因此，"当当网"经营者的行为侵害了发行权。但其销售的《傅雷家书》由正规出版社出版，有明确的书号，并由拥有出版物经营许可证等相应资质的公司向其供货，因此，法院认为该图书有合法来源，"当当网"的经营者无须承担赔偿责任。[2]

需要说明的是，"合法来源抗辩"仅仅是免除赔偿责任的抗辩，而非不侵权抗辩。"合法来源抗辩"成立，并不改变相关受专有权利规制的行为的侵权性质，因此在"合法来源抗辩"成立的情况下，被诉侵权人虽然免于承担赔偿损失的责任，但应当相应地承担其他法律责任。最高人民法院在相关判决中指出：权利人进行维权的合理开支系基于侵权行为而发生，故在合法来源抗辩成立的情况下，权利人为获得停止侵权救济的合理开支仍应得到支持。[3] 同时，被诉侵权人还应承担停止侵权的责任，即侵权复制品的发行者应停止其发行行为。

二、间接侵权

◎ 难度与热度

难度：☆☆☆　　热度：☆☆

间接侵权是相对于直接侵权而言的，它是指即使行为人并未直接实施受专有权利规制的行为，其行为如果与他人的直接侵权行为之间存在特定关系，也可基于公共政策原因而被法律规定为侵权行为。这类行为被规定为侵权行为，并非因为其直接侵犯了专有权，因此被称为"间接侵权"。

在著作权制度发展的早期，间接侵权并未受到重视。在当时的技术条件下，只有那些具备一定财力、有固定经营场所的经济实体才有可能实施严重损害著作权人利益的直接侵权行为。要查实这种侵权行为是较为容易的，通过追究直接侵权者的责任，往往足以使权利人获得充分的救济。例如，如果一家印刷厂未经许可印刷他人著作，一家书店出售盗版书籍，著作权人容易借助司法的力量查实印刷厂和书店的侵权行为，也能通过处置其财产获得损害赔偿。因此，各国早期著作权立法和执法的重点都在于制止那些直接侵害著作权人的专有权利的行为。

但是，直接侵权行为并不是孤立进行的，它经常需要借助第三人的帮助、参与和支持，同时也存在着准备和实施的不同阶段。在一个复制和传播技术十分发达以及社会分工日益精细的时代，侵权的形态也在发生变化。如对于著作权侵权而言，个人侵权能力已经大大提高，其损害后果也十分严重。著作权人不但在追究个人侵权者的责任时费时费力，而且很难得到充分补偿。同时，如果等到直接侵权行为发生之后再追究侵权者的

---

[1] 最高人民法院《关于知识产权民事诉讼证据的若干规定》第 4 条。
[2] 江苏省无锡市高新技术产业开发区人民法院（2015）新知民初字第 0016 号民事判决书，江苏省无锡市中级人民法院（2015）锡知民终字第 0039 号民事判决书。
[3] 最高人民法院（2019）最高法知民终 25 号民事判决书。

责任，其造成的损害可能无法弥补；如果某些扩大他人侵权损害后果的行为不被及时制止，知识产权人会继续蒙受损失。出于保护知识产权的需要，各国在司法实践中普遍将某些不构成直接侵权的行为在特定条件下认定为侵权行为，即间接侵权；有的国家还在著作权法中具体列举了各类间接侵权行为。近年来，基于网络技术严重威胁著作权人利益的现实，各国更是纷纷对在何种情况下网络服务提供者的行为构成间接侵权在著作权立法中加以明确规定。

在各国立法和司法实践中，教唆、引诱他人进行直接侵权，或明知他人的行为构成直接侵权，但仍然给予实质性帮助的，构成间接侵权。我国《民法典》第 1169 条第 1 款规定：教唆、帮助他人实施侵权行为的，应当与行为人承担连带责任。在这种情况下，行为人主观上的过错是明显的，而且其教唆、引诱和帮助行为与损害结果之间存在因果关系，将该行为界定为侵权行为并要求行为人承担责任是合理的。侵权行为法的规则当然可以适用于知识产权领域，因此，虽然我国《著作权法》没有对间接侵权作出明确规定，教唆、引诱和帮助他人实施直接侵权的行为也构成间接侵权行为。除此之外，《信息网络传播权保护条例》还对诸如"抖音"的信息存储空间服务提供者和诸如"百度"的搜索服务提供者的间接侵权责任进行了规定。

第二节　对技术措施与权利管理信息的特殊保护

技术措施和权利管理信息都是权利人自力采取的保护自身利益的技术手段。规避技术措施和移除权利管理信息本身在多数情况下并不构成对专有权利的侵害，但会损害权利人的利益，因此著作权法对技术措施和权利管理信息提供保护。

一、"技术措施"的概念

◎ **难度与热度**

难度：☆☆☆☆☆　热度：☆☆

数字化技术的迅猛发展对著作权保护带来了前所未有的挑战。许多著作权人开始在数字化作品中和网络上使用各种技术手段保护自己的利益。这些技术手段被统称为"技术措施"（technological measure）或"技术保护措施"（technological protection measure）。在国际上，"技术措施"被分为"保护版权专有权利的技术措施"（以下简称"版权保护措施"）和"防止未经许可接触作品的技术措施"（以下简称"接触控制措施"）。前者的作用在于保护复制权、表演权和信息网络传播权等专有权利。如广泛用于电影 DVD 中的"内容扰乱系统"（CSS）可以防止 DVD 中的电影被复制到计算机硬盘上，或将该 DVD 进行翻刻，就属于典型的"版权保护措施"。而各类电子数据中的用户名和密码及相应的验证机制则属于"接触控制措施"，该技术手段并不是用于直接防止作品被未经许可复制或传播，而是用于防止他人未经许可可进入数据库，获取和利用其中的作品。再如，许多软件的用户在首次运行已安装的软件时，或者在免费试用期届满后，系统会提示用户输入正确的注册序列号，没有注册序列号的用户将无法正常运行软件，即无法"接触"其中的软件作品。序列号及相应的验证机制也属于"接触控制措施"。

我国《著作权法》第 49 条第 3 款将受保护的"技术措施"界定为"用于防止、限制未经权利人许可浏览、欣赏作品、表演、录音录像制品或者通过信息网络向公众提供作品、表演、录音录像制品的有效技术、装置或者部件"。其中"用于防止、限制未经权利人许可通过信息网络向公众提供作品、表演、录音录像制品"的"技术措施"即为"版权保护措施",但将此类技术措施限于保护信息网络传播权的技术措施,是立法中明显的缺陷。这是 2020 年修改《著作权法》时将《信息网络传播权保护条例》对"技术措施"的定义照搬到《著作权法》所导致的。实际上,"技术措施"还可以用于保护复制权等其他专有权利,如防止数字化作品被复制的技术性手段。而"用于防止、限制未经权利人许可浏览、欣赏作品、表演、录音录像制品"即为"防止未经许可接触作品的技术措施",其中在"浏览、欣赏"之后也明显遗漏了"运行"两字,也就是针对计算机程序的接触控制措施,如上文所述的注册序列号及与之相应的验证机制。计算机程序显然不是用于"浏览、欣赏"的,而是用于"运行"的。如果仅按照该规定的字面意思,防止计算机被未经许可运行或超范围运行的"技术措施"无法受到《著作权法》的保护,这显然是不合理的。对于上述问题,在再次修改《著作权法》之前,应当根据我国加入的《世界知识产权组织版权条约》和《世界知识产权组织表演和录音制品条约》中有关保护技术措施的规定,对"技术措施"的范围进行合理解释,避免违反国际条约设定的义务。

技术措施的优越性在于:它们是一种"防患于未然"的事前预防措施,从根本上切断了未经许可使用、复制和传播作品的途径,因此,在保护效果上较在侵犯著作权行为发生后再寻求法律救济的方法理想得多。但是,任何技术手段都是可以被突破的,各种破坏数字化作品中技术措施的行为和工具几乎与技术措施相伴而生,盗版软件的大量滋生就是某些"行家"破解软件中技术措施的直接后果。破解行为使作品失去了"保护层",从而使其极易被非法复制和传播,给著作权人造成严重经济损失。更为严重的是,有些人已不满足于自己破解,甚至还设计、制造及向社会提供专门用于破解技术措施的软、硬件工具。这样连不大精通专业技术的"外行"也可以利用这些工具破解技术措施,从而对著作权人的权利造成了更加广泛的侵害。因此,在数字时代,如果不对用于保护著作权的技术措施加以法律保护,就不可能真正维护著作权人的合法权益。

二、对技术措施的法律保护及例外

◎ 难度与热度
难度:☆☆　热度:☆☆

《著作权法》第 49 条第 2 款规定:"未经权利人许可,任何组织或者个人不得故意避开或者破坏技术措施,不得以避开或者破坏技术措施为目的制造、进口或者向公众提供有关装置或者部件,不得故意为他人避开或者破坏技术措施提供技术服务。但是,法律、行政法规规定可以避开的情形除外。"上述规定没有区分"版权保护措施"和"接触控制措施"。这意味着我国对"版权保护措施"和"接触控制措施"给予相同程度的保护。

《著作权法》第 53 条第 1 款第 6 项将"未经著作权人或者与著作权有关的权利人许可,故意避开或者破坏技术措施的,故意制造、进口或者向他人提供主要用于避开、破坏技术措施的装置或者部件的,或者故意为他人避开或者破坏技术措施提供技术服务"规定为"侵权行为"。但是,此类行为并不受著作权人的任何一项专有权利的控制,并不能构成直接侵权。同时，在他人并未实施或意图实施直接侵权的情况下，故意规避技术措施和提供规避手段也不构成间接侵权。国外立法也普遍将此类行为定为"违法"而非"侵权"，换言之，规避技术措施及提供规避手段属于违反法律规定的违法行为，与侵害专有权利的行为不属于同一类型的行为。如果一定要称之为"侵权行为"，对应的也是"tort"（一般民事侵权）而不是"infringement"（侵害专有权利）。

权利人对技术措施的使用可能与著作权法规定的权利限制产生冲突。这是因为技术措施虽然可以加强权利人对作品或其他受保护客体的控制，防止他人未经许可"接触"或利用作品或其他受保护的客体，但其不可能自动识别他人的"接触"或利用行为是否为权利限制所允许，而是对未经许可的行为一概加以阻止。这就导致技术措施在阻止了侵权行为和其他损害权利人正当利益行为的同时，也可能阻止了合法行为。而版权法对技术措施的保护，即禁止直接规避技术措施和提供规避手段的规定，则可能加深这一矛盾。在作品或其他受保护客体日益通过数字化形式提供的今天，该问题变得愈加突出。

为此，我国《著作权法》第50条第1款规定："下列情形可以避开技术措施，但不得向他人提供避开技术措施的技术、装置或者部件，不得侵犯权利人依法享有的其他权利：（一）为学校课堂教学或者科学研究，提供少量已经发表的作品，供教学或者科研人员使用，而该作品无法通过正常途径获取；（二）不以营利为目的，以阅读障碍者能够感知的无障碍方式向其提供已经发表的作品，而该作品无法通过正常途径获取；（三）国家机关依照行政、监察、司法程序执行公务；（四）对计算机及其系统或者网络的安全性能进行测试；（五）进行加密研究或者计算机软件反向工程研究。"该款针对禁止规避技术措施的条款规定了五种例外情形。但是，《著作权法》规定的例外情形还较少，特别是没有针对禁止规避手段的条款规定例外情形。由于多数使用者并不是技术高手，不具备动手规避技术措施的能力，仅允许上述五种规避行为与现实需要相距甚远，还需要通过进一步修改《著作权法》来增加新的例外情形。

三、"权利管理信息"的概念和对"权利管理信息"的法律保护

◎ **难度与热度**

难度：☆☆　　热度：☆☆

"权利管理信息"也是随着数字技术和网络的发展而出现的新事物，它是在作品、表演或制品中加入的用于识别作品或制品、作者、表演者、录音录像制品制作者的信息及有关作品、表演或制品使用的条款和条件的信息，这些信息随附于作品的复制件，或在作品向公众进行传播时出现。例如，许多DVD电影的片头即是有关电影制作者的信息；许多软件在安装时也会自动弹出"最终用户许可协议"，这些都属于附属于作品的权利管理信息。

权利管理信息不但能够使作品的使用者了解作者和相关权利人的姓名、名称，从而成为作者和其他权利人昭示自己身份的方式之一，还可以构成使用作品之前必须接受的合同条款，促使作品的使用者尊重著作权。而故意删除或改变权利管理信息，会显著削弱著作权人对使用者的合理约束，同时还可能导致使用者无从知晓作品作者和相关权利人的身份，使作者和相关权利人无法获得与其付出的努力相称的声誉和尊敬。需要指出的是，"权利管理信息"与"技术措施"不同：后者本身具有特定技术功能，能阻止他人

未经许可"接触"或利用作品或其他受保护的客体，即能够"控制"对作品或其他受保护的客体的"接触"和利用行为。而前者本身没有技术功能，仅是一种能够识别有关作品或其他受保护的客体、权利人、权利归属和使用条件等内容的信息。换言之，权利管理信息本身无法阻止他人实施任何行为，并不属于技术措施。

由于在数字环境下删除和改变权利管理信息并不困难，所以对权利管理信息也需要进行法律保护。对此，《著作权法》第53条第7项规定：未经著作权人或者与著作权有关的权利人许可，故意删除或者改变作品、录音录像制品等的权利管理电子信息的，构成侵权，法律、行政法规另有规定的除外。《信息网络传播权保护条例》第26条将权利管理电子信息界定为"说明作品及其作者、表演及其表演者、录音录像制品及其制作者的信息，作品、表演、录音录像制品权利人的信息和使用条件的信息，以及表示上述信息的数字或者代码"。第5条规定，未经权利人许可，任何组织或者个人不得进行下列行为：（1）故意删除或者改变通过信息网络向公众提供的作品、表演、录音录像制品的权利管理电子信息，但由于技术上的原因无法避免删除或者改变的除外；（2）通过信息网络向公众提供明知或者应知未经权利人许可被删除或者改变权利管理电子信息的作品、表演、录音录像制品。

第三节　侵害著作权的法律责任

侵犯著作权的人依法应承担法律责任。一般情况下侵权人应视情况承担停止侵权、赔礼道歉或支付损害赔偿金等民事责任，但如果侵权行为同时损害了公共利益，还可能承担行政责任，而严重损害公共利益的侵权行为还可能承担刑事责任。

一、民事责任

◎ 难度与热度
难度：☆☆☆　　热度：☆☆☆☆☆

针对知识产权侵权行为，法院对侵权者施加民事责任应当达到三个基本目标：一是停止侵害行为，防止损害后果的进一步扩大；二是使知识产权人所蒙受的损失获得充分的补偿；三是防止侵权者今后继续从事侵权行为。

（一）停止侵权

如果在法院下达判决时被诉侵权行为仍在继续，那么停止侵权将是法院要求侵权人首先应当承担的民事责任。如上文所述，知识产权由一系列专有权利构成，在未经许可或缺乏法律依据的情况下擅自实施受专有权利规制的行为，构成直接侵权。此时无论其主观状态如何，侵权人都应承担立即停止侵权行为的民事责任。如一网站未经许可将他人享有著作权的歌曲置于网上供网友在线点播或下载，只要在法院判决时，这些歌曲仍然没有被删除，不特定的公众就仍然可以在网上获得这些歌曲，侵害信息网络传播权的行为就仍然处于持续状态。此时法院应当判令该网站承担停止侵害的民事责任，也就是立即删除这些歌曲。

需要指出的是，基于比例原则或出于对其他公共政策因素的考量，对于特定的侵权行为，法院可以不判决停止侵权。假设在著作权侵权纠纷中法院认定，被诉侵权的小说的作者和出版社在百万字长篇小说中抄袭了一首几十字的诗歌，其行为构成侵权，那么，此时法院判决小说的作者和出版社停止侵权，包括停止销售已经印刷待售的几万本小说书，显然是不合理的。此时法院应判决小说的作者和出版社支付赔偿金，以及出版社再版时删除其中的侵权诗歌。

（二）消除影响、赔礼道歉

消除影响和赔礼道歉属于侵害人身权利的法律责任。当侵权行为侵犯了著作人身权利，导致著作权人的人格利益受到损害时，无法单纯通过经济赔偿挽回对著作权人造成的损害，法院就应当判令侵权人通过完成某些必要的行为来消除对著作权人的声誉造成的不良影响或者对著作权人进行精神抚慰。例如，报刊登载他人作品时因疏忽大意未能正确署名的，应当通过在显著位置登载声明而加以更正。而篡改、歪曲他人作品的，则应当根据作者的声誉受损的程度和范围，以适当的方式向作者赔礼道歉。《著作权法》第52条规定了"未经著作权人许可，发表其作品""未经合作作者许可，将与他人合作创作的作品当作自己单独创作的作品发表""没有参加创作，为谋取个人名利，在他人作品上署名的""歪曲、篡改他人作品的""剽窃他人作品"等侵害著作权人人身权利，应承担消除影响和赔礼道歉法律责任的行为。《著作权司法解释》第17条也针对转载者的责任指出：报刊转载未注明被转载作品的作者和最初登载的报刊出处的，应当承担消除影响、赔礼道歉等民事责任。

（三）赔偿损失：补偿性赔偿、惩罚性赔偿和法定赔偿

当侵权人具有过错，且导致著作权人蒙受经济损失时，侵权人应承担赔偿损失的民事责任。需要指出的是：侵权人具有过错并非构成直接侵权（direct infringement）的要件，但具有过错是承担赔偿损失这一民事责任的前提。侵权人没有过错的侵权行为虽然也会给知识产权人造成经济损害，但这种侵权行为毕竟缺乏道德上的可责难性，规定侵权人承担赔偿责任显得不公平，因此，许多国家（地区）的法律或国际公约只要求有过错的侵权人赔偿知识产权人的损失。例如，TRIPs协定第45条规定：对于故意或有理由知道自己从事了侵权行为的侵权人，司法机关有权要求侵权人向受侵害的权利人支付充分的损害赔偿金，以赔偿权利人因侵权行为而受到的损失。我国《著作权法》没有明确将侵权人的过错即故意或过失规定为侵权人承担赔偿损失民事责任的前提条件，但是，《著作权司法解释》第20条第2款明确规定："出版者对其出版行为的授权、稿件来源和署名、所编辑出版物的内容等未尽到合理注意义务的，依据著作权法第四十九条[①]的规定，承担赔偿损失的责任。"这说明我国仍然将具有过错作为侵权人承担赔偿损失责任的前提条件。

1. 补偿性赔偿及计算方法

传统的损害赔偿制度仅具有弥补著作权人之实际损失的功能，即使权利人的状况恢复到侵权行为发生之前。相应的损害赔偿被称为补偿性赔偿，用于填平权利人因侵权行为而遭受的损失。然而，知识产权侵权行为针对无形成果，与主要针对有体物的侵害物权的行为相比，知识产权侵权行为导致的损失往往不易计算，因此需要规定法院在计算

---

① 修改后《著作权法》第53条——引者注。

赔偿数额时应当予以考虑的因素，这就为法院留下了较大的自由裁量空间。

《著作权法》第54条第1款第一句规定，侵犯著作权或者与著作权有关的权利的，侵权人应当按照权利人因此受到的实际损失或者侵权人的违法所得给予赔偿；权利人的实际损失或者侵权人的违法所得难以计算的，可以参照该权利使用费给予赔偿。

权利人的实际损失，当然是指权利人因侵权行为造成的相关作品或其复制品销量下降而遭受的损失。《著作权司法解释》第24条规定："实际损失"可以根据权利人因侵权所造成复制品发行减少量或者侵权复制品销售量与权利人发行该复制品单位利润乘积计算；发行减少量难以确定的，按照侵权复制品市场销售量确定。

侵权人的违法所得，是指侵权人因侵权行为而获得的利益。当然，"违法所得"是指直接源于侵权行为的相关利益。例如，在体量为百万字的小说中抄袭了他人一首几十字的诗歌，在计算赔偿金额时就不能将销售该小说产生的全部利润视为侵害诗歌著作权产生的利益，而应当考虑诗歌在其中所占的比重。

"实际损失"和"违法所得"这两种计算赔偿数额的方法，是可由权利人选择的。权利人可以选择对自己更有利的计算方式，如权利人发现侵权人未经许可通过网络提供作品的付费下载，且可以获取完整的下载数据，从中可以推算出违法所得时，权利人就可以要求以违法所得计算赔偿数额。但是，"实际损失"和"违法所得"在一些情况下都是难以查实的。这一方面是因为权利人很难证明作品或其复制品销量的下降与侵权行为之间的因果关系。因为销量下降是多种因素如市场的变化、消费者偏好的改变、出现合法竞争者等共同作用的结果。如果同时存在多个侵权人，也很难说某一个侵权人的行为导致了权利人在多大程度上的经济损失。另一方面，侵权人建立起完善的财务管理制度，有详细账簿可供查阅的情况也不多见，除非其在电子商务平台进行销售且可公开查询，否则要查清其从侵权行为中的获利是很困难的。

与之相比，如果权利人曾经向他人进行过许可，且被使用许可的情况与被诉侵权的使用情况较为接近，则过去的许可使用费是计算损失较为客观的依据，因为侵权行为使权利人丧失了其本应获得的许可使用费。例如，某视频网站被诉未经许可传播权利人的电视剧，而另一规模与之基本相当的视频网站已经获得相应的许可，则后者支付的许可使用费就可以作为计算权利人之损失的依据。在司法实践中，未经许可在报刊、图书中使用著作权人的作品而构成侵权的，法院参照国家稿酬标准计算著作权人的损失，实际上也是根据许可使用费来确定权利人的损失。再如，计算机程序的许可使用费基本上与其售价相当，且对于个人和商业机构分别有统一的价格，比较容易确定，如果能查清侵权人未经许可安装运行的计算机程序数量，就可以确定侵权人应支付的赔偿数额。

但是，许可使用的情况往往也有很大差异，有时在侵权行为发生时，权利人尚未发放过许可，此时就难以甚至无法以权利人过去收取的许可使用费作为计算损失的依据。因此在司法实务中，法院会更多地适用后文所述的有关法定赔偿的规定确定侵权人应支付的赔偿数额。

需要指出的是，权利人的实际损失、违法所得和许可使用费实际上是立法以有利于权利人的方式推定权利人因侵权行为受到的损失。以商业软件为例：有些商业软件的价格（许可使用费）很高，假设在完全没有盗版供给的情况下，某使用者基于自身的财务状况，最多只会购买一套正版软件，不会再去购买第二套。但在有盗版可用的情况下，该使用者可能就会安装十套盗版软件。此时，法律推定权利人的实际损失就是十套正版软件的售价，而不再考虑（侵权人）实际上不可能购买十套正版软件。

《著作权法》第 54 条第 3 款规定：赔偿数额应当包括权利人为制止侵权行为所支付的合理开支。这意味着无论按照权利人的实际损失、违法所得还是许可使用费，都应当包括权利人为制止侵权行为所支付的合理开支。根据《著作权司法解释》第 26 条，"合理开支"包括权利人或者委托代理人对侵权行为进行调查、取证的合理费用。同时，法院根据当事人的诉讼请求和具体案情，可以将符合国家有关部门规定的律师费用计算在赔偿范围内。在实践中，对于权利人为进行调查取证而支出的公证费、审计费、交通住宿费、诉讼材料印制费等，只要在合理和必要的范围内，法院一般都会纳入"合理开支"之中。这与国际上的通行做法是一致的。侵犯知识产权的行为实施起来相对容易，成本也不高，但权利人为追究侵权行为所支出的费用可能极为高昂。TRIPs 协定第 45 条第 2 款对此规定：司法机关还有权责令侵权人向权利持有人支付有关费用，其中可包括有关的律师费用。

2. 惩罚性赔偿及计算方法

为了加强对知识产权的保护，遏制故意侵权行为，我国建立了针对故意侵害知识产权的惩罚性赔偿机制。《民法典》第 1185 条规定，"故意侵害他人知识产权，情节严重的，被侵权人有权请求相应的惩罚性赔偿"。据此，《著作权法》也规定了惩罚性赔偿。顾名思义，惩罚性赔偿的作用不是仅仅填补权利人因侵权行为遭受的损失，还有对侵权人进行"惩罚"。理由是侵权行为出于"故意"，情节严重，也就是行为人有较为严重的过错，且行为性质较为恶劣，其侵权行为的方式、范围对权利人产生了较大损失和消极影响。当然，作为民事责任，这里的"惩罚"与刑法中的"惩罚"不可同日而语，它体现在要求侵权人支付与能够查明的权利人的损失相比更多的赔偿金，也就是侵权人要为故意侵权行为付出更大的代价，以遏制侵权人日后的再次侵权，同时也对他人起到警示作用。《著作权法》第 54 条第 1 款第二句规定，对故意侵犯著作权或者与著作权有关的权利，情节严重的，如果能够根据权利人的实际损失或者侵权人的违法所得计算出具体金额，或者在难以计算权利人的实际损失或者侵权人的违法所得时能够参照许可使用费确定具体金额，则可以按照该金额的 1 倍以上 5 倍以下予以赔偿。换言之，侵权人最多可能支付权利人实际损失 5 倍的赔偿金，超过实际损失的赔偿金体现的就是对侵权人的"惩罚"。本书将该惩罚性赔偿称为"狭义惩罚性赔偿"，以区别于后文所述的"广义惩罚性赔偿"。

最高人民法院《关于审理侵害知识产权民事案件适用惩罚性赔偿的解释》第 3 条对"故意侵权（恶意侵权）"的认定方法作出了规定："对于侵害知识产权的故意的认定，人民法院应当综合考虑被侵害知识产权客体类型、权利状态和相关产品知名度、被告与原告或者利害关系人之间的关系等因素。""对于下列情形，人民法院可以初步认定被告具有侵害知识产权的故意：（一）被告经原告或者利害关系人通知、警告后，仍继续实施侵权行为的；（二）被告或其法定代表人、管理人是原告或者利害关系人的法定代表人、管理人、实际控制人的；（三）被告与原告或者利害关系人之间存在劳动、劳务、合作、许可、经销、代理、代表等关系，且接触过被侵害的知识产权的；（四）被告与原告或者利害关系人之间有业务往来或者为达成合同等进行过磋商，且接触过被侵害的知识产权的；（五）被告实施盗版、假冒注册商标行为的；（六）其他可以认定为故意的情形。"该司法解释第4条对"情节严重"的认定也作出了规定："对于侵害知识产权情节严重的认定，人民法院应当综合考虑侵权手段、次数，侵权行为的持续时间、地域范围、规模、后果，侵权人在诉讼中的行为等因素。""被告有下列情形的，人民法院可以认定为情节严重：（一）因侵权被行政处罚或者法院裁判承担责任后，再次实施相同或者类似侵权行为；（二）以侵害知识产权为业；（三）伪造、毁坏或者隐匿侵权证据；（四）拒不履行保全裁定；（五）侵权获利或者权利人受损巨大；（六）侵权行为可能危害国家安全、公共利益或者人身健康；（七）其他可以认定为情节严重的情形。"

需要指出的是：如前文所述，实际损失或者侵权人的违法所得有时在现实中是很难查清的，而参照许可使用费的计算方法，有时也是不可行的。而"狭义惩罚性赔偿"以补偿性赔偿金额为计算基础，也就是能够查明权利人实际损失数额、侵权人违法所得数额或者因侵权所获得的利益，或者在无法查明上述数额时，能够确定权利许可使用费。[①]这就导致此类惩罚性赔偿在司法实践中适用的情形是有限的。

3. 法定赔偿及计算方法

由于在许多情况下权利人的损失难以确定，《著作权法》规定了"法定赔偿"，以使法院在无法确定权利人的损失时，酌情在一定金额范围之内判令侵权人支付赔偿金。《著作权法》第54条第2款规定，当权利人的（实际）损失、因侵权所获得的利益（违法所得）和许可使用费难以计算时，由人民法院根据侵权行为的情节，判决给予500元以上500万元以下的赔偿。

在司法实务中，经常会遇到这样的情况，即虽然权利人因被侵权所受到的实际损失、侵权人的违法所得难以确定，也无可参照的许可使用费，但相关证据足以证明权利人的实际损失或侵权人的获利远高于法定赔偿金的上限。此时如果仅按照法定赔偿金的上限确定赔偿金额，显然是不公平的。对此，最高人民法院的司法政策允许法院综合考虑被诉侵权行为的表现形式等因素，在法定赔偿最高限额以上酌情确定赔偿数额。[②]

对于法定赔偿，还需要讨论的问题是：法定赔偿金的作用是限于填平权利人的损失，还是也可实现对故意侵权人的惩罚？如果是前者，就意味着法院虽然无法根据权利人的损失、侵权人的违法所得和许可使用费较为准确地计算出赔偿金，但在法律规定的法定赔偿金范围内确定的赔偿金应与法院估算的权利人的损失大致相当，此时侵权人的故意不应导致赔偿数额的明显增加。如果是后者，则意味着当法院发现侵权行为是故意为之时，将相应地提高法定赔偿金的数额。从前述法定赔偿金条款中"根据侵权行为的情节"的用语来看，由侵权情节反映出的侵权人的故意程度是确定法定赔偿金数额的法定因素。最高人民法院的司法政策也要求人民法院在确定法定赔偿数额时，应当考虑"侵权人是否存在侵权故意，是否主要以侵权为业，是否存在重复侵权"[③]，也印证了上述结论。

---

① 最高人民法院《关于审理侵害知识产权民事案件适用惩罚性赔偿的解释》第5条第2款。

② 曹建明. 我国知识产权制度正在进行新的全面创新.（2007-01-18）［2008-02-11］. http://www.gov.cn/jrzg/2007-01/18/content_500463.htm；最高人民法院（2017）最高法民再234号民事判决书。

③ 最高人民法院《关于依法加大知识产权侵权行为惩治力度的意见》第11条第2款。

　　这就意味着在其他因素相同的情况下，不同的侵权人主观上过错的差异将明显影响法定赔偿金的数额，故意侵权人应支付的法定赔偿金将高于过失侵权人应支付的法定赔偿金。这说明法定赔偿也可以具有惩罚的功能。对于具有惩罚作用的法定赔偿金，本书称为"广义惩罚性赔偿"，以区别前文所述的"狭义惩罚性赔偿"。

二、行政责任

◎ 难度与热度

难度：☆☆☆　热度：☆☆

　　当侵权人的特定侵权行为也同时损害公共利益时，侵权人除了要根据权利人的诉讼请求和法院的判决向权利人承担民事责任，还可能要承担行政责任，即由相应的行政管理部门对侵权人予以行政处罚。需要注意的是：世界上绝大多数国家对知识产权侵权只规定了民事责任和刑事责任，而没有规定行政责任。其理由为知识产权是私权，动用以全体纳税人的税金支撑的国家行政力量维护权利人的私利似有失社会公平。只有当知识产权侵权严重威胁到了社会公共利益，以致达到了构成刑事犯罪的程度，才需要国家动用司法力量加以主动干预。但鉴于我国目前知识产权侵权问题仍然较为突出，加上有依靠行政力量解决社会问题的传统，这种方式也取得了较好的社会效果，《著作权法》仍然规定了行政责任，即对于部分较严重的侵权和违法行为，由行政执法机关对行为人进行行政处罚。

　　《著作权法》按照侵权行为的性质，于第52条和第53条分别列举了两类侵权行为（第53条列举的与技术措施和权利信息有关的行为实为违法行为，而不是侵害专有权利的行为，下同）。只有第53条列举的八种侵权行为同时损害公共利益的，才能对行为人进行行政处罚。这八类侵权行为是：（1）未经著作权人许可，复制、发行、表演、放映、广播、汇编、通过信息网络向公众传播其作品的；（2）出版他人享有专有出版权的图书的；（3）未经表演者许可，复制、发行录有其表演的录音录像制品，或者通过信息网络向公众传播其表演的；（4）未经录音录像制作者许可，复制、发行、通过信息网络向公众传播其制作的录音录像制品的；（5）未经许可，播放、复制或者通过信息网络向公众传播广播、电视的；（6）未经著作权人或者与著作权有关的权利人许可，故意避开或者破坏权利人为其作品、录音录像制品等采取的保护著作权或者与著作权有关的权利的技术措施的，故意制造、进口或者向他人提供主要用于避开、破坏技术措施的装置或者部件的，或者故意为他人避开或者破坏技术措施提供技术服务的；（7）未经著作权人或者与著作权有关的权利人许可，故意删除或者改变作品、版式设计、表演、录音录像制品等的权利管理电子信息的，知道或者应当知道作品、版式设计、表演、录音录像制品或者广播、电视上的权利管理信息未经许可被删除或者改变，仍然向公众提供的；（8）制作、出售假冒他人署名的作品的。

　　对于同时损害公共利益的上述行为，由主管著作权的部门责令停止侵权行为，予以警告，没收违法所得，没收、无害化销毁处理侵权复制品以及主要用于制作侵权复制品的材料、工具、设备等，违法经营额5万元以上的，可以并处违法经营额1倍以上5倍以下的罚款；没有违法经营额、违法经营额难以计算或者不足5万元的，可以并处25万元以下的罚款。

对于"损害公共利益",国家版权局在我国加入世界贸易组织(WTO)后参加的"2002 年 WTO 过渡性审议"中,对其他 WTO 成员方提出的如何认定"损害公共利益"的问题,曾明确答复"构成不正当竞争,危害经济秩序的行为即可认定为损害公共利益"[1]。由此看来,只有公开实施的、与权利人争夺市场(包括作品本身的市场和演绎作品的市场),且对正常的竞争秩序和权利人的利益造成了较大影响的侵权行为,才能被认定为"损害公共利益"。国家版权局曾指出:商业性卡拉 OK 经营者,未经著作权人许可使用作品,特别是在著作权人要求其履行合法义务的情况下,仍然置之不理。主观故意明显,应属情节严重的侵权行为。这种行为不仅侵犯了著作权人的合法权益,并且损害了市场经济秩序和公平竞争环境,应属一种损害公共利益的侵权行为。[2]

三、刑事责任

◎ **难度与热度**

难度:☆☆☆   热度:☆☆☆

著作权是一种私权,侵犯著作权的行为在多数情况下应当只导致民事责任。但是,某些严重侵害著作权的行为,如大量制作、贩卖盗版书籍、计算机软件的复制件,以及通过网络提供电影下载等,不仅会影响著作权人自身的利益,还会扰乱市场经营秩序,助长藐视著作权的不良心理,导致对社会公共利益的严重损害。为此,多数国家都在民事责任之外规定了刑事责任,以对这种严重的侵权行为加以严厉制裁。

《刑法》第 217 条规定的"侵犯著作权罪"和第 218 条规定的"销售侵权复制品罪",均是与著作权有关的犯罪。其中,《刑法》第 217 条规定:"以营利为目的,有下列侵犯著作权或者与著作权有关的权利的情形之一,违法所得数额较大或者有其他严重情节的,处三年以下有期徒刑,并处或者单处罚金;违法所得数额巨大或者有其他特别严重情节的,处三年以上十年以下有期徒刑,并处罚金:(一)未经著作权人许可,复制发行、通过信息网络向公众传播其文字作品、音乐、美术、视听作品、计算机软件及法律、行政法规规定的其他作品的;(二)出版他人享有专有出版权的图书的;(三)未经录音录像制作者许可,复制发行、通过信息网络向公众传播其制作的录音录像的;(四)未经表演者许可,复制发行录有其表演的录音录像制品,或者通过信息网络向公众传播其表演的;(五)制作、出售假冒他人署名的美术作品的;(六)未经著作权人或者与著作权有关的权利人许可,故意避开或者破坏权利人为其作品、录音录像制品等采取的保护著作权或者与著作权有关的权利的技术措施的。"

前述六种行为中,第一种和第二种行为侵害了作品著作权中的复制权、发行权和信息网络传播权。其中侵害"专有出版权"的行为,如本书第四章第一节所述,侵害的并不是邻接权,而是作品的著作权,因此上述第二种行为实际上可以归入第一种行为,也就是未经许可对作品进行复制、发行的行为。只是立法者可能认为专有出版权具有特别重要的意义,因此在图书出版者已依据出版合同授予的专有出版权出版作品的情况下,

---

① 国家版权局《关于查处著作权侵权案件如何理解适用损害公共利益有关问题的复函》(2006 年 11 月 2 日,国权办〔2006〕43 号)。

② 同①.

对该作品的复制权和发行权予以特别保护。第三种和第四种行为分别侵害了录音录像制作者权和表演者权中的复制权、发行权和信息网络传播权。第一种、第三种和第四种行为中，"通过信息网络向公众传播"应当与《著作权法》使用的相同术语含义保持一致，特指交互式网络传播，不包括非交互式网络传播，也就是网播。这就意味着，将他人音乐作品现场演唱会的录音上传至某一互联网网站供公众下载的行为，在符合其他入罪条件的情况下，构成《刑法》第 217 条规定的犯罪行为，因为此类网络传播属于典型的交互式传播。但是网络主播以营利为目的在直播中演唱音乐作品的行为，并不属于《刑法》第 217 条所述的"通过信息网络向公众传播"音乐作品，因为这种传播是典型的非交互式传播，属于《著作权法》第 10 条第 1 款第 11 项规定的广播行为。由于《刑法》第 217 条没有将"未经许可广播"作品列为可构成犯罪的行为，对于网络主播的上述行为不可追究刑事责任。前述第五种行为严格地说侵害的是他人的姓名权，也就是将他人的姓名作为作者的姓名标识于自己创作的美术作品中并出售，而不是侵害他人作为作者在著作权法上享有的署名权。（对此请参见第三章论述题 1 的参考答案，此处不赘述。）第六种行为是直接规避技术措施和对技术措施提供规避手段。如前文所述，严格地说，此类行为并不是侵害著作权专有权利的行为（为帮助他人实施直接侵权而提供规避手段的行为构成间接侵权，这是特例），而是违反《著作权法》特别规定的违法行为。

《刑法》第 218 条规定：以营利为目的，销售明知是本法第 217 条规定的侵权复制品，违法所得数额巨大或者有其他严重情节的，处 5 年以下有期徒刑，并处或者单处罚金。如本书第三章第二节在讲解发行权时所述，发行是指以销售或赠与的方式向公众提供作品的原件或复制件。未经许可，以销售的方式向公众提供作品的复制件，也就是销售作品的侵权复制品，是最为常见的侵害发行权的行为，因此，《刑法》第 218 条规定的"销售侵权复制品罪"本质上是侵犯发行权罪。

第四节 知识产权侵权救济的程序保障

包括著作权在内的知识产权侵权行为具有侵权行为实施较为便捷、成本低廉、侵权行为难以查实和损害后果极易扩大等特点，因此，法律对知识产权侵权诉讼作出了一些特殊规定，以从程序上保障权利人得到及时救济。

一、临时措施

◎ 难度与热度

难度：☆☆　　热度：☆☆

临时措施是指法院在对案件的是非曲直作出最终判决之前，先行采取的保护当事人利益的措施。这种措施在许多情况下对于制止正在或即将实施的侵权行为、保存重要证据、防止损害后果进一步扩大和导致无法弥补的损失是至关重要的。例如，当一家公司商业性地使用盗版软件，构成侵犯软件著作权人复制权的行为时，如果无法在起诉之前就由法院进行证据保全，则该公司在接到起诉书后可以通过删除盗版软件轻而易举地销毁证据，使得软件著作权人的诉讼请求无法得到支持。再如，某唱片公司发现一家网站正在陆续将其新制作的数字音乐专辑通过手机应用程序供用户下载，如果不能及时制止这一侵权行为，短时间内这些专辑就可能被反复下载、复制和传播，严重冲击正版数字专辑的销售。等到法院作出最终判决时，该唱片公司的损失可能已无法挽回。而且由于无法准确地计算损失，法院判决的赔偿金额可能并不足以对该唱片公司给予充分的补偿。对该唱片公司而言，保护其利益最有力的手段莫过于法院立即采取禁止这家网站实施侵权行为的临时措施。《著作权法》对此规定了诉前责令停止侵权、诉前证据保全和诉前财产保全三类临时措施。同时，《民事诉讼法》不仅规定了利害关系人在提起诉讼或申请仲裁前可以申请临时措施（诉前保全措施），还规定了在起诉之后，判决、裁定或仲裁生效之前，当事人可以申请保全措施（诉中保全措施）。

（一）行为保全

根据《著作权法》第 56 条的规定，著作权人或者与著作权有关的权利人有证据证明他人正在实施或者即将实施侵犯其权利、妨碍其实现权利的行为，如不及时制止将会使其合法权益受到难以弥补的损害的，可以在起诉前依法向人民法院申请责令作出一定行为或者禁止作出一定行为的措施。这被称为诉前行为保全。《民事诉讼法》第 103 条第 1款还规定："人民法院对于可能因当事人一方的行为或者其他原因，使判决难以执行或者造成当事人其他损害的案件，根据对方当事人的申请，可以裁定对其财产进行保全、责令其作出一定行为或者禁止其作出一定行为……"其中有关在诉讼中责令被申请人作出一定行为或者禁止其作出一定行为的临时措施，被称为诉中行为保全。

向法院申请行为保全时，应当递交申请书和相应证据，并提供相应的担保。如未能提供担保，法院将驳回申请。申请人提供的担保数额，应当相当于被申请人可能因执行行为保全措施所遭受的损失。行为保全的措施毕竟是在法院尚未有机会全面听取当事人双方的意见并审查双方提供的证据之前，依申请人"一面之词"而作出的，存在着申请人提供虚假证据限制被申请人从事合法行为的风险，为了保障被申请人的合法利益，防止申请人滥用临时措施机制，要求申请人提供相应的担保是完全必要的。

对于申请人提出的责令停止侵权行为的申请，法院经审查后符合法定条件的，应在48 小时内作出书面裁定，责令被申请人停止侵权行为，而且应当立即开始执行；并在至迟不超过 5 日的时间内及时通知被申请人。对裁定的时间作出严格规定是因为侵权行为往往会给权利人造成难以弥补的损失，因此，法院应尽早对申请是否符合法定条件进行审查并作出裁定，以便于权利人及时制止侵权行为。

当事人对行为保全的裁定不服的，可以在收到裁定之日内申请复议一次，复议期间不停止裁定的执行。同时，在法院采取行为保全措施后，申请人应当在 30 日内对被申请人提起诉讼或者申请仲裁，否则，法院应当裁定解除行为保全。这是为了保障被申请人的合法利益，防止申请人滥用行为保全机制。由于法院采取的行为保全措施是根据申请人单方面的申请作出的，被申请人尚未有充足的时间准备和提交有利于自己的证据，对申请人的请求进行反驳和抗辩；而且裁定停止侵害知识产权行为的效力，一般将维持到案件裁判生效时才终止，因此，如果允许申请人在法院采取责令被申请人停止侵害知识产权行为的保全措施之后，无限期拖延起诉时间或者申请仲裁，使法院或仲裁庭迟迟不能对被申请人的行为是否构成知识产权侵权进行全面审理，无疑剥夺了被申请人及时获得公正司法保障的机会。

申请人如在采取行为保全措施后 30 日内不依法提起诉讼或者申请仲裁，自然会使此前采取的行为保全措施丧失合理性。同时，如被诉侵权行为最终被生效裁判认定不构成侵权，则此前采取的行为保全措施显属错误。对于由此给被申请人造成的损失，申请人应予以赔偿。被申请人可以向法院起诉，请求申请人赔偿，也可以在申请人提起的侵权诉讼中提出损害赔偿请求。如法院认定申请错误导致被申请人遭受损失，申请人应予以赔偿。

（二）证据保全

《著作权法》第 57 条规定：为制止侵权行为，在证据可能灭失或者以后难以取得的情况下，著作权人或者与著作权有关的权利人可以在起诉前依法向人民法院申请保全证据。《民事诉讼法》第 84 条第 2 款也规定：因情况紧急，在证据可能灭失或者以后难以取得的情况下，利害关系人可以在提起诉讼前向证据所在地、被申请人住所地或者对案件有管辖权的人民法院申请保全证据。

根据相关司法解释，当事人申请证据保全措施以及法院作出裁定的程序、条件与申请行为保全措施基本上相同，此处只就其特殊之处作出说明：首先，申请人应当说明申请证据保全的理由，包括证据可能灭失或者以后难以取得，而且当事人及其诉讼代理人因客观原因不能自行收集的具体说明。其次，如果申请人申请证据保全可能让被申请人遭受财产损失，法院可以责令申请人提供相应的担保。例如，当软件著作权人有初步证据证明一家公司使用其软件的盗版时，可以在诉前申请法院进入该公司，对被怀疑安装盗版软件的计算机进行证据保全，而这将使该公司在法院判决之前无法使用相关软件进行商业活动，有可能导致该公司的财产损失。此时法院就可以要求申请人提供担保。

需要注意的是：证据保全的目的之一是避免被申请人转移或销毁证据，因此，一般只有在不事先通知被申请人的情况下由法院实施才能达到保全证据的效果。虽然法律和司法解释都没有对这一点作出规定，但 TRIPs 协定第 50 条第 2 款明确规定：在存在证据被销毁的显而易见的风险时，司法机关有权采取不作预先通知的临时措施。因此，法院应当有权在不事先通知被申请人的情况下采取证据保全措施。

（三）财产保全

《著作权法》第 56 条规定了"在起诉前依法向人民法院申请采取财产保全"的临时措施。《民事诉讼法》也规定了诉前和诉中的财产保全措施可以适用于知识产权侵权诉讼。有关诉前和诉中财产保全措施的法律规则与有关诉前和诉中行为保全的规则基本上是一致的，需要注意的不同之处在于：对于行为保全的措施，除非申请人同意，否则，一般不因被申请人提供担保而解除。而对于财产保全的措施，被申请人提供担保的，法院应当解除。这是因为这两种临时措施所要达到的目的不同：前者是为了阻止被申请人实施侵权行为，避免造成申请人的损失或进一步扩大损失。在法院对案件进行全面审理并对侵权行为造成的损失作出认定之前，无法确认被申请人的担保是否足以弥补申请人的损失；而且一些侵权行为涉及对著作人身权的侵犯，是必须加以制止的。后者则是为了防止被申请人转移、隐匿财产或因其他原因丧失清偿能力，如果被申请人提供了与被保全财产相当的担保，财产保全措施的目的就已经达到，无须继续对被申请人的财产进行保全。

二、举证妨碍

◎ **难度与热度**

难度：☆☆　　热度：☆☆

如上文所述，在著作权侵权诉讼中，权利人可以选择以其因侵权行为遭受的实际损失和侵权人的违法所得作为计算损害赔偿的基础。"谁主张，谁举证"是民事诉讼中举证责任分配的基本原则，如果权利人选择以其因侵权行为遭受的实际损失计算损害赔偿，自然应当证明自己的损失；但如果权利人要求以侵权人的违法所得计算损害赔偿，则除非侵权人完全通过电子商务平台销售侵权产品且销售数据可以公开查询或有其他特殊情况，否则权利人是很难举证证明相关金额的。如果法律没有作出特别规定，侵权人并没有义务提供证据说明自己通过侵权行为获得的利益（违法所得）。

鉴于著作权侵权行为的易发性和可能造成的严重后果，以及著作权人很难举证证明侵权人违法所得的现实，为了适当提高对著作权的保护水平，遏制侵权行为，《著作权法》第 54 条第 4 款规定了针对侵权人的举证妨碍机制：在权利人已经尽了必要举证责任，而与侵权行为相关的账簿、资料等主要由侵权人掌握时，人民法院为确定赔偿数额，可以责令侵权人提供与侵权行为相关的账簿、资料等。侵权人不提供，或者提供虚假的账簿、资料等的，人民法院可以参考权利人的主张和提供的证据确定赔偿数额。这就意味着当侵权人未按法院的要求提供与侵权行为相关的真实信息时，将承担由此导致的不利后果，即使法院参考权利人的主张和提供的证据所确定的赔偿数额实际上超过了侵权人的违法所得，侵权人也必须接受。

▶▶ 本章实务案例研习

一、侵占装有软件的电脑并不侵害软件的著作权

（一）案情简介

某公司员工为完成公司分配的任务开发了一套计算机软件，该软件的著作权依法归属于该公司（参见本书第五章第三节有关特殊职务作品著作权归属的讲解）。后该员工因与公司发生劳动纠纷而离职。公司指称该员工离职后侵占装有涉案软件的电脑，致使公司无法对涉案软件进行后续开发，并交付给第三方终端用户，因此侵害了公司对该软件所享有的修改权与发行权。

（二）法院判决

最高人民法院审理此案后指出：根据《著作权法》对侵权行为的规定，侵害软件修改权与发行权均以"未经著作权人许可擅自修改和发行"为基本行为模式，修改权与发行权所规制的行为主体是未经著作权人授权的其他民事主体，而非著作权人自身。换言之，被诉侵权语境下的"修改"与"发行"行为应指向被诉侵权方，而非享有著作权一方。本案中该公司主张该员工离职后占有涉案软件致使该公司不能行使修改和发行涉案软件的权利，该被诉侵权行为与《著作权法》及《计算机软件保护条例》所规定的侵害修改权与发行权的行为模式存在根本区别，不能将二者混为一谈，因此，最高人民法院

没有支持该公司有关该员工侵害其修改权和发行权的诉讼请求。[①]

（三）法律分析

本案中原告的诉讼请求反映了对著作权的作用的一种较有代表性的误解，即修改权就是指权利人自己有权修改作品，发行权就是权利人自己有权发行作品。本案中，该公司认为，因为装有软件的电脑被员工侵占，自己没法及时获得软件，也就无法对软件进行修改和发行，因此员工的行为侵害了自己在《著作权法》中的修改权和发行权。本书第一章第二节已经说明，知识产权依《民法典》第 123 条的规定属于"专有的权利"，即排他权，是规制他人对受保护的知识产权客体实施特定行为的权利，与权利人自己可以对受保护的知识产权客体实施何种行为没有关系。《著作权法》中的修改权和发行权的作用当然不是让权利人自己有权去修改和发行作品，否则在 1991 年《著作权法》实施之前，创作作品的作者岂不是无权修改自己的作品，不能通过出版社发行自己的作品了？《著作权法》中的修改权和发行权是指规制他人未经许可修改和发行作品的权利。在本案中，该员工并没有未经许可修改和发行作品，何谈对修改权和发行权的侵害呢？至于该员工未及时移交作为工作成果的软件是否违反与公司的约定或管理规定，与著作权侵权没有关系，该公司可以以该员工违约或其行为构成普通民事侵权行为为由提起诉讼。

二、使用盗版软件被判赔偿 1 500 余万元

（一）案情简介

在"达索系统股份有限公司诉上海某公司侵犯计算机软件著作权案"中，原告为 CATIA 系列计算机软件的权利人，其认为被告在其公司场所内的电脑上商业性使用其计算机软件的行为构成侵权。

（二）法院判决

法院认为，被告未经原告许可，在其经营场所内的电脑上安装了原告主张著作权的涉案软件，侵害了原告对涉案软件享有的复制权，依法应当承担停止侵权、赔偿损失的民事责任。法院同时查明：被告约有 180 台电脑，以 10% 的比例抽查，18 台电脑中有 16 台电脑安装过涉案侵权软件，按比例计算，被告安装侵权软件的数量为 160 套。同时原告软件的价格在 10 万元左右。法院结合其他相关因素判决被告赔偿原告经济损失及合理费用共计 1 505 万元。[②]

（三）法律分析

对于计算机软件而言，其售价实际上就是使用软件的许可费。本案适用的是 2020 年修改之前的《著作权法》，虽然当时的《著作权法》尚未规定法院可以参照许可使用费确定赔偿数额，但法院以证据推定的被告未经许可安装运行涉案软件的数量和软件单价（许可使用费），合理地确定了赔偿金额，补偿了权利人的损失。

需要指出的是，本案虽然判决了高额赔偿金，但并不属于惩罚性赔偿。因为本案中

---

① 安徽行天电子科技有限公司与毛培友计算机软件著作权权属、侵权纠纷案，最高人民法院（2020）最高法知民终 4 号民事判决书。
② 上海知识产权法院（2017）沪 73 民初 208 号民事判决书。

法院基本上是以侵权人使用的盗版软件数量与售价的乘积计算赔偿金的，也就是参照软件许可使用费推定权利人的损失，这仍然属于补偿而非惩罚性赔偿。

本章同步练习

一、选择题

（一）单项选择题

段某创作了一部小说，准备向某小说网站发放提供小说在线阅读的非专有许可，约定许可费为 10 万元。但在签约之前该网站发现某一小说阅读 APP 已在提供同一小说的收费（10 元）阅读，于是取消了签约。经查，该 APP 经营者提供小说阅读并未经段某许可，段某起诉后，法院查明该小说已被付费阅读 2 万次。以下选项中正确的是：（　　）。

A. 段某只能要求该 APP 经营者赔偿 10 万元

B. 段某可以要求该 APP 经营者赔偿 20 万元

C. 段某可以要求法院酌定赔偿，金额为 30 万元

D. 如法院认定该 APP 经营者故意侵权且情节严重，可以以许可费 10 万元的 3 倍为基数，最高判决以该基数的 5 倍计算赔偿数额，即 150 万元

（二）多项选择题

根据《刑法》的规定，在下列侵害著作权或邻接权的行为中，行为人可能被追究刑事责任的是：（　　）。

A. 未经作者许可复制发行作品

B. 未经表演者许可提供表演录音制品的下载

C. 未经录音制作者许可，破解用于防止复制录音制品的技术措施

D. 未经作者许可，在网络直播中演唱其创作的歌曲

（三）不定项选择题

在下列侵害著作权或邻接权的行为中，行为人可能受到行政处罚的是：（　　）。

A. 未经音乐著作权人许可提供其作品的网络点播

B. 未经电影作品著作权人许可提供其电影 DVD 的出租

C. 未经表演者许可对其表演进行现场直播

D. 未经《红楼梦》出版者的许可，翻印此书出版，从而使用了此书的版式设计

二、案例题

画家张某创作了一幅卡通画，将其扫描后上传至其个人博客，并将原件赠送给一家漫画博物馆。不久，该漫画博物馆所在的地区遭受了罕见的阴雨天气，其收藏的卡通画原件有发霉变质的迹象，于是该漫画博物馆未经张某的许可自己制作了该卡通画的复制件。美术期刊社的编辑从张某的博客上看到此画后十分欣赏，就将该画下载，刊登在美术期刊上，注明了张某的姓名，并向张某寄送了稿费。一家玩具厂的经理在期刊中看到此画之后觉得十分适合制作玩具，就擅自根据该卡通画制作了毛绒玩具销售。请回答下列问题：

（1）漫画博物馆未经张某许可复制卡通画的行为是否侵权？

（2）现张某起诉美术期刊社，认为其未经许可刊登卡通画的行为侵权，美术期刊社认为其行为符合转载作品的法定许可的要求，以此进行抗辩，请问抗辩理由能否成立？

（3）玩具厂的行为是否侵权？如认为玩具厂的行为构成侵权，侵犯了何种专有权利？张某可以在起诉之前申请法院采取何种法律措施？

三、论述题

1.《著作权法》第59条第1款规定："视听作品、计算机软件、录音录像制品的复制品的出租者不能证明其……出租的复制品有合法来源的，应当承担法律责任。"请对该条规定的合理性进行评述。

2.《刑法》第217条将"未经著作权人许可，复制发行"列为侵犯著作权罪的罪状；《刑法》第218条将故意"销售侵权复制品"规定为"销售侵权复制品罪"。请分析《刑法》第217条中的"复制发行"与第218条中的"销售"的关系。

参考答案

一、选择题

（一）单项选择题

B

解析：《著作权法》允许权利人选择以侵权人的获得作为损害赔偿数额，且规定只有难以计算权利人的损失和侵权人的获得时，才可参照许可费计算赔偿数额。题干中侵权人的获利可以算出，因此A项错误，B项正确。法定赔偿只有在用上述三种方法都无法计算出赔偿数额时才能适用，因此C项错误。惩罚性赔偿不能以许可费的倍数为基数，因此D项错误。

（二）多项选择题

ABC

解析：根据《刑法》第217条的规定，A项、B项和C项的行为都可被追究刑事责任，分别为复制发行作品、通过网络传播表演，以及规避技术措施。D项中的行为表面上也是通过信息网络实施的，但由于是非交互式传播，属于《著作权法》规定的广播行为，侵害的不是信息网络传播权，而是广播权。《刑法》217条中的"通过信息网络向公众传播"特指交互式传播行为，也就是侵害信息网络传播权的行为。因此D项错误。

（三）不定项选择题

A

解析：《著作权法》第52条和第53条规定的侵权行为的法律后果不同。对于第52条规定的侵权行为，行为人只承担民事责任，不可对行为人进行行政处罚。只有对第53条规定的侵权行为，才能在同时损害公共利益的情况下对行为人进行行政处罚。B项、C

项和 D 项中的行为均属于《著作权法》第 52 条规定的行为，只有 A 项中的行为才是第 53 条规定的，因此 A 项正确。

二、案例题

（1）漫画博物馆的行为不侵权，博物馆为陈列或者保存版本的需要，复制本馆收藏的作品属于合理使用。

（2）美术期刊社的抗辩理由不成立，报刊转载法定许可只限于报刊之间的转载，不延及网络环境，即不适用于报刊转载首发于网络中的作品。美术期刊社的行为侵犯了张某的复制权和发行权。

（3）玩具厂的行为侵害了张某的复制权（从平面到立体的复制）和发行权。张某可以在起诉前申请法院采取责令其停止侵权行为、财产保全和证据保全的措施。

三、论述题

1. 对此问题可以试举一例回答。甲经营一家电影 DVD 出租店，甲购入并提供出租的电影 DVD 均为正版，但其出租 DVD 的行为没有经过电影著作权人对其出租权的许可，当电影著作权人起诉甲侵犯其出租权时，甲能否以其提供出租的电影 DVD 有合法来源（DVD 确为正版）进行抗辩？按照《著作权法》第 59 条的规定，回答应当是肯定的。然而这样的结论与出租权的立法目的和国际条约的要求均不相符。《著作权法》和国际条约之所以要规定出租权，而且没有为出租权规定权利用尽，就是因为即使提供出租的作品复制件为正版，即是经过著作权人许可制作和销售的，出租行为也需要经过著作权人的许可。《著作权法》第 59 条在逻辑上出现了错位，它使得出租权只能去规制提供未经许可制作的作品复制件，也就是出租盗版的行为，从而使出租权的适用范围大大缩减，因此是不能成立的，所幸我国商业出租市场几乎已经绝迹，连出租行为都消失了，《著作权法》第 59 条的规定即便存在严重问题也不会带来严重后果。

2. 《刑法》第 217 条规定：以营利为目的，未经著作权人许可，复制发行其文字作品等，违法所得数额较大或者有其他严重情节的，构成"侵犯著作权罪"。其中的"复制发行"是一个完整的用语，在"复制"和"发行"之间并未使用连接词或标点符号。同时，《刑法》第 218 条规定，以营利为目的，销售明知是《刑法》第 217 条规定的侵权复制品，违法所得数额巨大或者有其他严重情节的，构成"销售侵权复制品罪"。《著作权法》将"以出售或者赠与方式向公众提供作品的原件或者复制件"定为"发行"，其中"销售"作品的复制品是最为常见的"发行"。因此《刑法》第 218 条规定的"销售侵权复制品罪"实际上就是侵犯发行权罪。《刑法》第 217 条中的"复制发行"当然是指"复制和发行"，而不可能是"复制或发行"，否则会导致《刑法》第 217 条的范围完全涵盖《刑法》第 218 条，使后者丧失存在的价值。这是从"发行"和"销售"的逻辑关系中得出的必然结论。

但是，为了应对某些国家要求我国将单纯的侵害复制权的行为入罪的要求，2007 年最高人民法院、最高人民检察院颁布的《关于办理侵犯知识产权刑事案件具体应用法律若干问题的解释（二）》[以下简称《刑事司法解释（二）》]规定：《刑法》第 217 条中的"复制发行"，包括"复制""发行"或者"既复制又发行的行为"。据此，《刑法》第217 条的"复制发行"等于"复制或发行"。这就意味着单独实施"复制"或单独实施"发行"，都可以构成《刑法》第217 条规定的"侵犯著作权罪"。该司法解释的适当性值得商榷：既然《刑法》第217 条规定的"复制发行"根据《刑事司法解释（二）》包括单独的"发行"，而"销售"又是最为典型的"发行"，则《刑法》第218 条规定的"销售侵权复制品罪"（实为侵犯"发行权"罪），可以被《刑法》第217 条规定的因未经许可"复制发行"而构成的"侵犯著作权罪"所包含，那么《刑法》第218 条还有什么存在的必要呢？

　　《刑法》中有关著作权犯罪的条款，在使用与《著作权法》相同的术语时，应使其含义与《著作权法》保持一致，这样才能实现对著作权的民事保护与刑事保护相衔接。如果认为应将单纯侵害复制权的行为也纳入刑事打击的范围，应当单独将"未经许可复制"列为犯罪行为，而不应将《刑法》第217 条中的"复制发行"解释为"复制或发行"。

第八章 专利权的对象

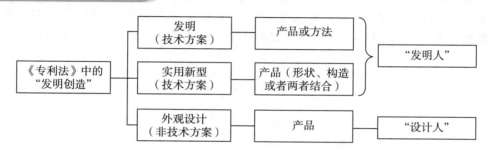

图 8-1 《专利法》所保护的发明创造的类型及主体的名称

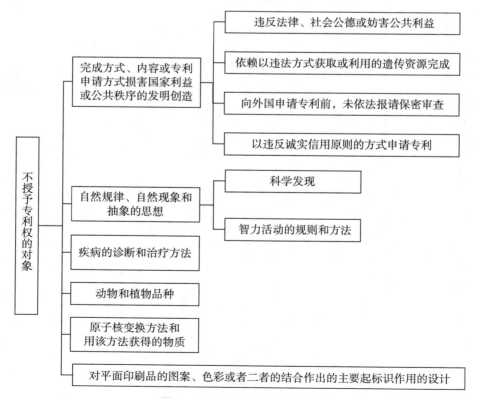

图 8-2 不授予专利权的对象

本章核心知识点解析

专利权是国家根据发明人或设计人的申请,以向社会公开发明创造的内容,以及发明创造对社会具有符合法律规定的利益为前提,根据法定程序在一定期限内授予发明人或设计人的一种排他性权利。

专利权制度是知识产权体系的重要组成部分。与通常的理解不同,"专利"包括"授予特权"和"公开"的双重含义。"授予特权"意味着与著作权自动产生不同,发明创造只有经过国家专利主管部门的审查,确认其符合法律规定的授权条件之后,发明人或设计人才能被授予专利权。以发明专利为例,只有国家专利主管部门经过审查,确认一项技术方案符合新颖性、创造性和实用性,能够给社会带来充分的利益之后,才会授予申请人以发明专利权,阻止他人未经许可实施该技术,从而确保发明人和设计人能够从有价值的发明创造中获得经济回报,以利益刺激更多的人进行有利于社会的发明创造活动。因此专利制度起到了"为天才之火浇上利益之油"的作用。

"公开"意味着除了国防专利这一特殊情况,申请人要获得专利权,必须以向社会公开其发明创造的内容为代价。任何技术上的进步和创新都不是在空中建楼阁,而是需要建立在前人研究的基础之上,技术人员在缺乏充足的技术资料和文献的情况下是很难进行创新的。专利制度以公开发明创造的内容作为授予专利权的前提条件。这样,就会有大量原本被保密的技术资料被公开,成为其他人进行研究和发明的原始材料。借助专利数据库,技术人员可以迅速获得大量有价值的技术资料,并可根据现有技术进一步开展研究以避免重复劳动。这对于促进科学研究和技术创新十分重要。根据欧洲专利局的调查,70%的创新者将专利信息视为主要信息来源。[①] 这足以说明专利制度在提供技术信息和资料方面的巨大作用。

专利制度起源于12、13世纪的西欧诸国,其产生的根本原因在于国家需要以专利刺激和鼓励人们投身于发明创造活动。我国的专利制度虽然起步较晚,但通过对《专利法》的多次修改,有力地促进了创新型国家的建设。

《巴黎公约》第1条第2款要求缔约方将发明、实用新型和外观设计纳入工业产权的保护对象,同时允许缔约方自行对"专利"进行定义。多数国家的专利法只保护发明,而对实用新型和外观设计通过单独立法加以保护。我国《专利法》第2条第1款规定:"本法所称的发明创造是指发明、实用新型和外观设计",这意味着《专利法》同时将发明、实用新型和外观设计列为保护对象。从该条规定的用语来看,"发明创造"是广义概念,用于概括《专利法》所保护的各类客体,其中既包括用于解决技术问题、属于技术方案的"发明"与"实用新型",也包括与技术问题及技术方案无关的"外观设计"。但"发明、实用新型和外观设计"中的"发明"是狭义概念,仅指《专利法》保护的三种客体之一。

---

① European Patent Office,The Role of(Patent)Information in the Innovation Process,2017:11.

<h1>第一节 发 明</h1>

<h2>一、理解发明的概念和特点</h2>

◎ **难度与热度**

难度：☆☆☆　热度：☆☆☆

作为《专利法》保护的三大客体之首，专利法意义上的"发明"与日常用语中的"发明"含义有所不同。《专利法》第2条第2款规定，发明是指对产品、方法或者其改进提出的新的技术方案。只有符合以下条件的智力成果才是专利法意义上的"发明"。

（一）利用自然规律的结果

自然规律是指自然界客观存在的并且能够被人们认识的规律，像水有浮力、地球有引力等就属于自然规律。狭义的自然规律仅仅是相对于精神世界的物质世界的规律，以及人的身体之外的规律。而广义的自然规律包括了有关人的身体和精神世界的规律。虽然现代专利法在个别情况下将自然规律的领域拓宽到了广义的自然规律，但传统专利法所说的"自然规律"是指狭义的自然规律，如物理和化学规律等，它们在人类出现之前就存在于客观物质世界之中，人类可以发现和利用自然规律，却不可能创造新的自然规律。

无论是人类进行社会活动的规律还是纯粹人为制订的规则或提出的理论，都不是"自然规律"。例如，由马克思发现的剩余价值规律虽然在资本主义经济生活中普遍存在，但它并不是纯自然世界的规律。再如，九九乘法表等用于数学计算的公式和规则虽然能够帮助人类认识和利用自然，但数学本身并非存在于客观自然世界之中，也不属于自然规律。同样道理，经济学、哲学和心理学原理，比赛规则和数字公式等均不是自然规律。因此，立法的技术、讲课的技术、演讲的技术、与人交往的技术、下棋的技术和推销的技术等，虽然也被称为"技术"，但由于仅仅利用了人类的心理规律，而非自然规律，所以不是专利法意义上的"发明"。

仅仅发现了自然规律本身还不能构成发明，而只能是科学发现。例如，伽利略通过在比萨斜塔上同时扔下重量不同的物体，发现物体下落的速度与其重量无关，由此总结出的物理规律并不是"发明"。"发明"应当是在正确利用自然规律基础上提出的改造客观世界的技术方案。如果有人利用伽利略发现的物质落体定律而设计出了一种能够节省人力的机械装置，该机械装置就可以构成专利法上的"发明"。

（二）建立在正确认识自然规律基础上

发明必须建立在正确认识自然规律的基础上，否则就不可能真正利用自然规律形成技术方案，以解决技术问题，取得预期的技术效果。历史上曾经多次有人就"永动机"的设计方案申请发明专利权，而事实上，"永动机"违反了能量守恒这一基本自然规律，是不可能实现的，因此，"永动机"并不是专利法意义上的"发明"。例如，有人就一种"不需要任何能量或燃料输入的动机机械"（磁永动机，见图8-3）申请发明专利权。该机械试图依靠磁体之间同极相斥的原理，"达到磁永动机不断旋转做功的目的"①。该技术方案显然建立在错误认识自然规律的基础上，不能被授予专利权。

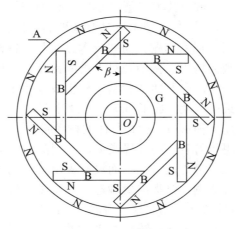

图 8 - 3　"磁永动机"

（三）必须是一种技术方案

专利法意义上的"发明"是一种"技术方案"。"技术方案"是对要解决的技术问题所采用的利用了自然规律的技术手段的集合，其能够解决技术问题，获得符合自然规律的技术效果。② 简言之，技术方案必须针对技术问题，利用技术手段，取得技术效果。如果一种方案没有针对技术问题，没有利用符合自然规律的技术手段，也没有取得符合自然规律的技术效果，就不是专利法意义上的"技术方案"，自然不能获得专利权。例如，一位老教师提出的帮助年轻教师克服初上讲台时紧张心理的新方法，针对的不是技术领域的问题，利用的并非自然规律而是人的心理，也不可能产生符合自然规律的技术效果。因此，该方法不是技术方案，不能获得专利权。换言之，专利法中的"技术"主要是指 technology（"科学技术"意义上的技术）而不是 technique（技巧、技艺、技能）。

例如，某人就一种剪发的方法申请获得专利权。该方法的目的是产生"稳定且可复制的发型设计"，同时保持与头型的协调。其权利要求包含的步骤包括先通过测量确定客人的头型（图 8 - 4 为申请文件中有关头型测量的附图），再将头部分为三个区域，然后确定相应的发型并分配至各自的区域，最后用剪刀剪出设计好的发型。该专利申请应当被驳回③，因为它仅仅是根据头

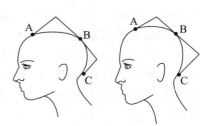

图 8 - 4　有关头型测量附图

---

① 申请号为 201210024621.4 的发明专利申请说明书。

② 国家知识产权局颁布的《专利审查指南》（2010 年版，2019 年修订）第二部分第一章 2。

③ In re Brown，645 Fed. Appx. 1014（2016）. 在该案中，美国联邦巡回上诉法院认为，该剪发方法仅为抽象的概念，比如对头型的测量用目测就可完成，申请案没有说明使用何种工具或何种步骤进行精确测量，因此不可被授予专利权。由于美国《专利法》并没有明确要求发明必须是一种技术方案，因此美国法院是以涉案剪发方法属于抽象的概念作为不予授权的理由的。

型设计发型的方法，并不针对任何技术问题，利用任何技术手段，并产生技术效果，不属于技术方案。如果设计了一种方便、高效地测量头型，从而帮助判断应匹配何种发型的工具，则属于使用技术手段解决技术问题的方案，才可能获得专利权。

需要注意的是："技术方案"与"技术"是有区别的："技术"比"技术方案"更加具体，能够直接用于解决某一现实问题。而"技术方案"是各种技术手段的集合，相对较为概括，是一种能够实现的构思。例如，对于指南针而言，只要利用磁石能够指明方向这一自然规律，构思出一种由磁石薄片和其支架组成的用于指明方向的机械装置，并将其付诸文字或图形加以说明，就完成了指南针的设计方案，也即完成了"发明"。至于如何磨制磁石，支架要使用何种材料，就是具体的技术问题了。

但是，与著作权法中思想与表达的分界类似，专利法意义上技术方案也不是抽象和概括的思想与创意。只想到了努力的方向，而没有提出具体的实现手段，也不可能受到专利法的保护。仍以指南针为例：仅提出要制造一种机械装置来指明方向还不能算"发明"，只有在发现磁石薄片能够指明南北这一自然规律的基础上，利用该自然规律构思出了用支架支撑磁石薄片、由磁石薄片转动指明方向这一比较具体的方案，才能算作"发明"。

二、理解发明的种类：产品发明和方法发明

◎ 难度与热度

难度：☆☆☆　　热度：☆☆☆

发明根据最终表现形态可以分为产品发明和方法发明。

产品发明是指发明的最终表现形态是一种实物，包括制造品、零件、化合物、组合物、材料、各种机器设备、装置和工具等。如电灯、电话机、混凝土、化学物质、药品就都属于产品发明。仅仅找到了自然界存在的物质只是"发现"而不是"发明"，发现者也不能就其发现的物质获得专利权。例如，某人在深山野林中首次找到一种未知的毒蛇，此人并不能就这种毒蛇获得专利权。但如果此人经过研究，利用这种毒蛇体内的特殊物质制成了一种治疗癌症的特效药，则可能就该药品获得产品专利权。可见，此人仅仅"发现"了毒蛇，但"发明"了新药。

方法发明是指发明的最终表现形态为一种实现某种技术效果的程序或步骤，通常用工艺过程、操作条件、步骤或者流程等技术特征来描述。如原先乙肝疫苗价格高昂，后来因发明了使用基因工程技术制造疫苗的方法，疫苗的价格大大降低了。这种利用新的基因工程技术制造疫苗的方法就属于方法发明。"方法"包括制造产品（制备物质）的方法、使用方法、加工方法、处理方法等，如制造某一产品的化学方法、物理方法、生物学方法和机械方法等。前述用于制造乙肝疫苗的新方法就是典型的制造方法。如果某化学物质一直用作洗涤剂，有人研究后发现，将它配以某种添加剂后能作为增塑剂用。此人提出的如何配制、选择什么添加剂、配比多少等技术特征构成了使用方法。

如果经过研究发现了一种已知物质的未被人类认识的新的属性或性能，并将这种属性或性能应用于新的目的，取得了技术效果，则该新物质被称为"用途发明"，可能获得专利权。例如，一名化学家经过实验，将某种已知的化学物质用于杀灭害虫，取得了意

想不到的强力杀虫效果。该发明就属于用途发明。用途发明的本质不在于产品本身，而在于产品性能的应用，因此用途发明是一种方法发明。再如，婴幼儿血管瘤是婴幼儿最常见的良性肿瘤，之前尚缺乏有效的治疗方法。2008 年，法国波尔多大学的研究人员意外发现治疗心血管疾病的传统 β-阻断剂药物普萘洛尔可用于治疗婴幼儿血管瘤，并以此为基础提出了一项疗效确定的技术方案，开启了婴幼儿血管瘤治疗的新篇章。该项"老药新用"的制药用途发明（"β-阻断剂在制备用于治疗血管瘤药物中的用途"）也获得了发明专利权。

发明还可以分为原始发明与改进发明：改进发明是指对现有产品发明或方法发明作出实质性革新的技术方案。改进发明类似于以现有作品为基础进行再创作之后形成的演绎作品。许多对人类生活具有重大影响的发明都经过多次改进，其中有些改进虽然是在先前发明基础上进行的，但对最终产品或方法的形成作出了创新性贡献。如爱迪生在对前人发明的电灯进行了多项重大改进之后，发明了以一定直径的碳丝为灯芯的灯泡，大大提高了灯泡的寿命。即使基础发明已经获得专利权，改进发明在符合专利法规定的实质条件的情况下也可以获得一项新的专利权；但如果基础发明专利尚在保护期内，对改进发明的实施就需要获得基础发明专利权人的许可。

第二节　实用新型

一、理解实用新型的概念

◎ 难度与热度

难度：☆☆☆　　热度：☆☆☆

实用新型是指对产品的形状、构造或其结合所提出的适于实用的新的技术方案。（《专利法》第 2 条第 3 款）例如，一般铅笔都是圆柱形的，在桌子上容易滚动而摔落到地上。而将铅笔设计成三棱柱形或六棱柱形，就能有效防止铅笔的滚动。这种对铅笔形状的设计能防止铅笔滚动，就是一个典型的实用新型。

图 8-5 所示也是一个实用新型，它通过对捕鼠夹的形状和构造结合的设计，解决了与捕捉老鼠有关的技术问题。这个可转动、Y 型的捕鼠夹前端可放置食物，引诱老鼠从下端的通道爬入。老鼠进入之后，改变了捕鼠夹的重力平衡，后端的小球会向前滚，并

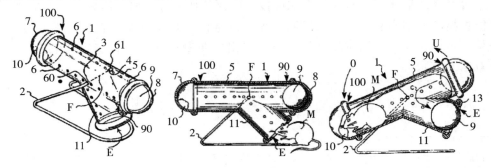

图 8-5　捕鼠夹

在碰到老鼠后被弹入下端通道，从而堵死老鼠的出口，以达到捕鼠的效果。[1]

二、实用新型的特征及与发明的比较

◎ **难度与热度**

难度：☆☆☆　热度：☆☆☆

与发明相比，实用新型只能针对产品，创造性程度远不及发明，且仅通过产品的形状和构造解决技术问题。

虽然实用新型也是一种技术方案，但它与发明存在很大区别：首先，实用新型在技术的创造性上低于发明，只适用于解决一般实用技术问题，因此，实用新型又被称为"小发明"。其次，实用新型只是通过产品的形状和构造来解决技术问题的，实用新型不涉及新方法。对于新方法，只可能申请发明专利权，而不可能申请实用新型专利权。具体而言，实用新型具有以下特征。

（一）是具有一定的形状或构造的产品

根据实用新型的定义，实用新型不可能是方法，只可能是产品，而产品应当是经过产业方法制造的，有确定形状、构造且占据一定空间的实体。方法和在自然界存在的物品都不可能是实用新型。"产品的形状"是指产品具有的，可以从外部观察到的确定的空间外形。申请实用新型专利的产品应当具有确定的、由人设计的形状。任何无确定形状的产品，如气态、液态物质，或自然存在的形状，如假山状态，以及非确定的形状，如将物体堆积而成的形状，都不符合实用新型的要求。[2] "产品的构造"是指产品的各个组成部分的安排、组织和相互关系，包括机械构造和线路构造等，如自行车各个零件之间的组合以及收音机各个器件的组合。与之相比，发明不限于产品，也可以是方法。

（二）通过产品的形状、构造或组合解决技术问题

实用新型与发明的相同之处在于它也是一种技术方案，即能够正确利用自然规律解决技术问题，如将铅笔设计成棱柱形能够防止铅笔滑动，将雨伞设计成折叠状就能减少雨伞的体积，在茶杯口上增加一个网状隔离层能够防止茶叶随着茶水被喝入口中。但是，对发明而言，即使是"产品发明"，"产品"的范围也要大得多，针对产品的发明解决技术问题的途径也并不限于产品的形状、构造或组合。例如，新药是产品发明，但新药发明的技术特征主要在于药品的成分，并不是"产品的形状、构造或组合"。当然，通过产品的形状、构造或组合解决技术问题的技术方案如果体现了足够的创造性，也可能被授予发明专利权。如果发明人无法确定该项技术方案是否符合发明专利的授权条件，可以在同一天同时就该技术方案提出发明专利和实用新型专利申请（见本书第十章第二节）。

---

[1] 该捕鼠夹为美国专利，专利号为 5502918。需要说明是：美国《专利法》并未区分"发明"和"实用新型"，因此，该专利在美国自然也不是"实用新型"专利，但如在我国，则可作为"实用新型"专利受到保护。

[2] 国家知识产权局颁布的《专利审查指南》（2010 年版，2019 年修订）第一部分第二章 6.2.1。

第三节 外观设计

一、理解外观设计的概念

◎ **难度与热度**

难度：☆☆☆　热度：☆☆☆

外观设计是指对产品的整体或者局部的形状、图案或者其结合以及色彩与形状、图案的结合所作出的富有美感并适于工业应用的新设计。（《专利法》第2条第4款）简言之，外观设计是对工业产品的外观作出的能吸引消费者眼球的设计。需要注意的是，既然"外观设计"用于引人注"目"、激发其购买的意愿，该设计必须能被消费者通过视觉所感知，因此那些无法被消费者所看到的产品内部设计（如产品在被拆开维修时才能看到的内部零部件的外观），不属于外观设计。

随着生活水平的不断提高和工业制造品的日益丰富，消费者的追求和品位也在提升。在作出购买决定时，产品外观是否精美别致、与众不同，已和产品的功能与质量一样，成为消费者选购产品时的重要考虑因素。功能与质量接近的同类产品往往因为外观设计的差异而受欢迎程度大相径庭。因此，外观设计在现代社会中的重要作用是不言而喻的。

二、外观设计的特征及与发明、实用新型的比较

◎ **难度与热度**

难度：☆☆☆　热度：☆☆☆

外观设计不是技术方案，与发明和实用新型有本质区别。

外观设计与发明和实用新型的区别：发明和实用新型是技术方案，用于解决技术问题，而外观设计并不是技术方案，法律并不要求外观设计解决任何实际技术问题，只要其能使产品美观，对消费者产生吸引力即可。具体而言，外观设计具有以下特征。

（一）是对工业产品外观整体或局部的设计

只有用在工业产品上的形状、图案或形状、图案与色彩的结合才可能是专利法意义上的外观设计。脱离工业产品而进行的形状、图案或其与色彩结合的设计可能构成著作权法意义上的平面或立体的美术作品，而不是我国专利法意义上的外观设计。例如，在一张白纸上绘制的图案只能是美术作品，但是将该图案印制在用于贴墙的壁纸上，则该壁纸成为外观设计产品。

为了适应电子技术的发展，我国《专利审查指南》已经允许对"包括图形用户界面的产品外观设计"授予专利权，因此，电子产品通电后才能显示的图案，如用于手机中人机交互的图标等，可以构成外观设计。由于我国《专利法》只保护应用于工业产品的外观设计，而不是脱离产品的单纯图形，因而单纯提供图形用户界面的行为，如将其置于网络中供用户付费下载，并不构成侵权。只有制造、许诺销售、销售和进口载有图形用户界面的产品，如手机等，才可能构成侵权。与此同时，游戏界面以及与人机交互无关的显示装置所显示的图案，如电子屏幕壁纸、开关机画面、与人机交互无关的网站网

页的图文排版等，仍然被排除出了外观设计专利的授权范围。①

在 2020 年《专利法》修订之前，只有对产品的整体设计才能获得外观设计专利权。在产品中不能分割或者不能单独出售且不能单独使用的"局部设计"，如帽檐、杯把等，不能获得外观设计专利权。同样，对于由多个不同特定形状或图案的构件组成的产品，如果构件本身不能单独出售且不能单独使用，则该构件不能获得外观设计专利权。许多国家早期保护外观设计的立法中也不保护局部外观设计。例如，对于一组由不同形状的插接块组成的拼图玩具，只有就所有插接块共同申请一项外观设计时，才可能获得外观设计专利权。② 这就意味着在申请外观设计专利时，在用于说明要求保护范围的附图上，不能把一个完整产品中的某一部分用线条划出来单独申请，而只能就产品的整体设计提出申请。在对专利申请的审查程序，以及在后续可能发生的复审和宣告无效程序中，在与现有设计进行比对时，都必须以产品的整体设计为基础，而不能以某一局部设计为基础。假设设计特征在于杯把，由于不能对杯把这一局部设计提出申请，仍然只能以杯子的整体设计进行申请。如果在消费者看来，该杯把的设计不足以对杯子的整体视觉效果产生影响，则该杯子的整体设计属于现有设计，不具备授权所需的新颖性，设计者就不能获得外观设计专利权。

图 8-6　黑莓手机的外观设计（只要求保护键盘）

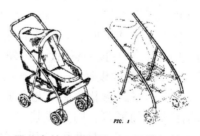

图 8-7　婴儿车的外观设计（只要求保护实线部分）

但是，随着产品的设计日益精细化，在产品整体外观与常见造型保持一致的情况下，对产品局部所作出的独特外观设计同样能够起到吸引消费者眼球、提升产品品位的作用。例如，著名的黑莓手机的整体外观（见图 8-6）与其他手机的区别并不大，但其独特的键盘设计引人注目，在当时受到许多消费者的喜爱。将此类局部外观设计排除出保护范围有失公平，因此，许多国家都改变了早期的做法，对符合条件的局部外观设计提供保护。我国于 2020 年修订《专利法》时，适应工业品设计的趋势并参考其他国家的做法，

---

① 国家知识产权局颁布的《专利审查指南》（2010 年版，2019 年修订）第一部分第三章 7.4（11）。
② 国家知识产权局颁布的《专利审查指南》（2010 年版，2019 年修订）第一部分第三章 7.4。

明确规定外观设计既可以针对产品的整体也可以针对产品的局部。这就使局部外观设计也可能被授予外观设计专利权。这意味着在申请外观设计专利时，在用于说明要求保护范围的附图上，申请人可以把一个完整产品中的某一部分用线条划出来单独申请。在对专利申请的审查程序，以及在后续可能发生的复审和无效宣告程序中，在与现有设计进行比对时，都应以产品相同局部的设计为基础。仍然以对杯把的设计为例：由于可以对杯把这一局部设计提出申请，只要在消费者看来，该杯把的设计与之前杯把的设计存在显著区别，该局部设计就具备了授权所需的新颖性，设计者就可能获得外观设计专利权。在申请局部外观设计时，通常是用实线将要求保护的局部设计勾勒出来，而用虚线划出不主张保护的其他部分。

（二）是对产品形状、图案和色彩的设计

产品的形状、图案或者其结合以及色彩与形状、图案的结合，均可构成外观设计，如造型优美的香水瓶和汽车、印有美丽图案的地毯等。发明和实用新型虽然也可由对产品形状设计的构成，但该设计必须是技术方案，即通过对产品形状的设计解决技术问题。如果产品的形状仅能给人美感，却无法解决任何技术问题，则对该产品的设计只可能属于外观设计，而非发明或实用新型。当然，对产品形状的设计可能既解决技术问题，也可使产品具有美感。如果该设计的特征是对于实现特定技术功能而言，是只存在有限选择的设计特征或者必须具备的设计特征，说明该设计特征是由功能所决定的，本质上还是技术方案。此时该设计不符合外观设计专利权的授权条件，对其只能申请发明或实用新型专利权（参见本书第十二章第五节）。

色彩不能单独构成外观设计，只有与形状、图案结合起来才可能获得外观设计专利权。这是因为色彩本身是有限的，允许单纯的色彩获得外观设计专利权会导致有限的色彩在短期内在所有产品上被全部垄断，对后来者造成不公平的后果。

（三）适于工业应用

《巴黎公约》等国际条约将外观设计称为"工业品外观设计"，我国《专利法》要求外观设计必须"适于工业应用"。这意味着外观设计能应用于产业上并形成批量生产[1]，也就是可以通过工业生产方法重复制造外观设计产品，因此，取决于特定地理条件、不能重复再现的建筑物、

图 8-8 根雕艺术品

桥梁的形状，以及无法稳定再现的纯手工艺品、农畜产品和自然物并不能构成外观设计。

例如，根雕艺术家将一块形状奇特的树根雕刻成一件艺术品，因该艺术品的形状与树根独特的自然形状以及艺术家个人的手艺密不可分，他人无法在普通树根上雕出外形相同的根雕，故该艺术品并不是专利法意义上的外观设计。再如，图8-8中的茶壶使用了天然形成的树枝做壶柄，因天然树枝形状各异，无法进行批量化生产，故该茶壶不能获得外观设计专利权。

（四）富有美感

外观设计是为了使产品增加对潜在买主的吸引力，因此，设计应当博得潜在消费者

---

[1] 国家知识产权局颁布的《专利审查指南》（2010年版，2019年修订）第一部分第三章7.3。

的喜爱，使其看过之后有赏心悦目的感觉，激发他们购买的欲望。但是，对美的感受和评价是因人而异的，只要应用在产品上的设计有一定特色、被一部分消费者认为美观，该设计就符合具有美感的要求。

第四节　不授予专利权的对象

凡是不符合法律对发明、实用新型和外观设计定义的客体不能获得专利权、受到专利法保护。同时，我国《专利法》第 5 条和第 25 条还特别规定了不能获得专利权的客体。这些客体中有的根本不是专利法意义上的发明、实用新型或外观设计，有的虽然符合专利法对客体的定义，却基于一定原因被列为专利保护的排除对象。

一、完成方式、内容或专利申请方式损害国家利益或公共秩序的发明创造

◎ **难度与热度**

难度：☆☆　　热度：☆☆

如果发明创造的完成方式、内容或专利申请方式损害国家利益或扰乱公共秩序，根据《专利法》第 5 条、第 19 条和第 20 条的规定，对该发明创造不应授予专利权。具体情形包括：以违反法律、行政法规规定的方式获取或者利用遗传资源，并依赖该遗传资源完成发明创造；发明创造的内容违反法律、社会公德或者妨害公共利益；未经保密审查，就将在中国完成的发明或者实用新型向外国申请专利，以及以违反诚实信用原则的方式申请专利。

（一）违反法律、社会公德或妨害公共利益的发明创造

违反法律是指违反由全国人民代表大会或者全国人民代表大会常务委员会制定和颁布的法律。对违反法律的发明创造可以作两种解释：一是发明创造本身就直接违反法律；二是相关产品或方法既有合法用途，也有非法用途。如果发明创造本身就直接违反法律，则不受专利法的保护。如发明一种假币机，能够使其制造出的假币非常逼真、难以辨别。该假币机虽然符合发明的定义，而且可能包含了重大技术创新，但其发明的根本目的是违反法律，因此不能获得专利权。同样，用于赌博、吸毒的设备、机器或工具等均不能被授予发明或实用新型专利权。再如，带有人民币图案的床单的外观设计，因违反《中国人民银行法》第 19 条有关"禁止在宣传品、出版物或者其他商品上非法使用人民币图样"的规定，不能被授予外观设计专利权。[①]

但是，那些既有合法用途又有非法用途的发明创造，即其某种实施方式受到法律禁止的发明创造，仍然可以被授予专利权。《巴黎公约》第 4 条之四明确规定：不应以专利产品的销售或依专利方法制造的产品的销售受到本国法律的限制或限定为理由，而拒绝授予专利或使专利无效。例如，以国防为目的的各种武器的生产、销售及使用虽然受到国家法律的限制，但这些武器本身及其制造方法仍然属于专利法保护的客体。再如，自动麻将机虽然可以被用于赌博，但也可以被用于合法的消遣、娱乐，因此，可以获得专利权。

---

① 国家知识产权局颁布的《专利审查指南》（2010 年版，2019 年修订）第一部分第三章 6.1.3。

需要注意的是：专利权与著作权一样，本质都是禁止权，而非自用权。获得专利权并不等于专利权人就可以自行实施专利，更不意味着专利权人可以以违法的方式实施专利。例如，医药公司获得新药专利权之后，还要获得药监部门的许可才能销售该新药，擅自销售是违法行为。再如，就麻醉品获得专利权及销售许可后，专利权人只能向医院等法定机构供应，而不能随意向社会公开销售。

社会公德是指公众普遍认为正当并被广泛接受的伦理道德观念和行为准则，违反社会公德的发明创造不能被授予专利权，如带有暴力凶杀或淫秽内容的图片或者照片的外观设计。[①] 再如，处于各个形成和发育阶段的人体，包括人的生殖细胞、受精卵、胚胎及个体，都与人的生命直接相关，涉及人的尊严。直接以其作为发明创造的对象，如改变胚胎中基因的方法和由此产生的胚胎本身，与社会公德相抵触，因此不能被授予发明专利权。[②]

妨害公共利益是指发明创造的实施或使用会给公众或社会造成危害，或者会使国家和社会的正常秩序受到影响，如那些实施或使用将导致严重污染环境、破坏生态平衡的发明创造，以及其中文字或者图案涉及国家重大政治事件或宗教信仰、伤害人民感情或民族感情或者宣传封建迷信的外观设计等。如某人发明了一种安装在大门之后的防盗装置，当大门被强行撬开时会向进入者发射强光，导致其双目失明。该装置不但可能误伤好人，也可能对小偷造成不当人身伤害，因此，不能被授予专利权。再如，将希特勒的头像用于产品作为外观设计有宣扬纳粹主义的效果，因而也不能受专利法保护。

（二）依赖以违法方式获取或利用的遗传资源完成的发明创造

《专利法》第 5 条第 2 款规定：对违反法律、行政法规的规定获取或者利用遗传资源，并依赖该遗传资源完成的发明创造，不授予专利权。遗传资源是指来自人类、动植物或微生物的具有遗传功能单位的材料。随着现代生物技术的发展，遗传资源的经济价值日益显现。例如，人类的许多疾病都与基因有关，而每个民族都有某些特定的基因。如果能够分离出与一个民族的特定疾病有关的基因，弄清其致病机理和功能，在此基础之上研发的治疗特定基因疾病的药品，可以获得专利权。20 世纪 90 年代，某国外著名大学的研究机构就曾在我国一些农村地区在未向当地农民披露研究目的的情况下，采集血样进行某些疾病的基因研究。如果该研究机构根据其研究成果以从当地农民身上获取并分离出的基因为基础发明了基因药品并在我国获得了针对中国人的特定疾病的药品的专利，则中国人势必将以高昂的价格使用该专利药品。这对于贡献了基因材料的中国人而言显然是不公平的，而且有危害国家安全之嫌。为此，我国《人类遗传资源管理条例》对于采集、保藏和利用遗传资源作出了明确规定，如采集我国重要遗传家系、特定地区人类遗传资源或者采集国务院科学技术行政部门规定种类、数量的人类遗传资源的，应当符合法定条件，并经国务院科学技术行政部门批准。那些违反我国法律、行政法规的规定获取或者利用遗传资源，并依赖该遗传资源完成的发明创造，将不能在我国被授予专利权。

---

① 国家知识产权局颁布的《专利审查指南》（2010 年版，2019 年修订）第一部分第三章 6.1.2.。
② 国家知识产权局颁布的《专利审查指南》（2010 年版，2019 年修订）第一部分第三章 6.1.2.。

（三）向外国申请专利前，未依法报请保密审查的、在中国完成的发明或者实用新型

发明或实用新型都涉及技术，在国内外进行专利申请一般均会导致技术的公开。有些技术可能涉及国家安全或其他重大利益，应当根据《保守国家秘密法》予以保密，不应通过专利申请而公开。《专利法》第19条第1款规定：任何单位或者个人将在中国完成的发明或者实用新型向外国申请专利的，应当事先报经国务院专利行政部门进行保密审查。如果在没有事先报经国家知识产权局进行保密审查的情况下，就将在中国完成的发明或者实用新型向外国申请专利，则日后就同一发明或实用新型在中国申请专利时，不能授予专利权。

（四）以违反诚实信用原则的方式申请专利

诚实信用原则是民法的基本原则，也是申请专利时必须遵循的原则。《专利法》第20条中规定：申请专利应当遵循诚实信用原则。例如，为了骗取专利授权而虚构、编造说明书及附图中的具体实施方式、技术效果以及数据、图表等有关技术内容，属于严重违反诚实信用原则的行为[①]，对相关申请当然应当予以驳回。

二、自然规律、自然现象和抽象的思想

◎ **难度与热度**

难度：☆☆☆　　热度：☆☆☆

自然规律、自然现象和抽象的思想不受专利法保护，对科学发现以及智力活动的规则和方法不授予专利权。

本书第三章第三节曾讲解过，著作权法并不保护抽象的思想和事实，只保护对思想和事实的具体表达。这一基本原理于专利法同样适用。从公共政策角度看，专利制度的根本目的是鼓励创新，其一方面通过赋予发明人专有权利而提供创新的动力，另一方面又要防止对信息的不当垄断而阻碍后续创新。实现这一平衡的基本方法就是将自然规律、自然现象和抽象的思想留在公共领域，即使经过艰苦的努力首次发现或提出也是如此。任何人都可以其为起点，通过增加新的技术方案而将其转化为能够解决技术问题的产品或方法，并就该产品或方法获得专利权。但自然规律、自然现象和抽象的思想本身不能被垄断，以供他人后续创新所用。从专利法规定的授权条件角度看，自然规律和自然现象是客观存在的，不可能被"发明"出来；而抽象的思想并不是技术方案。例如，在没有灯泡的时代，有人提出"人类需要一种能够借助电力照明的装置"的思想，这当然是有益的，但如果没有据此设计出能够实现这一思想的灯泡，相关的技术问题仍然没有获得解决。抽象的思想并不符合发明或实用新型的定义，不能被授予专利权。我国《专利法》规定对"科学发现"以及"智力活动的规则和方法"不授予专利权，正反映了这一专利法的基本原理。

（一）科学发现

科学发现有别于发明，是对自然界中客观存在的现象、变化过程及其特性和规律的揭示。科学发现没有提出用于解决技术问题的技术方案，因此，不是专利法意义上的发明或实用新型，不能获得专利权。从广义来说，科学理论也属于科学发现，因为它是将

---

① 最高人民法院《关于审理专利授权确权行政案件适用法律若干问题的规定（一）》第5条。

人类对自然界的认识进行总结和系统化的结果。被科学理论认识的物质、现象、过程、特性和规律不同于改造客观世界的技术方案，不是专利法意义上的发明创造，因此，不能被授予专利权。

但是，基于科学发现成果形成的能够解决实际问题的技术方案可以被授予专利权。例如，爱因斯坦最先提出的质能方程式 $E = mc^2$ 是对自然规律的总结，不能被授予专利权，但基于该方程式制造的新机器就可能获得授权。同样道理，仅仅发现一种自然界存在的罕见的矿藏或植物并不足以获得专利权，但从中提取化学成分后首次制成的治疗某种疾病的药物就可能获得专利权。

（二）智力活动的规则和方法

智力活动的规则和方法是指导人们对信息进行思维、识别、判断和记忆的规则和方法。它没有在正确利用自然规律的基础上提出技术方案，并不是专利法意义上的发明或实用新型，因此不能被授予专利权。例如，管理方法、比赛规则、记忆方法、推理方法、检索方法、分类方法、语言的语法、计算方法、游戏方法、体育锻炼方法等，均不能被授予专利权。例如，某人就一种名为"混数进制、进位行数字工程方法的笔算工程技术方案"申请发明专利权。该笔算方法采用 Q 进制数，以 Q 进制运算；Q 为自然数，其特征在于：采用"混数进制"数，以"混数进制、进位行方法"运算。显然，按照某种规定的进制执行运算以及运算过程中的进位、退位等都是一种数字进位运算法则。而申请人请求保护的仅仅是这样一种利用笔算执行的计算方法，其本质是按照特定步骤求解数学问题的一种数学算法，是指导人们进行数学计算活动的规则和方法，属于《专利法》规定的"智力活动的规则和方法"，不应被授予专利权。[1]

三、疾病的诊断和治疗方法

疾病的诊断和治疗方法是指以有生命的人或者动物为直接实施对象，进行识别、确定或者消除病因或疾病的过程。有一种观点认为：将诊断方法和治疗方法排除出专利法的保护对象，是出于人道主义的考虑和社会伦理的原因，即医生在诊断和治疗过程中应当有选择各种方法和条件的自由，不应当受到限制。[2] 但这一观点无法解释为什么同样对于人道主义治疗和救助有重大作用的药品可以被授予专利权。实际上，传统诊断和治疗方法的实施和效果高度取决于实施者本人的生理和心理状态，不能被稳定地重复再现，故而我国《专利法》的立法者不将其视为发明创造。然而，随着医疗技术的进步，许多诊断和治疗方法都可以借助医疗设备和药物，取得稳定的诊断和治疗效果，能够符合《专利法》对发明的要求。这样一来，将疾病的诊断和治疗方法完全排除出专利授权对象，就是纯粹出于适当缩小专利保护范围的政策考虑了。TRIPs 协定第 27 条第 3 款允许成员国拒绝对"人类或动物的诊断、治疗和外科手术方法"授予专利权，我国《专利法》也不保护疾病的诊断和治疗方法。在我国的医疗技术与发达国家尚有相当差距的情况下，暂不对疾病的诊断和治疗方法授予专利权是基于我国国情而作出的政策选择。因此，诊脉法、X 光诊断法、超声诊断法、胃肠造影诊断法、内窥镜诊断法等诊断方法，以及外

---

① 北京市第一中级人民法院（2010）一中知行初字第 2142 号行政判决书。
② 国家知识产权局颁布的《专利审查指南》（2010 年版，2019 年修订）第二部分第一章 4.3。

科手术方法、药物治疗方法、心理疗法，以治疗为目的的针灸、麻醉、推拿、按摩、刮痧和护理方法、人工呼吸方法和输氧方法等，均不能获得专利权。为预防疾病而实施的各种免疫方法也被认为是治疗方法而不受专利法的保护。

四、动物和植物品种

千百年来，生命都被认为是自然现象，是按照自然规律出生和生长的，不是人类发明创造的产物，因此，对一种生命形式授予专利权是不可想象的。假如我国的"蛟龙号"在创下载人潜水器下潜的最高纪录时，发现了一种新的深海生物，也不能就该生物获得专利权。但是，生物技术特别是转基因技术的发展改变了这一点。通过基因重组，科学家可以改变生命体的特征，甚至人为创造出前所未有的生命形式，如"哈佛鼠"就是哈佛大学通过转基因技术培育出的老鼠新品种，其生命特征在于很容易得癌症，从而为抗癌药物的实验提供了便利。在这种技术条件下，能否对作为发明创造成果的生命体授予专利权就成为极具争议的问题，它涉及人们对待生命的伦理观念和一国的公共政策。对诸如"哈佛鼠"的动物品种授予专利权不仅会引发动物保护主义者对将动物工具化的担忧，还可能因"专利动物"价格的提高而对农业和科学研究产生影响，因此，一些国家对此持十分慎重的态度。TRIPs协定第27条第3款允许成员国拒绝对植物和动物（微生物除外）以及生产植物和动物的生物方法（非生物方法和微生物方法除外）授予专利权，但是要求成员国通过专利或其他特殊制度保护植物品种。

我国《专利法》据此将动植物品种，包括通过基因工程制造的转基因动物和植物，排除出授权范围①，但由《植物新品种保护条例》对植物品种提供类似于专利的保护。同时，根据《专利审查指南》，细菌、真菌和病毒等微生物既不属于动物的范畴，也不属于植物的范畴，人为培养或分离出的微生物如果具有特定的产业用途，可以被授予专利权。国际条约和我国《专利法》之所以对动物与植物、微生物区分对待，是因为与动物相比，植物与微生物较少涉及伦理方面的问题。例如，许多人会觉得为了进行抗癌新药实验而培育一种老鼠品种，让其终身忍受实验的折磨是不人道的，但对于用植物或微生物进行实验在感情上就容易接受。同时，我国《专利法》规定对动物品种不能授予专利权，也与我国在生物技术领域的发展水平有关。在我国生物技术尚落后于美国等发达国家的情况下，对"哈佛鼠"等动物品种授予专利权，恐将导致发达国家在我国获得大量动物品种专利，从而对我国利用其动物品种造成阻碍。

五、原子核变换方法和用该方法获得的物质

原子核变换方法是指使一个或几个原子核经分裂或者聚合，形成一个或几个新原子核的过程，如实现核裂变的各种类型反应堆的方法。用原子核变换方法所获得的物质，主要是指用加速器、反应堆等核反应装置生产、制造的各种放射性同位素。原子核变换方法以及用该方法所获得的物质关系到国家的经济、国防、科研和公共生活的重大利益，为了防止私人特别是外国人对此项技术的垄断，我国《专利法》规定对其不能授予专利权。

---

① 国家知识产权局颁布的《专利审查指南》（2010年版，2019年修订）第二部分第十章9.1.2.4。

六、对平面印刷品的图案、色彩或者二者的结合作出的主要起标识作用的设计

"平面印刷品"主要是指平面包装袋、瓶贴、标贴等用于装入商品或附着在产品上的印刷品。这些印刷品的图案、色彩或者二者的结合如果主要起到识别商品来源的作用，就可以作为商标注册，受到《商标法》的保护；即使未注册为商标，只要通过使用能够起到识别商品来源的作用，在他人未经许可使用，导致消费者混淆可能的前提下，还能受到《反不正当竞争法》的保护。如果一种设计的主要作用不在于增强商品对消费者的吸引力，而在于识别来源，则不应受到《专利法》的保护。在 2008 年修订《专利法》之前，没有明确将主要起标识作用的设计排除出专利保护的范围，导致大量此类外观设计申请被授权，不但对于提高我国产品外观的设计创新水平毫无益处，也增加了与其他法律保护机制之间的重叠与冲突。因此，2008 年修订后的《专利法》不再提供对此类设计的保护。例如，以下瓶贴（图 8-9）、平面包装袋（图 8-10）和标贴（图 8-11）的外观设计属于主要起标识作用的平面印刷品设计，在 2008 年修法之后不能获得外观设计专利权。[①]

图 8-9 瓶贴　　　　图 8-10 平面包装袋　　　　图 8-11 标贴

本章实务案例研习

一、交通行车规则不能获得专利权

（一）案情简介

孙某提出了一项名称为"可以提高安全性和效率的交通管制系统"的发明专利申请，其独立权利要求为："一种可以提高安全性和效率的交通管制系统由信号转换程序和相应的设施、交通规则组成，其特征是：该产品采用了新的灯信号转换程序软件以及相应的灯信号产生和转换控制装置，并有改进后的相关规定和新增加的交通标志与其配套。"该

① 这三个平面印刷品的设计在 2008 年修法之前都获得了外观设计专利权，但后两个因其他原因被宣告无效。专利复审委员会无效宣告请求审查决定第 6773 号、第 12621 号和第 8399 号。

系统包含信号转换程序和相应的设施、交通规则、交通标志、灯信号转换程序软件、灯信号产生和转换装置、相关规定、新增加的交通标志、三色四种灯以及三色多种灯等内容。

（二）法院判决

法院认为，该申请人要求保护的方案不属于专利法所规定的技术方案，理由为：（1）该方案虽然涉及灯信号产生和转换控制装置、交通标志等多个设备，但其仅利用了上述设备的公知性能，并未给这些公知设备本身的性能带来任何改进，也没有给它们的构成和功能带来任何技术上的改变。（2）该方案所要解决的问题是如何通过人为制定平面交叉路口行车规则来利用现有的设备提高交叉路口放行能力，其本身不构成技术问题。（3）该方案所采用的手段为利用人为规定的行车规则，其并未利用自然规律，不属于技术手段。（4）该方案所获得的效果是实现了对于车辆在平面交叉路口中行车的管理，所获得的效果不受自然规律的约束，不属于技术效果。①

（三）法律分析

申请人要求保护的系统尽管包含了各种设施、装备和计算机软件，但该系统的实质是设定一种新的交通行车规则。显然，该规则涉及的是人类进行社会活动的规律，没有针对技术问题、利用符合自然规律的技术手段并取得符合自然规律的技术效果，因此，其不属于专利法意义上的技术方案，不能获得专利权。

二、非形状和构造类技术特征不能构成实用新型

（一）案情简介

谭某就"一种矩形密封圈"享有实用新型专利权，其权利要求是："一种矩形密封圈，其特征在于包括矩形橡胶密封圈，矩形橡胶密封圈的外缘包裹有经热压制成的厚度为 0.20～0.50mm 的聚四氟乙烯包裹层"（参见本书第十章第二节对权利要求的讲解）。谭某认为某硅胶公司制造和销售的产品侵犯了其专利权。法院查明，该实用新型与其申请日之前已公知的技术（现有技术）的唯一区别在于，涉案实用新型产品是将聚四氟乙烯与橡胶通过"热压"的方法有机地结合在一起，而现有技术中不包含这一技术特征。

（二）法院判决

法院认为：实用新型专利的保护对象是由形状、构造及其结合所构成的技术方案。涉案实用新型专利的权利要求中的"热压"既不属于形状范畴，也不属于构造范畴，因此不在涉案实用新型的保护范围之内。除"热压"的技术特征之外，某硅胶公司使用的技术方案与在涉案实用新型专利申请日之前的公知技术相同，适用现有技术抗辩（参见第十二章第三节对现有技术抗辩的讲解），其行为并不构成侵权。②

（三）法律分析

《专利法》将"实用新型"定义为"对产品的形状、构造或者其结合所提出的适于实用的新的技术方案"，对于哪些技术方案能构成实用新型进行了限定，即只有三种类型——产品的形状、产品的构成以及形状和构成的结合。"热压"的方法与这三种类型都

---

① 北京市第一中级人民法院（2012）一中知行初字第 3623 号行政判决书。
② 最高人民法院（2017）最高法民申 3712 号民事裁定书。

没有关系，因此不属于实用新型，当然也不能被纳入实用新型专利权的保护范围。实际上，他人完全可以以此为依据，请求宣告该实用新型专利权无效（参见本书第十章第四节）。如果申请人认为其发明创造的核心在于通过"热压"的方法将聚四氟乙烯与橡胶有机地结合在一起，应当针对该新方法申请发明专利权。

三、"带图形用户界面的电脑"外观设计专利的保护范围

（一）案情简介

北京奇虎科技有限公司（360杀毒软件的经营者）及关联软件公司获得了一项"带图形用户界面的电脑"的外观设计专利权，其中计算机屏幕中的图形就是"360安全卫士"软件的界面。北京奇虎科技有限公司指称北京江民新科技有限公司提供的"江民优化专家"软件在界面图像上与其外观设计相同，侵犯了其外观设计专利权。这是我国发生的第一起涉及"包括图形用户界面的产品外观设计"的专利侵权诉讼。

（二）法院判决

法院认为：原告的外观设计属于"包括图形用户界面的产品外观设计"，其中的产品是电脑（见图8-12、8-13）。涉案专利的名称也为"带图形用户界面的电脑"。原告有权禁止他人在与电脑相同或相近种类的产品上使用相同或相近似的外观设计。本案中，被诉侵权行为是被告向用户提供界面相近的软件，并非提供预装了该软件的电脑。因此该行为并不构成侵权。①

图8-12 原告的外观设计主视图

图8-13 原告的外观设计后视图

（三）法律分析

本案的关键在于，我国《专利法》只保护外观设计产品，而不保护脱离了产品的设计，如纸张上或计算机屏幕上显示的设计图形。这就是为什么就"包括图形用户界面的产品外观设计"申请专利权时，应当提交相关产品从各角度绘制的图片或拍摄的照片（参见本书第十章第二节中"申请外观设计专利应当提交的文件"）。本案被告并没有制造和销售涉案外观设计产品——包含图形界面的计算机，而仅仅是在软件中再现了相同的图形界面，因此，其行为并不侵犯原告的外观设计专利权。

---

① 北京知识产权法院（2016）京73民初276号民事判决书。

四、"清除血液中血脂的方法"是否能获得专利权

（一）案情简介

欧某就"清除血液中血脂及纤维蛋白原的方法"获得了发明专利权，该权利要求中记载了一种将血液置于离心机上，分离出血浆和血球，再进行处理的方法。某公司请求宣告该专利权无效，理由是该方法属于疾病的治疗方法，不应被授予专利权。

（二）法院判决

法院认为：不能被授予专利权的治疗方法是指以治疗或预防疾病为直接目的，在有生命的人体或动物体上实施的方法，而涉案方法是对脱离人体或动物体的血液进行处理，并不是以有生命的人体或动物体为直接实施对象，其直接目的并不是治疗而是清除血液中的血脂及纤维蛋白原，因此不属于"疾病的治疗方法"[①]。

（三）法律分析

在本案中，使用涉案方法处理后的血液当然可以用于治疗疾病，其作用类似于药物；但涉案方法本身并不能用于治疗疾病，其作用类似于制造药物的方法。既然不能认为"制造药物的方法"属于治疗疾病的方法，那么处理已脱离人体的血液的方法当然也不属于治疗疾病的方法。

❯❯ 本章同步练习

一、选择题

（一）单项选择题

1. 下列哪一选项有可能获得专利权？（　　）

A. 讲演的技术

B. 篮球比赛中投篮的技术

C. 医生依靠经验诊断病情的技术

D. 使用生物工程方法制造乙肝疫苗的技术

2. 下列哪一项有可能获得专利权？（　　）

A. 用转基因技术培育出的高产母牛

B. 用号脉法诊断病情的技术

C. 快速检测新冠病毒的试剂盒

D. 在深山老林中首次发现的新矿产

3. 下列哪一选项有可能获得专利权？（　　）

A. 使失眠患者快速入睡的催眠方法

B. 使学生易于掌握的快速心算方法

C. 预防感冒的方法

[①] 北京市第一中级人民法院（2005）一中行初字第 148 号行政判决书，北京市高级人民法院（2005）高行终字第 336 号行政判决书。

D. 培育新型高产水稻的方法

（二）多项选择题

1. 下列哪些选项中的发明创造有可能获得实用新型专利权？（　　　）

A. 一只鼠标的优美造型，但该造型没有任何技术效果

B. 一个键盘的造型设计，该设计能降低使用者手腕的疲劳感，但没有任何美感

C. 一对音箱的造型设计，该设计既能提高音质，又具有美感

D. 对巧克力形状的设计，该设计能够引起消费者的食欲和购买欲

2. 下列哪些选项中的发明有可能获得专利权？（　　　）

A. 新型麻醉药，能够有效降低病人手术时的痛苦，但也可以作为毒品使用

B. 自动搓麻将机

C. 新型自动步枪

D. 新型防盗门，一旦把门撬开就会被门后装置射出的激光弄瞎双眼

（三）不定项选择题

1. 下列选项中的发明创造有可能获得实用新型专利权的是：（　　　）。

A. 一只水杯的造型设计，该设计既美观，又能有效防止杯子滑落

B. 一尊造型优美的金牛瓷器，可以做镇纸

C. 一台显示器的弧线型优美造型，但该造型没有任何技术效果

D. 对饮料瓶形状的设计，该设计能够引起消费者的食欲和购买欲

2. 下列新完成的发明创造中，受《专利法》保护的对象是：（　　　）。

A. 一种高血压病的治疗方法

B. 一种速算方法

C. 一种通过基因拼接培育新型水稻的方法

D. 一种可视电话

二、案例题

1. 一件名为"船舶的水动力装置"的发明专利申请中的说明书描述：这套机械装置的构成是将水轮发电机组装在船舶上，利用船舶前进时在尾部所造成的水头来推动水轮发电机组发电，再通过由此产生的电力带动推进器推进船体运动。请问该申请能否获得授权？

2. 某人就一项有关管理交易风险的机制申请专利权，其内容是：为防范履约风险，诸如买方付款后卖方不发货或卖方发货后买方不付款，使用计算机系统作为交易双方的中介，为双方设立虚拟交易账户，与双方的银行账户相对应，只有当双方在虚拟交易账户中反映出各自能够履约时，该计算机系统才会指令金融机构进行双方的资金交易。该专利权利要求包括：（1）上述履约方法（方法权利要求）；（2）一种实施该履约方法的计算机系统；（3）一种可由计算机读取的介质，其中包含实施该履约方法的计算机程序。请问该申请是否应当获得授权？

三、论述题

1. 基于著作权是禁止权而非自用权的原理，违禁作品同样受到《著作权法》的保护，而且我国《著作权法》在 2010 年修订时，也删除了"依法禁止出版、传播的作品，

不受本法保护"的内容，那么，为什么我国《专利法》第 5 条还要规定"对违反法律、社会公德或者妨害公共利益的发明创造，不授予专利权"呢？（同样的问题也适用于后文将讲解的《商标法》第 10 条，该条详细规定了因标志内容违法而不得注册的情形）。请思考其中的原因并论证。

2. 张立宪所著《闪开，让我歌唱八十年代》（人民文学出版社出版 2008 年版第 49 - 50 页）中有这样一段文字：

在我的眼中，人类的文明成果就像个高耸入云的专利局大楼，里面是一个一个房间，堆放着前人的智慧结晶，并义正词严地告诉你，版权所有，盗版必究。你想独出机杼别出心裁吗？可怜的人类，几千年间除了将刻甲骨文的石刀变成计算机上的键盘外，智商没有任何提高。黑格尔申请了大小逻辑的专利，过了这么多年，都没人向他挑战成功。……你想避免盗版嫌疑吗？那你总得先把已经申请专利的一下眼吧。可怜那些东西，你就是花六辈子的时间都看不完的，更不用说挤出时间生产自己的专利了。……你想破罐子破摔吗？于是你厚着脸皮说无知者无畏，我是流氓我怕谁。你对那幢高楼视而不见，对那些专利产品根本不屑于研究。可这世界不是你一个人的呀，别人的眼可盯着你呢。你刚自以为是原创的话，写出篇完全自产的文章，就有大学问家们向你竖起义愤填膺的中指："丫在盗版！丫在盗版！"

请分析对此段文字中有关专利权描述的错误之处。

3. 请阅读 2016 年高考全国Ⅲ卷语文作文题：

《小羽的创业故事》

历经几年试验，小羽在传统工艺的基础上推陈出新，研发出一种新式花茶并获得专利。可是批量生产不久，大量假冒伪劣产品就充斥市场。小羽意识到，与其眼看着刚兴起的产业这么快就走向衰败，不如带领大家一起先把市场做规范。于是，她将工艺流程公之于众，还牵头拟定了地方标准，由当地政府有关部门发布推行。这些努力逐渐见效，新式花茶产业规模越来越大，小羽则集中精力率领团队不断创新，最终成为众望所归的致富带头人。

请回答下列问题：

（1）对于"小羽在传统工艺的基础上推陈出新，研发出一种新式花茶"，请考虑两种可能性：一是如袁隆平院士培育出高产水稻一样，小羽培育成功了一种高产花茶或具有一种特定清香的花茶；二是小羽发明了高效种植花茶的方法。请分别针对这两种情形，指出本题中与专利有关的错误表述。

（2）你作为一名学完知识产权法课程的学生，可以给小羽何种法律建议？

参考答案

一、选择题

（一）单项选择题

1. D

解析：演讲、投篮和医生靠经验诊断病情的方法都没有针对技术问题、利用技术手

段、取得技术效果，不是技术方案，不可能获得专利权，因此 A、B、C 项错误。请注意
C 项错误的原因并不是"疾病的诊断方法不能获得专利权"，而是相关的方法根本就不是
技术方案。制造乙肝疫苗的技术属于专利法上的技术方案，可以申请方法发明专利权，
并可能获得授权。

2. C

解析：A 项中的母牛属于转基因动物，动物新品种不属于专利法的保护对象。B 项
实际上是利用个人经验诊断疾病的方法，不属于技术方案。D 项属于发现而不是发明，
因此 ABD 项错误。C 项是产品发明，可以获得专利权。需要注意的是，C 项并不属于疾
病的诊断方法，因为它施加的对象是从人体中分离出来的物质。

3. D

解析：A 项是治疗失眠的方法，属于疾病的治疗方法，不可被授予专利权，故不应
选 A 项。B 项属于智力活动的方法，不可被授予专利权，因此不应选 B 项。C 项作为预
防疾病的方法，也被归入疾病的治疗方法，不可被授予专利权，因此不能选 C 项。植物
新品种虽然不能被授予专利权，但培育植物新品种的方法可以获得专利权，因此应当选
D 项。

（二）多项选择题

1. BC

解析：实用新型专利权保护的是技术方案。不能解决技术问题的发明创造不可能获
得实用新型专利权。B 项和 C 项中的发明创造均能解决技术问题，而且是通过产品形状
的设计实现技术效果的，因此可能获得专利权。至于对该产品的外观设计是否同时符合
外观设计专利权的授权条件，在所不问，因此 B 项和 C 项是正确的。A 项和 D 项中的发
明创造均不是技术方案，不能解决技术问题，不能构成实用新型。因此 A 项和 D 项是错
误的。

2. ABC

解析：违反法律、违反社会公德和妨害公共利益的发明创造并不包括发明的本质目
的不违法，只是可能被滥用于非法用途的发明创造。A、B、C 项中相关发明就属于这种
情况，因此可能获得专利权。D 项中的发明本质目的就是进行人身伤害，不可被授予专
利权，因此正确选项为 ABC。

（三）不定项选择题

1. A

解析：实用新型专利权保护的是技术方案。不能解决技术问题的发明创造不可能获
得实用新型专利权。A 项中的水杯造型能够防止杯子滑落，具有技术效果，属于实用新
型，因此 A 项正确。C 项和 D 项中的产品设计没有任何技术效果，不属于实用新型，因
此 C 项、D 项错误。B 项中的瓷器表面上看具有压住纸张的效果，但这个效果是任何有
重量的物品都有的，与产品的造型毫无关系，因此不属于对产品形状的设计带来的技术

效果，因此 B 项错误。

2. CD

解析：A 项为疾病的治疗方法，B 项为智力活动的方法，均不可获得专利权，因此 A 项和 B 项错误。C 项为植物新品种的培育方法，可以获得专利权。注意：植物新品种本身只受《植物新品种保护条例》保护，不能获得专利权，但培育方法可以获得专利权。D 项为产品发明，可以获得专利权。因此 C 项和 D 项正确。

二、案例题

1. 该问题源于真实案例。[①] 该设计是希望用发电机产生的电力推动船舶前进，而发电机发电所需要获得的电能又来自船舶前进过程中产生的水头。实际上这一设计是要将船舶前进时产生的能量转化为电能来推动船舶不断前进。根据设计，只要船舶一开动起来，不需要再从外界输入任何能量，船舶就可以一直行进下去。归根结底，这一设计是让船舶自己推动自己不断前进，实际上是一个"永动机"。它从根本上违反了能量守恒定律，未能正确应用自然规律，不是专利法意义上的"发明"，是不可能获得专利权的，因此该申请应被驳回。

2. 本问题源于美国联邦最高法院的判例。法院认为，要将不受专利法保护的自然规律、自然现象和抽象的思想与基于这些规律、现象和思想的发明创造进行区分，应当适用"两步法"：第一步是判断权利要求是否指向上述不受专利法保护的规律、现象和思想。如果回答是肯定的，则进行下一步。第二步是判断该权利要求是否包含了将上述不受保护的客体转换为受保护客体的创造性要素。[②] 法院指出：涉案的防范交易风险的方法无非就是让第三人充当履约中介，而这是一种在商业活动中早已通行的思路，属于不受保护的"抽象的思想"。同时，仅仅通过常规实施步骤高度抽象化的描述，或让计算机充当实施手段，本身并不足以成为将抽象的思想转换为发明的创造性要素。涉案专利仅仅是通过计算机去实现抽象的思想，即让计算机充当交易中介，而计算机实现这一功能所需要的每一个步骤都是纯粹常规性的。权利要求中甚至没有描述如何让计算机实现作为交易中介的功能或改善实现该功能的技术手段。因此，该权利要求并不包含将抽象的思想转换为发明的创造性因素。[③]

确实，如果只要使计算机通过常规方法实现了一项抽象的思想，并在撰写申请文件时注明要求保护的是"一种计算机"，就承认申请人完成了一项可受专利法保护的发明，则专利法不保护抽象思想的原则便会被规避，从而彻底丧失了意义。例如，对于前文提及的不受专利法保护的质能方程式 $E=mc^2$，也可以撰写出如下权利要求：一种计算机系统，当输入 M 值和 C 值时，能够输出 E 值。这样一来，可专利性的问题真的就纯粹取决于"撰写者的技能"了。此种结果是专利法不能容忍的。与此同时，这种机制设计与淘

① 北京市高级人民法院（1993）高经终字第 51 号行政判决书。
② Alice Corp. Pty Ltd. v. CLS Bank Int'l, 134 S. Ct. 2347，2355（2014）. 该"两步法"由美国联邦最高法院在 Mayo 案中提出，对此案的讨论见本章第四节"三、疾病的诊断和治疗方法"。
③ Alice Corp. Pty Ltd. v. CLS Bank Int'l, 134 S. Ct. 2347，2355 - 2360（2014）.

宝网中的买卖双方通过支付宝交易相差无几，即使不考虑其他可专利性问题，也不知其新颖性（参见本书第九章）从何而来。

三、论述题

1. 这种差异源于著作权与包括专利权和商标权在内的工业产权的产生途径不同：著作权为自动产生，无须经过国家相关机关的审查与授权。但专利权和商标权需要经过国家知识产权局的审查并进行授权或注册，这一过程反映了国家对相关发明创造和商标的态度。如果内容违法的发明创造或商标能够被授予专利权或被注册为商标，尽管根据知识产权只有禁止权而无自用权的基本原理，专利权人或商标权人只能禁止他人使用专利或注册商标，而不一定能自行使用，但这种授权或注册会使公众认为国家认可该发明创造或商标的内容，从而造成是非观的混乱。

对于专利权而言，除国防专利之外的专利必须公开，如果发明创造的内容违反法律、社会公德或者妨害公共利益，这种公开还可能导致不良的社会后果。如前文提及的假币机制造技术，一旦公开，可能导致假币泛滥，从而严重损害金融秩序。因此，与违禁作品可受著作权保护不同，对于违反法律、社会公德或者妨害公共利益的发明创造，不能授予专利权。

2. （1）人类受保护的文明成果多种多样，其中只有部分受专利法保护。"版权所有，盗版必究"与版权（著作权）保护有关，与专利权保护没有关系。（2）黑格尔提出的与逻辑有关的理论属于思想的范畴，而且不是技术方案，并不针对技术问题，没有运用技术手段，不可能取得技术效果，无论在哪个国家都不可能获得专利权。（3）避免盗版是指避免侵害他人的著作权，这并不需要去阅读他人的专利申请文件或者已获专利权的发明创造。

3. （1）在第一种情形中，新式花茶属于植物新品种，依《专利法》的规定不能被授予专利权，因此"研发出一种新式花茶并获得专利"的表述是错误的。如果该植物新品种被错误地授予专利权，任何人可请求宣告该专利无效。在第二种情形中，凡获得专利的技术必须公开（国防专利除外），既然小羽已就该方法获得了专利权，该方法一定已经公开，无须由小羽出于善意而公之于众。因此题目中"于是，她将工艺流程公之于众"的表述是错误的。

（2）可以建议小羽放弃第二种情形中的方法专利权，使该方法进入公有领域，成为任何人都可以自由使用的技术方案。也可以建议小羽对该方法专利以极低的费率或者免费进行开放许可（参见本书第十二章对开放许可的讲解）。

第九章 专利权取得的实质条件

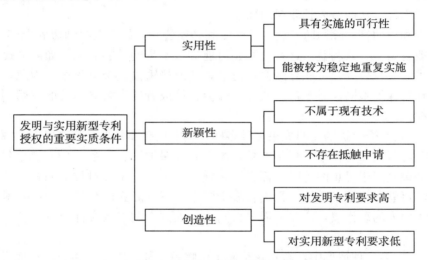

图 9－1 发明与实用新型专利授权的实质条件

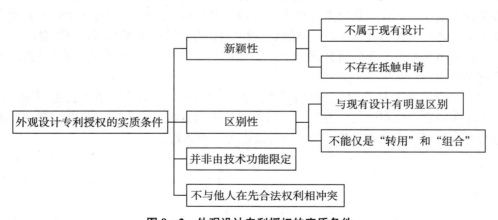

图 9－2 外观设计专利授权的实质条件

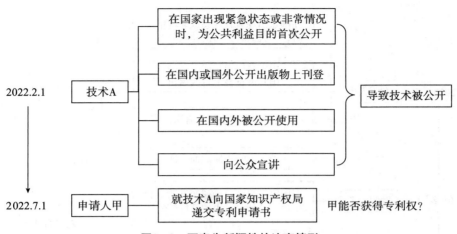

图9-3 不丧失新颖性的法定情形

图解：

在发生不丧失新颖性的四种法定情况后6个月内申请专利权，不丧失新颖性

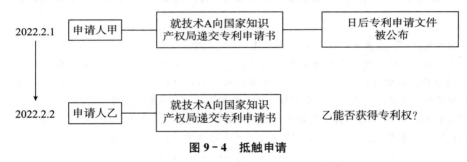

图9-4 抵触申请

图解：

如果将"乙"换为"甲"，也就是甲重复申请，仍然存在抵触申请。

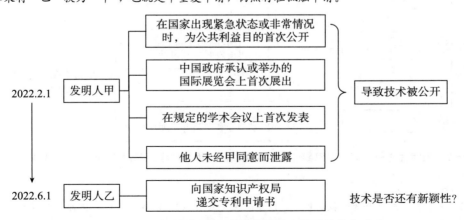

图9-5 正确理解不丧失新颖性的法定情形的效力（1）

图解：

在乙申请日之前，相同技术方案已经公开，乙申请获得专利权的技术方案为现有技术，乙的申请无新颖性。

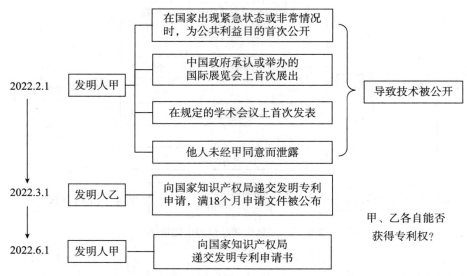

图9-6　正确理解不丧失新颖性的法定情形的效力（2）：假设甲、乙出于巧合完成了相同的发明

图解：

　　对甲的申请而言，在其申请日（2022年6月1日）之前，发生了两类事件：一是2022年2月1日的公开，这类公开属于法定不丧失新颖性的公开，不会导致甲在6个月内的申请丧失新颖性；二是2022年3月1日乙就相同的技术方案申请发明专利权，乙的申请日早于甲的申请日，成为抵触申请，因此甲的申请丧失新颖性，不能获得专利权。就乙的申请而言，在其申请日（2022年3月1日）之前，相同的技术方案已在2022年2月1日公开，乙申请获得专利权的技术属于现有技术，乙的申请丧失新颖性，乙也不能获得专利权。上述分析以甲和乙出于巧合各自独立完成相同发明为前提。

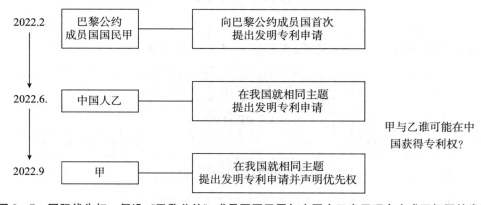

图9-7　国际优先权：假设《巴黎公约》成员国国民甲与中国人乙出于巧合完成了相同的发明

图解：

　　根据《专利法》对国际优先权的规定，以甲的优先权日（2022年2月）作为在我国的申请日，该日期早于乙的申请日，因此甲有可能获得专利权。

本章核心知识点解析

申请人提出的专利申请必须同时符合法定的形式要件和实质要件才能被批准。形式要件是指申请要符合专利法规定的程序和文书要求，如递交符合格式要求的申请书、缴纳申请费等。而实质条件是对发明创造本身的要求。对于不同的客体，专利法规定了不同的实质条件，发明和实用新型应当具备实用性、新颖性、创造性，但专利法对发明和实用新型的创造性要求又有所不同。外观设计不但要符合新颖性，还要具备区别于在先设计的特征，而且不能与在先权利相冲突。

第一节 发明和实用新型专利授权的实质条件

一、实用性

◎ **难度与热度**

难度：☆☆☆　热度：☆☆☆

（一）实用性的概念

实用性是指发明或实用新型能够在产业上制造或者使用，并且能够产生积极效果。如果技术方案根本不能被投入实际应用并解决实际问题，对它进行保护就没有任何实际意义。因此，在新颖性、创造性和实用性中，审查员首先会对实用性进行审查。如果申请的主题不具备实用性，就无须再审查新颖性和创造性了。

（二）实用性的判断标准

一项发明或实用新型是否具有实用性，应当看其能否在产业上制造或使用并解决技术问题，以及能否达到积极和有益的效果。所谓"在产业上制造或使用"是指发明或实用新型能够通过产业中的标准化模式被稳定地再现。具体而言，它包含了两方面的要求。

第一，具有实施的可行性。如本书第八章第一节所述，构成发明或实用新型的"技术方案"虽然与"技术"相比仍然是一种较为概括的构思，但技术方案也应当具体到能够被转换为技术并投入产业应用。如果对技术的构思只是一种空洞的愿望和渺茫的方案，则不具备实用性。例如，美国著名的物理学家福立曼·达依逊曾经提出了一个"地球能源供应计划"，他的基本设想是：在太阳和地球之间建造一个巨大的球体，它可将太阳的能量通过反射来供应地球。该球体所需要的材料和木星相等，因此可将木星破坏掉来做此球。但是，如何破坏木星、如何建造一个与木星大小相当的球体、如何进行能量的聚集和反射？这一系列问题的解决并非现代科技力所能及，因此，该设想只能被归结为空洞的愿望[①]，缺乏实用性。那些违背自然规律的技术方案当然也不可能被技术人员用以解决技术问题，也就是不可能具有实施的可行性。如对"永动机"的设计，无论表面上看来多么精巧，技术人员也不可能制造出这样的机器。

[①] 吉藤幸朔. 专利法概论. 宋永林，魏启学，译. 北京：专利文献出版社，1990：77.

第二，能够被较为稳定地重复实施。发明或实用新型所属领域的技术人员应当可以根据说明书描述的技术内容，稳定地重复实施技术方案并达到相同的实施结果，这样才能够给社会带来确定的利益，对其也才有加以保护的必要。那些高度借助独一无二的自然或个人条件才能实现的技术方案是不可能被稳定再现的，例如，外科手术要实现治疗效果，通常与医生独特的经验、技巧和心理素质以及病人的独特体质都有关系，其他医生仅凭外科手术方法说明往往无法稳定地重复再现手术效果。我国著名的肝胆外科专家吴孟超教授能够凭借对肝脏构造的熟悉，在手术中熟练地摘除肝脏肿瘤，挽救了许多患者的生命。但他虽然努力向学生传授这项技术，却鲜有学生能够掌握得与他达到同一高度。这说明这套"技术"的实施与吴教授个人独特的经验和能力有关，其效果无法被其他人稳定地再现，因此，这套"技术"并不具有实用性。

需要注意的是，实用性并不要求发明或者实用新型是十全十美的技术方案。即使它们存在某种缺陷，如对技术问题的解决效果尚不能令人满意，但只要这种缺陷没有严重到使该技术方案根本无法重复实施或根本无法实现其发明目的的程度，就不能仅因为其存在缺陷就否定其具有实用性。[①]

二、新颖性

◎ 难度与热度

难度：☆☆☆　　热度：☆☆☆

发明或实用新型的新颖性是指其不属于现有技术，也不存在抵触申请；申请日之前技术方案在世界范围内发生过书面公开、使用公开和口头公开的，该技术方案丧失新颖性；《专利法》规定了不丧失新颖性的四种例外。

（一）新颖性的概念

我国《专利法》对新颖性有两方面的要求：一是发明创造不属于现有技术；二是不存在抵触申请。"不属于现有技术"是指发明创造是"新"的而不是"旧"的技术方案。已经为人们所知的现有技术是不能被任何人拿去申请并获得专利权的，例如，对于已经流传了千百年的我国"四大发明"，在今天是不可能获得专利权的。对于技术创新而言，专利制度的主要作用在于通过赋予发明人专利权这一垄断性权利保障其获得经济回报，以换取发明人将新技术公之于众，并鼓励更多的人投身于创造发明活动。如果一项技术方案早已为人们所知，根本就不需要通过给予任何人垄断权来换取其公开。而拿已经被人们利用的公知技术去申请并获得专利，就意味着在没有对社会贡献出任何新技术的情况下，将已处在公有领域的技术纳入自己的垄断范围。这不但无法起到鼓励和促进发明创造的积极作用，还会导致对公共利益的严重损害。

（二）新颖性与现有技术

发明创造的"新"是相对于发明创造在申请专利之前的现有技术而言的。如果一项发明创造与专利申请日之前的现有技术相同，则该发明创造就没有新颖性。专利法上的"现有技术"是指在专利申请日之前在国内外为公众所知的技术。需要注意的是，专利申请日之前已经存在的技术并非都是"现有技术"，那些处于保密状态的技术由于不能为公

---

① 北京市高级人民法院（2004）高行终字第 149 号行政判决书。

众所获知，不构成"现有技术"。该项技术的发明人在经过一段时间的保密之后决定申请专利权，或者他人通过独立努力发明了同样的技术并申请专利，都是符合新颖性要求的。在这种情况下，专利制度仍然通过赋予发明人专利权来换取其公开原本处于保密状态的技术，使社会公众获得了技术资料，同样取得了鼓励创新和提供技术资料的作用。

在专利法上，有三种行为会导致技术被公开，成为可以为公众所获得的现有技术。

第一，书面公开。如果在申请日之前有同样的技术在国内外以书面方式公开发表过，这项发明或者实用新型就被认为已经公开，成为现有技术了。对于书面公开，《专利法》采取了"世界标准"。即使同样的发明或实用新型是在国外以书面方式公开，也会使国内在后的申请丧失新颖性。这是因为现代交通和通讯非常发达，国外的技术信息和资料很容易在国内被检索到。如果允许国内的申请人在查到国外的一项新技术后，没有付出任何创造性劳动就将其照搬过来，在国内申请并获得专利，就无法起到鼓励发明创造的作用。同时，规定世界新颖性标准，有利于刺激本国的发明人与其他国家的发明人相竞争，从而研发出世界领先的技术。这对于一国的经济发展是十分有利的。

"书面"的范围非常广，包括书籍、杂志、报纸、宣传册、专利文献、影片和光盘等；通过互联网发表也属于书面公开。但是，书面公开的文章必须充分说明技术的具体内容，能够使本领域的技术人员实施，否则，不能构成现有技术。假如一篇公开发表的科研论文提及了一种化合物及其制备方法，但用该论文记载的实验方法无法制得该化合物，同时采用所属技术领域的常规实验方法，在根据原料等的不同对常规实验方法作出适应性调整，充分发挥本领域技术人员的常规技能的情况下，也无法制得该化合物，则该化合物及其制备方法并不属于现有技术。[①] 描述技术的文章一旦公开发表，就已经处于能够为公众所自由获知并利用的状态。至于出版发行量有多少、是否有人阅读过以及申请人是否知道，都无关紧要。例如，仅在一个由 50 人至 100 人参加的会议上报告论文，并在不施加限制条件的情况下应感兴趣者的要求向其提供论文，虽然只有 6 个人要求获得论文，也构成书面公开。[②] 再如，在专业会议的张贴板上张贴技术资料，两天半的会议期间内，参会的许多本领域技术人员都可看到该份资料并进行复制。虽然无法证明有多少人实际进行过复制，但该资料仍然已被公开。[③] 需要注意是，专利制度的应有之义就是"以公开换取权利"，因此，各国已授予专利权的技术都是公开的，公众可以通过专利文献进行查询。显然，在申请日之前，所有国家公开的专利文献中记载的技术都是现有技术。例如，一项刚刚在美国申请专利权的技术如果与一项已在意大利被授予专利权的技术相同，则因其不具有新颖性，不能在美国被授予专利权。[④]

第二，使用公开。如果同样的技术在国内外曾被公开使用过，则这项发明或者实用新型会被认为构成现有技术，在后申请就不具有新颖性了。对技术的使用只有能够导致公众从中得知实质性技术内容才是专利法意义上的"公开使用"。例如，某人发明了一种清洁、高效的汽车发动机，并在展览会上向公众演示装有这种新型发动机的小汽车。参

---

① 最高人民法院（2020）最高法知行终 97 号行政判决书。

② Massachusetts Institute of Technology v. Ab Fortia，774 F. 2d 1104，at 1109（Fed. Cir.，1985）.

③ In re Klopfenstein，380 F. 3d 1345（Fed. Cir.，2004）.

④ Hakim v. Cannon Avent Group，479 F. 3d 1313，at 1319（Fed. Cir.，2007）.

观者仅仅观看汽车外部是无法了解其中发动机的技术特征的，因此，这种对新型发动机的展示并不属于对技术的公开使用。但是，如果参观者中有人向发明人询问该发动机的工作原理，而发明人在没有要求听众承担保密义务的情况下，将发动机的全部技术特征和盘托出，则导致对技术的公开。

使用公开的方式包括可以使公众从中得知其技术内容的制造、使用、销售、进口、交换、馈赠、演示和展出等方式。需要注意的是，将使用了相关技术的产品售出后，发明人就失去了对产品使用方式的控制。如果购买者可以通过对产品进行观察、测量、化验，或拆卸产品，分析其结构、材料和功能等手段获得其中的技术特征，则即使没有人实际这样做，出售该产品的行为也属于公开使用行为。例如，发明人在申请日之前将其发明的一种机器销售给了某单位，而且没有要求该单位承担保密义务。在这种情况下，除非该机器的技术特征受当时技术水平的限制，无法通过拆卸机器和进行分析研究而获得，否则，这一销售行为就构成了使用公开。最高人民法院曾经认定，在专利申请日之前，他人制造和销售含有相同技术的机器，使相关技术成为了现有技术。[①]

第三，以其他方式公开。除书面公开和使用公开之外，口头交谈、讲演、报告、发言、授课等公开方式如果能够使公众得知技术内容，也会使技术成为现有技术。例如，某教授在大学的公开课上将自己研制的化学物质的结构予以详细讲解，使该领域的技术人员听后能够合成相同的化学物质，则可以认为这名教授通过授课公开了自己的技术。相反，教授如果只就自己的科研成果与几个研究生进行讨论，而研究生承担保密义务，则并不构成口头公开。

需要注意的是，"公开"并不意味着"人数众多"，也不意味着必须有大量相关产品对外销售。专利法上意义的"公开"与实际人数和产品数量并无关系，它仅仅是指技术方案脱离了秘密状态，公众有获知的可能性。一方面，即使发明人只将技术内容告诉了一个人，只要此人并不负有保密义务，技术就已经被公开了。例如，某人发明了带有钢丝的妇女胸衣，并将两件这样的胸衣送给一位女性朋友使用了两年。由于发明人并未要求其朋友承担保密义务，该发明因公开使用而丧失了新颖性。[②] 另一方面，即使有许多人都已经知道技术内容，但都负有保密义务，则技术内容仍然处于秘密状态之中，没有被公开。

（三）对是否属于现有技术的判断

如果发明或实用新型专利的申请人并未在申请日之前以任何方式公开过其技术方案，使之为公众所知，则在判断该发明或实用新型是否具有新颖性时，就必须将其与申请日之前的现有技术进行对比。如果两者在技术领域、所解决的技术问题、技术方案和预期效果实质上相同[③]，则该发明或实用新型属于现有技术，没有新颖性。

公开了现有技术的文件被称为"对比文件"。引用对比文件判断发明或实用新型的新颖性时，应当以对比文件公开的技术内容为准。该技术内容不仅包括明确记载在对比文件中的内容，而且包括对于所属技术领域的技术人员来说，隐含的且可直接地、毫无疑

---

① 最高人民法院（2012）民申字第 18 号民事裁定书。

② Egbert v. Lippmann，104 U. S. 333（1881）.

③ 国家知识产权局颁布的《专利审查指南》（2010 年版，2019 年修订）第二部分第三章 3.1。

义地确定的技术内容。[①] 在进行对比时，应遵循"单独对比"的原则，即只能将发明或者实用新型专利申请的各项权利要求分别与每一项现有技术单独地进行比较，而不能将一份或多份对比文件记载的多项现有技术的组合作为对比的基础。[②] 基于单独对比原则，在比对时应将一项权利要求记载的所有技术特征与一篇对比文件中记载的一项现有技术方案的全部技术内容进行比对，只有在一篇对比文件中的一项现有技术方案公开了一项权利要求记载的所有技术特征时，才能认定该发明或者实用新型不具备新颖性。在新颖性判断过程中，不允许将同一篇对比文件中记载的两项及以上技术方案或者两篇及以上对比文件中记载的技术方案结合起来评价权利要求的新颖性。即使两篇对比文件各自记载的技术方案指向同一项现有技术，也不能将这两篇对比文件结合起来评价权利要求的新颖性。因为每一篇对比文件所承载的技术方案都是独立的，如果以两篇对比文件各自记载的技术方案指向同一项现有技术为由，将上述两篇对比文件结合起来评价权利要求的新颖性，则比对对象已经不是任何一篇对比文件本身所记载的技术方案，而是转换为两篇对比文件结合起来的另一项技术方案，也就是任何一篇对比文件中都未曾记载的技术。此举将导致对新颖性的评价丧失客观性[③]，同时，也将导致新颖性判断与创造性判断的混淆。将不同的现有技术进行组合，有可能形成新的发明创造。当然，这种组合的结果能否获得专利授权，取决于其是否具有创造性。如果将一篇对比文件中记载的两项及以上技术方案或者两篇及以上对比文件中记载的技术方案进行组合，对本领域技术人员而言是显而易见的，则组合而成的新的技术方案虽然可能具备新颖性，却并不具备创造性，仍然不能获得授权。

如果要求保护的发明或实用新型与对比文件的差异只在于采用上位概念和下位概念的区别，则该发明或实用新型是否具有新颖性取决于其权利要求使用的是上位概念还是下位概念。如果权利要求用上位概念限定某一技术特征，如某产品"用金属制成"，而对比文件采用下位概念限定同类性质的技术特征，如该产品"用铅制成"，则该发明或实用新型不具备新颖性，这是因为铅是金属的一种，具有任何种类金属都具备的共性，所以该产品由一种金属制成的具体特征已经被公开了。只有将权利要求改为"用铅之外的金属制成"才有可能使该发明或实用新型具有新颖性，即相对于"用铅制成"是新的技术方案。如果情况相反，即权利要求采用下位概念（如某产品"用铅制成"，意味着只有用铅做原料才是发明创造的内容，因此要求保护的技术特征是"用特定的一种金属——铅制成"，而将"使用铅之外的其他金属"排除出了要求保护的范围），而对比文件采用上位概念（如该产品"用金属制成"），则该发明或实用新型并不丧失新颖性。这是因为上位概念只是提供了一个宽泛的、具有共性的选择范围，但究竟作何选择，对比文件并未公开，从中选择一个具体方案可能产生与使用该范围内的其他方案不同的独特技术效果。也就是只用铅制成该产品，与用铅之外的其他金属制成该产品相比，技术效果是不同的。这类似于在选举班长时，"选小红（女生）做班长"（认为小红的能力最强）的提议相对于"选女生做班长"的提议具有新颖性，而"选女生做班长"的提议相对于"选小红做

---

① 国家知识产权局颁布的《专利审查指南》（2010 年版，2019 年修订）第二部分第三章 2.3。
② 国家知识产权局颁布的《专利审查指南》（2010 年版，2019 年修订）第二部分第三章 3.1。
③ 最高人民法院（2019）最高法知行终 53 号行政判决书。

班长"的提议不具有新颖性。上述规则可以总结为"以小破大",即对比文件公开的"小概念"(下位概念)会破坏申请文件中"大概念"(上位概念)的新颖性。[1]

(四)新颖性与抵触申请

抵触申请是指在申请日之前,已经有单位或者个人就同样的发明或者实用新型向国家知识产权局提出申请并且记载在申请日以后公布的专利申请文件中。例如,甲于2016年1月向国家知识产权局提交了一项发明专利申请,乙出于巧合完成了和甲的发明相同的发明,并于2017年1月向国家知识产权局提交了发明专利申请。甲的申请文件于2017年3月由国家知识产权局根据甲的申请提前公布。对于乙的申请而言,甲的申请构成抵触申请。由于甲的申请文件直至2017年3月才向社会公布,因此,在乙的申请日之前,甲申请专利的技术方案仍处于保密状态,并不构成现有技术。严格地说,乙的发明在其申请日与现有技术相比仍然是"新"的。但是,对于一项发明创造只能授予一项专利权,为避免对同样的发明或者实用新型重复授权,《专利法》将抵触申请规定为使在后申请丧失新颖性的特殊情况。因此,在上例中,乙无法获得专利权。需要注意的是,同一单位或个人的前后两次内容相同的申请也可构成抵触申请。

(五)不丧失新颖性的公开

发明创造的内容一旦以某种方式在申请日之前公开,对在后申请而言就构成了现有技术或现有设计,不再具有新颖性。但为了鼓励申请人在国际与国内进行交流,以及防止他人的失约或欺诈给申请人造成损害,《专利法》第24条规定,在申请日之前6个月内有以下导致申请专利的发明创造被公开的情形之一的,该申请专利的发明创造不丧失新颖性:(1)在国家出现紧急状态或者非常情况时,为公共利益目的首次公开的。在国家出现紧急状态或者非常情况时,早日公布有助于解决紧急状态或非常情况的问题的技术方案,对社会大有裨益,应予以鼓励。假设新冠肺炎疫情暴发后,有人发明了快速检测病毒的试剂盒,其将技术方案通过网络予以发布,则只要其在发布后六个月内申请专利权,此次公开不会影响新颖性。(2)在中国政府主办或者承认的国际展览会上首次展出的。中国政府主办的国际展览会,包括国务院、各部委主办或者国务院批准由其他机关或者地方政府举办的国际展览会。中国政府承认的国际展览会,是指《国际展览会公约》规定的由国际展览局注册或者认可的国际展览会,如2010年在我国上海举办的"世博会"。所谓国际展览会,是指展出的展品除举办国的产品以外,还应当有来自外国的展品。(3)在规定的学术会议或者技术会议上首次发表的。"规定的学术会议或者技术会议"是指国务院有关主管部门或者全国性学术团体组织召开的学术会议或者技术会议。(4)他人未经申请人同意而泄露其内容的,包括他人未遵守明示的或者默示的保密信约而将发明创造的内容对外公开,也包括他人用威胁、欺诈或者间谍活动等手段从发明人或者申请人那里得知发明创造的内容后造成的公开。[2] 只要在发生这四种情形后的6个月内申请专利,这四种情形均不会导致该申请丧失新颖性。但是,例外的期间是有限的,如果发生上述四种情形6个月之后再去就相同的发明创造申请专利权,就会因丧失新颖性而无法获得授权。

---

[1] 国家知识产权局颁布的《专利审查指南》(2010年版,2019年修订)第二部分第三章3.2.2。
[2] 国家知识产权局颁布的《专利审查指南》(2010年版,2019年修订)第一部分第一章6.3.1、6.3.2、6.3.3。

需要特别注意的是，上述四种情形仅是新颖性规则的例外，6 个月的时间被称为"宽限期"。它意味着申请人只要在发生四种情形之一的那一天起 6 个月内申请专利权，这四种导致发明创造的内容被公开的情形本身并不会影响申请的新颖性。但发生四种情形之一的那一天并不是申请日。因此，在这四种情形发生之后，如果以其他方式公开了发明创造的内容，或有人就独立完成的相同发明创造提出专利申请，仍然会使该发明创造丧失新颖性。例如，发明人甲于 2017 年 2 月 1 日在中国政府主办的国际展览会上首次公开展出了自己的发明，又于 2017 年 6 月 1 日就相同的发明申请专利权。根据《专利法》对"宽限期"的规定，甲的发明并不因其于 2 月 1 日的公开展出而丧失新颖性，但其申请日仍然是 2017 年 6 月 1 日，而非 2 月 1 日。如果另一发明人乙在 2017 年 2 月 1 日至 6 月 1 日期间就相同的发明创造申请专利权，并且能够证明自己是独立完成该发明创造的，则对甲的申请而言，乙的申请构成抵触申请。甲的发明就不能获得专利权了。当然，由于该发明已于 2 月 1 日由甲公开，乙的发明也会因丧失新颖性而无法获得专利权。同时，如果在 2 月 1 日至 6 月 1 日之间，甲将自己的发明在论文中详细加以描述并在科技期刊上公开发表，或在大学课堂上予以公开讲授，则其 6 月 1 日的申请也会因丧失新颖性而不能获得授权。[①]

三、创造性

◎ 难度与热度

难度：☆☆☆　　热度：☆☆☆

对于发明而言，创造性是指发明与现有技术相比具有突出的实质性特点和显著的进步。对于实用新型而言，创造性是指实用新型与现有技术相比具有实质性特点和进步。

（一）创造性的概念

创造性的概念对于发明和实用新型是不同的。对于发明而言，创造性是指发明与现有技术相比具有突出的实质性特点和显著的进步。对于实用新型而言，创造性是指实用新型与现有技术相比具有实质性特点和进步。"实质性特点"是指对本领域普通技术人员来说，该发明或者实用新型相对于现有技术是非显而易见的，"进步"是指该发明或者实用新型与现有技术相比能够产生有益的技术效果。对发明的创造性而言，要求有"突出的"实质性特点和"显著"的进步，而不是仅仅有实质性特点和进步。这说明对发明的创造性要求远高于对实用新型的创造性要求。

为什么一项发明创造要达到"创造性"的高度才能获得专利权呢？难道"新"的东西不是被"创造"的吗？实际上，仅仅要求发明创造具有"新颖性"还无法实现专利法鼓励技术创新的目的。对于发明和实用新型而言，"新颖性"关注的是申请专利的技术与一项现有技术是否相同，因此，在判断申请专利的技术是否有"新颖性"时，只能以一份对比文件中记载的一项现有技术作为对比的基础。"创造性"关注的则是：在申请专利的技术具有"新颖性"，即不同于任何一份对比文件中记载的任何一项现有技术时，该申请专利的技术与相关现有技术之间存在的差异。如果一项技术虽然是新的，却是这个领域的技术人员都能很轻松地想到的，那么提出这项技术方案就不需要投入太多创造性劳

---

① 国家知识产权局颁布的《专利审查指南》（2010 年版，2019 年修订）第二部分第三章 5。

动，因为技术人员可以很容易地将不同的现有技术拼接起来，形成一项新技术。对这样的技术方案加以保护，不但不能起到鼓励创造的作用，反而会制造过多、过滥的垄断，束缚和妨碍技术的发展，不利于鼓励人们从事更高水平的技术创造，因此，能够获得发明和实用新型专利权的技术除要"新"之外，还必须要凝集较多的创造性劳动，不能是为本领域的技术人员所显而易见的。如果将新颖性的要求简单地概括为"新"，则创造性的要求可以被归结为"难"。换言之，只有那些本领域普通技术人员不容易想到的发明创造才能获得发明或实用新型专利权。专利法以新颖性的要求刺激新技术的产生，而以创造性的要求促进技术飞速发展。

（二）创造性的判断标准

对于申请获得发明专利的技术方案而言，《专利法》要求其具有突出的实质性特点和显著的进步。为了判断发明创造是否具有突出的实质性特点，《专利法》假设在本技术领域中存在这样一个人：他知晓申请日（或优先权日）之前发明所属技术领域所有的普通技术知识，能够获知该领域中所有的现有技术，并且具有应用该日期之前常规实验手段的能力，但他不具有创造能力。如果所要解决的技术问题能够促使本领域的技术人员在其他技术领域寻找技术手段，他也应具有从该其他技术领域中获知该申请日（或优先权日）之前的相关现有技术、普通技术知识和常规实验手段的能力。① 如果发明是这个假设的人在现有技术的基础上通过逻辑分析、推理或者有限的试验可以得到的，则该发明是显而易见的，也就不具备突出的实质性特点。② 发明有显著的进步，则是指发明与最接近的现有技术相比能够产生有益的技术效果，如改善质量、提高产量、节约能源、防治环境污染，或者为解决某一技术问题提供了一种不同构思的技术方案，或者代表某种新的技术发展趋势。③

在进行创造性的判断时，通常遵循三个步骤：第一步要确定与请求获得专利的发明或实用新型（技术方案）最接近的现有技术，再确定该发明或实用新型的区别特征和其实际解决的技术问题，最后从最接近的现有技术和发明或实用新型实际解决的技术问题出发，判断要求保护的发明或实用新型对本领域的技术人员而言是否显而易见。创造性判断实际上应当是对请求保护的技术方案是容易还是困难所进行的评估，因此必须与现有技术进行比较。这就是为什么创造性判断的第一步是确定与请求保护的技术方案最接近的现有技术，也就是找到比较的对象和参照。最接近的现有技术，可以是与要求保护的发明创造技术领域相同，所要解决的技术问题、技术效果或者用途最接近和/或公开了发明的技术特征最多的现有技术，或者虽然与要求保护的发明技术领域不同，但能够实现发明的功能，并且公开发明的技术特征最多的现有技术。④

第二步则要从该请求保护的技术方案的构思出发，找出请求保护的技术方案区别于现有技术的特征，也就是确定该技术方案与最接近的现有技术之间所存在的技术差异，并根据该区别特征在请求保护的技术方案中所产生的作用、功能或者技术效果等来确定

---

① 国家知识产权局颁布的《专利审查指南》（2010年版，2019年修订）第二部分第四章2.4。
② 国家知识产权局颁布的《专利审查指南》（2010年版，2019年修订）第二部分第四章2.2。
③ 国家知识产权局颁布的《专利审查指南》（2010年版，2019年修订）第二部分第四章2.3。
④ 国家知识产权局颁布的《专利审查指南》（2010年版，2019年修订）第二部分第四章3.2.1.1。

该技术方案实际解决的技术问题。这样才能为判断形成该技术方案是难是易打下基础。显然，要解决的技术问题越复杂，技术解决方案的难度就越大。

第三步则需要基于本领域技术人员的知识水平和认知能力，确定现有技术在整体上是否给出了解决相关技术问题（请求保护的技术方案实际解决的技术问题）的技术启示，这种启示会促使本领域技术人员在面对该技术问题时，有动机将最接近的现有技术与本领域的公知常识或其他现有技术结合，改进对比文件中披露的技术方案，以形成请求保护的技术方案，实现更好的技术解决效果。如果这种启示及由此产生的动机足以使本领域技术人员容易获得明确、具体的技术手段去解决相关技术问题，同时并不存在将最接近的现有技术与本领域的公知常识或其他现有技术结合的技术障碍，则说明形成请求保护的技术方案的过程对于本领域技术人员而言是显而易见的，该请求保护的技术方案不具备创造性。

在判断创造性的过程中，应防止以"后见之明"来否定请求保护的技术方案的创造性，因为有些表面上看似显而易见的发明创造事实上也可能具有创造性。请求保护的技术方案一旦形成，可能经常被他人认为其可以从某些已知事物出发，经由一系列非常简单的步骤推导出来。如果仅以此否定其具备创造性，可能就成了"事后诸葛亮"。例如，制药用途发明往往需要缜密的观察和巧妙的构思，或需要经过大量的试错，然而一旦技术方案被提出，沿着已知的药理学、病理学有关机理的蛛丝马迹，很容易重构一条符合线性逻辑关系的路径而反推得到该技术方案。这种证明方式如果忽视了体内的复杂生理环境、忽略了致病机理的多样性和不确定性，则显然属于"事后之明"①。因此，如果不能认定存在上述解决技术问题的启示，或者该启示仅仅是抽象的想法或者一般的研究方向，具有解决相关技术问题动机的本领域普通技术人员基于其所认知的全部现有技术，还不能容易地形成请求保护的技术方案，则请求保护的技术方案具备创造性。②

显然，请求保护的技术方案所具有的区别特征、其实际所要解决的技术问题，以及其对于本领域的技术人员而言是否显而易见，都是通过将请求保护的技术方案和与之最接近的现有技术进行比较得出的。但为判断创造性而进行比对时所遵循的原则与判断新颖性时进行比对所遵循的原则不同。前文讲解过，为判断新颖性进行技术比对时应遵循"单独对比"的原则，即只能将发明或者实用新型专利申请的各项权利要求分别与一篇对比文件中记载的一项现有技术方案单独地进行比较，不得将其与同一篇对比文件中记载的两项及以上技术方案的组合，或者两篇及以上对比文件中记载的技术方案的结合进行比对。

与此相反，为判断创造性进行技术比对时，应将相同或相近领域中一篇或多篇对比文件中记载的多项现有技术的组合作为比对的基础。例如，某发明的构思本身就在于A、B和C三项技术手段的结合，而A、B和C三项技术手段在用于解决类似技术问题的三篇对比文件中分别单独出现过，本领域的普通技术人员应当掌握。此时就必须判断：现有技术是否直接或者隐含地公开了这种结合的教导或这种结合所能产生的技术效果？换言之，对于本领域普通技术人员而言，将A、B和C三项技术手段进行组合而构成的发

---

① 国家知识产权局无效宣告请求审查决定第 46004 号。
② 最高人民法院（2019）最高法知行终 127 号行政判决书。

明是不是显而易见的？这种判断原则的差异，源于新颖性和创造性作用的不同：新颖性的作用是判断一项技术是否为"新"技术。显然，A＋B＋C的技术组合既不同于A技术，也不同于B技术，又不同于C技术，因此，A＋B＋C的技术组合相对于在不同对比文件中被单独记载的A技术、B技术和C技术而言是"新"技术。但创造性的作用是判断一项技术的形成是否需要创造性劳动，即是否对本领域的普通技术人员而言是显而易见的。将多项现有技术以通常方式加以组合，如果其产生的效果仅仅是原各自技术效果可预期的叠加，则很有可能是普通技术人员轻而易举能想到的技术方案，因此，在判断创造性时，不能将用于对比的现有技术局限于一篇对比文件记载的一项现有技术。例如，在一起专利诉讼中，现有技术是用铺路机一段一段地铺设沥青路面，用辐射加热器加热、软化路面边缘后，用打夯机整合路面边缘的形状；而一项申请专利的技术方案的特征则是在铺路机上安装辐射加热器。这种组合两种机器的方法产生的效果，与先后单独使用各机器的效果并无不同，因此，虽然该组合带来了一些使用上的便利，但其对本领域的普通技术人员而言是显而易见的。[1] 反之，当请求保护的技术方案的构思本身在于所对应的各个技术手段的结合，而现有技术既没有直接或者隐含公开这种结合的教导，也没有公开这种结合所能产生的技术效果，则这种技术手段的结合形成的整体，就属于区别技术特征。如果作为现有技术的被组合的各项单独实施的技术手段被本领域的普通技术人员认为足以解决相同的技术问题，没有动机改进或采用其他技术方案，则这种技术手段的结合就不是显而易见的，具备创造性。[2]

　　由于从本领域假想的普通技术人员的视角进行的判断具有较强的主观性，所以在对一项发明的创造性进行审查时，往往还需要综合考虑一些其他因素：（1）解决了长期渴望解决但未能解决的技术问题。能够解决这种技术问题的发明创造当然并非显而易见。（2）克服了技术偏见。如果发明创造克服了本领域技术人员普遍存在的技术偏见，采用因技术偏见而被弃用的手段解决了技术问题，则具有创造性。如通常认为接触面越光滑对电流的损耗越小，一项发明反其道而行之，刻意在接触面上抽出一定粗糙度的细纹，结果电流损耗更小。这即是典型的克服了技术偏见的发明。（3）取得了预料不到的技术效果。如果发明创造相对于现有技术所产生的技术效果在质或量上发生明显变化，超出了本领域普通技术人员的合理预期，则可以认定发明创造具有预料不到的技术效果。（4）商业上的成功。在专利授权后，如果他人以相关发明缺乏创造性为由要求宣告该专利权无效，专利权人可以提出其专利产品在市场上取得成功的证据，因为它往往可以说明这一发明并非显而易见，否则，其他人早就捷足先登了。但需要注意的是，影响专利产品取得商业成功的因素很多，如市场营销策略、广告宣传、产品质量、价格和产品的品牌等，因此，只有当商业成功是发明创造区别于现有技术的技术特征直接导致的时，才能将商业成功作为判断发明创造性的因素。[3] 最高人民法院指出：在判断是否取得商业成功时，应当由该发明或者实用新型所代表的技术或产品相比其他类似的技术或产品在

---

[1]　Anderson's-Black Rock，Inc. v. Pavement Salvage Co.，396 U. S. 57，at 58 - 61 (1969).

[2]　最高人民法院（2020）最高法知行终279号行政判决书。

[3]　Alan L. Durham. Patent Law Essentials. Praeger Publishers，2009：119；国家知识产权局颁布的《专利审查指南》（2010年版，2019年修订）第二部分第四章5.4。

同行业所占的市场份额来决定，单纯的产品销售并不能代表已经取得商业上的成功。在一起涉及实用新型创造性的诉讼中，最高人民法院认为：三个省共采购 116 台实用新型产品的证据，尚不足以证明该实用新型产品达到了商业上成功的标准。[①] 对创造性的审查通常并不考虑发明创造的完成过程是否艰辛，无论发明人在发明创造过程中是历尽艰辛还是在他人看来轻而易举，一般都不影响对该发明的创造性的评价。[②]

第二节　外观设计专利授权的实质条件

要获得外观设计专利权，相关设计首先必须符合《专利法》第 2 条第 4 款对"外观设计"的定义，即"对产品的整体或者局部的形状、图案或者其结合以及色彩与形状、图案的结合所作出的富有美感并适于工业应用的新设计"。同时，既然是为吸引消费者购买而进行的"外观设计"，该设计必须能被消费者通过视觉所感知。

外观设计并非技术方案，不具有技术特征，因此无所谓技术上的创造性和实用性，因此，外观设计专利授权的实质条件不包括创造性和实用性，而是新颖性、区别性、非功能限定性和不与在先权利相冲突。

一、新颖性

◎ 难度与热度

难度：☆☆☆　热度：☆☆☆

外观设计的新颖性是指该外观设计不属于现有设计，也不存在抵触申请。

对于外观设计而言，新颖性同样要求该外观设计不属于现有设计，也不存在抵触申请。所谓"不属于现有设计"是指在现有设计中，没有与之相同或实质相同的外观设计。[③] "不属于抵触申请"，是指没有任何单位或者个人就同样的外观设计在申请日以前向国家知识产权局提出过申请，并记载在申请日以后公告的专利文件中。外观设计专利的抵触申请与前文讲解的发明和实用新型专利的抵触申请没有区别，此处不赘述。但对"现有设计"与"现有技术"的判断则既有相同之处，也存在一些差异。

《专利法》第 23 条第 4 款规定：现有设计，是指申请日以前在国内外为公众所知的设计。这意味着与申请日之前已经在国内外公开发表过、使用过或以其他方式为公众所知的外观设计相同或实质相同的设计是不具有新颖性的。对外观设计也存在着不丧失新颖性的公开，与发明和实用新型不丧失新颖性的公开适用相同的规则，此处不赘述。只是"在国家出现紧急状态或者非常情况时，为公共利益目的首次公开"的情形，不太可能适用于外观设计。

如本书第八章第三节所述，在申请外观设计时应在请求书中说明外观设计的产品名称和产品所属类别，这是因为外观设计专利的保护范围仅及于相同或相近种类的产品。与此相适应，在判断一项外观设计的新颖性时，只能将比对的范围限于相同或相近种类

[①] 最高人民法院（2012）行提字第 8 号行政判决书。
[②] 最高人民法院（2019）最高法知行终 129 号行政判决书。
[③] 国家知识产权局颁布的《专利审查指南》（2010 年版，2019 年修订）第四部分第五章 5。

的产品。所谓"相近种类的产品"是指用途相近的产品，如玩具和小摆设。为确定产品的用途，可以参考外观设计的简要说明、外观设计产品分类表、产品的功能以及产品销售、实际使用的情况等因素。[①] 如果在申请日之前，他人在既不相同也不相近种类的产品上公开过相同的外观设计，并不影响其新颖性。

判断一项外观设计的新颖性时，需要将其与现有设计进行对比，看其与之是否相同或实质相同。判断应当基于外观设计产品的一般消费者的知识水平和认知能力。[②] 这与以本领域普通技术人员作为判断发明或实用新型新颖性主体的规定是不同的。这是因为发明或实用新型是技术方案，对其审查应当基于技术人员的判断。而外观设计是对产品作出的富有美感的设计，并不是技术方案，其主要作用在于对消费者产生视觉上的吸引力，因此，应当以消费者作为判断的主体。在进行新颖性判断时，"一般消费者"被假定为对外观设计专利申请日之前相同种类或者相近种类产品的外观设计及其常用设计手法具有常识性的了解，同时对外观设计产品之间在形状、图案以及色彩上的区别具有一定的分辨力，但不会注意到微小变化。[③]

在判断外观设计的新颖性时，同样应当遵循"单独对比"原则，即应当将该项外观设计与一项对比设计进行单独比对，而不能将两项或两项以上对比设计结合起来作为比对的基础。这和判断发明和实用新型新颖性的对比原则是一样的。当然，如果一项外观设计与现有设计或者现有设计特征的组合相比不具有明显区别，同样不应当获得专利权，但其理由并不是其不具备新颖性，而是《专利法》第 23 条第 2 款对区别性的规定。

如果一项外观设计的全部设计要素，包括形状、图案以及色彩，与现有设计的相应设计要素相同，则两者相同。如果一项外观设计与现有设计的区别在于一般消费者施以一般注意力不能察觉到的局部细微差异，或在于使用时不容易看到或看不到的部位，则两者实质相同。[④] 由于对外观设计新颖性的判断应当基于该外观设计产品的一般消费者的知识水平和认知能力，那些不被一般消费者关注的产品部位，不会对产品在一般消费者看来的整体视觉效果产生影响，因此，如果一项外观设计与对比设计的区别仅在于那些不被一般消费者关注的产品部位，则该区别不应被纳入考虑范围，即应当认为该区别不会对产品的整体视觉效果产生影响，该外观设计不具备新颖性。

如果外观设计是针对整体产品的，则在进行对比时，应当对一项外观设计与现有设计的区别进行整体观察，以综合判断这种区别是否对产品的整体视觉效果产生了影响，而不应从该项外观设计的局部出发得出结论。如果产生了这种影响，就说明该外观设计与对比设计并不相同或不实质相同，具有新颖性，反之，则没有新颖性。例如，某公司就电吹风的外观设计取得专利权后，他人请求宣告该专利权无效。对比该外观设计与现有设计可以发现：二者均包括吹风筒和手柄两部分，且两部分的整体形状及其比例关系基本相同。二者的主要不同之处在于：（1）涉案专利中棒状手柄弧度略小，而对比文件中棒状手柄弧度略大；（2）涉案专利中的手柄底座为梯形台阶状，而对比文件中的手柄

---

① ② 最高人民法院《关于审理专利授权确权行政案件适用法律若干问题的规定（一）》第 17 条第 3 款。
③ 国家知识产权局颁布的《专利审查指南》（2010 年版，2019 年修订）第四部分第五章 4。
④ 参见国家知识产权局颁布的《专利审查指南》（2010 年版，2019 年修订）第四部分第五章 5.1.2。

底座为梯形；（3）涉案专利中的开关按钮设于手柄内侧的上部，而对比文件中的开关按钮设于手柄外侧的中部；（4）涉案专利的手柄两侧各有一薄翼，一直延续到手柄下端，而对比文件没有此设计（如图 9-8 所示）。显然，这些区别均属于局部的细微差别，不足以使二者在整体上产生明显的视觉差异，亦不足以引起一般消费者的注意。根据整体观察、综合判断的原则，涉案专利的外观设计与对比文件的外观设计属于相近似的外观设计，不应被授予专利权。[①]

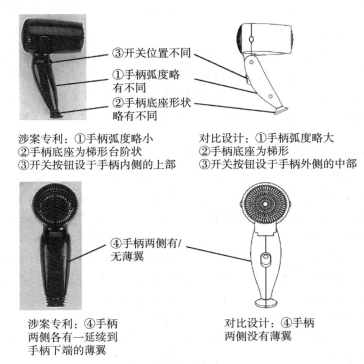

图 9-8　电吹风涉案专利与对比设计对比

　　如果外观设计是针对产品局部的（"局部外观设计"），则在与现有设计进行比对时，应以产品相同局部的设计为基础，判断与一项现有设计的区别是否对产品该局部的视觉效果产生了影响。例如，杯子中杯把的外观设计属于局部外观设计，如果在消费者看来，采用该设计的杯把与申请日之前的每一杯把都存在显著区别，那么该局部设计对该局部的视觉效果产生了影响，就具有新颖性。

　　设计空间的限制也是考虑一项外观设计与对比设计的区别是否会对该外观设计的视觉效果产生影响的因素。设计空间是指设计者在设计特定产品的外观时的自由度。设计者在特定产品领域中的设计自由度通常要受到现有设计、技术、法律以及观念等多种因素的制约和影响。对于设计空间极大的产品领域而言，由于设计的自由度较高，该产品领域内的外观设计必然形式多样、风格迥异、异彩纷呈，该外观设计产品的一般消费者相对难以注意到比较细小的设计差别。相反，在设计空间受到很大限制的领域，由于设

---

① 北京市高级人民法院（2005）高行终字第 149 号行政判决书。

计的自由度较小，该产品领域内的外观设计必然存在较多的相同或者相似之处，该外观设计产品的一般消费者通常会注意到不同设计之间的较小区别。[1]

二、区别性

◎ **难度与热度**

难度：☆☆☆　　热度：☆☆☆

区别性是指外观设计与现有设计或者现有设计特征的组合相比，应当具有明显区别。（《专利法》第 23 条第 2 款）

根据《专利审查指南》的规定，这不但意味着外观设计应与相同或者相近种类产品的现有设计有明显区别，还意味着由现有设计"转用"或者由现有设计或其设计特征"组合"得到的外观设计，应与现有设计或其设计特征具有明显区别。[2] 可见，虽然外观设计并非技术方案，《专利法》对其没有技术意义上"创造性"的要求，但仍然要求其具备独有的特征。

在对产品的外观进行设计时，"转用"是一种常见手法。所谓"转用"，是指将一种产品的外观设计应用于其他种类的产品，或者在产品的外观上模仿自然物、自然景象以及应用无产品载体的单纯形状、图案、色彩或其结合。有些转用手法极为常见，如单纯采用基本几何形状或对其仅作细微变化得到的外观设计（如将现有设计中圆形的杯子改为方形）；单纯模仿自然物、自然景象的原有形态，著名建筑物、著名作品的全部或部分形状、图案、色彩得到的外观设计，以及由其他种类产品的外观设计转用得到的玩具、装饰品、食品类产品的外观设计。[3] 这些外观设计与现有设计相比，不具有明显区别。还有一些对其他种类产品外观设计的转用虽然不是司空见惯，但如果相同或相近种类产品已经提供了转用的设计启示，则这种外观设计与现有设计相比，也不具有明显区别。

例如下图所示，涉案外观设计产品是 CD 盒（见图 9-9），其显然是将骰子的形态（见图 9-10）转用到 CD 盒的设计上。而现有设计已有骰子形态的收纳盒（见图 9-11）。收纳盒与 CD 盒是相近种类产品，已经提供了转用骰子形态的设计启示，因此，骰子形态的 CD 盒与现有设计没有明显区别，不能获得授权。[4]

图 9-9　涉案外观设计骰子　　**图 9-10　普通骰子**　　**图 9-11　骰子形态的收纳盒**

另一种常见的设计手法是"组合"，包括对现有设计及其特征的组合，也即将两项或两项以上现有设计或其中部分设计要素（现有设计中的形状、图案、色彩或其结合）、现有设计中组成部分（如整体外观设计产品中零部件的设计）进行拼合或替换，也包括在

---

[1]　最高人民法院（2010）行提字第 5 号行政判决书。

[2]　国家知识产权局颁布的《专利审查指南》（2010 年版，2019 年修订）第四部分第五章 6。

[3]　国家知识产权局颁布的《专利审查指南》（2010 年版，2019 年修订）第四部分第五章 6.2.2。

[4]　专利复审委员会无效宣告请求审查决定第 9671 号。

产品的外观上用自然物、自然景象以及无产品载体的单纯形状、图案、色彩或其结合进行拼合或替换。① 有些组合手法极为常见，如将相同或相近种类产品的多项现有设计原样或作细微变化后进行直接拼合，或将产品外观设计的特征用另一项相同或相近种类产品的设计特征原样或作细微变化后进行替换。② 如现有设计中既有对台灯灯罩形状的设计，又有对台灯灯座形状的设计，直接将这两个设计进行拼合得到的台灯外观设计，与现有设计的组合相比就没有明显区别。③

在下图所列实例中，涉案的外观设计是电蚊拍，其明显是将两项有关电蚊拍的在先设计进行组合而成，因此，不符合外观设计专利的授权条件。

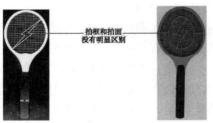

图 9-12　在先设计一主视图　　图 9-13　涉案设计主视图　　图 9-14　在先设计二主视图

图 9-15　在先设计一右视图　　图 9-16　涉案设计右视图　　图 9-17　在先设计二右视图

将产品现有的形状设计与现有的图案、色彩或者其结合通过直接拼合得到该产品的外观设计，或者将现有设计中的图案、色彩替换成其他现有设计的图案、色彩或其结合得到的外观设计，与现有设计或其特征的组合相比，一般也没有明显区别。需要注意的是：即便用于组合或替换的图案、色彩或其结合源于不同外观设计产品，上述结论也不会发生改变。在这种情况下，图案、色彩或其结合可以脱离具体产品而独立存在，可被应用于任何种类的产品之上，因此，即使其原先出现在与申请专利的外观设计产品不相同或不相近种类的产品上，使用其进行组合或替换，同样可使由此形成的外观设计不具备区别于现有设计或现有设计特征组合的特征。例如，在现有设计中，既有印有漫画 A 的台灯，又有印有漫画 B 的桌子，虽然台灯与桌子并非相同或相近种类的产品，但在两项在先设计的基础上，设计出印有漫画 B 的相同形状台灯是非常容易的。该外观设计不能被授予专利权。

———————

① 国家知识产权局颁布的《专利审查指南》（2010 年版，2019 年修订）第四部分第五章 6、6.2.3。
② 国家知识产权局颁布的《专利审查指南》（2010 年版，2019 年修订）第四部分第五章 6.2.3。
③ 专利复审委员会无效宣告请求审查决定第 15548 号。

三、非功能限定性

◎ **难度与热度**

难度：☆☆☆　　热度：☆☆☆

为实现特定技术功能必须具备或者仅有有限选择的设计特征，不能成为区别现有设计的特征。

如果一种外观设计与现有设计的区别在于产品的形状，但该形状是由产品的功能限定的，则该区别通常对视觉效果不具有显著影响，即不能认为该外观设计与现有设计相比具有明显区别。司法解释对此规定："为实现特定技术功能必须具备或者仅有有限选择的设计特征，对于外观设计专利视觉效果的整体观察和综合判断不具有显著影响。"[1] 这是因为外观设计专利权保护的不是技术方案，而是有美感的产品外观。如果在产品形状由功能决定的情况下，该产品形状还能受到外观设计专利权的保护，就意味着用外观设计专利权保护了技术方案，这显然是不合理的。最高人民法院也指出，在一般消费者看来，仅由特定功能所决定的设计特征属于功能性设计特征。即使某种设计特征仅是实现某种功能的多种设计方式之一，只要该特征仅由所要实现的功能所决定且与美学因素无关，仍然属于功能性设计特征。关于功能性与装饰性兼具的设计特征对整体视觉效果的影响需要考虑其装饰性的强弱，其装饰性越强，对整体视觉效果的影响可能相对较大一些，反之，则相对较小。[2] 当然，如果对产品形状的设计使产品具有技术功能，即能够解决技术问题，在符合其他授权条件的情况下可以获得发明或实用新型专利权。

例如，图 9-18 中的外观设计"枪筒清洁工具"区别于现有设计的特征在于刷毛的长度不同，但用于清洁枪筒的刷毛长度要受枪管内径的严格限定，因此，该产品的外观特征由其功能所决定，不能获得外观设计专利权。[3]

图 9-18　枪筒清洁工具

四、不与在先权利相冲突

◎ **难度与热度**

难度：☆☆☆　　热度：☆☆☆

授予专利权的外观设计不得与他人在申请日以前已经取得的合法权利相冲突。

对于发明和实用新型而言，如果是在他人的现有技术基础之上进行改进而获得的成果，即使他人的现有技术仍然在专利保护期之内，该改进成果只要符合新颖性、创造性和实用性的标准，仍然可以获得专利权，只是在实施时需要获得前一专利权人许可。但外观设计是对产品形状和图案等富有美感的设计，申请人可以很容易地将他人在先的美

---

① 　最高人民法院《关于审理专利授权确权行政案件适用法律若干问题的规定（一）》第 16 条第 2 款。

② 　最高人民法院（2012）行提字第 14 号行政判决书。

③ 　专利复审委员会无效宣告请求审查决定第 13723 号，北京市第一中级人民法院（2009）一中知行初字第 2451 号行政判决书。

术作品或图形商标附着于产品，并提出外观设计专利申请。如果对这样的外观设计授予专利权，势必使他人在先的著作权或商标权受到影响，而且也会助长抄袭之风，使专利法鼓励创新的立法目的无法实现。为此，《专利法》第 23 条第 3 款规定：授予专利权的外观设计不得与他人在申请日以前已经取得的合法权利相冲突。"合法权利"包括就作品、商标、地理标志、姓名、企业名称、肖像，以及有一定影响的商品名称、包装、装潢等享有的合法权利或者权益。[①] 例如，某保健品包装盒上的外观设计未经许可使用了画家戴某《嫁妹》图中的主要内容，该外观设计不符合授权条件。[②]

图 9-19　某保健品包装盒主视图

图 9-20　戴某作品《嫁妹》

本章实务案例研习

一、违背自然规律的技术方案不具备实用性

（一）案情简介

顾某和彭某就一种"磁悬浮磁能动力机"申请发明专利。其说明书记载，该磁悬浮磁能动力机是替代应用汽、风、水、汽油、柴油及交流电机作动力源的节能环保型动力机，创新之处在于使用目前动力驱动设备中没有使用过的能源——"磁能"来驱动设备。其工作原理是，在扇形体磁块经过电磁铁线圈的瞬间，通以脉冲电能使它产生推斥力，推动转子旋转，当电路断开时，转子外圆磁块的磁极在旋转中总是在后端得到一个推力，使转子向前加速，所以，在转子接近电磁铁时的圆周距离上并不消耗电能，这样旋转一周后，电磁铁再一次通电，使转子又一次得到电磁铁产生的力的推动，而开始下一个循环旋转。该发明利用磁能为动力，采用少量直流电能做启动和控制，维持旋转动力的能量主要来自磁能。

（二）法院判决

发明和实用新型专利授权的前提条件之一是具有实用性。而实用性要求相关技术方

---

① 最高人民法院《关于审理专利授权确权行政案件适用法律若干问题的规定（一）》第 22 条。
② 专利复审委员会无效宣告请求审查决定第 2599 号。

案不能与自然规律相违背，这样才能在产业上制造或者使用。众所周知，飞轮的惯性需要外力提供，外力对飞轮做功后，一方面要克服负载阻力，另一方面要加速推动外转子旋转做功，而要维持该磁场为动磁场，也需要能量的输入。由此可知，要达到持续推动飞轮前进，并对外做功的效果，输出的能量必然要大于输入的能量。但本申请技术方案的实质是要在磁悬浮磁能动力机只有少量用于维持飞轮转动的直流电输入的情况下，通过动力机特定结构得到"磁能"，满足在 300 度的空间中不消耗电能，实现连续运转的技术效果。在运转的设备还存在能量消耗的情况下，本申请所强调的给予少量的能量输入，从设备内部得到一个大于输入能量的输出能量，保证飞轮持续运动的技术方案违反了能量守恒定律。依靠所谓的"磁能"实现不间断地连续运转的技术方案是不能够在产业上制造或使用的。因此本申请不应被授予专利权。[①]

（三）法律分析

法院是从该项技术方案不具备实用性的角度否定其可专利性的。这当然是正确的。换一个角度，该技术方案的本质是永动机，永动机是建立在错误认识自然规律基础之上的，不可能正确利用自然规律解决技术问题，因此不属于专利法意义上的发明，当然不能获得专利权。

二、申请日前公开销售产品导致丧失新颖性

（一）案情简介

原告杭州某泵业公司经德国某公司授权，在国内实施"EDUR 多相流泵"中的技术，并享有在中国境内申请专利的权利。上海某泵业公司正在申请"多相流反应器"发明专利，其所要求保护的技术方案及产品说明书、附图与原告销售的"EDUR 多相流泵"中采取的技术方案及产品说明书、附图均完全相同。原告认为该公司将原告所有的技术成果以自己名义申请专利，侵害了其申请专利的权利。原告因此提起诉讼，请求法院将该发明专利申请权判归自己所有。法院经过对原告"EDUR 多相流泵"中的技术方案和被告申请发明专利权的技术方案的比对，发现两者基本一致。

（二）法院判决

法院认为，原告的多相流泵产品已在中国市场销售多年，只要购买者拆开机器通过观察内部结构即可获得系争的技术方案，原告也没有就该技术方案在我国申请过专利。法院因此认定涉案发明专利的技术方案在专利申请日之前已经被公开，属于现有技术。原告主张涉案发明专利申请权归属于自己，缺乏事实与法律依据，遂驳回其诉讼请求。[②]

（三）法律分析

在本案中，被告很可能是在拆解了原告销售的产品之后，获知了其中的技术方案并提出了专利申请。但相同的技术由于已经通过长期销售产品（公开使用）而公开，已丧失新颖性，被告是不可能获得专利权的。原告同样因相同的技术无新颖性，也不可能获得专利权。如果国家知识产权局错误地对本案被告进行了授权，原告完全可以以该发明创造不具有新颖性为由，随时请求宣告该专利权无效（参见本书第十章第三节）。

---

① 最高人民法院（2016）最高法行申 789 号行政裁定书。
② 上海知识产权法院（2016）沪 73 民初 16 号民事判决书。

三、"红外传输出租汽车计价器"发明专利无效案

（一）案情简介

马某发明的"红外传输出租汽车计价器"获得了发明专利，某研究中心请求宣告该发明专利无效，并提交了一个英国专利公开的技术方案和香港八通公司计价器说明书。

（二）法院判决

法院认定：英国专利所公开的是通过有线连接计算机对计价器进行数据传输管理的一种技术，同时公开了最好采用光波控制方式改进这种有线传输方式的信息。而香港八通公司计价器说明书所公开的是一种利用红外信号传输进行管理的出租车计价器。红外光是光波中的一种，本领域普通技术人员不经创造性劳动就会采用香港八通公司计价器所明示的红外信号传输装置转换英国专利公开的技术方案中的输入、输出装置，而红外信号传输装置是公知技术，是由红外接收、发射装置构成的。用红外信号代替英国专利公开的技术方案中的输入、输出技术也是公知技术。本领域普通技术人员根据公知技术很容易设计红外传输出租车计价器。英国专利和香港八通公司计价器已构成公知技术，本领域普通技术人员不经过创造性劳动即可得出被申请宣告无效的发明专利的技术方案，因此，该发明不具有专利法意义上的创造性。[①]

（三）法律分析

本案中，马某的发明实际上是将英国专利所公开的技术和香港八通公司计价器说明书公开的技术组合在了一起。而这种组合方式对于本领域的技术人员是显而易见的，不需要投入大量创造性劳动，因此，不具有突出的实质性特点，没有创造性。

四、"鲨鱼鳍式天线"发明专利无效案

（一）案情简介

力帆汽车公司请求宣告"鲨鱼鳍式天线"发明专利无效。与涉案专利技术最为接近的现有技术是一项发明专利申请所公开的汽车收音机"鱼鳍式天线装置"。涉案专利要求保护的技术方案与该现有技术相比，存在三项区别技术特征，其中前两项在申请日之前已被其他文献公开，因此与创造性判断有关的只有第三项技术特征：涉案专利的权利要求中记载的无线电接收天线为 AM/FM 共用天线，而"鱼鳍式天线装置"采用 AM/FM 分离天线。结合涉案专利说明书中"背景技术"所述"传统天线功能单一，电子设备越多，所需要的天线数量也就越多，在空间有限的车、船上安装多条天线是极其不便的"，可以确定涉案专利权利要求实际解决的技术问题是，如何通过较少天线实现安装方便、无线电信号接收效果好的天线接收装置。

作为对比文件的"鱼鳍式天线装置"专利申请说明书在"背景技术"部分，已经公开了多种用于汽车收音机的 AM 及 FM 共享天线的设计，但同时指出了它们存在的缺陷：如将共享天线设计为长棒状伸缩型，使用久了会发生故障；如果做成螺旋状天线，无线电信号接收度不大理想；如果做成玻璃天线，材质相当昂贵；如在印刷电路板上设置平面天线，则不能靠近汽车的金属外壳。为了解决这些技术缺陷，"鱼鳍式天

---

① 北京市高级人民法院（1998）高知终字第 29 号行政判决书。

线装置"的发明人提出"设计出一种汽车收音机的鱼鳍式天线装置,将 AM/FM 天线分离……"。

(二)法院判决

无效宣告请求审查决定和一、二审判决均认为:作为与涉案专利技术最为接近的现有技术,"鱼鳍式天线装置"采用了将 AM 天线和 FM 天线作分离式设计形成两根天线的技术手段来实现技术效果。但将 AM 天线和 FM 天线作分离式设计的技术手段与涉案专利中使用 AM/FM 共用天线的技术手段是相背离的,也就是说该现有技术给出的是相反的技术教导,阻碍了本领域技术人员在本领域或相关技术领域寻求手段来解决涉案专利实际所要解决的技术问题。本领域技术人员在该项现有技术的基础上,无法获得将其与其他现有技术中使用 AM/FM 共用天线的技术手段相结合的技术启示,因此涉案专利的权利要求具有创造性。

最高人民法院则认为:本领域技术人员在面对现有技术、寻找技术启示时,会基于所要实际解决的技术问题,综合考虑各有关因素来进行相应的分析、取舍和判断,从现有技术的整体上确定是否存在相应的技术启示或相反技术教导。AM、FM 天线共享本身属于本领域的公知常识,"鱼鳍式天线装置"的说明书虽然指出长棒状伸缩型天线、螺旋状天线、玻璃天线、平面天线等不同的天线类型分别存在一定的缺陷,但这些缺陷并不涉及 AM、FM 天线的分离或共享;该说明书也没有明确指出 AM、FM 天线共享本身存在何种缺陷,需要作出何种改进。本领域技术人员并不能得出将 AM、FM 共享的技术本身属于技术缺陷,存在相反的技术教导的结论。相反,为了解决与区别技术特征所对应的"传统天线功能单一,电子设备越多,所需要的天线数量也就越多,在空间有限的车、船上安装多条天线是极其不便的"技术问题,本领域技术人员能够结合本领域的公知常识以及"鱼鳍式天线装置"的说明书所公开的技术内容,进行相应的利弊分析和取舍,显而易见地想到采用"无线电接收天线为 AM、FM 共用天线"的技术方案。[①]

(三)法律分析

在本案中,作为对比文件的"鱼鳍式天线装置"的说明书所描述的现有汽车天线的缺陷,均不是 AM、FM 天线共享本身所具有的缺陷,而是天线位置、材料和使用方式等制约因素形成的技术缺陷。本领域的技术人员并不是死板的机器人,而是具有普通创造力的人。他们在阅读该说明书(现有技术)时,并不一定会完全按照其中的思路,将采用 AM、FM 天线的分离设计作为从中获得的唯一技术启示,而是会考虑如何结合该项现有技术与其他现有技术,将采用 AM、FM 共用天线作为解决技术问题的途径。只要各现有技术的组合方式对本领域的技术人员显而易见,则涉案专利的权利要求缺乏创造性。

五、在 QQ 空间提供外观设计照片导致公开

(一)案情简介

刘某就一种电源支架的外观设计获得了外观设计专利权。他人认为该外观设计的图片在申请日之前就已通过刘某用于商业推销的 QQ 空间提供,因此该外观设计缺乏新颖

---

① 最高人民法院(2019)最高法行再 268 号行政判决书。

性，并以此为由请求宣告该外观设计专利无效。法院查明：该 QQ 空间中有涉案外观设计产品的照片展示，上传时间早于专利申请日，权限显示为对"所有人可见"。虽然该 QQ 空间需要添加为好友才能查看，但公众完全可以通过添加好友等方式获知产品照片，且没有证据显示该用户会对添加好友的请求进行特定筛选，也没有证据显示其所添加的好友需要遵守保密义务。

（二）法院判决

法院认为，该 QQ 空间主要用作公开推销产品的商业用途，而非秘密性的个人使用。对于以商业用途为主的 QQ 空间，可以推定其对所有人公开，除非有相反证据表明该空间存在未公开或仅对特定人公开的情况。本案中的 QQ 空间的好友并非特定人，而是专利法意义上的公众，涉案 QQ 空间中相关产品照片处于为公众所知的状态，在没有相反证据的情况下，系统显示的照片上传时间即为公开时间。因该时间早于涉案外观设计专利申请日，该外观设计缺乏新颖性，应被宣告无效。[①]

（三）法律分析

网络空间的公开只要面向不特定公众，也会使在后的申请丧失新颖性。虽然本案中要进入公布有涉案外观设计的 QQ 空间，需要被加为好友，但是由于任何人只要发出请求就会被加为好友，该空间是对所有人开放的，因此在该 QQ 空间的公开已经使该外观设计为不特定的人所知，在后的申请将丧失新颖性。

六、摩托车车轮外观设计案

（一）案情简介

涉案外观设计是摩托车车轮，其与对比设计的区别在于：（1）该外观设计有 5 根辐条，而对比设计为 6 根辐条；（2）该外观设计辐条一面为平滑，另一面表面有凹槽，而对比设计辐条表面为平滑和凹槽交替轮换；（3）该外观设计与对比设计轮毂表面的加强筋图案不同。

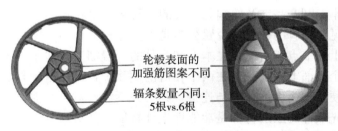

图 9-21　涉案外观设计　　　图 9-22　对比设计

（二）法院判决

法院认为：由于摩托车车轮是摩托车主要的外部可视部件，在确定其一般消费者时，不仅要包括摩托车的组装商和维修商，也应包括摩托车的一般购买者和使用者。与此同时，虽然摩托车车轮均由轮辋、辐条和轮毂组成，受到设定功能的限制，但辐条的设计只要符合受力平衡的要求，仍可以有各种各样的形状，存在较大的设计空间。涉案外观设计与对

---

① 最高人民法院（2020）最高法知行终 422 号行政判决书。

比设计虽然存在三点区别，但均属于微小差异，一般消费者通常不会注意到这些细微变化，其对整体视觉效果不具有显著的影响，因此，涉案外观设计不应获得授权。[①]

（三）法律分析

本案的关键问题有两个：一是判断涉案外观设计与对比设计是否实质相同的主体是仅限于摩托车组装商或维修商，还是包括摩托车的最终消费者。如果是前者，基于其专业知识，更容易辨别两者之间的差异；如果是后者，则不易辨别两者之间的差异。由于摩托车车轮能够为最终消费者所见，是吸引消费者购买摩托车的因素之一，更何况车轮磨损后，最终消费者还有单独选购的需要，因此，作为判断主体的"一般消费者"应当包括最终消费者。二是在相对有限的设计空间下，在一般消费者看来，涉案外观设计与对比设计是否实质相同。显然，在保持辐条支撑功能不变的情况下，仍然可对其形状作出各种设计（可以想想，宝马轿车的辐条吸引了多少目光）。在这种情况下，涉案外观设计与对比设计的差异不易为一般消费者所注意（本书作者在对比了两个设计之后，并未立即发现涉案外观设计的辐条少1根），因此，涉案外观设计不应被授予专利权。

七、"逻辑编程开关"外观设计专利案

（一）案情简介

张某就一种"逻辑编程开关"获得了外观设计专利权。某公司请求宣告该专利权无效。涉案外观设计与在先设计的主要区别之一在于两者下部引脚的位置不同。涉案专利的五只引脚均在底座的一个侧面上（见右图），在先设计只有三只引脚设置在底座的一个侧面上，另外两只引脚设置在底座的另一个相对的侧面上。

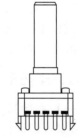

图 9-23 涉案外观设计

（二）法院判决

法院认为：本专利产品涉及的编码开关的引脚数量是特定的，其分布需要与电路板节点相适配。可见，引脚的数量与位置分布是由与之相配合的电路板所决定的，以便实现与不同电路板上的节点相适配。在本专利产品的一般消费者看来，无论引脚的位置是分布在底座的一个侧面上还是分布在两个相对的侧面上，都是基于与之相配合的电路板布局的需要，以便实现两者的适配与连接，其中并不涉及对美学因素的考虑，因此，涉案外观设计与在先设计的区别特征是功能性设计特征，其对本专利产品的整体视觉效果并不产生显著影响。[②]涉案专利最终被宣告无效。

（三）法律分析

本案中涉案外观设计与现有设计的区别，仅在于引脚的位置，而引脚的位置仅具有实用功能。一旦改变引脚的位置，相关的功能也会受到影响，因此引脚位置变化引起的外观变化，不属于外观设计专利权保护的对象。

---

① 最高人民法院（2010）行提字第5号行政判决书。
② 最高人民法院（2012）行提字第14号行政判决书。

本章同步练习

一、选择题

（一）单项选择题

1. 张某和李某出于巧合，完成了相同的发明。张某于 2021 年 7 月 1 日在全国性学术团队召开的年会上通过宣读其论文首次公开了该发明。李某于 2021 年 8 月 1 日将其发明在我国政府承认的国际展览会上首次展出，并附有详细描述其技术方案的说明。李某于同年 12 月 1 日就该发明向国家知识产权局申请发明专利权，张某于同年 12 月 31 日也就该发明向国家知识产权局申请发明专利权。下列选项中正确的是：（ ）。

A. 张某有可能获得专利权，因对其申请适用宽限期

B. 李某有可能获得专利权，因其申请在先

C. 张某和李某应自行协商确定申请人，协商不成则同时驳回双方申请

D. 张某和李某都不可能获得专利权，因其申请均已丧失新颖性

2. 甲看到儿子一边看电子表，一边用圆珠笔写字后受到启发，设计了一种安装有电子表的圆珠笔，并申请发明专利。经查，申请日之前没有任何将圆珠笔和电子表结合起来的技术资料公开，但相关技术领域的技术人员很容易想到将圆珠笔和电子表结合起来。该项发明创造：（ ）。

A. 因缺乏新颖性而不能获得发明专利权

B. 因缺乏创造性而不能获得发明专利权

C. 因缺乏实用性而不能获得发明专利权

D. 同时符合新颖性、创造性和实用性的要求，应当获得发明专利权

（二）多项选择题

1. 甲发明了一种新产品，并于 2022 年 6 月 1 日提出了专利申请。下列哪些情况会使甲的申请丧失新颖性？（ ）

A. 甲于 2022 年 2 月 1 日在中国政府举办的国际博览会上首次展出了这种新产品，到场观众可以清楚地了解该产品的全部技术特征

B. 甲于 2022 年 2 月 1 日在英国公开出版的杂志上发表了英文论文，详细描述该新产品的技术特征，但该期杂志直至 2022 年 6 月 1 日之后才在中国出售

C. 甲于 2022 年 2 月 1 日与一名同事讨论该新产品并向他透露了全部技术特征，但要求他保密。该名同事却擅自撰文详细描述该新产品的技术特征并于 2022 年 3 月 1 日在刊物上公开发表

D. 甲于 2022 年 2 月 1 日在某所大学公开授课时，向在场师生详细讲解了该新产品的全部技术特征

2. 下列哪些外观设计专利申请不符合《专利法》规定的授权条件？（ ）

A. 甲看到路边造型新颖的垃圾筒外观，提出在笔筒上采用相同外观的外观设计专利申请

B. 乙设计了造型新颖的扬声器，销售后受到好评，于是提出扬声器的外观设计专利申请

C. 丙绘制了一幅漫画，希望印在儿童食品的包装袋上，于是提出包装袋的外观设计专利申请

D. 丁未经许可将丙的漫画制作为毛绒玩具，以该造型提出玩具的外观设计专利申请

（三）不定项选择题

甲发明了能够大幅降低油耗的汽车发动机，并于 2022 年 6 月 1 日提出了发明专利申请。下列在申请日之前发生的哪些情况会导致甲的申请不符合新颖性的要求？（　　）

A. 甲于 2021 年 2 月 1 日在国内车展上首次展出了装有该发动机的汽车，但未以任何方式向参观者说明其降低油耗的技术原理

B. 甲于 2022 年 2 月 1 日公开出售装有该发动机的汽车，他人可以通过拆开和分析产品获得全部技术特征，但没有证据表明购买者中有人确实这样做了

C. 乙于 2022 年 2 月 1 日就其出于巧合独立发明的相同发动机提出发明专利申请，且从未撤回该申请

D. 他人通过商业间谍于 2022 年 2 月 1 日窃取了甲的技术，并从 2022 年 3 月 1 日起公开出售装有该发动机的汽车

二、案例题

1. 张某在其博士论文中详细描述了一项发明创造。该博士论文通过答辩后，有两份复制件存放在该校图书馆。本校师生可以借阅，社会公众可以办理阅读卡在图书馆内阅读。张某在博士毕业后一年内，就该发明创造提出发明专利申请，请问其是否有可能获得授权？

2. 某人发明了一种可用于消防呼吸器的多功能减压器，交给消防局由消防员佩戴试用并获得了试用报告。但在试用结束后，他并未收回减压器，而是留在消防局由消防员继续使用。此后发明人提交了发明专利申请。请问其是否有可能获得授权？

3. 中国和甲国都是《巴黎公约》的成员国。甲国 A 公司发明了一种疗效强大的医疗器械，并于 2011 年在甲国获得了专利权。2012 年，A 公司开始在中国制造和销售该医疗器械，但却并未在中国申请专利权。中国公司 B 经过独立研究，于 2013 年也发明了具有相同技术特征和功能的这种医疗器械，并随即向中国国家知识产权局申请发明专利权。A 公司得知此消息之后非常紧张，担心 B 公司一旦成功地获得专利权，自己就无法在中国市场上销售同样的医疗器械了。现假设 A 公司向你咨询以下问题：（1）自己已经在甲国获得了专利权，该医疗器械是否在中国受保护？是否能够阻止 B 公司在中国制造和销售相同的医疗器械？（2）B 公司获得专利权之后，自己是否还能够在中国市场上销售相同的医疗机械？请根据我国《专利法》的相关规定，针对 A 公司的问题向其提供一份法律意见。

参考答案

一、选择题

（一）单项选择题

1. D

解析：《专利法》规定的不丧失新颖性的四种情形，产生的法律效力是宽限期，而不

是优先权。因此发生这四种情形的那一天并不是申请日。张某在全国性学术团体召开的会议上首次发表其论文，导致发明创造内容公开，产生的是宽限期的效力，也就是 6 个月内申请不丧失新颖性。但是发表论文这一天并不是申请日。换言之，张某的申请日是 2021 年 12 月 31 日，不是 7 月 1 日。李某在张某的申请日之前，通过参加中国政府承认的国际展览会，公开了自己独立完成的相同发明创造，会导致张某在后的申请丧失新颖性，因此 A 项错误。在李某申请专利权之前发生了两次对发明内容的公开，其中一次是他自己将发明在国际展览会上展出（2021 年 8 月 1 日），这一次公开不会影响其 6 个月内申请的新颖性；还有一次公开是张某在全国性学术团体召开的学术会议上的公开（2021 年 7 月 1 日），这次公开会影响李某在后申请的新颖性，因此李某的申请也丧失新颖性，B 项错误。因此张某和李某的申请都丧失新颖性，都不能被授予专利权。故 D 项正确，C 项错误。

2. B

解析：圆珠笔和电子表是不同的技术方案。申请日之前有圆珠笔也有电子表，但是没有将两种技术结合在一起的技术方案，因此带有电子表的圆珠笔不同于现有技术，具有新颖性，A 项错误。由于本领域技术人员很容易想到将圆珠笔和电子表结合起来形成带电子表的圆珠笔，该发明创造显而易见，缺乏创造性，因此 B 项正确。带电子表的圆珠笔可以被工业化量产，具有实用性，因此 C 项、D 项错误。

（二）多项选择题

1. BD

解析：A、C 项中的行为都属于《专利法》明文规定的申请日之前 6 个月内发生的不丧失新颖性的情形。B、D 项中的行为不属于上述法定例外的范围。B 项的行为属于书面公开，需要注意的是，只要申请日之前公开出版的杂志刊登了详细介绍该技术方案的文章，在后申请即丧失新颖性，与该杂志是用何种语言文字在哪里出版的没有关系。D 项的行为属于口头公开，因此应当选 B、D。

2. ABCD

解析：A 项中甲的行为属于"转用"，即将一个类别产品上的外观设计转用到另一类别。此种"转用"缺乏区别性，不能被授权。B 项中，乙的外观设计专利申请丧失新颖性，因为在其申请日之前，乙已经通过销售的方式公开了其外观设计。C 项中丙的行为属于将美术作品用于平面印刷品，依法不授予专利权。D 项中丙的行为属于侵害他人在先著作权的外观设计，依法不予授权。故应选 ABCD。

（三）不定项选择题

BC

解析：A 项中的展览没有披露技术方案，不属于公开技术方案，因此不应选 A 项。在申请日之前出售体现了技术方案的产品，会导致他人可用反向工程方法获得技术，因此属于使用公开，即使没有人这样做过，该技术方案也处于为公众所获知的状态，因此 B 项正确。C 项中，乙的申请与甲的申请构成了抵触申请，属于甲的申请缺乏新颖性的情形，因此 C 项正确。D 项中的行为属于不丧失新颖性的法定例外情形，因此不应选 D。

二、案例题

1. 张某的发明专利申请不可能获得授权。在专利申请日之前，张某的发明创造已经向社会公开，成为现有技术。这是因为记载该项发明创造的博士论文已被存放在向公众开放的图书馆中，任何人都可以阅读，从而得知技术方案的内容，因此该项申请丧失新颖性，不能获得授权。

2. 该问题来源于真实案例。[①] 该发明专利申请不可能获得授权。无论是在出具试用报告之前的佩戴试用，还是在此之后的在消防救火中的实际使用，使用者在使用过程中都可以知晓其所使用的产品的结构及相关技术内容。在试用阶段，试用者与委托人之间是合作关系，试用者对委托人负有保密义务，试用行为尚不能使技术处于公众能够得知的状态，因此，不是专利法意义上的使用公开。而在试用结束之后，委托方并没有收回试用产品，同时也没有要求试用方继续保密。试用者不但可以通过"反向工程"分析其中的技术内容，还可以自由地加以披露。即使试用者没有实际实施这种行为，相关技术也已经处于可以为公众所获得的状态，因此构成了使用公开。在后的专利申请丧失新颖性，不能获得授权。

3. 根据专利权的地域性原则，A 公司在甲国获得的专利权在中国不受保护，因此 A 公司无权阻止 B 公司在中国制造和销售相同的医疗器械。由于 A 公司已经在甲国获得专利权，其技术方案都已经通过书面形式公开，更何况 A 公司通过在中国销售医疗器械，也使其技术方案为公众所知，因此 B 公司的申请没有新颖性，不可能在中国获得专利权。如果中国国家知识产权局错误地向 B 公司进行了授权，A 公司可以以该发明创造缺乏新颖性为由，随时请求中国国家知识产权局宣告 B 公司的专利权无效。

---

① 专利复审委员会无效宣告请求审查决定第 2563 号。

第十章　专利权的归属、取得和消灭

▶▶ 本章知识点速览

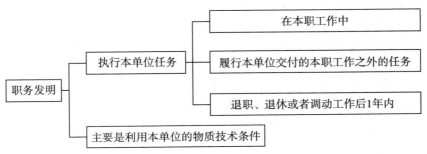

图 10 - 1　职务发明的情形

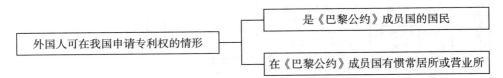

图 10 - 2　外国人可在我国申请专利权的情形

图解：

　　专利权有强烈的地域性，《巴黎公约》并未创造出"世界专利权"，在《巴黎公约》其他成员国获得的专利权不能在我国自动获得保护，因此，本图讲解的是"外国人可在我国申请专利权的情形"，而不是"外国人的专利在我国获得保护的情形"。

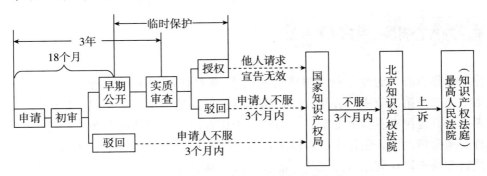

图 10 - 3　发明专利的申请与审查程序

图解：

该图表针对的是发明专利的申请与审查。实用新型与外观设计专利没有实质审查程序，与该图表无关。

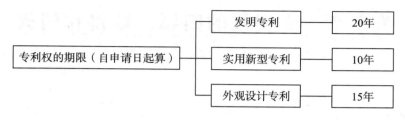

图 10-4　专利权的期限

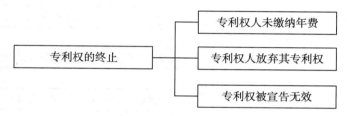

图 10-5　专利权的终止

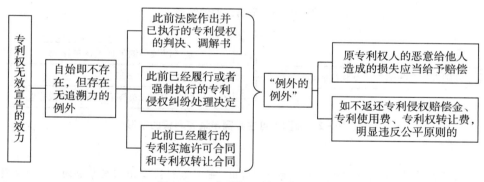

图 10-6　专利权无效宣告的效力

本章核心知识点解析

作品是作者心灵的流露和思想感情的表达，多数作品都可以凭借作者的一己之力完成。本书第二章第二节中"著作权的归属与行使"虽然讲解了著作权原始归属于自然人创作者之外其他民事主体的情况，如视法人为作者的作品和特殊职务作品等，但这毕竟是例外。通常情况下，创作完成作品的作者自动取得著作权。与之形成对比的是，发明与实用新型是正确地利用自然规律、能够解决具体技术问题的技术方案，经常需要借助单位投入的物质技术条件进行研发，并他人进行合作；许多外观设计也离不开单位积累的设计素材和设计的产品雏形。同时，在取得专利权之后，专利的实施也需要单位的决策与投资。因此，专利权作为工业产权，与单位的联系更加密切。在法律制度的安排上，申请专利的权利及由此产生的专利权原始归属于发明人或设计人之外的民事主体的情况更为常见。

第一节　专利申请权和专利权的归属

一、发明人、设计人与专利权人

◎ **难度与热度**

难度：☆☆☆　热度：☆☆

"发明人"是发明和实用新型的完成人，"设计人"是指外观设计的完成人，均为自然人。专利权人是被授予专利权的人或受让专利权的人。

如本书第九章所述，在我国《专利法》中，"发明创造"是广义概念，用于概括《专利法》所保护的各类客体，包括作为技术方案的"发明""实用新型"和与技术方案无关的"外观设计"。但《专利法》在规定专利权的主体时，并未统称为"发明创造人"，而是区分客体，分别使用了"发明人"和"设计人"的用语，前者指发明和实用新型的完成人，后者指外观设计的完成人。这样一来，与"发明创造"（专利权的客体）相对应的就不是"发明创造人"，而是"发明人和设计人"（专利权的主体）。

与《著作权法》中的作者可以是法人或非法人组织（"视为作者"）不同，《专利法》中的"发明人和设计人"只能是自然人，不能是法人或非法人组织。发明人或设计人必须是对发明与实用新型或外观设计的实质性特点作出创造性贡献的人。在完成发明创造过程中，只负责组织工作的人、为物质技术条件的利用提供方便的人或者从事其他辅助工作的人，不能成为发明人或设计人。

专利权人与发明人或设计人并不能画等号。这是因为发明人或设计人之外的其他人也可能依法律的规定或者依合同的约定有权申请专利权。专利授权之后申请人就成为专利权人。与此同时，即使发明人或设计人有权自己申请专利，而且确实申请并获得了专利权，也可以向他人转让专利权，从而丧失专利权人的法律地位。因此专利权人不是发明人或设计人的情况在现实中是大量存在的。但即使发明人或设计人不是专利权人，仍然有在专利申请文件或专利文献中写明自己是发明人或者设计人的权利。

发明创造分为职务发明创造和非职务发明创造，相关的发明人或设计人也就相应地分为职务发明创造的发明人或设计人，以及非职务发明创造的发明人或设计人。对于非职务发明创造，申请专利的权利归属于实际完成了发明创造的自然人，申请被批准后，该自然人就为专利权人。对于职务发明创造，发明人或设计人的单位享有申请专利的权利，申请被批准后，该单位就为专利权人。但即使对于申请专利权归属于单位的职务发明创造，实际完成发明创造的自然人仍然有在专利申请文件或专利文献中写明自己是发明人或者设计人的权利。

二、职务发明的专利申请权和专利权归属

◎ **难度与热度**

难度：☆☆☆☆　　热度：☆☆☆☆

执行本单位的任务或者主要是利用本单位的物质技术条件所完成的发明创造为职务发明创造。职务发明创造申请专利的权利属于该单位；申请被批准后，该单位为专利权人。

随着现代科技和设计的日益复杂，个人想凭一己之力完成较为重要的发明创造变得越来越困难，往往需要借助单位的物质技术条件、内部资料并与其他同事进行协作，因此，专利法重视保护单位的投资。我国《专利法》第6条第1款规定：执行本单位的任务或者主要是利用本单位的物质技术条件所完成的发明创造为职务发明创造。职务发明创造申请专利的权利属于该单位；申请被批准后，该单位为专利权人。该单位可以依法处置其职务发明创造申请专利的权利和专利权，促进相关发明创造的实施和运用。

认定职务发明的前提是发明人或设计人与单位之间存在劳动关系或者临时工作关系，单位享有对该发明人或设计人创造性劳动的支配权。职务发明创造可以分为两类：第一类是执行本单位的任务所完成的发明创造。其中又包括三种情况：（1）在本职工作中作出的发明创造。例如，某通信公司技术部技术人员的本职工作是进行研究开发，他们在日常工作中完成的发明创造就是职务发明创造。（2）履行本单位交付的本职工作之外的任务所作出的发明创造。例如，某通信公司维修人员的本职工作是维修通信线路，但公司在遇到某线路的设计问题时，要求他凭借丰富的维修经验提出合理化设计方案。如果该维修人员在执行这项任务的过程中完成了发明创造，则该发明创造也属于职务发明创造。但如果该名维修人员是在发现实际问题之后，出于个人兴趣进行研究并完成了发明创造，而且没有主要利用单位的物质技术条件，则该发明创造是非职务发明创造。（3）退职、退休或者调动工作后1年内作出的、与其在原单位承担的本职工作或者原单位分配的任务有关的发明创造。将第三种情况纳入原单位职务发明创造的范围主要是考虑到目前存在不少不正当竞争行为，有的技术人员在即将完成具有重大经济价值的发明创造之时，以此作为谈判砝码跳槽到其他单位，使原单位的合法利益受到损害。对于执行本单位的任务所完成的发明创造，专利申请权法定归属于单位，个人不能通过与单位签订合同而获得专利申请权或在申请被批准后获得专利权。需要注意的是，如果退休后被返聘，则聘用关系持续存在。在返聘期间在本职工作中作出的发明创造或履行单位交付的本职工作之外的任务所作出的发明创造，仍然属于职务发明创造，与该发明创造是否在退休返聘后1年之内做出无关。[①]"与其在原单位承担的本职工作或者原单位分配的任务有关"中的"有关"当然不是指细若游丝的微弱联系或极为间接的联系。否则，只要与在原单位承担的本职工作或者原单位分配的任务稍有沾边，离职后1年内完成的发明创造就都变成原单位的职务发明创造了，这对发明人是不公平的。"有关"应当指实质

[①]　上海市第一中级人民法院（2009）沪一中民五（知）重字第1号民事判决书，上海市高级人民法院（2008）沪高民三（知）终字第129号民事判决书。

性的、直接的联系，需要综合各种情况进行综合判断。对此参见本章实务案例研习中的相关案例。

第二类是主要利用法人或者非法人组织的物质技术条件所完成的发明创造。"物质技术条件"包括资金、设备、器材、原材料或者未公开的技术信息和资料等。"主要利用"包括职工在技术成果的研究开发过程中，全部或者大部分利用了法人或者非法人组织的资金、设备、器材或者原材料等物质条件，并且这些物质条件对于形成该技术成果具有实质性的影响。如果发明创造成果的实质性内容是在法人或者非法人组织尚未公开的技术成果、阶段性技术成果基础上完成的，也属于"主要是利用法人或者非法人组织的物质技术条件"①。例如，某生物技术研究所的研究人员完成的发明创造虽然不是执行本单位任务的结果，但主要利用了该生物技术研究所购买的价值高昂的进口仪器设备、生物材料和长年积累下来的内部资料，故该发明创造也属于职务发明创造。但是，如果发明人在利用本单位提供的物质技术条件时，已与本单位约定返还资金或者交纳使用费，以及在发明创造成果完成后仅利用本单位的物质技术条件对技术方案进行验证、测试，则发明创造成果不属于职务发明。

职务发明创造被授予专利权之后，发明人或者设计人有在专利文件中写明自己是发明人或者设计人的权利，即在专利文件中署名的权利。单位应当对职务发明创造的发明人或者设计人给予奖励；发明创造专利实施后，根据其推广应用的范围和取得的经济效益，对发明人或者设计人给予合理的报酬。

三、非职务发明的专利申请权和专利权归属

◎ **难度与热度**

难度：☆☆☆　　热度：☆☆☆

职务发明创造之外的发明创造为非职务发明创造，申请专利的权利属于发明人或设计人。申请被批准后，该发明人或设计人为专利权人。

一项发明创造如果不属于《专利法》规定的职务发明创造，就属于非职务发明创造。非职务发明创造的专利申请权归属于发明人或设计人。如该发明人或设计人提出专利申请且获得授权，该发明人或设计人就是专利权人。

四、委托发明的专利申请权和专利权归属

◎ **难度与热度**

难度：☆☆☆　　热度：☆☆☆

委托开发完成的发明创造，除法律另有规定或者当事人另有约定的以外，申请专利的权利属于研究开发人；研究开发人取得专利权的，委托人可以依法实施该专利；研究开发人转让专利申请权的，委托人享有以同等条件优先受让的权利。

委托发明创造是指一个单位或者个人接受其他单位或者个人委托所完成的发明创造。如本书第二章第二节所述，一方应另一方的请求而创作作品，相关的合同并不是民法典规定的委托合同，而是承揽合同。同样道理，一方应另一方的请求进行发明创造，相关

---

① 最高人民法院《关于审理技术合同纠纷案件适用法律若干问题的解释》（2020 年修正）第 4 条。

的合同也是承揽合同，不是委托合同。《民法典》第859条规定，委托开发完成的发明创造，除法律另有规定或者当事人另有约定的以外，申请专利的权利属于研究开发人，即由受托人享有；研究开发人取得专利权的，委托人可以依法实施该专利；研究开发人转让专利申请权的，委托人享有以同等条件优先受让的权利。

需要注意的是，国家资助单位或个人完成科研项目实际上是在国家与单位或个人之间形成了委托关系，在没有约定的情况下，由此完成的发明创造的专利申请权应当属于个人。以往受计划经济思维的影响，国家科研项目的管理机构一般在其科研项目任务书中强调科研成果归国家所有。这一做法在实践中影响了科研项目承担者的积极性和主动性，也不利于科研成果的转化。2002年，科技部和财政部颁布了《关于国家科研计划项目研究成果知识产权管理的若干规定》，其中规定除涉及国家安全、国家利益和重大社会公共利益的科研计划项目成果以外，项目承担单位可以独立享有研究成果的知识产权，依法自主决定研究成果知识产权的实施、许可、转让以及作价入股等事项，并获得相应的收益。这意味着对在国家资助的科研项目中完成的科研成果，承担者可以享有专利申请权，并在申请获得批准之后成为专利权人。

五、合作发明的专利申请权和专利权归属

◎ **难度与热度**

难度：☆☆☆☆☆   热度：☆☆☆☆

《民法典》和《专利法》对于合作发明的专利申请权和专利权归属作出了规定，需要掌握。

如果两个以上单位或者个人共同从事发明创造都对发明创造作出了实质性贡献，则该发明创造为合作发明创造。《民法典》第860条中规定：合作开发完成的发明创造，申请专利的权利属于合作开发的当事人共有；当事人一方转让其共有的专利申请权的，其他各方享有以同等条件优先受让的权利。但是，当事人另有约定的除外。合作开发的当事人一方声明放弃其共有的专利申请权的，除当事人另有约定外，可以由另一方单独申请或者由其他各方共同申请。申请人取得专利权的，放弃专利申请权的一方可以免费实施该专利。《专利法》第14条明确规定：专利申请权或者专利权的共有人对权利的行使有约定的，从其约定。没有约定的，共有人可以单独实施或者以普通许可方式许可他人实施该专利；许可他人实施该专利的，收取的使用费应当在共有人之间分配。除前款规定的情形外，行使共有的专利申请权或者专利权应当取得全体共有人的同意。

需要注意的是，合作开发的当事人一方不同意申请专利的，另一方或者其他各方不得申请专利。这与合作作者无正当理由不能阻止他人行使除转让权之外的著作权的规则不同。这是因为专利申请是有法律风险的。我国对发明专利申请实行"早期公开、迟延审查"制度，发明专利申请案自申请之日满18个月就会向社会公开，如果此后专利申请被驳回，则不但申请人没有获得专利权，而且技术方案因已向社会公开而无法作为技术秘密受到保护，这实际上会导致技术进入公共领域，因此，如果合作发明创造的一方合作者不愿承担专利申请带来的法律风险，其他合作者应予以尊重。

第二节　专利的申请

一、书面申请原则与专利申请文件

◎ **难度与热度**

难度：☆☆☆　　热度：☆☆☆

申请人必须以书面形式提出专利申请并办理各种手续。各项申请文件具有各自的作用。

专利申请应当遵循书面申请原则，即申请人必须以书面形式提出专利申请并办理各种手续。《专利法实施细则》第 2 条明确规定：专利法和本细则规定的各种手续，应当以书面形式或者国务院专利行政部门规定的其他形式办理。书面申请原则是为了将相关资料保存下来，为日后检索提供资料，并在发生纠纷时有据可查。随着信息技术的发展，"书面"的范围也在扩大，电子信息也开始被视作书面形式。目前我国国家知识产权局已经接受电子化的专利申请了。由于发明、实用新型属于技术方案，外观设计不属于技术方案，《专利法》对发明或者实用新型专利申请与对外观设计专利申请要求提交的文件并不相同。

（一）申请发明或者实用新型专利应当提交的文件及其作用

发明和实用新型都是技术方案，因此，用于描述技术方案内容的说明书，以及通过记载技术特征划定保护范围的权利要求书是最为重要的申请文件。

1. 请求书

请求书是申请人向国务院专利行政部门（国家知识产权局）表示请求授予专利权的愿望的申请文件。只要填写了国家知识产权局印制的"发明专利请求书"或"实用新型专利请求书"表格，就认为表示了请求授予专利权的愿望。请求书中应当说明发明创造的名称、发明人、申请人、联系人、专利代理机构、专利代理人和联系地址等。

2. 说明书及其摘要

说明书是重要的专利申请文件。它的作用体现在以下几个方面：首先，《专利法》第 26 条第 3 款规定，说明书应当对发明或者实用新型作出清楚、完整的说明，以所属技术领域的技术人员能够实现为准。专利制度的核心是以公开换授权，凡是被授予专利权的发明和实用新型，其技术方案都向社会公开（国防专利除外）。说明书是向社会公开技术方案的主要文件。技术人员可以从公开的说明书中了解最新技术的发展，从而获得有益的技术启示。专利制度提供技术资料的作用由此体现。

为了发挥通过专利制度公开技术资料这一作用，说明书必须充分公开发明创造的内容。所属技术领域的技术人员根据说明书公开的内容，应用其应当具有的专业知识，在不需要作出创造性劳动的情况下就能够实施说明书中记载的发明创造（技术方案），解决相应的技术问题，并且能够达到说明书描述的预期技术效果，因此，凡是所属技术领域的技术人员不能从现有技术中直接、唯一地得出的有关内容，均应当在说明书中描述。说明书如果未能充分公开发明创造的内容，就无法通过专利审查，专利申请会因此被驳回。即使这样的说明书侥幸蒙混过关，在取得授权之后，他人也可以说明书不符合"充分公开"标准为由，请求宣告该专利权无效。最高人民法院《关于审理专利授权确权行政案件适用法律若干问题的规定（一）》第6条第1款规定："说明书未充分公开特定技术内容，导致在专利申请日有下列情形之一的，人民法院应当认定说明书及与该特定技术内容相关的权利要求不符合专利法第二十六条第三款的规定：（一）权利要求限定的技术方案不能实施的；（二）实施权利要求限定的技术方案不能解决发明或者实用新型所要解决的技术问题的；（三）确认权利要求限定的技术方案能够解决发明或者实用新型所要解决的技术问题，需要付出过度劳动的。"在上述情形中，说明书未能达到充分公开技术内容的要求，相关专利申请不应获得授权，如果已经授权，该专利应被宣告无效。

其次，说明书的作用体现在，用于划定授权后专利保护范围的权利要求书应当以说明书为依据。换言之，权利要求书不能凭空提出保护要求，必须得到说明书的支持。说明书未作清楚、完整描述的技术特征不能被纳入保护范围（参见下文对权利要求书的讲解）。

再次，《专利法》允许申请人对其已提交的专利申请文件进行修改，但规定对发明和实用新型专利申请文件的修改不得超出原说明书和权利要求书记载的范围。可见，说明书限定了修改的范围。

最后，说明书可用于解释权利要求。在发生专利侵权纠纷时，确定专利保护范围是判断侵权与否的前提。《专利法》第64条第1款规定：发明或者实用新型专利权的保护范围以其权利要求的内容为准，说明书及附图可以用于解释权利要求的内容。当对权利要求的内容有疑问时，说明书对技术方案的说明就可用于澄清该内容（参见本书第十三章第一节）。如当权利要求书记载的特征为"使用甲、乙"，其中两者之间的关系为"或"还是"和"并不清楚。如果说明书有"使用甲或者使用乙都可实现技术效果"的描述，就可认定权利要求书的"甲""乙"为"或"的关系。

说明书由以下几部分内容组成：（1）发明或实用新型的名称；（2）要求保护的技术方案所属的技术领域；（3）对发明或者实用新型的理解、检索、审查有用的背景技术；（4）发明或者实用新型的内容，即发明或者实用新型所要解决的技术问题、所采用的技术方案以及有益效果；（5）具体实施方式，即实现发明或者实用新型的优选方式。此外，说明书还可有附图说明。

说明书摘要是说明书记载内容的概述，它仅是为了便于公众进行专利检索，初步了解专利的内容。说明书摘要应当写明发明或者实用新型的名称和所属技术领域，并清楚地反映所要解决的技术问题、解决该问题的技术方案的要点以及主要用途。

3. 权利要求书

权利要求书是重要的专利申请文件，因为它直接划定了专利保护的范围。申请人取得专利权后，权利要求书就成为判断他人使用相关技术的行为是否构成专利侵权的根据。《专利法》第26条第4款规定：权利要求书应当以说明书为依据，清楚、简要地限定要求专利保护的范围。

权利要求书的主要内容是列明发明或者实用新型的技术特征，即发明或者实用新型为解决其技术问题所不可缺少的、使之区别于其他技术方案的技术特征，以此表述请求保护的范围。例如，我国古代四大发明之一指南针的技术特征就是能够自由转动的磁针，缺少这一技术特征，一项装置就因无法指明南北方向而不能被称为指南针了。技术特征记载在权利要求书中，就是"权利要求"。假如指南针刚被发明出来，发明人在申请专利时，就可以在权利要求书中提出如下的权利要求：一种指示方向的装置，其特征是一片磁针连接在一个支架上，可自由转动指示南北。在该独立权利要求中，"其特征是一片磁针连接在一个支架上，可自由转动指示南北"是"特征部分"，用于说明指南针有别于其他指示方向的装置的技术特征在于通过磁针转动来指示南北。

权利要求书的作用在于划定请求保护范围。在取得授权后，如果他人未经许可使用的技术具有权利要求中列举的全部技术特征，则构成专利侵权，反之，则不构成侵权。这被称为"全面覆盖原则"。例如，权利要求记载了A、B、C三项必要技术特征，而被控侵权的技术只具有技术特征A和B，或A和C，或B和C，或单独的A、B、C，则均不构成侵权。但如果被控侵权的技术具有技术特征A、B、C和D，则构成侵权。可见，权利要求记载的技术特征越少，可能获得的保护范围就越大；而记载的技术特征越多，可能获得的保护范围就越小，因此，申请人在撰写权利要求书时，应当避免将于发明或实用新型非必要的技术特征写进去。在上述以指南针为申请主题的假想例中，如果将指南针的技术特征描述为"其特征是一片磁针连接在一个支架上，可自由转动指示南北，并且支架和磁针装在一个壳子中"，即使日后授予专利权，其专利的保护范围也会大大缩小。原因是该权利要求多描述了一个不必要的技术特征"支架和磁针装在一个壳子中"，这样，如果他人制造了一个没有壳子的指南针，就不构成专利侵权了。

同样道理，在描述技术特征时，所使用的术语越是具有概述性，可能获得的保护范围就越大；而术语越是具体，可能获得的保护范围就越小。例如，某人发明了一种传动器械，并用"动力传动装置"这一术语来描述其技术特征，就可以将各种动力传动方式都包括进去，他人制造的相似装置无论是使用齿轮传动还是使用皮带传动，都符合这一技术特征。但如果使用"齿轮传动装置"这一术语，日后专利权的保护范围就仅限于齿轮传动，他人只要使用皮带传动方式，即使其他技术特征与专利机器都相同，也不构成侵权。因此，申请人在撰写权利要求书时，还应当尽可能地使用较为概括的术语来描述技术特征。当然，对技术特征的列举和描述都要考虑到现有技术的范围。如果技术特征过少、术语过于概括，就可能将现有技术也包括了进去，导致新颖性或创造性受到影响。

权利要求书中记载的权利要求有两类：独立权利要求和从属权利要求。其中独立权利要求是权利要求书中必须记载的；从属权利要求则不是权利要求书中必须记载的。独立权利要求应当从整体上反映发明或者实用新型的技术方案，记载解决技术问题的必要技术特征。独立权利要求由"前序部分"和"特征部分"共同组成。"前序部分"写明要求保护的发明或者实用新型技术方案的主题名称，以及该发明或者实用新型主题与最接近的现有技术共有的必要技术特征。"特征部分"一般使用"其特征是……"或者类似用语，以写明发明或者实用新型区别于最接近的现有技术的技术特征。

仍然以指南针为假想例，如果指南针的发明人要申请发明专利，可以在权利要求书中提出如下的独立权利要求：一种指示方向的装置，其特征是一片磁针连接在一个支架上，可自由转动指示南北。在该独立权利要求中，"一种指示方向的装置"为"前序部分"，说明指南针与最接近的现有技术的共同必要技术特征在于能够指示方向。"其特征是一片磁针连接在一个支架上，可自由转动指示南北"是"特征部分"，用于说明指南针有别于其他指示方向的装置的技术特征在于通过磁针转动来指示南北。

权利要求书还可以记载从属权利要求。从属权利要求记载了附加技术特征，用于对独立权利要求作进一步限定。从属权利要求由"引用部分"和"限定部分"组成。"引用部分"写明引用的独立权利要求的编号及主题名称，"限定部分"写明发明或者实用新型附加的技术特征。在前述以指南针为申请主题的假想例中，"一种指示方向的装置，其特征是一片磁针连接在一个支架上，可自由转动指示南北"是独立权利要求，磁针在支架上自由转动指示南北方向是该项发明创造的必要技术特征。但磁针与支架的连接方式可以多种多样，只要能够保证磁针的转动即可。如果发明人设计了一种磁针与支架的特定连接方式，如将磁针下端磨成圆球状，在支架上端做一个凹槽，使磁针能够在凹槽中转动，则这种连接方式就是附加技术特征。如果发明人担心他人之前已经公开过指南针的技术方案，就可以对其设计的磁针与支架的连接方式提出从属权利要求，以对独立权利要求进行限定，也就是缩小要求保护的范围。为此，发明人可以在独立权利之后增加第二项权利要求，该项附加的权利要求就是从属权利要求："根据权利要求 1 所述的指示方向的装置，其特征是磁针下端为圆球状，支架上端有一个凹槽，磁针能够在凹槽中转动。"其中，"据权利要求 1 所述的指示方向的装置"为"引用部分"，"其特征是磁针下端为圆球状，支架上端有一个凹槽，磁针能够在凹槽中转动"为"限定部分"。

由于从属权利要求是对独立权利要求的进一步限定，它划定的保护范围小于独立权利要求。一旦独立权利要求因缺乏新颖性或创造性等问题而不能被授予专利权或者在专利权无效程序中被宣告无效，如果从属权利要求具有新颖性和创造性并满足其他授权要求，则从属权利要求就可以代替独立权利要求划定专利保护范围。在上述以指南针为申请主题的假想例中，如果审查员发现已有通过磁针在支架上自由转动指示方向的类似装置在申请日之前公开使用过，则指南针独立权利要求记载的必要技术特征就没有新颖性了。如果没有从属权利要求，申请人是无法获得专利权的。但如果审查员发现之前的类似装置从未采用从属权利要求记载的附加技术特征（"磁针下端为圆球状，支架上端有一个凹槽，磁针能够在凹槽中转动"），而都是以其他方式连接磁针与支架的，则该附加技术特征具有新颖性，在符合创造性等其他授权条件的情况下，申请人可以就该附加技术特征获得专利权。这样，专利权人虽然不能禁止他人制造指南针，却有权禁止他人制造以附加技术特征记载的特定方式连接磁针和支架的指南针。从这个意义上说，从属权利要求是"第二道防线"。

根据《专利法》第 26 条第 4 款的规定，权利要求书应当以说明书为依据。所谓"以说明书为依据"，是指权利要求应当得到说明书的支持。权利要求书中的每一项权利要求所要求保护的技术方案应当是所属技术领域的技术人员能够从说明书充分公开的内容中得到或概括得出的技术方案，并且不得超出说明书公开的内容。[1] 换言之，权利要求不得超出说明书公开的范围，对于没有在说明书中公开的内容，不得将从该内容中总结出的技术特征记载在权利要求书中。如果一项技术方案没有在说明书中被清楚、完整地描述，也就是未能在说明书中充分公开，则不可将其纳入权利要求书划定的保护范围。[2] 权利要求应当得到说明书的支持，是实现专利制度以公开换授权的途径。如果权利要求将说明

---

① 国家知识产权局颁布的《专利审查指南》（2010 年版，2019 年修订）第二部分第二章 3.2.1。
② 最高人民法院（2016）最高法行再 19 号行政判决书。

书未予充分公开的技术方案也纳入了保护范围，将导致该技术在未向社会公开的情况下也受到保护，这是专利法所不能允许的。最高人民法院《关于审理专利授权确权行政案件适用法律若干问题的规定（一）》第8条规定："所属技术领域的技术人员阅读说明书及附图后，在申请日不能得到或者合理概括得出权利要求限定的技术方案的，人民法院应当认定该权利要求不符合专利法第二十六条第四款关于'权利要求应当以说明书为依据'的规定。"这就意味着在权利要求无法得到说明书支持的情况下，相关专利申请不应获得授权，如果已经授权，该专利应当被宣告无效。

4. 对遗传资源来源的说明

如果一项发明创造是依赖遗传资源完成的，则申请人应当在专利申请文件中说明该遗传资源的直接来源和原始来源，申请人无法说明原始来源的，应当陈述理由。这一要求是与《专利法》有关"对违反法律、行政法规的规定获取或者利用遗传资源，并依赖该遗传资源完成的发明创造，不授予专利权"的规定相适应的。如果申请人无正当理由无法说明其发明创造所依赖的遗传资源来源于何处，则只能推定该申请人没有按照法定程序获取或利用遗传资源，该发明创造是不能被授予专利权的。

（二）申请外观设计专利应当提交的文件及其作用

外观设计并不是用于解决技术问题的发明创造，而是对工业品外观的设计，因此，申请外观设计专利应当提交的文件与申请发明和实用新型应当提交的文件有所不同。

1. 请求书

申请人应当填写表格"外观设计专利请求书"，表示请求授予专利的愿望。请求书中应当说明使用外观设计的产品名称、产品所属类别或所属领域、设计人、申请人、联系人、专利代理机构、专利代理人和联系地址等。需要注意的是，请求书中说明的产品所属类别十分重要，因为外观设计专利的保护范围仅及于相同或相近种类的产品。《专利法》第64条第2款规定：外观设计专利权的保护范围以表示在图片或者照片中的"该产品"的外观设计为准。这与对注册商标的保护限于相同或类似产品（已注册的驰名商标除外）相似，而与对美术作品的保护不区分物质载体的情况完全不同。如果仅在毛巾上就一种设计获得了外观设计专利权，他人未经许可在地毯上使用相同设计，并不构成侵权。

2. 外观设计图片或者照片

外观设计不是技术方案，仅用文字表述很难让人了解，因此，申请外观设计专利无须提交权利要求书，但需要提交图片或照片，以清楚、全面地反映外观设计的特点。因此，《专利法》第27条规定：申请外观设计专利的，应当提交该外观设计的图片或者照片，申请人提交的有关图片或者照片应当清楚地显示要求专利保护的产品的外观设计。当外观设计的图片、照片存在矛盾、缺失或者模糊不清等情形，导致一般消费者无法根据图片、照片及简要说明确定所要保护的外观设计的，该专利申请不应获得授权。[①]

3. 简要说明

《专利法》第27条第2款规定：申请人提交的有关图片或者照片应当清楚地显示要求专利保护的产品的外观设计。但除了图片或者照片，相关产品的名称、用途、类别，

---

① 最高人民法院《关于审理专利授权确权行政案件适用法律若干问题的规定（一）》第15条。

以及外观设计的要点、是否要求保护色彩等，也与外观设计专利保护范围的划定有关，因此，《专利法》同时要求申请人提交对该外观设计的简要说明。在授权之后，外观设计专利权的保护范围就以表示在图片或者照片中的该产品的外观设计为准，简要说明可以用于解释图片或者照片所表示的该产品的外观设计。

二、单一性原则和禁止重复授权原则及其例外

◎ 难度与热度

难度：☆☆☆　热度：☆☆☆

（一）单一性原则

单一性原则又被称为"申请主题单一性原则"，是指一件专利申请应当限于一项发明创造。如果希望就两个或两个以上的发明创造获得专利权，申请人必须提出相应数量的申请，而不能在一件专利申请中提出。规定单一性原则首先是为了便于国家知识产权局对申请进行分类审查和对专利文献进行分类检索，其次也是为了避免申请人少缴申请费、审查费和授权后的维持年费。

单一性原则也有例外：如果两个以上的发明创造之间密切相关，以至于将其放在一个专利申请中更便于审查和检索时，《专利法》允许将这些发明创造放在一个专利申请中提出。《专利法》第31条第1款规定：一件发明或者实用新型专利申请应当限于一项发明或者实用新型。属于一个总的发明构思的两项以上的发明或者实用新型，可以作为一件申请提出。

什么是两项以上的发明或实用新型"属于一个总的发明构思"呢？如果其中每一项能够单独获得专利权的发明或实用新型都包含一个相同的技术特征或者彼此对应的技术特征，则这些发明或实用新型就属于一个总的发明构思。例如，某人发明了一种新的化合物，又发明了一种制备这种新化合物的新方法，于是提出了如下的权利要求："权利要求1：一种化合物X；权利要求2：一种制备化合物X的方法"。化合物X是两项权利要求共有的技术特征，因此，这两项权利要求各自对应的发明就属于一个总的发明构思，具有单一性。再如，某人同时发明了一种新型插座和与该插座相配套的新型插头，并提出了两个权利要求："权利要求1：一种插头，其特征为A；权利要求2：一种插座，其特征与A相应"。这两个权利要求包含的技术特征是彼此对应的，插头和插座必须配套使用，因此，这两项发明也属于一个总的发明构思，具有单一性，可以作为一件申请提出。

外观设计专利申请的单一性原则也有例外。《专利法》第31条第2款中规定：一件外观设计专利申请应当限于一项外观设计。同一产品两项以上的相似外观设计，或者用于同一类别并且成套出售或者使用的产品的两项以上外观设计，可以作为一件申请提出。"成套出售或者使用"是指习惯上同时出售或者同时使用并具有组合使用价值。[①] 例如，茶杯和茶壶是各自具有独立使用价值的产品，对茶杯和茶壶各自做出风格类似的外观设计实际上是完成了两项外观设计，本应提出两件申请，但因茶杯和茶壶属于同一类别，而且经常成套出售，人们也习惯于将其组合在一起使用，因此，茶杯和茶壶的外观设计

---

① 国家知识产权局颁布的《专利审查指南》（2010年版，2019年修订）第一部分第三章9.2.2。

可以作为一件申请提出。再如，申请人对某一产品完成了一项基本设计的同时，又对同一产品以基本设计为基础，完成了相似的设计，申请人就可以将对同一产品的两项以上的外观设计合案，作为一项外观设计专利申请提出。

（二）禁止重复授权原则

《专利法》第9条第1款第一句规定：同样的发明创造只能授予一项专利权。该规定体现的是禁止重复授权原则，其含义为对同一项发明创造，无论是相同的申请人提出多次申请，还是不同的申请人提出多次申请，都只能授予一项专利权；既不能对同一申请人授予两项或多项专利权，也不能对不同申请人分别授予专利权。禁止重复授权原则既是为了避免因不同申请人对同样的发明创造都享有专利权而引起的权利冲突，也是为了防止通过对同样的发明创造多次申请并分别获得授权而延长专利保护期。

禁止重复授权原则也有例外。对于希望就有关产品的技术方案申请专利权的人而言，究竟选择申请实用新型专利权还是发明专利权，有时并不是一个容易做出的决定。就产品的形状、构造或者其结合所提出的适于实用的新的技术方案，可以获得实用新型专利权。但如果其具有突出的实质性特点和显著的进步，也有希望获得发明专利权。如果绝对禁止重复授权，则申请人不能就该项技术方案既获得发明专利权又获得实用新型专利权。但如果选择申请发明专利权，一方面，《专利法》对发明的创造性要求远高于对实用新型的创造性要求（参见本书第九章第一节）；另一方面，对发明专利申请的审查采取"早期公开，迟延审查"机制，在获得授权之前，包含申请书在内的全部申请文件都要向社会公开，同时发明专利申请还要经过实质审查，耗时也远多于实用新型专利申请（参见本章第二节）。一旦在实质审查中认定该技术方案不符合发明专利的授权条件，申请人不但无法获得发明专利权，而且因技术方案已经公开，也无法将其作为商业秘密予以保护，该技术方案将无偿奉献给社会。可见，申请发明专利存在巨大风险。如果选择申请实用新型专利权，虽然《专利法》对实用新型的创造性要求较低，同时对实用新型专利申请只进行形式审查，不进行实质审查，因此容易获得授权且耗时也少，但实用新型专利的市场价值通常远低于发明专利的市场价值，且保护期也只有10年。在绝对禁止重复授权的情况下，对该项技术方案究竟是选择申请发明专利还是申请实用新型专利，对申请人而言，"这是个问题"。

为了解决这一困境，《专利法》第9条第1款第二句规定了禁止重复授权原则的例外：同一申请人同日对同样的发明创造既申请实用新型专利又申请发明专利，先获得的实用新型专利权尚未终止，且申请人声明放弃该实用新型专利权的，可以授予发明专利权。据此，对于上文所述情形，申请人就可以在同日就该项技术方案既申请实用新型专利又申请发明专利。只要实用新型专利申请经初步审查没有被发现驳回理由的，申请人就被授予了实用新型专利权，其可以实施该实用新型专利以取得经济利益，并等待发明专利的申请结果。如果发明专利申请最终被驳回，其至少已取得了实用新型专利权。如果国家知识产权局告知其发明专利申请已通过实质审查，并通知其可声明放弃实用新型专利权以换取发明专利权，该发明专利申请人（实用新型专利权人）当然会声明放弃实用新型专利权。这样一来，申请人在是申请发明专利还是申请实用新型专利之间进行选择的困境就得到了解决。

《专利法》的前述规定实际上是允许对同样的发明创造先后授予两项专利权（实用新

型专利权在先，发明专利权在后），属于禁止重复授权原则的例外。但它要求申请人放弃先获得的实用新型专利权以换取发明专利权，从而防止了就同样的发明创造存在两项有效的专利权。同时，前述规定还要求对发明专利和实用新型专利必须"同日"申请，这就防止了申请人通过先后申请实用新型专利和发明专利来变相延长专利保护期。最后，前述规定要求"先获得的实用新型专利权尚未终止"，这就意味着如果申请人在等待发明专利申请结果的过程中，通过不缴纳年费或声明放弃专利权而终止其已经获得的实用新型专利权，则相关技术方案就进入公有领域。申请人不能再被授予发明专利权，从而避免损害已合法使用该项技术方案者的正当利益。

三、先申请原则与申请日

◎ 难度与热度

难度：☆☆☆　热度：☆☆☆

先申请原则是指两个以上的申请人分别就同样的发明创造申请专利的，专利权只可能授予最先申请的人。

我国《专利法》采取"先申请原则"，即两个以上的申请人分别就同样的发明创造申请专利的，专利权只可能授予最先申请的人。需要注意的是，"最先申请"要以"申请日"而非"申请时"来判断。如果两个以上的申请人分别就同样的发明创造在同一天申请专利，即使其中一个人在当天的申请时刻早于另一个，也只能视为两人同时申请。此时两人应当在收到国家知识产权局（负责对专利申请进行审查的机构为国家知识产权局下设的专利局，以下依习惯只使用"国家知识产权局"的称谓）的通知后自行协商确定申请人；如果协商不成，两人的申请均将被驳回。这一机制看似残酷，实际上却能促使两个以上申请人达成协议，如一人放弃申请，而由另一人申请，并由申请人给予放弃申请者适当补偿，或将实施专利所获得的收益按比例分成。因为如果无法达成协议，各方申请都将被驳回，这一结果是各方都不愿意接受的。

《专利法实施细则》规定：当面递交专利申请文件的，以递交日为申请日。以邮寄方式申请的，以寄出的邮戳日为递交日；邮戳日不清晰的，除当事人能够提出证明外，以国家知识产权局收到日为申请日。

四、优先权与申请日

◎ 难度与热度

难度：☆☆☆　热度：☆☆☆

特定的专利申请能产生优先权，优先权日视为申请日。优先权分为国外优先权和国内优先权。

优先权的制度设计与专利权的地域性有关。专利权的地域性比著作权的地域性更强。大多数国家加入《伯尔尼公约》之后，著作权的地域性受到很大削弱，这是因为《伯尔尼公约》要求成员国实行自动保护制度，同时在著作权保护方面实行国民待遇。这意味着中国作者一旦创作完成一部作品，其著作权不但自动产生，而且同时在所有《伯尔尼公约》成员国都受到承认，并按当地法律受到保护且保护水平不能低于《伯尔尼公约》的要求。如果某人在英国未经许可将中国作者创作的小说拍摄成电影放映，中国作者就可以在英国起诉此人侵权并根据英国《版权法》获得救济。与之形成鲜明对比的是，专利权并非自动产生，而是要经过国家专利主管部门审查之后才能授权。由于各国专利法对授权条件的规定有很大差异，仅在一国获得的专利权在其他国家并不能受到承认和保护。《巴黎公约》也并未创造出一项所谓的"世界专利权"，它仅要求各成员国在专利申请方面对来自其他成员国的申请人实行国民待遇，并未要求各成员国保护在其他成员国获得的专利权，因此，中国公民在中国合法获得的发明专利权在英国是无法直接受到保护的。如果该中国公民未在英国申请并获得专利权，第三人在英国实施他的发明创造并不侵犯其任何权利。

（一）国际优先权

正是由于专利权具有强烈的地域性，发明人和设计人在本国申请专利之后，如果希望自己的发明创造在其他国家也受到保护，必须再向其他国家申请专利权。而向其他国家提出专利申请，需要一定时间来进行一系列准备工作，如按该国专利法的要求撰写材料和翻译资料等，而在此期间，可能已经有他人在该国就同样的发明创造提出了专利申请。根据先申请原则，所有在后的相同申请都无法获得授权。显然，这对于希望进行跨国申请的发明人和设计人而言是不利的。国际优先权的制度设计由此而生。

为了对专利的国际申请提供方便，《巴黎公约》规定了专利申请的国际优先权（又称"外国优先权"）。我国《专利法》第29条第1款根据《巴黎公约》的要求规定：申请人自发明或者实用新型在外国第一次提出专利申请之日起12个月内，或者自外观设计在外国第一次提出专利申请之日起6个月内，又在中国就相同主题提出专利申请的，依照该外国同中国签订的协议或者共同参加的国际条约，或者依照相互承认优先权的原则，可以享有优先权。例如，中国和美国都是《巴黎公约》的成员国，美国人甲于2016年2月1日就一项发明首次向美国专利商标局申请发明专利权，然后于2017年1月30日向中国国家知识产权局就相同的发明申请发明专利权并声明要求优先权。在此前的2016年12月1日，中国人乙向中国国家知识产权局就独立完成的相同发明申请专利权。虽然对于在中国的申请而言，乙的实际申请日早于甲的申请日，但根据《专利法》对国际优先权的规定，应当以甲在美国专利商标局申请专利的日期（2016年2月1日）作为甲在中国的申请日。这样，甲在中国的申请日就早于乙的申请日（2016年12月1日）。根据先申请原则，甲就有可能获得专利权。

境外申请人要在中国申请专利时享有国际优先权，必须符合一系列条件：首先，申请人必须有资格在我国申请专利权。根据《巴黎公约》的规定，《巴黎公约》成员国国民以及在中国或其他《巴黎公约》成员国有经常居所或营业所的外国人、外国企业或外国其他组织在我国申请专利权时，享有和我国国民相同的待遇。如果某外国人、外国企业或外国其他组织并非《巴黎公约》成员国国民或在成员国有经常居所或营业所，则其无权在我国申请专利权。

其次，该申请人提出的第一个申请，即作为优先权基础的在先外国申请，必须是在《巴黎公约》的成员国提出的。

再次，作为优先权基础的在先外国申请必须是正规申请。正规申请是指在有关国家中足以确定申请提交日期的任何申请。只要该国专利行政主管部门已经就该申请确定了申请日，即使日后该申请被撤回、放弃或驳回，申请人也依然可以在我国享有优先权。

最后，作为国际优先权基础的在先外国申请必须是申请人就同一主题提出的第一个申请。例如，申请人于 2016 年 2 月 1 日首先在美国提出了发明专利申请，然后又在 2016 年 7 月 1 日在英国就相同主题提出了发明专利申请，则该申请人在我国享有国际优先权的期限只能是从 2016 年 2 月 1 日起算的 12 个月，而不能自 2016 年 7 月 1 日起算。

国际优先权与本书第九章第一节所述的宽限期的效力是完全不同的。发生不丧失新颖性的四种情形的那一天并不是申请日，而享有国际优先权意味着在外国的首次申请日，即优先权日被视为在中国的申请日。这样，判断该申请在中国的新颖性和创造性都只能以外国优先权日为准。从外国的首次申请日到在中国提交申请之日这段时间内，即使有他人将相同的发明创造通过公开出版、公开使用或其他方式公开，也不能使该申请丧失新颖性或影响其创造性。例如，申请人于 2016 年 2 月 1 日首次在美国提出了发明专利申请，并于同年 3 月 1 日发表了一篇论文，详细描述了其技术方案，然后于 2017 年 1 月 30 日在我国就相同的发明申请专利权并声明要求国际优先权。由于 2016 年 2 月 1 日被视为在中国的申请日，2016 年 3 月 1 日对发明内容的公开并不会破坏该申请在中国的新颖性。

（二）本国优先权

《巴黎公约》有关国际优先权的规定固然便利了国际申请，但它可能使一国国民向本国申请专利时，在申请日上处于不利地位，因为即使本国人在本国提交专利申请的日期早于外国人的实际申请日期，外国人也可能因为享有国际优先权而在申请日上优先于本国人。为此，包括我国在内的许多国家在建立国际优先权制度的同时，也规定了本国优先权制度，以便利本国人的专利申请。我国《专利法》第 29 条第 2 款规定：申请人自发明或者实用新型在中国第一次提出专利申请之日起 12 个月内，或者自外观设计在中国第一次提出专利申请之日起 6 个月内，又向国务院专利行政部门就相同主题提出专利申请的，可以享有优先权。这就是本国优先权。

本国优先权对于申请人而言可发挥一系列作用。首先，它可以实现发明和实用新型专利申请的互相转换。发明和实用新型专利的授权条件不同，如对发明要求的创造性远高于对实用新型要求的创造性。申请人如果就一项技术方案首次提出专利申请，理应申请实用新型专利，或应同时申请实用新型专利和发明专利（参见上文所述的"禁止重复授权原则及其例外"），却只申请了发明专利，则此时就可以利用《专利法》对本国优先权的规定，在 1 年之内就相同的主题重新提出实用新型专利申请并要求本国优先权，此时原先的发明专利申请被视为撤回[1]，新的实用新型专利申请就以之前的申请日为其申请日。其次，如果申请人之前就一个总的发明构思分别提出了几项专利申请，在符合单一性要求的条件（参见前文所述的"同一性原则及其例外"）下，其可以在 1 年之内将若干在先申请合并为一件申请提出，并要求本国优先权，而若干在先申请被视为撤回，在后申请则保留了在先申请的申请日。如果获得授权，就只需要就一项专利缴纳维持年费，从而节省了开支。[2] 最后，如果申请人由于某种原因撤回了在先申请，1 年内可重新申请并要求本国优先权，这样就可保留在先申请的申请日。例如，某人完成了一项发明创造

---

① 《专利法实施细则》第 32 条第 3 款。
② 尹新天. 中国专利法详解. 北京：知识产权出版社，2011：393.

并申请发明专利，但随后他改变了主意，认为应将发明创造作为商业秘密予以保护，于是撤回了申请。但他后来意识到，一旦售出体现该发明创造的产品，他人很容易通过反向工程获悉其中的技术方案，还是申请专利较为合适。只要距首次申请未超过 1 年，此人可就相同的主题再次提出发明专利申请并要求本国优先权，这样在后申请的申请日仍为首次申请的申请日。

无论要求获得的是国际优先权还是本国优先权，申请人都应当在申请的时候提出书面声明。要求发明专利、实用新型专利优先权的，还应在第一次提出申请之日起 16 个月内，提交第一次提出的专利申请文件的副本；要求外观设计专利优先权的，还应在 3 个月内提交第一次提出的专利申请文件的副本。未提出书面声明或者逾期未提交专利申请文件副本的，视为未要求优先权。

第三节　专利申请的审查和复审

一、专利申请的审查

◎ 难度与热度

难度：☆☆☆　热度：☆☆☆

我国对实用新型和外观设计专利申请只进行形式审查。对发明专利申请进行实质审查，且采用"早期公开、迟延审查"机制。

与著作权自动产生不同，专利权是由国家依法定特定程序对专利申请审查后，在确信符合法定要求的情况下授予的权利，因此，专利申请审查机制对于专利权的取得非常重要。

（一）专利申请的审查机制概述

专利是一种由国家经过特定程序授予的权利，因此必须对专利申请进行审查，以判断其是否符合授权条件。对专利申请的审查机制分为形式审查制和实质审查制两种。

形式审查制是指对专利申请只进行形式上的审查，即只审查申请是否履行了法定手续、申请文件是否齐全以及主题是否属于专利法的保护对象等，而对新颖性、创造性和实用性等实质条件不进行审查，只是在发生专利无效纠纷时才进行实质审查。形式审查制的好处在于专利能够迅速得到授权，缺点在于由于没有经过实质审查，可能会出现大量不符合实质条件的申请获得授权的现象。由于实用新型和外观设计专利申请量太大，我国对实用新型和外观设计专利申请实行形式审查制。

实质审查制要对申请是否符合专利实质条件进行审查。实质审查制的优点在于能够保障专利的质量，但缺点是需要消耗大量时间进行审查，因此，授权速度较慢。我国对发明专利申请实行实质审查制，而且为了尽量避免申请案的大量积压，适当减轻审查压力，还采用了"早期公开、迟延审查"机制，即国家知识产权局先对专利申请进行形式审查，经审查合格者自申请日起满 18 个月即向社会公布，但直至申请人提出请求（以自申请日起算 3 年为限）后才进行实质审查。这一制度的好处在于使申请人能够有 3 年时间仔细对其申请专利的技术的经济价值和商业前景进行评估，以便决定是否需要对其申请进行实质审查。因为申请人可能在申请之时对技术的实际价值并未考虑成熟，或者当时预计发明创造能够产生较大经济利益，但申请之后发现随着新技术的出现，自己的发明创造已失去原有价值。此时申请人就可以选择不要求进行实质性审查，从而放弃专利申请。这样，一方面申请人可以节省实质审查的费用，另一方面也减轻了审查压力，同时，公众也能从早期公开的专利申请文件中及时获得最新技术资料。

（二）发明专利申请的审查程序

1. 初步审查

国家知识产权局一旦接受了发明专利申请并给予申请号之后，就会对其进行初步审查。初步审查主要是审查专利申请文件是否齐备、格式和撰写内容是否符合要求、申请人是否有申请资格，申请的主题是否明显不属于保护对象、是否明显不是专利法意义上的发明、是否明显不具有单一性，以及申请人是否已经缴纳申请费等。对于其中存在的缺陷，申请人可以进行补正或陈述意见，但经过补正或陈述意见之后仍然不符合要求的，申请将被驳回。

2. 早期公开与临时保护

根据《专利法》第 34 条的规定，国家知识产权局对发明专利申请经过初步审查认为符合要求的，自申请日起满 18 个月，即行公布；申请人也可以请求早日公布其申请。

发明专利申请文件一旦公布，任何人都可以通过阅读说明书了解其记载的技术内容并加以实施。此时申请尚未获得批准，申请人还没有取得专利权；而且未来经过实质审查之后，会有相当数量的申请被驳回，因此，他人未经许可根据说明书实施发明的行为并不侵犯专利权，申请人既不能要求其停止实施，也不能提起侵权诉讼并要求损害赔偿。但是为了对申请人的利益加以公平保护，《专利法》规定了对发明专利申请人加以临时保护的机制，于第 13 条规定：发明专利申请公布后，申请人可以要求实施其发明的单位或者个人支付适当的费用。需要注意的是，由于此时申请人是否能够获得专利权尚不确定，因此要求实施人支付适当费用是不公平的。对此，申请人只有等到授权之后，才能通过法律途径要求他人对于在专利申请文件公布至授权日期间实施其发明的行为支付适当费用。但如果申请被驳回，申请人是无权要求他人就实施行为付费的。最高人民法院的司法解释规定："权利人依据专利法第十三条诉请在发明专利申请公布日至授权公告日期间实施该发明的单位或者个人支付适当费用的，人民法院可以参照有关专利许可使用费合理确定。"[①] 这强调的也是专利授权之后才发生适当费用的请求权。

3. 实质审查

我国对发明专利申请实行"早期公开、迟延审查"机制。根据《专利法》第 35 条第 1 款的规定，发明专利申请自申请日起 3 年内，国家知识产权局可以根据申请人随时提出的请求，对其申请进行实质审查；申请人无正当理由逾期不请求实质审查的，该申请即被视为撤回。当发明对国家有重要价值，国家需要及时决定是否予以实施的，国家知识产权局可以自行对发明专利申请进行实质审查。

实质审查要对技术方案是否构成专利法意义上的发明，是否属于不受保护的对象，

---

① 最高人民法院《关于审理侵犯专利权纠纷案件应用法律若干问题的解释（二）》第 18 条第 1 款。

申请是否符合单一性的规定，是否具备新颖性、创造性和实用性，以及说明书是否实现了充分公开、权利要求书是否符合要求等进行审查。对于审查中发现的问题，申请人可以进行修改或陈述意见。

4. 授权

根据《专利法》第 39 条的规定，发明专利申请经实质审查没有发现驳回理由的，由国家知识产权局作出授予发明专利权的决定，发给发明专利证书，同时予以登记和公告。发明专利权自公告之日起生效。

（三）实用新型和外观设计专利申请的审查程序

实用新型和外观设计对国民经济或技术进步的作用远较发明要小，因此，多数国家对实用新型和外观设计专利申请并不进行实质审查。我国也是如此。根据《专利法》第 40 条的规定，实用新型和外观设计专利申请经初步审查没有发现驳回理由的，由国家知识产权局作出授予实用新型专利权或者外观设计专利权的决定，发给相应的专利证书，同时予以登记和公告；实用新型专利权和外观设计专利权自公告之日起生效。

初步审查主要是审查专利申请文件是否齐备，格式和撰写内容是否符合要求，申请人是否有申请资格，申请的主题是否明显不属于保护对象、是否明显不是专利法意义上的实用新型或外观设计、是否明显不具有单一性，是否明显不具备新颖性，以及申请人是否已经缴纳申请费等。对于其中存在的缺陷，申请人可以进行补正或陈述意见，但如果经过补正或陈述意见之后仍然不符合要求，申请将被驳回。

由于对实用新型和外观设计的专利申请不进行实质审查，实务中出现了相当多的重复授权，导致实用新型和外观设计专利权的法律稳定性较差，换言之，现实中存在不少原本不具备授权条件的实用新型和外观设计专利。为了避免他人受到这类权利的影响，《专利法》第 66 条第 2 款规定：专利侵权纠纷涉及实用新型专利或者外观设计专利的，人民法院或者管理专利工作的部门可以要求专利权人或者利害关系人出具由国家知识产权局对相关实用新型或者外观设计进行检索、分析和评价后作出的专利权评价报告，作为审理、处理专利侵权纠纷的证据；专利权人、利害关系人或者被控侵权人也可以主动出具专利权评价报告。

"专利权评价报告"实质上是在专利侵权纠纷发生之后，由国家知识产权局对于已经被授权的相关实用新型和外观设计是否符合授权条件进行的实质审查。该报告具有证据的效力。如果该报告的结论是相关专利不符合法定授权条件，同时被控侵权人又在答辩期内提出了宣告该专利无效的请求，则该专利极有可能被宣告无效。此时法院或管理专利工作的部门应当中止诉讼或对侵权纠纷的处理，等待专利无效宣告程序的结果。如果该专利被最终宣告为无效，那么侵权指控自然不能成立。但如果评价报告的结论是未发现不符合法定授权条件的情形，则即使被控侵权人在答辩期内提出了宣告该专利无效的请求，该专利被宣告无效的可能性也较小。此时法院或管理专利工作的部门可以酌情不中止诉讼或对侵权纠纷的处理。

二、复审和司法审查

◎ 难度与热度

难度：☆☆☆　　热度：☆☆☆

对于在初步审查或实质审查后驳回申请的决定，申请人可以请求国家知识产权局进行复审。对于复审决定不服的，还可以启动司法审查程序，即以国家知识产权局为被告向法院提起行政诉讼。

对于在初步审查或实质审查后驳回申请的决定，申请人应当获得救济的机会。根据《专利法》第 41 条第 1 款第一句的规定，专利申请人对国家知识产权局驳回申请的决定不服的，可以自收到通知之日起 3 个月内，向国家知识产权局请求复审。复审一方面给了国家知识产权局自己发现和改正失误的机会，另一方面也可以适当减轻法院的负担。对国家知识产权局的决定不服的，专利申请人可以自收到通知之日起 3 个月内，以国家知识产权局为被告向北京知识产权法院提起行政诉讼。此类诉讼案件被称为"专利授权行政案件"[①]。对于北京知识产权法院的判决，当事人不服的，还可以上诉至最高人民法院（由最高人民法院知识产权法庭审理）。最高人民法院的二审判决为终审判决。

需要注意的是，法院不能直接对是否授权作出认定。一审法院只能针对国家知识产权局的复审决定作出予以维持或撤销的判决。一旦撤销国家知识产权局的复审决定，判决书会同时要求国家知识产权局重新作出决定。

第四节　专利权的无效

一项专利申请只有符合专利法所规定的各项条件才能被批准，但在专利审查过程中，出现错误是难以避免的。例如，《专利法》对"使用公开"采取国际标准，在申请日之前，只要在世界上任何一个地方有相同技术的公开使用行为，申请获得专利的技术就会丧失新颖性。但审查员只能对现有的技术文献进行检索。对于在申请日之前公开使用，但尚未被载入文献的技术，审查员是难以发现的。这就可能导致因为审查员未能发现相同技术已在申请日之前被公开使用，而错误地对不具备新颖性的技术授予专利权。因此，即使在专利授权之后，还应当给予他人以申请宣告专利权无效的机会，以弥补审查中的错误。

一、专利权无效宣告的理由

◎ **难度与热度**

难度：☆☆☆　　热度：☆☆☆

任何单位或者个人认为专利权的授予不符合《专利法》有关规定（下文详述）的，都可以请求国家知识产权局宣告该专利权无效。

根据《专利法》第 45 条和第 46 条的规定，自公告授予专利权之日起，任何单位或者个人认为该专利权的授予不符合专利法有关规定的，可以请求国家知识产权局宣告该专利权无效。"不符合专利法有关规定"包括被授权的客体不属于《专利法》所定义的发

[①] 最高人民法院《关于审理专利授权确权行政案件适用法律若干问题的规定（一）》第 1 条第 1 款规定："本规定所称专利授权行政案件，是指专利申请人因不服国务院专利行政部门作出的专利复审请求审查决定，向人民法院提起诉讼的案件。"

明、实用新型和外观设计，或属于《专利法》规定的不得授予专利权的客体，或违反法律、社会公德或者妨害公共利益，或属于违反法律、行政法规的规定获取或者利用遗传资源，并依赖该遗传资源完成的发明创造；不符合新颖性等授权的实质条件；发明与实用新型的说明书公开不充分，权利要求未能得到说明书的支持；图片或者照片未能清楚地显示要求专利保护的产品的外观设计；对发明和实用新型专利申请文件的修改超出了原说明书和权利要求书记载的范围，对外观设计专利申请文件的修改超出了原图片或者照片表示的范围，以及向外国申请专利前未经保密审查等。[①]

二、专利权无效宣告的程序

◎ 难度与热度

难度：☆☆☆　　热度：☆☆☆

专利权无效请求应向国家知识产权局提出，对于国家知识产权局作出的无效宣告请求审查决定不服的，可以以国家知识产权局为被告向法院提起行政诉讼。

自公告授予专利权之日起，任何单位或者个人认为该专利权的授予不符合专利法有关规定的，可以请求国家知识产权局宣告该专利权无效；国家知识产权局对宣告专利权无效的请求应进行审查并作出决定。如果国家知识产权局作出了宣告专利权无效的决定，应当由国家知识产权局登记和公告。

如果专利权人对于国家知识产权局宣告专利权无效的决定不服，或者申请人对于国家知识产权局维持专利权的决定不服，可以自收到通知之日起 3 个月内，以国家知识产权局为被告向北京知识产权法院起诉，法院应当通知无效宣告请求程序的对方当事人作为第三人参加提起行政诉讼。此类诉讼案件被称为"专利确权行政案件"[②]。对于北京知识产权法院的判决，当事人不服的，还可以上诉至最高人民法院（由最高人民法院知识产权法庭审理）。最高人民法院的二审判决为终审判决。

需要注意的是，法院不能直接对专利权的效力作出认定，即不能在判决书中认定涉案专利权有效或者无效。一审法院只能针对国家知识产权局维持专利权效力的决定或者宣告专利权无效的决定，作出予以维持或撤销的判决。一旦撤销国家知识产权局关于专利权效力的决定，法院会同时要求国家知识产权局就无效宣告请求重新作出决定。这就意味着国家知识产权局需要再次启动无效宣告审理程序，重新就无效宣告请求作出决定，由此导致无效程序耗时较长。

三、专利权无效宣告的效力

◎ 难度与热度

难度：☆☆☆　　热度：☆☆☆

宣告无效的专利权视为自始即不存在，但存在例外情形。

---

① 《专利法实施细则》第 65 条第 2 款。
② 最高人民法院《关于审理专利授权确权行政案件适用法律若干问题的规定（一）》第 1 条第 2 款规定："本规定所称专利确权行政案件，是指专利权人或者无效宣告请求人因不服国务院专利行政部门作出的专利无效宣告请求审查决定，向人民法院提起诉讼的案件。"

《专利法》第47条第1款规定：宣告无效的专利权视为自始即不存在。这意味着视为相关专利权从未产生过，也无所谓侵害、许可和转让权利的问题。但是，请求宣告该专利权无效，以及专利被宣告无效的时间总是在专利授权之后。在专利权被宣告无效之前，专利实施许可合同或专利转让合同可能早已履行完毕；认定专利侵权成立并判决赔偿损失的判决或管理专利工作的部门责令立即停止侵权行为的决定也可能早已执行完毕。即使在专利权人起诉他人侵犯其专利权时，被告向国家知识产权局请求宣告该专利权无效，法院也可以根据具体情况，不中止侵权诉讼，从而可能导致法院认定专利侵权成立并判决侵权人赔偿损失，而该专利又在日后被宣告无效的情形。

在这些情况下，如果宣告专利权无效的决定对于法院作出并已执行的专利侵权的判决、调解书，已经履行或者强制执行的专利侵权纠纷处理决定，以及已经履行的专利实施许可合同和专利权转让合同具有追溯力，则原来被法院或管理专利工作的部门认定的侵权人就有权要求返还损害赔偿金或赔偿其他经济损失，而原来的专利权受让人或被许可人也会要求返还转让费、许可使用费。这会在一定程度上影响社会经济关系的稳定，并加重法院和管理专利工作的部门的负担。同时还应当看到：在许多专利权被宣告无效的情形中，专利权人本人并无过错，而是审查员未能发现相关申请不符合专利法的规定。如前文提及：相同技术可能已经在申请日以前在其他国家被公开使用，不但审查员无法发现，申请人自己也不知道。只是在专利授权之后，由知晓这一情况的他人请求宣告专利权无效，才使国家知识产权局根据新发现的事实宣告专利权无效。另外，在专利实施许可合同或专利权转让合同业已履行完毕的情况下，被许可人或受让人往往已经获得了相应的利益；而在专利侵权诉讼和管理专利工作的部门查处专利侵权行为的过程中，被控侵权人如果未能及时请求宣告专利权无效，或未能尽到举证责任，对于败诉的后果也应承担一定责任。因此，《专利法》第47条第2款中规定：宣告专利权无效的决定，对在宣告专利权无效前人民法院作出并已执行的专利侵权的判决、调解书，已经履行或者强制执行的专利侵权纠纷处理决定，以及已经履行的专利实施许可合同和专利权转让合同，不具有追溯力。

需要注意的是："无追溯力"原则的前提是原专利权人没有过错，以及专利实施许可合同或专利权转让合同的被许可人或受让人已经从原专利中获得了利益，或者对被控侵权人并无明显不公。如果这两个前提并不存在，则"无追溯力"原则就失去了适用的基础。为此，《专利法》第47条也对"无追溯力"原则规定了两个例外情形：首先，对原专利权人的恶意给他人造成的损失，应当给予赔偿。"恶意"是指原专利权人在申请专利时，就知道自己无权获得专利权。例如，此人故意抄袭他人已经在其他国家公开使用的技术或者文献上已经记载的技术，就属于具有恶意。其次，即使原专利权人没有恶意，但如果不返还专利侵权赔偿金、专利使用费、专利权转让费，明显违反公平原则，也应当全部或者部分返还。例如，他人刚根据专利实施许可合同或专利权转让合同支付了全部许可使用费或转让费，但还没有来得及实施专利，该专利就被宣告无效，导致相关技术可以为任何人所免费使用。此时被许可人或受让人尚未从相关技术中获得任何利益，不允许他们要求返还许可使用费或转让费是明显不公平的。

第五节 专利权的期限和终止

一、专利权的期限

◎ 难度与热度

难度：☆☆☆　热度：☆☆☆

发明专利权的期限为 20 年，实用新型专利权的期限为 10 年，外观设计专利权的期限为 15 年，均自申请日起计算。

与《著作权法》类似，《专利法》保护发明创造的主要目的也是鼓励创新，并不仅仅是奖励发明人和设计人。技术的进步尤其需要建立在利用前人成果的基础之上，如果对发明创造提供永久保护或过长期限的保护，反而会妨碍创新。我国《专利法》第 42 条第 1 款规定：发明专利权的期限为 20 年，实用新型专利权的期限为 10 年，外观设计专利权的期限为 15 年，均自申请日起计算。为发明专利权规定较长的保护期，是因为发明专利的研发成本较高，在技术上具有较强的创造性。保护期届满之后，相关的发明创造就进入了专利法意义上的公有领域，不再受到专利法的保护，任何人对该发明创造的利用无须经过原专利权人许可。

发明专利的审查周期较长，但保护期是从专利申请日而不是授权日开始计算的。如果在专利审查过程中出现了不合理延迟，实际上将缩短专利权人实际可利用专利获取合法回报的期限，因为只有在授权之后，申请人才能成为专利权人，才能行使专有权利并发放许可。为此，《专利法》第 42 条第 2 款规定：自发明专利申请日起满 4 年，且自实质审查请求之日起满 3 年后授予发明专利权的，国家知识产权局应专利权人的请求，就发明专利在授权过程中的不合理延迟给予专利权期限补偿，但由申请人引起的不合理延迟除外。

对于新药而言，取得专利权并不意味着获得了上市许可，新药只有经过药品监督管理部门的评审、取得相关批文后才能上市。此时距专利授权日可能已经过去了较长时间，导致新药发明人只能在较短的时间内享受专利权带来的利益。为了加强对新药研发和投资的激励，《专利法》规定了新药专利保护期补偿机制。《专利法》第 42 条第 3 款规定：为补偿新药上市审评审批占用的时间，对在中国获得上市许可的新药相关发明专利，国家知识产权局应专利权人的请求给予专利权期限补偿。补偿期限不超过 5 年，新药批准上市后总有效专利权期限不超过 14 年。

专利权可因保护期届满而消灭，除此之外，还会因专利权人没有按照规定缴纳年费、专利权人以书面声明放弃其专利权或专利权被宣告无效而消灭。

二、专利权的终止

◎ 难度与热度

难度：☆☆☆　热度：☆☆☆

专利权不仅会因被宣告无效或保护期届满而消灭，还会因专利权人没有按照规定缴纳年费、专利权人以书面声明放弃其专利权而终止。

专利制度的作用之一是促进发明创造的实施。《专利法》为此规定了年费制度，即专利权人每年向国家知识产权局缴纳费用，数额逐年提高。这将促使专利权人尽快自行或许可他人实施专利，否则一方面不能从专利权中获得经济收入，另一方面还要缴纳年费，入不敷出。

专利权作为私权，当然可以放弃。专利权人如果发现难以自行实施专利，也无人愿意付费获得实施许可，继续缴纳年费以维持专利权就失去了意义。此时专利权人可以选择以书面声明放弃其专利权。专利权人没有按照规定缴纳年费、专利权人以书面声明放弃其专利权而导致专利权终止的，由国家知识产权局登记和公告。

》 本章实务案例研习

一、与单位交付的任务以及其提供的物质技术条件无关的发明不是职务发明

（一）案情简介

陈某在南京大学环境科学研究所工作。南京市环保局请陈某帮助研究印染污水处理的问题，陈某应允。在南京大学放寒假期间，陈某与妻子、儿子和女儿在南京大学用地下室改建的实验室中，利用煤灰渣、石灰渣、废酸等原料，以塑料桶、铁棍、瓦盆、竹箩等为工具，以及采取试纸测试等手段，对南京市环保局安排厂家送来的印染污水进行反复试验、测试，完成了"印染污水处理方法及工艺"的构思方案。嗣后，南京大学对此项发明创造申请了职务发明并获得授权。陈某与南京大学就专利权归属发生纠纷。

（二）法院判决

法院认为，陈某的发明既非其本职工作，亦非履行本单位交付的任务。其构思及以试验获得数据的方法简单，不需要复杂仪器，作为证明发明专利效果所用的化学药品及试纸均可在市场上买到，且有购货发票为证，而当时南京大学并无任何人知道这一情况，亦未拨给其经费，所以陈某并未利用南京大学的物质条件，因此，对该项专利应确认为非职务发明创造，专利权应归陈某所有。[1]

（三）法律分析

本案的关键问题在于：涉案发明创造是否是陈某从事本职工作、履行单位交付的任务或主要利用单位物质技术条件的结果？从法院认定的事实来看，答案应当是否定的。一是因为陈某作为南京大学的教学科研人员，其应南京环保局的请求完成的发明创造与其本职工作并无直接关系，并不是其日常工作的内容，也不是接受南京大学下达的任务的结果。二是因为陈某进行测试所用的煤灰渣、石灰渣、废酸等原料，塑料桶、铁棍、瓦盆、竹箩等工具以及试纸等，不但在市场上容易获得，而且其中的化学药品和试纸还由陈某出资购买，所利用的南京大学的物质技术条件非常之少，难言"主要利用单位的物质技术条件完成"。因此，陈某的发明并不是职务发明。

---

[1] 江苏省南京市中级人民法院（1991）经字第104号民事判决书，江苏省高级人民法院（1992）经上字第90号民事判决书。

二、离职 1 年内所完成发明创造的专利申请权归属

(一)案情简介

李某进入某医疗器械公司任制造总监半年后离职,离职后 3 个月左右申请了涉案专利,发明名称为"静脉用药自动配制设备和摆动型转盘式配药装置"。该医疗器械公司与李某就专利权的归属发生纠纷。法院认定的事实包括:首先,根据李某在该医疗器械公司任职期间承担的本职工作或分配的任务,其能够直接接触、控制、获取公司内部与用药自动配制设备和配药装置技术研发密切相关的技术信息,且这些信息并非本领域普通的知识、经验或技能。其次,将涉案专利与该医疗器械公司名称为"自动化配药系统的配药方法和自动化配药系统"的专利相比,二者解决的技术问题、发明目的、技术效果基本上一致,技术方案高度关联。在公司提供的与李某的本职工作有关的图纸中,涉及多个与涉案专利密切相关的部件。李某与公司有关工作人员的往来电子邮件讨论的内容直接涉及与涉案专利技术方案密切相关的研发活动。再次,该医疗器械公司先后申请了 60 余项涉及医疗设备、方法及系统的专利,其中 44 项专利系于李某入职前申请,且有多项专利涉及自动配药装置。最后,涉案专利涉及"静脉用药自动配制设备和摆动型转盘式配药装置",共有 13 页附图、约 60 个部件,技术方案复杂,研发难度大。李某在离职后不到 3 个月即以个人名义单独申请涉案专利,且不能对技术研发过程或者技术来源做出合理说明。

(二)法院判决

法院认为,在判断涉案发明创造是否属于李某"调动工作后一年内作出的、与其在原单位承担的本职工作或者原单位分配的任务有关的发明创造"时,应综合考虑以下因素:一是离职员工在原单位承担的本职工作或原单位分配的任务的具体内容,包括工作职责、权限,能够接触、控制、获取的与涉案专利有关的技术信息等。二是涉案专利的具体情况,包括其技术领域、解决的技术问题、发明目的和技术效果、权利要求限定的保护范围、涉案专利相对于现有技术的"实质性特点"等,以及涉案专利与本职工作或原单位分配的任务的相互关系。三是原单位是否开展了与涉案专利有关的技术研发活动,或者是否对有关技术具有合法的来源。四是权利人、发明人能否对涉案专利的研发过程或者技术来源做出合理解释,相关因素包括涉案专利技术方案的复杂程度,需要的研发投入,以及权利人、发明人是否具有相应的知识、经验、技能或物质技术条件,是否有证据证明其开展了有关研发活动等。[①] 根据本案事实,法院认为本案证据不能证明李某具有独立研发涉案专利技术方案的知识水平和能力,因此涉案专利应归属于该医疗器械公司。[②]

(三)法律分析

职务发明的认定,必须综合各种情况和事实。李某申请专利的发明创造是在其调动工作后一年内做出的,是否属于职务发明,取决于该发明创造是否"与其在原单位承担的本职工作或者原单位分配的任务有关"。如前文所述,这里的"有关"应当是指实质性

---

① 最高人民法院(2019)最高法民申 6342 号民事裁定书。
② 最高人民法院(2019)最高法民申 6342 号民事裁定书。

的、直接的联系。在本案中，李某为原单位的制造总监，其工作职责及与其他员工的往来邮件都说明涉案发明与其本职工作存在直接联系。其涉案发明与原单位的已有发明有高度关联，需要利用原单位大量内部资料，且内容复杂、需要团队协作才能完成。在这种情况下，李某离职后3个月就申请专利的涉案发明显然"与其在原单位承担的本职工作或者原单位分配的任务有关"，应被认定为原单位的职务发明。

三、未全部覆盖权利要求记载的全部技术特征的产品不是侵权产品

（一）案情简介

德国某公司"带托板容器"发明专利的独立权利要求为："一种用于盛放液体的带托板容器……内容器的底部设置成带有一个居中的浅排流槽的排流底部，该排流槽带有一个轻微的坡度从内容器后壁伸展到装在内容器前壁上的排放接头……"该公司指称上海某包装容器公司生产、销售的集装桶侵犯了其发明专利权。经查，被控侵权产品的内容器底部虽然具有浅排流槽结构，但该排流槽并不带有轻微坡度。德国公司认为："轻微"可以被解释为"忽略不计"。

（二）法院判决

法院查明：根据涉案专利说明书的陈述，现有技术的缺陷之一是容器中剩余液体的排空很费事，"必须将与内容器的排放开口对置的一侧抬起"才能排空残液。而说明书陈述的发明目的之一就在于：内容器的底部和托板底部作为排流底部，应能自动地排空带托板容器中的剩余量。该说明书陈述该发明的优点之一，也是该内容器设置了一个倾斜的排流底部来排空带托板容器中的剩余量。因此，权利要求书中的"轻微"一词并非可有可无或忽略不计。"轻微"必须达到能够使容器中的残液被即时排空的程度。由于被控侵权产品的排流槽并不具有坡度，因而该产品没有全面覆盖权利要求书中记载的全部必要技术特征，与专利产品并不相同，不构成侵权。[①]

（三）法律分析

权利要求书具有极为重要的作用，他通过记载技术特征，划定了专利授权后的保护范围。在发生专利侵权诉讼时，实行"全面覆盖原则"，即只有被诉侵权产品或方法包含了权利要求书记载的所有技术特征，才能认定该产品或方法属于侵权产品或方法。在本案中，结合专利说明书的陈述，权利要求书记载的"轻微的坡度"一词具有实质性的意义，即能够解决即时排空容器中残液的技术问题，构成了涉案专利的必要技术特征，而被控侵权产品并不包含该技术特征，因此在技术上并不相同。该产品并非专利产品，制造、销售该产品不构成侵权。

四、不符合授权条件的外观设计专利权被宣告无效

（一）案情简介

某石材厂获得了一种"花岗岩染色板（中国黑）"的外观设计专利权，其专利产品呈方形，主体颜色为黑色，其中不规则分布小亮点，整个染色板具有斜向右下、间距基

---

① 上海市高级人民法院（2004）沪高民三（知）终字第90号民事判决书；张晓都. 专利侵权判定理论探讨与审判实践. 北京：法律出版社，2008：6-8.

本一致的直条形细纹。他人以该外观设计是特定自然物的固有属性、不能重复再现为由，请求宣告该专利权无效。

（二）法院判决

法院认为：该外观设计中的方形是花岗岩染色板产品领域内惯常形状，颜色（黑色）也未发生变化，图案则是将自然物花岗岩表面磨光后，经过染色而自动形成的，其上不规则小亮点和细纹的位置与排布均由所使用花岗岩的自然属性所决定，并非设计者通过绘图或其他能够体现设计者的图案设计构思的手段制作。同时，由于特定自然物花岗岩的自然属性是固有的，其上亮点和花纹的位置与排布均不由产品设计者或产品生产者的主观意志所决定，因而以其所呈现图案为主体的设计不具有再现性。即使在矿藏中存在大致相同结构和属性的花岗岩，经磨光染色后形成了大致相同的图案效果，该图案效果也并非基于使用了设计者的外观设计而形成，而是由该石材的自然属性所决定的，并不属于专利法意义上的再现。① 该外观设计专利权最终被宣告无效。

（三）法律分析

国家知识产权局对实用新型和外观设计专利申请只进行形式审查，不进行实质审查，因此有大量不符合授权条件的实用新型专利权和外观设计专利权被授权。对此任何人都可以请求国家知识产权局宣告该专利权无效。在本案中，涉案外观设计是"花岗岩染色板（中国黑）"其中的亮点和花纹的位置、排布与颜色是自然形成的，不是人为设计的结果，也就是并非智力成果，其根本就不属于《专利法》所称的外观设计，当然不应该被授予专利权，因此，任何人都可以请求宣告该外观设计专利权无效。本案中，国家知识产权局作出宣告该专利权无效的决定后，该石材厂不服，以国家知识产权局为被告提起行政诉讼，一审法院的行政判决维持国家知识产权局的决定，该石材厂不服、提起上诉，二审法院维持一审法院的判决，完成了专利无效宣告的所有程序。

本章同步练习

一、选择题

（一）单项选择题

1. 甲公司的职员李某在调入乙公司后一年之内，作出了一项与其在甲公司和乙公司承担的本职工作都有关的发明创造，该项发明创造的专利申请权归属于：（   ）。

A. 甲公司　　　　　　　　　　B. 乙公司

C. 甲公司与李某共有　　　　　D. 乙公司与李某共有

2. 甲与乙出于巧合，各自独立完成了相同的发明创造。甲于 2015 年 12 月 1 日上午 9：00 到国家知识产权局递交申请文件，乙于同日下午 3：00 到国家知识产权局递交申请文件。下列哪一个说法是正确的？（   ）

A. 应确定甲为申请人

---

① 北京市第一中级人民法院（2012）一中知行初字第 473 号行政判决书，北京市高级人民法院（2013）高行终字第 868 号行政判决书。

B. 应确定乙为申请人

C. 如甲与乙未能就谁应成为申请人达成协议，以抽签方式确定申请人

D. 如甲与乙未能就谁应成为申请人达成协议，同时驳回双方的申请

3. 中国与 A 国都是《巴黎公约》的成员国。A 国国民甲于 2021 年 2 月 1 日向 A 国提出了一项发明专利权申请。中国人乙出于巧合独立完成了同样的发明创造，并于 2021 年 7 月 1 日向中国国家知识产权局提出了同样的发明专利申请。2021 年 12 月 1 日，甲就上述发明创造向中国国家知识产权局提出同样的发明专利申请，并声明要求获得优先权。就甲和乙提交的专利申请，下列正确的说法是：（　　　）。

A. 甲有可能在中国获得授权，因其在 A 国的申请日早于乙在中国的申请日

B. 乙有可能在中国获得授权，因其在中国的申请日早于甲在中国的申请日

C. 甲有可能在中国获得授权，因其享有优先权，在中国的申请日应当为 2021 年 2 月 1 日

D. 甲和乙都不可能在中国获得授权，因其申请互相抵触而都没有新颖性

4. 《巴黎公约》某成员国的一家公司于 2010 年 2 月 1 日向本国专利局就其完成的一项发明提出专利申请。同年 5 月 2 日，该公司参加上海世界博览会并在我国首次展出了该发明且配有详细的说明，使本领域技术人员可以实施。同年 6 月 1 日，该公司授权其技术人员讲技术方案撰写论文后发表。2021 年 1 月 31 日，该公司向我国国家知识产权局就该发明申请发明专利权，并要求优先权。下列哪一选项中的日期为该公司在我国的申请日？（　　　）

A. 2010 年 2 月 1 日　　　　　　　　　B. 2010 年 5 月 2 日

C. 2010 年 6 月 1 日　　　　　　　　　D. 2021 年 1 月 31 日

5. 甲以邮寄方式申请专利，其于 2021 年 6 月 1 日寄出且邮戳清楚，国家知识产权局于 6 月 10 日下午 3 时收到。乙亲自前往国家知识产权局递交申请，受理单上记载的时间为 2021 年 6 月 10 日上午 9 时。下列正确的选项是：（　　　）。

A. 乙有可能获得专利权，因其申请在先

B. 甲有可能获得专利权，因其申请在先

C. 甲和乙应自行协商决定申请人，协商不成的，同时驳回双方申请

D. 甲和乙应自行协商决定申请人，协商不成的，应通过抽签决定谁可申请

6. 我国《专利法》规定，发明专利的保护期限为 20 年，其起算期为：（　　　）。

A. 申请之日　　　　　　　　　　　　B. 授予专利权之日

C. 申请专利的发明公开之日　　　　　　D. 申请专利的发明创造完成之日

7. 甲、乙、丙和丁出于巧合，完成了相同的发明创造且均在我国提出了专利申请。甲于 2021 年 4 月 1 日申请实用新型专利权，后又在同年 12 月 1 日就相同主题申请发明专利权并声明优先权。乙于同年 6 月 1 日申请发明专利权。丙于同年 6 月 1 日在我国政府举办的国际展览会上首次展出了该发明创造，并于同年 11 月 1 日申请发明专利申请。丁于同年 4 月 1 日在全国性学术团体组织召开的学术会议上发表了详细描述该发明创造的论文，并于同年 8 月 1 日申请发明专利权。四人之中谁有可能获得专利权？（　　　）

A. 甲　　　　　　　　　　　　　　　B. 乙

C. 丙　　　　　　　　　　　　　　　D. 丁

8. 我国《专利法》规定的"临时保护"的期间为：（　　）。

A. 自发明专利申请日后 18 个月

B. 自发明专利申请日后 3 年

C. 自发明专利申请日至专利授权日

D. 自发明专利申请文件公开日至专利授权日

9. 科研人员甲于 2020 年 5 月从单位退休，随即被单位返聘，继续从事原单位之前分配给他的研究任务。甲于 2021 年 8 月完成了一项与该任务有关的发明。对该发明享有申请权的是：（　　）。

A. 甲

B. 甲的单位

C. 甲和甲的单位共有

D. 甲和甲的单位自行协商决定

（二）多项选择题

1. 下列有关《专利法》中"发明人"的说法哪些是正确的？（　　）

A. 只有自然人才能成为发明人

B. 仅仅为发明创造提供物质技术条件的人不能成为发明人

C. 即使发明创造构成职务发明创造，在单位获得专利权后，发明人仍然有权在专利证书上写明自己是发明人，因此专利权包括署名权

D. 如果发明创造构成职务发明创造，则视单位为发明人

2. 甲公司就其发明的一种省电型洗衣机首先在《巴黎公约》某成员国申请专利权，并于 2021 年 6 月 1 日获得授权，但甲公司未在中国申请专利权。此后甲公司准备在中国销售该省电型洗衣机，但发现乙公司于 2021 年 7 月 1 日在中国就包含相同技术特征的洗衣机向国家知识产权局提出了发明专利申请。甲公司向某律师咨询对策，律师的下列回答中，正确的是：（　　）。

A. 因乙公司的专利申请侵犯了甲公司的在先专利权，因此乙公司的申请不能被授权

B. 即使乙公司的专利申请被驳回，乙公司也可以在中国制造和销售相同的省电型洗衣机

C. 甲公司可以在国家知识产权局公布乙公司的专利申请文件后向国家知识产权局提出异议。

D. 如果乙公司的专利申请获得授权，甲公司可以随时请求宣告乙公司的此项专利权无效。

（三）不定项选择题

1. 陈某是某单位的职工，为了执行乙单位交付的本职工作之外的任务，完全利用业余时间完成了一项发明创造，陈某并未获得额外报酬或奖励。下列选项正确的是？（　　）

A. 该发明创造为职务发明创造，申请专利的权利归属于单位

B. 该发明创造为职务发明创造，但单位和陈某可以对专利申请权的归属作出约定

C. 该发明创造为非职务发明创造，申请专利的权利归属于陈某

D. 该发明创造为非职务发明创造，陈某申请专利权并获得授权后，单位有权在业务范围内免费实施

2. 陈某通过对某种产品的结构的重新设计，解决了长期悬而未决的一项技术问题。但陈某不知对其成果应申请发明专利还是实用新型专利。下列选项正确的是？（　　）

　　A. 陈某可先申请实用新型专利，次日再申请发明专利。如前一申请获得授权，后一申请仍然有可能获得授权

　　B. 陈某可先申请发明专利，次日再申请实用新型专利。如前一申请被驳回，后一申请仍有可能获得授权

　　C. 陈某可同日申请实用新型专利和发明专利，如发明专利申请被驳回，仍有可能获得实用新型专利

　　D. 不能既申请实用新型专利，又申请发明专利，只能择一申请

二、案例题

1. 瓷雕艺术家甲耗费 3 个月的时间，完成了一个精美的牡丹花瓷雕。该瓷雕为全手工打造，极为精致，其中的花叶、花蕾都栩栩如生（见图 10-7，为本书作者拍摄）。据查，甲的牡丹花瓷雕在造型上具有独创性。由于制作极为精致且需要的手工技巧极为高超，甲继续制作牡丹花瓷雕时，自己也无法做得与第一个完全相同。该牡丹花瓷雕在市场上销售后，被乙购买。乙即向国家知识产权局申请并获得了外观设计专利权。当甲制作了与第一个牡丹花瓷雕造型相似的瓷雕销售时，乙警告甲不得继续销售，并声称这是侵犯乙外观设计专利权的行为。现甲聘请你为其知识产权法律顾问，请根据相关知识产权法的规定，向甲提出能够最大限度保护其利益的建议，并详细说明理由。

图 10-7　牡丹花瓷雕

2.《巴黎公约》某成员国的 A 公司发明了一种特别能省油的汽车发动机，并于 2015 年 4 月 1 日就该汽车发动机首次向 A 国专利局提交了发明专利申请。中国的 B 公司出于巧合发明了同样的汽车发动机，并于 2015 年 6 月 1 日在中国政府举办的国际展览会上首次公开展出了这种发动机，并附有详细解释发动机省油技术的说明。2015 年 9 月 1 日，B 公司向中国国家知识产权局就该汽车发动机申请发明专利权。2016 年 5 月 1 日，A 公司也向中国国家知识产权局就同样的汽车发动机提交发明专利申请，并声明要求优先权。请回答下列问题：

　　（1）A 公司和 B 公司，谁有可能在中国就该新型汽车发动机获得发明专利权？

　　（2）2018 年 4 月 1 日，该新型汽车发动机在我国被授予发明专利权。他人未经许可制造和销售相同的汽车发动机，专利权人起诉并胜诉，法院判决侵权人赔偿 10 万元人民币，并已执行完毕。一年后国家知识产权局根据他人的请求，宣告该专利权因缺乏创造性无效。该无效宣告已发生法律效力。现在侵权诉讼中曾被判侵权的人起诉原专利权人，要求返还 10 万元，该诉讼请求能否获得支持？

第十章 专利权的归属、取得和消灭

参考答案

一、选择题

（一）单项选择题

1. A

解析：员工退职、退休或者调动工作后1年内作出的、与其在原单位承担的本职工作或者原单位分配的任务有关的发明创造，专利申请权归原单位所有。这与员工在新单位承担的本职工作或者接受分配的任务是否与该发明创造有关系，没有必然联系。因此应当选A项。

2. D

解析：先申请原则中的先申请以申请日为标准，甲和乙是同一天向国家知识产权局递交申请的，在这种情况下申请不分先后，应由双方自行协商确定申请人，如果无法协商一致，可同时驳回双方申请，因此D项正确。

3. C

解析：中国和A国都是《巴黎公约》成员国，因此A国国民可以在中国就专利申请享受《巴黎公约》和我国《专利法》规定的国际优先权。A国国民甲就其发明创造首次在一个《巴黎公约》成员国A国申请专利后，就相同主题在12个月内再在中国申请专利（2021年12月1日），以其在A国的申请日（2021年2月1日，优先权日）为在中国的申请日。这样一来，A国国民甲在中国的申请日就早于中国人乙的申请日2021年7月1日，甲有可能获得专利权，D项错误。A项错误是因为其理由错误。

4. A

解析：《巴黎公约》成员国国民在我国申请专利权可享有优先权。前提是在我国提出专利申请前一年之内，已在《巴黎公约》其他成员国首次就相同的主题提出专利申请，此时在《巴黎公约》其他成员国的第一次申请日为在我国的申请日。因此A项正确，其他几项的时间均不能作为该公司在我国的申请日。

5. B

解析：以邮寄方式提交申请的，以邮寄日为申请日，除非邮戳不清楚，此时以国家知识产权局的收到日为申请日。甲邮寄申请的时间早于乙，且邮戳清楚，因此甲有可能获得专利权。因此B项正确。

6. A

解析：三种专利的保护期均从申请日起算。

7. A

解析：甲就同样主题在1年内先后提出两项专利申请（包括发明与实用新型专利申

_331

请的相互转换），可以享有国内优先权。第二次专利申请的申请日应确定为 2021 年 4 月 1 日（国内优先权日）。乙的申请日为同年 6 月 1 日。丙将发明创造在我国政府举办的国际展览会上首次展出，以及丁在规定的学术会议上发表该发明创造的内容，均不产生优先权，只能形成 6 个月的宽限期，申请日仍然为其实际申请日，因此丙的申请日为同年 6 月 1 日，丁的申请日为同年 8 月 1 日。甲的申请日在乙、丙和丁之前，甲有可能获得专利权，因此 A 项正确。

8. D

解析：临时保护期从国家知识产权局公布申请文件起算，至专利授权之日止。

9. B

解析：甲是在返聘期间完成的发明，此时甲仍然是单位的工作人员，不适用员工退职、退休或者调动工作后 1 年内作出的、与其在原单位承担的本职工作或者原单位分配的任务有关的发明创造，专利申请权归原单位所有的规定。因此甲为完成单位分配的任务而完成的发明属于职务发明，专利申请权由甲的单位享有。

（二）多项选择题

1. AB

解析：《专利法》规定的发明人或设计人只能是自然人，这与发明创造是否为职务发明创造没有关系，因此 A 项正确，D 项错误。仅仅为发明创造提供物质技术条件的人没有付出智力劳动，不能成为发明人，因此 B 项正确。即使发明创造构成职务发明创造，在单位获得专利权后，发明人仍然有权在专利证书上写明自己是发明人，但此时专利权人是单位，并不是发明人，因此发明人此项署名的权利并不属于专利权，因此 C 项错误。

2. BD

解析：专利权具有地域性，《巴黎公约》并没有创造出所谓的"世界专利权"，因此甲公司仅在其他国家获得专利权，并不意味着相同的发明创造在中国也受专利法保护。因此甲公司的此项发明在中国不受专利法保护，乙公司的申请并不会侵犯甲公司在国外的专利权。而且即使甲公司在中国取得了专利权，乙公司抄袭了甲公司的发明创造，其提出专利申请本身也不属于对专利权的侵权，因此 A 项错误。由于甲公司在中国没有取得专利权，不能阻止他人未经许可实施其发明，因此 B 项正确。《专利法》与《商标法》不同，没有规定在专利申请过程中他人提出异议的程序，因此 C 项错误。由于甲公司在其他国家获得专利权时，发明的内容必然已经公开，因此乙公司在此后的专利申请一定缺乏新颖性，甲公司可以随时以乙公司的申请缺乏新颖性为由，请求宣告其专利权无效，因此 D 项正确。

（三）不定项选择题

1. A

解析：为完成本单位交付的工作任务而形成的发明创造为职务发明创造，专利申请权由单位享有。至于该发明创造的完成是否利用了业余时间，以及该发明人是否获得了额外的报酬或奖励并无关系，因此 A 项正确，B、C、D 项错误。

2. C

解析：根据《专利法》第 9 条规定，只有同一申请人同日对同样的发明创造既申请实用新型专利又申请发明专利，先获得的实用新型专利权尚未终止，且申请人声明放弃该实用新型专利权的，才可能授予发明专利权。而 A 项和 B 项中陈某先申请实用新型专利，次日再申请发明专利，或者先申请发明专利，次日再申请实用新型专利，不符合上述规定，属于重复申请。无论第一项申请能否获得授权，张某都不可能就第二项申请获得授权，因此 A 项和 B 项错误。C 项符合《专利法》有关同一申请人同日申请发明专利和实用新型专利的规定，D 项则错误。

二、案例题

1. 只有适用于工业应用的设计才能获得外观设计专利权。甲的手工艺品只能手工打造，无法依靠机器进行批量复制，并不符合获得外观设计专利权的条件。因此国家知识产权局授予外观设计专利权，缺乏法律依据，包括甲在内的任何人都可以请求国家知识产权局宣告该外观设计专利权无效。

同时，甲已公开销售产品，乙的申请日在甲公开销售之后，乙的申请也不具备新颖性。包括甲在内的任何人都可以以缺乏新颖性为由，请求国家知识产权局宣告该外观设计专利权无效。

2. （1）A 公司有可能获得发明专利权。因为《巴黎公约》成员国国民首次在《巴黎公约》成员国提出发明专利申请后，又在 12 个月内在其他《巴黎公约》成员国就相同的主题提出发明专利申请的，享有优先权，以在第一个《巴黎公约》成员国的申请日（2015 年 4 月 1 日）为申请日。而申请专利的行为发生在 A 公司优先权日之后，因此根据先申请原则，A 公司有可能获得专利权。

（2）宣告专利权无效的决定，对在宣告专利权无效前人民法院作出并已执行完毕的专利侵权的判决不具有追溯力。如果原专利权人在申请专利和进行维权时没有恶意，则无须返还；但如果原专利权人有恶意，则应当返还。

第十一章　专利权的内容与限制

本章知识点速览

表 11-1　各类专利权内容的比较

—	产品	方法	—	制造权	销售权	许诺销售权	进口权	使用权
技术方案，解决技术问题	√	√	发明	√	√	√	√	√
	√	×	实用新型	√	√	√	√	√
非技术方案，不解决技术问题	√	×	外观设计	√	√	√	√	×

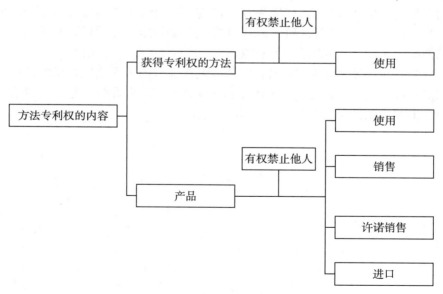

图 11-1　方法专利权的内容

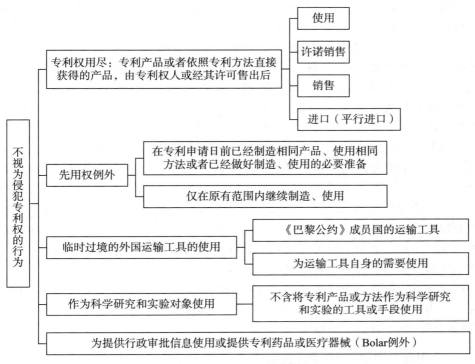

图 11 - 2　不视为侵犯专利权的行为

本章核心知识点解析

　　专利权的本质是国家授予专利权人的专有权利，即排除他人实施其专利的权利。专利权人享有一系列专有权利。发明中产品发明的专利权人以及实用新型专利权人享有 5 项专有权利，即制造权、使用权、销售权、许诺销售权和进口权；发明中方法发明专利的专利权人除享有使用权之外，其专利方法还受到延伸保护。外观设计专利的权利人只享有 4 项专有权利。他人未经许可以生产经营目的实施专利的行为，即擅自实施受专有权利控制的行为，除非有法定抗辩事由，构成对专利权的直接侵权。本章讲解专利权人享有的专有权利，对专利权的利用，即转让、许可和质押，以及专利权消灭的事由和保护期。

<h2 style="text-align:center">第一节　专利权的内容</h2>

一、专利权内容概述

◎ **难度与热度**

难度：☆☆☆　　热度：☆☆☆

专利权的内容即专利法为专利权人规定的各项专有权利。这些专有权利只规制为生产经营目的实施专利的行为。与著作权相似，这些专有权利是禁止权而不是自用权。享有专利权并不意味着专利权人就能自由地实施专利。例如，新型炸药只要符合专利授权条件就可以获得专利权，但专利权人并不能仅凭借专利权就自行制造和销售炸药。同样，新药的发明者即使获得了专利权，也不能自行销售新药，而必须完成一系列实验和报批手续，获得销售许可。享有专利权，仅意味着专利权人有权阻止他人未经许可实施专利。

根据我国《专利法》第 11 条的规定，专利权人仅有权限制他人以"生产经营目的"实施其专利的行为。这意味着仅为私人目的实施专利的行为并不构成专利侵权。例如，技术人员买回专利产品之后，出于兴趣在家中仿造并使用，并不会侵犯专利权人享有的"制造权"和"使用权"。但需要注意的是："为生产经营目的"并不等同于"以营利为目的"或"为商业经营目的"。"生产经营"包括工农业生产，以及对商业、服务业和其他事业如公用事业、教育事业等的经营，并非必然包含营利目的。例如，某大学实验室为了节约开支，未经专利权人许可就自行制造并使用已获得专利权的化学试剂，用于进行其他化学实验。虽然这种对专利产品的制造和使用是为了进行科学研究，而不是为了研制商业产品并加以销售，但仍然属于"为生产经营目的"。后文第二节讲解的不视为侵害专利权的行为之———将专利作为科学研究和实验对象使用，并不包括将专利产品或方法作为科学研究和实验的工具或手段使用。

二、发明和实用新型专利权的内容

◎ **难度与热度**

难度：☆☆☆☆　　热度：☆☆☆☆☆

产品发明专利权人和实用新型专利权人对于专利产品享有制造权、使用权、许诺销售权、销售权和进口权 5 项专有权利。方法发明专利权人享有使用专利方法的专有权利，以及"延伸保护"，即对于依该专利方法直接获得的产品，享有使用权、销售权、许诺销售权和进口权。

发明专利可以分为产品专利和方法专利，前者保护产品，后者保护方法。而实用新型专利只能是产品专利，用于保护实用新型产品。我国《专利法》第 11 条第 1 款规定：发明和实用新型专利权被授予后，除本法另有规定的以外，任何单位或者个人未经专利权人许可，都不得实施其专利，即不得为生产经营目的制造、使用、许诺销售、销售、进口其专利产品。这意味着发明和实用新型专利权人对于专利产品享有制造权、使用权、许诺销售权、销售权和进口权 5 项专有权利。

所谓"专利产品"，是指包含了权利要求书中独立权利要求记载的全部技术特征的产品，并不一定是与专利权人制造的产品相同的产品。例如，对于某发明专利，其权利要求书中独立权利要求记载的技术特征为 A 与 B。如果一种产品包含了 A、B、C 三项技术特征，则该产品就是专利产品。同样，包括了 A、B、C、D 或其他更多技术特征的产品也是专利产品。

（一）产品专利的权利内容

1. 制造权

制造权规制的行为是"制造专利产品"，即做出或者形成覆盖专利权利要求书所记载的全部技术特征的产品。以生产经营为目的制造是一种受到专利权控制的独立行为，只要专利产品是未经许可为生产经营目的而制造的，即使该产品没有被销售，制造行为也构成直接侵权。例如，某人在专利权保护期届满之前擅自制造了一批专利产品，但等到该专利权届满后再进行销售。虽然销售行为并不侵权，因为该行为实施时专利权已不再受保护，但在专利保护期内的制造行为仍然构成侵权。在委托加工专利产品的情况下，如果委托方（定作人）要求加工方（承揽人）根据其提供的技术方案制造专利产品，则双方共同实施了制造专利产品的行为。[①]

2. 使用权

专利权人有为生产经营目的使用专利产品的专有权利，未经许可以生产经营目的使用专利产品构成专利侵权。一般情况下，专利权人自己销售或授权他人销售专利产品，即意味着其已经许可购买者使用专利产品，此时以生产经营目的使用专利产品无须再经过许可（参见本章第二节讲解的"权利用尽"）。但是，如果有人擅自制造专利产品或销售该专利产品，购买者即使并不知道该专利产品是未经许可制造的，也不能以生产经营为目的使用专利产品，否则，将构成对使用权的侵犯。这是因为对专利权的直接侵权与对著作权的直接侵权一样，并不以主观过错为前提，只要未经许可实施了受专有权利控制的行为，就构成直接侵权；过错只影响侵权责任的承担，而不影响对侵权行为的认定。例如，某空调厂擅自生产他人享有专利权的新型节能空调并加以销售，某公司从空调厂购入该空调后即安装使用，无论该公司是否知晓该空调是未经专利权人许可而制造的，使用该空调的行为仍然构成对专利产品使用权的侵犯。需要指出的是，使用者往往是在不知情的情况下以正常价格购买了侵权产品。此时使用者虽然因无过错而不承担赔偿责任，但要求其承担停止侵权的法律责任，或者要求其向专利权人补交许可使用费，仍可能给许多使用者增加负担。基于这种考虑，最高人民法院在司法解释中规定，使用不知道是未经专利权人许可而制造并售出的专利侵权产品，且能举证证明该产品合法来源以及已支付该产品的合理对价的，使用者不承担停止使用的责任。[②]

3. 销售权

专利权人有为生产经营目的销售专利产品的专有权利，未经许可以生产经营目的销售专利产品构成专利侵权。根据相关司法解释，产品买卖合同依法成立的，就属于《专利法》规定的销售。[③]

与使用权相类似的是，专利权人自己销售或授权他人销售专利产品之后，购买者就可以不经专利权人许可对购得的专利产品进行转售（参见本章第二节讲解的"权利用尽"）。但如果专利产品是未经许可而制造的，则首次销售该专利产品者是侵权者，且无论购买者是否知晓该专利产品是未经许可而制造的，其再行转售的行为都构成专利侵权。根据司法解释，将发明或者实用新型专利产品作为零部件，制造另一产品的，属于使用行为；销售该另一产品的，则属于销售行为。[④] 据此，计算机公司购入未经专利权人许可

---

① 最高人民法院（2019）最高法知民终 181 号民事判决书。

② 最高人民法院《关于审理侵犯专利权纠纷案件应用法律若干问题的解释（二）》第 25 条第 1 款。

③ 最高人民法院《关于审理侵犯专利权纠纷案件应用法律若干问题的解释（二）》第 19 条。

④ 最高人民法院《关于审理侵犯专利权纠纷案件应用法律若干问题的解释》第 12 条。

而生产的芯片后，销售装有该芯片的计算机的，侵犯销售权，因为作为零部件的芯片也随整机被销售。但是，如将其安装在用于计算机生产线的自动控制装置中，也就是让芯片在控制装置中发挥功能即使用价值，则该行为侵犯的不是销售权，而是使用权。当然，该计算机公司如果未经许可直接制造该芯片，则侵犯了制造权。

4. 许诺销售权

许诺销售权是为了加强对专利权的保护，将为实际销售进行准备的行为直接纳入了专利权人专有权利的控制范围。根据最高人民法院的解释，许诺销售是指以做广告、在商店橱窗中陈列或者在展销会上展出等方式作出销售商品的意思表示。① 据此，即使没有实际进行销售行为，而仅是为了销售专利产品进行广告宣传或产品展示，仍然构成对专利权的侵犯。需要注意的是：该行为并非间接侵权，而是直接侵权，因为它直接受到许诺销售权这一专有权利的控制。

5. 进口权

专利权人享有为生产经营目的进口专利产品的专有权利，未经许可以生产经营为目的进口专利产品构成专利侵权。从表面上看，规定进口权似乎是不必要的，因为只要进口的专利产品在境内的销售没有经过专利权人的明示或默示许可，该销售行为即构成专利权侵权。但实际上，如果专利权人不享有进口权，其就无法在海关将专利产品拒之于国门之外，一旦从国外进口的专利产品进入国内商业流通并分销至各地，专利权人就很难再对侵权销售行为一一加以追究。而有了进口权，他人未经许可将专利产品输入国内的行为本身即构成直接侵权，而无论其在进口之后是否有销售或许诺销售行为。这就使得专利权人能够借助海关的执法力量阻止专利产品被输入国境，从而最大限度地保护自己的利益。

对于"平行进口"，即专利权人自行或许可他人在某一国家或地区的市场销售专利产品后，他人从该市场购入该专利产品并将其进口至该专利权人也享有专利权的另一国家或地区进行销售，《专利法》规定了"权利用尽"的权利限制。本章第二节将对此进行讲解。

（二）方法专利的权利内容

由于实用新型专利和外观设计专利均针对产品，只有发明专利才可能针对方法，因此，方法专利仅指以方法为保护对象的发明专利，其权利内容为使用权。同时，基于方法专利的特点，《专利法》还对专利方法提供延伸保护，并对侵权诉讼中的举证责任作出了特殊规定。

1. 使用权

专利方法与专利产品不同，是一种实现某种目的的方法，因此，对于方法专利而言，专利权人的首要权利就是使用该方法的专有权利，他人未经许可为生产经营目的使用专利方法，除法律有特别规定外，构成侵权。例如，某人就其发明的一种以低廉的成本合成化学物质的方法获得了专利权，如果某化工厂为了进行销售而未经许可用该方法制造相同的化学物质，就构成对方法专利的侵犯。但需要注意的是：方法专利的对象是方法而非产品，因此，在上例中如果方法专利权人同时发明了新的化学物质和合成方法，但

---

① 最高人民法院《关于审理专利纠纷案件适用法律问题的若干规定》第18条。

仅就合成方法获得了发明专利，而没有就新化学物质申请专利权，则他人用不同的方法合成相同的化学物质并非专利侵权行为。

2. 对方法专利的延伸保护

在上例中，如果化工厂未经许可使用专利方法合成化学物质并加以销售，该化工厂显然侵犯了方法专利权。但购买者为生产经营目的使用、销售或许诺销售该化学物质的行为是否构成侵权呢？如果该化工厂未经许可以专利方法合成化学物质的行为发生在境外，那么进口该化学物质的行为是否构成侵权呢？

如果对上述问题的回答是否定的，则对方法专利的保护在很大程度上就没有意义了。方法专利的对象虽然是方法，但使用专利方法的结果往往是形成某种特定产品。如果方法专利权人只能阻止擅自使用方法的行为，而无法阻止由此形成的产品的使用、进口和流通，则擅自使用方法制造产品者一旦将该产品投放市场，他人就可以自由地使用并出售，而方法专利权人无法从中获得任何补偿。如果擅自使用者破产或逃之夭夭，则方法专利权人的损失就完全无法获得弥补。这对于方法专利的保护是极其不利的。

因此，《专利法》对方法专利提供了"延伸保护"：方法专利权人不但享有使用专利方法的专有权利，而且对于依该专利方法直接获得的产品，还享有使用权、销售权、许诺销售权和进口权。《专利法》第 11 条规定：对于方法专利，任何单位或者个人未经专利权人许可不得使用其专利方法以及使用、许诺销售、销售、进口依照该专利方法直接获得的产品。"依照专利方法直接获得的产品"是指使用专利方法获得的原始产品。[1] 例如，某人就以一种生物工程技术制造乙肝疫苗的方法获得了方法专利权，他人不但不得未经许可以生产经营为目的使用同样的方法制造乙肝疫苗，也不得未经许可为生产经营目的使用、许诺销售、销售和进口由该方法制造的乙肝疫苗。

3. 对方法专利诉讼中举证责任的特殊规定

民事诉讼中举证责任的基本原则是"谁主张、谁举证"，涉及专利的民事诉讼也不例外。在一般情况下，如果专利权人指称他人侵犯了自己的专利权，必须举证加以证明。例如，起诉他人侵犯其对专利产品的销售权的，应当提供从销售者手中购买的侵权产品以及发票等凭证，以证明被控侵权者实施了销售专利产品的行为。但是，对于方法专利侵权诉讼而言，方法专利权人要举证证明他人未经许可使用专利方法是相当困难的，因为对专利方法的使用往往是在使用者自己的场所进行的，方法专利权人用常规手段很难进入使用者的现场进行取证。同时，如果获得专利的方法用于制造在该专利申请日前不为国内外公众所知悉的"新产品"，则由于在专利申请日之前尚不存在该"新产品"，在方法被授予专利权之后，他人使用专利方法制造同样的"新产品"的可能性较大。因此，《专利法》第 66 条第 1 款对于涉及方法专利侵权纠纷中的举证责任作出了特殊规定：专利侵权纠纷涉及新产品制造方法的发明专利的，制造同样产品的单位或者个人应当提供其产品制造方法不同于专利方法的证明。这意味着如果专利方法是用于制造一种新产品的，而他人制造了相同的新产品，则可以推定他人是使用专利方法制造该新产品的，除非其可以举证证明自己使用了不同方法。这种"举证责任倒置"的特殊规定大大增强了对方法专利的保护。

---

[1] 最高人民法院《关于审理侵犯专利权纠纷案件应用法律若干问题的解释》第 13 条。

需要注意的是：这一特殊规定仅适用于涉及"新产品"制造方法的发明专利。这是为了维系方法专利权人与产品制造者之间的利益平衡。如果获得发明专利的方法仅能用于制造"旧产品"，而"旧产品"原本就可以用"旧方法"制造，而且很可能有许多不同的制造者，那么要求"旧产品"的所有制造者都举证证明自己没有用专利方法制造，会使方法专利权人的诉讼成本大为降低，有可能引发滥诉。而当专利方法是用来制造"新产品"时，由于这种产品原本并不存在，他人提供的"新产品"就很有可能源于未经许可使用的专利方法，此时适用"举证责任倒置"才较为合理。根据最高人民法院的司法解释，产品或者制造产品的技术方案在专利申请日以前为国内外公众所知的，该产品不属于《专利法》第66条规定的"新产品"①。在专利侵权诉讼中，对于涉案产品是否属于"新产品"应由权利人举证证明。权利人应提交初步证据证明涉案产品与专利申请日之前已有的同类产品相比，在产品的组分、结构或者其质量、性能、功能方面有明显区别。②法院不能仅以制造产品的方法已被授予专利权为依据，推定相关产品属于"新产品"，并认定涉案产品属于"新产品"以及涉案方法属于制造"新产品"的方法，进而适用"举证责任倒置"，因为对于"旧产品"也可能发明新的制造方法，制造乙肝疫苗（"旧产品"）的新方法即为典型实例。

对于"旧产品"的制造方法而言，由于专利权人难以接近被控侵权人的生产现场以取得完整的制造方法证据，专利权人客观上仍然难以证明被控侵权人使用了专利方法制造"旧产品"。那么，又如何对用于制造"旧产品"的专利方法提供有效的保护呢？对此，最高人民法院《关于知识产权民事诉讼证据的若干规定》第3条规定："专利方法制造的产品不属于新产品的，侵害专利权纠纷的原告应当举证证明下列事实：（一）被告制造的产品与使用专利方法制造的产品属于相同产品；（二）被告制造的产品经由专利方法制造的可能性较大；（三）原告为证明被告使用了专利方法尽到合理努力。""原告完成前款举证后，人民法院可以要求被告举证证明其产品制造方法不同于专利方法。"最高人民法院也在相关判决书中指出，如果专利权人已证明被控侵权人制造了同样产品，经合理努力仍无法证明其使用了专利方法，只要根据案件具体情况，结合已知事实及日常生活经验，能够认定该同样产品经由专利方法制造的可能性很大，法院仍然可将举证责任分配给被控侵权人。

三、外观设计专利权的内容

◎ **难度与热度**

难度：☆☆☆☆　热度：☆☆☆☆☆

外观设计专利权的内容包括制造权、许诺销售权、销售权和进口权，不包括使用权。这意味着未经许可，他人不得制造外观设计产品，或对外观设计产品进行销售或许诺销售；也不得进口外观设计产品。"外观设计产品"是指采用了与授权外观设计相同或者近似的外观设计，且与外观设计专利产品相同或者相近种类的产品。这就意味着外观设计专利权人只能控制他人在相同或者相近种类的产品上使用与授权外观设计

---

① 最高人民法院《关于审理侵犯专利权纠纷案件应用法律若干问题的解释》第17条。
② 最高人民法院（2018）最高法民申4149号民事裁定书。

相同或者近似的外观设计。他人在既不相同也不相近的产品上使用相同或近似的外观设计的行为并不受外观设计专利权的控制。（对此的详细讲解，请参见本书第九章第二节）

需要注意的是：外观设计专利权的内容不包括使用权。这意味着以生产经营为目的，使用未经许可制造、销售或进口的外观设计专利产品不构成侵权。例如，某人设计了新颖而富有美感的印花地毯，并获得了外观设计专利权。他人未经许可仿造并销售，某公司购入后放置在经营大厅中使用，该行为并不侵犯外观设计专利权。这是因为外观设计不是技术方案，对外观设计产品不能像对发明、实用新型产品那样进行"功能性使用"。因此，《专利法》并未赋予外观设计专利权人以使用权。

第二节　不视为侵犯专利权的行为

《专利法》第75条规定了"不视为侵犯专利权"的五种情形。这五种情形在表面看来，都是未经许可实施专利的行为。但基于特定的立法政策，《专利法》规定这些行为并不构成对专利权的侵犯。

一、专利权用尽后的特定实施行为

◎ 难度与热度

难度：☆☆☆☆　热度：☆☆☆☆☆

专利权用尽，又称专利权穷竭，是指对于经专利权人许可或以其他方式合法投放市场的专利产品或者依照专利方法直接获得的产品，他人在购买之后无须经过专利权人许可，就可以使用、许诺销售、销售、进口。

"专利权用尽"与著作权法中"发行权用尽"的原理是相同的，此处不再赘述。《专利法》第75条第1项规定，专利产品或者依照专利方法直接获得的产品，由专利权人或者经其许可的单位、个人售出后，使用、许诺销售、销售、进口该产品的，不视为侵犯专利权。例如，专利权人自行制造并售出一批专利产品，他人购得后用于生产经营或者进行转售都无须再经过专利权人的许可，也不会构成对专利权人的使用权、销售权或许诺销售权的侵犯。

有两种情形可以导致专利权"用尽"。第一种是专利权人许可将专利产品投放市场，包括专利权人自行或许可他人制造的专利产品被售出，以及专利权人自行或许可他人使用专利方法直接获得的产品被售出。第二种是专利权人虽然没有直接许可制造和出售专利产品，但他人对专利产品的制造和出售是依法进行的。在发明专利申请公布日至授权公告日期间（临时保护期），有人制造和出售相同产品，当然不构成侵权（此时尚不存在专利权）。他人购入该批产品并在专利授权后销售，只要专利权人已经获得了临时保护期间的适当费用，该销售行为就不构成侵权。对此司法解释规定：发明专利公告授权后，未经专利权人许可，为生产经营目的使用、许诺销售、销售在发明专利申请公布日至授权公告日期间内已由他人制造、销售、进口的产品，且该他人已支付或者书面承诺支付《专利法》第13条规定的适当费用的，对于权利人关于上述使用、许诺销售、销售行为侵犯专利权的主张，人民法院不予支持。[①] 本书下文要讲解的先用权人制造和出售专利产品，以及获得强制许可的人制造和出售专利产品等即属此种情形。

"专利权用尽"也适用于进口权，《专利法》承认"平行进口"的合法性。所谓"平行进口"是指专利权人自行或许可他人在某一国家或地区的市场销售专利产品后，他人从该市场购入该专利产品并将其进口至该专利权人也享有专利权的另一国家或地区进行销售。产生"平行进口"的主要原因在于同样的专利产品在不同国家或地区的销售价格有所差异，而这又源于不同国家和地区不同的经济发展水平、劳动力价格和政府管理措施。假设某汽车制造商就一种新型汽车发动机在中国和英国都获得了专利权，在中国和英国分别向甲公司和乙公司发放了该专利的独占实施许可，由此形成了甲公司独占该专利产品在中国的市场、乙公司独占该专利产品在英国的市场的局面。但使用相同发动机制造的汽车在英国的售价低、在中国的售价高，于是就会产生有人将乙公司在英国市场销售的汽车运至中国销售，以赚取差价的现象。

在上述假想例中，将乙公司在英国市场销售的汽车进口至中国销售，必然会影响甲公司的利益，甲公司当然会反对这一进口行为。那么，甲公司能否根据其"进口权"阻止"平行进口"呢？我国《专利法》第75条第1项明确规定：专利产品或者依照专利方法直接获得的产品，由专利权人或者经其许可的单位、个人售出后，进口该产品的，不视为侵犯专利权。这等于承认了"平行进口"的合法性，也就是专利权可以发生国际用尽，进口权不能阻止"平行进口"。在上述假想例中，未经甲公司许可，将乙公司在英国市场制造和销售的汽车运至中国销售，并不侵害甲公司依独占实施许可合同享有的进口权、销售权。

需要注意的是，专利权的国际用尽与专利权人享有的进口权并不矛盾。前者的前提是专利产品或者依照专利方法直接获得的产品已"由专利权人或者经其许可的单位、个人售出"，换言之，相关产品在出口国由专利权人（该专利权人指中国专利权人，其往往在出口国就同一发明创造获得了专有权）或其被许可人销售。此时对于他人在国外购入该产品后进口至我国的行为，适用专利权用尽（国际用尽），并不侵犯专利权。如果这个前提不成立，则相关的进口行为不能被称为"平行进口"，不可能发生专利权的国际用尽。换言之，如果他人未经专利权人许可制造相同的产品并在出口国销售，该销售由于没有经过专利权人许可，不会导致专利权在保护该专利权的进口国用尽。此时他人在出口国购入该产品后进口至我国的行为构成对专利权人进口权的侵害。如果将上文所述的假想例改为：某汽车制造商就其发明的一种新型汽车发动机仅在中国获得了专利权，他人未经许可在英国制造相同的发动机并用于制造汽车（注意该行为在英国属于合法行为，因为发明人在英国对该发动机不享有专利权），从英国制造商手中购入此种汽车并运至中国销售，当然会侵犯中国专利权人享有的进口权和销售权。

[①] 最高人民法院《关于审理侵犯专利权纠纷案件应用法律若干问题的解释（二）》（2020年修正）第18条第3款。

二、先用权人的特定实施行为

◎ **难度与热度**

难度：☆☆☆☆　热度：☆☆☆☆☆

所谓先用权人，是指在他人申请产品或方法专利之日以前，就已经制造了相同的产品、使用了相同的方法，或已经做好了制造或使用的必要准备的人。有时两个以上的人出于巧合完成了相同的发明创造或设计，其中一人出于某种考虑并未申请专利，而是直接开始制造产品、使用方法或进行投资，准备加以制造或使用；而另一人选择申请专利权，此人获得授权之后，即享有对专利产品的制造权和对专利方法的使用权。如果先前选择开始制造产品或使用方法的人因此无法继续进行制造和使用，显得有失公平，特别是当其已经为制造或使用而进行了大量投资如建造厂房、购买机器设备以及招聘和培训人员之后，他人因专利申请获得批准而要求其不得按原计划进行制造或使用，将会导致较大的经济损失和资源浪费。

为此，《专利法》第 75 条第 2 项规定：在专利申请日前已经制造相同产品、使用相同方法或者已经作好制造、使用的必要准备，并且仅在原有范围内继续制造、使用的，不视为侵犯专利权。所谓"原有范围"，是指专利申请日前已有的生产规模以及利用已有的生产设备或者根据已有的生产准备可以达到的生产规模。

违法获取他人发明创造的行为，不能成为进行先用权抗辩的基础，否则对发明人或设计人并不公平，也会助长使用商业间谍等非法手段获取他人发明创造的风气。最高人民法院在司法解释中对此明确规定：被诉侵权人以非法获得的技术或者设计主张先用权抗辩的，人民法院不予支持。[①] 当然，享有先用权的原因并不限于独立发明，还包括以其他合法手段获取相关发明创造的内容。例如，专利权人先将其发明创造送到世博会上首次展出，或首先在规定的学术会议或技术会议上首次发表，然后利用 6 个月的宽限期申请专利权。在这种情况下，他人在世博会或学术会议、技术会议上获知发明创造的内容当然属于合法获得。如果此人在专利权人申请专利之前就开始制造相同的产品、使用相同的方法，或已经做好了制造或使用的必要准备，则其仍然可以享有先用权。

需要注意的是："先用"是指以非公开方式进行的使用。例如，甲和乙各自独立发明了相同的新型汽车发动机。甲不但制造了发动机，还将其安装在汽车上公开销售。而乙是在甲公开销售装有新型发动机的汽车之后才申请专利权的。对乙而言，因在其申请日之前已有相同的技术通过使用向社会公开，其申请会因不具备新颖性而无法获得专利权，甲自然可以不受限制地制造自己发明的发动机。只有不公开地"先用"，在后的申请才有可能获得专利权，《专利法》第 75 条中先用权人在原有范围内继续制造专利产品或使用专利方法不构成专利侵权的规定才有意义。

三、临时过境的外国运输工具对专利的使用

◎ **难度与热度**

难度：☆☆☆☆　热度：☆☆☆☆☆

---

① 最高人民法院《关于审理侵犯专利权纠纷案件应用法律若干问题的解释》第 15 条第 1 款。

　　运输工具以生产经营目的使用专利产品或方法的行为受到专利权人使用权的控制。例如，某人对一种新型汽车发动机享有专利权，如果运输公司购买的汽车中安装了未经专利权人许可而制造的发动机，则运输公司使用该汽车从事经营性旅客运物或货物运输的行为构成专利侵权。在《专利法》没有规定权利限制的情况下，外国运输公司使用的汽车只要安装了未经中国专利的权利人许可制造的发动机，一旦为运输经营目的驶入中国境内理应构成侵权。无论其是往返于本国与中国之间，还是仅仅通过中国境内将旅客或货物运至其他国家，在中国境内的营运均是侵权行为。但是，为了便利跨国交通运输，《专利法》第75条第3项根据《巴黎公约》的要求，规定临时通过中国领陆、领水、领空的外国运输工具，依照其所属国同中国签订的协议或者共同参加的国际条约，或者依照互惠原则，为运输工具自身需要而在其装置和设备中使用有关专利的，不视为侵犯专利权。事实上，只要运输工具的所属国是《巴黎公约》成员国，均可享受临时过境的例外。该例外适用于暂时或偶然入境的外国运输工具，而"暂时进入"包括定期进入，"偶然进入"则包括因迷航或船舶失事等意外原因而入境。①

　　享受临时过境的例外，必须是为运输工具自身需要而在其装置和设备中使用有关专利产品或方法。如在汽车发动机、飞机起落架或轮船航海仪器上对专利的使用。但超出该范围的使用就不能享受例外规定了，如使用运输工具将在国外未经国内专利权人许可制造的专利产品运进国内。

四、将专利作为科学研究和实验对象使用

　　根据《专利法》第75条第4项的规定，专为科学研究和实验而使用有关专利的，不视为侵犯专利权。应当指出的是：对本项的用语需要进行正确的理解。所谓"专为科学研究和实验而使用有关专利"，仅仅是指将专利产品或方法作为科学研究和实验对象加以使用，如测试专利产品的性能、评价专利方法的实施效果，以及研究如何改进现有专利产品或方法等，其中的"使用"可以包括制造。例如，有人就一种制造玻璃球的机器获得了专利权。他人未经许可就为测试目的使用这种机器制造了一批玻璃球，但测试效果不佳，该批玻璃球也未被出售，法院认定这种使用属于为实验目的的使用，不构成侵权。②

　　但是，将专利产品或方法作为科学研究和实验的工具或手段使用并不属于能够享受例外的范围。例如，对于已经获得专利权的化学试剂，大学实验室或化学制品公司设立的研究机构可以为了将该试剂与其他试剂进行比较，而自行制造一些试剂并加以分析，不构成侵权。但是，如果该实验室或研究机构制造和使用该试剂的目的是用它去合成其他化学物质，或在其日常实验或研究中作为实验材料使用，则仍然需要直接经过专利权人许可或者购买经过其授权制造和销售的该化学试剂，而不能自行制造并使用，否则，构成侵权。可以想见，如果作出相反解释，即认为将专利产品或方法作为科学研究和实验的工具或手段使用，不视为侵犯专利权，则对于作为专用于科学研究和实验的工具或手段的产品或方法而言，其获得专利权的意义就会大打折扣。例如，许多实验室中的精

---

① 博登浩森. 保护工业产权巴黎公约指南. 汤宗舜，段瑞林，译. 北京：中国人民大学出版社，2003：54.
② Akro Agate Co. v. Master Marble Co., 18 F. Supp. 305（N. D. W. Va., 1937）.

密测量和分析仪器都是受专利权保护的发明创造，根据上述相反解释，任何人在实验室中使用这些仪器都不构成侵权行为。

五、为提供行政审批信息使用或提供专利药品或医疗器械（Bolar 例外）

◎ **难度与热度**

难度：☆☆☆☆　　热度：☆☆☆☆☆

《专利法》第 75 条第 5 项规定：为提供行政审批所需要的信息，制造、使用、进口专利药品或者专利医疗器械的，以及专门为其制造、进口专利药品或者专利医疗器械的，不视为侵犯专利权。药品专利权和医疗器械专利权超过保护期之后，任何人都可以自由地仿造相同的药品和医疗器械，而且由于不再需要支付专利许可使用费，仿造药品和医疗器械的价格会比较低廉。但法律对这两种产品的上市有严格的条件限制：其必须经过一系列实验（如对药品的动物实验、一期和二期人体实验等），向主管部门提交相关信息，待主管部门批准其上市后，才可以销售。如果等到专利权保护期届满后才能利用药品和医疗器械进行实验，由于实验和审批都需要较长时间，公众将无法在专利过期之后立即享受到廉价且同质的替代产品，实际上是变相延长了专利保护期。但如果提前制造专利药品或医疗器械以做实验之用，又会构成专利侵权。为了解决这一问题，《专利法》作出了上述规定，故被称为"Bolar 例外"。

第三节　强制许可

强制许可是《著作权法》和《商标法》中所没有的，强制许可是指为了防止专利权人滥用专利权阻碍技术进步和损害公共利益，国家专利行政部门（国家知识产权局）可以根据申请而给予实施专利的许可。强制许可与《著作权法》中的法定许可不同：法定许可是根据《著作权法》的规定而直接给予符合条件者的许可，无须经过国家著作权主管部门的审查和批准。而对专利的强制许可应由符合条件者提出申请，经国家知识产权局审查、批准之后才能给予。我国《专利法》规定了下列强制许可。

一、防止滥用的强制许可

◎ **难度与热度**

难度：☆☆　　热度：☆

根据《专利法》第 53 条的规定，在两种情形下，国务院专利行政部门（国家知识产权局）根据具备实施条件的单位或者个人的申请，可以给予实施发明专利或者实用新型专利的强制许可：（1）专利权人自专利权被授予之日起满 3 年，且自提出专利申请之日起满 4 年，无正当理由未实施或者未充分实施其专利的；（2）专利权人行使专利权的行为被依法认定为垄断行为，为消除或者减少该行为对竞争产生的不利影响的。

国家授予发明创造人专利权，一方面是为了激励更多的发明创造，另一方面也是因为专利的实施能够给社会带来利益。如果专利权人一直不自己实施专利，也不许可他人实施专利，则社会无法从该项专利中直接受益。例如，药品专利权人在一国不但自己不生产专利药品，也不授权他人生产或从国外进口专利药品，则该国人民就丧失了使用专利药品治疗疾病的机会。专利权人的这种行为被认为构成了对专利权的滥用。因此，《巴黎公约》第5条A款允许成员国采取立法规定给予强制许可的条件，以防止以不实施等方式对专利权的滥用。

具备实施条件的单位或者个人在申请强制许可时，应当提供证据，证明其以合理的条件请求专利权人许可其实施专利，但未能在合理的时间内获得许可。"合理的条件"是指该行业通常的惯例及合理的实施条款和条件，其中主要是指专利许可使用费。如果专利权人在法定期间内一直拒绝按照合理条件给予具备实施条件的单位或者个人以实施许可，导致专利产品无法充分地供应我国市场，阻碍了我国产业的发展，则具备实施条件的单位或者个人就可以申请强制许可。

虽然专利权本质上是一种垄断权，专利权人可以阻止他人未经许可利用受专利权保护的技术，但如果专利权人滥用权利限制竞争，就可能损害社会公共利益。例如，如果一项专利技术被纳入技术标准，就意味着市场经营者为了提供符合技术标准的产品必须使用这项专利技术。此时如果专利权人拒绝授权或索要远高于市场标准的许可使用费，就会剥夺其他经营者遵守技术标准，与专利权人进行竞争的机会。《专利法》第20条第1款第1句对此规定：申请专利和行使专利权应当遵循诚实信用原则。不得滥用专利权损害公共利益或者他人合法权益。滥用专利权，排除或者限制竞争，构成垄断行为的，依照《反垄断法》处理。《反垄断法》规定，"……经营者滥用知识产权、排除、限制竞争的行为，适用本法"。对于专利权人利用专利权实施的部分具有垄断性质的行为，国家知识产权局可以通过颁发强制许可提供救济。

二、根据公共利益需要的强制许可

◎ 难度与热度

难度：☆☆　　热度：☆

在国家出现紧急状态或者非常情况时，或者为了公共利益的目的，国家知识产权局可以给予实施发明专利或者实用新型专利的强制许可。（《专利法》第54条）当国家出现了外敌入侵、恐怖袭击或内乱等严重危及国家安全和社会安定的紧急状态，或重大自然灾害、瘟疫流行等严重影响人民生活的非常情况时，国家和社会的利益显然要优于专利权人的私利。例如，专利权人享有一种先进武器的专利权，却不愿许可国家兵工厂实施，或者享有能有效抑制重大疾病疫情的药品专利而不愿在国内自己制造或许可他人制造药品，显然将损害公共利益。在这种情况下，国务院有关主管部门就可以请求获得实施相关专利的强制许可。

需要注意的是：根据《专利法》第57条的规定，强制许可涉及的发明创造为半导体技术的，其实施限于公共利益的目的和为消除或者减少该专利权人的垄断行为对竞争产生的不利影响。这就意味着半导体技术专利权人在法定期限内无正当理由未实施或者未充分实施其专利的，并不构成给予强制许可的理由。

三、制造并出口专利药品的强制许可

◎ 难度与热度

难度：☆☆　　热度：☆☆

为了公共健康目的，对取得专利权的药品，国家知识产权局可以给予制造并将其出口到符合中华人民共和国参加的有关国际条约规定的国家或者地区的强制许可。(《专利法》第55条)

假如非洲的某一最不发达国家（least developed country）暴发了艾滋病疫情，但由于该国没有能力自行生产能够抑制艾滋病的专利药品，其通过外交渠道希望从我国进口这种专利药品，国务院卫生部门可以请求国家知识产权局给予强制许可，允许被许可人制造这种专利药品并出口到该非洲国家。

四、为实施从属专利需要的强制许可

◎ **难度与热度**

难度：☆☆☆　　热度：☆☆☆

许多取得专利权的发明创造属于"改进发明"，即在原有发明创造的基础之上进行改进，从而获得的新的发明创造成果。如果原有发明创造本身也获得了专利权并仍然在专利保护期之内，改进发明创造获得专利之后，其实施就有赖于原有发明创造专利权人的许可，该专利被称为"从属专利"。

顾名思义，该专利与原专利之间存在从属关系，如果从属专利权人未经许可实施其专利，会构成对原专利权人的侵权。例如，甲发明了电灯泡并获得了发明专利权，其权利要求书中指明的技术特征是以钨做灯丝。乙提出了将现有电灯泡中钨灯丝直径缩短1倍的技术方案，大大延长了灯泡的寿命。乙发明的新型灯泡属于改进发明，与原有电灯泡相比，取得了具有显著经济意义的重大技术进步。如果乙就这项技术获得了专利权，该专利就是甲专利的从属专利。但是，原有电灯泡尚在专利保护期内，而新型灯泡仍然包含了"以钨做灯丝"的技术特征，因此，乙未经甲许可擅自制造或出售新型电灯泡就会侵犯甲的专利权，这样，乙的发明的实施就有赖于甲的许可。显然，如果甲希望阻止竞争对手乙销售其新产品，就会拒绝许可乙实施自己的专利。这样，不但乙无法制造和销售技术上更为先进的灯泡，而且公众也被剥夺了享受技术进步带来的利益的权利。

对此，《专利法》第56条规定：一项取得专利权的发明或者实用新型比前已经取得专利权的发明或者实用新型具有显著经济意义的重大技术进步，其实施又有赖于前一发明或者实用新型的实施的，国家知识产权局根据后一专利权人的申请，可以给予实施前一发明或者实用新型的强制许可。在依照这一规定给予实施强制许可的情形下，国务院专利行政部门（国家知识产权局）根据前一专利权人的申请，也可以给予实施后一发明或者实用新型的强制许可。在上例中，乙发明的改进型灯泡比甲的电灯泡先进许多，但其实施又有赖于甲许可乙实施甲的专利。在这种情况下，乙就可以向国家知识产权局申请实施甲的专利的强制许可。如果乙获得了这一强制许可，则甲可以申请获得实施乙的专利的强制许可。这是因为乙的发明创造毕竟是在甲原有的发明创造基础上做出的，如果乙已有权实施甲的专利，应当允许甲实施乙的专利，以示公平。根据《专利法》第59条的规定，从属专利的权利人在申请此项强制许可时，应当提供证据，证明其以合理的条件请求在先专利的权利人许可其实施专利，但未能在合理的时间内获得许可。

需要注意的是：除为公共健康目的而出口专利药品的强制许可，以及为消除或减少垄断行为的强制许可之外，强制许可的实施应当主要为了供应国内市场。另外，无论是上述哪一种强制许可，都是有偿许可，因此，取得实施强制许可的单位或者个人应当付给专利权人合理的使用费，其数额由双方协商；双方不能达成协议的，由国务院专利行政部门（国家知识产权局）裁决。而且强制许可还是非独占许可，取得实施强制许可的单位或者个人不享有独占的实施权，也无权允许他人实施。国务院专利行政部门（国家知识产权局）在给予强制许可时，应当根据强制许可的理由规定实施的范围和时间。强制许可的理由消除并不再发生时，国务院专利行政部门（国家知识产权局）应当根据专利权人的请求，经审查后作出终止实施强制许可的决定。

如果专利权人对国家知识产权局关于实施强制许可的决定不服，专利权人和取得实施强制许可的单位或者个人对国家知识产权局关于实施强制许可的使用费的裁决不服，可以自收到通知之日起3个月内向人民法院起诉。

本章实务案例研习

一、科研机构和政府部门示范和推广专利产品属于为生产经营目的的使用

（一）案情简介

本案原告就一种用于防治乳牛乳腺炎的中药饲料添加剂及其制备方法获得了专利权。被告某科学院饲料研究所（以下简称饲料研究所）和某区农业局共同开展优质安全畜产品生产技术研发与推广项目，由饲料研究所生产与专利产品相同的奶牛天然物饲料添加剂，双方在奶牛场、畜场进行了示范与推广。原告起诉被告未经许可实施其专利构成侵权，被告认为饲料研究所属于事业单位，农业局属政府机关，均不具备生产经营的资质，其合作项目的实施并无生产经营目的，因此不侵权。

（二）法院判决

法院指出，不能将"为生产经营目的"简单等同于"实际获利"，也不能仅根据实施主体的性质认定其是否具有生产经营目的。即使政府机关、事业单位等主体具有公共服务、公益事业等属性，其自身不以生产经营为目的，但其实施了市场活动、损害了专利权人的市场利益的，仍可认定具备"为生产经营目的"之要件。虽然在本案中饲料研究所、农业局开展科技合作旨在促进科研成果向生产力转化，引导和支持农业转型发展，带有一定的公共服务和公益事业属性，不直接以生产经营为目的，但是，在科技合作中，通过区政府提供资金资助、饲料研究所提供科技成果，形成"院区合作＋示范基地＋农户"的模式，其生产出的奶牛天然物饲料添加剂产品已经在奶牛场、畜场进行了示范和推广，共计培训技术人员和农民万余人次，使几千名农户直接受益，创造直接经济效益上亿元。可见，涉案项目产生了一定经济效益，并使农民直接获利。饲料研究所、农业局制造、使用涉案专利产品和方法的行为不可避免会侵占涉案专利的可能市场，损害专利权人的市场利益，故两被告的相关行为具备"为生产经营目的"之要件。最高人民法院因此改判两被告侵权。[①]

① 最高人民法院（2020）最高法知民终831号民事判决书。

（三）法律分析

本案中，被告的抗辩是不能成立的。如前文所述，"为生产经营目的"与"以营利为目的"不能画等号，它包括工农业生产，以及对商业、服务业和其他事业如公用事业、教育事业等的经营，并非必然包含营利目的。饲料研究所和农业局未经许可生产原告享有专利的产品并在奶牛场、畜场推广使用，即使没有营利，也实质性替代了原告专利产品的市场，属于专利法意义上的"为生产经营目的"，构成对专利权的侵害。

二、阿霉素制剂生产方法专利侵权案

（一）案情简介

在涉案专利的申请日之前，抗肿瘤药阿霉素及同类药物只能以冻干制品的形式提供，医生在给患者注射之前需要重新配制，也就是在装有冻干粉末的瓶子中加入生理盐水并长时间摇晃瓶子，使冻干粉末完全溶解。这样不仅非常麻烦，而且可能导致配置后的药物核心成分无法达到要求的浓度。原告为此发明了一种生产阿霉素溶液的方法，将药物制成可随时直接取用的药物注射液，省去了冻干和重新配制的环节。原告就该方法在奥地利获得了方法专利权。本案被告销售阿霉素注射液，原告认为被告的产品是未经许可使用该专利方法制造的，起诉其侵犯方法专利权。

（二）法院判决

审理本案的奥地利最高法院认为：原告已经举证证明，在其专利申请日之前，阿霉素只以冻干制品的形式提供，在用药之前需要重新配制。原告的专利方法制造出了可直接注射的阿霉素溶液，因此阿霉素溶液是"新"产品，而被告销售的阿霉素溶液与之具有同样的特征，因此对本案适用奥地利《专利法》第155条规定的举证责任倒置（该条和我国《专利法》第66条如出一辙）。被告应被推定使用了专利方法，其仅仅提出可能存在其他制造阿霉素溶液的方法是不够的，只有当被告举证证明其销售的阿霉素溶液是用其他方法制造的，该推定才能被推翻。[①]

（三）法律分析

被告有关阿霉素本身是已知物质（"旧"产品），因此不应适用举证责任倒置的观点是不能成立的。对此应当探求专利法在保护方法专利时区分对待"新""旧"产品的原因。之所以不对"旧"产品适用举证责任倒置，是因为该产品在方法专利的申请日之前就为公众所知，则必然存在制造该"旧"产品的方法。在方法专利授权之后，他人继续使用原有方法制造相同"旧"产品的可能性较高。与之相反，对于在方法专利的申请日之前不为公众所知的产品，在申请日之前也不存在制造该产品的公知方法，则在方法专利授权后，他人在制造相同产品时，使用不同于专利方法的其他方法的可能性就较小。在本案中，阿霉素本身虽然是已知物质（"旧"产品），但在涉案方法专利申请日之前只以冻干粉末方式提供，并不存在可直接用于注射的溶液形态，也不可能存在公知的制造阿霉素注射液的方法，因此，只有将可直接用于注射的阿霉素溶液定为"新"产品，才符合立法目的和举证责任倒置规则的原理。

---

① Oberster Gerichtshof（Doxorubicin）（4 Ob 47/02），2002（Austria），IIC 2004，35（1），78-81.

三、星巴克保温杯外观设计专利侵权案

(一)案情简介

某家居用品公司是一种饮水杯外观设计(图11-3左侧)的专利权人,星巴克公司销售的一款不锈钢保温杯(图11-3右侧)与该外观设计高度近似。该家居用品公司指称星巴克公司及其供货商侵犯了其专利权。星巴克公司及其供货商提出了先用权抗辩。

图11-3 两款水杯

法院查明,涉案专利申请日为2014年5月26日,而在2013年11月至2014年2月之间,星巴克公司及其供货商之间的往来邮件已经讨论了一款星巴克杯子的设计、开模、交付样品存在的问题等事宜,邮件附件中该杯子的设计图片与涉案保温杯一致。2014年2月星巴克公司向其供货商发送了订单,其与该供货商提供的售货确认书、装箱明细、发票、海关出口货物报关单等证据相互印证,证明该供货商于2014年6月14日完成2万余件订单产品的生产、装箱、报关。

(二)法院判决

法院据此认定,虽然涉案保温杯落入了原告的外观设计专利权的范围,但可以认定该供货商在涉案专利申请日2014年5月26日之前已经做好生产相关产品的准备,并制造出了相关产品。虽然并无证据证明该供货商当时所具有的生产规模,但其依据2014年2月的订单于2014年6月向星巴克公司交付的杯子为2万多个,而2015年6月向星巴克公司交付的杯子(原告购买的就是这批杯子中的一个)仅为1 260个,因此没有证据认定该供货商的制造行为超出了原有范围。该供货商对涉案保温杯的制造、销售及星巴克公司的销售行为均不侵犯外观设计专利权。[①]

(三)法律分析

认定先用权抗辩成立的关键,在于被诉侵权人(提出先用权抗辩的人)能否证明在涉案专利申请之前,其已经制造相同产品、使用相同方法或做好了制造、使用的准备,且后续制造和使用没有超出原有范围。在本案中,被告星巴克公司提供的证据能够证明其对使用了相同外观设计的杯子已在涉案专利申请日之前做好了生产相关订单产品的准备,并制造出了相关产品,且之后的制造没有超出原有范围,因此先用权抗辩成立。如果星巴克公司还能进一步证明,在涉案专利申请日之前,该款的杯子已经面向公众销售或者使用,也就是相关外观设计已经公开,还可以请求宣告涉案专利因缺乏新颖性而无效。

四、全美钢铁机车公司诉加拿大太平洋铁路公司案

(一)案情简介

原告美国钢铁机车公司拥有一项有关火车车厢的专利。被告加拿大太平洋铁路公司运营美国至加拿大的铁路运输,将木材运至美国后空车返回。美国钢铁机车公司认为加

---

① 上海知识产权法院(2015)沪知民初字第504号民事判决书。

拿大太平洋铁路公司使用的车厢侵犯其专利权。被告以《美国专利法》第 272 条（内容与我国《专利法》第 75 条相近）规定的"临时过境"抗辩。

（二）法院判决

宾夕法尼亚东区联邦地区法院一审认为，被告的行为不能根据"临时过境"例外免责，理由是：（1）火车的车厢不是"运输工具"，火车的车头才是；（2）被告的车厢不是"临时"进入美国，因为其在大部分时间内都是在美国境内运输木材；（3）"专为运输工具的自身需要使用专利"是指帮助运输工具的发动、定位和其他使之运转的需要而使用专利。涉案专利只涉及车厢的结构，并不为火车提供动力。联邦巡回上诉法院推翻了一审判决，其认为：（1）根据词典对"运输工具"的解释，火车车厢也属于"运输工具"；（2）"临时过境"是指为了进行国际商业活动而进入美国境内，并在一段期间后离开。这与运输工具在其使用限期内是否大部分时间待在美国并无关系；（3）《巴黎公约》规定的"临时过境"例外明确包括"在飞机或陆地车辆的构造中……使用专利"。《美国专利法》第 272 条就是为了实施《巴黎公约》有关"临时过境"的规定而制定的，因此，"专为运输工具的自身需要"既包括使运输工具正常运转的需要，也包括使运输工具具有特定构造的需要。[①] 加拿大太平洋铁路公司最终胜诉。

（三）法律分析

如前文所述，《巴黎公约》中的"临时过境"含义较广，既包括"偶然入境"，也包括"暂时入境"，后者又包括定期进入。本案中的火车定期往返于美国和加拿大，就属于"暂时入境"，这与该火车是在美国境内还是在加拿大境内停留的时间更长并无关系。"临时过境例外"的目的是便利国际旅客和货物运输，对该例外的解释应当遵从该立法目的。按照一审法院对"运输工具"的限缩性解释，火车头才是"运输工具"，火车车厢就不是，试问一个孤零零的火车头如何运送旅客和货物？如果"专为运输工具的自身需要使用专利"被限缩解释为仅指帮助运输工具的发动、定位和其他使之运转的需要而使用专利，那使火车车头挡风玻璃防雾的技术也与此无关，对安装了使用该技术的挡风玻璃的火车跨国运输就不能适用"临时过境例外"了，这显然与制订该例外的目的背道而驰。

五、马迪诉杜克大学案

（一）案情简介

马迪是美国著名激光学科学家，是几项激光技术的专利权人，并曾任杜克大学"自由电子激光器"实验室主任。在离开杜克大学后，杜克大学在该实验室中未经许可继续使用其专利设备。马迪对此提起诉讼。

（二）法院判决

一审法院认为，杜克大学仅是为非营利性的实验目的使用专利设备，并不构成侵权。二审法院则认为："实验性使用例外"的适用范围极为狭窄，只限于为娱乐、满足好奇心和纯粹理论探究这几种情形。而为了实现合法的经营目的使用专利，并不能根据"实验性使用例外"免责，无论这种使用是否具有商业目的。包括杜克大学在内的研究型大学通常都会批准和资助研究项目，这无疑会实现大学的合法经营目的，包括使参与研究项

---

① National Steel Car，Ltd. v. Canadian Pacific Ry，357 F. 3d 1319，at 1328－1333（Fed. Cir.，2004）.

目的学生和教师受益，还会提高大学的地位，吸引更多的研究资助、学生和教师。[1] 因此，大学实验室中未经许可利用专利设备进行实验的行为仍然是侵权行为。[2]

（三）法律分析

《美国专利法》虽然未明确规定"科学研究和实验例外"，但其判例确立了类似的例外，其内容与我国《专利法》中的"科学研究和实验例外"是相同的，那就是只适用于将专利产品或方法用于科学研究或实验的对象，而不适用于将专利产品或方法用于科学研究或实验的工具。本案中杜克大学在该实验室中使用马克享有专利权的激光实验设备，是将专利产品用于进行实验的工具，因此杜克大学的抗辩不能成立。

需要指出的是，本案印证了专利法上的"为生产经营目的"与"以营利为目的"或"商业目的"并非同一概念。正如法院指出的那样，杜克大学在实验室中使用专利设备的行为也许与商业目的无关，但能够实现大学的合法经营目的，因此也属于以生产经营为目的的使用。

▷▷ 本章同步练习

一、选择题

（一）单项选择题

1. 某发明专利的权利要求的技术特征是 A＋B＋C＋D，下列包含哪种技术特征的产品侵犯其专利权：（   ）。

A. A＋B＋C   B. A＋B＋E

C. A＋C   D. A＋B＋C＋D＋E

2. 甲公司和乙公司出于巧合，完成了相同的产品发明，甲公司立即投资建厂，以便批量制造该产品。乙公司则在一年后提出了专利申请。现乙公司获得了专利权，律师给甲公司提供的建议中，正确的是：（   ）。

A. 应当停止制造该产品，否则侵犯乙公司的专利权

B. 继续制造，且新建厂房扩大产量，并不会侵犯乙公司的专利权

C. 无须经过乙公司许可就可以继续制造，且可以新建厂房扩大产量，但应当向乙公司支付使用费

D. 可以在原厂生产规模范围内继续制造，无须经乙公司许可并向乙公司支付使用费

（二）多项选择题

1. 某汽车公司就其研发的新型发动机在中国获得了发明专利权，下列选项中他人未经专利权人许可实施的哪些行为是侵权的？（   ）

A. 在中国批量制造该新型发动机准备销售，但尚未销售

B. 某公司购买了他人未经许可制造的该新型发动机后在中国向众多汽车制造厂寄送广告和报价单，但尚未实际销售

---

[1]　Madey v. Duke University，307 F. 3d 1351，at 1362 (Fed. Cir.，2004).

[2]　由于实验室中的涉案设备由第三方所有并掌握，法院认为侵权人并非杜克大学。

C. 某运输公司购买了他人未经许可制造的该新型发动机后安装在汽车上，并在中国境内进行商业性货物运输，但运输公司并不知道购入的汽车发动机是未经专利权人许可而制造的

D. 某俄罗斯运输公司购买了他人未经许可制造的该新型发动机后安装在客车上，并以其从事从俄罗斯穿越中国境内至巴基斯坦的旅客运输

2. 在专利权被授予后，对专利申请日以前已经制造相同产品、使用相同方法的其他企业，根据《专利法》的规定，下列表述正确的是：（　　）。

A. 必须停止制造、使用

B. 可以在原有范围内继续制造使用，但应当同专利权人签订许可使用合同

C. 可以在原有范围内继续制造使用，但应当向专利权人支付使用费

D. 可以在原有范围内继续制造使用，无须经过专利权人许可并向其支付使用费

（三）不定项选择题

1. 2016 年 6 月 1 日，《巴黎公约》成员国的 A 公司开始在中国市场销售一种巧克力，其包装造型及色彩组合新颖、亮丽，很吸引眼球。巧克力生产商 B 公司看到后，也销售具有相同包装造型及色彩组合的巧克力，并于同年 7 月 1 日就相同的外观设计在巧克力产品上向国家知识产权局提交了外观设计专利申请。据查，A 公司曾于 2015 年 6 月 1 日向其本国专利局申请同一外观设计的外观设计专利权，并于 2016 年 5 月 31 日获得外观设计专利权，但 A 公司此前未在中国就该外观设计进行过专利申请。下列选项中正确的是：（　　）。

A. B 公司销售巧克力的行为侵害了 A 公司在先外观设计专利权

B. B 公司的专利申请因缺乏新颖性，不应获得授权

C. B 公司的专利申请因侵犯他人在先权益，不应获得授权

D. 如果 B 公司获得授权，A 公司可以向法院起诉 B 公司，要求法院将该外观设计专利权判归 A 公司所有

2. 某公司就一种特效药在《巴黎公约》成员国 A 国和我国都获得了专利权。A 国的长河公司经法定程序，在 A 国获得了仿制该专利药品的强制许可。下列选项中，侵害制药公司在我国获得的专利权的行为是：（　　）。

A. 某人从 A 国购入长河公司制造的仿制药，加价销售给国内患者

B. 某药物研究所从 A 国购入长河公司制造的仿制药，测试其疗效与原研药之间的差异

C. 某民营医院从 A 国购入长河公司制造的仿制药，以成本价销售给国内患者

D. 某制药公司希望在该药品专利到期后仿制，为了向药监局提供数据，从 A 国购入长河公司制造的仿制药，与自己的仿制药进行比较

二、案例题

1. 2014 年 1 月，A 公司与 B 公司出于巧合，各自独立研制出一种相同的省电型空调。A 公司于 2014 年 6 月向国家知识产权局提交了发明专利申请。而 B 公司则决定立即投资建厂，准备批量生产该新型空调，并在 2014 年 5 月底之前购买了相关设备和原材料，做好了批量生产的准备。B 公司于 2014 年 7 月开始制造并公开销售该新型空调。国

家知识产权局根据 A 的申请于 2015 年 8 月公开了 A 公司的申请文件。中国 C 公司在当月看到申请文件后，立即开始在中国按照申请文件中说明书的描述制造该新型空调并进行销售。《巴黎公约》某成员国的 D 公司在看到申请文件后，于 2015 年 8 月开始在该国按照申请文件中说明书的描述制造该新型空调并进行销售。2017 年 6 月 1 日，国家知识产权局授予 A 公司发明专利权。一家位于中国的 E 公司于 2017 年 6 月 2 日开始从该国进口由 D 公司制造的该新型空调并在中国市场销售。

请回答下列问题：

（1）在 2017 年 6 月之后，B 公司继续制造并销售该新型空调的行为是否侵犯 A 公司的专利权？

（2）在 2015 年 8 月至 2017 年 6 月之间，C 公司在中国制造并销售该新型空调的行为是否侵犯 A 公司的专利权？A 公司在获得专利权之后，对 C 公司在此期间的行为可采取何种法律措施？

（3）在 2017 年 6 月之后，D 公司在其本国继续制造并销售该新型空调的行为是否侵犯 A 公司的专利权？

（4）在 2017 年 6 月之后，E 公司进口并销售该新型空调的行为是否侵犯 A 公司的专利权？

（5）如 A 公司决定对 E 公司提起诉讼，可以在起诉之前向法院申请采取何种法律措施以保护自己的权利？

2. 中国公民 A 发明了一种新型显微镜，并于 2013 年 12 月 1 日向国家知识产权局申请发明专利权，国家知识产权局于 2015 年 5 月公开了其申请文件，并于 2017 年 5 月授予其发明专利权。《巴黎公约》某成员国的 B 公司在看到申请文件中的说明书后，即在该国根据说明书披露的技术制造并出售这种新型显微镜。B 公司在中国的子公司 C 自 2015 年 5 月起一直从该国进口这种新型显微镜并出售。一家中国国家重点生物实验室 D 于 2017 年 6 月从 C 公司手中购买了一台这种新型显微镜，并在日常实验中用于对细菌的观察。某精密仪器制造公司 E 于 2017 年 6 月未经许可制造了一台新型显微镜，用于测试其性能。之后 E 公司对 A 发明的显微镜进行了重大革新，大大提高了其精度，并因此而获得了专利权。但改进后的显微镜落入了 A 专利权的范围，而 A 拒绝许可 E 公司制造和销售其改进型显微镜。请回答下列问题：

（1）A 没有以任何方式向 B 公司所在的《巴黎公约》成员国申请过专利权。请问 A 在 2017 年 5 月之后是否有权要求 B 在其本国停止制造和销售 A 发明的新型显微镜？

（2）C 公司的行为在 2017 年 5 月之前是否侵害 A 的专利权？对此 A 可以采取何种法律措施？

（3）D 公司的行为是否侵害 A 的专利权？如果认为侵权，侵犯了何种专有权利？

（4）E 公司的行为是否侵害 A 的专利权？如果认为侵权，侵犯了何种专有权利？

（5）在 A 拒绝许可 E 公司制造和销售其改进型显微镜的情况下，E 公司可以采取何种对策？

3. 中国和俄罗斯都是《巴黎公约》的成员国。中国的 A 公司发明了一种新型汽车发动机，能够大大降低油耗。A 公司就该汽车发动机在我国申请并获得了专利权，但并未向其他任何国家申请专利权。俄罗斯的汽车制造公司 B 公司得知该专利后，未经 A 公司许可即在俄罗斯制造相同的汽车发动机并安装在汽车上,并在俄罗斯境内销售。俄罗斯的运输公司 C 公司从 B 公司处购得了这批汽车,未经 A 公司许可即用于跨境旅客运输,路线为从俄罗斯穿越中国至印度。中国一家贸易公司 D 公司则从 B 公司处进口了这批汽车,未经 A 公司许可即在国内刊登广告和散发产品目录,准备销售,但尚未实际销售出一辆汽车。中国的 E 研究所未经 A 公司许可,根据已公布的发动机专利说明书制造出了一台发动机,用于研究这种发动机降低油耗的能力;后又对 A 发明的发动机进行了重大改进,进一步节省油耗 20%。E 研究所就其改进型发动机在我国申请并获得了专利权。经查,其改进型发动机完全包含了 A 公司的发明专利权利要求书中记载的技术特征。请回答下列问题:

(1) B 公司的行为是否侵犯 A 公司的专利权?如侵权,侵犯了何种权利?

(2) C 公司的行为是否侵犯 A 公司的专利权?如侵权,侵犯了何种权利?

(3) D 公司的行为是否侵犯 A 公司的专利权?如侵权,侵犯了何种权利?

(4) E 研究所制造专利发动机用于研究的行为是否侵权?如侵权,侵犯了何种权利?

(5) E 研究所研制成功改进型发动机后,能否不经 A 的许可自行制造和销售?E 在何种条件下可以向国家知识产权局申请强制许可?

4. 新源公司发明了一种省油型汽车发动机,只在我国和 A 国申请并获得了发明专利权。新源公司在 A 国给予美达公司制造和销售该发动机的专有许可。山峰贸易公司发现该发动机在中国的售价高于 A 国,就从美达公司处购买了一批发动机后进口至中国销售。水波贸易公司发现 B 国一家发动机制造厂在 B 国制造和销售相同的发动机,售价更低,于是从 B 国购入一批该发动机后进口至中国,按中国市场的正常价格销售。容力汽车公司从水波贸易公司购入该发动机后安装在其制造的汽车上并销售汽车。四达运输公司购入该批汽车后,投入旅客运输服务。据查,水波贸易公司具有进口和销售发动机所需的各种资质。

请回答下列问题:

(1) 新源公司起诉山峰贸易公司侵犯其专利权,请问山峰贸易公司的行为是否构成侵权?如果侵权,侵犯了何种权利,应承担哪些法律责任?

(2) 新源公司起诉水波贸易公司侵犯其专利权,请问水波贸易公司的行为是否构成侵权?如果侵权,侵犯了何种权利,应承担哪些法律责任?

(3) 新源公司起诉容力汽车公司和四达运输公司侵犯其专利权,请问两家公司的行为是否构成侵权?如果侵权,侵犯了何种权利,应承担哪些法律责任?

三、论述题

1. 对于《专利法》规定的先用权,为什么以专利申请日,而不是国家知识产权局对专利申请文件进行早期公开的日期(自申请日起满 18 个月,或者申请人主动要求提前公布的日期)作为认定是否产生先用权的基准日?

2. 电影《我不是药神》讲述了这么一个故事:治疗某种癌症的专利药"格列宁"售价高达 4 万元一瓶。患者难以承受。剧中男主角从印度购回仿制药以低廉的价格出售,在满足患者用药需求的同时,也赚得盆满钵满。后来男主角不再以挣钱为目的出售印度仿制药,却因被认定销售假药(印度仿制药未取得我国的药品上市许可)锒铛入狱。

试从专利法角度分析剧中的专利问题：男主角的行为是否侵害"格列宁"专利权人的专利权？

参考答案

一、选择题

（一）单项选择题

1. D

解析：对专利侵权的判定采用全面覆盖原则，即被诉侵权产品只有完全覆盖了，也就是完全包含了权利要求中所记载的技术特征，才能构成侵权产品。在四个选项中只有D项中被诉侵权产品包含了权利要求中记载的全部技术特征，至于多一个技术特征，并不影响侵权的认定，因此D项正确，ABC项错误。

2. D

解析：由于甲公司在乙公司提出专利申请之前，就已经开始制造相同的产品，因此享有先用权。在乙公司获得专利权之后，只要甲公司在原有范围内生产就不会侵害乙公司的专利权。因此D项正确，ABC项错误。

（二）多项选择题

1. ABC

解析：第一项中的行为属未经许可制造，侵犯制造权，故应选A项。B项中的行为是未经许可许诺销售，侵犯许诺销售权，故应选B项。C项中的行为是未经许可使用专利产品，仍然构成侵权，只是不承担赔偿责任，故应选C项。D项中的行为适用临时过境例外，不属于侵权行为，故不应选D项。

2. D

解析：在专利权被授予后，专利申请日以前已经制造相同产品、使用相同方法的，只要未超出原有范围，不视为侵犯专利权，当然也无须支付使用费，因此D项正确。

（三）不定项选择题

1. B

解析：《巴黎公约》并未创造"世界专利权"，A公司仅在《巴黎公约》其他成员国获得的外观设计专利在中国不受保护，因此A项和C项错误。由于A公司在B公司的专利申请日之前就通过获得专利权和销售公开了其外观设计，故B公司的专利申请丧失新颖性，不能获得专利申请权，B项正确。如果A公司自己在中国申请专利权，其申请日也在其公开日之后，也不能获得专利权，因此不能要求法院将B公司获得的专利权判归A公司所有，A公司应当请求国家知识产权局宣告B公司的专利权无效。故D项错误。

2. AC

解析：根据强制许可制造的药品，只能供应国内市场。而且根据强制许可制造的仿制药，没有经过该国专利权人的许可，将其进口至我国不是平行进口，不能适用专利权用尽的规定。因此 A 项中的行为构成侵权，侵害了进口权和销售权。专利法中的生产经营目的不等于以营利为目的，民营医院以成本价销售从 A 国进口的仿制药，虽然是其吸引患者的手段，但具有生产经营目的，因此 C 项中的行为也构成侵权。B 项中的行为是为了测试专利产品的疗效，不视为侵犯专利权，不构成侵权。D 项中的行为属于 Bolar 例外，也不构成侵权。

二、案例题

1. （1）B 公司在 A 公司申请专利权之前，就已经做好了制造相同产品的必要准备，且该技术由其自行研发，来源合法。只要 B 公司在 A 公司获得专利权之后，没有超出原有设计的产能范围制造相同产品，对 B 公司的行为就适用"先用权抗辩"；若超出原范围则构成侵权。

（2）发明专利申请文件公布至授权期间为临时保护期间，该期间内并没有专利权存在，因此 C 公司的行为不侵权。A 公司可在获得专利权之后，要求 C 公司支付在临时保护期内使用该技术的合理费用。

（3）D 公司的行为不侵权。由于 A 公司未在 D 公司所在国申请并获得专利权，基于地域性原则，其在中国获得的专利在该国不受保护。

（4）E 公司的行为侵权。因为 A 公司享有专利进口权、销售权。E 公司未经许可进口和销售专利产品，侵害进口权和销售权。

（5）A 公司可在诉前向法院申请禁止 E 公司的有关行为，以及申请证据保全和财产保全。

2. （1）A 无权要求 B 公司在本国停止制造和销售 A 发明的新型显微镜。因为专利权有地域性，《巴黎公约》并没有创造出一项"世界专利权"，A 既然没有在该国申请并获得专利权，其在中国获得的专利权在该国不能受到保护。

（2）不侵权，因为自专利申请文件公开至授权日的期间为临时保护期间，在该期间内专利权尚不存在。A 在获得专利权之后可以要求 C 公司就临时保护期间内的使用向其支付合理的报酬。

（3）侵权，D 公司的行为构成对专利的使用，而且以专利产品为工具进行科学研究和实验不属于"科学研究例外"，因此 D 公司的行为侵犯了专利权中的使用权。

（4）不侵权，E 公司的行为构成对专利产品的制造，却是为了将其作为科学研究和实验的对象，因此属于"科学研究例外"，不视为侵犯专利权的行为。

（5）E 公司可以向国家知识产权局要求获得强制许可，因为其发明比 A 的发明要先进，但其实施又有赖于 A 发明的实施，符合获得强制许可的条件。

3. （1）B 公司的行为不侵犯 A 公司的专利权，因为专利权的保护具有地域性，《巴黎公约》也没有创造出"世界专利权"。A 公司只在中国获得了专利保护，其专利的效力仅及于中国境内。

（2）C 公司的行为不侵犯 A 公司的专利权。基于专利权的地域性，C 公司在中国和印度境内的使用（将安装了发动机的汽车投入运输）均不侵权。在中国境内的使用，属于为了运输工具自身的需要而临时进入中国领土。由于中国和俄罗斯都是《巴黎公约》的成员国，C公司的这种使用行为不视为侵犯专利权。

（3）D公司的行为侵犯A公司的专利权，侵犯了A公司的进口权和许诺销售权。

（4）E研究所的行为不侵权，为了对专利产品本身进行科学研究而制造、使用，不视为侵犯专利权。

（5）E研究所不能不经A公司的许可自行制造和销售。由于E研究所的改进型发动机完全包含了A公司的专利的技术特征，未经许可制造和销售会侵犯A公司的制造权和销售权。E研究所在获得专利权之后，如在3年时间内以合理的条件向A公司请求获得许可而未能获得，可以向国家知识产权局申请强制许可。

4.（1）山峰贸易公司的行为不侵权。该批发动机是A国的美达公司经专利权人新源公司许可制造的，山峰贸易公司从美达公司进口该专利产品属于平行进口，适用专利权用尽，因此不构成侵权。

（2）水波贸易公司的行为侵权。B国的制造商在B国制造该专利产品没有经过我国专利权人的许可，虽然在B国并不构成侵权，但是将该产品从B国进口至中国并不属于平行进口，不适用发行权用尽。水波贸易公司的行为属于未经许可进口和销售，侵犯进口权和销售权，应停止侵权、赔偿损失。

（3）容力汽车公司和四达运输公司的行为侵权，两公司的行为分别侵犯了销售权和使用权，但因有合法来源均不承担赔偿责任，容力汽车公司应停止侵权，四达运输公司因已支付合理对价，无须停止侵权。

三、论述题

1. 为什么先用权的判断以申请日而非公开日为准？产生该疑问的原因是提出专利申请并不会导致发明创造为公众所知，因此在发明人提出专利申请之后，在国家知识产权局对专利申请文件进行早期公开之前，他人可能独立完成了相同的发明创造，并开始制造相同产品、使用相同方法或者做好了制造、使用的必要准备，为什么他人就不能获得先用权呢？

对此首先需要指出的是，在专利法中，申请日具有决定性的意义。专利法中的一系列规定，如新颖性的判断和保护期的计算等，都是以申请日为依据的。申请日之后的公开不能对专利的申请和保护范围产生影响。如果以申请日之后国家知识产权局对专利申请文件的早期公开或者申请人自行公开的日期作为他人先用权的依据，相当于使申请日之后的公开对专利的保护范围产生了影响。

其次，上述问题隐含了一个前提，那就是在专利申请日至国家知识产权局早期公开日之间，相关发明创造的内容一直处于保密状态。因此在此期间如果他人开始制造相同产品、使用相同方法或者做好了制造、使用的必要准备，必然是因为他人独立完成了相同的发明创造。但是这个前提是不成立的，正是由于申请日之后的公开不会影响申请的新颖性，申请人在申请日之后便可以自行公开其发明创造的内容，比如发表论文或在展览会上公开展出，或者立即生产相关产品并投入市场（公开使用）。这些公开都可能发生在国家知识产权局的早期公开日之前。特别是对于许多企业而言，争取相关产品早日上市是取得市场竞争优势的关键。可以想象，使用同一代新技术的华为手机和苹果手机，哪一个早上市一个月，哪一个就可能获得更大的市场份额。因此在提交专利申请之后，在早期公开日之前，实施自己已申请专利的技术是企业常见的策略。这些公开都不会对之前的专利申请产生任何影响，但他人也可从中获知发明创造的内容，比如通过反向工程分析出产品使用的相关技术。如果以国家知识产权局的早期公开的日期作为判断先用权的依据，将产生极不公平的后果，即他人从申请人（后来的专利人）的公开中知悉了发明创造的内容（这当然属于"合法获得"），立即实施或准备实施，如果就此获得先用权，当然是缺乏正当性的。

最后，"早期公开、迟延审查"机制只适用于发明专利的申请，并不适用于实用新型和外观设计专利申请（参见本书第十二章第四节）。但对于实用新型和外观设计专利，也存在先用权的限制。因此国家知识产权局对专利申请文件进行早期公开的日期，无法作为实用新型和外观设计专利先用权的判断基准。

2. 男主角的行为侵犯了专利权。印度之所以有廉价仿制药的存在，是因为印度在加入世界贸易组织时，获得了发展中国家的特殊待遇，可享受 10 年过渡期，在此期间无须保护药品专利。因此印度国内的药厂仿制"格列宁"在当时是合法行为。但是既然该药品在我国已获专利保护，专利权人享有进口权和销售权，未经该药品在我国的专利权人许可，将印度仿制药进口至中国销售侵害了该药品在中国的专利权。

印度在 10 年过渡期结束之后，虽然对符合法定条件的药品授予专利权，但强制许可的条件较为宽松，印度药厂还是有可能取得制造相同药品的强制许可。然而根据强制许可所生产的仿制药也只能供应国内市场，将其进口至中国销售，仍然侵犯了该药品在中国的专利权。特别需要指出的是，这种进口行为并不属于我国《专利法》所允许的"平行进口"。因为"平行进口"的条件是，进口至我国的相关专利产品在出口国是经过专利权人（与我国的专利权人是同一人或与之有许可关系）许可而制造和销售的，而进口根据强制许可所制造的仿制药，显然不符合这一条件。

第十二章 专利权的利用

本章知识点速览

- 专利权的许可
  - 独占许可=著作权法中的专有许可
    - 专利权人不能自行或许可他人以相同方式实施
    - 被许可人可以自己的名义提起侵权诉讼和申请诉前措施
  - 排他许可
    - 专利权人可以自行以相同方式实施
    - 专利权人不能许可他人以相同方式实施
    - 被许可人可以自己的名义提起侵权诉讼和申请诉前措施
    - 被许可人在权利人不起诉或不申请诉前措施时，单独起诉或提出申请
  - 普通许可=著作权法中的非专有许可
    - 专利权人可以自行或许可他人以相同方式实施
    - 被许可人不可以自己的名义提起侵权诉讼和申请诉前措施（得到专利权人特别许可的除外）

图 12－1 专利权的许可

- 开放许可
  - 以专利权人自愿为前提
  - 对实用新型、外观设计专利的开放许可，应提供专利权评价报告
  - 专利权人可发放自愿许可（限普通许可）
  - 专利权人可撤回自愿许可，但不影响此前许可的效力
  - 发生争议，可请求国家知识产权局调解或向法院起诉

图 12－2 开放许可

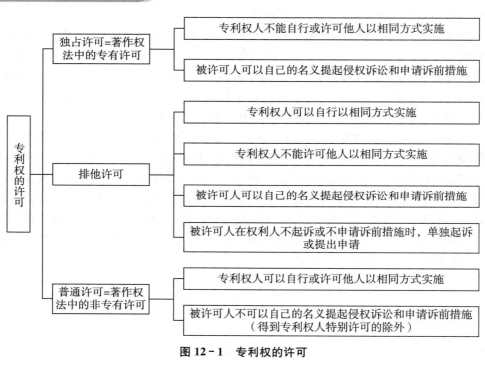

本章核心知识点解析

第一节　专利的实施许可

专利权是排他权,除法定例外情形外,他人未经许可实施专利构成侵权,因此,他人要合法实施专利,原则上应当与专利权人签订专利实施许可合同,取得专利权人的许可。当然,只有在专利权受保护的情况下,才存在许可实施的可能性。《民法典》第 865 条规定:"专利实施许可合同仅在该专利权的存续期限内有效。专利权有效期限届满或者专利权被宣告无效的,专利权人不得就该专利与他人订立专利实施许可合同。"为了促进更好地实施和运用专利,《专利法》还规定了专利开放许可制度。

一、专利实施许可方式

◎ 难度与热度

难度:☆☆☆　　热度:☆☆☆

专利实施许可分为三类:第一类是独占实施许可(类似于《著作权法》中的专有许可),是指专利权人在约定许可实施专利的范围内,将该专利仅许可一个被许可人实施,专利权人依约定不得实施该专利。第二类是排他实施许可,是指专利权人在约定许可实施专利的范围内,将该专利仅许可一个被许可人实施,但专利权人依约定可以自行实施该专利。第三类是普通实施许可(类似于《著作权法》中的非专有许可),是指专利权人在约定许可实施专利的范围内许可一个或多个被许可人实施该专利,并且可以自行实施该专利。当事人对专利实施许可方式没有约定或者约定不明确的,认定为普通实施许可。[①] 被许可人不能擅自许可合同约定以外的任何人实施该专利。

独占实施许可使被许可人获得在约定的范围内实施专利的垄断优势,因为在此范围内无其他人可以合法地以同样方式实施该专利,与被许可人展开竞争;同时,如果他人在相同范围内实施该专利,独占实施许可的被许可人可以单独起诉或申请法院采取诉前措施。排他实施许可合同的被许可人的竞争优势不如独占实施许可合同的被许可人,因为在约定的范围内,专利权人和被许可人都可以实施专利,互相之间存在竞争;如果其他人在相同范围内实施该专利,排他实施许可合同的被许可人只能和专利权人共同起诉或申请法院采取诉前措施,或在专利权人不起诉或不提出申请的情况下,自行起诉或提出申请。[②] 普通实施许可合同的被许可人在同一市场上则需要面对较多的竞争,因为专利权人不但自己可以在相同范围内实施该专利,还能许可其他人实施;如果其他人未经专利权人许可在同一范围内实施该专利,普通实施许可合同的被许可人只有在有专利权人明确授权的情况下才能起诉或申请法院采取诉前措施。

[①] 最高人民法院《关于审理技术合同纠纷案件适用法律若干问题的解释》(2020 年修正)第 25 条第 2 款。
[②] 最高人民法院《关于审查知识产权纠纷行为保全案件适用法律若干问题的规定》第 2 条第 2 款。

二、专利开放许可

◎ 难度与热度

难度：☆☆☆　热度：☆☆☆

开放许可是一种促进专利实施的许可机制。根据《专利法》第50条和第51条的规定，专利权人可以自愿以书面方式向国家知识产权局声明愿意许可任何单位或者个人实施其专利，并明确许可使用费支付方式、标准。也就是专利权人自愿对其专利进行开放许可，国家知识产权局对此将予以公告。专利权人就实用新型、外观设计专利提出开放许可声明的，还应当提供专利权评价报告（证明相关的实用新型和外观设计符合授权条件）。任何单位或者个人有意愿实施开放许可的专利的，以书面方式通知专利权人，并依照公告的许可使用费支付方式和标准支付许可使用费后，即获得专利实施许可。

由此可见，专利权人的上述声明经国家知识产权局公告，即构成合同法意义上的要约，他人按公告的许可使用费支付方式和标准支付许可使用费即构成承诺，双方之间的专利实施许可合同即告成立。显然，开放许可制度省去了专利权人与被许可人进行逐一谈判的麻烦，有利于降低交易成本，促进专利的实施与推广。为了鼓励专利权人实行开放许可，《专利法》规定，在开放许可实施期间，对专利权人缴纳专利年费相应给予减免。

需要注意的是，开放许可以专利权人自愿为前提，不属于对专利权的限制，与《专利法》规定的强制许可具有不同的性质，因此，《专利法》第51条第3款规定，允许实行开放许可的专利权人与被许可人就许可使用费进行协商后发放普通许可。例如，有人看到国家知识产权局有关开放许可的公告后有意实施相关专利，但觉得经公告的许可使用费太高，或者付费方式（如一次付清三年许可使用费）难以接受，于是找到专利权人，希望降低许可使用费或改变付费方式（如一年一付），专利权人如果同意，就可以与其签订普通实施许可合同。《专利法》之所以不允许在开放许可期间，由专利权人与被许可人协商后就相关专利发放独占或者排他许可，是因为这两类许可具有排他性，专利权人不得再向其他人发放在相同范围以相同方式实施其专利的许可，这与开放许可的开放性是矛盾的。同时，既然开放许可以专利权人自愿为前提，专利权人当然也可以撤回开放许可声明。对此专利权人可以以书面方式提出撤回，并由国家知识产权局予以公告，但此前依开放许可的条件自动给予的开放许可的效力不受影响。[①] 如果当事人就实施开放许可发生纠纷，可以请求国家知识产权局进行调解，也可以向人民法院起诉。

三、标准必要专利的许可

◎ 难度与热度

难度：☆☆☆　热度：☆☆☆

标准必要专利（standard-essential patent，简称SEP）是指国际、国家、行业或者地方标准明确要求采用的某种技术，而该技术受专利保护。这就意味着任何人根据该标准提供相关产品或服务，都不可避免地要实施该专利，需要获得专利许可。专利权人由此在谈判中获得了绝对优势地位。

---

① 《专利法》第50条第2款。

为了避免专利权人滥用专利，借标准必要专利提出不合理的许可条件，在标准必要专利的许可方面存在一些特殊规则，概述如下：首先，在标准的制订过程中，相关技术的专利权人应披露该技术的专利状况，并向标准制订者承诺该技术被纳入标准之后，会以公平、合理、无歧视（fair，reasonable，and non-discriminatory，简称 FRAND）的条件向使用者发放许可。其次，当使用者为达到标准的要求而向专利权人寻求许可时，专利权人不能拒绝许可，而必须根据 FRAND 承诺与之进行善意的磋商，以确定许可条件。最后，如果因专利权人未能根据 FRAND 承诺以合理的条件发放许可，法院通常将不要求使用者停止对该专利的使用，并会确定合理的许可使用费。最高人民法院的司法解释对此规定："推荐性国家、行业或者地方标准明示所涉必要专利的信息，专利权人、被诉侵权人协商该专利的实施许可条件时，专利权人故意违反其在标准制定中承诺的公平、合理、无歧视的许可义务，导致无法达成专利实施许可合同，且被诉侵权人在协商中无明显过错的，对于权利人请求停止标准实施行为的主张，人民法院一般不予支持。"[①]

第二节 专利权的转让

◎ **难度与热度**

难度：☆☆　热度：☆☆

专利权作为财产权利，当然可以在不违反法律规定的情况下，由专利权人进行转让。由于专利权的取得经过了登记和公告，专利权人已为公众所知悉，因而要转让专利权，就应当进行登记和公告，以使公众知悉新的权利人，由此保护交易安全。根据《专利法》第 10 条第 3 款的规定，专利权人转让专利权的，应向国家知识产权局登记，由国家知识产权局予以公告；专利权的转让自登记之日起生效。对于专利转让合同，《民法典》合同编，包括其中的"技术转让合同"部分当然适用，此处不再赘述。

本章实务案例研习

一、专利保护期届满后继续收取许可使用费的约定无效

（一）案情简介

在"啤酒花脱果机专利案"中，原告就一种啤酒花脱果机获得了专利权，被告在购买该机器并支付价款后，还要根据专利实施许可合同的约定，每年支付专利许可使用费。专利保护期届满后，被告拒绝继续支付专利许可使用费，双方为此发生纠纷。

（二）法院判决

美国联邦最高法院认为：专利在其保护期届满之后，就成为"公共财产"，无论采用何种法律手段维持这种垄断权的行为，都与专利法的政策和目的相冲突。在本案中，被告除一次性付款购买机器之外，每年还要为使用机器而付费。该笔费用显然不是机器的

---

① 最高人民法院《关于审理侵犯专利权纠纷案件应用法律若干问题的解释（二）》（2020 年修正）第 24 条第 2 款。

价格，而是专利许可使用费。同时，该笔费用每年是相同的，许可条款并未对专利保护期之内和之外的期间作出区分。这说明专利权人是在利用许可合同延长其垄断权，而这一行为本身就是非法的。

（三）法律分析

在美国，半个世纪以来，对此案的判决一直存在争论。有人认为它过分限制了缔约自由，反而不利于创新。但是，美国联邦最高法院在2015年的"蜘蛛侠专利案"中，再次认定在专利保护期届满后继续收取许可使用费的约定是无效的。在这起诉讼中，某人于1990年就一种模仿"蜘蛛侠"用手掌发射蜘蛛网的玩具获得了专利权，其许可"蜘蛛侠"漫画的版权人漫威公司制造和销售该专利玩具。漫威公司除了一次性支付50万美元，还需要支付专利许可使用费，金额为专利玩具销售额的3%，但许可协议没有规定何时终止支付专利许可使用费。漫威公司在偶然得知了"啤酒花脱果机专利案"之后，请求法院判定在2010年该玩具专利保护期届满之后，其不再负有继续支付许可使用费的义务。美国联邦最高法院认为不存在合理的理由推翻"啤酒花脱果机专利案"的判决，漫威公司在2010年之后无须继续支付专利许可使用费。

如果本案发生在中国，判决结果也不会有所差异。在专利保护期届满之后，相关发明创造就进入了公有领域，可以为任何人所免费使用，其中当然也包括在该专利有效期内的专利被许可人，因此在专利保护期届满之后要求原被许可人再支付专利许可使用费是没有法律依据的。

二、华为诉中兴未经许可实施标准必要专利案

（一）案情简介

华为技术有限公司（以下简称华为）的一项与通信有关的技术在德国获得了专利，并被纳入了欧洲电信标准学会（ETSI）制定的标准之中。华为保证将根据"公平、合理、无歧视"（FRAND）承诺向第三方发放许可。中兴通讯公司（以下简称中兴）使用了该专利，但未向华为付费。华为提出了其认为合理的专利许可使用费数额，但中兴只愿意就各自拥有的专利相互进行交叉许可，并没有提出有关许可协议的要约。华为因此向德国法院起诉，要求对中兴的行为下达禁令并获得其他救济，如要求中兴提供销售数额、召回侵权产品并赔偿损失。德国法院将此案中涉及欧盟法的问题提交欧盟法院。

（二）法院判决

欧盟法院认为：虽然通常情况下，即使知识产权人拥有市场支配地位，其行使权利，包括提起侵权诉讼的行为，本身并不构成对市场支配地位的滥用，但由于实施标准必要专利是所有市场竞争者依据标准制造相关产品所必不可少的，且专利权人作出FRAND承诺是其专利被纳入标准的条件，对第三人也产生了专利权人会根据FRAND承诺发放许可的合理预期，因此，该专利权人拒绝根据FRAND承诺发放许可将在原则上构成对市场支配地位的滥用，对该专利权人寻求禁令等救济的权利也应进行适当限制。该专利权人不能在未与被控侵权人进行事先磋商或发出通知的情况下，要求法院颁发禁令或召回被控侵权产品。

具体而言，标准必要专利的权利人应当首先告知未经许可使用者相关专利的信息及其侵权的情况。当未经许可使用者表达了希望专利权人根据FRAND承诺与之缔结许可

协议的意愿后，专利权人应根据 FRAND 承诺发出书面要约，提出具体的专利许可使用费并说明计算方法。此时未经许可使用者应善意地作出回应，如果不愿接受专利权人的要约，则其应当迅速以书面形式提出反要约，如果反要约被专利权人拒绝，应根据公认的商业惯例就其之前的使用提供记录并以提存等方式确保可向专利权人支付专利许可使用费。如果双方无法达成许可协议，则应由独立第三方确定许可使用费的数额。只有在未经许可使用者未能对专利权人根据 FRAND 承诺发出的书面要约作出善意回应时，专利权人起诉要求获得禁令及召回侵权产品等救济，才不属于滥用市场垄断地位。[①]

（三）法律分析

如前文所述，如果标准必要专利的专利权人未能根据 FRAND 承诺以合理的条件发放许可，法院通常将不要求使用者停止对该专利的使用，也就是不会颁发禁令。然而，如果使用者拒绝善意地与专利权人就许可条件和费用进行协商，上述规则就失去了适用的前提。标准必要专利仍然是受专利法保护的，未经许可擅自使用被归入标准的技术仍然构成侵权行为，法院仍然可以对此颁发禁令。

本章同步练习

一、选择题

（一）单项选择题

张某获得了一项实用新型专利权，其希望对其专利权进行开放许可，下列选项正确的是：（　　）。

A. 张某必须向国家知识产权局提供专利权评价报告

B. 国家知识产权局公告了张某的开放许可后，张某不得在公告的开放许可实施期内撤回许可

C. 在开放许可实施期内，张某不得通过与他人协商发放任何种类的许可

D. 张某与开放许可的被许可人发生纠纷的，应当先由国家知识产权局调解，张某不能直接向法院提起诉讼

（二）多项选择题

某通信公司发明的提高信号传输稳定性的方法获得了专利权，且被纳入了国家通信标准，在我国制造的手机必须符合该标准。下列选项正确的是：（　　）。

A. 手机制造商可以不经许可在其制造的手机中使用该方法，只需要向专利权人付费

B. 该专利符合强制许可的条件，手机制造商可向国家知识产权局申请强制许可，由国家知识产权局确定许可费

C. 专利权人发现某手机制造商未经许可在手机中使用其方法后要求该手机制造商协商许可条件，如该手机制造商拒绝协商，可以请求法院判决其停止侵权

D. 专利权人对于与其协商许可条件且愿意支付与同行相同的许可费的手机制造商，不能拒绝许可，否则无权要求法院判决对方停止使用

---

① Huawei Technologies Co. Ltd. v. ZTE Corp.，Court of Justice，Case C‐170/13，paras. 44‐71.

（三）不定项选择题

某专利许可合同约定，被许可方有权在合同约定的时间和地域范围内按合同约定的使用方式实施该专利，与此同时，作为许可方的专利权人在该范围内自己也可以实施该专利，但不得再许可第三人实施。当他人未经许可在相同的时间和地域范围内实施相同专利时，关于该被许可人的诉权，下列说法中错误的是：（　　）。

A. 可以直接以自己的名义起诉此人侵权

B. 可与专利权人共同提起诉讼

C. 当专利权人放弃起诉时，以自己的名义起诉此人侵权

D. 在得到专利权人明确授权时才能以自己的名义起诉此人侵权

参考答案

一、选择题

（一）单项选择题

A

解析：就实用新型、外观设计专利提出开放许可声明的，应当提供专利权评价报告，因此 A 项正确。开放许可可以由专利权人撤回，只是不影响此前开放许可的效力，因此 B 项错误。在开放许可实施期间内，专利权人可以通过协商发放普通许可，但不能发放排他和独占许可，因此 C 项错误。当事人就实施开放许可发生纠纷的，可以请求国务院专利行政部门进行调解，也可以向法院起诉，调解不是前置程序，因此 D 项错误。

（二）多项选择题

CD

解析：题干中的专利为典型的标准必要专利，《专利法》对标准必要专利没有规定强制许可，也没有规定类似《著作权法》中的法定许可。除《专利法》规定的不视为侵害专利权的情形（适用于所有专利）之外，未经许可实施标准必要专利仍然构成侵权行为，因此 A 项和 B 项错误。《专利法》对标准必要专利的保护手段与其他专利并没有区别，只是要求专利权人在与潜在的被许可人协商许可条件时，应当做到公平合理和非歧视，标准化组织也一般会要求被纳入标准的专利的权利人做出这样的承诺，在潜在的被许可人不愿意与专利权人协商许可条件，而是径行实施标准必要专利的情况下，停止侵害仍然是侵权人应当承担的责任，因此 C 项和 D 项正确。

（三）不定项选择题

AD

解析：根据最高人民法院《关于审查知识产权纠纷行为保全案件适用法律若干问题的规定》第 2 条第 2 款，排他许可合同的被许可人不能直接以自己的名义提起诉讼，但在权利人不申请的情况下，可以单独提出申请，也可以与权利人共同提起诉讼。因此应选 AD，BC 错误。

第十三章　专利侵权、假冒专利及法律责任

>> **本章知识点速览**

```
┌──────────────┐   ┌──────────────┐        ┌──────────────────────┐
│发明与实用新型专利│   │以其权利要求的内容为准，│        │以本领域普通技术人员的理解│
│权保护范围的确定  │───│说明书及附图可以用于解释│────────│能力为解释基准          │
│              │   │权利要求的内容      │        └──────────────────────┘
└──────────────┘   └──────────────┘        ┌──────────────────────┐
                                            │按顺序应用"内部证据（专利│
                                            │文献本身）"和"外部证据"   │
                                            │（辞典和技术文献等）      │
                                            └──────────────────────┘
                                            ┌──────────────────────┐
                                            │解释的结果必须能够使权利要│
                                            │求具有确定性            │
                                            └──────────────────────┘
```

图 13 - 1　发明与实用新型专利权保护范围的确定

```
┌──────────────┐   ┌──────────────────┐      ┌──────────────────────┐
│外观设计专利权    │   │以表示在图片或者照片中的│      │限于相同或者相近种类的产品│
│保护范围的确定    │───│该产品的外观设计为准，简要│──────└──────────────────────┘
│              │   │说明可以用于解释图片或照片│      ┌──────────────────────┐
│              │   │所表示的该产品的外观设计  │      │排除功能性设计和无法进行外│
└──────────────┘   └──────────────────┘      │部观察的特征            │
                                              └──────────────────────┘
```

图 13 - 2　外观设计专利权保护范围的确定

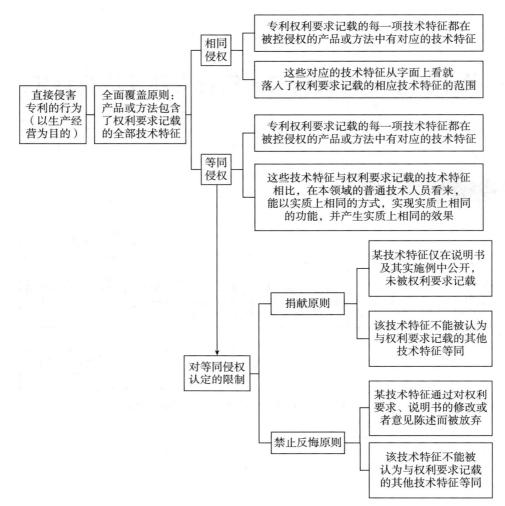

图13-3 直接侵害专利权的行为（以生产经营为目的）

表13-1 宣告专利权无效与现有技术或现有设计抗辩对比

比较项	请求宣告专利权无效	现有技术或现有设计抗辩
理由	缺乏新颖性、创造性、实用性或说明书公开不充分等	被诉侵权技术或设计属现有技术或现有设计
效果	专利权被宣告无效：原专利权人丧失专利权，不可再起诉他人侵权	现有技术或现有设计抗辩成功：仅具个案效力，专利权有效，专利权人可诉他人侵权
程序	程序复杂（国家知识产权局决定、向北京知识产权法院起诉、向最高人民法院上诉），时间长、成本高	在诉讼中向法院提出抗辩，程序较简单，时间短、成本低

注：被诉侵权人既可向国家知识产权局请求宣告专利权无效，也可提出现有技术或现有设计抗辩，但效果不同

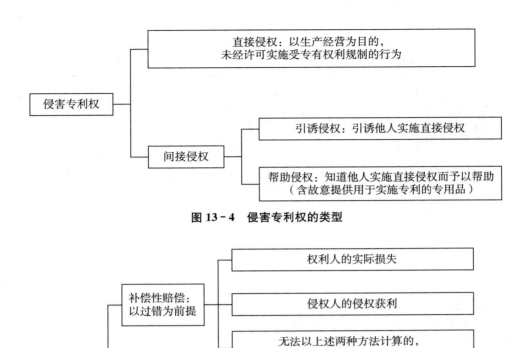

图 13-4 侵害专利权的类型

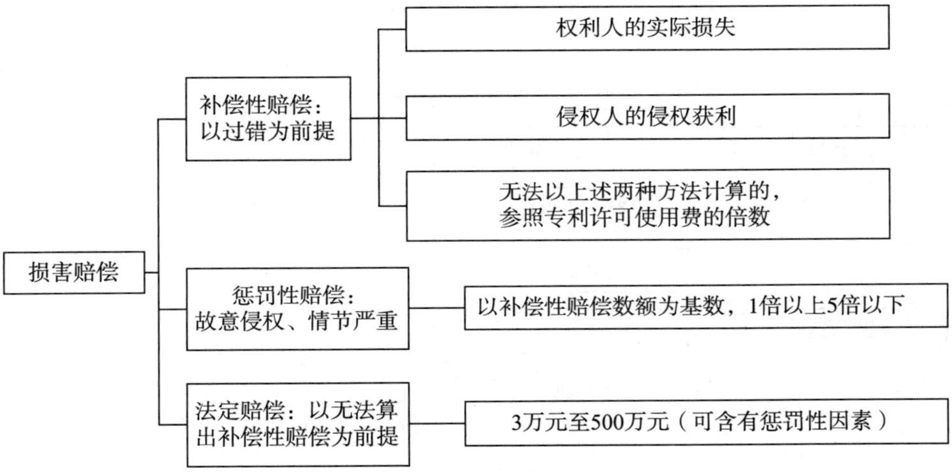

图 13-5 侵权损害赔偿

图解:

注意:以权利使用费计算赔偿数额的,可以专利许可使用费的倍数作为计算基准,此点与《商标法》的规定相同,与《著作权法》的规定不同。

表 13-2 "合法来源抗辩"与侵权责任

抗辩理由	不知道是未经专利权人许可而制造并售出的专利侵权产品,且能证明该产品合法来源时,为生产经营目的实施下列行为			
侵权责任	销售	许诺销售	使用 (未支付该产品合理对价)	使用 (已支付该产品合理对价)
停止侵权	√	√	√	×
赔偿损失	×	×	×	×

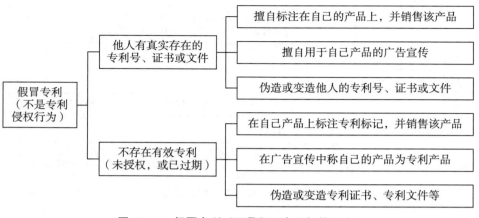

图 13-6　假冒专利（不是侵犯专利权的行为）

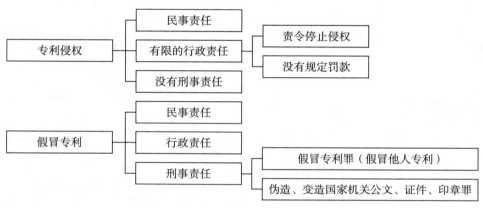

图 13-7　专利侵权与假冒专利的责任

本章核心知识点解析

第一节　专利权的保护范围

一、确定发明与实用新型专利权保护范围的基本依据

◎ **难度与热度**

难度：☆☆☆　　热度：☆☆☆

发明或者实用新型专利权的保护范围以其权利要求的内容为准，说明书及附图可以用于解释权利要求的内容。

要认定对专利的侵权行为，即除法定抗辩事由外未经许可实施的受专利权人专有权利控制的行为（直接侵权），前提是确定专利权的保护范围，也就是何种产品或方法属于专利产品或专利方法。对于发明或实用新型专利而言，只有当一种产品或方法被认定为专利产品或专利方法①，即落入了专利权的保护范围时，他人未经许可对该产品或方法实施受专利权人专有权利控制的行为，包括制造、使用、许诺销售、销售和进口该产品，以及制造、许诺销售、销售和进口由该方法直接获得的产品，才可能构成侵权。那么，如何认定一种产品或方法是专利产品或专利方法呢？

前文多次提及，对此适用"全面覆盖原则"，只有一种产品或方法包含了发明或实用新型专利权利要求记载的全部技术特征，该产品或方法才属于专利产品或方法，即落入了专利权的保护范围。缺少权利要求记载的一个以上的技术特征，或者有一个以上技术特征不相同也不等同的，该产品或方法就不是专利产品或方法，即没有落入专利权的保护范围。② 例如，权利要求记载的实用新型的技术特征为 A＋B＋C，而一种产品的技术特征为 A＋B＋C＋D，则该产品为专利产品，对其擅自实施制造等行为就可能构成侵权。如果一种产品的技术特征为 A＋B 或 A＋C＋D，则不属于专利产品，他人实施制造等行为就不构成侵权。

然而，要判断一种产品或方法是否包含了发明或实用新型专利权利要求记载的全部技术特征有时并非易事。本节讨论的是以何种方法与原则确定发明和实用新型专利权的保护范围，即判断何种产品或方法属于专利产品或专利方法。

《专利法》第 64 条第 1 款规定：发明或者实用新型专利权的保护范围以其权利要求的内容为准，说明书及附图可以用于解释权利要求的内容。所谓"以其权利要求的内容为准"，是指权利要求是确定保护范围的依据，权利要求记载的全部技术特征限定了专利权的保护范围。只有他人的产品或方法具有权利要求中列举的全部技术特征，才落入了专利权的保护范围。他人以生产经营为目的未经许可实施的制造、使用等行为才可能构成侵权。

"说明书及附图可以用于解释权利要求的内容"首先是指说明书和附图本身并不能代替权利要求书起到确定专利权保护范围的作用，因此，那些仅在说明书或者附图中描述而在权利要求中未记载的技术特征，既不能被纳入权利要求，进入专利权的保护范围（参见后文讲解的"捐献原则"），也不能用于限制（缩小）根据权利要求清晰划定的专利权保护范围（注意这不同于通过说明书或者附图更正权利要求中的明显错误，或者对存在歧义的权利要求的用语做出解释，见下文）。例如，某产品专利的权利要求中记载的技术特征为 A＋B＋C，而在说明书及附图中，为了清楚、完整地描述专利技术方案，使本领域技术人员能够理解和实施该专利，附上了一个具体实施例，从中可看出该产品的技术特征为 A＋B＋C＋D。由于说明书及附图中的实施例只具有解释权利要求的作用，不能用于限制专利权的保护范围③，所以该专利的保护范围仍然由权利要求的内容——技术特征 A＋B＋C 确定。

其次，"说明书及附图可以用于解释权利要求的内容"意味着当对权利要求的内容有

---

① 由于方法只可能被授予发明专利权，不可能被授予实用新型专利权，所以此处的"专利方法"当然是指被授予发明专利权的方法。出于叙述的简洁，下文不再说明。
② 最高人民法院《关于审理侵犯专利权纠纷案件应用法律若干问题的解释》第 7 条。
③ 最高人民法院（2011）民提字第 64 号民事判决书。

疑问时，说明书及附图对技术方案的说明可用于澄清该内容。如本书第十章第二节所述，假设权利要求书记载的特征为"使用甲、乙"，其中两者之间的关系为"或"还是"和"并不清楚。如果说明书有"使用甲或者使用乙都可实现技术效果"的描述，就可认定权利要求记载的"甲""乙"为"或"的关系。

在认定对发明或实用新型专利权的侵权行为时，必须首先确定专利权的保护范围，即被诉侵权的产品或方法落入了专利权的保护范围，能被认定为专利产品或专利方法，因此，对权利要求的解释极为重要。确定专利权保护范围的过程，就是对权利要求进行解释的过程。

二、发明与实用新型专利权保护范围的确定（专利权利要求的解释）

◎ **难度与热度**

难度：☆☆☆　热度：☆☆☆

解释专利权利要求时，应以本领域普通技术人员的理解能力为解释基准；在具体解释专利权利要求的含义时，可以按顺序应用"内部证据"和"外部证据"；解释的结果必须能够使专利权利要求的含义清楚、明确，使专利权的保护范围对本领域的技术人员而言具有确定性。

（一）专利权利要求的解释方法

权利要求书中的技术特征总是通过语言文字加以表述的，而对于任何语言文字的含义都存在一个如何进行解释的问题，不同的解释方法就会导致不同的专利保护范围。在各国专利法中曾经出现三种解释权利要求书的方法。

第一种是"周边限定法"。这种方法忠于权利要求书中的文字表述，使得权利要求书确确实实成为专利权保护范围不可逾越的边界。其好处在于使专利保护范围对公众而言一目了然，但对权利要求书的撰写提出了极高的要求，专利申请人在撰写时如果用语稍欠准确，就将导致授权后专利保护范围大为减少，这对专利权人有时过于残酷。正如有的观点指出的那样，语言本身就是有局限性的，少量的不确定性是应当被容忍的，这是"确保为创新提供适当动力而必须付出的代价"[1]。

第二种是"中心限定法"。这种方法将权利要求书中通过字面含义划定的保护范围作为专利保护范围的"中心区域"，同时根据发明的目的、性质和说明书的说明，将"中心区域"之外的一定范围也纳入专利保护范围。"中心限定法"实际上在一定程度上扩大了专利保护范围，使专利权人可以获得较为充分的保护。但由于对权利要求的解释并不严格遵循权利要求书中的文字表述，导致专利权的保护范围对社会公众而言显得并不确定。

作为上述两种方法的折中，出现了第三种方法，即以权利要求书的内容为准，但不死板地拘泥于权利要求书的文字或措辞，而是结合说明书和附图划定专利权的保护范围。根据这种方法，本领域的普通技术人员在阅读了权利要求书并参考说明书及附图之后，仍然不能确定的技术，就不属于专利权的保护范围。我国《专利法》也采用了这一方法，于第64条第1款规定：发明或者实用新型专利权的保护范围以其权利要求的内容为准，说明书及附图可以用于解释权利要求的内容。例如，在一起专利侵权诉讼中，双方对于

---

[1]　Festo Corp. v. Shoketsu Kinzoku Kogyo Kabushiki，535 U. S. 722，732（2002）.

权利要求中"粘贴"一词的含义产生争议。被控侵权产品通过"钎焊或者通过楔槽固定"散热条和导热管，而非字面意义上的"粘贴"。法院认为，对专利权利要求的解释必须结合说明书给出的信息，从本领域技术人员的角度出发进行整体理解。涉案专利说明书描述的发明目的是提供传导性能更好、绝缘性能更优良的发热器。为实现此目的，本领域的技术人员可以理解，将散热条"粘贴"在导热管上，是为了使导热管和散热条充分贴合，以保证导热管的热量能够通过散热条高效传导出去，因此此处的"粘贴"应理解为"贴合"，至于以何种方式实现贴合，并无严格限定。因此法院认定被控侵权产品中通过钎焊或者通过楔槽将散热条固定在导热管上的技术特征，落入了专利保护范围。① 法院在该案中采用的解释专利权利要求的方法，正是"周边限定法"和"中心限定法"的折中，即以本领域普通技术人员阅读说明书后对权利要求的理解来确定保护范围。

（二）专利权利要求解释方法的运用

对于"发明或者实用新型专利权的保护范围以其权利要求的内容为准，说明书及附图可以用于解释权利要求的内容"这一解释权利要求的方法，在运用中应遵循以下规则：

第一，应以本领域普通技术人员的理解能力为解释基准。专利制度的基石是"以公开换授权"。"公开"面向的对象当然是公众，但发明和实用新型专利要起到推广技术方案和提供技术信息的作用，关键在于本领域普通技术人员的理解，因此权利要求书、说明书及附图实际上是写给本领域普通技术人员看的，他们阅读后对相关技术方案的理解发挥着关键作用。因此，权利要求书、说明书及附图中的语法、文字、标点、图形、符号等存有歧义，但本领域普通技术人员通过阅读权利要求书、说明书及附图可以得出唯一理解的，应当根据该唯一理解予以认定。② 最高人民法院在相关案例中也指出：如果本领域普通技术人员阅读说明书及附图后可以立即获知权利要求中特定用语的表述存在明显错误，并能够根据说明书和附图的相应记载明确、直接、毫无疑义地修正权利要求中该特定用语的含义，则可以根据说明书或附图修正权利要求用语的明显错误。③ 即权利要求就应以更正后的唯一理解为准，以此确定专利权的保护范围。

第二，在具体解释权利要求的含义时，可以按顺序应用"内部证据"和"外部证据"。"内部证据"是指专利文献本身，包括说明书及附图以及专利审查档案。"外部证据"是指专利文献之外的资料，包括通用辞典、专业辞典和技术文献等。最高人民法院的司法解释对此规定：人民法院对于权利要求，可以运用说明书及附图、权利要求书中的相关权利要求、专利审查档案进行解释。说明书对权利要求用语有特别界定的，从其特别界定。以上述方法仍不能明确权利要求含义的，可以结合工具书、教科书等公知文献以及本领域普通技术人员的通常理解进行解释。④ 法院还可以运用与涉案专利存在分案申请关系的其他专利及其专利审查档案、生效的专利授权确权裁判文书解释涉案专利的权利要求。⑤ 之所以应当先应用"内部证据"，是因为专利申请人可以成为"自己辞典的

---

① 最高人民法院（2018）最高法民再 111 号民事判决书。
② 最高人民法院《关于审理侵犯专利权纠纷案件应用法律若干问题的解释（二）》（2020 年修正）第 4 条。
③ 最高人民法院（2012）民提字第 3 号民事判决书。
④ 最高人民法院《关于审理侵犯专利权纠纷案件应用法律若干问题的解释》第 3 条第 2 款。
⑤ 最高人民法院《关于审理侵犯专利权纠纷案件应用法律若干问题的解释（二）》（2020 年修正）第 6 条。

编纂者"（his own lexicographer）[1]，即其可以自己创设词汇或定义词汇，以对其发明创造进行描述。[2] 因此，即使专利申请人使用了一个日常术语或某一技术领域的常用语，也仍然可以在说明书中赋予其不同于通常含义的新含义。因此，当说明书对某一术语的界定不同于其通常含义时，应当采用说明书界定的含义。

例如，在一起专利纠纷中，双方就被控侵权产品中的电源线是否属于专利权利要求书中的"电源"产生不同意见。法院查明，涉案专利与专利权人的另一专利享有共同的国际优先权，独立权利要求的保护范围基本相同，说明书公开的内容也基本一致，而在该另一专利的实质审查阶段，该专利权人在答复意见中明确说明电源线并非电源。法院因此认为涉案专利中的"电源"并不包括"电源线"[3]。

第三，解释的结果必须能够使权利要求的含义清楚、明确，使专利权的保护范围对本领域的技术人员而言具有确定性。并非只要根据上述解释规则能从权利要求中解释出某一种含义，就算确定了保护范围。[4] 如果解释的标准过于宽松，就会鼓励专利申请人在撰写申请文件时，有意将相关术语写得较为宽泛和模糊，意图在侥幸通过专利审查之后获得过大的保护范围。这当然是法院应当力求避免的结果。（相关案例参见"本章案例研习"中的"无法被确定的技术特征不能被纳入保护范围"）

三、外观设计专利权保护范围的确定

◎ 难度与热度

难度：☆☆☆　　热度：☆☆☆

外观设计专利权的保护范围以表示在图片或者照片中的该产品的外观设计为准，简要说明可以用于解释图片或者照片所表示的该产品的外观设计。同时，外观设计专利权的保护范围由产品类别和产品上采用的外观设计共同确定。在与外观设计专利产品相同或者相近种类产品上，采用与授权外观设计相同或者近似的外观设计，就落入了外观设计专利权的保护范围。

要认定对外观设计专利的侵权行为，前提仍然是确定外观设计专利权的保护范围。《专利法》第64条第2款规定：外观设计专利权的保护范围以表示在图片或者照片中的该产品的外观设计为准，简要说明可以用于解释图片或者照片所表示的该产品的外观设计。同时，根据相关司法解释，外观设计专利权的保护范围由产品类别和产品上采用的外观设计共同确定。在与外观设计专利产品相同或者相近种类产品上，采用与授权外观设计相同或者近似的外观设计，就落入了外观设计专利权的保护范围。[5] 他人未经许可对采用了相同或近似外观设计的相同或相近种类产品实施受专利权人控制的行为，包括制造、许诺销售、销售或进口，将可能构成侵权行为。

（一）限于相同或者相近种类的产品

虽然外观设计具有一定美感，有时也可能构成美术作品，但专利法对外观设计的保

---

[1]　Phillips v. AWH，415 F. 3d 1303，at 1319 (Fed. Cir.，2005).

[2]　最高人民法院（2012）民提字第3号民事判决书。

[3]　最高人民法院（2017）最高法民申1461号民事裁定书。

[4]　Nautilus, Inc. v. Biosig Instruments，134 S. Ct. 2120, 2130 (2014).

[5]　最高人民法院《关于审理侵犯专利权纠纷案件应用法律若干问题的解释》第8条。

护与著作权法对美术作品的保护并不相同。对于美术作品而言，只要他人未经许可复制，无论其载体是否与作品的原始载体相同，都可能构成著作权侵权。与此形成鲜明对比的是：外观设计专利的保护范围限于相同或相近种类的产品，这是因为外观设计专利权针对的是特定工业产品，而不是脱离产品的外观设计。这就是为什么外观设计专利申请应当遵循"单一性原则"，即一件外观设计专利申请应当限于一项外观设计。与此相适应，外观设计专利权也只能禁止他人未经许可，在与外观设计专利产品相同或者相近种类的产品上，采用与授权外观设计相同或者近似的外观设计。假设腾讯公司设计了企鹅形状的加湿器，并就该加湿器获得了外观设计专利权，而他人未经许可制造、销售企鹅形状的垃圾筒，即使这两种产品的形状一模一样，他人也不构成对腾讯公司外观设计专利权的侵权。

（二）功能性设计和无法进行外部观察的特征应从保护范围中排除

本书第九章第二节曾说明，如果一种外观设计区别于现有设计的形状是由产品的功能限定的，则不能认为该外观设计与现有设计相比具有明显区别、符合授权条件。这是因为外观设计不同于发明和实用新型，后者是技术方案，前者则是具有美感的工业品外观设计。由于我国对外观设计专利的申请并不进行实质审查，实务中有一些仅由功能限定的外观设计也被授予了专利权。此时任何人都可以请求宣告该外观设计专利权无效。如果发生了侵权诉讼，对于主要由技术功能决定的设计特征，不应在对比被控侵权产品的外观设计和授权外观设计时将其纳入考虑范围，换言之，不能认为该项设计特征对整体视觉效果产生了影响。由于外观设计专利针对的是"外观"，那些不能通过观察产品的外部而发现的特征，如产品材料、内部结构等，也不应被纳入考虑范围。①

第二节　侵害专利权行为的构成和认定

一、侵害专利权行为的构成

◎ 难度与热度

难度：☆☆☆　　热度：☆☆☆

侵害专利权行为（不加说明的情况下指直接侵权）的构成，与侵害著作权行为的构成在本质上并无不同之处，都是除法定抗辩事由外未经许可实施的受专有权利规制的行为。只是专利法规定的专有权利只规制"以生产经营为目的"的行为（对此本书第十一章第一节有详述，此处不再赘述），而著作权法无此限制。

二、侵害专利权行为的认定

◎ 难度与热度

难度：☆☆☆　　热度：☆☆☆

对于发明和实用新型专利侵权的认定，适用"全面覆盖原则"，且区分相同侵权和等同侵权。同时用"捐献原则"和"禁止反悔原则"限制等同侵权的范围。外观设计专利

---

① 最高人民法院《关于审理侵犯专利权纠纷案件应用法律若干问题的解释》第11条。

侵权以在相同或类似产品上"采用与授权外观设计相同或者近似的外观设计"为条件，其中整体视觉效果起着决定性作用。同时应考虑设计空间的大小。

（一）侵害发明和实用新型专利权行为的认定

1. 全面覆盖原则

对于保护技术方案的发明和实用新型专利而言，在根据前文所述的解释方法和规则确定了权利要求所记载的技术特征限定的保护范围后，应适用"全面覆盖原则"认定侵权。即只有一种产品或方法包含了发明或实用新型专利权利要求记载的全部技术特征，该产品或方法才属于专利产品或专利方法，即落入了专利权的保护范围。缺少权利要求记载的一个以上的技术特征，或者有一个以上技术特征不相同也不等同的，该产品或方法就不是专利产品或方法，即没有落入专利权的保护范围。[①]

例如，权利要求记载的实用新型的技术特征为 A＋B＋C，而一种产品的技术特征为 A＋B＋C＋D，则该产品为专利产品，对其擅自实施制造等行为就可能构成侵权。如果一种产品的技术特征为 A＋B 或 A＋C＋D，则不属于专利产品，他人实施制造等行为不构成侵权。

2. 相同侵权

在发明和实用新型专利侵权的认定中有"相同侵权"与"等同侵权"之分。如果专利权利要求记载的每一项技术特征都在被控侵权的产品或方法中有对应的技术特征，而且这些对应的技术特征从字面上看就落入了权利要求记载的相应技术特征的范围，则未经许可制造被控侵权产品或使用被控侵权方法的行为属于相同侵权。

需要注意的是，不能将"相同侵权"中的"相同"理解为被控侵权的产品或方法与专利权人在说明书中举出的实施例或专利权人实际制造的产品或使用的方法相同，也不是指其技术特征与权利要求记载的技术特征在数量上相同，而是看权利要求记载的全部技术特征是否都一一对应地出现在了被控侵权的产品或方法之中。至于被控侵权的产品或方法是否还包含权利要求未记载的其他技术特征，则在所不问。假如灯泡这一产品的权利要求记载的技术特征为"以碳丝为灯芯"，而专利权人自己制造的灯泡灯芯直径较粗，导致灯泡发光时间较短，则他人即使对碳丝进行了改进，以直径较细的灯芯代替直径较粗的灯芯，使得灯泡发光时间大大延长，由于改进后的灯泡仍然具有"以碳丝为灯芯"的技术特征，未经许可制造或销售仍然构成专利侵权，而且属于"相同侵权"。再如，他人在灯泡表面涂抹了一层防爆涂料，可以有效地防止灯泡在长时间工作后爆裂。这等于是在原有发明的技术特征之外新增加了一项技术特征，显然已经与专利权人自己制造的灯泡有所不同。但这一改进型灯泡并没有摆脱"以碳丝为灯芯"的技术特征，因此，仍然构成专利产品，未经许可的制造和销售也构成"相同侵权"。

3. 等同侵权

在现实中，为了规避对他人专利权的明显侵犯，专利技术的模仿者总是力图避免原封不动地照抄他人专利产品或方法中的技术特征，而是加以某些改动。例如，权利要求中可能将两个部件以 A 方式加以连接记载为一项技术特征，而实际上这两个部件如果以 B 方式加以连接可以达到完全相同的技术效果，而且本领域的一般技术人员都能知道 B

[①] 最高人民法院《关于审理侵犯专利权纠纷案件应用法律若干问题的解释》第 7 条。

方式是 A 方式的常用替换方式。在这种情况下，如果模仿者实际采用了 B 方式，则其并不构成相同侵权。如果允许他人随意以这种方法规避专利权，则对于专利的充分保护是不利的。特别是有许多类似上例中的替代方法是在发明创造完成之后才出现的，专利权人在撰写权利要求时是无法预料的。

"等同原则"就是为了解决上述问题而产生的，它的含义是：如果一种技术特征与权利要求中记载的技术特征相比，在本领域的普通技术人员看来，能够以实质上相同的方式，实现实质上相同的功能，并产生实质上相同的效果，则该技术特征就是权利要求中技术特征的"等同特征"。一种产品具有"等同特征"就如同具有相同特征，未经许可制造或销售该产品就构成"等同侵权"。例如，申请人在撰写权利要求时，将技术特征定为"使用电子管"，但授权之后出现了比电子管更先进的晶体管，可以替换电子管，从而以实质上相同的方式实现实质上相同的功能并产生实质上相同的效果，而此时本领域的普通技术人员都知道晶体管是电子管的常规替换手段。在这种情况下就可能认定等同侵权。

需要指出的是，承认"等同原则"虽然能够防止对技术特征文字描述缺陷的恶意利用，但也增加了专利保护范围的不确定性，因为它意味着公众无法完全根据权利要求确定专利的保护范围。竞争者可能因信赖权利要求划定的保护范围而设计、制造具有不同技术特征的产品，最后却因"等同原则"被判侵权，由此导致遏制创新、损害公平竞争的后果。为了避免"等同原则"的滥用，在将专利技术与被控侵权的技术进行对比时，应当坚持"全面覆盖原则"，即被控侵权的产品或方法必须完全包含与权利要求书中记载的所有技术特征相同或等同的技术特征。换言之，如果被控侵权的产品或方法与专利产品或方法在整体上是相似的，但专利权利要求书中记载的一项技术特征没有以相同或等同的形式在被控侵权的产品或方法中出现，则不能认定等同侵权。例如，涉案专利是一种根据颜色和重量分拣水果的机器，专利权利要求所记载的一项技术特征是其有"一种位置指示装置"，用于追踪水果经过分拣机时所在的位置。被控侵权产品是一种能实现相同效果的分拣设备，但它并没有任何追踪水果位置的装置。由于权利要求所记载的一项技术特征没有以任何形式在被控侵权产品中出现，即使被控侵权产品与专利产品在整体上相似，也不能认定等同侵权。[①] 最高人民法院《关于审理侵犯专利权纠纷案件应用法律若干问题的解释》第 7 条第 2 款中规定：被诉侵权技术方案包含与权利要求记载的全部技术特征相同或者等同的技术特征的，人民法院应当认定其落入专利权的保护范围。这也是对"全面覆盖原则"的重申。

除"全面覆盖原则"之外，下文所述的"捐献原则"和"禁止反悔原则"都可用于防止滥用"等同原则"，不适当地扩大专利权的保护范围。

4. 捐献原则

"捐献原则"的含义是：如果专利权人仅在说明书及其实施例中描述了一项技术方案，但权利要求书中并未记载，则在他人使用该项技术方案时，不能适用"等同原则"认定该项技术方案与在权利要求书中记载的一项技术方案等同，从而认定他人侵权。换言之，这项技术方案被视为由专利权人自愿捐献给了公众。最高人民法院《关于审理侵

---

① Pennwalt Corp. v. Durand-Wayland，833 F. 2d 931，at 935，939 (Fed. Cir.，1987).

犯专利权纠纷案件应用法律若干问题的解释》第5条规定：对于仅在说明书或者附图中描述而在权利要求中未记载的技术方案，权利人在侵犯专利权纠纷中将其纳入专利权保护范围的，人民法院不予支持。该规定就是"捐献原则"的体现。

例如，在"强生案"中，专利权人强生公司在权利要求书中记载的技术特征是"使用铝片"，但说明书的描述是："最好使用铝片，也可以用不锈钢片替换"。而被告使用的正是不锈钢片。强生公司认为，铝片和不锈钢片是等同的技术方案。但法院认为，强生公司一方面在说明书中公开了使用不锈钢片这一替代方案，另一方面却没有在权利要求书中记载，这一替代方案就被捐献给了公众。[①] "捐献原则"的合理性在于：创设"等同原则"是为了解决文字无法准确地记载技术方案，以及在申请专利时无法预料对技术方案的常规替换手段的问题。而专利权人在申请专利时，既然已经在说明书及其实施例中描述了与在权利要求书中记载的技术方案等同的另一技术方案，就说明对该另一技术方案既不缺乏描述的文字，也不是在申请时无法预料，此时没有理由再适用"等同原则"。

5. 禁止反悔原则

在发明和实用新型专利申请过程中，审查员往往会对权利要求的内容提出质疑，认为其权利要求的范围过大，以至于不具备新颖性或创造性。而申请人有机会针对审查员的观点进行意见陈述，或对申请文件进行修改。在多数情况下，申请人为了能够获得专利权，会缩小其原先要求的权利保护范围。例如，申请人原先提出的权利要求为A、B和C，但在审查过程中为了克服审查员指出的缺陷而将权利要求修改为A-、B-和C-，即缩小了要求保护的范围。如果申请人最终获得了专利权，而A与A-、B与B-和C与C-之间的部分就不在专利权保护范围之内了。即使专利权人能够证明本领域的普通技术人员无须通过创造性劳动就能想到以A替换A-、以B替换B-和以C替换C-，仍然不能根据"等同原则"将专利权扩张到由A、B和C划定的较大的权利范围。原因是专利权人在申请专利时，为了获得专利权已经自愿缩小了权利保护范围，在其获得专利权之后就不能反悔，将已经放弃的内容又重新纳入保护范围之中。"禁止反悔原则"对于专利权人在专利无效宣告程序中放弃或删除权利要求的情况也适用。最高人民法院《关于审理侵犯专利权纠纷案件应用法律若干问题的解释》第6条规定：专利申请人、专利权人在专利授权或者无效宣告程序中，通过对权利要求、说明书的修改或者意见陈述而放弃的技术方案，权利人在侵犯专利权纠纷案件中又将其纳入专利权保护范围的，人民法院不予支持。

例如，在一项有关信件编码和分拣的专利申请中，权利要求最初的用语是：在信件上使用一种"已编码"（coded）的物质材料，但后来改成了使用"可编码"（codable）的物质材料。显然，"已编码"与"可编码"是有区别的：前者指物质材料上已预先存储了信息，后者指可以根据需要在空白的物质材料中存储信息。申请人当时向审查员解释，"可编码"的用语更准确，因为在将磁条等贴在信件上时，其中还没有存储信息。当被审查员问及该项技术与现有技术的区别时，申请人强调，磁条等"可编码"物质材料中的信息，可以在事后被清空，并重新存储新的信息。专利授权后，他人采用了一种信件编码和分拣的技术，方法是用喷墨打印机直接在信件上打印条形码，也即唯一附加于信件之上的物质材料就是墨水，而墨水是不可编码的。而且墨水是以预先确定的形式有序出

---

①   Johnson & Johnson Assocs v. RE Serv. Co. , 285 F. 3d 1046，at 1055（Fed. Cir. , 2002）.

现在信件上的，事后也不能被更改或消除。由于专利的申请过程说明申请人已将其要求的保护范围限于"可编码"的物质材料，因此，他人使用的技术与专利并不构成等同。①

"禁止反悔原则"对于遏制申请人的不诚信行为，实现专利审查制度的目的和维护公平竞争均有重要作用。首先，如果没有"禁止反悔原则"，申请人就可能在申请专利时，为了获得授权而不断通过修改权利要求或向审查员对相关用语作限制性解释，放弃许多最初要求保护的技术方案，而获得授权后，在起诉他人侵犯专利权时，又要求通过适用"等同原则"将已经放弃的技术方案重新纳入保护范围。这种行为显然是不诚信的。其次，专利审查制度的目的之一，就是确保授权的范围要适当，审查员要求申请人修改申请文件、缩小保护范围就是实现这一目的的主要手段。如果专利权人可以通过"等同原则"保护在专利申请过程中已经放弃的技术方案，专利审查制度的目的就无从实现。最后，专利权人的竞争者可以通过查阅专利申请阶段的文件来了解专利权人当时放弃了哪些技术方案，并据此在设计自己的产品时避免侵害专利权。"禁止反悔原则"通过确保专利权人不会破坏竞争者基于专利申请文件形成的合理预期，维护了公平的竞争秩序。

（二）侵害外观设计专利权行为的认定

如本章第一节"外观设计专利权保护范围"所述，外观设计专利权的保护范围由产品类别和产品上采用的外观设计共同确定。除非有法定抗辩理由，未经许可在与外观设计专利产品相同或者相近种类产品上采用与授权外观设计相同或者近似的外观设计，就会构成侵权。对于侵害外观设计专利权行为的认定，在确定本章第一节所述的保护范围的基础上，还应注意以下问题：

首先，"采用与授权外观设计相同或者近似的外观设计"中的"相同"是指被诉侵权设计与授权外观设计在整体视觉效果上无差异；"近似"是指在整体视觉效果上无实质性差异。② 由于外观设计是为了增加产品的美感，激起消费者的购买欲望，因而对于是否"相同或近似"，应以外观设计专利产品的一般消费者的知识水平和认知能力为准，对外观设计的整体视觉效果进行综合判断。③

其次，整体视觉效果起着决定性作用。除局部外观设计获得授权的情况外，产品外观是作为一个整体吸引消费者眼球的，产品在外观设计方面的微细差异通常不会引起消费者的注意。完全可能存在产品在局部设计上相似，但整体视觉效果差异很大，或者产品的局部设计有一定差异，但整体视觉效果相近的情况。前者不构成"近似"，后者则构成"近似"。对于获得授权的局部外观设计而言，该局部就应被视为一个吸引消费者眼球的"整体"。在进行比对时，应将该局部外观设计作为一个整体，评判其对消费者产生的视觉效果。此时不再考虑一个完整的产品除局部外观设计之外其他部分的视觉效果。换言之，如果某类产品（如杯子）的局部外观设计（如对杯把的设计）与被诉侵权产品（如他人制造的杯子）相比，相同的局部（如杯把）虽有细微差异，但该局部的"整体"视觉效果相近，即使产品的其他部分（如杯体）的视觉效果有较大差异，也可以认定外观设计相同或近似。

---

① Brenner v. United States，773 F. 2d 306，at 307 - 308 (Fed. Cir.，2004).
② 最高人民法院《关于审理侵犯专利权纠纷案件应用法律若干问题的解释》第 11 条第 3 款。
③ 最高人民法院《关于审理侵犯专利权纠纷案件应用法律若干问题的解释》第 10 条、第 11 条。

最后，应考虑设计空间的大小。受一些产品的结构、功能和使用习惯等因素制约，在现有产品外观的基础上进行大幅变化的可能性不大，也就是外观的设计空间相对较小，设计者能做出的创新贡献也较小。消费者也习惯于在外观近似的同类产品中进行仔细辨别，因而容易注意到不同外观设计之间的较小区别。在这种情况下，如果在先外观设计已获得了专利权，他人采用的外观设计只要与之有一定程度的区别，构成侵权的可能性就不大。相反，另一些产品外观的设计空间较大，如果设计者做出了一个相较于现有产品外观有较大变化的设计，则消费者会对该外观设计产生较为深刻的印象。在该外观设计获得专利权的情况下，如果他人在相同或相近种类产品上采用了与之只有较小区别的外观设计，则消费者就不容易注意到该较小区别，从而产生混淆，此时构成侵权的可能就较大。[①] 在认定设计空间时，可以综合考虑产品的功能、用途、现有设计的整体状况、惯常设计、法律与行政法规的强制性规定、国家与行业技术标准等因素。[②]

第三节　侵害专利权行为的抗辩事由

◎ **难度与热度**

　　难度：☆☆☆　　热度：☆☆☆

在专利侵权纠纷中，被控侵权人有证据证明其实施的技术或者设计属于现有技术或者现有设计的，不构成侵犯专利权。

侵害专利权行为的抗辩事由中，有一些已在本书第十章有关"专利权的限制"部分讲解过，有一些是在所有知识产权侵权诉讼中都可适用的抗辩，如涉案专利已过保护期、被诉侵权行为并未落入专有权利规制的范围（典型实例为被诉侵权产品或方法没有包含专利权利要求所记载的全部技术特征）等，此处不再赘述。下文只讲解《专利法》特别规定的"现有技术和现有设计抗辩"。需要指出的是，如果被诉侵权人认为涉案专利并不符合授权条件，应当请求国家知识产权局宣告无效，并请求法院中止审理，以等待国家知识产权局对无效宣告的审理决定，而不能将"涉案专利无效"直接作为抗辩在侵权诉讼中提出，这是因为《专利法》并没有给予法院在侵权诉讼中否定专利权效力的权力。

专利法的根本目的在于鼓励创新，因此，任何在申请日之前在国内外为公众所知的技术和设计，即现有技术和现有设计，都不能被授予专利权。但是，在对发明专利进行实质审查的过程中，由于可供审查员检索的文献在数量上总是少于申请日之前世界上的所有公开文献，审查员不可能穷尽地检索到所有现有技术。同时，对于仅仅通过公开使用方式为公众所知的技术，审查员更是难以知晓。因此在现实中，总会有一部分发明专利因属于申请日之前的现有技术而不符合授权条件。而实用新型专利申请和外观设计专利申请不需要经过实质审查，因此，现有技术和现有设计被错误授权的可能性更大。

---

① 最高人民法院《关于审理侵犯专利权纠纷案件应用法律若干问题的解释（二）》（2020 年修正）第 14 条。
② 最高人民法院《关于审理专利授权确权行政案件适用法律若干问题的规定（一）》第 14 条。

　　在专利权人就他人未经许可使用其专利的行为向法院起诉或要求管理专利工作的部门处理的情况下，被控侵权人自然可以在答辩期内向国务院专利行政部门（国家知识产权局）请求宣告该专利权无效。法院和管理专利工作的部门可以酌情中止诉讼或对侵权纠纷的处理，等待无效程序的结果。而对于国务院专利行政部门（国家知识产权局）作出的决定，当事人如不服还可以提起行政诉讼，并在不服一审判决的情况下上诉，因此，无效程序可能持续较长时间，这对于被控侵权人是不利的。

　　为此，《专利法》第 67 条规定：在专利侵权纠纷中，被控侵权人有证据证明其实施的技术或者设计属于现有技术或者现有设计的，不构成侵犯专利权。即允许被控侵权人在专利侵权纠纷中以其实施的技术或设计属于现有技术或现有设计作为抗辩。根据最高人民法院的司法解释，被诉落入专利权保护范围的全部技术特征，与一项现有技术方案中的相应技术特征相同或者无实质性差异的，属于现有技术；被诉侵权设计与一个现有设计相同或者无实质性差异的，属于现有设计。[①] 这意味着如果被控侵权人有证据证明其实施的技术或设计在相关专利的申请日之前，已经是在国内外为公众所知的技术或设计，或者是与之无实质性差异的技术或设计，则其可以直接以此作为侵权的抗辩，而不必选择请求宣告相关专利无效。法院或管理专利工作的部门一旦采信被控侵权人提供的证据，即被控侵权人实施的是现有技术或现有设计，就可以直接认定侵权不成立，从而大大节约解决纠纷的时间。

　　需要注意的是：被控侵权人既可以提出现有技术或现有设计抗辩，也可以请求宣告原告的专利权无效，但这两种手段在运用方法及效果上存在很大区别。

　　首先，如果被控侵权人提出了现有技术或设计抗辩，其只能举证证明其实施的技术或设计是涉案专利申请日之前在国内外为公众所知的技术或设计，而不能以其他理由进行抗辩，如"发明或实用新型专利不符合创造性要求"或"说明书未能对发明或者实用新型作出清楚、完整的说明，不能使所属技术领域的技术人员能够实现"，因为这些理由均为导致专利权被宣告无效的其他法定理由，其是否成立，需要对专利权涉及的技术本身及申请文件进行仔细分析。而"现有技术和现有设计抗辩"只关注被控侵权人实施的是否为现有技术或现有设计，即被控落入专利权保护范围的技术特征或外观设计，以及与之等同的技术特征或无实质性差异的外观设计是否在涉案专利申请日之前已经公开[②]；并不关注涉案的专利权是否应当被宣告无效。而在无效宣告请求程序中，申请人只要能证明专利权在其中一个方面不符合法定授权条件，该专利权就应当被宣告无效。

　　其次，如果经过无效宣告请求程序，专利权被最终宣告无效，则专利权被视为自始不存在，原专利权人当然无法再去起诉他人未经许可实施相关技术或设计。而"现有技术和现有设计抗辩"以及法院或管理专利工作的部门认定侵权不成立的结论只具有个案效力，在个案支持"现有技术和现有设计抗辩"、认定侵权不成立的情况下，涉案专利权并不因此而无效，专利权人仍然可以起诉他人未经许可实施其专利技术或设计。

---

① 最高人民法院《关于审理侵犯专利权纠纷案件应用法律若干问题的解释》第 14 条。
② 最高人民法院（2012）民申字第 18 号民事裁定书。

第四节　侵害专利权行为的类型及法律责任

一、直接侵权与间接侵权

◎ **难度与热度**

难度：☆☆☆　　热度：☆☆☆☆

对专利权的侵权也分为直接侵权和间接侵权。对于直接侵权的概念、构成要件、与主观过错的关系，以及合法来源抗辩等，本书第七章第一节在讲解著作权侵权问题时，已作了详细说明，这些原则都适用于专利侵权。换言之，未经专利权人许可以生产经营为目的实施受专利权中专有权利规制的行为，如制造、销售、许诺销售、进口和使用落入发明专利权保护的产品，除了法定例外，均构成直接侵权。主观过错只影响赔偿责任的承担，而不影响直接侵权的认定。

假设某超市购买了一批货架用于摆放商品，但该货架是侵害他人外观设计专利权的产品，也就是他人外观设计专利产品的侵权复制品，试问：该超市使用侵权外观设计专利产品（未经许可使用外观设计专利产品）的行为侵害他人的外观设计专利权吗？回答是否定的，因为《专利法》根本没有给外观设计专利权人规定"使用权"，这意味着外观设计专利权人不能控制他人未经许可使用其外观设计专利产品的行为。超市购买侵权外观设计专利产品并使用的行为，相当于本书第七章第一节所述的购买盗版书并阅读的行为，即使是故意实施的，该行为也不构成侵权。相反，如某家电经销商在不知情的情况下购进了一批侵害他人专利权的空调，该家电经销商销售这批空调的行为构成对专利权的直接侵害。因为专利权人对其专利产品享有销售权，而家电经销商以营利为目的未经许可销售专利产品，就是未经许可实施受销售权规制的销售行为，同时又无法定抗辩理由，故其行为构成直接侵权。我国最高人民法院在涉及专利侵权（直接侵权）的案件中明确指出："专利侵权行为的构成不以过错为要件，只要行为人实施了《专利法》第11条规定的行为（除《专利法》第75条规定的不视为侵犯专利权的行为以外），无论其对专利技术方案实际是否知晓，均认为其构成专利侵权。"[①] 这些基本原则此处不再赘述。

在此方面存在特殊性的是"合法来源抗辩"的适用。《专利法》第77条规定："为生产经营目的使用、许诺销售或者销售不知道是未经专利权人许可而制造并售出的专利侵权产品，能证明该产品合法来源的，不承担赔偿责任。"该规定与《著作权法》第59条和《商标法》第64条第2款对"合法来源抗辩"的规定并无本质区别。如本书第七章第一所述，合法来源抗辩仅仅是免除赔偿责任的抗辩，而非不侵权抗辩。在合法来源抗辩成立的情况下，被诉侵权人虽然免于承担赔偿损失的责任，但原则上应承担停止侵权的责任，即侵权复制品的发行者应停止发行，侵害注册商标专用权的产品的销售者应停止销售，侵害专利权的产品的使用者、销售者和许诺销售者应停止使用、销售和许诺销售。最高人民法院在司法解释中也规定，为生产经营目的使用、许诺销售或者销售不知道是

---

① 最高人民法院（2014）民申字第1036号民事裁定书。

未经专利权人许可而制造并售出的专利侵权产品，且举证证明该产品合法来源的，对于权利人请求停止上述使用、许诺销售、销售行为的主张，人民法院应予支持。[1]

但是，最高人民法院在司法解释中为侵权专利产品的使用者承担停止侵权责任的规定创设了"但书"——"被诉侵权产品的使用者举证证明其已支付该产品的合理对价的除外"[2]。这就意味着以合理价格购买侵权专利产品的善意使用者既无须承担赔偿责任，也无须停止使用。据此，假设某知名空调公司未经许可在其制造的空调中使用了他人的发明专利，并在国美电器或京东网等合法渠道销售该批空调，某工厂采购后安装在生产车间使用。当专利权人起诉该工厂侵害其专利权中的使用权时，只要该工厂能提供进货单据，专利权人也无其他证据证明该工厂知道该批空调侵权的，该工厂既无须承担赔偿责任，也无须停止使用。对这一规定的适当性，参见本章同步练习中论述题的参考回答。

对于间接侵权而言，在知识产权的不同领域，其主要表现形态有所区别。例如，著作权间接侵权目前主要在网络环境中发生，其表现形态主要为提供信息存储空间或搜索链接服务的网络服务提供者在知道或者应当知道用户传播的内容侵权时，未及时采取移除相关内容或断开链接的方式予以制止。在专利领域，直接侵权行为大多为未经许可制造和销售专利产品，间接侵权的主要形态是通过向他人提供专用于制造专利产品的零部件而帮助或引诱他人实施直接侵权行为。

最高人民法院的司法解释也规定了专利领域的间接侵权，将其分为帮助侵权和引诱侵权：前者为"明知有关产品系专门用于实施专利的材料、设备、零部件、中间物等，未经专利权人许可，为生产经营目的将该产品提供给他人实施了侵犯专利权的行为"。对此适用《民法典》第 1169 条关于帮助侵权行为的规定。后者为"明知有关产品、方法被授予专利权，未经专利权人许可，为生产经营目的积极诱导他人实施了侵犯专利权的行为"。对此适用《民法典》第 1169 条关于教唆侵权行为的规定。[3]

二、侵害专利权的法律责任

◎ **难度与热度**

难度：☆☆☆　　热度：☆☆☆☆

《专利法》规定了侵害专利权的民事责任和行政责任，但没有规定刑事责任。

（一）民事责任

本书第七章第一节所讲解有关侵害著作权民事责任的规定，与侵害专利权的民事责任基本相同。此处只讲解不同之处或需要关注的规定。

首先，对于侵害专利权的行为，如果在法院下达判决时被诉侵权行为仍在继续，则法院通常会判决停止侵权。但由于专利侵权往往涉及对技术方案的利用，基于个案的情况，要求侵权人停止侵害有时并不一定符合比较原则，此时法院不判决停止侵权，而是判决赔偿给付赔偿金的可能性会更高。例如，在某玻璃工程公司诉深圳市机场股份有限

---

[1]　最高人民法院《关于审理侵犯专利权纠纷案件应用法律若干问题的解释（二）》（2020 年修正）第 25 条第 1 款。

[2]　最高人民法院《关于审理侵犯专利权纠纷案件应用法律若干问题的解释（二）》（2020 年修正）第 25 条第 1 款。

[3]　最高人民法院《关于审理侵犯专利权纠纷案件应用法律若干问题的解释（二）》（2020 年修正）第 21 条。

公司案中，原告拥有一种名称为"幕墙活动连接装置"的实用新型专利，而由被告经营的深圳宝安国际机场候机楼的玻璃幕墙工程使用的技术落入了该专利的保护范围。原告要求被告"停止侵权"。显然，如果法院判决机场"停止侵权"，则机场只能将候机楼的全部玻璃幕墙拆掉、重建，这将导致工期内候机楼无法使用，造成的经济损失可想而知。法院一方面认定机场以经营为目的使用专利产品构成侵权，另一方面又提出"考虑深圳机场的特殊性，停止使用不符合实际"，因此，法院并没有判决机场停止使用侵权的玻璃幕墙，而是责令其向原告支付合理的使用费。[①] 最高人民法院《关于审理侵犯专利权纠纷案件应用法律若干问题的解释（二）》（2020 年修正）第 26 条规定：被告构成对专利权的侵犯，权利人请求判令其停止侵权行为的，人民法院应予支持，但基于国家利益、公共利益的考量，人民法院可以不判令被告停止被诉行为，而判令其支付相应的合理费用。

其次，由于消除影响和赔礼道歉属于侵害人身权利的法律责任，而专利权人并无知识产权法意义上的人身权利（注意，发明人和设计人在专利证书上署名的权利并不是严格意义上的专利权），因此消除影响和赔礼道歉并不属于侵害专利权的法律责任。

再次，基于过错侵害他人专利权的，当然也应当赔偿损失，包括补偿性赔偿和符合法定条件时的惩罚性赔偿。《专利法》第 71 条第 1 款规定："侵犯专利权的赔偿数额按照权利人因被侵权所受到的实际损失或者侵权人因侵权所获得的利益确定；权利人的损失或者侵权人获得的利益难以确定的，参照该专利许可使用费的倍数合理确定。对故意侵犯专利权，情节严重的，可以在按照上述方法确定数额的一倍以上五倍以下确定赔偿数额。"该规定与《著作权法》的规定基本相同，区别在于：对于侵害著作权的行为，权利人的实际损失或者侵权人的违法所得难以计算的，"可以参照该权利使用费给予赔偿"；但对于侵害专利权的行为，权利人的损失或者侵权人获得的利益难以确定的，"参照该专利许可使用费的倍数合理确定"。也就是《著作权法》不允许以许可费的"倍数"确定补偿性赔偿数额（同时也是惩罚性赔偿的基数），而《专利法》允许如此计算。

"侵权人因侵权所获得的利益"同样是指直接源于侵权行为的相关利益。在侵害专利权的侵权产品的销售收入中，只有一部分（尽管可能是重要的部分）与受保护的专利有关，此时应当以专利在产品价值中所发挥的作用作为计算赔偿金额的基础。对此最高人民法院《关于审理侵犯专利权纠纷案件应用法律若干问题的解释》第 16 条规定：在确定侵权人因侵权所获得的利益时，应当限于侵权人因侵犯专利权行为所获得的利益；因其他权利所产生的利益，应当合理扣除。侵犯发明、实用新型专利权的产品系另一产品的零部件的，人民法院应当根据该零部件本身的价值及其在实现成品利润中的作用等因素合理确定赔偿数额。侵犯外观设计专利权的产品为包装物的，人民法院应当按照包装物本身的价值及其在实现被包装产品利润中的作用等因素合理确定赔偿数额。最高人民法院在相关判决中也指出，当事人选择以侵权获得的利益计算专利侵权损害赔偿数额时，对于多部件或者多专利的被诉侵权产品，原则上不宜简单采用侵权产品销售总金额乘以侵权产品利润率的方式计算侵权获利，而需要考虑涉案专利对侵权产品利润的贡献度，以"侵权产品销售总金额×利润率×专利技术对产品价值的贡献度"的方法进行计算，

---

① 广东省深圳市中级人民法院（2004）深中法民三初字第 587 号民事判决书。

对于专利技术对产品价值的贡献度，可以结合涉案专利产品对产品的重要性等因素酌定。[①]

最后，《专利法》也规定了法定赔偿，其适用条件及性质与《著作权法》规定的法定赔偿并无区别，只是最低赔偿数额不同（《著作权法》规定的最低法定赔偿数额为 500元）。《专利法》第 71 条第 2 款规定："权利人的损失、侵权人获得的利益和专利许可使用费均难以确定的，人民法院可以根据专利权的类型、侵权行为的性质和情节等因素，确定给予三万元以上五百万元以下的赔偿。"

（二）行政责任

依据《专利法》第 65 条的规定，对于专利侵权行为，专利权人或者利害关系人可以请求管理专利工作的部门处理。管理专利工作的部门处理时，认定侵权行为成立的，可以责令侵权人立即停止侵权行为。当事人不服的，可以自收到处理通知之日起 15 日内依照《行政诉讼法》向人民法院起诉；侵权人期满不起诉又不停止侵权行为的，管理专利工作的部门可以申请人民法院强制执行。进行处理的管理专利工作的部门应当事人的请求，还可以就侵犯专利权的赔偿数额进行调解。《专利法》第 69 条规定：管理专利工作的部门应专利权人或者利害关系人的请求处理专利侵权纠纷时，可以询问有关当事人，调查与涉嫌违法行为有关的情况；对当事人涉嫌违法行为的场所实施现场检查，并检查与涉嫌违法行为有关的产品。

需要注意的是，与《著作权法》和《商标法》为行政管理部门规定的处理侵权行为的执法权力相比，《专利法》为管理专利工作的行政部门规定的执法权力是有限的，只限于责令侵权人停止侵权，没有规定罚款等其他行政处罚措施。同时，与《专利法》为管理专利工作的部门在处理假冒专利时规定的执法措施相比，也没有规定"查阅、复制与涉嫌违法行为有关的合同、发票、账簿以及其他有关资料"以及"查封或者扣押"两项措施。这其中的主要原因，一方面在于许多情况下专利侵权的认定具有高度的专业性，立法者认为对于罚款等对被控侵权人而言较为严厉的措施，不宜由行政机关实施；另一方面，专利被宣告无效的情况较为常见。特别是实用新型专利和外观设计专利，由于授权前没有进行过实质审查，被宣告无效的可能性更大。动用国家公权力对被控侵权人进行处罚，可能导致利益失衡。

第五节　假冒专利及法律责任

《专利法》中同时出现了专利侵权和假冒专利这两个概念，它们之间是有区别的，法律责任也有所不同。

一、假冒专利的概念和表现

◎ **难度与热度**

难度：☆☆☆　热度：☆☆☆

[①] 最高人民法院（2018）最高法民再 111 号民事判决书。

《专利法》中的专利侵权仅指直接侵权，即未经许可，也缺乏法定免责理由，而以生产经营目的实施受专有权利控制的行为。假冒专利则包括两种情形。第一种情况是：未经许可使用他人真实、有效的专利号、证书或文件，使人误认为使用者是该专利的专利权人，相关的产品或方法是他人的专利产品或专利方法。其又有以下常见表现形式：（1）未经许可在产品或者产品包装上标注他人的专利号，以及销售该产品的行为；（2）在广告或者其他宣传材料中，未经许可使用他人的专利号，使公众将所涉及的技术或者设计误认为是他人的专利技术或者专利设计；（3）伪造或者变造他人的专利证书、专利文件或者专利申请文件。上述"他人的专利号"或"他人的专利证书、专利文件或者专利申请文件"均是指真实、有效的专利号码或证书、文件，即他人确实已经就产品或方法获得了专利权、取得了专利证书以及相应的专利号，而假冒人擅自使用他人这一真实、有效的专利号，使人误以为假冒人就是专利号所对应的专利的专利权人，以及假冒人的产品或方法是他人的专利产品或专利方法。需要注意的是：未经许可制造或者销售、许诺销售他人的专利产品，首先构成专利侵权。如果制造者或销售者同时又在其制造或者销售的产品、产品的包装上标注他人的专利号，则又构成假冒专利行为。

由此可见，在上述行为中，除了假冒人擅自使用他人专利号标注的产品确实是专利产品之外，其他行为均不涉及专利产品或专利方法，因此，并非专利侵权行为。但假冒专利行为一方面会让公众误认为假冒人推销的产品或方法是专利产品或专利方法，并出于对专利的信任而与之交易，从而上当受骗；另一方面也会导致真正的专利权人声誉受到损害或使公众丧失对真正专利产品或专利方法的信任，因此，该行为是应当受到禁止的违法行为，假冒专利者应当承担相应的法律责任。

假冒专利的第二种情形是：捏造出一个根本不存在或不再受保护的专利，然后声称自己的产品或方法是专利产品或专利方法。其中又有以下常见表现形式：（1）在未被授予专利权的产品或者其包装上标注专利标记，专利权被宣告无效后或者终止后继续在产品或者其包装上标注专利标记，以及销售该产品的行为；（2）在广告或者其他宣传材料中，将未被授予专利权的技术或者设计称为专利技术或者专利设计，将专利申请称为专利；（3）伪造或者变造专利证书、专利文件或者专利申请文件。

这两种假冒专利情形的区别在于：被"冒"的对象不同，于后者为从未存在过的专利或过期专利，而于前者为他人真实、有效的专利。因此，上述表现形式中的"专利标记""专利技术""专利证书""专利文件""专利申请文件"在第二种情形中均非真实、有效的标记、技术、证书或文件。二者的危害也被认为是不同的：后者并未导致任何专利权人的利益受损，但会使公众误以为相关的产品或方法为专利产品或专利方法，并出于对专利的信任而与之交易，从而上当受骗；而前者会同时损害专利权人和社会公众的利益，因此，在《专利法》第三次修订之前，两者导致的法律责任也不一样。

二、假冒专利的法律责任

◎ 难度与热度
难度：☆☆☆　热度：☆☆☆
假冒专利应承担民事责任，还可能导致行政处罚和刑事责任。
假冒专利行为构成对公众的欺诈，其中假冒他人专利的行为还可能贬损专利权人的声誉，影响其专利产品或方法的市场。虽然《专利法》仅仅在原则上规定假冒他人专利应当承担民事责任，而没有具体规定承担民事责任的方式，但根据假冒专利的特点，专利权人可以要求其承担停止侵权、消除影响和赔偿损失的民事责任。

《专利法》第 68 条还规定了假冒专利的行政责任：对于假冒专利行为，由负责专利执法的部门责令改正并予公告，没收违法所得，可以处违法所得 5 倍以下的罚款；没有违法所得或者违法所得在 5 万元以下的，可以处 25 万元以下的罚款。为了明确行政执法措施，《专利法》第 69 条第 1 款规定，负责专利执法的部门根据已经取得的证据，对涉嫌假冒专利行为进行查处时，有权采取下列措施：（1）询问有关当事人，调查与涉嫌违法行为有关的情况；（2）对当事人涉嫌违法行为的场所实施现场检查；（3）查阅、复制与涉嫌违法行为有关的合同、发票、账簿以及其他有关资料；（4）检查与涉嫌违法行为有关的产品；（5）对有证据证明是假冒专利的产品，可以查封或者扣押。

《专利法》第 68 条同时规定：假冒专利构成犯罪的，依法追究刑事责任。《刑法》第 216 条规定了"假冒专利罪"：假冒他人专利，情节严重的，处 3 年以下有期徒刑或者拘役，并处或者单处罚金。根据最高人民法院、最高人民检察院《关于办理侵犯知识产权刑事案件具体应用法律若干问题的解释》的规定，假冒他人专利，具有下列情形之一的，属于"情节严重"：（1）非法经营数额在 20 万元以上或者违法所得数额在 10 万元以上的；（2）给专利权人造成直接经济损失 50 万元以上的；（3）假冒两项以上他人专利，非法经营数额在 10 万元以上或者违法所得数额在 5 万元以上的。

同时，由于专利证书和专利文件是国家专利行政部门（国家知识产权局）颁发的正式文件，伪造或者变造他人的专利证书、专利文件的行为还可能构成《刑法》第 280 条规定的伪造、变造、买卖国家机关公文、证件、印章罪。该条规定：伪造、变造、买卖或者盗窃、抢夺、毁灭国家机关的公文、证件、印章的，处 3 年以下有期徒刑、拘役、管制或者剥夺政治权利；情节严重的，处 3 年以上、10 年以下有期徒刑，并处罚金。

本章实务案例研习

一、说明书用于解释权利要求的内容

（一）案情简介

一种复合板实用新型专利的权利要求记载的技术特征为"镁质胶凝、竹、木、植物纤维复合层至少有两层……"被告被诉侵权的复合板有镁质胶凝材料与植物纤维材料复合层，不含竹、木材料。原、被告就如何解释权利要求产生了争议。原告认为权利要求中的"竹、木、植物纤维"三种材料之间是"或"的关系，也即包含其中任何一种材料即可。而被告认为这三种材料之间是"和"的关系，也即需要同时包含这三种材料。

（二）法院判决

法院认为：如果对权利要求的表述内容产生不同理解，导致对权利要求保护范围产生争议，说明书及其附图可以用于解释权利要求。仅从涉案权利要求对"竹、木、植物

纤维"三者关系的文字表述看，很难判断三者是"和"的关系还是"或"的关系，应当结合说明书记载的相关内容进行解释。而专利说明书在描述实施例时称"镁质胶凝植物纤维层是由氯化镁、氧化镁和竹纤维或木糠或植物纤维制成的混合物"。由此可见，权利要求中的"竹、木、植物纤维"三者之间应是选择关系，即具备三者其中之一即可，而非竹、木及植物纤维三者必须同时具备。[①]

（三）法律分析

发明或者实用新型专利权的保护范围以其权利要求的内容为准，说明书及附图可以用于解释权利要求的内容。在权利要求书中的用语存在一种以上合理解释可能时，说明书及附图对技术方案的说明可用于澄清权利要求，本案即是典型实例。案例中权利要求提及的"竹、木、植物纤维"三种材料之间的关系究竟为"和"还是"或"，很难从顿号本身的使用中获得唯一结论。但由于说明书提供的实施例，清楚地说明三者之间的关系是"或"而不是"和"，从而使本领域的相关技术人员阅读说明书后就能确定地获知权利要求限定的保护范围。这就是说明书用于解释权利要求的情形。

二、说明书可用于限制权利要求的字面意思

（一）案情简介

某公司受让了一种"无线移动电话"的专利权，其起诉美国苹果公司在其制造和销售的苹果手机中未经许可使用了该专利。该案的关键在于如何解释权利要求中的"移动设备"一词。苹果公司被控侵权的产品是含有计算机芯片的智能手机，如果权利要求中的"移动设备"包含这类手机，则苹果公司的行为构成侵权。

（二）法院判决

法院认为，专利说明书在"发明背景"部分就指出，在先技术中存在的一个主要问题是：为让手机同时实现无线通信和类似计算机的功能，既要安装计算机模块硬件，又要安装无线通信模块硬件，导致手机过大、过重和过于昂贵。这种将两种模块结合在一起的设计，无论如何优化，都无法满足降低手机价格的要求。在"发明内容总结"部分，说明书提及该发明克服了在先技术将计算机模块与无线通信模块结合起来的缺陷。方法是不在手机等通信设备中安装独立的处理器，而是安装由微控制器执行的客户端模块，使之与服务器端进行双向数据通信，这样就可以将主要的计算任务交由服务器端完成。微控制器由于体积小，只具有低端处理能力，可以降低手机等通信设备的尺寸、重量和价格。法院据此认为，说明书反复强调该发明不同于将计算机模块（需要有独立处理器的支持）和无线通信模块相结合的在先技术，因此限制了权利要求中"移动设备"的含义，即该"移动设备"是一种不包含计算机模块的无线通信设备。[②] 苹果公司由此胜诉。

（三）法律分析

"移动设备"是一个广义用语，包括任何类型的手机，无论该手机是否含有计算机芯片、能否实现与计算机类似的功能。然而，涉案专利的说明书清楚地指出，涉案发明的

---

① 最高人民法院（2010）民申字第 871 号民事裁定书。

② Openwave Sys. v. Apple, 808 F. 3d 509, 514 - 517 (Fed. Cir. 2015).

目的在于克服在先技术将计算机模块与无线通信模块结合起来导致手机过重的缺陷，涉案发明的特征是不在手机等通信设备中安装独立的处理器，以降低手机重量。说明书的这些内容解释了权利要求中"移动设备"的含义，这该移动设备并不包括独立的处理器。由于苹果手机中装有独立的处理器，因此未落入涉案专利的保护范围。

三、无法被确定的技术特征不能被纳入保护范围

（一）案情简介

在"柏某诉添香公司等案"中，柏某就一种"防电磁污染服"获得了实用新型专利权，其权利要求为：一种防电磁污染服，它包括上装和下装，其特征在于所述服装在面料里设有由导磁率高而无剩磁的金属细丝或者金属粉末构成的起屏蔽作用的金属网或膜。某公司销售防辐射服，服装的面料里设有起屏蔽作用的金属防护网，且该网由不锈钢金属纤维构成。柏某起诉该公司的行为侵犯其专利权。

（二）法院判决

法院经审理后认为：准确界定专利权的保护范围，是认定被诉侵权技术方案是否构成侵权的前提条件。如果权利要求的撰写存在明显瑕疵，结合涉案专利说明书、本领域的公知常识以及相关现有技术等，仍然不能确定权利要求中技术术语的具体含义，无法准确确定专利权的保护范围的，则无法将被诉侵权技术方案与之进行有意义的侵权对比。对于保护范围明显不清楚的专利权，不应认定被诉侵权技术方案构成侵权。

在本案中，专利权利要求中的技术特征"导磁率高"是一个无法被准确界定的术语。"导磁率"也被称为"磁导率"，存在绝对磁导率与相对磁导率之分，不同概念涉及的计算方式不同。磁场强度的变化也可引发导磁率的变化。但在涉案专利说明书中，既没有记载导磁率在涉案专利技术方案中是指相对磁导率、绝对磁导率或者其他概念，也没有记载导磁率高的具体范围以及包括磁场强度等在内的计算导磁率的客观条件。现有技术文献中虽然也使用了"高磁导率""高导磁率"的表述，但根据技术领域以及磁场强度的不同，这些术语的含义十分宽泛，不存在统一认识。[①] 因此该专利权的保护范围明显是不清楚的。

（三）法律分析

"导磁率高"是确定涉案专利保护范围的关键术语，其含义的不确定将导致专利权保护范围无法确定。这正如用"传输速度快"去描述一种新型网线的技术特征，不但无法看出专利权人在技术上的贡献是什么，还试图将所有实现某种技术效果的技术方案均纳入保护范围。这当然是不能得到支持的。

四、"餐具类贴纸"与"餐具"不是相同或相近种类的产品

（一）案情简介

法国某公司获得了一种名称为"餐具用贴纸"的外观设计专利，专利主视图（下图）显示：由多个无规则摆放的苹果组成，苹果的颜色呈淡黄绿色。

[①] 最高人民法院（2012）民申字第 1544 号民事裁定书。

图 13 - 8 涉案外观设计

某玻璃工艺品厂生产并销售印有相同图案的玻璃杯，只是其中苹果的颜色为绿色，玻璃杯上的图案系油墨印刷而成。法国公司起诉该玻璃工艺品厂侵犯其外观设计专利权。

（二）法院判决

法院指出：确定被诉侵权产品与涉案外观设计专利产品是否属于相同或者相近的种类是判断被诉侵权设计是否落入外观设计专利权保护范围的前提。涉案专利产品是"餐具用贴纸"，其用途是美化和装饰餐具，具有独立存在的产品形态，可以作为产品单独销售。被诉侵权产品是杯子，其用途是存放饮料或食物等，虽然被诉侵权产品上印刷有与涉案外观设计相同的图案，但该图案为油墨印刷而成，不能脱离杯子单独存在，不具有独立的产品形态，亦不能作为产品单独销售。被诉侵权产品和涉案专利产品用途不同，不属于相同种类产品，也不属于相近种类产品，因此，被诉侵权设计未落入涉案外观设计专利权保护范围。[①]

（三）法律分析

外观设计专利权的保护范围由产品类别和产品上采用的外观设计共同确定。未经许可在与外观设计专利产品相同或者相近种类产品上采用与授权外观设计相同或者近似的外观设计，才可能构成侵权。本案中涉案专利产品是"餐具用贴纸"，被诉侵权产品是杯子，两种产品既不相同也不相近，因此被告的行为并未侵害外观设计专利权。

原告正确的诉讼策略，应当主张自己对"餐具用贴纸"上的美术作品享有著作权（如提出该图案是由其员工根据其要求创作，且合同约定著作财产权归属于原告），并对被告提起著作权侵权之诉。由于被告所销售的杯子上的图案与原告的图案几乎完全相同，且著作权侵权并不区分使用的物质载体，原告的胜诉可能性是很大的。

五、卡洛驰洞洞鞋外观设计侵权案

（一）案情简介

卡洛驰（Crocs）公司认为一些进口鞋（俗称"洞洞鞋"）侵犯其在美国获得的外观设计专利权，请求美国国际贸易委员会进行调查并下达禁止进口的禁令。[②] 美国国际贸易委员会认为，卡洛驰公司的外观设计专利产品上的鞋洞是圆的，且呈规则分布，而被控侵权的鞋有的鞋洞并不圆，有的分布并不规则，因此未认定侵权。[③]

[①] 最高人民法院（2012）民申字第 54 号民事裁定书。

[②] 其法律依据最早为《关税法》第 337 条，因此该调查被称为"337 调查"。如果查明进口产品侵犯了美国专利权等知识产权，国际贸易委员会可禁止其进口。See 19 U. S. C 1337.

[③] In The Matter of Certain Foam Footwear Initial Determination on Violation of Section 337 and Recommended Determination on Remedy and Bond，USITC Inv. No. 337 - TA - 567（2008）.

（二）法院判决

美国联邦巡回上诉法院则认为：普通观察者会误认为被控侵权产品就是原告的外观设计专利产品，因为它们的整体外观几乎没有区别。影响整体视觉效果的设计，如鞋带与鞋跟部的连接方式、鞋体的曲线和椭圆形设计，在被控侵权产品中都存在，很容易使普通观察者发生误认。国际贸易委员会的问题在于没有进行整体观察，只凭从整体视觉效果中分离出来的细微的差异就认为侵权不成立，显然是错误的。[1]

图 13-9 外观设计附图　　图 13-10 被控侵权产品：　　图 13-11 被控侵权产品：
不圆的洞　　　　　　　　分布不规则的洞

（三）法律分析

未经许可在与外观设计专利产品相同或者相近种类产品上采用与授权外观设计相同或者近似的外观设计均可能构成侵权。本案中被控侵权产品在整体外观上与外观设计专利产品的差异非常之小，鞋上的洞是否为圆形、洞的分布是否规则，均不是普通消费者通常能够注意到的，因此，被控侵权产品与外观设计产品相比，使用了近似的外观设计，构成侵权。

六、仅利用外观设计的技术功能制造产品不侵犯外观设计专利权

（一）案情简介

欧某就一种"铝型材"外观设计获得了专利权，其认为某家居用品公司制造、销售的玻璃移门属于侵权的外观设计产品。

（二）法院判决

法院认为，涉案外观设计为"铝型材"（图13-12为主视图，显示了该铝型材的端面造型），其是涉案玻璃移门的部件，在与移门中的玻璃镶嵌为一体后，消费者无法观察到涉案铝型材的端面，因此该铝型材在涉案玻璃移门中仅具有技术功能。该家居用品公司使用该铝型材制造、销售玻璃移门的行为并不侵权。[2]

图 13-12 "铝型材"主视图

（三）法律分析

在该案中，涉案外观设计产品在移门中的作用是实现对玻璃的固定，也就是将玻璃镶嵌于其中。且在镶嵌完成之后，玻璃移门的消费者无法看到涉案外观设计产品。该外观设计无法起到吸引消费者购买的作用，在玻璃移门中仅实现了技术功能，因此家居用品公司的行为并不侵权。

[1] Crocs，Inc. v. International Trade Com'n, 598 F. 3d 1294，1303-1306（2010）.
[2] 最高人民法院（2017）最高法民申 2649 号民事裁定书。

本章同步练习

一、选择题

（一）单项选择题

1. 甲就一种能够省油的汽车发动机获得了发明专利权。乙未经许可就生产和销售这种汽车发动机，丙从乙处购得这种汽车发动机后，将其安装在汽车上投入长途货物运输。丁从乙处购得一批这种汽车发动机后，向各地的汽车制造商寄送有关该发动机的广告和价格，但尚未实际销售。丙和丁均不知道该汽车发动机为乙未经甲许可而制造和销售。下列说法正确的是：（　　　）。

A. 乙、丙、丁构成对甲专利权的侵犯

B. 仅乙构成对甲专利权的侵犯，但丙、丁不构成

C. 乙、丙构成对甲专利权的侵犯，但丁不构成

D. 乙、丁构成对甲专利权的侵犯，但丙不构成

2. 张某发明了省电型空调并获得发明专利权，李某对该空调进行了技术优化，通过在张某发明的基础上增加一项技术特征，增强了制冷效果。李某就其改进的技术方案获得了发明专利权，但其申请专利的行为未获得张某许可。此后白云公司擅自制造并公开销售李某已获专利的净化器。下列说法正确的是？（　　　）

A. 某电器店从白云公司以市场价格购入该空调并销售，同时侵犯张某和李某的发明专利权，应停止侵权并赔偿损失

B. 某工厂从白云公司以市场价格购入该空调后在厂房中安装使用，同时侵犯张某和李某的发明专利权，应停止侵权但无须赔偿损失

C. 李某制造自己已获专利的空调并全部出口，仍需获得张某的许可

D. 李某的专利申请侵犯张某的在先专利权，张某可据此请求宣告专利权无效

3. 袁某设计了造型新颖的笔筒，并获得了外观设计专利权。某文具公司未经袁某许可制造相同造型的笔筒并批发给了某文具店。某文具店在笔筒中装满签字笔后成套销售，其中签字笔的价格远高于笔筒。下列选项正确的是：（　　　）。

A. 某文具店销售的套装的主体是签字笔，笔筒只是附件，因此文具店的行为不侵害外观设计专利权

B. 即使某文具店仅在橱窗中摆放套装，尚未实际售出，也侵害外观设计专利权

C. 如果袁某连续三年未实施该外观设计专利，某文具店可请求宣告该外观设计专利权无效

D. 如果某文具店以合理价格，从正规渠道购入笔筒，其销售行为不侵害外观设计专利权

（二）多项选择题

1. 张某发明了一种提高电子显微镜观察精度的方法并获得了专利权。某显微镜公司未经张某许可在其制造的新型显微镜中应用了这种方法。某电器店从该显微镜公司购入一批该型号显微镜后销售。某大学实验室从该电器店购入了该型号的显微镜，用于在实验中进行观测。下列哪些说法是错误的？（　　　）

A. 如果张某起诉某显微镜公司侵权，某显微镜公司应承担证明自己没有使用专利方法的责任

B. 如果张某起诉某显微镜公司侵权，某显微镜公司可请求宣告该专利权无效，法院应中止诉讼

C. 某电器店如不知道其销售该型号显微镜侵犯张某的专利权，且能证明合法来源，对于已购进的该型号显微镜可继续销售

D. 某大学实验室的行为不属于为生产经营目的使用专利，因此未侵犯张某的专利权

2. 甲奶粉公司为了提高自己生产的婴儿配方奶粉的销量，在包装上注明"中国专利产品"并标注了专利号。经查，甲公司并没有就其配方奶粉获得专利，其专利号是其从乙奶粉公司出售的配方奶粉的包装上抄来的，其奶粉质量合格，其配方与乙公司的奶粉不同。下列选项中正确的是：（　　）。

A. 甲公司侵害了乙公司的专利权中的制造权、销售权

B. 甲公司侵害了乙公司的专利权中的署名权

C. 对甲公司的行为应当进行行政处罚

D. 甲公司的行为可能构成刑事犯罪

（三）不定项选择题

1. 光明电器公司发明了一种使用寿命特别长的灯泡并获得了发明专利权。其专利权利要求中记载的技术特征包括使用 A 金属元素制造该灯泡。同时其说明书中有如下描述："最好使用 A 金属元素制造该灯泡，但也可使用 B 金属元素，但会导致使用寿命降低。"下列选项中哪些未经许可的行为侵犯了光明电器公司的专利权？（　　）

A. 甲公司制造了该灯泡的改进型号，通过增加一个技术特征，进一步提高了灯泡的寿命

B. 乙公司制造类似灯泡，通过增加一个技术特征，减轻了灯泡的重量，但导致使用寿命降低

C. 丙公司制造了类似的灯泡，但将 A 金属元素换成了 B 金属元素，但导致使用寿命降低

D. 丁公司制造了类似的灯泡，但将 A 金属元素换成了 C 金属元素，增加了使用寿命

2. 某空调公司发明了一种省电型空调并获得了发明专利权。另一空调公司未经其许可制造相同的空调，并通过某电器店销售，售价与专利权人自行制造的空调相同。某医院从该电器店批量购买了该空调并安装在病房中使用。现专利权人起诉某电器店和某医院侵权，经查，两被告均并不知道其销售或使用的空调为侵权产品。下列选项中正确的是：（　　）。

A. 某电器店应承担停止销售的责任

B. 某电器店应承担赔偿损失的责任

C. 某医院应承担停止使用的责任

D. 某医院应承担赔偿损失的责任

二、案例题

1. 本案原告是一家公司，其员工离职后到被告即另一家公司工作，被告对该员工的发明提出了专利申请并获得授权。原告认为该发明属于该前员工在原告处任职期间完成的职务发明，其专利申请权应当归属于自己（参见本书第十章第一节对职务发明创造及专利申请权归属的讲解），并提起了权属纠纷诉讼。被告则未缴纳专利年费，导致专利权终止。该诉讼的判决结果是涉案发明被认定为专利申请权属于原告的职务发明。原告又对被告提起侵权之诉。在庭审中当法院询问原告被告侵害了其何种权利时，原告回答称"广义的专利权"。请问原告在侵权诉讼中能否胜诉。

2. A发明了一种去除PM2.5效果特佳的空气净化器，并于2010年2月1日向中国国家知识产权局申请发明专利权。中国国家知识产权局于2011年9月30日公开了A的全套申请文件。B公司的技术人员通过阅读说明书，了解了该发明的技术特征。B公司在中国的总公司和在印度的子公司随即开始生产和销售这种空气净化器。2013年2月1日，中国国家知识产权局授予A发明专利权，但B公司并未停止生产和销售这种空气净化器。2013年12月，上海发生严重雾霾，空气净化器一度卖断了货。B公司因感到在中国的产量不足，从在印度的子公司进口了同样的空气净化器在上海销售。国内一家大型超市C公司从B公司手中购买了一批空气净化器，将其中的一些安装在超市中使用，将另一些摆上货架加以销售，同时还通过广告的方式广泛地推销这批空气净化器。

请回答下列问题：

（1）B公司的行为是否构成对A的侵权？如果构成，侵犯了何种专有权利？

（2）C公司的行为是否构成对A的侵权？如果构成，侵犯了何种专有权利？

（3）如果A现在决定起诉C公司，在起诉之前，A可以采取何种措施来保护自己的利益？在法院审理时，C公司可以如何进行抗辩？

3. 罗某是一种高效催化剂的发明人，并于2018年12月31日向国家知识产权局申请发明专利权，国家知识产权局依法于2020年5月公开了其申请文件。2021年5月，罗某的发明被授予发明专利权。除此之外，罗某没有在其他国家申请并获得过专利权。此前，《巴黎公约》成员国A国的甲公司在2020年5月看到我国国家知识产权局公开的该发明的申请文件后，立刻在A国合成、销售相同的催化剂。甲公司在中国投资设立的乙公司同时从A国将该催化剂进口至中国销售。丙化学研究所从2021年6月开始，就持续地向乙公司购买该催化剂，用于在化学实验和研究中提高反应物的化学反应速率。丁研究所对该催化剂进行了改进，大大提高了其催化效果，于是丁研究所就改进后的催化剂向国家知识产权局申请发明专利权并获得了授权。甲公司、乙公司、丙化学研究所和丁研究所的上述行为均未获得罗某的许可。请回答下列问题：

（1）罗某发现甲公司在2021年5月之后继续在A国合成和销售其催化剂，罗某认为甲公司的行为侵害其专利权，请问甲公司的行为是否侵权？

（2）乙公司的行为是否侵权？如果认为侵权，对此罗某可以采取何种法律措施？

（3）丙化学研究所的行为是否侵权？如果认为侵权，其侵害了何种权利？

（4）丁研究所的行为是否侵权？如果认为侵权，其侵害了何种权利？

（5）罗某向国家知识产权局请求宣告丁研究所获得的专利权无效，理由是该专利侵害自己的在先专利权。经查，丁研究所的改进型催化剂包含了罗某专利的权利要求中记载的所有技术特征。请问罗某的请求能否获得支持，为什么？

三、论述题

1. 最高人民法院《关于审理侵犯专利权纠纷案件应用法律若干问题的解释（二）》（2020年修正）第25条第1款规定："为生产经营目的使用、许诺销售或者销售不知道是未经专利权人许可而制造并售出的专利侵权产品，且举证证明该产品合法来源的，对于权利人请求停止上述使用、许诺销售、销售行为的主张，人民法院应予支持，但被诉侵权产品的使用者举证证明其已支付该产品的合理对价的除外。"其中的"但书"免除了侵权专利产品的善意使用者停止侵权的责任。该司法解释的起草者对此的解释是："实践中，侵权产品的使用者通常不知道也不应当知道其购买的是侵权产品，因使用者在侵权行为链条的末端，容易被权利人发现，故权利人往往选择起诉使用者……使用者仅免除赔偿损失的责任，其仍应承担停止使用的侵权责任。若不停止使用，则需支付专利使用费，作为不停止使用的替代。然而，使用者在购买侵权产品时已经支付了对价。实际上等于使用者要支付双份的对价。"[①]

你是否认同该规定和理由，为什么？

2. 我国《刑法》对于严重侵犯著作权和商标权的行为规定了刑事责任，但没有为严重侵犯专利权的行为规定刑事责任。你认为这样的做法是否有其合理性？

参考答案

一、选择题

（一）单项选择题

1. A

解析：专利侵权的构成不以主观过错为要件，只考虑相关行为是否落入了专有权利的规制范围之内，以及《专利法》是否对此作出不侵权的特别规定。乙的行为属于未经许可制造和销售，丙的行为属于未经许可使用，丁的行为属于未经许可的许诺销售，均构成对专利权的侵权，因此A项正确。

2. C

解析：李某完成的是改进发明，因其中包含在先专利权利要求中的全部必要技术特征，对李某已获专利的改进发明产品的制造和销售，均应获得原始发明专利权人张某和改进发明专利权人李某的许可，否则构成侵权，因此白云公司获得的是侵权产品，同时侵犯了张某和李某的专利权。某电器店从白云公司以市场价格购入该空调并销售属于销售行为。根据《专利法》第77条规定，在不知道该产品为侵权产品且产品有合法来源的情况下，只承担停止侵权的责任，不承担赔偿损失的责任，因此A项错误。某工厂从白

[①] 统一细化专利侵权裁判标准营造有利于创新的法治环境——最高人民法院民三庭负责人就专利法司法解释（二）答记者问. 人民法院报，2016-03-23（3）.

云公司以市场价格购入该空调后在厂房中安装使用属于单独的使用行为。根据最高人民法院《关于审理侵犯专利权纠纷案件应用法律若干问题的解释（二）》（2020 年修正）第 25 条规定，为生产经营目的使用未经专利权人许可而制造并售出的专利侵权产品，且举证证明该产品合法来源的，使用者既不承担停止侵权的责任，也不承担赔偿损失的责任，因此 B 项错误。李某作为改进发明的专利权人，其权利受到原始发明专利权人限制，因此李某的制造行为受制于张某专利权中的制造权，应当获得张某的许可，因此，C 项正确。发明专利的授权条件与外观设计专利授权条件不同，授予外观设计专利权不得与他人在申请日以前已经取得的合法权利相冲突，例如他人的在先权利，但申请发明专利时无须这一条件。换言之，如果是在他人现有技术基础上进行改进而获得的成果，只要该改进成果符合新颖性、创造性和实用性的标准，便可获得专利授权，不需要获得原始专利权人许可，因此 D 项错误。

3. B

解析：将笔筒和签字笔成套销售，并没有改变销售笔筒的行为性质，因此文具店实施了侵权外观设计产品的销售行为，侵害销售权，因此 A 项错误。外观设计专利权中包含许诺销售权，B 项中的行为是许诺销售，构成侵权，B 项正确。《专利法》没有规定 3 年不使用宣告无效的制度（读者可以思考为什么），因此 C 项错误。有合理来源的侵权产品的销售者不承担赔偿责任，但仍然构成侵权，应当承担停止侵权的责任，因此 D 项错误。

（二）多项选择题

1. ABCD

解析：《专利法》第 66 条规定，侵权纠纷涉及新产品制造方法的发明专利的，制造同样产品的单位或者个人应当承担举证责任倒置的责任。在本题中，"张某发明了一种提高电子显微镜观察精度的方法并获得了专利权"，张某的专利方法不是制造新产品的方法，不适用举证责任倒置，因此 A 项错误。最高人民法院《关于审理专利纠纷案件适用法律问题的若干规定》第 7 条规定，人民法院受理的侵犯发明专利权纠纷案件，被告在答辩期间内请求宣告该项专利权无效的，人民法院可以不中止诉讼，因此 B 项错误。根据《专利法》第 77 条规定，销售者不知道其销售侵权产品且能证明合法来源的，不承担赔偿责任，但仍然应当停止侵权，因此 C 项错误。"专为科学研究和实验而使用有关专利的"条款主要指的是将专利产品或方法作为科学研究和实验对象加以使用，如测试专利产品的性能、评价专利方法的实施效果，以及研究如何改进现有产品或方法等。某大学实验室从该电器店购入了该型号的显微镜，用于在实验中进行观测不符合这一情形。某大学实验室的行为虽然没有直接营利目的，但仍然属于为生产经营目的使用相关专利，且不属于对方法专利本身进行研究和实验，因此 D 项错误。

2. CD

解析：甲公司的奶粉与乙公司的配方不同，不属于专利侵权，而是假冒专利，而且专利权中也没有署名权，因此 A 项和 B 项错误。对于假冒专利，《专利法》第 68 条规定，应进行行政处罚，同时《刑法》也规定了假冒专利罪，因此 C 项和 D 项正确。

（三）不定项选择题

1. AB

解析：专利侵权的认定适用全面覆盖原则，对于专利产品而言，如被诉侵权的产品完全包含了权利要求中记载的技术特征，即构成专利产品。A项中的甲公司和B项中的乙公司生产的灯泡增加了技术特征，但完全包含了光明电器公司权利要求中记载的技术特征，因此甲公司和乙公司的行为构成侵权，这与它们制造出的灯泡是提高了还是降低了灯泡的性能没有关系，因此A项和B项正确。C项中的丙公司和D项中的丁公司生产的灯泡均改变了技术特征，导致其没有完全包含光明电器公司的该灯泡专利的权利要求中记载的技术特征，因此不属于专利产品。此处应特别注意的是，根据"捐献原则"，只在说明书中披露，但没有被纳入权利要求的技术特征，不属于专利的保护范围。"但也可使用B金属元素"就是这种情况，它不能通过等同原则被纳入保护范围，因此C项和D项错误。

2. A

解析：对专利权的侵权不以主观过错为条件，因此某电器店和某医院的行为均构成侵权，前者侵害销售权，后者侵害使用权，但知识产权侵权的赔偿责任需以侵权人有过错为前提，由于某电器店和某医院都有合法来源，因此无主观过错，无须承担赔偿责任，因此B项和D项错误，某电器店作为销售者还应承担停止侵权的责任，因此A项正确。

二、案例题

1. 原告不能胜诉。要认定对专利权的直接侵权，相关行为必须落入了专有权利的规制范围，如未经许可以生产经营为目的制造、销售、许诺销售、进口和使用专利产品。本案中，原告并未获得专利权（尽管其本应获得），被告也未实施任何受专利权中专有权利规制的行为，因此其行为不可能构成专利侵权，但可以构成一般民事侵权行为。

本案源于真实案例。最高人民法院也认为，《专利法》实行专利侵权行为法定原则，除法律明确规定为侵害专利权的行为外，其他行为即使与专利权有关，也不属于侵害专利权的行为。本案中，原告认为被告对归自己所有的职务发明申请专利，之后却故意不缴纳专利年费导致专利权终止、失效，致使该技术进入公有领域，失去了专利权的保护，损害了其本应该基于专利获得的市场独占利益，因此原告主张的侵权行为不是侵害专利权的行为，其主张的经济损失实际上是与该专利技术有关的财产损失，故本案应当属于财产损害赔偿纠纷，而非侵害发明专利权纠纷。最高人民法院进而认为，当事人无论基于何种原因对专利申请权、专利权权属发生争议，基于诚实信用原则，登记的专利权人通常负有使已经获得授权的专利维持有效的善良管理责任，包括持续缴纳专利年费等。登记的专利权人未尽到该善良管理责任，给专利技术所有人造成损失的，应当负有赔偿责任。最高人民法院最终以《侵权责任法》（该法于《民法典》实施时废止，其规定已被纳入《民法典》）而非《专利法》为依据，认定被告应承担侵权责任。[①]

①　中国水产科学研究院南海水产研究所、广州宇景水产科技有限公司与广州德港水产设备有限公司、广州创领水产科技有限公司等财产损害赔偿纠纷案，最高人民法院（2019）最高法知民终424号民事判决书。

2.（1）B 公司的行为在 2013 年 2 月 1 日之前不是侵权，原因是此时专利权还不存在；之后是侵权，侵犯的是制造权、销售权和进口权。

（2）C 公司的行为构成侵权，侵犯了 A 的使用权、销售权和许诺销售权。

（3）A 可以在诉前向法院申请责令 C 公司停止有关行为、进行财产保全和证据保全。C 公司可以以自己有合法进货渠道，不知道所进的空气净化器为侵犯专利权的商品为由，主张对侵害销售权和许诺销售权的行为不承担赔偿责任，只承担停止侵害的责任；同时以已支付合理价款为由，主张对侵害使用权的行为不承担停止使用的责任。

3.（1）甲公司在 A 国制造和销售其催化剂的行为不构成侵权，因为专利权有地域性，《巴黎公约》也没有创造出"世界专利权"。罗某没有在 A 国获得专利权，其在中国获得的专利权在其他国家不能受到自动保护。

（2）在 2021 年 5 月之前，罗某还没有获得专利权，因此乙公司在此之前的进口和销售行为并不侵犯罗某的专利权。罗某在获得专利权之后可以要求乙公司在公开日至授权日期间使用其专利的行为向其支付合理的报酬。在 2021 年 5 月罗某的专利授权日之后，乙公司继续进口和销售的行为侵犯罗某的专利权。

（3）构成侵权，丙化学研究所的行为属于以生产经营目的实施专利，而且以专利产品作为进行科学研究和实验的工具与手段，并不能免责。丙化学研究所的行为侵害的是专利权中的使用权。

（4）不构成侵权，丁研究所的行为是为了对专利产品进行研究和实验而进行使用，根据《专利法》的规定不构成侵权。

（5）不能成立，能否获得专利权与获得专利后实施专利是否侵权无关。改进发明只要符合《专利法》规定的授权条件，仍然可以获得专利权。《专利法》并没有规定以仍在保护期内的专利为基础形成的改进发明不能获得专利权，这与《专利法》规定侵害他人在先权利的外观设计不能获得授权并不相同。

三、论述题

1. 该条司法解释免除了侵权专利产品的善意使用者停止侵权的责任，对于保护侵权专利产品的善意使用者当然是有利的，但由此降低对专利权人的保护力度是否合理，值得讨论。《专利法》为专利权人规定的使用权的应有之义，就是规制未经许可以生产经营为目的对专利产品或方法的使用，也就是规制以生产经营为目的使用侵权产品或方法。直接侵权行为的构成与过错本无关系，最高人民法院对"合法来源抗辩"进行解释的前提，也是承认善意使用侵权专利产品构成直接侵权。如果既免除善意使用者的赔偿责任，又免除其停止侵权的责任，就意味着专利权中的使用权对于善意使用者而言完全失去了意义，其作为《民法典》第 123 条规定的"专有的权利"的排他性丧失殆尽。这将导致以侵权专利产品使用者（未经许可使用专利产品者）的过错为其行为构成直接侵权在事实上的要件，与"合法来源抗辩"的出发点似有不符。

如果没有上述"但书"，在专利权人起诉侵权专利产品的使用者侵权，后者能成功进行"合法来源抗辩"的情况下，其可以通过向专利权人支付专利许可使用费来避免法院判决其停止侵权（停止使用侵权专利产品）。而专利许可使用费的金额不可能是善意使用者购买侵权专利产品时所付的全部价款（上述"但书"中所述的"合理对价"），而是涉案专利产品的正常售价中应向专利权人支付的相应份额。如果产品中包含多项专利，在计算侵权专利产品的善意使用者应向专利权人支付的许可使用费时，只能以涉案的那一项专利为基础。同时侵权专利产品的价格还由其他多项生产成本所决定，善意使用者为避免被判停止侵权而向专利权人支付的许可使用费通常在产品售价中只占较小的比例。因此，最高人民法院在起草司法解释时所担心的"使用者要支付双份的对价"通常不可能发生。例如，在一起由最高人民法院再审的专利侵权纠纷中，涉及的专利为一种发热器，用于制造空调。一审法院认定的事实是，使用侵权发热器的美的空调售价为 2 299 元，但该侵权发热器向美的公司销售的单价约为 14 元。① 最高人民法院在该案中确定的侵权发热器的利润率为 15%，涉案专利对侵权发热器利润的贡献度为 50%。这就意味着本案被告就制造每个侵权发热器应向专利权人支付的赔偿金为 1.05 元。如果专利权人选择对含有侵权发热器的这批美的空调的采购使用者（如上文所述的在车间安装了空调的工厂）提起诉讼，使用者在成功进行"合法来源抗辩"且愿意支付专利许可使用费的情况下，就每台空调所支付的专利许可使用费为 1.05 元，这恐怕不能说对使用者而言明显不公。

考虑到侵权专利产品在多数情况下都会较专利权人制造或授权他人制造并销售的专利产品便宜一些，可将"但书"的内容改为，"在上述善意使用者书面承诺支付相应的专利许可使用费的情况下，不适用停止侵权的法律责任"。这样规定，不但通常并不会给善意使用者造成过重的经济负担，同时还能促使为生产经营目的采购产品的使用者在采购合同中写入产品权利瑕疵担保条款，即一旦产品侵犯他人专利权导致购买和使用者被专利权人追责，应由销售者赔偿由此造成的损失。这样的结果可能更能实现最高人民法院在起草司法解释时追求的利益平衡目标。

2. 立法上的区别对待有其合理性。由于受到检索技术等诸多条件的限制，相当一部分缺乏新颖性或创造性的专利申请会被错误地授予专利权。例如，根据《专利法》对新颖性的规定，只要在申请日之前有相同的技术方案或外观设计被公开使用过，在后的相同技术方案或外观设计就丧失了新颖性。但审查员很难凭借文献检索而发现在申请之前曾经被公开使用的相同技术方案或外观设计。在现有的专利审查机制之下，必然有大量专利事后会被证明缺乏新颖性或创造性，从而被宣告无效。在专利侵权的民事诉讼中，被告一般也会尽力寻找专利缺乏新颖性或创造性的证据请求宣告专利无效。而请求人对于国家知识产权局维持专利有效性的决定又可以提起行政诉讼，如果一审判决维持了国家知识产权局的决定，请求人还可以提起上诉，从而导致法院审理时间变得相当冗长。如果将严重侵犯专利权的行为定为刑事犯罪，则在诉讼程序上必须允许犯罪嫌疑人请求宣告专利无效。而出于公平和保护人权的考虑，法院应当等待有关专利有效性的最终决定作出之后再恢复对刑事案件的审理。如果在此期间犯罪嫌疑人被羁押，而国家知识产权局或法院最终认定专利无效，则犯罪嫌疑人的自由就可能受到不公正的限制。因此，基于现实中有大量专利不符合授权实质条件，为了充分保护人权，同时节约司法资源，暂不规定专利侵权的刑事责任是明智的。

---

① 本案一审判决书记载，被告向广东美的制冷设备有限公司提供加热器共计 302 499 件，金额共计 4 138 570 元，由此算出单价为 13.68 元。

第十四章　商标权概述

商标是区分商品或服务来源的标志。只有具备了特定条件的标志才能被依法注册为商标。本章主要讲解商标的概念、功能以及商标的分类，并讨论了商标权的财产权利的属性。

▶▶ 本章知识点速览

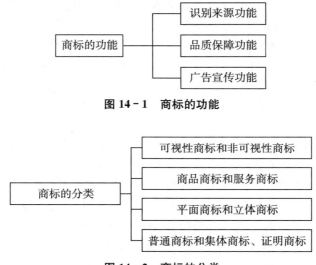

图 14-1　商标的功能

图 14-2　商标的分类

▶▶ 本章核心知识点解析

第一节　商标的概念和功能

商标是物质生产丰富到一定程度和商业竞争发展到一定阶段的产物。可以想象，在一个只有 100 户人家的封闭小山村中，如果只有一户人家烙制和出售烧饼，其他 99 户想买烧饼都要跑到这家去，这户人家并不需要在烧饼上烙上一个标记（如"克莉丝汀"、"巴黎贝甜"或"面包新语"）。因为此时并无其他人家烙制和出售烧饼，在不存在商业竞争的情况下，无须通过商标向购买者表明烧饼的烙制者和销售者。然而，如果这户人家来到上海开设烧饼店，就会发现有大量的同业竞争者。为了将自家的烧饼与其他经营者的烧饼区分开，让爱吃自家烧饼的消费者不会买错，这户人家就需要使用一个标志将其烙制和出售的烧饼与竞争者的烧饼区分开。这种标志就是商标，其核心功能在于识别来源。

一、商标的概念

◎ 难度与热度

难度：☆☆☆　　热度：☆☆☆

商标是商品或服务的提供者为了将自己的商品或服务与他人提供的同种或类似商品或服务相区别而使用的标记。

商标是商品或服务的提供者为了将自己的商品或服务与他人提供的同种或类似商品或服务相区别而使用的标记（集体商标和证明商标有特殊性，参见本章第二节对集体商标和证明商标的讲解）。《商标法》第 8 条规定：任何能够将自然人、法人或者非法人组织的商品与他人的商品区别开的标志，包括文字、图形、字母、数字、三维标志、颜色组合和声音等，以及上述要素的组合，均可以作为商标申请注册。

由此可见，商标能够起到将某一商家提供的商品与服务和其他商家提供的相同或类似的商品与服务区别开来的作用，而商品或服务名称等其他用语的首要作用并不是对商品或服务的来源加以区别。例如，许多冰激凌的外包装上都有五颜六色的图案作为装饰，也都印有"冰激凌"三个字。但如果孩子要求父亲购买"冰激凌"或"好看的冰激凌"，则父亲是很难做出选择的，因为"冰激凌"不过是一类商品的通用名称，凡是外包装有亮丽装饰的都可以是"好看的冰激凌"。但如果孩子告诉父亲要买"哈根达斯"或"蒙牛"冰激凌，则父亲很快就能买到符合孩子要求的冰激凌，因为"哈根达斯"和"蒙牛"均是冰激凌的商标，厂商通过在自己生产的冰激凌上使用商标，就能使消费者将其提供的冰激凌与其他厂商生产的冰激凌区分开来。

二、商标的功能

◎ 难度与热度

难度：☆☆☆　　热度：☆☆☆

商标的功能包括识别来源、品质保障和广告宣传。其中识别来源为其核心功能，也是商标的本质特征和进行商标注册的前提条件（集体商标与证明商标的功能较为特殊，参见本章第二节对集体商标和证明商标的讲解）。

（一）识别来源功能

商标的首要功能是区分商品或服务的来源，也就是使消费者通过商标将相同或类似商品或服务的提供者区分开来，也就是消费者可以根据在商品或服务上使用的商标，知晓该商品或服务源于一个特定的提供者（而不是与之竞争的其他提供者），信赖该提供者将为所有使用了该商标的相关商品或服务的质量承担责任。商标的这一功能被称为识别来源功能，不具有识别来源功能的标志不能被称为商标，更不能被注册为商标。而凡是具有上述识别来源功能的标志都是商标，无论其是否被注册。相反，如果标志由于某种原因不再具有识别来源的功能，即使其过去因为具有识别来源功能而被注册为商标，也不能再作为商标受到保护。例如，"优盘"曾经是朗科公司的注册商标，但随着"优盘"逐渐成为"闪存"的通用名称，"优盘"已经不能起到将朗科公司生产的"闪存"与其他公司生产的"闪存"加以区别的作用，因此，朗科对"优盘"的商标注册很难得到维系。

与商标的识别来源功能相适应，商标法的首要目标也在于确保商标的识别来源功能得到正常实现，保证消费者能够通过商标识别商品或服务的来源，为自己希望购买的商品或使用的服务而付费，以此降低消费者识别商品或服务来源所需要的信息成本，并促进经营者对质量的保障和展开公平竞争。而假冒他人商标的行为会对他人商标的识别来源功能造成严重破坏。例如，将与他人商标相同的标志贴在相同的商品上，会使消费者误以为该商品是由他人制造或授权制造的。这样一来，商标原本所具有的将不同厂商提供的相同商品加以区分的功能就会荡然无存。正因为如此，假冒商标这种干扰商标识别来源功能的侵权行为是商标法首先要预防和打击的。

（二）品质保障功能

商标的品质保障功能是指商标向消费者传递了这样一种信息：使用相同商标的商品或服务具有相同的品质。

商标的品质保障功能对于商标权人而言是一把"双刃剑"：一方面，商标权人在保证商品或服务质量的前提下，可以广泛地许可他人使用自己的商标，以最大限度地实现商标所蕴涵的价值。只要消费者信赖商标权人的信誉，认定使用相同商标的商品具有相同的品质，自己能够享受到相同的售后服务保障，也依然愿意购买使用其商标的商品，而无论该商品是否由商标权人自己制造。另一方面，商标权人必须注意保持商品或服务的品质，因为即使是一小部分商品或服务的质量出现问题，也会使消费者怀疑所有使用相同商标的商品或服务的质量，从而使商标权人的商业信誉受到沉重打击。因此，商标的品质保障功能能够促使商标权人始终保持其商品或服务的质量。

（三）广告宣传功能

商标具有的识别来源功能也使商标成为营销手段，商标权人很容易利用商标进行广告宣传，也就是在广告中突出商标的地位，使人们对商标产生强烈的印象，从而通过商标选择其提供的商品或服务。例如，"恒源祥"的广告词只有"恒源祥，羊羊羊"六个字，但通过反复宣传，不但使消费者熟知"恒源祥"商标，也使消费者一看到"恒源祥"商标，就将它与质量上乘的羊毛制品联系起来。这样，"恒源祥"实际上起到了宣传其识别来源的羊毛制品的广告作用。我国《商标法》将"反向假冒"（去除他人商品上原有商标，贴上自己的商标并将更换商标的商品重新投放市场）定为商标侵权行为（参见第十八章第一节），可能就是考虑到该行为损害了商标的广告宣传功能，因为该行为剥夺了商标权人将商标作为营销手段的权利，无法使商标权人凭借商标积累声誉和吸引消费。[1]

---

① Mitsubishi Shoji Kaisha Ltd. v. Duma Forklifts NV，Case C‑129/17 (2018)，para. 46.

第二节　商标的分类

商标可以根据不同的标准进行分类，这些分类是有意义的，因为对于不同类别的商标，获得注册的条件往往有所区别，法律的保护手段有时也有差异。例如，声音和商品外形及外包装很难具备固有显著性，通常需要经过使用并获得显著性之后才能被注册为声音商标和立体商标。再如，集体商标和证明商标并不发挥通常意义上识别商品或服务来源的作用，其注册与保护也相应地具有特殊性。

一、可视性商标和非可视性商标

◎ **难度与热度**

难度：☆☆☆　热度：☆☆☆

商标以是否可通过视觉感知分为可视性商标和非可视性商标。

可视性商标是指可以通过视觉感知的商标，人们所熟知的绝大多数商标都是可视性商标。但事实上，仅能通过听觉或嗅觉感知的标志也能起到区分商品或服务来源的作用。例如，美国米高梅公司拍摄的电影片头中总有一段狮子吼声，即使电视机前的观众闭着眼睛，听见这段狮子吼也知道正在放映的是米高梅公司的电影。这样，狮子吼就能将米高梅公司的电影和其他电影公司的电影区别开来，具有商标所要求的识别来源功能。我国《商标法》不仅规定可视性标志可以作为商标注册，也允许声音商标的注册。

二、平面商标和立体商标

◎ **难度与热度**

难度：☆☆☆　热度：☆☆☆

根据商标的二维形态和三维形态，可以将可视性商标分为平面商标和立体商标，平面商标又可按照其构成要素分为文字商标、图形商标和组合商标三种。

立体商标是指占据一定立体空间的三维商标。根据立体商标与其指示来源的商品之间的关系，立体商标可分为三类：第一类是游离于商品之外，与商品可以完全分离的立体标志。典型的如麦当劳和肯德基快餐店门口的"麦当劳小丑"和"桑得斯上校"，以及劳斯莱斯车头上竖立的"小飞人"立体造型，消费者即使不看麦当劳、肯德基的招牌和劳斯莱斯轿车上的文字，仅凭上述立体标志就能识别出这些餐饮店和轿车的来源。第二类是有识别性的商品外包装，如可口可乐富有特色的曲线型瓶子，以及我国"酒鬼"酒特殊形状的酒瓶。这类形状经过长期使用后，如可以被相关公众理解为识别商品来源的

　　图 14-3　劳斯莱斯车头的"小飞人"　　　图 14-4　"酒鬼"酒的酒瓶

标志，就可作为商标注册。第三类是商品自身的形状，如美国好时巧克力的螺旋外形和瑞士 Toblerone 巧克力的三角外形。但是，如果这种形状是一类商品所通常具有的形状，则该形状并不能起到区分商品来源的作用，因此，不能作为商标注册。

图 14 - 5　Toblerone 巧克力的三角形包装盒　　　图 14 - 6　好时巧克力的外形

三、商品商标和服务商标

◎ **难度与热度**

难度：☆☆☆　　热度：☆☆☆

商品商标和服务商标分别用于识别商品的来源和服务的来源。

根据商标识别对象的不同，商标可分为商品商标和服务商标。商品商标用于识别商品提供者，而服务商标用于识别服务提供者。例如，"空中客车"（Air Bus）是商品商标，用于识别民用航空器的制造者；而"中国东方航空"是服务商标，不是用于识别飞机的制造者，而是用于识别民用航空运输服务的提供者。根据注册和使用的对象不同，同一商标既可以是商品商标，也可以是服务商标。例如，"北京大学"用于北大纪念品之上时，是商品商标，而用在北京大学提供的各类教育服务上时，则是服务商标。

商品商标还可进一步分为制造商标和销售商标。制造商标用于区分商品的制造者，而销售商标用于识别商品的销售者。日常生活中人们所见的多数商品商标为制造商标，如计算机上使用的"IBM"、"联想"和"戴尔"等，均用于识别计算机的制造商。

以往销售者很少使用商标来将自己销售的商品与他人销售的同类商品加以区分，但随着市场竞争的日趋激烈，许多销售者也开始使用销售商标来表明自己是相关商品的销售者。例如，在家乐福超市中，许多小商品，如一次性杯子、袜子、鞋子和玩具等，均印上了"家乐福"商标。显然，这些商品并不是"家乐福"超市自己制造的，而是由制造商供货，由超市进行销售。此时，这些商品上的"家乐福"就是销售商标。

图 14 - 7　印有"家乐福"商标的纸杯

四、普通商标和集体商标、证明商标

◎ **难度与热度**

难度：☆☆☆　　热度：☆☆☆

根据商标权人的身份和商标所起到的作用，商标又可分为普通商标与集体商标、证明商标。普通商标是指普通经营者可以自行注册的商标，其作用在于识别商品或服务的提供者。集体商标是指以团体、协会或者其他组织的名义注册，供该组织成员在商事活动中使用，以表明使用者在该组织中的成员资格的商标。例如，中国电子音响工业协会在音箱和功放产品上注册了由两个音符图形构成的集体商标，该协会的成员就可以在销售相关产品时使用该集体商标，以表明自己是该协会的会员。证明商标是指由对某种商品或者服务具有监督能力的组织所注册并控制，而由该组织以外的单位或者个人使用于其商品或者服务，用以证明该商品或者服务的原产地、原料、制造方法、质量或者其他特定品质的标志。例如，纯羊毛标志就是由国际羊毛局注册并管理的证明商标，符合国际羊毛局颁布的有关羊毛制品品质标准的厂商就可以要求国际羊毛局允许其使用纯羊毛标志，以表明自己羊毛制品的品质。再如，绿色食品商标是农业部中国绿色食品发展中心注册的证明商标，凡具备绿色食品生产、经营条件的企业和个人，向中国绿色食品发展中心申请，经审查符合绿色食品标准之后，就可使用绿色食品证明商标标志。

中国电子音响工业协会

图 14 - 8　注册的集体商标

沙县小吃同业公会

图 14 - 9　注册的集体商标

图 14 - 10　国际羊毛局注册的证明商标

图 14 - 11　中国绿色食品发展中心注册的证明商标

从某种观察角度，似乎可以说集体商标和证明商标能起到"识别来源"的作用，即集体商标用于识别加入了同一个组织的企业提供的商品或服务，证明商标用于识别经过一个组织根据特定标准认证的商品或服务。但证明商标和集体商标的这种"识别来源"的作用与普通商标识别来源的作用完全不同。普通商标发挥的识别来源作用，是指使相关公众知晓使用了该商标的商品或服务来源于某一个特定企业，即使存在该特定企业许可其他企业使用该商标的情况，使用该商标的商品或服务的质量也最终由该特定企业控制和保障。而集体商标的"识别来源"，是指使相关公众知晓使用该商标的商品或服务来源于加入了同一个组织的不同企业。证明商标的"识别来源"则是指使相关公众知晓使用该商标的商品或服务经过同一组织的认证，并不用于识别商品或服务来源于哪家特定企业。被许可使用同一集体商标或证明商标的不同企业并不负责控制和保障对方提供的商品或服务的质量，而且它们之间完全可能存在市场竞争关系。它们通常会在使用集体商标或证明商标的同时，使用各自注册的普通商标，以表明相关商品或服务来源于自己。因此，消费者如果购买了两家大米生产企业提供的标有"绿色食品"证明商标的大米，吃了其中一袋后感到口味不对，也不可能去向另一袋大米的生产企业投诉。欧盟法院也在相关判例中明确指出：证明商品或服务品质的标志，并不向消费者保证使用该标志的相关商品或服务均来源于同一企业，且其质量也由同一企业负责，因此该标志并没有发挥识别来源的功能。同时，证明商标的权利人依许可使用合同，有权检查被许可使用者制造相关商品的原料是否合格，就能使证明商标发挥其核心功能，即识别经认证的商品或服务。[①] 显然，有关集体商标和证明商标具有"识别来源"功能的表述很容易引起误解，应当尽量避免使用。

由此可见，集体商标和证明商标的作用并不是识别商品或服务的提供者。集体商标的作用是表明商品或服务的经营者隶属于某一组织，即特定的身份；证明商标的作用则是证明商品或服务的品质等特征。正因为如此，集体商标和证明商标并不被认为是普通的商标，其在注册、使用、侵权认定和权利限制等方面均有特殊性。例如，在申请注册集体商标和证明商标时均应提供该商标的使用管理规则，国家知识产权局[②]（其中负责对商标进行审查和注册的机构为国家知识产权局下设的"商标局"）在初步审定并公告该商标时将公布该使用管理规则的全文或者摘要。集体商标、证明商标权利人对使用管理规则的任何修改，均应报经国家知识产权局审查核准，并自公告之日起生效。申请证明商标注册的，应当附送主体资格证明文件并应当详细说明其所具有的或者其委托的机构具有的专业技术人员、专业检测设备等情况，以表明其具有监督该证明商标所证明的特定商品或服务品质的能力。为了避免不正当竞争，确保证明商标使用的公平性，证明商标的注册人不得在自己提供的商品或服务上使用该证明商标，而凡符合证明商标使用管理规则规定条件的经营者，在履行该证明商标使用管理规则规定的手续后，可以使用该证明商标，注册人不得拒绝办理手续。集体商标注册人的集体成员，在履行该集体商标使用管理规则规定的手续后，可以使用该集体商标。同时，集体商标不得许可非集体成员使用。[③]

本章实务案例研习

"苏格兰威士忌"商标侵权案

（一）案情简介

苏格兰威士忌协会在威士忌酒上注册了"苏格兰威士忌"和"SCOTCH WHISKY"集体商标。商标局（现为国家知识产权局，余同）也公布了这两个集体商标的使用管理规则，对原料产地、制作工艺、加工方法和品质标准等作出了明确要求。某酒业公司在生产并销售的"女王诗丹迪12年调和威士忌"和"女王e品12年苏格兰威士忌"等酒上使用了"SCOTCH WHISKY"字样。但这些酒均在国内生产，并非源于苏格兰地区，也不是对苏格兰威士忌原液进行灌装加工而成，且不含有涉案集体商标管理规则要求的麦芽成分。苏格兰威士忌协会起诉该酒业公司侵权。

---

① W. F. Gözze Frottierweberei GmbH v. Verein Bremer Baumwollbörse，Case C－689/15，paras. 45，50.
② 2018年国家机关机构改革之前，商标注册机构为国家工商行政管理总局商标局。2018年国家机关机构改革之后，重新组建的国家知识产权局整合了国家工商行政管理总局的商标管理职责，商标局成为国家知识产权局中具体负责商标注册的机构。
③ 《集体商标、证明商标注册和管理办法》第5条、第13条、第17条、第18条、第20条。

（二）法院判决

法院指出，集体商标不等同于识别商品提供来源的商品商标。使用集体商标，特别是以地理标志注册的集体商标，其目的是向相关公众标示商品特定产地以起到显示该商品特定质量及信誉等特征的作用。被控侵权商品包装上标示有"SCOTCH WHISKY""苏格兰威士忌"字样，且辅以产品英伦背景渲染，足以造成相关公众误认为它们是来自于苏格兰的威士忌酒，或由苏格兰威士忌协会的会员单位所生产，因此被告的行为构成侵权。①

（三）法律分析

集体商标和证明商标虽然在功能上与普通商标存在本质区别，但一经注册，《商标法》仍然对其提供保护。这就意味着只要不符合集体商标和证明商标的使用条件，未经集体商标和证明商标的注册人许可，在相同或类似商标上使用与集体商标或证明商标相同或近似的标志的，原则上构成侵权。

本章同步练习

一、选择题

（一）单项选择题

1. 下列哪个标志在经过使用之前就可作为各选项中特定商品的商标注册？（　　）

A. 用于保暖内衣的"温暖"文字标志

B. 用于安全型烟花的"安全喷火"文字标志

C. 用于铁钳销售店的三维铁钳标志

D. 用于计算机的"兔子"图形标志

2. 某中式快餐店根据自己的服务项目和特色设计了一个徽记。该徽记是一种：（　　）。

A. 证明商标　　　　　　　　　　　　B. 销售商标

C. 服务商标　　　　　　　　　　　　D. 集体商标

3. 以下关于集体商标和证明商标说法错误的有：（　　）。

A. 集体商标是商品商标的一种类型

B. 证明商标的申请人必须对商品质量具有监督能力

C. 只要第三人的商品达到了证明商标管理规则要求的标准，就可要求使用该证明商标

D. 只要是集体商标的集体组织成员就可使用该集体商标

（二）多项选择题

1. 下列哪些商标注册申请应当被驳回？（　　）

A. 申请将"新华门"注册在电子产品上

B. 申请将红新月图案注册在口罩商品上

C. 申请将香蕉图案注册在水果商品上

---

① 上海知识产权法院（2016）沪 73 民终 245 号民事判决书。

D. 申请将"Not Made in China"注册在玩具商品上

2. 某湖泊的水质适合虾的生长，出产的湖虾肉质鲜美，有很高的知名度。当地的经营者为保护自己的权益，希望将该湖泊名称加上"湖虾"两字在虾类商品上注册为文字商标。对此，下列选项中正确的是：（　　）。

A. 该文字标志对虾类商品无显著性，不可能由当地任何经营者注册

B. 如果某当地经营者能够证明该标志经过长期使用获得了显著性，就能被核准注册

C. 由当地湖虾养殖者组织的虾业协会将该文字注册为集体商标，再由当地湖虾养殖者免费使用该商标

D. 由当地负责检测湖虾质量标准的机构将该文字注册为证明商标，当地湖虾养殖者经销的湖虾符合该机构颁布的质量标准的，都可以免费使用该商标

（三）不定项选择题

1. 下列哪些商标注册申请不能被核准？（　　）

A. 在经过长期使用之前，某食品公司申请将文字"好吃"注册在食品上

B. 某电影公司申请将一段鸟鸣的声音注册在电影上，经查，经过长期使用，人们听到这段声音就能意识到这是该公司拍摄的电影

C. 在经过长期使用之后，某计算机公司申请将纯绿色注册在计算机上

D. 某电子产品公司申请将特殊的鼠标造型注册在鼠标上，经查，这种造型有效地降低了手腕的疲劳感。

2. 阳澄湖出产的大闸蟹远近闻名，关于将"阳澄湖"在大闸蟹商品上进行商标注册的事宜，下列说法中哪一项是正确的？（　　）

A. 阳澄湖地区任何大闸蟹的经营者都可注册

B. "阳澄湖"为地理标志，不得作为商标注册

C. "阳澄湖"为地名，不得作为商标注册

D. "阳澄湖"可以作为证明商标注册

二、论述题

你认为集体商标和证明商标的侵权认定是否以容易导致来源混淆为前提？

参考答案

一、选择题

（一）单项选择题

1. D

解析：保暖内衣的特征就是使人们感到温暖，因此"温暖"文字标志对保暖内衣无固有显著性，不可注册，因此不选 A。"安全喷火"是安全型烟花的特征，无显著性，不可注册，因此不选 B。三维铁钳标志是铁钳的通用立体造型，不可被注册为立体商标，因此不选 C。"兔子"和计算机没有关系，具有固有显著性，可以注册，因此 D 项正确。

2. C

解析：证明商标和集体商标都不是经营者为了识别自己提供的商品或服务的来源注册和使用的，因此该徽记不可能是证明商标或集体商标，因此 A 项和 D 项错误。销售商标是指在自己销售（但不是自己制造）的商品上使用的商标，该徽记显然也不是销售商标，因此 B 项错误。该徽记是为了识别餐饮服务的来源，属于服务商标，因此应当选 C。

3. A

解析：集体商标既可注册在商品上也可以注册在服务上，因此 A 项错误。其他几项都正确。

（二）多项选择题

1. ABCD

解析："新华门"是中华人民共和国中央人民政府即国务院所在地的正门，不能作为商标使用和注册为商标。红十字和红新月标志是国际人道主义求援机构标志，不能作为商标使用和注册为商标。香蕉图案用于香蕉没有显著性，用于其他水果可能具有欺骗效果或误导公众，不应注册。玩具商品上的 "Not Made in China" 如果说明该玩具非中国制造，没有显著性，如果表明玩具因为不是在中国制造，因此质量高，则具有民族歧视，不应注册。因此应当选 ABCD。

2. ACD

解析：该文字标志属于地理标志，不能识别虾类商品的来源，确实对虾类商品没有显著性，不能被经营者注册为商标，A 项正确。此类由地理标志构成的无显著性的标志不可能通过使用获得显著性，B 项错误。含地理标志的商标可被注册为集体商标和证明商标，因此 CD 正确。

（三）不定项选择题

1. ACD

解析："好吃"直接描述了食品的特征，不具有固有显著性，因此在通过长期使用获得显著性之前不能注册在食品上，应选 A。声音经使用对电影产生显著性后，可以注册为声音商标，不应选 B。单一颜色不能被注册为商标，只有颜色组合才能被注册为商标，应选 C。鼠标的造型如具有技术功能，不能被注册为商标，应选 D。

2. D

解析："阳澄湖"对于大闸蟹而言是地理标志，只能作为证明商标或集体商标注册，不能由当地经营者注册，否则会损害其他经营者的利益，因此应当选 D。"阳澄湖"并不是县级以上地名，但即便是县级以上地名，也可以作为证明商标或集体商标注册。

二、论述题

既然集体商标和证明商标并不发挥普通商标所具有的识别商品或服务来源的功能，认定对集体商标和证明商标的侵权行为，也不能以容易使相关公众对商品或服务的来源发生混淆为前提。他人在不符合使用条件的情况下，在相同或类似商品或服务上，使用与集体商标和证明商标相同或近似的标志，当然可能导致"混淆"，但这种"混淆"并不是对商品或服务来源的混淆，而是对于使用者是否具有隶属于特定组织的身份的混淆，或者相关商品或服务是否达到了特定标准的混淆。例如，某大米生产商在其提供的大米不符合"绿色食品"证明商标使用管理规则的情况下，擅自标注"绿色食品"，并不会使消费者对大米来源于甲公司或乙公司产生混淆，但会使消费者误认为该大米属于绿色食品。因此，针对证明商标和集体商标的侵权，并不以导致相关公众对商品或服务来源的混淆为要件，而是要求在不符合使用管理规则的情况下，擅自在集体商标或证明商标核定使用的商品或服务或与之类似的商品或服务上使用相同或近似的标志，导致相关公众对标志使用者的身份或相关商品或服务的特定品质产生误认。

第十五章　商标权的取得、续展和消灭

本章知识点速览

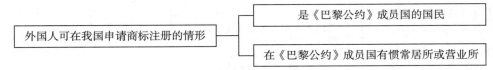

图 15-1　外国人可在我国申请商标注册的情形

图解:

注册商标专用权有强烈的地域性,《巴黎公约》并未创造出"世界商标权",在《巴黎公约》其他成员国注册的商标不能在我国自动获得保护。因此本图讲解的是"外国人可在我国申请商标注册的情形",而不是"外国人的注册商标在我国获得保护的情形"。

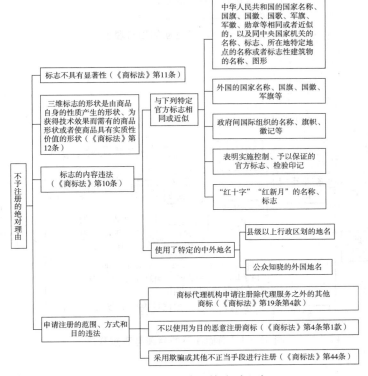

图 15-2　不予注册的绝对理由

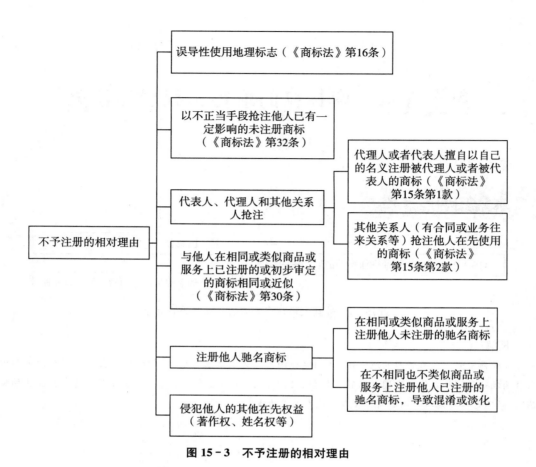

图 15 - 3　不予注册的相对理由

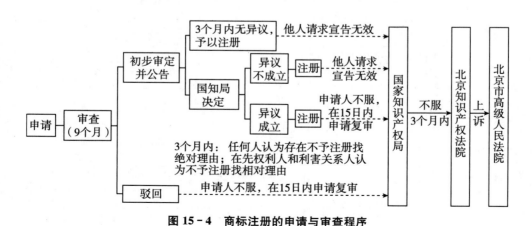

图 15 - 4　商标注册的申请与审查程序

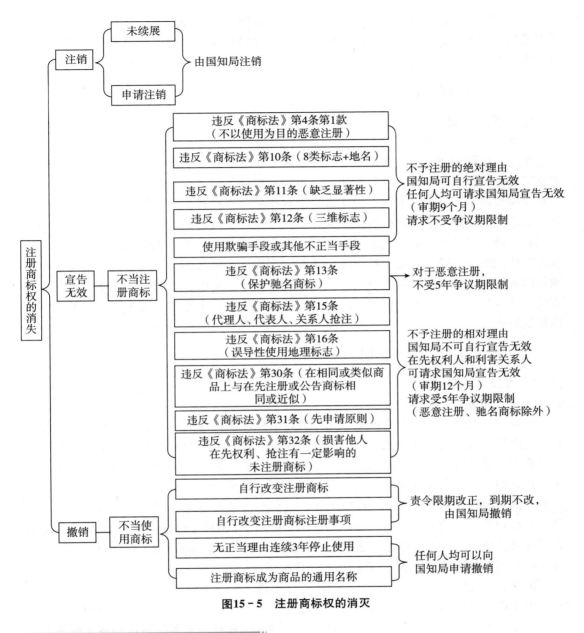

图15－5　注册商标权的消灭

≫ **本章核心知识点解析**

第一节　取得商标权的途径

◎ **难度与热度**

难度：☆☆☆　热度：☆☆

我国对商标权的取得采用注册取得制，但对未注册商标提供一定程度的保护。

取得商标权就意味着商标所有人能够依法排斥他人在相同或类似商品上以导致消费者混淆的方式使用相同或近似商标，因此，可通过何种途径取得商标权对于经营者而言具有重要意义。

一、通过使用取得商标权

◎ **难度与热度**

难度：☆☆☆　热度：☆☆

通过使用取得商标权，是指即使商标尚未经过注册，只要其已经在商业活动中用于识别某种商品或服务的来源，商标使用者也能取得商标权。在商品经济发展的早期，生产和交换都以本地市场为主，是否在市场上首先使用商标比较容易得到证实，经营者也有可能避免与在先使用的商标发生冲突。但随着生产、流通的范围日益扩大，以使用为基础赋予商标权的负面影响逐渐显现出来：由于使用在先的事实无法以书面形式公之于众并供他人查询，经营者越来越难以发现相同商标的在先使用人。而且，在与使用相同商标的人就商标权的归属发生争议时，当事人必须承担证明自己的使用先于对方的举证责任，这也带来了较高的诉讼成本。因此，目前多数国家都不再单纯采取通过使用取得商标权的制度。

二、通过注册取得商标权

◎ **难度与热度**

难度：☆☆☆　热度：☆☆

在建立了商标注册制度的国家，允许通过商标注册使注册人取得特定权利。商标注册制度的最大优点在于它建立了商标的公示制度，使商标的权利归属一目了然，其他人可以查询自己准备使用或注册的商标是否会同别人的商标权发生冲突。如果他人未经许可，在相同或类似商品或服务上使用了相同商标，基于商标注册的公示效力，即可以推定此人没有尽到注意义务，从而构成疏忽。商标注册的价值还体现在商标权转让、许可使用或设定质押时的公示作用。即使在采用先使用原则的美国，一旦已经使用的商标获得了联邦注册，也能获得更强的法律保护，例如，注册后商标所有者就将在全国范围内，而不仅在先前使用的地区获得商标权。

但是，商标注册制下可能发生"商标抢注"现象，即一些人注册商标并不是为了在经营中使用，以使消费者通过商标识别商品或服务来源于自己，从而建立商业信誉，而是为了抢在商标的在先使用者之前注册商标，再以高价将注册商标转让给在先使用者或意图使用者。对此，较早实行商标注册制的大陆法系国家都在商标立法中采取了一些预防措施。我国《商标法》经过数次修订，也包含了一系列针对商标抢注行为的规定。对于"不以使用为目的的恶意商标注册"，《商标法》将其规定为不予注册的绝对理由。对于"以不正当手段抢先注册他人已经使用并有一定影响的商标"等其他抢注商标、损害他人在先权益的行为，《商标法》将其规定为不予注册的相对理由。同时，对于恶意注册人利用注册商标进行"维权"的行为，司法实践中还将其认定为滥用商标权，对该注册商标不予保护。

第二节　不予注册的绝对理由

我国是实行商标注册制的国家，即除驰名商标之外，只有通过注册才能获得商标权。《商标法》允许经营者通过商标注册取得商标权，以在一定条件下排斥他人对相同或近似商标在相同或类似商品或服务上的使用。为了发挥商标注册制的优势，鼓励经营者尽可能地将需要使用的商标申请注册，《商标法》对商标注册持开放态度，采用"负面清单"机制，即只要申请注册的商标不属于因损害公共利益和其他民事主体的利益而被列为不予注册的情形的，都允许注册。而《商标法》规定的不予注册的情形，可分为"不予注册的绝对理由"和"不予注册的相对理由"。

"不予注册的绝对理由"是指商标的注册会破坏公共秩序、损害公共利益，因此绝对不可以注册。这种绝对性体现在以下几个方面：（1）国家知识产权局在受理注册申请后会主动审查是否存在此类不予注册的情形；（2）在商标被初步审定并公布后，任何人发现存在此类情形，都可以向国家知识产权局提出异议；（3）在商标被注册后，任何人发现存在此类情形，都可以向国家知识产权局请求宣告该注册商标无效，国家知识产权局也可自行宣告该注册商标无效，均不受 5 年争议期的限制。

一、标志不具有显著性

◎ 难度与热度

难度：☆☆☆　热度：☆☆☆

显著性是指某一标志识别某类商品或服务来源的能力。缺乏固有显著性的标志不能被注册为商标，该标志通过使用获得显著性的可以被注册为商标。

标志的"显著性"又被称为"区别性"或者"识别性"，是指用于特定商品或服务的标志具有的识别该商品或服务的来源，从而能够将这种商品或服务的提供者与其他同种或类似商品或服务的提供者加以区分的特性。不具有显著性的标志不能被称为商标，更不能获得商标注册。我国《商标法》第 11 条第 1 款明确规定，下列标志不得作为商标注册：（1）仅有本商品的通用名称、图形、型号的；（2）仅直接表示商品的质量、主要原料、功能、用途、重量、数量及其他特点的；（3）其他缺乏显著特征的。其中所列标志均无显著性。

（一）固有显著性

标志在何种情况下才具有显著性呢？如果相关公众一看到商品或服务上使用的一个标志，马上就能意识到该标志用于识别该商品或服务的提供者，从而区分商品或服务的来源，则该标志就具有显著性。对显著性的判断有两个层次。标志的显著性判断的第一个层次，是看相关公众的认知。如果相关公众根本不会认为某文字、图形或声音等用于识别商品或服务的来源，自然也不会凭借其在选择商品或服务时区分来源，此时该文字、图形或声音就没有天然的显著性（固有显著性），不能作为商标注册。

例如，有人申请将文字"轻轻松松上网课"注册在"视频制作，关于培训、科学、公共法律和社会事务的文件出版，教育"等服务上，但相关公众初看到这句话时，只会觉得一家提供网络教学的机构在宣传其网课质量好、上起课来轻松易懂，不会将其作为区分不同在线教育机构的标志看待，因此该文字属于《商标法》第 11 条第 1 款第 3 项规定的"其他缺乏显著特征的"标志。①

标志的显著性还取决于标志与相关商品或服务之间的关系，这是显著性判断的第二个层次：一个标志与它所指代的商品或服务之间联系越密切，则显著性越弱；反之，则显著性越强。这意味着某些标志在用于特定商品或服务时，从一开始就具有显著性（固有显著性）；而同样的标志用于另一些商品或服务时，在最初却没有显著性。需要指出的是，在多数情况下，在脱离使用某一标志的商品或服务的情况下讨论显著性是没有意义的，因为该标志在用于不同商品或服务时，显著性也不同。如"苹果"相对于苹果这类水果而言无显著性，但相对于计算机或手机就有显著性。

按照标志与它所指代的商品或服务之间联系的密切程度，标志大致可以分为五类②：第一类是"通用标志"，包括一类事物的一般称呼或图形，如作为词汇的"钢笔""计算机""苹果"，以及它们的图形等。对于文字而言，法定的商品名称或约定俗成的商品名称属于通用标志中的通用名称。通用标志与它所指代的商品或服务之间联系最为密切，完全无法起到识别商品或服务来源的作用；其显著性最差，不能被注册为商标。

第二类是"描述性标志"，它对商品或服务的质量、原料、功能、用途、重量、数量等特点进行了直接描述，如用于安全型烟花的"安全喷火"、用于纯净水的"纯净"、用于羊毛衫的"温暖"等。描述性标志与其所代表的商标或服务之间的联系也过于密切，在最初使用时也无法起到识别商品或服务来源的作用。如果某羊毛衫厂在自己生产的羊毛衫上印上"温暖"两字，消费者只会认为这两个字是在说明羊毛衫能够保暖，而无法将它与羊毛衫的特定厂家联系起来。"描述性标志"也没有固有显著性，在一开始也不能被注册为商标。例如，在葡萄酒、黄酒等酒类产品上标有"手酿"，易使消费者认为该商品是手工酿造而成，直接表示了商品的制作和加工方式，而不易起到区分商品来源的作用，因此，在酒类产品上注册"手酿"商标的申请被驳回。③

第三类是"暗示性标志"，它对产品的特征并不直接加以描述，而是以某种方式加以暗示，消费者只有根据这种暗示发挥想象力才能理解其意。如"Think Pad"的字面意思为"会思考的小本子"，消费者很难在瞬间想到它指代的是笔记本电脑。细想之后才能发现：笔记本电脑可以被比喻为智能型的本子。暗示性标志与所指代的特定商品或服务之间只有较为疏远的间接联系，因此具有固有显著性，可以被注册为商标。

第四类是"任意性标志"，它们虽然属于现有词汇，但与使用它们的商品或服务之间没有任何关系，如用于电脑和牛仔裤的"苹果"标志。这类标志的显著性介于"暗示性标志"和"臆造性标志"之间，可以被注册为商标。

第五类是"臆造性标志"，它们是由经营者为指代商品或服务的来源而臆造的，不属于现有词汇，如用于胶卷的"Kodak"（柯达）和用于石油的"Exxon"（美孚）。臆造词

---

① 关于第 26244465 号"轻轻松松上上课"商标驳回复审决定书（商评字［2018］第 0000237030 号）。

② 这种分类是美国法官 Timbers Friendly 于 1976 年判决的 Abercrombie & Fitch Co. v. Hunting World, Inc. 案中提出的，现在已得到了广泛的认同。Abercrombie & Fitch Co. v. Hunting World, Inc., 537 F. 2d 4, at 9（2nd Cir., 1976）.

③ 北京市第一中级人民法院（2011）一中知行初字第 1830 号行政判决书。

汇对于消费者而言是全新的词汇，没有任何固有含义，因此具有极强的显著性，消费者一看即知它指示着特定商品或服务的来源。

为什么标志具有显著性是标志被注册为商标的前提条件呢？原因在于：一方面，显著性是商标的本质属性，商标就是能够区分商品或服务来源的标志。如果消费者无法通过一种标志将相同或类似商品或服务的不同提供者区分开来，则这种标志无法代表特定商品或服务提供者的商誉，根本不能成为商标，法律也没有加以保护的必要。

另一方面，商标是经营者展开市场竞争的手段，而市场竞争必须是一种建立在机会平等基础上的竞争。机会平等意味着反对垄断，竞争者不能通过注册商标剥夺他人合理的竞争机会，商标注册不能成为欺诈、误导和垄断的手段。假如允许一家钢笔制造商将通用名称"钢笔"注册为文字商标，不但消费者无从借此区分钢笔的来源，而且注册了"钢笔"的制造商就有权阻止竞争者在钢笔上或其他任何与钢笔经营活动有关的文书和广告上使用"钢笔"这一文字标志，其他制造钢笔的厂商只好以"装有墨水的书写工具"等其他方式来描述自己的产品。显然，将文字"钢笔"注册为钢笔的商标，剥夺了其他钢笔制造商正常使用"钢笔"的权利，有违公平竞争原则。同样，允许将"描述性标志"注册为商标会导致注册者垄断用于描述商品或服务的特定用语，使其他同类商品或服务的提供者在竞争中处于不利地位，这也是有违商标法立法目的的。例如，将用于描述安全型烟花的"安全喷火"注册为某一烟花生产厂的商标，将导致其他同样生产安全型烟花的厂家不能使用这四个字向消费者说明烟花的安全特征。正因为如此，缺乏显著性的通用名称和描述性标志一开始都不能被注册为商标。

有时构成标志的一个或数个要素本身并不具有固有显著性，但这些要素结合在一起后具有固有显著性，即作为一个整体能够识别商品或服务的来源。此时该标志应当被认为具有显著性，而不能因为标志中

图 15 - 6 "韩泰轮胎"商标

包含不具备显著性的要素而认为标志不能被注册。例如，"韩泰轮胎"图形商标中包含了两个轮胎的图形（见图 15 - 6），轮胎图形本身是轮胎这种商品的通用图形，没有任何显著性可言，任何人不能将轮胎图形注册为轮胎的商标。但"韩泰轮胎"的商标图形不仅包括了两个轮胎的图形，还有英文字母。作为一个整体，该标志就能够起到区分轮胎来源的作用。当然，经过注册而产生的商标权仅及于作为一个整体的商标，而不能及于单独的轮胎图形。《商标法》第 11 条第 1 款中规定，"仅有本商品的通用名称、图形、型号的"以及"仅仅直接表示商品的质量、主要原料、功能、用途、重量、数量及其他特点的"不能注册。这等同于认可了应当将标志作为一个整体来判断其显著性的原则。最高人民法院在其司法解释中也指出：商标标志中含有描述性要素，但不影响其整体具有显著特征的，或者描述性标志以独特方式加以表现，相关公众能够以其识别商品来源的，应当认定其具有显著特征。

（二）获得显著性

综观日常生活中许多知名的注册商标，不难发现其中有许多实际上是"描述性标志"，如用于牙膏的"两面针"直接表示了牙膏中一种起主要作用的中草药名称。那么，这些本身不具备显著性的标志为什么获得注册了呢？其原因在于：这些描述性标志在商品或服务上经过长期使用和广告宣传之后，消费者已经逐渐意识到它们是在指示特定商

品或服务的出处，而不仅是在对商品或服务进行描述。例如，现在消费者看到或听到"两面针"时，第一反应已经不再是一种有治疗作用的中草药，而是生产一种抗过敏牙膏的特定厂商。也就是说，虽然"两面针"这个词汇的第一种含义是一种中草药，但在长期用于特定的牙膏之后，产生了第二种含义，即识别牙膏的来源。"描述性标志"在经过长期使用，获得"第二含义"之后，就具有指示特定商品或服务出处的功能。这样，先天没有"固有显著性"的"描述性标志"就在后天获得了显著性，能够被注册为商标了。

我国《商标法》允许颜色组合、声音和三维标志在符合法定条件的情况下被注册为商标。但颜色组合和声音几乎不可能具备固有显著性。对于颜色而言，颜色虽然能表达某些理念和激发某种情感，并因自身的美感和装饰作用而被用于推销商品或服务，但其几乎没有传递具体信息和含义的内在能力[1]，因此颜色组合通常都需要通过使用获得显著性，也就是使相关公众能够凭借颜色组合识别商品或服务的来源。声音对任何商品和服务而言几乎也不可能具有固有显著性。无论是简短的声音（如一声"滴"），还是一段音乐，抑或与商品或服务本身联系密切的声音，或者在推销时常见的声音（如推销铜锣的广告中的敲锣声），在使用之初都难以被相关公众理解为识别商品或服务来源的标志。只有经过使用，使相关公众听到该声音就能立刻与特定的商品或服务来源联系起来，才能产生显著性。

（三）显著性的退化

先天没有显著性的标志在经过长期使用之后可以逐渐获得显著性，而先天具有显著性的商标在经过长期使用之后也可能逐渐丧失显著性。这往往是因为使用某种商标指代来源的商品或服务在市场上过于成功，或者商标所有者对商标的使用或管理不当，导致人们习惯于用商标名称来代替商品或服务名称，最终导致商标沦为一类商品或服务的通用名称，丧失了在这类商品或服务中区分来源的作用。这种现象被称为"显著性的退化"。例如，目前，人们已经普遍认为"阿司匹林"（Aspirin）就是一种药物，而实际上"阿司匹林"最早是药品上注册的商标，由于"阿司匹林"牌药品十分畅销，消费者将"阿司匹林"作为一种药品的代名词使用，最后导致"阿司匹林"退化为此种药品的通用名称，不再具有指示药品来源的功能。类似的实例还有英文中的 Escalator、Thermos 和 Cellphone，它们也曾经是电梯、保温瓶和手机的商标，今天却已经成为这些商品的通用名称。

商标的显著性一旦退化，就会失去指示商品或服务来源的功能，本质上已无法起到商标的作用。如 Xerox 是美国施乐公司（"施乐"就是 Xerox 的中译）用于复印机的注册商标，但经常被人作为复印机（名词）或复印（动词）使用。对此，施乐公司提出：Don't Xerox an Xerox on Xerox（不要在复印机上乱用施乐商标）。

在商标的显著性退化后，同类商品或服务的提供者也会使用该商标指代一类商品或服务（而非它们的出处），消费者也会习惯将该商标作为一类商品或服务的通用名称，则保留该注册商标就不再有意义了，因此，《商标法》第49条第2款中规定，注册商标成为其核定使用的商品或服务的通用名称的，任何单位或者个人可以向国家知识产权局申请撤销该注册商标。即使显著性退化的注册商标尚未被撤销，由于其已无法起到识别商

---

[1] Heidelberger Bauchemie GmbH，Case C-49/02 (2004)，paras. 23，38，39.

品或服务来源的作用，他人在相同或类似商品或服务上使用与该注册商标相同或近似的标志，以说明相关商品或服务自身特征的，也属于正当使用（参见本书第十七章第二节），并不构成对注册商标专用权的侵害。

（四）三维标志显著性的特殊问题

《商标法》允许将三维标志注册为商标，而三维标志被注册为商标的前提条件之一仍然是其具有显著性。对于一种商品的形状而言，如果消费者看到之后只能想到一种商品本身，而不认为其能够指示商品的来源，则这种形状就不具有显著性，不能被注册为立体商标。即使三维标志不属于后文将讲解的《商标法》第12条规定不得注册的情形（仅由商品自身的性质产生的形状、为获得技术效果而需有的商品形状或者使商品具有实质性价值的形状），只要其没有显著性也不得注册。换言之，《商标法》第11条第1款第1项有关商品的通用图形的标志不得作为商标注册的规定中，"图形"应作广义理解，并不仅限于平面图形。①

普通消费者在看到商品或包装上与商品自身特征无关的文字或图形时，很容易将其视为区别商品来源的标志。但消费者在刚接触到商品或其包装的立体形状时，习惯于将其视为商品自身的特征，而很少将其视为一种区别商品来源的标志。② 例如，印在公共汽车外部的彩色同心圆（图15-7，同心圆中三圈的颜色分别为红、橙和白）可以起到使相关公众区分不同运输公司提供的交通服务的作用③，但相关公众几乎不可能仅凭一辆公共汽车的通常造型（图15-8）就能识别交通服务的来源。因此，只有在该商品或其包装的立体形状与此类商品或包装的标准形状或通常形状存在显著差异或经过长期使用获得"第二含义"时，才可能具有显著性。

图15-7　彩色同心圆　　　图15-8　公共汽车的通常造型

例如，图15-9中的瓶子与一般的饮料瓶在形状上并无实质区别，尽管瓶口插着一片柠檬，但消费者仅会将其视为一种装饰瓶子的方式而已，因此，该三维形状不能作为立体商标被注册在啤酒、汽水和果汁饮料上。④ 手电筒采用的是圆柱体形状，而这正是手电筒最常用的形状，其在设计上虽然有一些独特之处，但仍然只能使消费者将其看作一种手电筒，而不是将其作为识别来源的标志。⑤ 即使这些形状与同类商品或其包装相比有

---

① 北京市第一中级人民法院（2007）一中行初字第01348号行政判决书。

② Mag Instrument v. OHIM, C-136/02（2004），para. 30.

③ Aktiebolaget Östgötatrafiken v. Patent-och registreringsverket, Case C-456/19（2020），paras. 9-10, 37-38, 42-44.

④ Eurocermex SA v. Office for Harmonisation in the Internal Market（Trade Marks and Designs）（OHIM），Court of Justice, Case C-286/04 P, paras. 29-30.

⑤ Mag Instrument Inc. v. Office for Harmonisation in the Internal Market（Trade Marks and Designs）（OHIM），Court of Justice, Case C-136/02 P, para. 32.

一些区别,消费者也往往会认为这是商品自身性能或其他特点的正常发展变化使然。[①] 如果一种造型虽然与常规造型有所差异,但在消费者可预期的正常变化范围之内,则该造型不大可能被普通消费者认为是商标,因此,图 15-11 中香肠或其肠衣的螺旋造型虽然因角度划一而显得有些特色,但由于许多肉类熟食都经常使用螺旋造型,其无法起到区别香肠或肠衣不同来源的作用,因此也不能被注册在香肠或肠衣上。[②] 冰激凌的波浪形状容易被普通消费者识别为冰激凌的常用形状,因此该形状不能起到区分商品来源的作用。[③]

图 15-9　饮料瓶

图 15-10　手电筒造型

图 15-11　香肠或其肠衣的螺旋造型

但商品及其包装的三维形状经过长期使用,可能发挥识别商品来源的作用。例如,法国迪奥公司的"真我"(j'adore)品牌香水的瓶身造型经过使用(图 15-13),已可以使消费者借以识别香水的来源,可以被注册为立体商标。

图 15-12　冰激凌的造型

图 15-13　"真我"香水瓶

二、三维标志的形状仅由商品自身的性质产生、具有实用功能性或美学功能性

◎ 难度与热度

难度:☆☆☆　　热度:☆☆☆

以三维标志申请注册商标的,仅由商品自身的性质产生的形状、为获得技术效果而需有的商品形状或者使商品具有实质性价值的形状,不得注册。

《商标法》除了在第 11 条规定缺乏显著特征的标志不得作为商标注册,还在第 12 条针对三维标志的注册专门规定:以三维标志申请注册商标的,仅由商品自身的性质产生

---

① Linde AG (C-53/01), Winward Industries Inc. (C-54/01) and Rado Uhren AG (C-55/01), Court of Justice, Joined Cases C-53/01 to C-55/01, para. 35.

② Wim De Waele v. Office for Harmonisation in the Internal Market (Trade Marks and Designs) (OHIM), Court of First Instance, Case T-15/05, paras. 38-41.

③ 北京市第一中级人民法院 (2007) 一中行初字第 01348 号行政判决书。

的形状、为获得技术效果而需有的商品形状或者使商品具有实质性价值的形状，不得注册。这是《商标法》为了维护正常的市场竞争秩序和公共利益而专门针对三维标志规定的不予注册的绝对理由。

（一）三维标志的形状仅由商品自身的性质产生

"仅由商品自身的性质产生的形状"是指为实现商品固有的功能和用途所必须采用的或者通常采用的形状。该形状当然不具有固有显著性，无法起到识别商品来源的作用，因为该形状仅能被消费者用于寻找所需的商品，而不是用于判断商品的提供者。[①] 例如，普通灯泡的形状就是一个带有弧度的椭圆形，如果允许将一个立体灯泡标志注册为一家灯泡制造商的商标，则意味着其他灯泡制造商不得在商业活动中使用灯泡的通常立体外形来说明自己经营的产品，这显然是不公平的。《商标法》将这种情形单独列出，是因为此类三维标志被注册为商标会剥夺其他经营者公平竞争的机会，从而损害竞争秩序和公共利益。可以想象，在灯泡被发明之前，无所谓由灯泡这一商品"自身的性质产生的形状"。灯泡的发明者完全可能由于独家掌握制造灯泡的技术，因此在很长一段时间内，其成立的灯泡制造公司是灯泡商品的唯一制造者。这会使消费者一看到灯泡本身，在无须查看灯泡或其包装上的任何其他信息（如灯泡发明者即制造者的名称等）的情况下，就自然将灯泡的来源与该灯泡制造公司联系起来。此时灯泡的形状经过长期独占使用确实产生了显著性，即相关公众可以凭借灯泡自身的造型识别灯泡的来源。但如果允许灯泡发明者或其成立的灯泡制造公司将椭圆形的灯泡造型注册为立体商标，在他人掌握灯泡制造技术之后，将妨碍他人参与灯泡的制造和销售，从而极大地妨碍正常的市场竞争，最终损害公共利益。因此，缺乏显著性实际上并不是"仅由商品自身的性质产生的形状"不得作为立体商标注册最主要的原因。

下图所列形状是由商品自身的性质产生的，不能被注册为商标。[②]

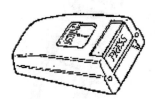

图 15－14　安全带按钮：仅由商品自身的性质产生的形状

图 15－15　申请商标的图形和实物图　　　　**图 15－16　申请商标的图形和实物图**
　　　　（指定使用于笔帽商品）　　　　　　　　　（指定使用于包类商品）[③]

---

① Hauck GmbH & Co. KG v. Stokke A/S，Court of Justice，Case C－205/13，paras. 26－27.
② 北京市第一中级人民法院（2008）一中行初字第 326 号行政判决书。
③ 北京市第一中级人民法院（2008）一中行初字第 00323 号行政判决书。

（二）三维标志的形状具有技术功能

《商标法》第12条规定，以三维标志申请注册商标的，为获得技术效果而需有的商品形状不得注册。这反映了商标法不保护实用功能的原理。本书在著作权部分曾讲解过：著作权法与专利法的保护对象有着严格的区别，任何实用功能均不能成为著作权法的保护对象，因此，如果艺术美感与实用功能无法分离，则该艺术美感不能受到著作权法的保护。该原理在商标法中也完全适用：商标法保护的是可以识别商品或服务来源，从而能够承载商誉的标志，而不是技术方案。如果三维形状是"为获得技术效果而需有的商品形状"，即为使商品具备特定的功能或者使商品固有的功能更容易地实现所使用的形状，则其不能作为商标注册。例如，笔记本电脑都是可折叠的，在使用时才将显示屏展开，这种形状是为了减少笔记本电脑的体积，具有技术效果，因此不可被注册为立体商标。再如，如下页图所示，吉他中的定弦装置、机器部件中密封端纽，以及椅子的形状都是为获得技术效果而需有的形状，也不能被注册为立体商标。

图15-17　吉他中的定弦装置　　图15-18　密封端纽（机器部件）的设计①

图15-19　对椅子的设计②

需要注意的是，对这里的"技术效果"应进行广义理解，不限于专利法意义上采用技术方案实现的技术效果，而是包括任何实用功能。例如，一家点心店设计了六瓣造型的苹果派，并将该造型申请注册为立体商标（见图15-20）。法院认为：六瓣（六个褶皱）造型在苹果派中具有包住馅料的实用功能。同时，褶皱的数量与由供一人食用的苹果派的大小和馅料的多少有关，圆形则是由使用面团的经济性要求决定的，因此该造型具有实用功能性，该立体商标应被宣告无效。此外，由于任何实用功能都不应受到商标

① 北京市第一中级人民法院（2009）一中行初字第71号行政判决书。
② Hauck GmbH & Co. KG v. Stokke A/S, Court of Justice, Case C-205/13.

法的保护，只要立体造型具有实用功能，即使实现同一实用功能的途径并不唯一，该立体造型也不能被注册为商标。[①]

图 15 - 20　六瓣造型的立体商标图形和苹果派实物

（三）三维标志的形状具有美学功能性

《商标法》第 12 条还规定，以三维标志申请注册商标的，使商品具有实质性价值的形状，不得注册。此处的"形状"是指为使商品的外观和造型影响商品的价值所使用的形状，消费者一般也认为其价值在于使产品具有吸引力，而不在于识别商品的来源。

由于这种具有美感的形状与产品的价值无法分离，也被称为具有美学功能性（aesthetic functionality）的形状。例如，传统上的鸡心项链都要悬挂一个立体的心形挂坠，挂坠的这种心形形状能使其具有市场价值，因此，不允许任何一家珠宝首饰经营者将挂坠的心形立体造型注册为挂坠的立体商标。

此外，多数使商品具有实质性价值的形状都可以构成立体美术作品或外观设计。而著作权法对作品的保护，以及专利法对外观设计的保护都是有时间限制的，以便在保护期届满之后使相关形状进入公有领域，为任何人所自由使用。如果这些形状可以被注册为商标，则意味着其可以一直受到商标法保护，竞争者就不能在相同或类似商品上使用相同的形状，使商品具有同样的实质性价值，以吸引消费者购买。这就架空了著作权法和专利法对保护期的规定，是不能被允许的。

图 15 - 21　对瓷器的设计：使商品具有实质性价值的形状

三、标志的内容违法

◎ 难度与热度

难度：☆☆☆　热度：☆☆☆

标志如与特定官方标志相同或近似，带有民族歧视性、欺骗性或有损害道德风尚等不良影响，以及使用了特定的中外地名，均不能作为商标使用和注册。

欲作为商标注册的标志在文字、图形等内容上不能违反法律的规定，也就是不能属于法律禁止使用的特定内容，否则不得作为商标使用，也不予注册。我国《商标法》对此进行了列举式规定。

[①]　Sweet Street Desserts，Inc. v. Chudleigh's Ltd.，655 Fed. Appx. 103，108 - 110（2016）.

(一) 与特定官方标志相同或近似

《商标法》第 10 条规定，下列特定官方标志不得作为商标注册与使用，包括：（1）同中华人民共和国的国家名称、国旗、国徽、国歌、军旗、军徽、军歌、勋章等相同或者近似的，以及同中央国家机关的名称、标志、所在地特定地点的名称或者标志性建筑物的名称、图形相同的；（2）同外国的国家名称、国旗、国徽、军旗等相同或者近似的，但经该国政府同意的除外；（3）同政府间国际组织的名称、旗帜、徽记等相同或者近似的，但经该组织同意或者不易误导公众的除外；（4）与表明实施控制、予以保证的官方标志、检验印记相同或者近似的，但经授权的除外；（5）同"红十字""红新月"的名称、标志相同或者近似的。

中华人民共和国的国家名称、国旗、国徽、国歌、军旗、军徽、勋章是国家或军队的象征，中央国家机关的名称、标志、所在地特定地点的名称或者标志性建筑物的名称、图形，如天安门、中南海、新华门、人民大会堂、人民英雄纪念碑等，也具有特定的庄严意义。为了维护其应有的尊严和在人民心目中的神圣地位，不应允许将与之相同或近似的标志用于商业经营。同样，也不应允许与外国的国家名称、国旗、国徽、军旗相同或近似的标志作为商标使用和注册。这一方面是为了保持外国官方标志的尊严，另一方面也是为了防止产生欺骗公众的效果。因为商品上一旦使用外国官方标志，消费者很容易认为该商品是来源于外国或是经过外国官方批准而生产或销售的。如果事实并非如此，则这种对外国官方标志的使用便具有欺骗性。表明实施控制、予以保证的官方标志、检验印记是为了证明产品的制造或销售经过国家授权或质量已得到验证，如贵重金属上的印记，以及有些国家在肉制品、奶酪和黄油上的印记，未经许可将与这些标志、印记相同或近似的标志作为商标使用显然会误导消费者，导致其误信该产品是经过官方许可或检验的。"红十字"和"红新月"是医疗机构的标志，在战争期间带有这些标志的医疗机构可根据《日内瓦公约》享受特定保护，因此不得随意将其用作商标，以防损害其表明医疗机构地位的价值。如下列标志等均不能被注册为商标。

图 15 - 22　不能被注册为商标的标志

再如，下列商标因与外国的国旗或国徽相似而不能获得注册。[①]

图 15 - 23　四川某超市的商标，与泰国国旗的颜色、排列顺序近似　　图 15 - 24　泰国国旗

---

① 北京市第一中级人民法院（2013）一中知行初字第 439 号行政判决书。

（二）有民族歧视、欺骗公众的后果或有损害道德风尚等不良影响

根据《商标法》第 10 条的规定，有违公共秩序和善良风俗的标志不得作为商标注册与使用，这些标志包括带有民族歧视性的标志，带有欺骗性、容易使公众对商品的质量等特点或者产地产生误认的标志，以及有害于社会主义道德风尚或者有其他不良影响的标志。例如，将"印第安人"标志注册在卫生洁具上，可能使消费者对印第安人产生不雅的联想。再如，Darkie 是英语"黑鬼"的意思，是对黑人的蔑称。这些标志具有民族歧视性，不应允许其使用和注册。

商标本身具有一定广告宣传的效果，因此，一般性地吹嘘商品或服务的质量并不违法。如对于"永生"牌钢笔和"永久"牌自行车，消费者自然会理解钢笔和自行车都不可能"永生"或"永久"，这两个商标只是说明产品质量上乘、经久耐用。同样，对于用于化妆品的"美加净"商标，消费者也明白它只是一种广告宣传，未必真的就有如此神奇的效果。因此，这些商标并不具有欺骗性。但在仿金制品上使用"24K"，会使消费者误认为产品为 24K 纯金制造的而购买，其欺骗后果明显。① 需要注意的是，"带有欺骗性，容易使公众对商品的质量等特点或者产地产生误认"的商标，是指构成商标的文字或图形等要素自身会传递此类欺骗性信息，而不是指商标权人疏于对商品的质量管理，导致商标质量下降，而消费者误认为使用了注册商标的商品还具有原先的高品质，仍然"认牌购物"，从而感受到了欺骗。②

图 15－25 指定商品：仿金制品、项链、戒指

國

寶

图 15－26 泸州老窖公司申请注册的商标未获注册

至于"有害于社会主义道德风尚或者有其他不良影响"，是一个宽泛的概念，应当根据具体情况进行判断，需要考虑该标志或者其构成要素是否可能对我国政治、经济、文化、宗教、民族等社会公共利益和公共秩序产生消极、负面影响。③ 显然，那些宣扬封建迷信、鼓吹危害国家安全与统一、误导消费者、损害消费者身心健康和其他违背善良风俗与公认的道德风尚的标志均不能作为商标使用和注册。例如，某公司曾经注册了"福尔摩莎"商标，而 16 世纪葡萄牙殖民者称我国台湾岛为 Formosa，音译即为"福尔摩莎"，有强烈的殖民色彩；而且近年来一些"台独"分子也用该词称呼我国台湾地区。显然，用发音与 Formosa 相似的"福尔摩莎"作为商标是极不严肃的，该注册商标也最终被依法宣告无效。再如，用第二次世界大战中给世界人民带来巨大灾难的战争罪犯希特

---

① 北京市第一中级人民法院（2009）一中行初字第 1663 号行政判决书。
② W. F. Gözze Frottierweberei GmbH v. Verein Bremer Baumwollbörse，Case C－689/15，paras. 54－61.
③ 最高人民法院《关于审理商标授权确权行政案件若干问题的意见》（2020 年修正）第 5 条。

勒，以及国际恐怖主义头目本·拉登的姓名作为商标使用都是不能被允许的。某些在特定类别上申请注册的商标会产生误导作用，使消费者对产品的来源、质量和信誉等方面产生错误的认知，即使这样的注册不会影响特定商品或服务提供者的在先权利，或者不为《商标法》的其他规定所禁止，且达不到"有害于社会主义道德风尚"的程度，但也可因其误导性后果而被认为"有其他不良影响"而不予注册。例如，贵州茅台酒厂申请在酒类商品上注册"国酒茅台"。但"国酒"带有"国内最好的酒""国家级酒"的质量评价含义，若该文字成为茅台集团注册商标的组成部分，易对市场公平竞争秩序产生负面影响，也就是使其他酒类商品生产者仅因商标名称就在竞争中居于不利地位，因此该商标注册申请被驳回。①

同样，将政治、经济、文化、宗教、民族等领域公众人物，包括已故前述人物的姓名作为某些商品的商标注册，是对公众人物的不尊重，也会使公众在情感上难以接受，可被划在产生"其他不良影响"之列。例如，有人申请将"冰心"注册在白酒、黄酒和葡萄酒上。但众所周知，"冰心"是中国现代小说家、散文家、诗人和翻译家谢婉莹的笔名。"出于对我国文化传统、社会公共利益的维护及对冰心先生的尊重，不宜将'冰心'一词作为商标注册、使用，特别是注册在白酒、黄酒之类的商品上，否则，易产生不良影响。"②

（三）使用了特定的中外地名

根据我国《商标法》第10条第2款的规定，县级以上行政区划的地名或者公众知晓的外国地名，不得作为商标。这是为了防止用地名做商标可能导致的不良后果：首先，允许一家企业在商品或服务上，特别是本地区出产的某种特产上，以本地地名注册商标，会剥夺本地区其他企业使用本地地名描述自己商品的产地或服务来源地的合理机会，导致对公共资源不公平的垄断。其次，如果注册商标指定的商品或服务确实来自该地区，但由于该地区地名直接表明了商品的产地或服务来源地，不会被相关公众用于识别该商品或服务的提供者，无法发挥识别来源的作用，则该标志也缺乏固有显著性。最后，如果注册商标指定的商品或服务并非出于该地方，则地名商标还会具有欺骗性。如果一家北京企业在香水上注册"巴黎"商标，则很可能使消费者误认为该香水是在法国巴黎生产的，或使用了巴黎香水配方。

但是，当地名具有其他含义，不会引起上述不良后果时，应当允许将该地名作为商标使用和注册。"地名具有其他含义"是指该地名具有明显有别于地名的、明确的、易于为公众所接受的含义，从而足以使该地名在用于商品之时，能够起到识别商品来源的作用。③ 例如，"长安"是一个县名，但公众也接受其有"长治久安"或"长久平安"的意思，与地理位置无关，不具备描述商品产地特性的功能，将其注册在汽车上并不会剥夺竞争对手合理的竞争机会或具有欺骗效果。再如，"红河"是中国云南省红河县的地名，同时还是云南省哈尼族彝族自治州的行政区划地名，但"红河"还是越南境内一条河流的名称，还具有"红色的河流"的常见含义，因此，"红河"具有地名以外的明确、公知

---

① 商标评审委员会〔2018〕第95669号不予注册复审决定。
②③ 北京市第一中级人民法院（2009）一中行初字第2048号行政判决书。

的含义，更易于为公众所接受，可以注册在啤酒、饮料上。[1] 当然，地名之所以能够被注册，是因为它们具有其他含义，类似于前文在讲解显著性时所说，无固有显著性的标志通过使用获得的"第二含义"，能够起到识别来源的作用。相同或类似商品的提供者仅仅是以地名的本来含义，即表明地理位置的含义使用该地名，属于正当使用，并不构成对地名商标权利人享有的注册商标专用权的侵害（参见第十八章第二节）。

图 15-27　含有地名的证明商标

同时，集体商标和证明商标本身就是由团体、协会或具有监督能力的组织所注册的，只要注册者为符合条件的当地组织，能够公平地向当地企业发放使用含地名的集体商标或证明商标的许可，就可以保障含地名商标的注册和使用不会妨碍公平竞争或欺骗公众，因此，我国《商标法》第 10 条第 2 款也规定，地名具有其他含义或者作为集体商标、证明商标组成部分的，可以进行注册。

四、申请注册的范围、方式和目的违法

◎ 难度与热度

难度：☆☆☆　　热度：☆☆☆

商标代理机构申请注册除代理服务之外的其他商标，不以使用为目的恶意注册商标，以及采用欺骗或其他不正当手段进行注册，不予注册。

《商标法》限定了商标代理机构申请商标注册的范围，同时特别列出了"不以使用为目的恶意注册"和"采用欺骗或其他不正当手段取得注册"这两种违法注册的情形。违反相关规定申请注册，均属于不予注册的绝对理由。

（一）商标代理机构申请注册除代理服务之外的其他商标

《商标法》第 19 条第 4 款规定："商标代理机构除对其代理服务申请商标注册外，不得申请注册其他商标。"该规定针对现实中出现的一种现象，即一些商标代理机构以自己的名义注册商标，再转售给其客户，从中牟利。由于构成商标的资源，特别是单个词汇，是有限的，而商标代理机构通常拥有专业的检索工具和分析能力，其此类行为会导致商标代理机构与客户抢夺有限的商标资源，加剧"商标荒"，即新创办的企业发现绞尽脑汁想到的文字商标大都已被注册，因此《商标法》对商标代理机构注册商标的范围进行限制。如果商标代理机构申请注册或者受让其代理服务以外的其他商标，对该申请不予受理。[2]

（二）不以使用为目的恶意注册商标

《商标法》第 4 条第 1 款规定："……不以使用为目的的恶意商标注册申请，应当予以驳回。"商标注册的意义是让注册人在经营活动中取得在特定范围内排斥他人使用注册商标的权利，以保证消费者能够通过注册商标识别相关商品或服务的来源，实现认牌购物，从而保护由此产生的商誉。没有对商标在经营活动中的使用，注册商标就失去了意义，因此使用是商标的灵魂，是商标价值的源泉。仅仅注册而不使用相关商标，等于在

---

[1] 北京市高级人民法院（2003）高行终字第 65 号行政判决书。
[2] 《商标法实施条例》第 87 条。

浪费有限的商标资源，因此，《商标法》规定无正当理由连续三年不使用可申请撤销注册商标（参见本书第十五章第六节）。此类商标的注册人在申请注册时可能确有使用的意图，只是后来因情况发生变化而未能使用，因此法律后果只是"撤销"而非"宣告无效"。注册商标专用权的效力是自撤销后消灭，而非自始无效。但不以使用为目的恶意注册的情况与之不同，是指注册申请人原本就不是为了通过在经营活动中的使用产生商誉，甚至不是为了进行容易导致混淆的使用而抢注他人已有一定影响但未注册的商标，或者对他人已注册的商标进行跨类注册，而是为了囤积注册商标，以便向利益相关方兜售或进行"维权"，以此获取不正当利益。特别是"大量摹仿、抢注他人驰名商标或其他较高知名度商标，大量抢注知名人物姓名、知名企业商号，大量囤积地名、风景区名称、山川名称、公共文化艺术资源、行业术语等公共资源的行为"[①]，具有明显的恶意。商标法是市场经济中最为重要的法律之一，应当起到维护公平竞争、构建诚信机制的作用。而这种恶意注册行为却严重损害了公平竞争秩序，破坏了诚实信用原则。这种行为侵害的已不再是特定民事主体的在先权益，而是扰乱了商标注册秩序、损害了公共利益，因此属于不予注册的绝对理由。例如，某申请人在全部 45 个商品及服务类别上共注册了 929 件商标，其中 2018 年至 2019 年不足 9 个月的时间内就申请注册了 500 余件商标。申请人短期内大量申请注册商标的行为明显超出了生产经营的正常需要，其也不能解释其注册行为具有合理性和正当性，因此，申请商标已构成不以使用为目的的恶意注册，驳回其注册申请。[②]

（三）采用欺骗或其他不正当手段进行注册

根据《商标法》第 44 条第 1 款的规定，"以欺骗手段或者其他不正当手段取得注册的"，由国家知识产权局宣告该注册商标无效；其他单位或者个人可以请求国家知识产权局宣告该注册商标无效，因此，"以欺骗手段或者其他不正当手段"申请注册，属于典型的不予注册的绝对理由。

以欺骗手段进行注册是指以虚构、隐瞒事实真相或者伪造营业执照等有关文件等手段进行欺骗、蒙蔽。这些行为既违背了民法上的诚实信用原则，也直接违反了法律。申请人不应从其欺骗行为中获得利益，其商标当然不能获得注册。

同时，在实务中，虽有使用意图，但故意将他人的许多高知名度商标或其他标志在多个商品类别上注册的行为，扰乱正常的商标注册管理秩序，损害公共利益，有损于公平竞争的市场秩序，不正当占用公共资源或者谋取不正当利益，违反了公序良俗原则，属于以其他不正当手段取得商标注册。[③]

第三节　不予注册的相对理由

"不予注册的相对理由"是指商标的注册会损害特定民事主体的利益，因此不可注册。这些情形主要涉及民事主体之间的民事争议，而非公共利益，因此相关商标并非绝

---

① 国家知识产权局《关于"进一步遏制商标恶意抢注，加强商标注册制度科学化"提案的答复》。
② 关于第 31473360 号"JOY@ABLE"商标驳回复审决定书（商评字〔2019〕第 0000251009 号）。
③ 最高人民法院《关于审理商标授权确权行政案件若干问题的规定》（2020 年修正）第 24 条，北京市高级人民法院（2015）高行（知）终字第 659 号行政判决书。

对不可注册，只是在相关民事主体反对时才不可注册。这是其被称为"相对理由"的原因。这种相对性体现在以下几个方面：（1）国家知识产权局在受理注册申请后，除非存在明显损害他人在先权益的情形，如申请注册误导公众的地理标志，在相同或类似商品上申请注册与他人已注册商标或已初步审定的商标相同或近似的商标，否则，国家知识产权局难以主动审查是否有此类不予注册的理由。（2）在商标被初步审定并公告后，并非任何人发现存在此类情形都可以向国家知识产权局提出异议，只能由在先权利人或利害关系人提出异议。（3）在商标被注册后，也只有在先权利人或利害关系人可以向国家知识产权局请求宣告该注册商标无效，而且除恶意注册他人驰名商标的情形之外，只能自商标注册之日起 5 年内提出请求。国家知识产权局不能主动宣告该注册商标无效。

一、误导性使用地理标志

◎ **难度与热度**

难度：☆☆☆　　热度：☆☆☆

商标中有商品的地理标志，而该商品并非来源于该标志所标示的地区，误导公众的，不予注册并禁止使用。

根据我国《商标法》第 16 条的规定，地理标志是指标示某商品来源于某地区，该商品的特定质量、信誉或者其他特征，主要由该地区的自然因素或者人文因素所决定的标志。地理标志与一般的地名标志有所不同，它不仅指示了商品的产地，更重要的是该商品的特定质量、信誉或者其他特征与该产地密切相关。这种相关性既可能是土壤、水流、气候、地貌等自然条件造成的，也可能是人文历史因素决定的。例如，新疆吐鲁番的特定地理环境使其能够出产高质量的葡萄，而法国特有的浪漫氛围和传统工艺使其香水闻名天下。

如果将地理标志作为商标使用，而商品又并非来源于地理标志所标识的地区，往往会产生误导公众的效果。例如，江苏阳澄湖的大闸蟹远近闻名，价格也比来自其他地区的大闸蟹高出不少。如果允许一家上海的水产公司在大闸蟹上使用或注册"阳澄湖"商标，而其出售的大闸蟹又并非来自阳澄湖，则这种商标的使用和注册显然就会有欺骗效果。因此，我国《商标法》第 16 条中规定，"商标中有商品的地理标志，而该商品并非来源于该标志所标示的地区，误导公众的，不予注册并禁止使用"。

同时，允许个人或企业将地理标志注册为商标，会引起与将地名作为商标注册相同的问题，即不但不符合商标应当具有显著性的要求，还会排斥同样来自该地理区域的商品或服务提供者使用该地理标志的正当权利，因此，地理标志只能由符合法定条件的团体、协会或具有监督能力的组织作为集体商标或证明商标予以注册，并根据公平、合理的条件允许所有来自该特定地理区域的商品或服务提供者使用。

图 15 - 28　被注册为证明商标的地理标志

如果将地理标志注册为集体商标，则应当由来自该地理区域的经营者的组织进行注册。同时，该组织应当接纳所有其商品符合使用该地理标志条件的经营者作为会员。这样，这些成员就有权以集体商标注册者会员的身份，在经营活动中使用含有地理标志的集体商标，以表明自己来自该特定地理区域。但是，如果来自该地理区域的经营者不愿意加入注册了集体商标的组织，是否还能使用该集体商标呢？集体商标的注册本身就是为了保障所有来自该地理区域的经营者使用地理标志的权利，而不是为了垄断本身就应为该区域所有经营者所共享的资源，因此，集体商标的注册人不能禁止他人正当使用地理标志。《商标法实施条例》第 4 条第 2 款规定："……不要求参加以该地理标志作为集体商标注册的团体、协会或者其他组织的，也可以正当使用该地理标志，该团体、协会或者其他组织无权禁止。"如果将地理标志注册为证明商标，则该证明商标将起到证明商品原产地以及其他特定品质的作用，应由对商品具有监督能力的组织进行注册，同时允许所有其商品符合使用该地理标志条件的经营者使用。

二、以不正当手段抢注他人已有一定影响的未注册商标

◎ 难度与热度

难度：☆☆☆　热度：☆☆☆

申请商标注册时，以不正当手段抢先注册他人已经使用并有一定影响的商标的，不予注册。

《商标法》第 32 条规定：申请商标注册不得以不正当手段抢先注册他人已经使用并有一定影响的商标。我国实行依注册取得商标权的制度，因此，注册仍然是获得商标权的主要途径。对商标的在先使用如果尚未在社会中形成一定影响，即积累起一定的商业信誉，是不足以阻止他人对相同商标进行注册的。从另外一个角度看，虽然已经在先使用，但尚未产生一定影响的商标本身在商业上的价值并不大，他人也很难有"抢注"的动机。同时，即使他人后来注册了同样的商标，由于在先使用的商标并不广为消费者所知晓，消费者也不会因此对商品或服务的来源产生混淆。因此，《商标法》所禁止的抢注对象只能是"他人已经使用并有一定影响的商标"。所谓"一定影响"是指在一定地域范围内被相关公众知晓。通常带有商标的商品或服务大量投入市场，以及进行广泛的广告宣传都可使商标产生一定影响。

《商标法》所称的"以不正当手段抢注"是指知道已有一定影响的在先商标，而予以抢注，强调的是"恶意"抢注，因此，善意注册的行为并不为法律所禁止。例如，他人已经在先使用某一商标，但尚未产生一定影响。某企业并不知晓这一情况，而是出于巧合注册了相同商标。这种商标注册行为缺乏道德上的可责难性，是合法、有效的。但是，在知晓某一商标已为他人在先使用，并已具有一定影响的情况下，为了日后向其兜售而将该商标进行注册，则具有恶意，属于"以不正当手段抢注"。

三、代表人、代理人和其他关系人抢注

◎ 难度与热度

难度：☆☆☆　热度：☆☆☆

公司的法定代表人对公司负有忠实义务，在代表公司进行商标注册时，应以公司为

注册申请人。同时，委托他人作为代理人进行商标注册是常见的现象。在有些情况下，商标注册必须通过代理人进行。我国《商标法》第18条第2款规定，在中国没有经常居所或者营业所的外国人或者外国企业在中国申请商标注册的，应当委托依法设立的商标代理机构办理。商标代理机构或其他代理人应当根据合同以被代理人的名义提出商标注册申请。但是，有的代表人和代理人违背诚实信用原则，将被代表人和被代理人的商标作为自己的商标进行注册，严重损害了被代表人和被代理人的利益。对此，在《巴黎公约》第6条之七作出了针对性的规定：如果一个国家的商标所有人的代理人或代表人未经该所有人授权而以自己的名义向一个或一个以上的国家申请该项商标的注册，该所有人有权反对所申请的注册或要求取消注册。我国《商标法》第15条第1款据此规定：未经授权，代理人或者代表人以自己的名义将被代理人或者被代表人的商标进行注册，被代理人或者被代表人提出异议的，不予注册并禁止使用。

现实中，有些抢注行为发生在代理、代表关系尚在磋商的阶段，如在公司成立之前的筹备阶段，几名发起人约定为成立后的公司申请注册某商标，但其中一人将该商标抢先以自己的名义注册。有时代表人或代理人并非以自己的名义注册被代表人或被代理人的商标，而是与他人串通合谋后以他人的名义进行注册，如代表人另行成立新公司后以新公司的名义进行注册。还有些经销商或销售代理抢注相关商品或服务提供者的商标，但它们并非民法意义上的代理人。对此司法实践中法院对"代表人、代理人"进行了扩张解释，认为上述情形均属于代表人或代理人抢注被代表人或被代理人的商标。[①]

《商标法》第15条第2款还对"其他关系人"的抢注行为作出了规定："就同一种商品或者类似商品申请注册的商标与他人在先使用的未注册商标相同或者近似，申请人与该他人具有前款规定以外的合同、业务往来关系或者其他关系而明知该他人商标存在，该他人提出异议的，不予注册。"

有些人并不属于《商标法》第15条第1款针对的民法意义上的代理人、代表人，也不是相关司法解释所述的经销、代理等销售代理关系意义上的代理人、代表人，而是与在先使用者有其他业务关系或往来。如果其通过这种关系或往来明知在先使用人的未注册商标并予以抢先注册，仍然是一种违反诚实信用原则的行为，应当予以制止。最高人民法院《关于审理商标授权确权行政案件若干问题的规定》（2020年修正）第16条规定："以下情形可以认定为商标法第十五条第二款中规定的'其他关系'：（一）商标申请人与在先使用人之间具有亲属关系；（二）商标申请人与在先使用人之间具有劳动关系；（三）商标申请人与在先使用人营业地址邻近；（四）商标申请人与在先使用人曾就达成代理、代表关系进行过磋商，但未形成代理、代表关系；（五）商标申请人与在先使用人曾就达成合同、业务往来关系进行过磋商，但未达成合同、业务往来关系。"

需要注意的是，适用《商标法》第15条第1款和第2款的条件有所不同。第1款所规制的抢注人与被抢注人的关系更为密切，知晓其商业计划和使用或注册商标的意图，抢注可能发生在被抢注人尚未使用商标之时，因此适用第1款不以被抢注人（被代理人、

---

① 最高人民法院《关于审理商标授权确权行政案件若干问题的意见》第12、13条，最高人民法院《关于审理商标授权确权行政案件若干问题的规定》（2020年修正）第15条；北京市第一中级人民法院（2012）一中知行初字第3597号行政判决书，最高人民法院（2014）行提字第3号行政判决书。

被代表人）在先使用商标为条件。第 2 款所规制的抢注人与被抢注人的关系没有如此密切，抢注人是在知晓被抢注人使用的商标之后才去抢注的，因此适用第 2 款以被抢注人"在先使用"相同或近似的商标为条件。

四、与他人在相同或类似商品或服务上已注册的或初步审定的商标相同或近似

◎ **难度与热度**

难度：☆☆☆　　热度：☆☆☆

申请注册的商标同他人在同一种商品或者类似商品上已经注册的或者初步审定的商标相同或者近似的，不予注册。

一旦商标合法注册，注册人就享有商标权，可以排斥他人在相同或类似的商品或服务上以容易导致相关公众混淆的方式使用相同或近似的标志。而他人自然也不能再在相同或类似商品或服务上注册相同或近似的商标，否则，会产生两个相互冲突的商标权，损害在先注册人的利益，也会导致相关公众的混淆。因此，《商标法》第 30 条规定："申请注册的商标……同他人在同一种商品或者类似商品上已经注册的或者初步审定的商标相同或者近似的，由商标局驳回申请，不予公告。"

根据最高人民法院《关于审理商标民事纠纷案件适用法律若干问题的解释》（2020年修正），商标是否相同、近似，以及商品或服务是否相同或类似，都要以相关公众的一般注意力为标准。"相关公众"是指与商标所标识的某类商品或者服务有关的消费者和与这些商品或者服务的营销有密切关系的其他经营者。例如，对于实验室使用的精密仪器而言，这些仪器的经销者和使用者，如大学和科研院所的研究员、实验员和采购员构成"相关公众"。他们对于申请注册商标与已注册商标是否相同或近似，以及所指定的商品或服务是否相同或类似的判断具有关键性意义。

（一）商标相同及近似

"商标相同"是指申请注册的商标（被称为"申请商标"，在进入复审阶段后被称为"争议商标"）与已注册的或初步审定的商标（被称为"引证商标"，用于与申请商标进行对比）相比较，两者的文字、图形或其组合在视觉上或听觉上基本无差别。根据《商标审查审理指南》的规定，文字商标相同，是指商标使用的语种相同，且文字构成、排列顺序完全相同，易使相关公众对商品或者服务的来源产生混淆误认；因字体、字母大小写或者文字排列方式有横排与竖排之分使两商标存在细微差别的，仍判定为相同商标。图形商标相同，是指商标图形在视觉上基本无差别，易使相关公众对商品或者服务的来源产生混淆误认。组合商标相同，是指商标的文字构成、图形外观及其排列组合方式相同，使商标在呼叫和整体视觉上基本无差别，易使相关公众对商品或者服务的来源产生混淆。

"商标近似"则是申请商标与引证商标相比较，其文字的字形、读音、含义或者图形的构图及颜色，或者其各要素组合后的整体结构相似，或者其立体形状、颜色组合近似，易使相关公众对商品或服务的来源产生误认或者认为其来源与使用引证商标的商品或服务有特定的联系。

为什么《商标法》不允许他人在相同商品或类似商品或服务上注册与已经注册的或

者初步审定的商标相近似的商标呢？读者可以试着以尽可能快的速度阅读以下这句话："研表究明，汉字的序顺并不定一能影阅响读，比如当你看完这句话后，才发这现里的字全是都乱的。"估计多数读者在读到最后的部分之前，都没有意识到"这里的字全都是乱的"。这是因为人的大脑有"自动纠错"机制，人们在看到与我们熟悉的表达相近的表达时，会觉得它就是原先的表达。人们在"认牌购物"时也会发生类似的情况：虽然人们看到的商标与其了解的商标并不相同，但如果差别并不大，会激发大脑的"自动纠错"机制，从而使人们无法意识到那并不是自己用以识别来源的那个商标，从而受骗上当。例如，文字商标"太亨"与"大亨"虽然并不完全相同，但都包含一个"亨"字，同时，"大"与"太"在视觉上只有细微差异，一般消费者在商场凭借商标文字往往难以区分，因此，如果将之注册在同类商品或服务上很容易使消费者对来源产生混淆。

在判断商标之间是否近似时，首先应以相关公众的一般注意力为标准。某些人购物经验丰富，而且在选购商品时会特别仔细、谨慎，对商品从各个角度进行反复观察之后才会决定购买，而另一些人特别粗心大意，看个大概就将商品放入购物车。只有介于这两种极高和极低的注意力之间的才是"一般注意力"，即具有普通知识与经验的一般购物人，在购物时运用的普通注意力。

其次，对申请商标与引证商标应进行"隔离观察比较"，即不能将两个商标摆放在一起进行比较，而应分别观察后凭借记忆印象进行比较。这是因为消费者在购物时一般不可能带着上次购买的商品，并将其中的商标与欲选购的商品的商标进行比较，而只会依赖脑海中对商标并不精确的大致印象。因此，尽管两个商标存在差异，但在经过隔离观察后给人留下了近似印象的，就应当被认定为近似商标。

再次，对申请商标与引证商标还应进行"显著部分比较"，即在"隔离观察比较"的前提下，比较两个商标之间最显著、给人留下最深印象的部分是否相同。商标可能由数个要素构成，而消费者往往只记住了其中最为突出和重要的部分，如果这部分也出现在另一商标中，就容易认定两个商标近似。在特定情况下，商标所传递的整体印象可以由其中一个或几个特定要素决定。当商标中的其他要素可以忽略不计时，甚至可以以一个起决定性作用的要素为基础进行比对和评估。[1] 下面两组实例中的两对商标放在一起观察在视觉上均有不小的差距，但"隔离观察比较"时，奇特的螺旋形状和骑师骑马的图形均是最为显著的部分，易使消费者认为两商标近似。再如，文字标识"秋林"与"伊雅秋林"相比，考虑到文字的呼叫功能在商品流通中的重要作用，"秋林"为显著部分，该部分对消费者而言起到了主要认知作用，两标识应被认定为近似。[2]

图 15-29　申请商标　　　　图 15-30　申请商标

---

① Groupe Lea Nature SA v. EUIPO, Case C-505/17 (2019)，paras. 37-38.
② 北京市第一中级人民法院（2008）一中行初字第 681 号行政判决书。

图 15 - 31　引证商标　　　图 15 - 32　引证商标

最后，还要进行"整体观察比较"，即在"隔离观察比较"的前提下，判断申请商标与引证商标是否在整体上给人留下了非常接近的印象，而不能仅对两个商标中相对应部位进行分别比较。有时两个商标均由数个要素构成，有些相对应的要素之间本身并不相似，但由于采用了相同的结构，致使两个商标在整体上接近，此时也构成商标相似。例如，一种瓶装饮料上使用了"雪珺"标志，与美国可口可乐公司的注册商标"雪碧"相比，虽然在第二个字上有差异，但"碧"与"珺"均含有"王"字偏旁，且"碧"字下部的"石"与"珺"右下方的"口"相似；而且，"雪碧"与"雪珺"采用了相同的字体和颜色。在"隔离观察比较"时这两个标志显然在整体上是近似的，会导致消费者误将"雪珺"认为是"雪碧"。在进行"整体观察比较"时，商标之间是否表达了相似的含义，从而给消费者留下了相似的印象，发挥着决定性的作用。

在应用上述原则进行比对时，还要考虑到引证商标的显著性和知名度。因为引证商标的显著性越强、知名度越大，给普通消费者留下的印象就越深刻，混淆就越有可能发生。① 反之，引证商标的显著性越弱、知名度越小，即使在后申请的商标与之在客观上的相似程度较大，引起消费者混淆的可能性也就越小。

（二）商品或服务相同及类似

对"相同商品"或"相同服务"目前尚缺乏统一的定义。但在《商标注册用商品和服务国际分类》（以下简称尼斯分类）中可被归于相同名称下的商品或服务通常构成相同商品或相同服务。同时，虽然名称不同，但在功能、用途、主要原料、消费对象、销售渠道等方面相同或者基本相同，相关公众一般认为是同一种事物的商品，也属于相同商品。1957 年在尼斯缔结的《商标注册用商品和服务国际分类尼斯协定》（以下简称《尼斯协定》）建立了商标注册用商品和服务国际分类，即尼斯分类。《尼斯协定》的成员国应当采用尼斯分类，在其发布的有关商标注册的官方文件和任何出版物中，按该分类标明商标注册的商品或服务所属的类号。现行尼斯分类将商品和服务分成 45 个大类，其中商品为 1～34 类，服务为 35～45 类。我国加入《尼斯协定》后，以《尼斯协定》为基础，制定了适合我国国情的《类似商品和服务区分表》，供申请人申请商标注册时使用。该区分表中 45 个类别项下含有类别标题、商品和服务项目名称及相关的注释。尼斯分类每年修订一次，《类似商品和服务区分表》随之予以调整。

所谓"类似商品"或"类似服务"，则是指在功能、用途、生产部门、销售渠道、消费对象等方面相同，或者相关公众一般认为其存在特定联系，容易造成混淆的商品或服务。需要注意的是：《商标注册用商品和服务国际分类》《类似商品和服务区分表》可以

---

① 但需要注意的是：如果特定商标的知名度达到极高的程度之后，发生混淆的可能性反而会降低，因为相关公众太熟悉该商标了，很容易辨别出哪怕是微小的改动。此时，仅根据混淆理论就难以保护商标权人的利益了，需要借助淡化理论。参见本书后文"对驰名商标的特别保护"一章。

作为判断类似商品或者服务的参考，但不是最终依据。换言之，不能仅仅以商品或服务是否被列于同一类似群组来判断它们是否是类似商品或服务，列在不同类别下的商品或服务也可能是类似的。例如，加奶的可可饮料（以可可为主）属于《类似商品和服务区分表》中的第 30 类，而加可可的牛奶（以牛奶为主）属于第 29 类，但这两种饮料在用途、生产部门、销售渠道、消费对象等方面均相同，而且一般公众也会认为它们相同或相似，因此，这两种饮料应当属于类似商品。再如，"保健、理疗"服务与"按摩、推拿"服务虽然在《类似商品和服务区分表》中处于不同类似群组，但是二者的服务目的均为恢复或改善服务对象的身体健康状况，服务内容均为通过人工或仪器作用于服务对象的身体，达到保健的目的。生活实践中也存在"保健、理疗"的服务提供者同时提供"按摩、推拿"服务的现象，相关公众一般会认为二者存在特定联系，因此，二者属于类似服务。①

商品和服务之间也可以构成类似。如"车辆加润滑油、车辆维修"服务和"汽车上光蜡、清洗液"商品均为车辆维修、保养所需。因"车辆加润滑油、车辆维修"服务提供者在提供服务时亦可能会使用"汽车上光蜡、清洗液"等商品，二者的服务场所或销售场所、消费对象存在同一性可能，故如果在上述商品或服务上均使用同一商标，则相关公众可能误认为二者系由同一主体提供或提供者之间具有特定联系，从而产生混淆误认。因此，"车辆加润滑油、车辆维修"服务及"汽车上光蜡、清洗液"商品属于类似商品和服务。②

前文提及，在判断商标近似时应考虑在先商标（引证商标）的显著性和知名度。在判断商品或服务的类似时，这一点也仍然是考虑因素之一。当申请商标与在先商标之间非常近似，特别是在先商标具有较高显著性和较高知名度时，即使其使用的商品与在先商标（引证商标）核准使用的商品之间的类似度相对较低，该商品也可能被认定为与在先商标（引证商标）核准使用的商品类似。在著名的"佳能"案中，美国米高梅公司在德国申请注册文字商标"CANNON"（中文意为"大炮"），指定使用的商品和服务为"录制在录像带上的电影；为影院和电视台制作、发行和放映电影"。日本佳能公司提出异议，理由是它已经在德国注册了"Canon"（"佳能"）文字商标，核准使用的商品包括"照相机、摄像机和投影仪；电视摄录设备，电视播放、接收及复制设备，包括用于电视录制及复制的磁带装置和光盘装置"。"CANNON"与"Canon"发音相同、拼写相似，构成"近似商标"。但对于两商标涉及的商品与服务是否类似，存在不同意见。欧共体法院认为，在评判商品或服务是否足够类似，以至于存在导致混淆的可能时，必须考虑在先商标（引证商标）的显著特征，特别是其声誉。③ 这就意味着基于"Canon"的显著性与声誉，其使用的照相机和影视摄录、播放设备将被认为与"录制在录像带上的电影"构成类似商品，从而导致"CANNON"无法获得注册。

再如，在"啄木鸟"商标行政案中，七好公司已在服装商品上注册了"啄木鸟"商标（引证商标，见图 15-33），另一家公司在鞋靴商品上申请注册与之近似的"啄木鸟"

---

① 北京市第一中级人民法院（2008）一中行初字第 1178 号行政判决书。
② 最高人民法院（2015）行提字第 3 号行政判决书。
③ Canon Kabushiki Kaisha v. Metro-Goldwyn-Mayer Inc.，Court of Justice，Case C-39/97，paras. 2，3，18，24.

图形商标（争议商标，见图 15-34）。服装与鞋靴在尼斯分类中并不是同一类，但法院指出：虽然引证商标与争议商标在具体的原料、用途等方面具有一些差别，但是两者的消费对象是相同的，而且在目前的商业环境下，一个厂商同时生产服装和鞋类产品，服装和鞋通过同一渠道如同一专卖店、专柜销售的情形较为多见。同时，争议商标与引证商标中的"鸟图形"虽然在细节部分略有差异，但两者的基本形态相似，且根据查明的事实，引证商标通过使用具有较高的知名度。在这种情况下，如果两商标在服装和鞋类商品上共存，容易使相关公众认为两商品是由同一主体提供的，或者其提供者之间存在特定联系。因此，争议商标与引证商标构成类似商品上的近似商标，不应获得注册。[1]

图 15-33　引证商标

图 15-34　争议商标

五、与他人驰名商标相同或近似

◎ **难度与热度**

难度：☆☆☆　热度：☆☆☆☆

根据驰名商标的特殊性质，我国《商标法》第 13 条对驰名商标提供了有别于普通商标的高水平保护。对于未注册的驰名商标，如果他人在相同或者类似商品申请注册的商标是复制、摹仿或者翻译该驰名商标而来的，而且容易导致混淆的，不予注册。对于已经注册的驰名商标，如果他人在不相同或者不相类似的商品申请注册的商标是复制、摹仿或者翻译该驰名商标的，而且误导公众，致使该驰名商标权利人的利益可能受到损害的，不予注册。本书将在第十七章对此进行讲解。

六、侵犯他人的其他在先权益

◎ **难度与热度**

难度：☆☆☆　热度：☆☆☆

申请注册的商标侵害他人在先的著作权、外观设计专利权和企业名称等权利或其他合法权益的，不予注册。

他人的其他在先权益是指在商标注册申请人提出商标注册申请之前，他人已经取得的著作权、外观设计专利权和企业名称等权利或其他合法权益。如果擅自将他人的美术作品或已授权的外观设计作为商标图案或形状，或将他人具有一定影响的企业名称作为商标文字，那么该商标一经使用即可能侵犯他人的在先权益，因此不应获得注册。《商标法》第

图 15-35　侵害"小猪佩奇"著作权的标志

32 条对此规定，"申请商标注册不得损害他人现有的在先权利"。例如，"小猪佩奇"的美术造型具有独创性，是受《著作权法》保护的美术作品，他人未经许可以该造型申请注册商标（见图 15-35），侵害他人在先著作权，不应予以注册。[2]

---

[1]　最高人民法院（2011）知行字第 36 号驳回再审申请通知书。
[2]　关于第 13685632 号"peppapig 及图"商标无效宣告请求裁定书（商评字〔2018〕第 000062213 号）。

第四节　商标权的取得程序（商标的注册申请与审查）

商品或服务的提供者如希望在特定类别商品或服务上取得注册商标专用权，应当在这些商品或服务上提出商标注册申请，在获准注册后才能产生注册商标专用权，因此，商标的注册申请非常重要。由于商标主要不是智力成果，而是体现了商业信誉的标志，因而在著作权法和专利法中非常重要的权利归属问题，如职务作品、合作作品和委托作品等的著作权归属，以及职务发明创造、合作发明创造和委托发明创造的专利申请权归属，在商标法中无须作出规定。与专利权类似，注册商标专用权是由国家依法定程序审查后，经核准注册产生的，因此商标审查对于注册商标专用权的取得也非常重要。

一、商标注册申请

◎ 难度与热度

难度：☆☆☆　　热度：☆☆☆☆☆

任何经营者都可以申请商标注册。商标申请遵循先申请原则，以申请日（含优先权日）判断申请的先后；遵循自愿注册原则，申请时可"一标多类"。

（一）申请主体

商标注册申请的主体即商标注册申请人。《商标法》第 4 条规定：自然人、法人或者非法人组织在生产经营活动中，对其商品或者服务需要取得商标权的，应当向国家知识产权局申请商标注册。商标既然是在生产经营活动中识别商品或服务来源的标志，不从事生产经营活动的自然人、法人或非法人组织当然无须申请商标注册，法律也不允许其申请商标注册，以免挤占公共资源，导致"商标荒"或囤积商标以向他人兜售的不公平后果。对于自然人而言，在生产经营活动中才需要使用商标并取得商标权，而自然人从事生产经营活动需要符合法律的规定，因此，以自然人名义办理商标注册、转让等申请事宜的，只限于个体工商户、农村承包经营户和其他依法获准从事经营活动的自然人。①

符合条件的外国人同样有资格在中国申请商标注册。《商标法》第 17 条规定："外国人或者外国企业在中国申请商标注册的，应当按其所属国和中华人民共和国签订的协议或者共同参加的国际条约办理，或者按对等原则办理。"这里的"共同参加的国际条约"主要指《巴黎公约》。《巴黎公约》第 3 条规定：非成员国国民只要在任一成员国内有住所或真实有效的营业所，就能享有与该成员国国民同样的待遇。据此，《巴黎公约》成员国国民或在成员国有营业所或惯常居所的非成员国国民在我国申请商标注册时，享有和我国国民相同的待遇。正如《巴黎公约》没有创造出一项"世界专利权"一样，《巴黎公约》也没有创造出一项"世界商标权"。在《巴黎公约》成员国获得商标注册，并不意味着该商标就在其他成员国受到保护。

需要注意的是，《巴黎公约》第 3 条规定的国民待遇，只是就商标申请的资格和程序

---

① 2007 年国家工商行政管理总局商标局颁布的《自然人办理商标注册申请注意事项》。

而言的。《巴黎公约》第6条对此明确规定：商标的申请和注册条件由各成员国各自的法律决定。在某一成员国正式注册的商标，与在其他国家注册的商标是相互独立的。由此可见，注册商标专用权有强烈的地域性，只有在国家商标行政机关核准注册后才能产生，因此，即使已经在《巴黎公约》某一成员国获得了商标注册，该注册商标在《巴黎公约》其他成员国也不能自动受到保护。对于在同一类商品或服务上使用的同一商标，如果希望在中国、美国和法国都享有注册商标专用权，则应向这三个国家申请商标注册。如在美国最先被核准注册，也并不意味着在我国和法国就一定能被核准注册。同时，即使在这三个国家都被核准注册，同一申请人获得的也是中国、美国和法国的三项注册商标专用权，此人将作为中国商标注册人、美国商标注册人和法国商标注册人分别在这三个国家受到各自商标法的保护。

申请商标注册往往通过商标代理机构办理。商标代理不仅涉及代理机构与被代理人（申请人）的关系，也涉及他人的利益。现实中，申请人违反诚实信用原则、扰乱商标注册秩序和侵害他人权益的不少行为，是在商标代理机构的帮助之下实施的。一些商标代理机构在自己并无真实使用意图的情况下注册并囤积商标，希望加价兜售给他人。为此，2013年修改后的《商标法》第19条明确要求：商标代理机构应当遵循诚实信用原则，遵守法律、行政法规，按照被代理人的委托办理商标注册申请或者其他商标事宜；对在代理过程中知悉的被代理人的商业秘密，负有保密义务；当发现委托人申请注册的商标可能存在《商标法》规定的不得注册的情形时，商标代理机构应当明确告知委托人；当知道或应当知道存在代表人或代理人抢注被代表人或被代理人的商标，或其他关系人抢注商标，以及申请商标注册会损害他人现有的在先权利或以不正当手段抢先注册他人已经使用并有一定影响的商标的情形时，商标代理机构不得接受其委托。

（二）商标注册的申请日

与专利申请中的申请日类似，商标注册申请的申请日与先申请原则密切相关。但在申请日的确定上，《商标法》与《专利法》的规定存在差别。

1. 先申请原则与商标注册的申请日

先申请原则是指当两个或两个以上申请人在相同或类似商品或服务上申请注册相同或近似商标时，先提出申请的申请人才有可能获得商标注册。先申请原则是通过注册取得商标权制度的必然结果。在注册制下，申请在时间上的先后就成为判断谁可获得商标注册的依据。

《商标法》第31条规定："两个或者两个以上的商标注册申请人，在同一种商品或者类似商品上，以相同或者近似的商标申请注册的，初步审定并公告申请在先的商标；同一天申请的，初步审定并公告使用在先的商标，驳回其他人的申请，不予公告。"这是先申请原则的体现。需要注意的是：申请的先后在我国是以"申请日"而非"申请时"来判断的，如果两个申请人在同一天先后提出申请，则视为同时申请。根据《商标法实施条例》第18条的规定，如果是通过邮寄进行申请的，申请日以国家知识产权局收到申请文件的日期为准，而不是以邮戳标明的寄出日为准。这与《专利法》确定专利申请日的规则有所不同。

根据《商标法实施条例》第19条的规定，如果两个申请人同一天在同一种商品或者类似商品上，以相同或者近似的商标申请注册，则不存在先申请人，各申请人应当自收到国家知识产权局通知之日起 30 日内提交其申请注册前在先使用该商标的证据。在先使用者就有可能获得商标注册。这是使用在先原则对先申请原则的必要补充。如果各申请人在同日使用或者均未使用，各申请人可以自收到国家知识产权局通知之日起 30 日内自行协商，并将书面协议报送国家知识产权局；不愿协商或者协商不成的，国家知识产权局通知各申请人以抽签的方式确定一个申请人，驳回其他人的注册申请。

2. 优先权与申请日

为了便于在其他国家进行商标申请，《巴黎公约》规定了申请商标注册的国际优先权。《商标法》第 25 条和第 26 条分别规定了两种可享有优先权的情形。

首先，在特定的外国首次申请可产生优先权。《商标法》第 25 条第 1 款规定："商标注册申请人自其商标在外国第一次提出商标注册申请之日起六个月内，又在中国就相同商品以同一商标提出商标注册申请的，依照该外国同中国签订的协议或者共同参加的国际条约，或者按照相互承认优先权的原则，可以享有优先权。"这里的"共同参加的国际条约"主要是指《巴黎公约》。该条约成员国的国民或在成员国有营业所或惯常居所的人均可在商标申请时享有优先权。例如，美国公民甲于 2016 年 6 月 1 日向美国专利商标局提出了一项商标注册申请，而中国公司乙于 2016 年 7 月 1 日向中国国家知识产权局在相同商品上以同一商标提出了商标注册申请。甲又于 2016 年 11 月 30 日向中国国家知识产权局提出了相同的商标注册申请并声明要求获得优先权。由于美国是《巴黎公约》的成员国，甲可依法享有优先权，其在中国的申请日应被视为 2016 年 6 月 1 日，早于乙在中国的申请日，因此，甲就可能根据优先权而在中国获得商标注册。

其次，在特定的国际展览会上首次使用可产生优先权。《商标法》第 26 条第 1 款规定："商标在中国政府主办的或者承认的国际展览会展出的商品上首次使用的，自该商品展出之日起六个月内，该商标的注册申请人可以享有优先权。"需要特别注意的是：《专利法》规定发明、实用新型和外观设计在申请日以前 6 个月内，在中国政府主办的或者承认的国际展览会上首次展出的，不丧失新颖性，却没有规定享有优先权。这意味着申请人在首次展出后 6 个月内申请的，申请日仍然是实际申请的那一天，而不是展出日。这一点与《商标法》第 26 条的规定是完全不同的。例如，美国公民甲于 2018 年 6 月 1 日在中国政府主办的国际展览会上展出了其生产的商品，并在该商品上首次使用了特定商标，而中国公司乙于 2018 年 7 月 1 日向中国商标局在相同商品上以同一商标提出了商标注册申请。甲又于 2018 年 11 月 30 日向中国商标局提出了相同的商标注册申请并声明要求获得优先权。由于美国是《巴黎公约》的成员国，甲可依法享有优先权，其在中国的申请日应被视为 2018 年 6 月 1 日，早于乙在中国的申请日，因此，甲就可能根据优先权而在中国获得商标注册。无论是哪种情况下的优先权，申请人均必须在法定时间内提出书面声明并提交相应的文件才能享有。

（三）自愿注册原则与分类申请原则

商标主要是经营者建立自己的商业信誉、进行市场竞争的手段，因此，商标权也是一种私权。由于商标注册和日后的维持需要一定成本，经营者会在权衡成本与收益之后自行决定是否申请商标注册，一般情况下国家不应进行强制干预。同时，有些标志缺乏固有显著性，需要经过一定时间的使用，在产生"第二含义"、获得显著性之后才能注册。只有经营者自己才能判断申请商标注册的时机是否成熟，因此，目前各国对商标注册普遍采用自愿注册原则，即除违反法律禁止性规定的情形之外，商标即使不注册也可使用。只是在规定商标权通过注册才能取得的国家，商标在注册之后才会受到较强的法律保护。

我国《商标法》以自愿注册为原则，强制注册仅是例外。《商标法》第 6 条规定："法律、行政法规规定必须使用注册商标的商品，必须申请商标注册，未经核准注册的，不得在市场销售。"目前必须使用注册商标的商品只有烟草制品。①

分类申请原则是指申请商标注册时，必须按照商品和服务分类表填报使用商标的商品或服务类别，以及商品或服务名称。商标可以使用在各种商品和服务上，实行商标注册制的国家为了确保注册能够产生商标权，均规定在同种或类似的商品或服务上，不得注册相同或近似的商标。只有按照既定的商品和服务分类表进行注册，国家知识产权局才能按照类别进行检索和审查，防止在同种或类似的商品或服务上出现两个相同或近似的注册商标。目前，包括我国在内的多数国家都已加入了《尼斯协定》，根据《尼斯协定》建立的尼斯分类现为第十一版，主要根据商品性能、用途、原料、生产工艺、服务性质等将商品和服务分为 45 类，其中商品 34 类、服务 11 类。申请注册人必须在了解商品和服务分类表的基础上填报商标注册申请。

《商标法》允许申请人通过一份申请就多个类别的商品申请注册同一商标。例如，申请在第 32 类"啤酒、矿泉水和汽水"和第 33 类"除啤酒外含酒精的饮料"上注册同一商标时，可以通过一份申请同时在第 32 类和第 33 类商品上申请注册同一商标，从而简化了商标注册的手续。

（四）商标注册申请文件

申请人应当按照商品和服务分类表进行申请，每一件商标注册申请应当向国家知识产权局提交"商标注册申请书"1 份、商标图样 5 份。以三维标志申请注册商标的，应当在申请书中予以声明，并提交能够确定三维形状的图样。以颜色组合申请注册商标的，应当在申请书中予以声明，并提交文字说明。申请注册集体商标、证明商标的，应当在申请书中予以声明，并提交主体资格证明文件和使用管理规则。商标为外文或者包含外文的，应当说明其含义。

同时，申请人还应提交证明其身份的有效证件和相关的证明文件。例如，申请集体商标注册的，应当附送主体资格证明文件，并应当详细说明该集体组织成员的名称和地址；申请证明商标注册的，应当附送主体资格证明文件，并应当详细说明其所具有的或者其委托的机构具有的专业技术人员、专业检测设备等情况，以表明其具有监督该证明商标所证明的特定商品品质的能力。

二、商标注册申请的审查

◎ **难度与热度**

难度：☆☆☆　　热度：☆☆☆☆

对商标注册申请需要进行形式审查和实质审查。经过实质审查，认为符合《商标法》

---

① 《烟草专卖法》第 19 条第 1 款规定："卷烟、雪茄烟和有包装的烟丝必须申请商标注册，未经核准注册的，不得生产、销售。"

规定的，即予以初步审定并公告，此后有 3 个月异议期，对存在不予注册的绝对理由的，任何人均可提出异议；对存在不予注册的相对理由的，在先权利人可提出异议。无人提异议或异议不成立的，予以注册并公告。申请人对于驳回注册申请的决定不服的，可以申请复审。对复审决定不服可提起行政诉讼。

国家知识产权局在收到商标注册申请之后要进行审查，审查包括形式审查和实质审查。

（一）形式审查

所谓形式审查是对商标注册申请的文件和手续是否齐备、是否符合法定要求进行审查，并确定申请日。形式审查的内容主要涉及申请人是否具备申请资格、申请书和图样是否符合要求、是否符合分类申请原则，以及是否缴纳了申请费等。如果国家知识产权局在审查中发现了形式问题，就会通知当事人在规定的期限内加以补正。

（二）实质审查

国家知识产权局经过形式审查未发现问题的，即会决定受理，并发给"受理通知书"，同时进入实质审查阶段。实质审查内容包括是否存在不予注册的绝对理由和部分相对理由。

由于相对理由涉及他人的权利，在他人未提出异议之前，国家知识产权局只可能对是否与他人在相同或类似商品或服务上已注册的或初步审定的商标相同或近似以及是否误导性地使用地理标志进行审查。

（三）初步审定公告、异议和复审

国家知识产权局经过实质审查，认为符合《商标法》规定的，即予以初步审定并公告。国家知识产权局会在其官方刊物《商标公告》上公布商标、使用的商品或者服务、申请人名义、申请人地址、商标代理人名称、申请日期和初步审定号等信息。但初步审定并公告不等同于对商标进行核准注册，申请人也并不因此而取得商标权。对于初步审定的商标，自公告之日起三个月内，任何人认为商标注册损害了公共利益，存在不予注册的绝对理由，即认为商标注册违反了《商标法》第 4 条（不以使用为目的的恶意商标注册）、第 10 条（禁止特定内容违法的商标注册）、第 11 条（禁止缺乏显著性的商标注册）、第 12 条（禁止特定三维标志注册）和第 19 条第 4 款（商标代理机构除对其代理服务申请商标注册外，不得申请注册其他商标），都可以向国家知识产权局提出异议。在先权利人和利害关系人认为商标注册损害了自己的民事权利，存在不予注册的相对理由，即认为商标注册违反了《商标法》第 13 条第 2 款和第 3 款（禁止抢注驰名商标）、第 15 条（禁止代理人、代表人和其他关系人抢注）、第 16 条第 1 款（禁止注册误导公众的地理标志）、第 30 条（禁止在相同或类似商品上注册与他人已注册商标或已初步审定的商标相同或近似的商标）、第 31 条（先申请原则）和第 32 条（禁止商标注册损害其他在先权利，禁止抢注特定未注册商标），也可以向国家知识产权局提出异议。

国家知识产权局在收到"商标异议书"后，会将副本送交商标申请人，也即被异议人，要求其在规定期限内答辩。在对双方所陈述的事实和理由进行调查、核实之后，国家知识产权局应在公告期满之日起 12 个月内作出是否准予注册的决定。如果国家知识产权局作出了不予注册的决定，被异议人（商标申请人）不服的，可以自收到通知之日起 15 日内向国家知识产权局申请复审。国家知识产权局应当自收到申请之日起 12 个月内作出复审决定。如果国家知识产权局作出了不予注册的复审决定，被异议人（商标申请人）仍然不服的，可以自收到通知之日起 30 日内向北京知识产权法院提起行政诉讼（司法审查程序）。在行政诉讼中，国家知识产权局为被告，异议人为第三人。如果被异议人（商标申请人）在法定期限内对国家知识产权局作出的决定不申请复审或者对国家知识产权局作出的复审决定不向法院起诉，上述决定就发生法律效力。如果国家知识产权局作出了准予注册的决定，就会发给商标注册证，并予公告。异议人不服的，可以向国家知识产权局请求宣告该注册商标无效。对此见本书第十五章第六节。

（四）核准注册

对于初步审定的商标，如果公告期届满而无人提出异议，或者虽有人提出异议，但经过上述异议、复审（如有）、司法审查（如有）程序之后，认定异议不成立，国家知识产权局会予以核准注册，发给商标注册证，并在《商标公告》上进行公告。

一旦有人对初步审定并公告的商标在 3 个月的异议期内提出异议，国家知识产权局就必须进行调查、核实，自公告期满之日起 12 个月内作出是否准予注册的决定；遇到特殊情况需要延长的，经批准，还可以延长 6 个月，即国家知识产权局最长需要 18 个月才能作出是否准予注册的决定。为了防止有人利用异议程序故意拖延竞争对手商标注册的时间，《商标法》第 36 条第 2 款规定：经审查异议不能成立而准予注册的商标，商标注册申请人取得注册商标专用权的时间自初步审定公告 3 个月期满之日起计算。需要注意的是：对于经过异议程序而由国家知识产权局决定准予注册的商标而言，自该商标 3 个月异议期满之日起至国家知识产权局决定准予注册之日止的这段时间，虽然商标权人享有注册商标专用权，但因商标尚未在《商标公告》上进行注册公告，他人无从得知商标权人享有注册商标专用权，因此，在这段时间内他人在同一种或者类似商品或服务上使用与该商标相同或者近似的标志的行为并不构成侵权，即注册商标专用权对这段时间内的上述行为不具有追溯力。但是，该使用人的恶意给商标权人造成损失的，应当给予赔偿。

第五节　注册商标的续展

◎ **难度与热度**

难度：☆☆☆　　热度：☆☆☆

注册商标专用权与著作权和专利权的一项重大区别在于后两者的保护期是有限的，而注册商标专用权可以通过对注册商标的续展而一直获得保护。其中的差异是因为《著作权法》和《专利法》均旨在通过在有限时间内赋予创作者和创造者以专有权利：一方面，鼓励与刺激创作和创造活动；另一方面，使公众在保护期届满之后免费使用作品和发明创造，以达到利益平衡。而《商标法》的立法目的是保护经营者的商业信誉，以及防止消费者受到欺诈，只要经营活动在继续，相应的商业信誉就能通过商标得到体现，而避免消费者上当受骗的需要也就始终存在。这就要求对仍在使用的注册商标进行持续的保护。假如《商标法》也像《著作权法》和《专利法》一样，硬性规定注册商标的保护期限，则一旦保护期届满，昨天还是商标权人享有专用权的商标，今天就可以被任何人随意使用在相同商品或服务上，这必然导致消费者对商品或服务来源产生混淆，同时引起市场的混乱。

我国《商标法》第 39 条和第 40 条规定：注册商标的有效期为 10 年，自核准注册之日起计算。注册商标有效期满，需要继续使用的，应当在期满前 12 个月内按照规定办理续展手续；在此期间未能办理的，可以给予 6 个月的宽展期。宽展期满仍未办理的，注销其注册商标。每次续展注册的有效期为 10 年。续展只是使已经取得的权利继续有效，而不是获得新的注册商标专用权。同时，续展的程序也较注册申请简单，商标权人只要在规定的期限内提出申请并缴纳费用，就可以获准续展注册，国家知识产权局不会再进行实质审查。

需要注意的问题是：如果商标权人未能在注册商标的有效期届满前 12 个月内申请续展注册，而是在宽展期内提出申请，在未获得核准之前，他人未经许可在相同或类似商品上使用相同或近似商标，导致消费者混淆的，是否构成侵权行为呢？对此，最高人民法院《关于审理商标民事纠纷案件适用法律若干问题的解释》（2020 年修正）第 5 条规定：在此阶段，商标注册人或利害关系人以他人侵犯其注册商标专用权提起诉讼的，人民法院应当受理。这是因为国家知识产权局并不对续展申请进行实质审查，续展申请基本上都会被核准。因此，一旦商标注册人在宽展期内提出了续展申请，就可以预期其又可以享有 10 年的注册商标专用权。当然，如果商标注册人未提出续展申请，或者提出续展申请但未被核准，该注册商标专用权自有效期届满后就不再受法律保护了。

第六节 注册商标专用权的消灭

注册商标专用权的消灭是指某种法定原因导致商标权人不再享有注册商标专用权。注册商标专用权消灭的原因有以下几种。

一、注销

◎ **难度与热度**

难度：☆☆☆　　热度：☆☆☆

商标权人可以申请注销其注册商标，或者注销其商标在部分指定商品或服务上的注册；如商标权人未及时办理续展手续，注册商标将会被注销。

注册商标的有效期为 10 年，自核准注册之日起计算。注册商标有效期满，需要继续使用的，应当在期满前 12 个月内按照规定办理续展手续；在此期间未能办理的，可以给予 6 个月的宽展期。

注册商标的注销是指国家知识产权局基于法定原因行使职权而使注册商标专用权归于消灭的行为。在下列情况下，国家知识产权局可以注销注册商标。

（一）申请注销

商标权人可能基于某些原因不愿再维持其商标的注册。由于注册商标专用权本质上是私权，法律是允许权利人自行放弃的，商标权人可以向国家知识产权局申请注销其注册商标，或者注销其商标在部分指定商品或服务上的注册。根据《商标法实施条例》第

73 条第 2 款的规定，在国家知识产权局收到注销申请的当日，该注册商标专用权或者该注册商标专用权在该部分指定商品或服务上的效力即告终止。

（二）到期不续展

注册商标的有效期为 10 年。如果商标权人未在注册商标有效期满前 12 个月及 6 个月的宽展期内办理续展手续，注册商标将会被国家知识产权局注销。

二、因不符合注册条件而被宣告无效

◎ **难度与热度**

难度：☆☆☆　　热度：☆☆☆☆

对注册商标，如存在不予注册的绝对理由，国家知识产权局可主动宣告无效，任何人也可随时请求宣告该注册商标无效。如果存在不予注册的相对理由，在先权利人或利害关系人可在商标注册后 5 年内请求宣告该注册商标无效（对于恶意注册驰名商标的，不受 5 年的时间限制）。

注册商标专用权无效，是指商标在注册时，就存在不予注册的绝对理由或相对理由，本来不应获得注册。如果存在不予注册的绝对理由，国家知识产权局发现后可主动宣告无效，任何人也可随时请求国家知识产权局宣告该注册商标无效。如果存在不予注册的相对理由，在先权利人或利害关系人可在商标注册 5 年内请求国家知识产权局宣告该注册商标无效（恶意注册驰名商标的不受 5 年时间限制）。对于他人提出的无效宣告请求，国家知识产权局认为无效理由成立的，将宣告该注册商标无效，从而使注册商标专用权归于无效。

（一）存在不予注册的绝对理由

如果注册商标在注册时，就存在不予注册的绝对理由，即违反《商标法》第 4 条（不以使用为目的的恶意商标注册）、第 10 条（禁止特定内容违法的商标注册）、第 11 条（禁止缺乏显著性的商标注册）、第 12 条（禁止特定三维标志注册）、第 19 条第 4 款（商标代理机构除对其代理服务申请商标注册外，不得申请注册其他商标），或者是以欺骗手段或其他不正当手段取得注册的，国家知识产权局可以依职权随时宣告该注册商标无效，没有时间限制。国家知识产权局作出宣告注册商标无效的决定后，当事人对决定不服的，可以自收到通知之日起 15 日内向国家知识产权局申请复审，国家知识产权局应当自收到申请之日起 9 个月内作出决定。除国家知识产权局主动宣告注册商标无效之外，其他任何人均可随时请求国家知识产权局宣告该注册商标无效，没有时间限制。国家知识产权局应当自收到申请之日起 9 个月内作出维持商标注册或者宣告注册商标无效的裁定。当事人对国家知识产权局的决定或裁定不服的，可以自收到通知之日起 30 日内向北京知识产权法院以国家知识产权局为被告提起行政诉讼。

（二）存在不予注册的相对理由

在先权利人或利害关系人如果认为注册商标在注册时就存在不予注册的相对理由，损害了自己的民事权利，即认为商标注册违反了《商标法》第 13 条（禁止抢注驰名商标）、第 15 条（禁止代理人、代表人和其他关系人抢注）、第 16 条（禁止注册误导公众的地理标志）、第 30 条（禁止在相同或类似商品上注册与他人已注册商标或已初步审定的商标相同或近似的商标）、第 31 条（先申请原则）或者第 32 条（禁止商标注册损害其他在先权利，禁止抢注特定未注册商标），可以请求国家知识产权局宣告该注册商标无效。由于在先权利人或利害关系人请求宣告注册商标无效是基于不予注册的相对理由，即其与商标权人之间存在民事争议，一般不涉及公共利益，故不能由国家知识产权局主动宣告无效。除了恶意注册他人驰名商标的情形（参见第十七章第一节），在先权利人或利害关系人只能自商标注册之日起 5 年内请求国家知识产权局宣告该注册商标无效。国家知识产权局应当自收到申请之日起 12 个月内作出维持注册商标或者宣告注册商标无效的裁定，并书面通知当事人。当事人不服的，可以在 30 日内向北京知识产权法院以国家知识产权局为被告提起行政诉讼。

之所以设置 5 年的时间限制，是因为商标在注册时已通过商标公告向社会公开，该公告具有推定在先权利人或利害关系人知晓商标已获得注册的效力。同时，在接下来的 5 年内，商标通过使用也能使在先权利人或利害关系人有机会知晓。如果在先权利人或利害关系人未能及时请求宣告该注册商标无效，则可推定其已经默许该商标的注册，在先权利人或利害关系人由此丧失了在今后请求宣告该注册商标无效的权利。当然，"推定知晓"未必等于"实际知晓"。一些国家和地区规定，只要商标注册是出于侵害他人在先权利的恶意，在先权利人请求宣告该注册商标无效便不受 5 年的限制，以此防止恶意注册人侥幸获得注册商标专用权。[①] 也就是将侵害他人在先权利的恶意注册规定为不予注册的绝对理由。但包括我国在内的一些国家为了维持商标注册的相对稳定，仅规定在恶意注册驰名商标的情形下，驰名商标所有人请求宣告该商标注册无效不受 5 年争议期限的限制。

（三）注册商标被宣告无效的效力

注册商标被宣告无效的效力，与注册商标被注销或撤销的效力不同。在后两种情况下，商标在注册时并不存在不予注册的绝对理由或相对理由，只是由于注册后发生的情形导致商标权的消灭，因此注册商标在被注销或撤销之后，不能认为此前商标权就不受保护了。但注册商标被宣告无效，是因为其在注册时就存在不予注册的绝对理由或相对理由，原本就不该获得注册，可谓有"原罪"。无效宣告实际上属于"纠错"，因此注册商标被宣告无效的效力，就是视商标权从未存在过。此前他人未经许可使用注册商标的行为，原则上不应被认定为侵权。

《商标法》第 47 条规定了注册商标被宣告无效的效力：注册商标被宣告无效后，该注册商标专用权视为自始即不存在。但是，有关宣告注册商标无效的决定或者裁定，对于宣告无效前人民法院作出并已执行的商标侵权案件的判决、裁定、调解书和市场监督管理部门作出并已执行的商标侵权案件的处理决定，以及已经履行的商标转让或者使用许可合同不具有追溯力。之所以作出这样的规定，一是为了保持社会关系的相对稳定，避免在注册商标被宣告无效之后，将之前已执行的各种法律文件全盘推翻，导致司法、行政资源的过度消耗；二是因为在注册商标被宣告无效之前，未经许可使用人之所以向注册人支付赔偿金、转让费或许可使用费，与其自身过错也有一定关系。例如，未经许可使用人在被控侵权时，本应尽力利用法律提供的救济途径，如其认为该商标在注册时就存在不予注册的绝对理由，或者认为该商标的注册损害了自己的在

---

① 英国《商标法》第 48 条第 1 款。

先权利，即存在不予注册的相对理由，完全可以向国家知识产权局请求宣告该注册商标无效，但此人怠于利用法律规定的救济途径，应当对由此引起的不利后果承担一定责任。

但是，《商标法》第47条对于上述"不具有追溯力"的规则，又规定了两种例外情形，可谓"例外的例外"：一是因商标权人的恶意给他人造成的损失，应当给予赔偿。二是不返还商标侵权赔偿金、商标转让费、商标使用费，明显违反公平原则的，应当全部或者部分返还。例如，注册人明知自己的注册是违法的，却仍然申请注册，并在注册后起诉他人侵权并获得赔偿。这就属于注册人恶意给他人造成损失。再如，商标被许可人刚向商标权人全额支付了商标许可使用费，尚未开始使用商标，该注册商标就被宣告无效。此时不向被许可人全额返还许可使用费就是明显违反公平原则的。

三、撤销

◎ **难度与热度**

难度：☆☆☆　　热度：☆☆☆☆

商标在获得注册之后，如果无正当理由连续三年不使用，或因显著性退化而成为其核定使用商品或服务的通用名称，就会失去识别来源的作用。如果他人仍然一直无法在相同或类似商品上使用相同或近似的商标，就会造成资源的浪费。此时《商标法》允许任何人向国家知识产权局申请撤销该注册商标。同时，我国为了维护商标管理秩序，还规定商标权人在使用注册商标的过程中，自行改变商标权人名义、地址或者其他注册事项的，经地方市场监督管理部门责令限期改正而在期满后不改正的，由国家知识产权局撤销其注册商标。对于国家知识产权局撤销注册商标的决定，商标权人不服的，可以自收到通知之日起15日内向国家知识产权局申请复审。国家知识产权局应在收到申请之日起9个月内作出决定。商标权人对国家知识产权局的决定仍然不服的，可以自收到通知之日起30日内向北京知识产权法院起诉。

需要注意的是："宣告无效"与"撤销"针对的情形不同。对前者而言，商标在申请注册时就存在不予注册的绝对理由或相对理由，本来就不应当获得注册。而对后者而言，商标注册是没有问题的，但在使用注册商标的过程中，发生了违反商标法的规定或显著性退化的情况。

（一）无正当理由连续三年不使用

商标的本质功能在于识别商品或服务的来源，只有商标实际被用于商品或服务，使消费者能够通过商标识别特定的商品或服务提供者，商标的经济价值才得到实现。同时，商标只有经过一段时间的使用，具有一定知名度之后，才会出现他人擅自使用该商标，借此将自己的商品或服务假冒为商标权人的商品或服务进行推销的现象。此时才需要法律的介入，制止这种损害商标权人和消费者利益的行为。如果商标注册之后一直没有进行任何使用，该商标就无从实现其识别商品或服务来源的功能，消费者也无法将该商标与特定商品或服务的来源联系起来，商标权人亦无从利用商标建立起自己的商业信誉。在这种情况下，对商标权提供持续保护就缺乏正当性，同时还将造成资源的浪费，因为他人将无法在相同和类似的商品或服务上注册相同或近似的商标，也无法进行使用。因此，《商标法》第49条第2款规定：没有正当理由连续三年不使用注册商标（包括使用与核准注册的商标标志有细微差别，但未改变其显著特征的商标①）的，任何单位或者个人可以向国家知识产权局申请撤销该注册商标。

首先，维持商标注册所需要的"使用"（有些国家称之为"真实使用"）必须能够在商业活动中发挥识别来源的作用，使该商标成为创设或维持相关商品或服务市场份额的手段。商标的核心功能是区分所标识的商品或服务的来源，如果相关"使用"并未使商标在市场中发挥使相关公众区分商品或服务提供者的作用，则该"使用"并不是商标意义上的使用。如果仅使构成商标的文字或图形发挥识别来源之外的其他作用，比如说明商品或服务自身的特征，则该"使用"不能用于维持商标的注册。例如，在德国的"ZAPPA案"中，美国已故作曲家弗兰克·扎帕（Frank Zappa）的遗孀在录音制品、印刷品等商品上注册了欧共体商标"ZAPPA"。德国联邦最高法院认为：在录音制品、印刷品上标注"ZAPPA"只会使相关公众认为其中包含 Frank Zappa 创作的音乐和对 Frank Zappa 的介绍，因此，此类对"ZAPPA"的使用并不具有指示来源的作用。②

与在类似商品或服务上使用相同商标容易导致混淆的情况可构成侵权不同，商标权人如果仅在类似商品或服务上使用注册商标，但无正当理由连续三年未在核定使用的商品或服务上使用注册商标，也会被认定为连续三年不使用③，因为此时商标识别的不是其被核定使用的商品或服务的来源，而是其他商品或服务的来源，没有在其核定使用的商品或服务上发挥识别来源的作用。

同样，单纯的内部使用，未能使商标在市场上发挥识别商品或服务来源的作用，不属于维持商标注册所要求的"使用"。欧盟法院曾在"Viridis案"中认定：对商标的真实使用应当是在市场上将商标用于其所核定使用的商品或服务，至少是在商品或服务即将进入市场之前的准备阶段进行使用，而不能仅仅是企业内部的使用。仅将商标附着在商品上，而没有以任何方式将该商品推向市场，并不属于对商标的真实使用，因为这种行为无助于商品的销售，也不能使消费者用之以识别该商品的提供者。因此，如果药品生产企业因尚未获得药品上市许可，没有（也不能）销售使用了注册商标的药品或用该注册商标进行广告宣传，甚至没有为上述商业活动做好准备，而仅在临床试验中，在为人数有限的受试者提供的药品上使用其注册商标，则该使用与市场竞争无关，不是为了获得或维系市场份额，属于内部使用，不能用于维持商标注册。④

其次，维持商标注册所需要的"使用"应当是真实的、善意的和具有一定商业规模的使用，仅仅为了应付使用的义务而进行的象征性使用不能满足法律的要求。最高人民法院《关于审理商标授权确权行政案件若干问题的规定》（2020 年修正）第 26 条第 3 款规定：没有实际使用注册商标，仅有转让或许可行为，或者仅有商标注册信息的公布或者对其注册商标享有专用权的声明等的，不认定为商标使用。在一起诉讼中，在 3 年期间内，使用争议商标的商品销售额仅为 1 800 元，仅在全国发行量不大的某地方性报纸上刊登了一次宣传商标的广告。法院认定这种"使用"并非出于真实目的的使用，而是

---

① 最高人民法院《关于审理商标授权确权行政案件若干问题的规定》（2020 年修正）第 26 条。
② Case I ZR 135/10 - Zappa，May 31，2012.
③ 最高人民法院（2015）知行字第 255 号行政裁定书。
④ Viridis Pharmaceutical Ltd. v. EUIPO，Case C - 668/17 P（2019），paras. 39 - 53.

象征性使用。[①] 当然，若商标权人许可他人使用后，被许可人对商标进行了实际使用，起到了识别来源的作用，则与商标权人自己使用具有同样的效力。

最后，维持商标注册所需要的"使用"不能改变商标的显著特征，不能违背商标权人的意志。最高人民法院《关于审理商标授权确权行政案件若干问题的规定》第 26 条第 1、2 段规定：商标权人自行使用、他人经许可使用以及其他不违背商标权人意志的使用，均可认定为《商标法》第 49 条第 2 款所称的使用。实际使用的商标标志与核准注册的商标标志有细微差别，但未改变其显著特征的，可以视为注册商标的使用。这也同时意味着，如果商标权人或被许可人使用的商标与注册商标存在较大差别，已经改变了注册商标的显著特征，那就等同于使用了其他商标，而不是注册商标。这种使用不属于《商标法》第 49 条第 2 款所称的"使用"。

（二）商标成为商品的通用名称

显著性是一个标志构成商标的基本条件。如果一个标志对某一类商品最初具有显著性并被注册为此类商品的商标，但经过使用逐渐成为此类商品的通用名称，就会丧失识别来源的功能，即发生显著性的退化。对此本书第十六章第一节已举例进行了讨论。既然此时该注册商标已无法发挥商标的识别功能，就没有必要再维持注册商标专用权，否则，会影响他人对商品通用名称的正当使用。《商标法》第 49 条第 2 款对此规定：注册商标成为其核定使用的商品的通用名称的，任何单位或者个人可以向国家知识产权局申请撤销该注册商标。

（三）以其他违反法律的方式使用

《商标法》第 49 条第 1 款规定：自行改变注册商标的，自行改变注册商标的注册人名义、地址或者其他注册事项的，由地方市场监督管理部门责令限期改正，期满不改正的，由国家知识产权局撤销其注册商标。

首先，自行改变注册商标可能导致注册商标被撤销。根据《商标法》第 56 条的规定，注册商标的专用权，以核准注册的商标和核定使用的商品或服务为限。一旦注册商标的文字、图形、字母、数字、三维标志和颜色组合以及上述要素的组合改变，等于改变了经核准注册的商标本身，因此，应当重新提出商标注册申请。在实务中，将商标文字从手写体改为印刷体或从楷体改为黑体等细微改变，并不被认为是"自行改变注册商标"。

其次，自行改变商标权人名义、地址或者其他注册事项也可能导致注册商标被撤销。根据《商标法》第 41 条的规定，注册商标需要变更注册人的名义、地址或者其他注册事项的，应当提出变更申请，自行改变将可能导致商标被撤销。

需要注意的是，《商标法》第 50 条规定：注册商标被撤销、被宣告无效或者期满不再续展的，自撤销、宣告无效或者注销之日起 1 年内，商标局对与该商标相同或者近似的商标注册申请，不予核准。注册商标被撤销、被宣告无效或者期满不再续展的，原商标注册人对其已不再享有注册商标专用权，其他人本来是可以用相同的商标申请注册的。但在实践中，当注册商标被撤销、被宣告无效或者期满不再续展时，市场上可能仍然有载有注册商标的商品或服务在向公众提供。即使市场上已无注册商标在使用，如果该注

---

① 北京市高级人民法院（2010）高行终字第 294 号行政判决书。

册商标以往的影响力较大，相关公众仍然会对其留有较深印象。只有注册商标连续不再使用一定时间之后，其对相关公众的影响才会逐渐消失。因此，如果在注册商标被注销的同时，立刻核准其他人注册与之相同或者近似的商标，就有可能导致市场上同时出现载有相同或近似注册商标，但来源不同的商品或服务，或使消费者无从区分印象中原注册人的商品和新注册人新进入市场的商品，从而造成误认和误购。为了维持市场秩序，防止消费者对商品或服务的来源产生混淆。《商标法》规定了 1 年的过渡期。只有在过渡期过后，国家知识产权局才可能核准相同或者近似商标的注册申请。

本章实务案例研习

一、"席梦思"能被注册为床垫的商标吗

（一）案情简介

美国人扎尔蒙·吉尔伯特·西蒙斯（Zalmon Gilbert Simmons）于 1876 年与工匠合作制造出世界第一张弹簧床垫，随后创立了美梦公司，并以其自己的名字 SIMMONS 作为公司生产的弹簧床品牌，该品牌在中国被译为读音近似且代表质量和寓意的"席梦思"。2013 年，美梦公司在我国申请在床垫、床、弹簧床垫和软垫等商品上注册含"SIMMONS"和"席梦思"的图文商标（见右图），但该注册申请被驳回。此案经过复审后进入司法程序。

图 15-36 "席梦思"图文商标

（二）法院判决

法院指出：在《现代汉语词典》中，"席梦思"是西式弹簧床的泛称，弹簧床被直接称为"席梦思"，"席梦思"被直接解释为"弹簧床垫"。在申请商标的申请日之前，"席梦思"已经成为弹簧床垫的代名词。中国的相关公众已普遍认为"席梦思"是指代弹簧床垫商品，因此，"席梦思"构成约定俗成的通用名称，不应在床和床垫商品上获得注册。[①]

（三）法律分析

假设人们虽然用某商标描述某种商品或服务，但都能意识到这是商标权人提供的商品或服务，该商标并不会丧失显著性。比如美国人经常会说"Google sth."（在网上搜索）或者"FedFex sth."（寄快递），将注册商标 Google（谷歌）和 FedFex（联邦快递）作为搜索和寄快递的动词使用，但使用者都知道自己使用的是谷歌和联邦快递的服务，此时两个商标并没有沦为网络搜索服务和快递服务的通用名称，仍然是有显著性的。但在本案中，中国相关公众听到"席梦思"，想到的只是弹簧床，而不是某一特定品牌的弹簧床，这就说明"席梦思"已成为弹簧床的通用名称，缺乏显著性，因此不应获得注册。

---

① 最高人民法院（2017）最高法行申 2200 号行政裁定书。

二、"蓝牙"能被注册为计算机通讯设备的商标吗

（一）案情简介

手机生产商爱立信公司申请在计算机通讯设备等商品上注册"Bluetooth"（蓝牙）商标，但被拒绝注册，理由是缺乏显著性。此案经过复审后进入司法程序。

（二）法院判决

法院认为："Bluetooth"虽然在使用之初并无含义，但经过申请人在短距离无线通信网络技术上多年使用之后，"Bluetooth"通常被作为该技术规范的代用名称；特别是随着该技术进入中国市场并迅速普及，其译音"蓝牙"便于记忆，使中国消费者通过"蓝牙"对"Bluetooth"技术形成认识并广泛接受，从而使中国消费者对"Bluetooth"——"蓝牙"——短距离无线网络技术形成了一种约定俗成的认识。因此，"Bluetooth"作为商标用在计算机通讯设备等商品上缺乏显著性。[①]

（三）法律分析

在本案中，根据爱立信公司提供的材料，"Bluetooth"一词源于一位丹麦国王名字的英译文，在任何一本字典中都找不到，因此本身无特定含义，是由爱立信公司独创并首先使用在无线通信领域中的。这说明该词在产生初期，属于典型的臆造性标志，无论在何种商品或服务上使用都有极强的显著性，是可以被注册为商标的。但问题在于：至少在中国，经过申请人的使用，相关公众已经普遍将"Bluetooth"及其中文译名"蓝牙"视为"短距离无线网络技术"的代名词。在日常生活中，经常可以听到朋友之间相互询问对方的手机或笔记本电脑是否"有蓝牙"或"有蓝牙功能"。这样，"Bluetooth"及"蓝牙"已经成为一种技术的通用名称，不具备指示特定商品来源的功能，不能被注册为商标。

三、雀巢方形瓶商标注册案

（一）案情简介

瑞士雀巢公司在2002年申请将其先前使用的一款棕色方形瓶及黄色尖顶瓶盖（图15-37左侧第一个瓶子）作为立体商标注册在"食用调味品"商品上，并获得注册。酱油等调味品生产企业味事达公司请求宣告该注册商标无效，并举证证明与此争议商标类似的方形瓶已由味事达公司和其他酱油生产企业大量使用，现已成为本行业常用的包装形式（图15-37右侧三个瓶子）。此案经过无效宣告程序后进入司法程序。

图 15-37　酱油包装瓶

[①] 北京市高级人民法院（2004）高行终字第416号行政判决书。

（二）法院判决

法院认为：相关证据可以证明，至迟于 1983 年开始，中国的调味品生产厂商就已经开始使用近似的方形瓶作为酱油产品的外包装。这种使用主体众多、使用数量庞大且持续不断的实际使用行为，已使与争议商标标志近似的三维标志成为中国的酱油等调味品的常见容器和外包装。在此情形下，相关公众难以将争议商标标志或与其近似的三维标志作为区分商品来源的标志加以识别。即使瑞士雀巢公司在争议商标注册前后对争议商标进行了实际使用，也难以通过该使用行为使争议商标获得商标注册所需具备的显著特征。因此争议商标缺乏显著性，应被宣告无效。[①]

（三）法律分析

如前文所述，消费者在刚接触到商品或其包装的立体形状时，习惯于将其视为商品自身的特征，而很少将其视为一种区别商品来源的标识，因此该立体形状通常缺乏固有显著性；该立体形态经过长期使用获得"第二含义"后可以作为立体商标注册。在本案中，根据法院采纳的证据，方形瓶作为酱油的包装容器，在我国市场上由瑞士雀巢公司、味事达公司等多家酱油生产企业长期同时使用，而非由瑞士雀巢公司一家长期独占性使用，这就导致消费者不可能仅凭借方形瓶及其颜色就能判断一瓶酱油是来源于瑞士雀巢公司还是味事达公司抑或其他企业，因此瑞士雀巢公司对方形瓶的使用，并未使其对酱油而言产生"第二含义"，即有别于包装容器本身的其他含义。因此该立体形状缺乏显著性，不应获得注册。

四、三头剃须刀能被注册为立体商标吗

（一）案情简介

飞利浦电子公司于 1966 年推出了一种由三个呈等边三角形排列的旋转刀头组成的剃须刀，并获得了专利保护。在其保护期届满之前，飞利浦电子公司于 1985 年在英国就该三头剃须刀的外形获得了商标注册。1995 年，雷明顿公司开始在英国大量生产和销售自己的三头剃须刀。飞利浦电子公司起诉雷明顿公司侵犯了其注册商标权，而雷明顿公司请求宣告飞利浦电子公司的该项注册商标无效。此案经过商标无效宣告程序后进入司法程序。

（二）法院判决

欧共体法院的总法务官指出：《欧共体商标一号指令》[②] 第 3 条第 1 款 e 项规定：纯粹基于商品自身性质产生的形状、为了获得技术效果或者赋予产品实质性价值的形状不能被注册为商标。这一规定并不仅仅是基于标志可能缺乏显著性的考虑，而是反映了阻止利用商标注册扩展技术垄断的公共政策。禁止将那些仅具有功能性的形状或者那些赋予商品实质性价值的形状注册为商标，是为了防止用注册商标权这种独占和持久的权利去扩展专利权的期限。如果没有该指令第 3 条第 1 款 e 项的存在，通过赋予专利权而合理奖励创新和通过对专利权设定保护期限而鼓励产业发展的公共利益平衡就很容易被打

[①]　北京市高级人民法院（2012）高行终字第 1750 号行政判决书。

[②]　该指令现已被《欧盟商标指令》替代。本书在提及适用《欧共体商标一号指令》的案例时，仍然保留"《欧共体商标一号指令》"的名称及原条文序号。

破。同时，只要外形的本质特征在于实现技术效果，即使这一外形还包含了其他美学设计，或者可以通过其他外形实现相同的技术效果，其也不能被注册为商标。[1] 据此，欧共体法院认定：只要商品的外形是实现某种技术效果或使商品具有实质价值所必需的，就不能注册为商标。本案中雷明顿公司最终胜诉，飞利浦电子公司的注册商标被宣告无效。

（三）法律分析

本案是有关功能性三维标志不能被注册为商标的典型案例。技术功能是专利法的保护对象，但对任何技术的保护都是有时间限制的，我国《专利法》对发明的保护期限为20年，对实用新型的保护期限只有10年，在保护期结束之后，任何人都可以自由地使用曾经获得专利权的技术。而注册商标经过续展可以享受无限期的保护，如果允许将能够实现一定技术效果的形状注册为商标，就意味着技术发明人可以通过商标对技术实现无期限的永久保护，这是根本违背知识产权法利益平衡的原则的，因此为世界各国商标法所不容。

五、"舟山带鱼"证明商标案

（一）案情简介

舟山水产协会在第29类带鱼、带鱼片商品上注册了"舟山带鱼"证明商标（见图15-38）。某食品公司未经许可，销售外包装上印有"舟山精选带鱼段"字样的带鱼段。舟山水产协会起诉其侵犯注册商标权。

图 15-38 "舟山带鱼"商标

（二）法院判决

法院经审理后认为：涉案的"舟山带鱼"商标系作为证明商标注册的地理标志，即系证明商品原产地为浙江舟山海域，且商品的特定品质主要由浙江舟山海域的自然因素所决定的标志，用以证明使用该商标的带鱼商品具有舟山水产协会颁布的《"舟山带鱼"证明商标使用管理规则》中所规定的特定品质。舟山水产协会作为该商标的注册人，有权禁止他人在非产于浙江舟山海域的带鱼商品上标注该证明商标。但是，如果他人虽然没有向其提出使用该证明商标的要求，但其带鱼商品确实产于浙江舟山海域，则舟山水产协会不能剥夺其正当使用该证明商标中地名的权利。由于本案中被告未能充分举证证明其销售的带鱼产于浙江舟山海域，法院判决被告败诉。[2]

（三）法律分析

"舟山带鱼"是地理标志，本身无任何显著性可言，其被注册为证明商标纯粹是为了证明带鱼的出产地，因此，舟山出产的带鱼的经营者无须申请使用"舟山带鱼"证明商标，也能使用文字"舟山带鱼"，并不会构成侵权。如果本案被告用充分的证据证明了其销售的带鱼商品产于浙江舟山海域，则其使用"舟山精选带鱼段"就是在正当描述其商品的产地。此时"舟山带鱼"证明商标权利人无权阻止。

---

① Koninklijke Philips Electronics NV v. Remington Consumer Products Ltd., Court of Justice, Case C-299/99, O-pinion of Advocate General Ruiz-Jarabo Colomer's, paras. 16, 28, 30, 31, 35.
② 北京市高级人民法院（2012）高民终字第58号民事判决书。

六、"阿里巴巴 alibaba"商标属于谁

(一) 案情简介

某电子公司申请在网络服务上注册"阿里巴巴 alibaba 及图"商标（见图 15 - 39），阿里巴巴网络公司认为该公司是以不正当手段抢先注册其已经使用并有一定影响的商标，提出异议，此案经过复审后进入司法程序。

图 15 - 39　"阿里巴巴 alibaba 及图"商标

(二) 法院判决

法院认为：1998 年"alibaba 阿里巴巴"网站就已开通。经过一段时间的使用和宣传，以"alibaba 阿里巴巴"为名称的网站在计算机网络使用者等相关用户中具有一定知名度，消费者能将"alibaba 阿里巴巴"作为该网站所提供服务的标识，使"alibaba 阿里巴巴"客观上起到了区分不同网站提供的互联网服务的作用，成为有一定影响的未注册服务商标。作为同一行业经营者的某电子公司应当知晓"alibaba 阿里巴巴"系他人的计算机网络服务标识。该公司将"阿里巴巴"及"alibaba"在相同或类似服务上注册为商标具有恶意，导致相关公众对不同的计算机网络服务来源产生混淆和误认，损害了阿里巴巴网络公司的在先权益，其主观上具有恶意，其行为已经构成《商标法》所禁止的"以不正当手段抢先注册他人已经使用并有一定影响的商标"，对该被异议商标不予核准注册。①

(三) 法律分析

在涉案商标申请注册之前，"阿里巴巴"在电子商务领域已经有相当的知名度。涉案商标的申请人作为电子商务的经营者，当然知道该商标的存在，因此其申请注册具有明显的恶意，属于以不正当手段抢先注册与他人已经使用并有一定影响的商标相近似的商标，也就是存在不予注册的相对理由，因此在阿里巴巴公司提出异议后，涉案商标不应被核准注册。

七、新东阳商标注册案

(一) 案情简介

麦某在中国大陆设立的新东阳企业公司（以下简称"大陆新东阳公司"）申请在谷类制品等商品上注册"新东阳及图"商标（见图 15 - 40），台湾地区新东阳股份公司（以下简称"台湾新东阳公司"）对此提出异议。此案经过复审后进入司法程序。

图 15 - 40　"新东阳及图"商标

(二) 法院判决

法院认为：台湾新东阳公司在争议商标申请日前在我国台湾地区注册有多个"新东阳"商标。麦某任台湾新东阳公司要职多年，并曾以企业副董事长身份被董事会委托全权负责大陆市场业务，是台湾新东阳公司在大陆的代表人。现麦某以其设立并任法定代

---

① 北京市高级人民法院（2006）高行终字第 393 号行政判决书。

表人的大陆新东阳公司的名义申请注册争议商标，该公司属于与代表人有串通合谋抢注行为的商标注册申请人，视其为代表人。因此，争议商标的注册属于代表人抢注被代表人的商标，不予核准注册。[①]

（三）法律分析

本案中涉案商标的申请人并不是麦某本人，而是由麦某设立并任法定代表人的大陆新东阳公司，然而，麦某又被台湾新东阳公司任命为该公司在大陆业务的法定代表人。因此本案的情况符合最高人民法院《关于审理商标授权确权行政案件若干问题的意见》第 12 条有关与"代理人或者代表人有串通合谋抢注行为的商标注册申请人，可以视其为代理人或者代表人"的规定，视大陆新东阳公司为台湾新东阳公司的代表人，其行为属于代表人抢注被代表人的商标。

八、"Tesla"电池是特斯拉公司生产的吗

（一）案情简介

某公司在"运载工具用电池、点火用电池、高压电池、电池充电器"等商品上注册了"Tesla"商标（图 15 - 41），"TESLA"品牌电动汽车的制造商特斯拉公司请求宣告该注册商标无效，理由是其已在"电动车辆、全电池动力车"等商品上注册了两个"TESLA"商标，争议商标属于在类似商品上注册相同或近似商标。此案经过复审后进入司法程序。

Tesla

图 15 - 41　在电池上注册的商标（争议商标）

TESLA TESLA

图 15 - 42　特斯拉公司在电动车上注册的两个商标（引证商标）

（二）法院判决

法院认为：争议商标与引证商标核定使用的商品虽然分属《类似商品和服务区分表》中的不同商品类别，但电池是电动车辆的核心部件之一，在功能、用途、生产部门、销售渠道、消费群体等方面二者均具有较大关联性。电池作为电动车辆的重要配件，往往与电动车辆一同销售。出于安全性与适配性的考虑，消费者在更换电动车辆电池时往往会选择与汽车品牌一致的"原装电池"，在争议商标与二引证商标近似程度较高的情况下，若将争议商标使用在"运载工具用电池、点火用电池、高压电池、电池充电器"等商品上，将二引证商标使用在电动车辆等商品上，易使相关公众认为其存在特定联系，从而对商品来源产生混淆、误认，因此争议商标应被宣告无效。[②]

---

① 最高人民法院（2013）知行字第 97 号行政裁定书。
② 北京知识产权法院（2016）京 73 行初 5000 号行政判决书，北京市高级人民法院（2018）京行终 2239 号行政判决书。

（三）法律分析

本案表面上涉及对注册商标的跨类保护，实则不然。在本案中，电动车与用于电动车的电池虽然在《类似商品和服务区分表》中不在同一类别，但具有密切关系，后者是前者的配件。在电动车维修保养时，经常需要更换电池，因此在销售渠道上二者也有重复之处。与此同时，在评判商品或服务是否足够类似，以至于存在导致混淆的可能时，还应考虑在先商标的显著特征，特别是其声誉。基于上述因素，在本案中应当认定电动车与电池是类似商品，涉案商标应被宣告无效。

九、"乔丹"商标注册争议案

（一）案情简介

图 15-43 "乔丹"商标

乔丹体育股份有限公司（以下简称乔丹公司）在"体育活动器械""服装、游泳衣"等商品上注册了"乔丹"商标（见图 15-43）。美国公民、美国职业篮球联赛（以下简称 NBA）巨星迈克尔·杰弗里·乔丹（英文名为 Michael Jeffrey Jordan，以下简称迈克尔·乔丹）在争议期内，请求撤销上述注册商标（现行《商标法》称之为"请求宣告注册商标无效"），理由是他在我国具有极高的知名度，乔丹公司及其关联公司将"乔丹"注册为商标，容易导致相关公众将之与迈克尔·乔丹相关联，违反了诚实信用原则，属于《商标法》（2013 年）规定的"损害他人现有的在先权利"的情形。乔丹公司认为"迈克尔·杰弗里·乔丹"才是原告的姓名，原告对"乔丹"不享有姓名权。同时，经过多年的经营、宣传和使用，乔丹公司及其"乔丹"商标在特定商品类别上具有较高知名度，而且"乔丹"商标还曾经受到过保护并获奖，即使当年注册"乔丹"商标侵犯了他人的在先权利，其注册行为也不能再被认定为非法。

（二）法院判决

最高人民法院在再审判决书中指出：包括姓名权在内的依法应予保护，并且在争议商标申请日之前已由民事主体依法享有的民事权利或权益，属于《商标法》（2013 年）规定的"在先权利"。将姓名权纳入"在先权利"，不仅是为了维持自然人的人格尊严，保护自然人姓名，尤其是知名人物姓名所蕴含的经济利益，也是为了防止相关公众误认为标记有该商标的商品或者服务与该自然人存在代言、许可等特定联系，从而损害消费者的合法权益。最高人民法院特别强调：自然人主张的特定名称与该自然人之间形成"唯一"对应关系并不是进行姓名权保护的前提，否则，"将使与他人重名的人，或者除本名之外还有其他名称的人，不论其知名度或者相关公众认知情况如何，均无法获得姓名权的保护。因此，只要自然人主张的特定名称与该自然人已经建立稳定的对应关系，即使该对应关系达不到'唯一'的程度，也可以依法获得姓名权的保护"[①]。同时，由于语言和文化等方面的差异以及为了便于称呼，我国相关公众通常习惯于以外国人外文姓名的部分中文译名来指代、称呼该外国人，因此，在判断外国人能否就其外文姓名的部分中文译名主张姓名权保护时，需要考虑我国相关公众对外国人的称谓习惯。此外，自然人也有权就其并未主动使用的特定名称获得姓名权的保护。

---

① 最高人民法院（2016）最高法行再 27 号行政判决书。

根据本案证据，最高人民法院认定，媒体的宣传使"乔丹"具有很高的知名度，我国相关公众普遍以"乔丹"指代迈克尔·乔丹，"乔丹"已与迈克尔·乔丹建立了稳定的对应关系，迈克尔·乔丹对"乔丹"享有姓名权。乔丹公司对"乔丹"的注册具有明显的主观恶意，容易导致相关公众误认为标记有"乔丹"商标的商品与迈克尔·乔丹存在代言、许可等特定联系，损害了迈克尔·乔丹的在先姓名权。

针对乔丹公司有关其利用"乔丹"商标进行经营活动获得商业成功的说法，最高人民法院指出：乔丹公司的经营状况，以及乔丹公司对其企业名称、有关商标的宣传、使用、获奖、被保护等情况，甚至"即使乔丹公司及其'乔丹'商标在特定商品类别上具有较高知名度，相关公众能够认识到标记有'乔丹'商标的商品来源于乔丹公司"，也不足以使争议商标的注册具有合法性。最高人民法院特别强调："维护（乔丹公司主张的）此种市场秩序或者商业成功，不仅不利于保护姓名权人的合法权益，而且不利于保障消费者的利益，更不利于净化商标注册和使用环境。"[①] 此段论述是对上述知识产权法原理最好的阐释。最高人民法院最终认定，涉案"乔丹"商标的注册违反《商标法》有关"申请商标注册不得损害他人现有的在先权利"的规定，依法应予撤销（现行《商标法》中的"宣告无效"）。

（三）法律分析

本案中争议最大的问题是：迈克尔·乔丹对于"乔丹"是否享有可被认定为"在先权利"的姓名权？乔丹公司否认"在先权利"的存在，理由大致可归结为两点：（1）"迈克尔·杰弗里·乔丹"才是姓名，"乔丹"并不是姓名，乔丹本人并未主动使用"乔丹"称呼自己，而是使用"迈克尔·乔丹"。（2）"乔丹"为常见英文姓氏，与篮球明星乔丹并未形成"唯一"对应关系。

这些认识是明显有违常理的。自然人的姓名是识别此人的符号，这一符号并不限于身份证明上载明的姓名，还包括为他人所知的其他称谓。这正如鲁迅先生并不姓鲁名迅，但没有人会否认鲁迅先生（周树人）可以主张对"鲁迅"名称的权利。至于该称谓是自然人自己主动使用的，还是他人使用的，与自然人对该称谓是否享有"在先权利"并无关系。这一方面是因为《商标法》第32条前半句的用语（"申请商标注册不得损害他人现有的在先权利"）与后半句（"也不得以不正当手段抢先注册他人已经使用并有一定影响的商标"）不同，其并不要求"在先权利"是由相关自然人"已经使用"而产生。另一方面，一种称谓能否被归结为自然人姓名权的范畴，关键在于它是否具备识别自然人身份的作用。在具备这种作用时，他人对该称谓的滥用就可能产生损害人格尊严以及相关经济利益的后果。即使这种称谓并非自然人自动使用的，或者其与特定自然人没有形成"唯一"对应关系，也不会影响识别身份作用的形成和上述损害后果的发生。例如，贝拉克·侯赛因·奥巴马（Barack Hussein Obama）在竞选美国总统时和当选之后，国内媒体普遍将其称为"奥巴马"，但当时美国驻华使馆在各种新闻稿中使用的中文译名则为"欧巴马"，而非"奥巴马"；同时美国也有其他人的姓名中含有Obama，但这并不影响国内公众普遍认同在特定语境下的"奥巴马"指的就是那名Obama。

虽然"乔丹"并不是"迈克尔·杰弗里·乔丹"的全名，也不是其自己主动使用的

---

① 最高人民法院（2016）最高法行再27号行政判决书。

称谓，而且美国还有其他人的姓名中包含"乔丹"，甚至也有中国人姓乔名丹，但本案的关键在于：在与体育运动相关的商品与服务中使用"乔丹"时，我国相关公众会认为"乔丹"是谁的名字？在国内媒体长期以"乔丹"称呼这位篮球巨星，使之具有极高的且跨越行业领域的知名度的情况下，否认相关公众对"乔丹"所指该特定人物的认知，不但严重违反常理[1]，也背离了《商标法》以防止混淆为核心的立法精神。

至于乔丹公司有关其利用"乔丹"商标进行经营活动获得商业成功的抗辩，当然是不能成立的。在知识产权法中，基于侵权行为获得的成果即使本身可以受到知识产权法的保护，该成果仍然属于侵权成果，对其进行利用仍然可能构成侵权行为。例如，英国人斯旺发明了碳丝灯泡并获得专利后，爱迪生改进了该项发明，也获得了专利。性能上新型灯泡远优于在先灯泡，知名度上也远高于在先灯泡，以至于人们普遍以为灯泡是爱迪生发明的。但爱迪生除非获得在先发明专利权人的自愿许可或强制许可，否则其制造、销售改进型专利灯泡的行为仍属侵权。商标法也是如此：在解决涉及在先权利的商标争议时，只需要根据法律的规定，判断争议商标的注册是否侵害他人在先权利。至于注册人日后对争议商标的运营是否在商业上取得了成功，是否具有很高的知名度，均在所不问，否则，将会导致违反常理、极不公平的结果——在企业初创阶段，在其他经营条件相同的情况下，企业越是采取被公认为违反诚实信用原则的搭便车手段，如将名人姓名作为商标注册，使消费者误认为该名人为该企业代言，越容易取得商业上的成功，从而也越容易摆脱侵害他人在先权利的"原罪"。这势必将纵容、鼓励此类不当行为，对于保护在先权利和消费者的利益、维护公平竞争的市场秩序显然是极为不利的。

十、仅向内部员工以成本价销售不构成商标使用

（一）案情简介

著名洗护用品品牌 LUSH 的生产商在加拿大将"LUSH"注册在 T 恤衫上。某律师事务所向加拿大商标局提出申请，要求其证明在注册后 3 年内进行了使用[2]，而且这种使用必须是能够识别商品来源、"在正常的贸易过程中的使用"[3]。该生产商提交的证据表明，公司将印有"LUSH"商标的 T 恤衫以成本价向员工销售，员工工作时身着该 T 恤衫。一年多的销售额为 1 200 加元（约合 6 000 元人民币）。加拿大商标局认为此种使用符合加拿大《商标法》对商标使用的要求，

（二）法院判决

加拿大联邦法院认为，虽然员工为 T 恤衫支付了费用，但仅为成本价，销售者没有获取利润，销售量也极小，而且销售是出于宣传另一种商品（LUSH 牌洗护用品）、为其建立商誉的目的，因此该使用很难被认为是"在正常的贸易过程中的使用"[4]。因此在 T

---

[1] 无论是用拼音还是用五笔输入法，输入拼音 qiaodan 或五笔码 tdmy，第一个跳出的都是"乔丹"。输入法中词组的设定必须以用户所想为首要考虑因素，词组的设计者在将"乔丹"设定为一个词组时，当然明白用户输入这个词组时，想到的是篮球巨星乔丹。

[2] 加拿大《商标法》第 43 条规定，在商标注册 3 年后，商标局可随时主动要求，或者根据任何人的请求，向商标注册人发出通知，要求其在 3 个月内出具有关其注册的商标在注册后 3 年内在加拿大使用的声明。

[3] 加拿大《商标法》第 4 条。

[4] Riches，McKenzie & Herbert LLP v. Cosmetic Warriors Limited，2018 FC 63，2018，paras. 19 - 20.

恤衫上注册的"LUSH"商标应当被撤销。

（三）法律分析

本书作者曾在 LUSH 专卖店购物，目睹员工身着"LUSH"标识的工作服。相信其他消费者与本书作者一样，都不会认为这是"LUSH 牌服装"，实际上，在任何品牌的服装上都可印上"LUSH"商标以说明该店出售的洗护用品是 LUSH 品牌，以及穿着印有"LUSH"工作服的人是该店的员工。可见，工作服上的"LUSH"并没有起到识别该服装制造者的作用，仅向员工以成本价销售少量的服装也难以满足加拿大《商标法》对"在正常的贸易过程中的使用"，以及我国《商标法》中"将商标用于……商业活动中，用于识别商品来源"的要求。

十一、实际使用的商标改变了注册商标的显著特征，不属于对注册商标的使用

（一）案情简介

法国拉科斯特（Lascoste）公司于 2004 年从香港鳄鱼恤公司受让了在新西兰注册的"鳄鱼"图形商标（图 15 - 44），但从未在新西兰使用过。新加坡鳄鱼公司以该注册商标连续三年未使用为由，请求撤销该注册商标。新西兰《商标法》第 7 条第 1 款规定，为维系注册的"使用"包括对与注册商标存在细节方面的差别，但未改变注册商标显著特征的商标进行使用。拉科斯特公司认为自己实际使用的"鳄鱼"图形商标（图 15 - 45）与争议商标要传递的"核心含义"是相同的，即都是"鳄鱼"，因此没有改变争议商标的显著特征。

图 15 - 44　未实际使用过的争议商标

图 15 - 45　实际使用的商标

（二）法院判决

新西兰高等法院和上诉法院都支持拉科斯特公司的观点，认为两商标中的鳄鱼虽然面向不同方向，且争议商标中的文字"Crocodile"未在实际使用的商标中出现，但两只鳄鱼的图形具有相似显著特征，传递了相同的核心理念和含义。[①] 新西兰最高法院则认为：将关注点放在"核心理念和含义"上是不适当的，它意味着注册人可以将一种动物的不同图形都注册为商标，只使用其中一个，却能维持其他商标的注册。同时，一个商标可能传递多种理念和含义，要求法官确定其中的核心含义，将导致极大的不确定性。最为关键的是，商标是一个整体，是商标在视觉、读音和含义方面的主要特征结合之后产生的显著特征，应对其进行综合评价，含义只是其中的一个方面。本案中，两个商标虽然在含义上相似（都是关于鳄鱼的），读音也相近（都用"鳄鱼"称呼），但在视觉方面有显著差异。一方面，争议商标中发挥识别作用的、有独特风格的文字未在实际使用的商标中出现，仅此一点就足以说明实际使用的商标改变了争议商标的显著特征。这与

---

① Lacoste v. Crocodile International Pte Ltd. ［2014］NZHC 2349，paras. 45，49；Crocodile International Pte Ltd. v. Lacoste ［2016］NZCA 111，para. 20.

注册商标是纯文字商标，而实际使用的商标在相同的文字之外添加了一个与文字含义相当的小图形的情况完全不同，因为在后一种情形下，构成注册商标的文字仍然通过其音、形、义独立地发挥作用，其显著特征本身并未发生改变，图形仅是示例而已。另一方面，两个商标中的鳄鱼在绘画方式和造型上的区别是明显的。[①] 因此，在经过全面评估之后，新西兰最高法院认为实际使用的商标改变了争议商标中的显著特征，争议商标最终被认为连续三年不使用，应被撤销。

（三）法律分析

在本案中，一、二审法院似将在侵权诉讼中认定商标近似的标准，与在是否因连续三年不使用而撤销商标的争议中认定"使用"的标准混为一谈。两者基于不同的政策目的并不相同。在侵权诉讼中，被控侵权商标与注册商标之间的相似度只要达到了容易导致混淆的程度，就可认定双方为近似商标，从而可能判决侵权成立。该标准针对不同民事主体（注册人和被控侵权人）商标之间的比对，是为了防止消费者对商品或服务的来源发生混淆。但在判断注册商标是否连续三年不使用时，要求注册人实际使用的商标不能改变注册商标的显著特征，针对的是同一民事主体（商标权人）不同商标之间的比对，是为了防止注册商标后不实际使用，导致社会资源的浪费，并不是为了防止消费者产生混淆，因此，即使在消费者看来，注册商标与实际使用的商标是近似的，也不一定能认定注册人实际使用的商标就是注册商标。

▶ 本章同步练习

一、选择题

（一）单项选择题

1. 甲准备为自己任法定代表人的公司生产的玩具产品申请商标注册，下列哪个标志可被甲注册为商标？（　　）

　A. 该公司所在省会城市的名称

　B. 中国强制性产品认证标志（3C 标志）

　C. 甲的姓名

　D. "安全健康"文字标志

2. 下列选项中关于商标注册的说法正确的是：（　　）。

　A. 任何民事主体都可以申请注册商标

　B. 商标注册申请能否获得核准，与显著性有关，与申请人的主观目的无关

　C. 当两个申请人在同日申请在同类商品上注册相同商标时，由这两个申请人抽签决定谁为商标申请人

　D. 《商标法》允许在不相同也不相类似商品上，由两个不同的主体注册近似商标

3. 甲与乙出于巧合，各自设计出相同的商标，并希望注册在相同的商品上。甲于2021 年 12 月 1 日上午 9：00 到国家知识产权局递交申请文件，乙于 2021 年 11 月 25 日

---

① Crocodile International Pte Ltd. v. Lacoste，［2017］NZSC 14，paras. 60 - 63，69 - 75.

通过中国邮政特快专递提交申请，国家知识产权局于 2021 年 12 月 1 日下午 3：00 签收。经查，乙对该商标在该商品上的使用早于甲，下列哪一个说法是正确的？（　　）

  A. 应确定甲为申请人

  B. 应确定乙为申请人

  C. 如甲与乙未能就谁应成为申请人达成协议，以抽签方式确定申请人

  D. 如甲与乙未能就谁应成为申请人达成协议，应同时驳回双方的申请

  4. 下列选项对商标申请的说法正确的是：（　　）。

  A. 医疗机械必须使用注册商标，否则不能销售

  B. 申请人想要在多个类别上申请同一商标，就必须提交多份申请

  C. 大学老师张某为自己的教学博客起名"蓝天教授"，可在教育服务上申请注册"蓝天"商标

  D. 商标在中国政府主办或承认的国际展览会展出的商品上首次使用的，自该商品展出之日起 6 个月内，该商标的注册申请人享有优先权

  5. 以下选项中不属于撤销注册商标的理由的是：（　　）。

  A. 无正当理由连续三年不使用

  B. 注册商标成为商品的通用名称

  C. 自行改变注册商标

  D. 仅由本商品的通用名称构成的注册商标

  6. A 国是《巴黎公约》的成员国。A 国甲公司于 2021 年 2 月 1 日向 A 国商标局首次提出了一项将某商标注册在某商品上的申请。中国乙公司出于巧合希望使用相同的商标，于 2021 年 6 月 1 日向国家知识产权局就该相同的商标提出了注册在相同商品上的申请。同日，甲公司就相同的商标向国家知识产权局提出了注册在相同商品上的申请，并声明要求获得优先权。就甲公司和乙公司在我国的注册申请，下列正确的说法是：（　　）。

  A. 甲公司有可能获得商标注册，因其在 A 国的申请日早于乙公司在中国的申请日

  B. 乙公司有可能获得商标注册，因其在中国的申请日早于甲公司在中国的申请日

  C. 甲公司有可能获得商标注册，因其享有优先权，应当以 2021 年 2 月 1 日作为其在中国的申请日

  D. 国家知识产权局应当通知甲、乙双方自行协商确定申请人，协商不成的，以抽签方式确定申请人

  7. 甲公司于 2021 年 6 月 1 日参加中国政府承认的国际博览会，并在当日展出的商品上首次使用了某一商标。后甲公司于同年 12 月 20 日向我国国家知识产权局提出该商标的注册申请，并声明要求获得优先权，同时提交了所有相关证明文件。据查，此前乙公司已于同年 11 月 10 日就相同商标在同一类别商品上向国家知识产权局申请商标注册，且其曾在同年 5 月 31 日在我国少量出售过使用相同商标的商品。下列选项正确的是：（　　）。

  A. 甲公司有可能获得商标注册，因其享有优先权

  B. 乙公司有可能获得商标注册，因其申请日早于甲

  C. 乙公司有可能获得商标注册，因其早于甲使用

  D. 应当由甲、乙公司协商确定申请人，如协商不成，双方应抽签决定申请人

(二) 多项选择题

1. 以下关于商标注册和申请的说法正确的是：（   ）。

A. 我国对所有类别的商品都实行商标自愿注册原则

B. 在一个申请书中可以同时指明希望在多类商品上获得注册

C. 商标在通过初步审定并公告后有 3 个月的异议期

D. 对国家知识产权局宣告注册商标无效的决定不服的，可以向北京知识产权法院起诉，对该判决不服的，可以向最高人民法院上诉

2. 下列关于商标显著性说法正确的是：（   ）。

A. 集体商标和证明商标要获得注册，必须具有显著性

B. "纯羊毛"可以作为商标注册在羊毛衫产品上

C. 原本没有显著性的标志经过长期使用逐渐获得显著性后，可以申请注册商标

D. 原本具有显著性的标志可能因为沦为商品通用名称而丧失显著性

3. 对下列选项中的注册申请，任何人可在初步审定公告后 3 个月内提出异议的是：（   ）。

A. 广东的水产公司申请注册"阳澄湖"大闸蟹商标

B. 北京的一家出版社公司申请注册"国务院"商标

C. 山东的生产商申请注册"金华"火腿商标

D. 江西的一家公司在马桶上申请注册"印第安人"商标

4. 对下列哪些选项中的注册商标，任何人都可随时请求宣告该注册商标无效？（   ）

A. 能把胡子刮得更干净的三头剃须刀立体造型注册在剃须刀产品上

B. 个体工商户甲在其制作的泡菜上使用"老王老坛"商标，经销商乙长期从甲处购买该泡菜。发现甲未注册"老王老坛"商标，就在泡菜产品上注册了"老王老坛"商标

C. 将"黑人"注册在洁厕灵产品上

D. 通过伪造营业执照等文件获得了商标注册

5. 甲公司注册在珠宝商品上的某文字商标经过多年使用，早已闻名遐迩。乙公司擅自将相同的文字注册在袜子商品上，在注册 3 年后，只在当地报纸上登载了一则有关其享有该商标注册专有权的声明。对此甲公司可以采取的行动是：（   ）。

A. 可以随时请求宣告乙公司的注册商标无效

B. 可以在 5 年内请求撤销乙公司的注册商标

C. 可以在 5 年内请求宣告乙公司的注册商标无效

D. 此后任何人均可以随时请求撤销乙公司的注册商标

6. 电子产品制造商明日公司和希望公司宣布合并，成立"明天希望"公司。听到该新闻后，某服装公司并无生产电子产品的资质和商业计划，预计"明天希望"公司会申请注册"明天希望"商标，于是抢先在电子产品上申请注册"明天希望"商标，以期高价出售给明天希望公司。以下选项正确的是：（   ）。

A. 只有"明天希望"公司才能随时请求宣告某服装公司注册的"明天希望"商标无效

B. "明天希望"公司只能在 5 年内请求宣告某服装公司注册的"明天希望"商标无效

C. 任何人都可以随时请求宣告某服装公司注册的"明天希望"商标无效

D. 国家知识产权局可以依职权自行宣告某服装公司注册的"明天希望"商标无效

（三）不定项选择题

1. 在下列哪种（些）情况下获得商标注册后，任何人都可以请求国家知识产权局宣告该注册商标无效？（ ）

A. 不以使用为目的的恶意注册

B. 以不正当手段抢注他人在先使用并有一定知名度的商标

C. 同"红十字""红新月"的名称、标志相同或者近似的

D. 未经授权，代表人以自己的名义将被代表人的商标进行注册的

2. 下列哪种（些）情况下外国人可以在中国申请商标注册：（ ）。

A. 该外国人是《巴黎公约》成员国的国民

B. 该外国人在《巴黎公约》成员国有惯常居所

C. 虽然该外国人不是《巴黎公约》成员国的国民，在《巴黎公约》成员国也没有惯常居所，但该商标已由其在《巴黎公约》成员国提出了商标注册申请

D. 虽然该外国人不是《巴黎公约》成员国的国民，在《巴黎公约》成员国也没有惯常居所，但该商标已由其在《巴黎公约》成员国被核准注册

3. 清水湖因其特有的水质，其中生长的莲藕远近闻名。当地莲藕协会在水产品和食品上注册了"清水湖"集体商标。当地个体工商户甲用清水湖生长的莲藕制作藕粉，未经许可在包装上使用"清水湖藕粉"。外地乙公司用外地出产的莲藕制作糖藕，未经许可在包装上使用"清水湖糖藕"，并突出了"清水湖"三字。下列选项中正确的是：（ ）。

A. 甲的行为侵犯了莲藕协会的商标权

B. 乙的行为侵犯了莲藕协会的商标权

C. 莲藕协会可以许可乙使用"清水湖"商标

D. "清水湖"对莲藕无显著性，任何人均可请求宣告该注册商标无效

4. 对于商标注册人连续三年无正当理由不使用其注册商标的，下列说法错误的是：（ ）。

A. 国家知识产权局可以依职权主动撤销注册商标

B. 任何人可向国家知识产权局请求宣告该注册商标无效

C. 任何人都可以在相同或类似商品上申请注册同一商标

D. 此后他人未经许可在相同商品上使用相同商标并不构成侵权

二、案例题

甲培训机构出售医学资格考试辅导教材，并录制了一系列执业（助理）等医师资格考试的相关讲课培训视频，从 2011 年开始使用"银成医考""🉑银成医考""🉑"等商业标识，但一直未注册商标。乙培训机构与甲培训机构就上述医师资格考试等培训服务进行合作，签订了"代理协议书"等合作协议，以"银成医考"标识代理销售甲培训机构的医学考试培训教材、视频教学资料和进行考试培训。乙培训机构于 2015 年申请在教

育、就业指导（教育或培训顾问）、安排和组织培训班、出借书籍的图书馆、文字出版、录像带发行、俱乐部服务（娱乐或教育）服务上注册商标，并被核准。请问甲培训机构对此可采取哪些法律措施？

三、论述题

1. 对比《商标法》第 11 条和第 12 条，可以发现第 11 条在第 1 款列举了各种缺乏显著性的平面标志，第 2 款规定"前款所列标志经过使用取得显著特征，并便于识别的，可以作为商标注册"。但第 12 条只列举了不得作为商标注册的三维标志，没有类似第 11 条第 2 款的但书规定。最高人民法院《关于审理商标授权确权行政案件若干问题的规定》（2020 年修正）第 9 条第 1 款规定："仅以商品自身形状或者自身形状的一部分作为三维标志申请注册商标，相关公众一般情况下不易将其识别为指示商品来源标志的，该三维标志不具有作为商标的显著特征。"第 3 款规定："第一款所称标志经过长期或者广泛使用，相关公众能够通过该标志识别商品来源的，可以认定该标志具有显著特征。"

请思考两个问题：

（1）《商标法》第 12 条为什么没有像第 11 条那样规定"但书"？

（2）上述司法解释的规定是否起到了对《商标法》第 12 条的补充作用？（注意本题无标准答案）

2. 根据《商标法》的规定，误导性使用地理标志是不予注册的相对理由。请根据区分不予注册的绝对理由和相对理由的标准，论述"误导性使用地理标志"应当被归入不予注册的绝对理由还是相对理由。

参考答案

一、选择题

（一）单项选择题

1. C

解析：A 项为县级以上地名，不可注册为商标。B 项为表明质量控制的标志，不可作为商标使用或注册为商标。甲的姓名不在《商标法》规定的不予注册的标志之列，可以注册。D 项中的文字相对于玩具产品而言无显著性，不可注册。

2. D

解析：只有市场经营者为了区分商品或服务的来源才能申请注册商标。自然人中只有个体工商户和农村承包经营户可申请注册商标，其他自然人不可以申请，因此 A 项错误。不以使用为目的的恶意注册不能获得核准，因此 B 项错误。当两个申请人在同日申请将相同商标注册在同一类别的商品上时，提交证据证明在先使用者将成为申请人，因此 C 项错误。D 项是对《商标法》规定的正确描述。

3. B

解析：以邮寄方式申请商标注册的，以国家知识产权局的收到日为申请日。同时，商标申请以申请日而非申请时确定先后。甲和乙的申请日是同一天，因此不分先后。如果两个申请人同一天在同一种商品或者类似商品上，以相同或者近似的商标申请注册，在先使用者就有可能获得商标注册。因此 B 项正确，ACD 项错误。

4. D

解析：目前我国只在烟草制品上要求使用注册商标，医疗机械可以不使用注册商标，A 项错误。《商标法》允许提出"一标多类"商标注册申请，因此 B 项错误。大学教师既不是个体工商户，也不是农村承包经营户，张某的教学也不属于经营活动，张某不能申请商标注册，因此 C 项错误。D 项是对《商标法》相关规定的正确描述。

5. D

解析：A 项、B 项和 C 项均为《商标法》规定的撤销注册商标的事由。D 项是不予注册的绝对理由，是宣告无效的事由。

6. C

解析：甲公司是《巴黎公约》成员国国民，依《商标法》可享有国际优先权。甲公司第一次在巴黎公约成员国提出商标注册申请 6 个月内，在我国在相同商品或服务上提出注册相同商标的申请的，以其首次申请日为我国的申请日，因此应当以 2021 年 2 月 1 日作为甲公司在我国的申请日，早于乙公司的申请日，甲公司有可能获得商标注册，故选 C。

7. A

解析：在我国政府举办或承认的国际展览会上展出的商品上首次使用商标的，自该商品展出之日起 6 个月内，依《商标法》的规定可享有国际优先权，即以展出日为在我国的申请日，因此应当以 2021 年 6 月 1 日，而不是 2021 年 12 月 20 日作为甲公司在我国的申请日。该日期早于乙公司的申请日，因此甲公司有可能被核准注册。A 项正确，B 项错误。使用在先不能产生申请注册的优先权，因此 C 项错误。甲公司和乙公司不是同日申请，因此无须抽签决定申请日，因此 D 项错误。

（二）多项选择题

1. BC

解析：我国目前对烟草制品采用强制注册，因此 A 项错误。《商标法》规定了一标多类申请机制，因此 B 项正确。C 项是对异议程序的正确描述。D 项的描述适用于专利无效宣告，即对于北京知识产权法院的行政判决不服的，可向最高人民法院（最高人民法院知识产权法庭）提起上诉。但该描述不适用于注册商标无效宣告。即对于北京知识产权法院有关商标确权的行政判决不服的，应向北京市高级人民法院，而非最高人民法院（最高人民法院知识产权法庭）提起上诉。

2. CD

解析：集体商标和证明商标与普通商标具有完全不同的功能，其注册不需要有显著性，否则无法解释"绿色食品"如何能作为证明商标获得注册，因此 A 项错。"纯羊毛"直接表示了羊毛衫的原料和品质，使用在羊毛衫产品上不具有显著性，B 项错误。C 项和 D 项分别是对获得显著性和显著性退化的正确描述。

3. BCD

解析：只有存在不予注册的绝对理由时，在初步审定公告后 3 个月内提出异议的主体才是任何人。A 项为商标误导性使用地理标志，属于不予注册的相对理由（尽管该规定不甚合理），因此 A 项错误。B 项为将中华人民共和国中央人民政府的名称"国务院"注册为商标，C 项为在商标中使用县级以上地名，D 为商标的文字有民族歧视含义，均属于不予注册的绝对理由，因此 BCD 项正确。

4. ACD

解析：存在不予注册的绝对理由的商标，如被错误地注册，任何人都可随时请求宣告该注册商标无效。A 项属于三维标志具有实用功能性，C 项属于有民族歧视性的标志，D 项属于通过欺骗手段获得注册的商标，均属于不予注册的绝对理由。B 项属于《商标法》第 15 条第 2 款规定的其他关系人抢注，属于不予注册的相对理由，因此不应选 B 项。

5. AD

解析：乙公司的行为属于恶意注册他人的在先驰名商标，驰名商标权利人可以随时请求宣告该注册商标无效，不受 5 年争议期限制，因此 A 项正确，C 项错误。乙公司连续三年无正当理由不使用注册商标，此后任何人都可请求撤销该注册商标，因此 D 项正确，B 项错误。

6. CD

解析：某服装公司的行为属于不以使用为目的的恶意注册，属于不予注册的绝对理由，任何人都可随时宣告该注册商标无效，国家知识产权局也可以主动宣告该注册商标无效，因此 C 项和 D 项正确。

（三）不定项选择题

1. AC

解析：A 项和 C 项中的情形都属于不予注册的绝对理由，损害的是公共利益，任何人都可以随时请求国家知识产权局宣告该注册商标无效，因此应当选 AC。B 项和 D 项中的情形都属于不予注册的相对理由，损害的是特定民事主体的在先权益，只有该特定民事主体及其利害关系人可以在 5 年内请求宣告无效，因此不应选 BD。

2. AB

解析：根据《商标法》第 17 条及《巴黎公约》的规定，外国人是《巴黎公约》成员国的国民，或在《巴黎公约》成员国有惯常居所，就可在我国申请商标注册，因此 A 项和 B 项正确。商标权具有强烈的地域性，商标注册在《巴黎公约》成员国之间是相互独立的，如果该外国人不是《巴黎公约》成员国的国民，在《巴黎公约》成员国也没有惯常居所，则没有资格在我国申请商标注册，这与其商标是否在其他《巴黎公约》成员国提出了注册申请或被核准注册没有关系。因此 C 项和 D 项错误。

3. B

解析："清水湖"是地理标志，可以被适格的组织申请注册为证明商标或集体商标，因此 D 项错误。甲作为当地经营者使用货真价实的"清水湖"莲藕制作藕粉，可以正当使用"清水湖"，不构成侵权，因此 A 项错误。B 项中的行为是典型的侵害含地理标志的集体商标的行为，且不属于正当使用，因此 B 项正确。地理标志作为集体商标注册的，注册人不得许可不符合条件的他人使用该地理标志集体商标。C 项中的乙使用外地莲藕，明显不符合使用条件，因此 C 项错误。

4. ABCD

解析：连续三年无正当理由不使用注册商标的，任何单位或者个人可以向国家知识产权局申请撤销该注册商标。法律没有规定国家知识产权局可以主动撤销该注册商标，因此 A 项错误。连续三年无正当理由不使用注册商标，并不意味着商标注册时存在不予注册的绝对理由或相对理由，因此不属于无效理由，只能被申请撤销，因此 B 项错误。即使连续三年无正当理由不使用注册商标，只要该注册商标尚未被撤销，他人就不得在相同或类似商品上申请注册同一商标，否则将违反禁止重复注册原则，因此 C 项错误。即使连续三年无正当理由不使用注册商标，只要该注册商标尚未被撤销，注册人仍然享有专用权，他人未经许可使用仍然构成侵权，只是在注册人不能证明其有其他损失时，侵权人不承担赔偿责任，因此 D 项错误。

二、案例题

（1）如果甲培训机构能够证明自己使用的"银成医考""❷银成医考""❷"等商标已有一定影响，可以根据《商标法》第 32 条有关"申请商标注册……不得以不正当手段抢先注册他人已经使用并有一定影响的商标"的规定，在乙培训机构的商标被核准注册 5 年内请求宣告乙培训机构的注册商标无效。

（2）由于甲培训机构和乙培训机构存在特定关系（依司法解释可扩大解释为存在《商标法》第 15 条第 1 款中的"代理"关系，也可认为存在的是第 15 条第 2 款的"其他关系"），可以《商标法》第 15 条为依据，请求宣告乙培训机构的注册商标无效。其中，以第 15 条第 1 款为依据请求宣告无效时，甲培训机构的举证责任较轻，甚至都无须证明自己在先使用过。

三、论述题

1. 并非所有具有显著性的标志都能够被注册为商标。例如，"黑鬼"等带有种族歧视性的标志是不能被注册为商标的。这反映了立法者在为商标注册规定条件时的政策取向。对于那些为获得技术效果而需有的商品形状和使商品具有实质性价值的形状而言，由于在立法政策上不允许通过商标注册来获得对技术特征和美感造型的无限期保护，防止架空著作权法和专利法对作品、技术特征和外观设计保护期的规定，所以无论这些形状是否已经通过长期使用而产生"第二含义"并获得了显著性，均不能获得注册，换言之，这类形状绝对不可以被注册为商标，即使相关公众已经将其视为商标。[①] 而仅由商品自身的性质产生的形状，即使该商品是由注册申请人发明的，由其长期独家制造和销售，使该商品形状产生了"第二含义"、获得了显著性，为了促进市场竞争和保护公共利益，也不能允许将该商品形状注册为立体商标。可资参考的是，《欧盟商标指令》第4条第1款列出了7种不能被注册的标志之后，于第4款只允许"缺乏显著性的标志"、"描述性标志"和"语言或行业中的惯用语"在获得显著性之后获得注册，而不允许"由商品自身性质产生的形状"、"为获得技术效果所必需的商品形状"和"使商品具有实质性价值的形状"获得商标注册。因此，在"飞利浦诉雷明顿案"中，无论飞利浦公司的三头剃须刀的形状多么具有显著性，但由于其是获得将胡子剃得更干净这一技术效果所必需的，或是使剃须刀具有将胡子剃得更干净这一实质性价值的形状，所以它不应获得商标注册。同样，乐高的一款积木板（图15-46）经过多年使用后已经获得了显著性[②]，但积木上的凹槽是为了取得技术效果——拼接其他积木板所需，即使相关公众可以将该积木板的造型视为区别玩具来源的标志，但由于该形状具有实用功能性，为

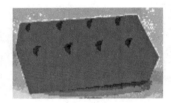

图 15-46　积木板造型

了防止通过商标注册而垄断技术，该积木板不能被注册为立体商标。

我国《商标法》第12条没有规定类似于第11条第2款的但书，并不是立法者的疏忽，而是立法政策的体现，同时也与世界上其他国家的商标立法相一致。[③] 它说明仅由商品自身的性质产生的形状、为获得技术效果而需有的商品形状或者使商品具有实质性价值的形状不得注册，并不是仅仅因为缺乏显著性（事实上这三种三维标志有些是可以通过使用获得显著性的），而是为了防止利用商标法对竞争市场形成不公平的垄断，维护公共利益，并维系与著作权法、专利法之间必要的界限。最高人民法院前述司法解释的基础，是误认为禁止"仅由商品自身的性质产生的形状"获得注册的唯一理由就是缺乏显著性，进而误认为只要通过使用获得了显著性，不得注册的障碍就消失了。对此本书作者实难认同，该司法解释应当被及时修改。

2. 根据《商标法》的规定，误导性使用地理标志是不予注册的相对理由。区分不予注册的相对理由和不予注册的绝对理由的标准，是相关的商标注册和使用侵害的是特定民事主体的利益还是公共利益。误导性使用含地理标志的商标往往会误导公众，使公众误认为相关商品或服务来源于地理标志所标示的特定地区从而受骗上当。比如在非产自

---

① Benetton Group SpA v. G-Star International，Court of Justice，Case C-371/06，paras. 25-28.

② Lego Juris A/S v. Office for Harmonisation in the Internal Market（Trade Marks and Designs）（OHIM），Court of Justice，Case C-48/09 P，para. 8.

③ 欧共体法院曾经认定："使商品具有实质性价值的形状"即使通过大量的广告宣传，在申请商标注册之前已经具有吸引消费者的特征，也不能根据《欧共体商标一号指令》第3条第3款有关"获得显著性"的规定而获得注册。Benetton Group SpA v. G-Star International BV，Court of Justice，Case C-371/06（2007），para. 28.

于阳澄湖的大闸蟹上标注"阳澄湖",会导致消费者因信赖阳澄湖大闸蟹的品质而去购买,损害的并不是特定民事主体的利益,而是公共利益。同时,误导性使用地理标志,还会使来自该地理区域的商品或服务提供者正当使用该地理标志的利益受到影响,也与公共利益有关。既然对县级以上行政区划的地名或者公众知晓的外国地名不予注册的理由属于绝对理由,为什么基于相似立法目的,对误导性使用地理标志的商标不予注册的理由就是相对理由呢?国外立法也多将误导性使用地理标志的商标归入不予注册的绝对理由,如《欧盟商标条例》和美国《兰姆法》。[①] 因此,规定误导性使用地理标志的商标属于不予注册的绝对理由似更为合理。

---

① See Regulation (EU) on the European Union Trade Mark, Article 7 (1) (j); 15 U. S. C. 1052 (a), 1064 (3).

第十六章 商标权的内容与利用

商标权的内容为商标权人享有的专用权，即注册商标专用权在相同商品或服务上具有较强的排斥他人使用相同商标的权利。此外，商标权人还可以阻止他人以容易导致混淆的方式，在同一种商品或服务上使用与其注册商标近似的商标，或者在类似商品或服务上使用与其注册商标相同或者近似的商标。注册商标专用权不能被理解为注册人自行使用的权利，注册人对注册商标的使用如果侵犯他人的权利，仍然应当受到禁止。

本章知识点速览

表 16－1　使用注册商标被诉侵权时的处理

诉讼类型	使用注册商标被诉 侵害他人在先注册商标专用权	使用注册商标被诉侵害他人 其他在先权利（著作权等）
效果	法院不受理，在先注册人可请求国家知识产权局宣告在后注册商标无效	法院受理，可判决使用注册商标的行为构成侵权
例外	例外一：被控侵权人超出核定商品的范围使用注册商标，或使用时改变注册商标； 例外二：在先商标为驰名商标	——

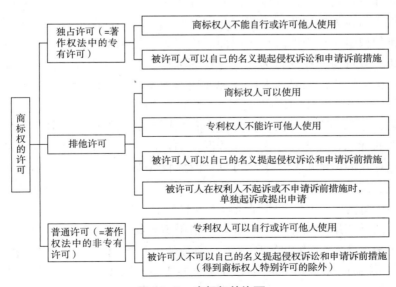

图 16－1　商标权的许可

第一节　注册商标专用权的内容

在《著作权法》和《专利法》中，权利的内容就是指著作权人和专利权人享有的一系列专有权利，如《著作权法》规定的复制权、发行权和信息网络传播权等，以及《专利法》为产品发明和实用新型专利权人规定的制造权、销售权和使用权等。专有权利的设置是与利用作品与专利的方式相适应的，也就是对每一种应由权利人控制的行为，相应地设置一项专有权利。在《商标法》中，商标权的内容只有一项，就是用于控制他人在特定范围内使用注册商标的权利，被称为注册商标专用权。

一、注册商标专用权的范围

◎ **难度与热度**

难度：☆☆☆☆☆　热度：☆☆☆☆☆

根据《商标法》第56条的规定，注册商标的专用权，以核准注册的商标和核定使用的商品或服务为限。专用权即排他权，它意味着他人未经商标权人许可不得在特定范围内使用注册商标。"核准注册的商标"是指登载在商标注册簿上的商标。"核定使用的商品或服务"是指注册时核准使用的指定商品或服务类别中的具体商品或服务。

"核准注册的商标"与"核定使用的商品或服务"共同限定了商标权人享有的极强地排斥他人使用注册商标行为的权利范围，以确保在注册商标与其识别的商品或服务来源之间建立起固定的、唯一的联系，实现让消费者"认牌购物"的目标，避免对商品或服务来源产生混淆。他人未经许可在相同商品或服务上使用与注册商标相同的商标，一般情况下，均会导致消费者误认为该商品或服务来源于商标权人，此时可直接推定存在混淆，并认定他人的行为构成商标侵权。而在这一范围之外，商标权人使用商标就不享有如此强大的排他权了。对于他人在相同商品或服务上使用近似商标，或在类似的商品或服务上使用相同或近似商标的行为，只有在商标权人举证证明存在混淆可能时，才能认定他人的行为构成侵权。如果他人的此种使用行为不会导致消费者对来源的混淆，商标权人是无权加以阻止的。TRIPs协定第16条第1款规定：注册商标所有人享有专有权，以阻止任何第三方未经其许可在贸易过程中在相同或类似的商品或服务上使用与注册商标相同或近似的标志，只要该使用会导致混淆的可能。如在相同商品或服务上使用相同标志，应推定存在混淆的可能。由此可见，商标权人对于他人在相同或类似商品或服务上使用相同或近似商标的行为，均享有排他权（专有权利），只是在行使权利、阻止他人未经许可的使用行为时，相关的举证责任有所区别。

与将注册商标专用权极强的排他效力严格限定于核准注册的商标和核定使用的商品或服务的规定相配合，《商标法》还规定了商标的另行申请与重新申请制度。《商标法》第23条规定：注册商标需要在核定使用范围之外的商品或服务上取得注册商标专用权的，应当另行提出注册申请。例如，《商品和服务分类表》第25类包含服装、鞋子和帽子三种商品，如果商标权人仅在服装上注册了商标，后来又希望在鞋子和帽子上取得注册商标专用权，就应当另行提出注册申请。《商标法》第 24 条规定：注册商标需要改变其标志的，应当重新提出注册申请。如果商标权人自行改变其标志，可能导致其注册商标被撤销的后果。

二、注册商标专用权的效力

◎ **难度与热度**

难度：☆☆☆☆　　热度：☆☆☆☆

注册商标专用权并非指商标权人有在核定使用的商品或服务上使用注册商标的绝对自由，而是指注册商标在此范围内具有很强的排他效力，即排斥他人未经许可的使用，商标权人可以基于这种排他效力要求他人在获取许可后才能使用。有一种观点认为，商标权的内容既包括使用权（专用权），即商标权人自己使用其注册商标的权利，也包括禁止权，即排斥他人使用注册商标的权利，因此商标权人禁止权的范围大于其使用权（专用权）的范围。该观点是不能成立的，本书第一章第二节在讲解知识产权的特征时已经说明，知识产权是专有权利，而"专有权利"只是"排他权利"（exclusive right）的另一种表述而已，是指排斥他人为特定行为的权利。知识产权人能否使用受保护的客体，以及可以何种方式使用，与专有权利并无关系，而是取决于法律是否有禁止性规定（所谓"法无禁止皆自由"）。商标权人自己对注册商标的使用，并不是商标权的体现，即使该商标没有注册，只要对该商标的使用没有侵犯他人的权利或因其他原因受法律禁止，经营者就可以使用。因此注册商标专用权并不能被理解为包括商标权人自己使用的权利，而是指在"核定使用的商品或服务"上有排斥他人使用"核准注册的商标"的权利。当然它也可以被表述为商标权人在"核定使用的商品或服务"上"独占性地使用"或"专有性地使用""核准注册的商标"的强大权利，但"独占性地使用"或"专有性地使用"与"排他性使用"完全同义。

基于"注册商标专用权"是排他权而非自用权的原理，即使商标已经获得注册，如果对该注册商标的使用侵害了他人的权利或因其他原因受法律禁止，商标权人仍有可能无法使用。根据最高人民法院《关于审理注册商标、企业名称与在先权利冲突的民事纠纷案件若干问题的规定》第 1 条第 1 款，对于商标权人使用自己注册商标的行为，如在先权利人认为侵害其著作权、外观设计专利权、企业名称权等在先权利并提起诉讼，只要符合《民事诉讼法》规定的条件，法院应当受理。这就意味着商标权人使用注册商标的行为仍有可能被法院认定为侵害他人的在先权利，法院可以在被诉侵权商标注册 5 年内，判决停止使用被诉侵权商标。[①] 之所以有 5 年的限制，是因为：一方面对注册商标的使用，可使消费者将注册商标与商品或服务的特定来源联系在一起，从而使注册商标产生商誉。对此法律在适当限度内应加以保护。因此，对在先注册人通过侵权诉讼维权（起诉要求在后注册人停止使用其注册商标）和通过商标行政确权程序维权（请求宣告在

---

① 最高人民法院《关于审理涉及驰名商标保护的民事纠纷案件应用法律若干问题的解释》第 11 条。虽然该规定针对的是使用注册商标侵害在先驰名商标权，但举重以明轻，对使用注册商标侵害在先注册商标专用权的，当然也适用 5 年的时间限制。

后注册商标无效）都应加以一定限制，即存在 5 年的时限。另一方面，法律不保护躺在权利上睡觉的人，而是希望促使权利人尽早行使权利，既避免消费者因两个注册人在同一类商品上同时使用相同或近似的注册商标而产生混淆，也避免在后注册人浪费其投资和宣传成本。

目前，依最高人民法院《关于审理注册商标、企业名称与在先权利冲突的民事纠纷案件若干问题的规定》第 1 条第 2 款，法院唯一不能受理的权利冲突纠纷，只有注册商标之间的冲突，即商标权人以他人在与其核定使用商品相同或类似的商品上使用的注册商标，与其在先的注册商标相同或者近似为由提起的诉讼（在先注册商标为驰名商标时除外①，参见第十七章第一节）。此时在先注册人可向国家知识产权局请求宣告对方的注册商标无效（参见本书第十六章第六节）。本书作者认为，司法解释将注册商标之间的冲突排除出法院可受理的民事纠纷的范围，主要是考虑到《商标法》已经为注册商标之间的冲突提供了通过行政程序（商标确权程序）解决争议的途径，但也可能属于"商标权的内容包括自用权"这一不当观点在法律规则方面的最后一点残留。与此同时，根据最高人民法院《关于审理注册商标、企业名称与在先权利冲突的民事纠纷案件若干问题的规定》第 1 条第 2 款，在有关注册商标之间冲突的纠纷中，如果被控侵权人超出核定商品的范围或者以改变显著特征、拆分、组合等方式使用其注册商标，法院对该纠纷仍然应当受理。（参见表 16 - 1）

第二节　注册商标专用权的转让、 许可与质押

注册商标专用权作为一种私权，可以被转让和许可。但由于商标法既要保护经营者凝集在商标中的商誉，又要保护消费者的利益，因此，注册对商标专用权的转让和许可有一些特殊规定。

一、转让

◎ 难度与热度
难度：☆☆☆☆　　热度：☆☆☆☆

根据《商标法》第 42 条的规定，转让注册商标的，转让人和受让人应当签订转让协议，并共同向国家知识产权局提出申请。受让人应当保证使用该注册商标的商品质量。转让注册商标经核准后，予以公告。受让人自公告之日起享有注册商标专用权。据此，注册商标转让只有经过国家知识产权局核准并公告之后才能生效，仅仅签订商标转让合同还不能产生注册商标专用权转让的法律效力。

商标的基本功能是识别来源。使用同一商标的商品或服务应当出自同一经营者，否则，就会导致消费者的误认和误购，也使商标无法实现识别功能，因此，如果注册人在相同或类似商品或服务上注册了相同或近似的数个商标，应当一并进行转让。假如某饮料厂同时在第 30 类的冰茶饮料和第 32 类的果汁饮料上注册了同一商标，就不能仅转让

---

① 　最高人民法院《关于审理涉及驰名商标保护的民事纠纷案件应用法律若干问题的解释》第 11 条。

注册在冰茶饮料上的商标而不转让注册在果汁饮料上的商标。虽然冰茶饮料和果汁饮料在《商品和服务分类表》上并不属于同一类别，但消费者很可能认为它们之间有密切关联，从而构成类似商品。如果两个饮料厂分别同时销售带有相同商标的冰茶饮料和果汁饮料，消费者就会误认为冰茶饮料和果汁饮料来自同一个厂商。对此，《商标法》第42条第2款规定：转让注册商标的，商标注册人对其在同一种商品上注册的近似的商标，或者在类似商品上注册的相同或者近似的商标，应当一并转让。《商标法实施条例》第31条第2款规定：应当一并转让而未一并转让的，由国家知识产权局通知其限期改正；期满不改正的，视为放弃转让该注册商标的申请，国家知识产权局应当书面通知申请人。

二、许可

◎ **难度与热度**

难度：☆☆☆☆　　热度：☆☆☆☆

商标权人可以通过签订商标使用许可合同，许可他人使用其注册商标。商标使用许可未经备案不得对抗善意第三人。许可人应当监督被许可人使用其注册商标的商品质量。被许可人应当保证使用该注册商标的商品质量。经许可使用他人注册商标的，必须在使用该注册商标的商品上标明被许可人的名称和商品产地。

表面看来，既然注册商标专用权是一种财产性私权，权利人当然可以许可他人行使，正如著作权人和专利权人可以许可他人使用作品和发明创造一样。但商标的首要功能在于识别来源，如果允许商标权人许可他人使用商标，就会形成使用相同商标的商品或服务的直接来源（被许可人）与商标标识的来源（商标权人）不一致的情况，因此，早期有些国家是不允许商标许可的。但消费者更为关心的并非商品或服务的直接提供者，而是使用相同商标的商品或服务是否具有相同的品质，并是否最终由一个企业负责。只要由被许可人提供的商品或服务与商标权人自己提供的商品或服务品质相同，且质量由商标权人负责，商标仍然能起到识别来源和保护消费者利益的作用。《商标法》第43条第1款规定：许可人应当监督被许可人使用其注册商标的商品质量。被许可人应当保证使用该注册商标的商品质量（该规定当然也适用于服务商标）。这正是为了确保商标权人和被许可人提供的商品或服务质量具有同一性。目前，各国均也允许商标权人许可他人使用商标。

依《商标法》第43条的规定，商标权人可以通过签订商标使用许可合同，许可他人使用其注册商标。商标使用许可合同应当报国家知识产权局备案，并由国家知识产权局公告。商标使用许可未经备案不得对抗善意第三人。可见，我国对商标许可采取的是登记对抗主义，即商标使用许可合同未经备案的，不影响该许可合同的效力，但不得对抗善意第三人。同时，经许可使用他人注册商标的，必须在使用该注册商标的商品上标明被许可人的名称和商品产地，以此保障消费者的知情权。

与专利许可相似，商标许可也分为三类：第一类是独占许可。它是指商标权人在约定的时间和地域范围内，仅许可一个被许可人以特定方式使用注册商标，同时商标权人自己承诺不使用该注册商标。第二类是排他许可。它是指商标权人在约定的时间和地域范围内，仅许可一个被许可人以特定方式使用注册商标，但商标权人自己可以使用该注册商标。第三类是普通许可。它是指商标权人在约定的时间和地域范围内，许可他人以特定方式使用注册商标,商标权人自己可以使用该注册商标,也可以再许可他人在同样的范围内使用注册商标。[①]

显然,独占许可使被许可人获得在约定的时间和地域范围内使用商标的垄断优势,因为在此范围内无其他人可以合法地以同样方式使用被许可的商标,与被许可人展开竞争;同时,如果他人在同一范围内以相同的方式使用商标,独占许可的被许可人可以单独起诉或申请法院采取诉前措施。排他许可的被许可人的竞争优势不如独占许可的被许可人,因为在约定的时间和地域范围内,商标权人和被许可人都可以使用商标,互相之间存在竞争;如果其他人在同一范围内以相同的方式使用商标,排他许可的被许可人只能和商标权人共同起诉或申请法院采取诉前措施,或在商标权人不起诉或进行申请的情况下,自行起诉或提出申请。普通许可的被许可人在同一市场上则需要面对较多的竞争,因为商标权人不但自己可以使用,还能许可其他人使用注册商标;如果其他人未经商标权人许可,在同一范围内以相同的方式使用商标,普通许可的被许可人只有在有商标权人明确授权的情况下才能起诉或申请法院采取诉前措施。

三、质押

对注册商标专用权还可以其他方式进行利用。根据《民法典》第 444 条的规定,注册商标专用权可以出质,质权自办理出质登记时设立。注册商标专用权出质后,出质人不得转让或者许可他人使用,但是出质人与质权人协商同意的除外。出质人转让或者许可他人使用出质的注册商标专用权所得的价款,应当向质权人提前清偿债务或者提存。

▶ 本章实务案例研习

一、使用"蜡笔小新"图形注册商标侵权案

(一)案情简介

"蜡笔小新"是知名的日本漫画,某公司将"蜡笔小新"漫画形象在《商品和服务分类表》第 25 类商品(服装、鞋等商品)上注册为图形商标(见图 16-2),并在童鞋等商品上使用该注册商标。日方权利人在法院就该行为提起民事诉讼,指称在童鞋等商品上使用该注册商标的行为侵犯了其著作权。被告抗辩称:其使用注册商标"系正当行使注册商标专用权";在注册商标未被宣告无效(当时称"撤销")之前,"注册商标专用权人使用商标的行为就是合法行为"。

图 16-2

(二)法院判决

一、二审法院均认为本案属于涉及注册商标授权争议的知识产权权利冲突案件,原告应该按照《商标法》规定的有关注册商标争议等救济程序予以解决,法院对此类纠纷不作为民事案件受理。而最高人民法院再审认定:此案为民事权益争议,属于法院的受

---

① 最高人民法院《关于审理商标民事纠纷案件适用法律若干问题的解释》第 3 条。

案范围。① 原审法院再审后认为，被告"在行使其商标许可实施权过程中擅自实施了在先著作权人专有控制的行为，仍构成著作权侵权，应当承担相应的侵权责任"②。

（三）法律分析

本案被告进行抗辩的观点是，只要注册商标仍然有效，注册商标专用权人使用商标的行为就是合法行为。这一观点是将注册商标专用权理解为了自己使用的权利，显然是不能成立的。如前文所述，注册商标专用权是禁止他人未经许可在特定范围内使用注册商标的权利，从中可以派生出许可权。但是注册人自己能否使用，取决于其行为是否受法律的禁止，包括是否侵犯他人权利。本案中，被告使用注册商标侵犯他人在先著作权，应当停止使用并承担赔偿责任。

二、商标共有人是否可以单独许可他人使用商标

（一）案情简介

张某和朱某共有"田霸"注册商标的专用权。朱某许可其开设的田霸公司使用"田霸"商标（普通许可），张某认为田霸公司使用该商标的行为侵害其商标权。

（二）法院判决

最高人民法院认为：商标权为一种私权，在商标权共有的情况下，其权利行使的规则应遵循意思自治原则，由共有人协商一致行使；不能协商一致，又无正当理由的，任何一方共有人不得阻止其他共有人以普通许可的方式许可他人使用该商标。最高人民法院还列出了四项理由：首先，商标只有用于生产经营活动中，与商品或者服务结合起来，才能起到区分商品或者服务来源的作用，体现商标的真正价值。如果商标权共有人难以协商一致导致注册商标无法使用，不仅难以体现出注册商标的价值，有悖于商标法的立法本意，也难以保障共有人的共同利益。其次，商标权共有人单独以普通许可方式许可他人使用该商标，一般不会影响其他共有人的利益，其他共有人可以自己使用或者以普通许可方式许可他人使用该商标，该种许可方式原则上应当被允许。如果商标权共有人单独以排他许可或者独占许可的方式许可他人使用该商标，则对其他共有人的利益影响较大，原则上应予以禁止。再次，根据《商标法》的规定，许可人应当监督被许可人使用其注册商标的商品的质量，被许可人应当保证使用该注册商标的商品的质量。因此，从保证商品质量和商标商誉的角度，商标权共有人单独进行普通许可，对其他共有人的利益一般也不会产生重大影响。即便商标权共有人单独进行普通许可造成了该商标商誉的降低，损害到了其他共有人的利益，这也是商标权共有制度自身带来的风险。在商标权共有人对权利行使规则没有作出约定的情况下，共有人应对该风险有所预期。最后，要求商标权共有人全部同意才可进行普通许可，无疑会增加商标许可使用的成本，甚至导致一些有价值的商标因共有人不能达成一致而无法使用，因此，商标权共有人在没有对权利行使规则作出约定的情况下，一般可以单独以普通许可的方式许可他人使用该商标。因此，张某的诉讼请求未得到支持。③

---

① 最高人民法院（2007）民三监字第 141 号民事裁定书。
② 上海市第一中级人民法院（2009）沪一中民五（知）再初字第 1 号民事判决书。
③ 最高人民法院（2015）民申字第 3640 号民事裁定书。

（三）法律分析

《商标法》并未对商标权共有人如何行使商标权作出规定，最高人民法院实际上是参考了《著作权法》有关不可分割使用的合作作品的著作权行使规则，其合理性在于：《商标法》与《著作权法》的立法目的有类似之处。《著作权法》的立法目的之一在于促进作品的传播，如仅因一名合作作者提出了缺乏正当理由的反对，其他合作作者就不能许可他人利用作品，就会妨碍作品的传播。同样，《商标法》要通过促进商标的使用而使商标发挥识别功能，如果要求事先取得商标权人全体共有人的同意才能使用商标，会妨碍商标的使用。

本章同步练习

一、选择题

（一）单项选择题

1. 下列有关注册商标专用权转让的说法中，正确的是：（　　）。

A. 受让人自与转让人签订合同时享有注册商标专用权

B. 受让人如未能维持使用注册商标的商品质量，由国家知识产权局撤销注册商标

C. 如注册人同时在计算机和鼠标上注册了同一商标，应当一并转让

D. 使用地理标志的商标被注册为集体商标的，该集体商标可转让给其他地域的经营者

2. 下列选项中正确的是：（　　）。

A. 某饮料厂同时在第 30 类冰茶饮料和第 32 类果汁饮料上注册了同一商标，可以分别转让注册在冰茶饮料和果汁饮料上的商标。

B. 某手机厂商在其新发布的第 11 代手机"闪耀"上同时注册了两个商标"闪耀"和"闪曜"，该厂商可以向不同的厂商分别转让这两个商标

C. 商标注册人授予甲 5 年内在东北地区使用某商标的独占许可，同时可以再授予乙在西南地区使用同一商标的独占许可

D. 普通许可的被许可人能够自行起诉他人未经许可在同一范围内以相同的方式使用商标。

（二）多项选择题

1. 下列哪项中的民事诉讼法院应当受理？（　　）

A. 尚未驰名的在先商标的注册人起诉在相同或类似商品上使用相同或近似商标的注册人，指称其使用在后注册商标侵犯在先注册商标的专用权

B. 在先著作权人起诉使用了其作品的商标的注册人，指称使用在后注册商标侵害在先著作权

C. 体育明星起诉使用了相同姓名的商标的注册人，指称使用在后注册商标侵害在先姓名权

D. 在先驰名商标权利人起诉在相同或类似商品上使用相同或近似商标的注册人，指称其使用在后注册商标侵害在先驰名商标的权利

2. 甲对于其在某类商品上注册的商标，先后与乙、丙签订独占许可合同，约定的使用区域和时间均相同。下列说法正确的是：（　　）。

A. 若甲、乙之间的独占许可合同未在国家知识产权局备案，丙明知甲、乙之间的合同仍与甲签订独占许可合同，乙有权禁止丙继续使用该商标

B. 若甲、乙之间的独占许可合同未在国家知识产权局备案，丙不知甲、乙之间的合同，与甲签订了独占许可合同，乙有权禁止丙继续使用该商标

C. 若甲、乙之间的独占许可合同已在国家知识产权局备案，丙不知甲、乙之间的合同，与甲签订了独占许可合同，乙无权禁止丙继续使用该商标

D. 若甲、乙之间的独占许可合同已在国家知识产权局备案，丙不知甲、乙之间的合同，与甲签订了独占许可合同，乙有权禁止丙继续使用该商标

（三）不定项选择题

甲国与我国均为《巴黎公约》成员国。甲国的蓝天公司在甲国和我国均在服装商品上注册了云彩形状的图形商标，后因在我国经营不善，将其在我国注册的该注册商标转让给了我国的白云公司。白云公司销售印有该注册商标的服装，取得了一定知名度。下列说法是正确的是？（　　）

A. 注册商标专用权不能脱离企业而单独转让，任何个人或单位均可请求国家知识产权局宣告白云公司的注册商标专用权无效

B. 将蓝天公司在甲国生产的印有相同商标的服装进口至我国销售，侵犯白云公司的注册商标专用权

C. 蓝天公司在我国可按其转让注册商标之前的经营规模继续生产和销售印有相同商标的服装

D. 白云公司无须经过蓝天公司许可，即可在甲国销售印有相同商标的服装

二、案例题

1. 著名书法家 A 与某珠宝公司经理 B 为好友。某日 B 过生日，A 前来道贺，为 B 挥毫写下了"福如东海"四个大字。B 看后十分喜欢，便将原件悬挂在位于繁华商业区的珠宝公司总店的门口，同时将原件复制四份，分别悬挂在四个分店门口。C 是一家餐饮店的经理，路过珠宝公司总店时，也十分喜欢"福如东海"这幅书法，便用随身携带的照相机拍摄下来，回家后对着照片中的字体进行临摹后，也将这四个字制成牌匾悬挂在餐饮店之中。同时，C 还在餐饮店的订餐名片中印上了这四个字，向过路人广泛散发。为了扩大自己的影响，C 还在餐饮店中举办了一次公益活动，电视台 D 在前来报道时，将"福如东海"牌匾以特写方式摄入镜头并在新闻节目中播出。E 是另一家珠宝公司的经理，他也喜欢"福如东海"这幅书法，未经许可就将其中的"福"字摘出，注册为其珠宝公司的商标。

请回答下列问题：

（1）B、C、D 各自实施了哪些著作权法意义上的行为？

（2）B、C、D 的这些行为是否构成对 A 的著作权的侵犯？

（3）A 发现 E 将"福"字注册为商标并使用后很不满，要求 E 停止使用。但 E 声称自己已经合法地获得了商标权，拒绝了 A 的要求。请问 A 可以通过何种手段阻止 E 对

"福"字的使用？

2. 漫画家创作了一幅动物漫画，该动漫造型很快风靡全国，具有很高的知名度。某玩具用品公司未经许可，使用相同的动漫造型申请注册了图形商标，并被核准注册，核定使用的商品类别为玩具产品。请回答下列问题：

（1）在该玩具用品公司申请商标注册的过程中，漫画家可以通过何种方式保护自己的利益？

（2）如果漫画家在该商标核准注册之后才知道此事，其可以通过何种方式保护自己的利益？

（3）漫画家认为：该玩具用品公司未经许可在玩具用品上使用该注册商标的行为，实际上是未经许可使用其美术作品的行为，侵犯了自己的著作权，并起诉该公司侵权。某玩具用品公司抗辩称：自己的商标经过合法注册，自己当然有权在核定使用的商品上使用核准注册的商标，不构成侵权。请问漫画家的诉讼请求能否得到支持？

3. 请阅读下列新闻报道：

《商标被抢注 人大校徽"惹"风波》（作者：卢义杰有删改）

来源：《中国青年报》，2016-12-09（7）

中国人民大学校徽商标正陷入风波：一个名为"庄学恩"的认证微博，近日发帖称人大校徽图案的注册商标有效期满但未续展，而其微博配图显示，福建省一家名为"泉州市泉港区春回大地电子科技有限公司"（以下简称"春回大地公司"）的申请人，已成功注册与人大校徽的图案非常相似的商标。该公司的法定代表人正是庄学恩。

图16-3　中国人民大学校徽（商标图形）

图16-4　春回大地公司注册的商标

部分媒体、网友质疑此举涉嫌"抢注商标"，庄学恩向中国青年报·中青在线记者表示，注册行为完全合法，并且申请注册的时候不知道前述图形与人大校徽图案相似。

记者经查询发现，人大此前曾申请注册过与校徽图案有关的24个商标，其中23个商标的专用期限已在2014年至2015年前后截止，10个商标目前显示为无效状态。有业内人士建议高校应加强商标保护意识。

···········

人大校徽图案为3个并列的篆书"人"字图形。2003年1月，该校申请将包括"人人人"图案在内的校徽申请注册为商标，名称为"中国人民大学；人人人；RENMIN UNIVERSITY OF CHINA；1937"，分类号是第41类"教育；提供培训；娱乐；文体活动"。

该商标此后注册成功，专用期限为2004年6月至2014年6月。同时，人大也将其校徽和校徽中的核心图案三个"人"分别注册了第 35 类（广告、商业经营、商业管理、办公事务）、第 37 类（房屋建筑、修理、安装服务）、第 39 类（运输、商品包装和贮藏、旅行安排）、第 40 类（材料处理）、第 41 类（教育、提供培训、娱乐、文体活动）等多个类别共计 24 个商标。

根据《商标法》的规定，商标注册成功之后的有效使用期为 10 年，在有效期满前 12 个月，商标申请人可以申请商标续展；在续展期内未提出续展申请的，还有 6 个月的宽展期，在宽展期如果未提出商标续展申请，期满后商标局（现为国家知识产权局——作者注）将注销商标。

不过，直到商标专用期限到期时，人大也未申请续展，且在 6 个月的宽展期内也未提出续展申请。

如果上述报道属实，针对春回大地公司的商标注册，你可以向中国人民大学提出何种法律对策？

三、论述题

《商标法》规定，许可人（商标权人）应当监督被许可人使用其注册商标的商品质量，但是没有规定如果许可人没有履行监督义务，就可撤销注册商标。有些国家的商标法规定，如果商标权人未能对被许可人使用其注册商标的商品质量进行监督，该注册商标可以被撤销。还有些国家的商标法并未规定商标权人有义务监督被许可人使用其注册商标的商品质量。

请思考不同立法背后的考量是什么？我国《商标法》在这方面应如何进行完善？

参考答案

一、选择题

（一）单项选择题

1. C

解析：注册商标的转让经国家知识产权局公告后，受让人才能取得注册商标专用权，因此 A 项错误。对于受让人未能保持使用注册商标的商品质量的情况，《商标法》没有规定法律后果，国家知识产权局无权在这种情况下撤销注册商标，因此 B 项错误。转让注册商标的，商标注册人对其在同一种商品上注册的近似的商标，或者在类似商品上注册的相同或者近似的商标，应当一并转让，因此 C 项正确。对于具有不良影响的商标转让不予核准。地理标志被当地的适格组织注册为集体商标后，该集体商标如果转让给其他地域的经营者，会导致消费者对产地的误认，因此不能被核准转让，D 项错误。

2. C

解析：转让注册商标的，商标注册人对其在同一种商品上注册的近似的商标，或者在类似商品上注册的相同或者近似的商标，应当一并转让，因此 A 项和 B 项错误。独占许可是在约定的时间和地域内只允许一家使用商标。注册人可以在同一时间、在不同的地域给予不同的被许可人以相同内容的独占许可，因此 C 项正确。普通许可人不能自行起诉他人，只能在得到注册人特别许可的情况下自行起诉，因此 D 项错误。

（二）多项选择题

1. BCD

解析：最高人民法院《关于审理注册商标、企业名称与在先权利冲突的民事纠纷案件若干问题的规定》第 1 条第 2 款明确规定，注册商标之间的冲突，不属于人民法院的受案范围，应通过行政程序予以解决，因此不应选 A 项。《商标法》对驰名商标有特别保护，在后注册商标侵害在先驰名商标的权利引发纠纷的，法院应当受理，因此应选 D 项。B 项和 C 项属于使用注册商标侵害他人在先著作权和姓名权，根据最高人民法院《关于审理注册商标、企业名称与在先权利冲突的民事纠纷案件若干问题的规定》第 1 条第 2 款的规定，在先权利人可以对此提起侵权之诉，被告不能以使用自己的注册商标作为抗辩，因此应选 B 项和 C 项。

2. AD

解析：《商标法》对注册商标专用权的许可采用登记对抗主义，如果在先许可合同未经登记，被许可人不得对抗善意第三人。A 项中在先许可合同未经登记，但丙知道，非善意第三人，在先被许可人乙可以对抗丙，因此 A 项正确。B 项中在先许可合同未经登记，丙不知道，为善意第三人，在先被许可人乙不能对抗丙，因此 B 项错误。C 项和 D 项中在先许可合同经过登记，具有对抗善意第三人的效力，因此 C 项错、D 项正确。

（三）不定项选择题

B

解析：《商标法》允许企业转让其注册商标，且单独转让注册商标并非请求宣告注册商标无效的理由，因此 A 项错误。由于该商标在甲国和我国并不属于同一商标权人，不存在平行进口，未经我国商标权人许可从甲国进口至我国后销售，属于销售侵犯注册商标专用权商品的行为，因此 B 项正确。《商标法》第 59 条规定：商标注册人申请商标注册前，他人已经在同一种商品或者类似商品上先于商标注册人使用与注册商标相同或者近似并有一定影响的商标的……根据该条规定可知，先用权是在他人申请日之前使用相同商标，而不是在转让之前使用，因此 C 项错误。由于商标保护的地域性，《巴黎公约》没有创造出"世界商标权"，白云公司的注册商标仅在我国有效，在甲国未经许可销售印有相同商标的服装，侵犯甲国商标权人的权利，因此 D 项错误。

二、案例题

1.（1）B 实施了展览行为、复制行为，C 实施了三次复制行为（拍摄、临摹、印在名片上）和展览行为，D 实施了广播行为。

（2）B 对原件展览不侵权，对原件的复制和对复制件的展览侵权，C 的第一次复制是合理使用，第二次复制也是合理使用，第三次复制是侵权，展览是侵权。D 的广播行为是合理使用。

（3）A 可以以 E 的注册商标侵害其在先著作权为由向国家知识产权局请求宣告该注册商标无效，也可以直接以 E 的行为侵害其著作权为由起诉。注册商标专用权不等于自己使用的自由。不能以该商标已获注册为由，在民事侵权诉讼中进行抗辩。

2.（1）漫画家在该商标被初步审定并公告后 3 个月内向国家知识产权局提出异议。对异议不服的结果，可向国家知识产权局申请复审，如复审请求被驳回，可在商标核准注册后向国家知识产权局请求宣告该注册商标无效。

（2）漫画家可向国家知识产权局请求宣告该注册商标无效；如果请求被驳回，可以国家知识产权局为被告，向北京知识产权法院提起行政诉讼；如果对一审结果不服，可向北京市高级人民法院提起上诉。

（3）应获得支持。商标权是禁止权而不是自用权。获得商标注册只意味着可禁止他人在相同或类似商品上以容易导致混淆的方式使用相同或近似商标，而不意味着取得了使用商标的绝对权利。商标图形为他人有著作权的作品的，使用商标必然会导致对作品的复制发行，是侵害他人著作权中复制权和发行权的行为。即使商标仍然有效，商标权人也不得使用。

3. 中国人民大学可以有以下几种应对策略。

（1）人大的商标图形经过长期使用，已经驰名，可作为未注册驰名商标受到保护。由于春回大地公司在相同的服务（教育）上注册了相同的商标，因而人大可以根据《商标法》第 13 条保护未注册驰名商标的规定，请求宣告该注册商标无效。而且对于恶意抢注驰名商标的行为，不受 5 年争议期的限制。

（2）人大的商标图形经过长期使用，至少可被认定为在先使用的有一定影响的商标，他人不得以不正当手段在同类商品或服务上抢先注册。人大可据此请求宣告该注册商标无效。

（3）人大的商标图形有独创性，属于美术作品，且根据最高人民法院《关于审理商标权确权行政案件若干问题的规定》第 19 条第 3 款推定人大对此享有著作权。春回大地公司的注册行为属于侵犯在先权利，人大可据此请求宣告该注册商标无效。

（4）人大的商标图形有独创性，属于美术作品，春回大地公司一旦在教育服务上使用，就属于对美术作品的复制或发行、网络传播。人大可请求法院认定该使用行为侵害著作权，要求其停止使用、赔偿损失。

三、论述题

要求许可人对被许可使用注册商标的商品质量进行监督是对商标的品质保障功能和识别来源功能的强化。在商标被许可由他人使用的情况下，使用同一商标的商品或服务会有不同的来源。如果源自不同经营者的商品或服务具有相同质量，消费者的利益并不会受到损害。但如果被许可人提供的商品质量低劣，那么消费者因为对商标权人直接提供的商品具有良好印象，而购买了被许可人使用相同商标的商品，就等于因商标许可而受骗上当。为了防止这种情况的发生，《商标法》一方面要求被许可人必须在使用该注册商标的商品上标明被许可人的名称和商品产地，以使消费者知晓该商品并非由商标权人提供；另一方面要求商标权人监督被许可人使用其注册商标的商品质量，以防被许可人的商品质量低劣，导致商标无法发挥其品质保障功能，并损害消费者的利益。同时，商标权人对被许可人的商品质量加以监督，意味着要对被许可人施加一系列质量管理与控制。这就使商标权人与被许可人之间在生产经营方面具有更加密切的联系。在这种情况下，被许可人提供的商品与商标权人直接提供的商品就没有多大的差别了。商标权人与被许可人可以基本被视为同一个经营者，这就使商标所固有的识别来源功能仍然可以发挥作用。换言之，只要商标权人对被许可人的商品质量加以有效监督，被许可人对商标的使用就可以被视为商标权人自己的使用，即对消费者而言，即使其完全不知道使用注册商标的商品并非由商标权人直接提供，也不存在受骗上当的问题。

在商标权人对被许可人使用其注册商标的商品质量加以监督的情况下，即使商标权人在 3 年内自己完全没有使用商标，也不会因此而被撤销商标注册。这同样是因为在这种情况下，法律将被许可人的使用视为商标权人自己的使用。[①]

由此可见，商标权人的监督义务在强化商标品质保障功能的同时，也是在确保商标的识别来源功能得到实现。在有些国家，如果商标权人没有对被许可使用其注册商标的商品或服务的质量进行监督与控制，商标权人可能面临着被认为放弃注册商标的危险[②]，因为注册商标在这种情况下被认为丧失了指示商品或服务来源的功能。[③] 有国外法院在判例中指出：只要许可人进行了质量控制，许可他人使用商标就不意味着许可人放弃了商标，但在没有质量控制下的许可（naked licensing）构成对商标的放弃。[④] 仅仅在许可合同中约定许可人有监督的权利是不够的，许可人必须实际实施了充分的质量控制。[⑤]

在另一些国家，如果商标权人未能对被许可人使用其注册商标的商品或服务的质量进行控制，而被许可人对商标的使用达到了在商品或服务的性质、质量或地理来源上误导公众的程度，《商标法》规定可以撤销注册商标。[⑥] 当商标权人实际控制着被许可人的经营，或者商标权人为被许可使用注册商标的商品规定了质量标准，或者被许可使用注册商标的商品是根据同时作为专利权人的商标权人的专利许可合同制造的时，可以认定商标权人进行了质量控制。[⑦]

但是，在法国、西班牙等，商标权人并没有义务去监督被许可人使用其注册商标的商品或服务的质量。这意味着立法者相信市场规律可以自然促使许可人和被许可人保障使用注册商标的商品或服务的质量。如果被许可人提供的商品或服务质量低劣，导致消费者将注册商标视为品质不佳的标志，则不但被许可人在商业上不可能取得成功，而且会危及商标权人的声誉和商业前景。这种市场压力自然会促使被许可人自觉地保证商品或服务的质量，同时也会促使商标权人在被许可人出现问题时进行干预，而无须在法律中强制要求商标权人对被许可人使用其注册商标的商品或服务的质量加以控制。

---

① World Trademark Law and Practice. Matthew Bender & Company Inc., 2005. Australia, §8.01.
② Patsy's Italian Rest., Inc. v. Banas, 658 F. 3d 254（2nd Cir., 2011）.
③ World Trademark Law and Practice. Matthew Bender & Company Inc., 2005. United States, §8.01.
④ Dawn Donut Co. Inc. v. Hart's Food Stores, Inc., 267 F. 2d 358, at 436（2nd Cir., 1959）.
⑤ Alligator Co. v. Robert Bruce Inc., 122 U. S. P. Q. 276, at 277–278（E. D. Pa., 1959）.
⑥ 英国《商标法》第 46 条第 1 款 d 项。
⑦ David Kitchin, David Llewelyn, etc.. Kerly's Law of Trade Marks and Trade Names. Sweet & Maxwell, §§13–30（2005）.

第十七章 对驰名商标的特别保护

驰名商标凝集了良好的商业信誉，是商品或服务的生产经营者或提供者长期努力的结果。有些驰名商标不仅发挥着商标识别商品或服务来源的基本功能，而且具有表彰消费者身份和品位的功能。如果仅仅根据混淆理论把对驰名商标的保护限定在相同或类似商品或服务上，不仅无法防止他人恶意利用驰名商标商誉的"搭便车"行为，而且不利于鼓励商品或服务提供者通过持续的努力和投资保证产品或服务的品质，并提高商标的声誉。因为他人未经许可对驰名商标的使用即使不会使消费者对商品或服务的来源产生混淆，也可能因弱化驰名商标的显著性或丑化其形象而严重损害驰名商标权人的利益，或者可能导致不公平的"搭便车"。因此，需要法律对驰名商标提供特殊保护。本章主要讲解驰名商标的概念、淡化理论和对驰名商标的特殊保护机制。

本章知识点速览

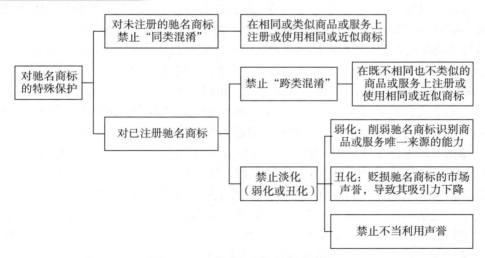

图 17-1 对驰名商标的特殊保护

本章核心知识点解析

在电影《天下无贼》中，演员刘德华和刘若英扮演的一对夫妇开着骗得的宝马轿车驶入别墅区大门时，保安不但没有上前询问，反而立正敬礼。刘德华扮演的男主角将车倒回，拍着宝马车问保安："开好车你就不问，开好车就可以随便进入，开好车就一定是好人吗?!"这个问题令人沉思。的确，观众们需要扪心自问：人们在追求以豪车、名表和名牌服装等为象征的奢华生活和"面子"时，是否忽视了物质外壳之下的灵魂？然而，电影中的这一幕揭示了一个现实，如"宝马"这样的驰名商标彰显了拥有者的身份与地位，满足了消费者的心理需求，其作用有别于普通商标。与之相适应，商标法对驰名商标提供了特别保护。

第一节　对驰名商标的特别保护机制

已注册的驰名商标当然可以受到《商标法》对注册商标的保护。例如，他人未经许可在相同商品或服务上使用与驰名商标相同或近似的商标，容易导致混淆的，当然属于侵权行为。这与该注册商标是否驰名并无关系，法院也无须认定该注册商标为驰名商标。但是，在驰名商标尚未注册，或者他人跨类使用与已注册驰名商标相同或近似的商标，以及对相同或近似商标的使用不容易引起混淆的情况下，《商标法》基于驰名商标的特征规定了特别保护机制。

一、对未注册的驰名商标禁止"同类混淆"

◎ 难度与热度

难度：☆☆☆☆　　热度：☆☆☆☆

在注册制下，商标获得商标法保护的前提是进行注册。如果经过长期使用已经驰名的商标没有进行过注册，投入大量资金和劳动使商标驰名的人就无权通过商标法阻止他人在相同或类似商品或服务上使用自己的驰名商标，甚至无权阻止他人抢先将驰名商标予以注册、无偿地将凝集在驰名商标中的商誉据为己有，显然是不公平的，也会引起相关公众的混淆。商标的地域性使得保护在本国驰名但未在本国注册的外国驰名的需求非常突出。

为此，《商标法》第13条第2款规定，就相同或者类似商品或服务申请注册的商标是复制、摹仿或者翻译他人未在中国注册的驰名商标，容易导致混淆的，不予注册并禁止使用。这意味着未在中国注册的商标只要已经在中国驰名，而他人对该驰名商标进行复制、摹仿或者翻译，并在相同或类似商品或服务上进行使用，可能导致消费者对商品来源产生混淆的，也能受到《商标法》的保护，即该驰名商标所有者有权阻止他人使用，国家知识产权局对他人在相同或类似商品或服务上的注册申请不予核准。这一特殊规定使"驰名"成为商标除注册之外获得保护的第二条途径，可以有效地防止恶意利用未注册驰名商标的声誉牟利并欺骗消费者的行为。如在"苏富比案"中，法院认为：原告英国苏富比拍卖行虽然当时尚未在中国注册"苏富比"中文商标，但经过其对"苏富比"的持续宣传，"苏富比"在中国已经具有较高的知名度，构成拍卖服务的未注册驰名商标。而被告四川苏富比公司在其拍卖活动、宣传材料、网站和名片中使用"苏富比"等商标标识，会造成相关公众的混淆或者误认为被告与原告存在某种联系。因此，法院认定被告的行为侵犯了原告的未注册商标权。[1]

---

[1]　北京市第二中级人民法院（2007）二中民初字第11593号民事判决书。

二、对已注册的驰名商标禁止"跨类混淆"

◎ **难度与热度**

难度：☆☆☆☆　热度：☆☆☆☆☆

根据混淆理论，他人未经许可使用商标的行为如果不容易导致消费者混淆，并不构成商标侵权。在其他种类的商品或服务上使用相同或近似商标一般不会引起消费者混淆，因而不是商标侵权行为。但对于许多驰名商标而言，其知名度已经超越了其核定使用的商品或服务类别，未经许可将该驰名商标用于不同类别的商品或服务时，只要两类商品或服务的消费者群体有所重合，就可能导致消费者对商品或服务的来源产生混淆。因此，需要对这种跨类使用驰名商标，容易导致消费者混淆的行为加以制止。

对此，《商标法》第13条第3款规定，就不相同或者不相类似商品或服务申请注册的商标是复制、摹仿或者翻译他人已经在中国注册的驰名商标，误导公众，致使该驰名商标权利人的利益可能受到损害的，不予注册并禁止使用。该款正是为了制止对驰名商标的"跨类混淆"。例如，在"益达"商标争议案中，在"非医用口香糖"上注册的"益达"文字商标经过长期宣传，已为相关公众广为知晓，达到了驰名的程度。他人申请将"益达"文字在"化妆品、洗面奶、清洁制剂"上进行注册，虽然这些商品与口香糖在生产方法、产品用途上存在差异，并不属于类似商品，但二者在销售渠道、销售方式、消费对象等方面存在较大的关联性。口香糖本身有清洁口腔的作用，相关公众在化妆品、洗面奶、清洁制剂上看到"益达"商标时，容易被误导，即认为生产"益达"口香糖的箭牌公司也开始生产或许可生产化妆品、洗面奶和清洁制剂了。因此，对该商标申请不应予以核准。[①]

三、对已注册的驰名商标防止淡化

◎ **难度与热度**

难度：☆☆☆☆　热度：☆☆☆☆☆

对驰名商标的特殊保护还与现代商标法理论的发展密切相关。商标法对多数商标的保护主要依据混淆理论，即商标法的主要任务在于防止消费者对商品或服务来源产生混淆。但混淆理论无法应对那些虽不会导致混淆，但会严重损害驰名商标权利人利用的行为。为此产生了用于保护驰名商标的淡化理论，即相关公众在看到一个商标时，立即会联想到之前就熟悉的一个驰名商标，即使能够清楚地意识到该商标并非由驰名商标权利人使用或授权使用，但只要这种联想的长期后果会损害驰名商标与商品或服务的特定来源之间独一无二的联系，或者贬损驰名商标所代表的品位与声誉，导致驰名商标对相关公众的吸引力降低或价值受到损害，他人使用该商标的行为也应当被制止。广义上的淡化还包括对驰名商标显著性和声誉的不正当利用，此时商标法还要禁止擅自将驰名商标的价值转移至其他商标之上所导致的"搭便车"行为。

最高人民法院《关于审理涉及驰名商标保护的民事纠纷案件应用法律若干问题的解释》第9条第2款规定："足以使相关公众认为被诉商标与驰名商标具有相当程度的联

---

① 最高人民法院（2017）最高法行申6006号行政裁定书。

系，而减弱驰名商标的显著性、贬损驰名商标的市场声誉，或者不正当利用驰名商标的市场声誉的，属于商标法第十三条第三款规定的'误导公众，致使该驰名商标注册人的利益可能受到损害'。"这一司法解释扩大了《商标法》第 13 条第 3 款中"误导公众"的字面含义（"误导公众"即为"混淆"），从而将不可能导致相关公众混淆和误认的特定行为也定性为对已注册驰名商标的侵权行为，实际上引用了淡化理论。具体而言，该司法解释规定了三类行为，即弱化、丑化和不当利用声誉。

（一）弱化与丑化

对于一些驰名商标而言，许多未经许可对其加以使用的方式并不会使消费者对商品或服务的来源产生混淆。例如，一般人都知道"百度"是用于网络服务的商标，如果有人出售"百度"女鞋①，消费者不大可能误认为这是百度网络公司提供或许可提供的商品，因为网络服务和鞋子是完全不同的类别。同样，如果消费者看到克丽丝汀·迪奥（Christian Dior）牌厕所强力除臭剂，也不可能相信它是由驰名世界的香水品牌克丽丝汀·迪奥的权利人制造或授权制造的。因此，这种行为很难构成传统意义上的商标侵权。

但是，驰名商标之所以凝集了比普通商标更高的商誉，一些驰名商标还具有表现和彰显使用者身份和地位的功能，重要原因在于这些驰名商标与商品或服务的特定来源之间建立起了独一无二的联系，故而具有很强的识别商品或服务来源的能力。消费者一看到相关的驰名商标，只会想到一个特定的来源。在这种情况下，驰名商标的显著性已经不仅表现在相关公众看到驰名商标时，能够认识到它是一个用来识别商品或服务来源的商标（如知道"劳斯莱斯"是一个商标），还表现在相关公众能够立即将其与商品或服务的特定来源联系起来（如一看到"劳斯莱斯"，就知道一辆轿车出自特定的汽车公司），也就是说，驰名商标的显著性极强。一些驰名商标的价值还往往来源于权利人长期专注于提供有限种类的特定商品或服务的努力，使该驰名商标成为一种身份、品位或生活方式的代名词。如果放任他人将驰名商标随意用于识别与原先类别商品或服务完全不相干的商品或服务的来源，即使不容易导致混淆，也会损害驰名商标识别商品或服务唯一来源的能力，从而使驰名商标丧失其原先可能具有的表现与彰显使用者身份和地位的功能。

当某人宣称自己拥有"劳斯莱斯"时，不少人会向其投去羡慕与钦佩的目光。这是因为"劳斯莱斯"与特定高级轿车制造商之间存在唯一联系，他人会立刻想到此人拥有一辆价格高昂的"劳斯莱斯"牌高级轿车，而"劳斯莱斯"牌高级轿车是高贵身份的象征。但是，如果放任将"劳斯莱斯"广泛用于牛仔裤、铅笔和三轮车等多种商品，即使在这些商品上以更大的字体清楚地声明自己与"劳斯莱斯"轿车的制造商并无关系，消费者也不会认为这些商品来源于"劳斯莱斯"轿车制造商，但经过一段时间之后，"劳斯莱斯"与特定高级轿车制造商之间联系的唯一性就消失了。由此造成的后果就是，"劳斯莱斯"在识别特定高级轿车制造商之外，还可以同时识别许多其他与之完全无关的商品或服务提供者。此时如再有人宣称自己拥有"劳斯莱斯"，他人可能就会怀疑地询问：你拥有的是什么"劳斯莱斯"？是"劳斯莱斯"轿车还是其他企业制造的"劳斯莱斯"牛仔裤、铅笔和三轮车？显然，即使人们不会相信"劳斯莱斯"轿车制造商会将经营范围拓展至牛仔裤、铅笔和三轮车，因此不会发生对商品来源或许可、赞助等关系的混淆，但

---

① 此为本书作者亲见的实例。

由于"劳斯莱斯"原来所具有的专门指示高级轿车来源于特定制造商的能力受到损害，该制造商因长期生产、销售高品质轿车而使"劳斯莱斯"商标所代表的极高声誉和高贵形象势必受到破坏。这就是所谓的"商标弱化"行为——未经许可将驰名商标用于识别商品或服务的来源，即使不会有使消费者产生混淆的可能，也将导致驰名商标清楚地识别商品或服务唯一来源的能力受到削弱，就像在牛奶中加水会冲淡牛奶

图 17-2　干脆面上的"爱抖音"商标

的味道一样，"冲淡"（削弱）了驰名商标极强的显著性，即驰名商标原先具有的迅速识别商品或服务来源的能力。例如，未经许可在干脆面产品上使用"爱抖音"商标（见图17-2），会割裂"抖音"商标与其权利人之间所建立的唯一联系，构成侵权。①

　　"丑化"是指相关使用行为将贬损驰名商标的市场声誉，导致驰名商标对相关公众的吸引力下降，从而损害驰名商标的价值。当他人擅自将与驰名商标相同或近似的标志用于档次较低、品位低下、质量低劣，甚至是有伤风化的产品或服务时，这种损害尤其容易发生。如前文提及的出售"克丽丝汀·迪奥"牌厕所除臭剂的行为就是典型的对驰名商标的丑化。再如，有人申请在马桶等卫生间设备上注册"YiLi+伊利"商标（见图17-3）。虽然消费者不可能

图 17-3　"YiLi+伊利商标"

认为生产"伊利"牌奶制品的伊利公司会去制造或许可制造"伊利"牌马桶，但看多了"伊利"牌马桶，"易使消费者将其与不洁物发生联想"，难免会影响喝"伊利"奶的胃口，造成贬损"伊利"商标声誉的损害后果②，对伊利公司的利益损害是不言而喻的，因此属于对驰名商标的丑化，不应允许其注册。

（二）不当利用声誉

　　最高人民法院司法解释列举的最后一种行为是"不正当利用驰名商标的市场声誉"。这一用语借鉴自《欧共体商标一号指令》，具有兜底性质。它描述的是一些利用驰名商标的市场声誉推销自己的商品或服务，但并不导致混淆或明显的弱化或丑化的行为。这些行为利用的商标大多只与驰名商标中的部分组成要素相同或近似，与驰名商标的整体尚有较大差异，但对驰名商标中部分组成要素的使用，有时就可体现驰名商标的市场声誉。利用此种标志并不一定会通过损害驰名商标的显著性或丑化其形象而降低驰名商标对相关公众的商业吸引力③，而是属于"搭便车"，即无偿利用驰名商标权利人为创造和维护品牌形象所进行的投资形成的商誉，将其转移至自己使用的商标上，坐享他人驰名商标的声誉、吸引力和带来的利益。换言之，与弱化、丑化这两种直接损害驰名商标权利人利益的行为不同，此类行为往往"利己但不（直接）损人"，属于一种不公平的行为。消费者在看到他人商标时，如果基于对在先驰名商标的价值或相关商品质量的认可，而受到他人商标的吸引，就说明他人将在先驰名商标的商誉转移到了自己的商标之上，借此

①　江苏省苏州市中级人民法院（2018）苏05民初1268号民事判决书。
②　北京市第一中级人民法院（2009）一中行初字第1589号行政判决书。
③　Tulliallan Burlington Ltd. v. EUIPO，Joined Cases C-155/18 P to C-158/18 P，para. 83.

吸引消费者。此时就有可能属于"不正当利用驰名商标的市场声誉"。

图 17－4　"MACCOFFEE"
咖啡

例如，在欧盟普通法院①审理的"MACCOFFEE"案中，新加坡未来公司在欧盟注册了"MACCOFFEE"文字商标，核定使用的商品为咖啡、茶、饮料和食品等。麦当劳公司请求宣告该注册商标无效，理由是其不当利用了麦当劳公司在先注册商标"McDonald"的声誉。

欧盟普通法院认为，"MACCOFFEE"商标与"McDonald"商标在拼写上存在明显差异，其近似度并不足以导致混淆。但是，"MACCOFFEE"中的"MAC"与"McDonald"中的"Mc"读音高度相近，而且二者在英语文化圈中，都是苏格兰凯尔特语中姓的前缀，具有相同的含义，这导致两商标在整体上有一定程度的近似。与此同时，麦当劳公司注册和使用的不仅是"McDonald"商标，还有以"Mc"为前缀、后加食品名称的一系列商标，形成了一个商标家族。这些注册商标在市场上的使用，使"Mc"具有了自身的显著特征，使其在与食品名称结合后能够识别快餐服务的共同来源。② 正是由于"McDonald"商标具有极高的知名度，同时"Mc"与商品名称的结合整体具有显著性，"MACCOFFEE"与"McDonald"具有一定整体近似度，"MACCOFFEE"商标涉及借用了"McDonald"商标的形象，属于"不当利用在先驰名商标的声誉"，因此，"MACCOFFEE"商标被宣告无效。

四、驰名商标权利人可禁止他人使用侵权的注册商标

◎ **难度与热度**

难度：☆☆☆☆　热度：☆☆☆☆

本书第十七章第一节曾提及，根据最高人民法院的司法解释，对于商标权人使用自己注册商标的行为，如在先权利人认为侵害其著作权、外观设计专利权、企业名称权等在先权利并提起诉讼，只要符合《民事诉讼法》规定的条件，法院应当受理。这就意味着商标权人使用注册商标的行为仍有可能被法院认定为侵害他人的在先权利。③ 法院唯一不能受理的权利冲突纠纷，只有注册商标之间的冲突，即商标权人以他人使用在核定商品或服务上的注册商标与其在先的注册商标相同或者近似为由提起的诉讼。④ 但对此也存在一个例外，最高人民法院《关于审理涉及驰名商标保护的民事纠纷案件应用法律若干问题的解释》第 11 条中规定，"被告使用的注册商标违反商标法第十三条的规定，复制、摹仿或者翻译原告驰名商标，构成侵犯商标权的，人民法院应当根据原告的请求，依法判决禁止被告使用该商标"，除非驰名商标权利人提起诉讼时，距被控侵权商标的注册已

① 如当事人对欧盟商标的注册机构——欧盟知识产权局作出的有关商标注册和无效等决定不服，而以欧盟知识产权局为被告提起的诉讼，欧盟普通法院有管辖权，其地位类似于我国的北京知识产权法院。对欧盟普通法院的判决不服，可上诉至欧盟法院。

② Future Enterprises Pte Ltd.，v. European Union Intellectual Property Office（EUIPO），Judgment of the General Court（First Chamber），Case T－518/13（2016），paras. 20，22－34，58－64.

③ 最高人民法院《关于审理注册商标、企业名称与在先权利冲突的民事纠纷案件若干问题的规定》第 1 条第 1 款。

④ 最高人民法院《关于审理注册商标、企业名称与在先权利冲突的民事纠纷案件若干问题的规定》第 1 条第 2 款。

超过 5 年（但恶意注册驰名商标的，不受 5 年期限限制，参见下文），或者被控侵权商标在注册时，原告的商标尚不驰名。据此，在先的驰名商标无论是否已经注册，其权利人只要认为他人使用注册商标的行为侵权，都可以直接向法院提起诉讼，请求判决禁止使用被控侵权的注册商标，而无须先请求宣告被控侵权的注册商标无效。这也属于对驰名商标的特殊保护。

五、对恶意注册的驰名商标请求宣告无效不受争议期限限制

◎ **难度与热度**

难度：☆☆☆☆　热度：☆☆☆☆

根据《商标法》第 45 条第 1 款的规定，驰名商标权利人对于他人恶意注册自己驰名商标的行为请求国家知识产权局宣告该注册商标无效，不受 5 年争议期限限制。该款规定承认了驰名商标因凝集了较高的商誉，应当受到比普通商标更强的保护。而恶意抢注人是无法依靠争议期限的限制将他人的驰名商标据为己有的。这里的"恶意"是指意图攀附他人驰名商标中凝集的商誉、利用他人驰名商标的知名度，准备将由此注册的商标用作误导公众的手段，以推销自己的商品与服务。例如，"施华洛世奇""SWAROVSKI"是在水晶珠宝类商品上注册的具有极高知名度的商标。有人于 2003 年申请注册了"施華洛"图文商标（见图 17-5），核定使用在"婚纱摄影、婚纱录影、摄影"等服务上。2018年"施华洛世奇"商标权人提出无效宣告申请。当时的商标评审委员会认为"施華洛"图文商标为恶意跨类注册他人驰名商标，不受 5 年争议期限限制，遂宣告该注册商标无效。①

图 17-5　"施華洛"图文商标

第二节　对驰名商标的认定

要享受法律对驰名商标的特别保护，一个商标必须首先被认定为驰名商标。因此，认定驰名商标时相关部门所要考虑的标准和认定驰名商标的程序是非常重要的。

一、认定驰名商标的标准

◎ **难度与热度**

难度：☆☆☆　热度：☆☆

只有在中国为相关公众所熟知的商标才能被认定为驰名商标。

《驰名商标认定和保护规定》第 2 条第 1 款指出：驰名商标是在中国为相关公众所熟知的商标。根据这一规定，仅在国外驰名但在中国尚不驰名的商标无法享受我国《商标法》对驰名商标的特别保护。如果该商标也没有在中国注册或使用，则实际上无法受到任何商标法意义上的保护。这是因为立法者认为：在中国尚不驰名的商标在中国相关公

---

① 关于第 3746575 号"施華洛及图"商标无效宣告请求裁定书（商评字〔2020〕第 0000006686 号）。

众中知晓者并不多，也无多少商业声誉可言。他人在中国使用这一商标既不会引起混淆，也不可能影响该商标所有者在中国的商业信誉。

《驰名商标认定和保护规定》对驰名商标的认定采取了较低的标准，其规定驰名商标的标准是在中国相关公众中驰名，相关公众包括与使用商标所标示的某类商品或者服务有关的消费者、生产前述商品或者提供服务的其他经营者以及经销渠道中所涉及的销售者和相关人员等，而相关公众的范围完全可能只是占全国人口比例很小的一部分公众。例如，"联想"和"海尔"等电子产品的商标，在国内的城市中可谓家喻户晓；但用于西方法律数据库的商标 Lexis，却只在法学院的老师、学生和涉外律师中享有很高的知名度。当然，如果商标仅在某一领域的消费者之中驰名，则其声誉也仅在这一领域内受到特别保护。如果他人在不类似商品或服务上使用相同商标，而该商品或服务的消费者与驰名商标所在领域的消费者完全不同或重复度很低，以至于其他领域的消费者基本上不知晓该驰名商标，则他人的使用既不会导致消费者混淆，也不会造成对驰名商标的弱化或丑化，或不当利用驰名商标的声誉，不能被认定为构成商标侵权。

《商标法》第 14 条第 1 款规定，认定驰名商标应当考虑下列因素：（1）相关公众对该商标的知晓程度；（2）该商标使用的持续时间；（3）该商标的任何宣传工作的持续时间、程度和地理范围；（4）该商标作为驰名商标受保护的记录；（5）该商标驰名的其他因素。《驰名商标认定和保护规定》第 3 条进一步规定，以下材料可以作为证明商标驰名的证据材料：（1）证明相关公众对该商标知晓程度的有关材料；（2）证明该商标使用持续时间的有关材料，包括该商标使用、注册的历史和范围的有关材料；（3）证明该商标的任何宣传工作的持续时间、程度和地理范围的有关材料，包括广告宣传和促销活动的方式、地域范围、宣传媒体的种类以及广告投放量等有关材料；（4）证明该商标作为驰名商标受保护记录的有关材料，包括该商标曾在中国或者其他国家和地区作为驰名商标受保护的有关材料；（5）证明该商标驰名的其他证据材料，包括使用该商标的主要商品近 3 年的产量、销售量、销售收入、利税、销售区域等有关材料。

二、认定驰名商标的途径和效力

◎ 难度与热度

难度：☆☆☆　　热度：☆☆

国家知识产权局在商标注册、商标评审或者查处商标违法案件过程中，以及人民法院在审理商标纠纷案件中，作为处理涉及商标案件需要认定的事实，可以根据当事人的请求对所涉商标是否为驰名商标进行认定。

目前，我国对驰名商标的认定采取"双轨制"，以及"被动认定"和"个案认定"的原则，即国家知识产权局在商标注册、商标评审或者查处商标违法案件过程中，可以根据当事人的请求对所涉商标是否为驰名商标进行认定。同时，人民法院在审理商标纠纷案件中，可以根据当事人的请求对所涉商标是否为驰名商标进行认定。但国家知识产权局和法院不能在当事人没有提出请求的情况下，主动依职权去认定驰名商标。《商标法》第 14 条第 1 款中明确规定："驰名商标应当根据当事人的请求，作为处理涉及商标案件需要认定的事实进行认定。"如果在诉讼中当事人对于已认定的驰名商标不持异议，法院不再审查该商标是否为驰名商标，但如果当事人提出异议，法院应当对该商标是否为驰名商标进行审查。所谓"个案认定"是指对驰名商标的认定效力应仅限于个案，即认定驰名商标的目的是在具体案件中判断他人的使用是否构成侵权。如果在日后商标权人又要求适用《商标法》中对驰名商标进行特别保护的条款，则以前国家知识产权局或法院对驰名商标的认定没有当然效力。只要对方当事人提出异议，国家知识产权局或法院就应当根据商标权人提出的证据重新对商标是否驰名进行认定。

既然认定驰名商标的效力仅限于个案，就不能将在个案中被认定的驰名商标作为宣传手段。对此《商标法》第 53 条明确规定：生产、经营者不得将"驰名商标"字样用于商品、商品包装或者容器上，或者用于广告宣传、展览以及其他商业活动中。违反上述规定的，由地方市场监督管理部门责令改正，处 10 万元罚款。该规定保障了驰名商标的"个案认定"效力。

》本章实务案例研习

一、"LEGO"眼镜与"LEGO"玩具源于同一厂商吗

（一）案情简介

某公司申请在眼镜类商品上注册"LEGO"商标，乐高博士有限公司（"乐高"玩具的制造商，以下简称"乐高公司"）提出异议。此案经过复审后进入司法程序。

（二）法院判决

法院认为：乐高公司在玩具商品上注册的"LEGO"、"乐高"和"樂高"已经驰名，被异议商标指定使用的"眼镜、眼镜架"等商品与玩具商品虽然在功能、用途上存在一定区别，但均属普通日常消费品。两者的相关公众范围存在交叉，尤其是消费对象均涵盖青少年，将被异议商标使用在"眼镜、眼镜架"等商品上，会使相关公众误认为该商品可能来源于乐高公司或者与其有特定关联，因此不应予以注册。[①]

图 17-6　乐高公司的注册商标（引证商标）　　　　图 17-7　某公司的申请商标

（三）法律分析

在本案中，玩具和眼镜这两类商品本身差距很大，但以青少年为主要消费群体的知名商品或服务的提供者常在青少年眼镜上注册使用相同的商标。如拍摄《哈利·波特》系列电影的美国华纳兄弟娱乐公司就在眼镜类商品上注册了"哈利·波特"商标。因此，熟悉"乐高"及英文名 LEGO 品牌玩具的青少年在眼镜店看到标有"LEGO"的眼镜时，很可能会误认为该眼镜也源于"乐高"玩具的制造商，从而基于对"乐高"玩具的喜爱而购买或要求父母购买，从而产生了跨类混淆。

---

① 北京市高级人民法院（2017）京行终 875 号行政判决书。

二、在饮料上使用"路虎"商标构成侵权

(一) 案情简介

捷豹路虎有限公司（以下简称路虎公司）在"陆地机动车辆"等商品上拥有"路虎"和"LANDROVER"注册商标专用权，两商标均具有较高知名度。某食品公司在其网站、实体店中宣传销售其"路虎维生素饮料"，并在相关产品、包装盒及网页宣传中使用了"路虎"、"LANDROVER"、"Landrover 路虎"和上下排列的"路虎 LandRover"等标识。路虎公司认为该食品公司的行为构成侵权。

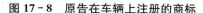

图 17-8　原告在车辆上注册的商标　　　图 17-9　被告在饮料上使用的商标

(二) 法院判决

法院认为：路虎公司的商标核准注册在第 12 类"陆地机动车辆"等商品上，被诉侵权标识的维生素饮料属第 32 类"不含酒精饮料"商品，二者既不相同，也不相类似。但路虎公司提交的证据已经足以证明涉案商标已为中国境内社会公众广为知晓，达到驰名程度。被诉侵权行为削弱了路虎公司涉案驰名商标所具有的显著性和良好商誉，损害了路虎公司的利益，构成侵权，应承担赔偿责任。[①]

(三) 法律分析

本案中的被控侵权行为属于典型的商标淡化。因为很少会有消费者误认为"路虎"或"LANDROVER"饮料与相同品牌的汽车之间存在联系。但如果放任这种行为，长此以往，"路虎"和"LANDROVER"与汽车制造商之间的唯一联系就会被切断，其识别汽车提供者——路虎公司的能力也会被削弱。因此，法院根据司法解释，将此种跨类淡化已注册驰名商标的行为认定为侵权。当然，如果有消费者确实误认为"路虎"或"LANDROVER"饮料是两商标的注册者——路虎公司生产或授权生产的，此种行为还会导致跨类混淆，仍然属于对两驰名商标的侵权行为。

三、PUDEL 图文商标侵权案

(一) 案情简介

某公司在 T 恤衫等商品上注册了如下图左所示的图文组合商标，著名品牌彪马的权利人请求宣告该注册商标无效，理由包括与其注册在体育服装等商品上的商标（图 17-9）近似，容易导致混淆，以及违反了德国《商标法》第 9 条第 1 款第 3 项保护驰名商标的特别规定，即如果争议商标与在先申请注册或已注册的商标相同或近似，且被注册在既

---

① 广东省高级人民法院（2017）粤民终 633 号民事判决书。

不相同也不类似的商品或服务上，当该在先注册商标在德国享有声誉，且对该争议商标的使用在无合理理由的情况下，会不公平地利用或有损于该在先商标的显著性或声誉，则争议商标应被宣告无效（该规定与我国最高人民法院《关于审理涉及驰名商标保护的民事纠纷案件应用法律若干问题的解释》第 9 条第 2 款的规定是一致的）。

图 17 - 10 引证商标与争议商标

（二）法院判决

德国联邦最高法院指出：彪马的在先商标在德国极为知名，属于驰名商标。争议商标与之存在一定相似度：两个商标中的文字使用了相似字形中的相似字体并以相同字母开头。同时，两个商标的整体外观构成及各要素的组合方式是相同的：都有与图形相结合的文字，且图形表现的是从同一角度起跳、以同一姿势跃向同一方向的动物。但是，两个商标之间的相似度过低。其中文字部分的 PUMA 和 PUDEL（德语，对应的英语为POODLE）发音不同，在听觉上的相似性很弱；这两个词及图形在概念上也不具有相似性，因为它们有明确的不同含义，PUMA 意为"美洲狮"，象征毅力、力量和活力，这三种特征都是穿着运动鞋和运动服的人所追求的，PUDEL 意为"贵宾犬"，是宠物，与运动员或其成就的观念无关。因此，虽然争议商标用于相同或类似商品，且彪马商标具有知名度，但由于两者在发音和概念上缺乏相似性，且视觉上的相似性太弱，不能认定容易导致混淆。因此，对本案不能适用德国《商标法》中以混淆为基础的宣告注册商标无效的理由。

该法院还认为，即使广义的混淆（此处指间接混淆——本书作者注）也不可能出现。如果相关公众一方面意识到两个商标之间的差异，另一方面又因为它们之间的部分相似认定使用这两个商标的企业之间存在经济联系或企业组织上的联系，则会出现广义上的混淆。但此类混淆只有在特殊情况下才会产生，相关公众在看到争议商标时，仅仅想到在先商标，还不足以认定此类混淆。在本案中，由于两个商标的概念（传递的含义）差距如此之大，不可能出现这样的混淆。

但是，由于双方商标使用的商品是相同或类似的，基于彪马商标的知名度，双方商标之间程度不高的相似性也足以使相关公众看到争议商标后，想到彪马商标，也就是产生了联想。对此，德国联邦最高法院认为：当第三方试图通过使用与驰名商标近似（无须达到容易导致混淆的近似度，只需有引起联想的近似度）的标志，将自己置于驰名商标的吸引力范围内，从而在未支付任何经济补偿且未付出任何努力的情况下，从驰名商标的吸引力、声誉和地位中获利，或者通过使用与驰名商标近似的标志以分享驰名商标的吸引力时，就应推定其利用了该驰名商标的显著性和声誉。本案中争议商标权人的行为就属于这种情形，争议商标应被宣告无效。[①]

①　I ZR 59/13（Leaping Poodle），2015（BGH），IIC 2016，47（3），358 - 363.

（三）法律分析

本案中彪马商标的权利人为请求宣告 PUDEL 商标无效，提出了三项理由，分别是直接混淆（容易导致相关公众误认为使用 PUDEL 商标的商品来源于彪马商标的权利人）、间接混淆（容易导致相关公众误认为 PUDEL 商标的权利人与彪马商标的权利人存在赞助、许可等关系），以及不正当利用 PUMA 驰名商标的声誉。从法院认定的事实看，由于 PUMA 太过知名，相关公众很容易意识到 PUMA 图文商标与 PUDEL 图文商标之间的差异，因此发生直接混淆和间接混淆的可能性微乎其微。这也是前文所述的知名度与混淆可能性之间关系的反映——通常在先商标知名度越高，在同等近似条件下使用在后商标时发生混淆的可能性越高，但当在先商标的知名度到达特定高度之后，由于相关公众对之非常熟悉，很容易察觉在后商标与之存在的细微差异，混淆的可能性反而会降低。但是，由于 PUMA 图文商标与 PUDEL 图文商标之间客观存在的近似度，会有不少消费者会基于对 PUMA 品牌的喜爱而尝试购买 PUDEL 品牌的产品，从而形成对 PUMA 品牌声誉的不正当利用。

四、"洋河"椰奶是洋河酒厂生产的吗

（一）案情简介

江苏洋河酒厂股份有限公司在酒类商品上注册了"洋河"文字商标，经过长期使用，已具有较高知名度。汤某在数种食品类别上注册了"洋河 Yanghe"商标（见图 17 - 11），并许可他人在椰奶上使用。洋河酒厂起诉汤某及其被许可人侵害了其驰名商标权，被告则以汤某享有注册商标专用权进行抗辩。

图 17 - 11 "洋河"文字商标

（二）法院判决

法院认为：原告的注册商标核定使用的酒类商品与被控侵权商标所使用的商品并不类似，但"洋河"商标属于驰名商标，且"洋河 Yanghe"与"洋河"构成近似商标。被控侵权商标的使用会导致相关公众误认"洋河"商标权人洋河酒厂与被告之间具有特定的商业联系。即使消费者知晓被控侵权商品与"洋河"商标权人没有任何联系，但被控侵权行为也会在一定程度上减弱"洋河"商标的显著性，损害该商标的品牌价值，致使洋河酒厂的利益受到损害。因此，即使被告使用的是自己的注册商标，也因该使用行为构成侵权，而应停止使用。[①]

（三）法律分析

根据最高人民法院的司法解释，对于因注册商标之间的冲突引发的民事侵权诉讼，即商标权人以他人使用在核定商品或服务上的注册商标与其在先的注册商标相同或者近似为由提起的诉讼，法院不予受理，而应通知在先注册人向国家知识产权局请求宣告在后注册商标无效。例外情形是在先注册商标为驰名商标。本案中原告的在先注册商标"洋河"是驰名商标，因此即使被告使用的也是一个注册商标，对于原、被告之间的商标侵权诉讼，法院应当受理，且可以判决被告停止使用在后的注册商标并赔偿损失。

---

① 江苏省高级人民法院（2017）苏民终 1781 号民事判决书。

五、"美的廷森"商标无效宣告案

（一）案情简介

某燃气用具厂于 2000 年申请在"煤气灶、煤气热水器、电热水器"等商品上注册"美的廷森"商标，并于 2002 年获准注册。2013 年，美的电器公司请求宣告该注册商标无效（当时称"撤销注册商标"）。此案经过无效宣告程序后进入司法程序。

图 17-12　美的公司的引证商标 　　　　图 17-13　争议商标

（二）法院判决

法院认为，明知他人在先商标具有较高知名度仍然注册容易导致混淆或误导的商标的，可推定具有恶意。美的公司的"美的"系列商标在"美的廷森"商标申请注册日前已在"空调器、电风扇和电饭煲"等电器商品上具有较高的声誉，其已属于驰名商标。在本案中，诉争商标与引证商标属于近似商标。诉争商标的原始申请人某燃气用具厂与美的公司均地处广东省佛山市顺德区，两商标核定使用商品均为家用电器。因此可以推定诉争商标的申请注册人明知引证商标在"空调器、电风扇和电饭煲"商品上具有较高知名度，本应进行合理避让，但仍在与引证商标核定使用商品具有密切关联的"煤气灶、煤气热水器、电热水器"等商品上申请注册与之近似程度较高的诉争商标，存在攀附美的公司引证商标知名度的意图，诉争商标的申请注册具有恶意。因此，虽然美的公司提出无效宣告请求时争议商标"美的廷森"的注册时间早已超过 5 年，但该商标仍然可被宣告无效。[①]

（三）法律分析

在本案中，美的电器公司请求宣告"美的廷森"商标无效时，距"美的廷森"的注册时间已超过 10 年，远远超过了 5 年的法定期限。但法院已认定，在"美的廷森"的注册申请日，"美的"商标已经驰名，且注册"美的廷森"商标的恶意非常明显，此时在先的驰名商标权利人宣告该注册无效不受 5 年时间限制，这是为遏制恶意注册所必需的，也是法谚"恶意毁灭一切"的体现。

》 本章同步练习

一、选择题

（一）单项选择题

1. "华为"注册在手机等电子产品上。某服装厂在其生产的男士服装上使用"华为"商标，下列说法正确的是：（　　）。

　A. 由于电子产品与服装并非同类或类似商品，某服装厂的行为不构成商标侵权

　B. 只要某服装厂生产的服装上标明了生产商的厂名和厂址，就不构成商标侵权

---

① 北京市高级人民法院（2017）京行终 1542 号行政判决书。

C. 只要"华为"在服装上也用出了知名度，某服装厂的行为就不侵权

D. "华为"应被认定为驰名商标，在服装上使用构成商标侵权

2. 国外化妆品牌"Lotus"在我国使用多年，相关公众普遍知晓。下列选项中的行为不违反《商标法》规定的是：（　　）。

A. 在"Lotus"商标未在我国注册的情况下，某公司在食品上注册"Lotus"商标

B. 在"Lotus"商标未在我国注册的情况下，某公司在化妆品上注册"Lotus"商标的中文音译"路特斯"

C. 在"Lotus"商标已在我国注册的情况下，某公司在护肤品上使用"Lotas"商标

D. 在"Lotus"商标已在我国注册的情况下，某公司在痰盂上使用"Lotas"商标

3. 《商标法》对已注册的驰名商标规定了哪些不属于未驰名的注册商标的特别保护？
（　　）

A. 未经许可在类似商品上使用近似商标，容易导致混淆的，构成侵权

B. 未经许可在既不相同也不类似的商品上使用近似商标，容易导致混淆的，构成侵权

C. 他人恶意注册该驰名商标的，请求宣告无效不受 5 年争议期限制

D. 他人在类似商品上注册了近似商标，在该商品上使用该近似商标，容易导致混淆的，驰名商标注册人可提起侵权诉讼并胜诉

（二）多项选择题

1. 以下选项中未经驰名商标权利人许可的行为属于商标淡化的是：（　　）。

A. 将"蒙牛"商标用于奶粉

B. 将用于化妆品、护肤品上的"妮维雅"，使用在家具商品上

C. 将"卡地亚"商标使用于"卡地亚大酒店"

D. 将"美加净"商标用于洁厕剂上

2. 某食品公司用一个臆造词在肉类产品上注册了文字商标，在生鲜肉类上经过多年使用，已家喻户晓。下列他人未经许可的行为构成侵权的是：（　　）。

A. 出售使用了相同商标的肉干

B. 在成人纸尿裤上注册相同商标

C. 出售肉包子，包装上注明该包子使用了该品牌的鲜肉

D. 在食品包装袋上注册相同的商标

3. 下列选项中，属于驰名商标的认定因素的是？（　　）

A. 相关公众对该商标的知晓程度

B. 该商标使用的持续时间

C. 该商标的任何宣传工作的持续时间、程度和地理范围

D. 该商标在设计方面的美感

（三）不定项选择题

用于计算机的文字商标"ICN"一直没有进行注册，但经过长期使用，已在相关公众中享有很高知名度，若该商标在相关争议中被依法认定为驰名商标，其权利人无权禁止的行为是？（　　）

A. 在打印机上注册"ICN"商标

B. 在鼠标上使用"ICN"商标

C. 在计算机上使用"1CN"商标

D. 在食品上注册"ICN"商标

二、案例题

在"滴露"商标侵权案中，"DETTOL"和"滴露"注册商标在洗衣制剂、清洁、洗涤、肥皂和去垢剂商品上长期使用，已达到了很高的知名度。本案被告在面霜、爽身粉上使用"Dettol Baby"和"滴露宝贝"商标（见图 17-14）。法院认为，虽然这两类商品在功能、用途上有明显区别，但这些商品针对的消费对象均为普通大众，两者具有一定的重合，被告之商标攀附了原告之商标代表的商业品质、内涵及市场声誉，足以引起相关公众对商品来源的混淆和误认，即存在跨类混淆。在认定"DETTOL"和"滴露"为驰名商标之后，认定被告的行为构成侵权。[①]

图 17-14 被告所使用商标

如果在本案中法院不认定"DETTOL"和"滴露"为驰名商标，能否判决被告的行为构成侵权？

三、论述题

1. 如图 17-15 所示，在许多街道张贴的宣传画中，四个轮子构成的造型与奥迪的注册商标相近。你认为这种使用是否侵犯奥迪公司的注册商标专用权（含该注册商标在争议中被认定为驰名商标时的情形），为什么？

2. 对驰名商标的淡化，通常发生在与驰名商标使用的商品既不相同也不类似的商品上。如果有人未经许可在相同或类似商品上使用与驰名商标近似的标志，但由于该驰名商标已经家喻户晓，与驰名商标有些差异的该标志很容易被相关公众辨识出来，因此不容易导致混淆。对于这类行为，你认为应当如何进行合理的规制？

驾驶"奥迪"出行，健康减排双赢

图 17-15 街道宣传画

参考答案

一、选择题

(一) 单项选择题

1. D

解析："华为"显然是驰名商标，且该词汇是臆造的，显著性很强，应受到最高程度

---

① 上海市高级人民法院（2018）沪民终 286 号民事判决书。

的保护，跨类使用会导致跨类混淆或淡化，构成侵权，因此 D 项正确，ABC 项错误。

2. A

解析：A 项和 B 项涉及的是未在我国注册的驰名商标，受保护的范围为禁止他人在相同或类似商品或服务上注册或使用相同或近似商标。化妆品与食品不类似，因此 A 项中的行为不违反《商标法》的规定，B 项中的行为违反《商标法》的规定。C 项和 D 项涉及的是已在我国注册的驰名商标，可以对其进行跨类保护。C 项中的化妆品与护肤品为类似商品，因此 C 项中的行为违反《商标法》，D 项中的行为属于对驰名商标的跨类丑化，违反《商标法》。

3. A

解析：未经许可在相同或类似商品或服务上使用与注册商标相同或近似的商标，容易导致混淆的，构成侵权，与注册商标是否驰名无关，因此 A 项正确。B 项属于跨类混淆，是对驰名商标的特别保护。C 项中也是对驰名商标的特别保护。D 项是注册商标之间的冲突，如果在先商标不是驰名商标，法院不予受理，因此 D 项属于对驰名商标的特别保护。

（二）多项选择题

1. BCD

解析：商标淡化包含弱化和丑化，本身并不导致混淆。前者切断驰名商标与其指代的出处之间的唯一联系，即削弱其显著性，后者贬损驰名商标的声誉，降低其吸引力。A 项中的行为是在相同或类似商品上使用相同商标，会导致消费者对奶粉来源的混淆，不属于淡化行为。B 项和 C 项均为典型的弱化，D 项为丑化，因此应当选 BCD。

2. ABD

解析：臆造词的显著性最高，成为驰名商标后受到的法律保护力度程度应最高。A 项中的行为属于在相同或类似商品上使用相同商标，构成侵权。B 项中的行为是对驰名商标的跨类丑化，依最高人民法院《关于审理涉及驰名商标保护的民事纠纷案件应用法律若干问题的解释》第 9 条第 2 款构成侵权。C 项中的行为是为了向相关公众说明包子的食材，属于正当使用，不构成侵权。D 项中的行为是在类似商品上使用相同商标，或者认定为对驰名商标的跨类弱化，构成侵权。

3. ABC

解析：驰名商标的"驰名"是通过使用产生的，与商标本身在设计上的美感没有关系，因此 D 项错误。前三项为《商标法》规定的认定驰名商标的因素。

（三）不定项选择题

D

解析：对于未注册驰名商标，《商标法》提供的保护限于禁止未经许可在相同或类似商品或服务上使用或注册相同或近似的商标。打印机和鼠标均为计算机的外设，属于计算机的配套产品。由于在计算机上使用的"ICN"商标为驰名商标，相关公众容易误认使用"ICN"商标的打印机和鼠标与"ICN"品牌计算机有相同来源，因此应当认定打印机和鼠标与计算机为类似商品，不能允许在打印机和鼠标上注册和使用"ICN"商标。因此 ABC 三项皆错误。食品和计算机并不构成类似商品，未注册驰名商标权利人无权禁止他人在食品上使用和注册该商标，因此 D 项正确。

二、案例题

在本案中，法院即使不认定"DETTOL"和"滴露"为驰名商标，也可认定被告的使用行为构成侵权。如本书第五章第三节所述，"类似商品"的判决并不以《类似商品和服务区分表》为唯一依据，还要综合考虑许多因素，比如功能、用途、生产部门、销售渠道、消费对象等方面是否相同，相关公众是否一般认为其存在特定联系，容易造成混淆。在商标侵权诉讼中，还要考虑原告商标的显著性和知名度。由于面霜、爽身粉也有清洁功能，对相关公众而言，其用途、生产部门、销售渠道、消费对象等方面与洗衣制剂、清洁、洗涤、肥皂和去垢剂存在特定联系，加之"DETTOL"和"滴露"的显著性和知名度，很容易让相关公众产生混淆，因此完全可以构成类似商品。此时无须认定"DETTOL"和"滴露"为驰名商标，就可判决被告未经许可在类似商品上使用相同商标，构成侵权。

三、论述题

1.（1）只有未经许可在商业活动中使用商标，以识别商品或服务来源的行为，才可能构成商标侵权。宣传画中对奥迪标识的使用，并不是商业性使用，不用于区分商品或服务的来源，因此不存在侵权的可能性。

（2）只有在相同或类似商品上使用相同或近似商标，容易导致消费者对商品或服务的来源产生混淆的，才是对普通商标的侵权行为。对于驰名商标，跨类使用只有在导致混淆、淡化或不正当利用商誉"搭便车"的情况下，才能享受《商标法》对驰名商标的特殊保护。这两种情况在宣传画的使用中都不存在，街道张贴的宣传画既没有在相同或类似商品或服务上使用奥迪标志，导致消费者的混淆，也没有因跨类使用导致混淆、淡化或不正当利用商誉，不可能构成侵权。

2."淡化"多数发生在"跨类"使用驰名商标的情况下，因为在同类商品或服务上使用与驰名商标相同或近似的商标，往往有导致混淆的可能。此时混淆理论完全可以解决这一未经许可使用驰名商标的问题。但是，某些驰名商标经过长期宣传和使用，其文字或图形的细节已为相关公众所熟知，此时未经许可在相同或类似商品或服务上使用与该驰名商标在客观上近似的商标，确实不太可能使消费者发生混淆。然而，如果这种使用会削弱驰名商标识别其商品或服务来源的能力，或贬损驰名商标的市场声誉，或不正当地利用驰名商标的市场声誉，不加以制止显然是不公平的。对于未经许可在相同或类似商品或服务上使用与已注册驰名商标相同或近似的标志，但确实不容易导致混淆的行为，无法适用《商标法》第 13 条第 2 款保护未注册驰名商标的规定，也不能适用《商标法》中其他以制止混淆为核心的条款。但如果此时不能适用《商标法》第 13 条第 3 款关于禁止淡化和不当利用驰名商标声誉的规定，则《商标法》就无法向利益受损的驰名商标权利人提供任何救济了。这显然是不合理的。

从法律解释方法的角度看，在不相同或不类似商品或服务上弱化、丑化和不正当利用驰名商标声誉所造成的损害，尚不如在相同或类似商品或服务上弱化、丑化和不正当利用驰名商标显著性或声誉所造成的损害，如果《商标法》对较轻的损害都要加以制止，怎么可能对较重的损害加以放任呢？举轻以明重，对于此类行为应当适用《商标法》第13条第3款予以制止。

对此，欧共体法院的判决可以提供佐证。《欧共体商标一号指令》第5条第2款对驰名商标的特殊保护与《商标法》第13条第3款类似，从字面上看，只有他人在不相同或不类似的商品上使用驰名商标，才能对驰名商标提供特殊保护。欧共体法院指出：对第5条第2款不能仅根据字面意思进行解释，而要考虑到保护驰名商标的总体机制和目标。该条款不能被解释为：当被控侵权的标志用于相同或类似商品时，驰名商标受到的保护比被控侵权标志用于不相同或不类似商品时受到的保护还要弱。在这种情况下，驰名商标受到的保护至少不能比被控侵权标志被用于不相同或不类似的商品时受到的保护还要弱。因此，当与驰名商标相同或近似的标志被用于相同或类似商品时，同样可以适用第5条第2款。[1] 欧共体法院由此确立了可以在同类商品上对驰名商标进行特别保护的规则。在本章案例研习中的"PUDEL 图文商标侵权案"中，德国联邦最高法院认定被告使用 PUDEL 商标侵权的理由，正是其行为属于同类淡化。[2] 我国最高人民法院也在判决中指出，按照《商标法》第13条第3款的精神，对于在相同或者类似商品上复制、摹仿或者翻译他人已注册驰名商标，用于申请注册商标的行为，可以适用该条的禁止性规定。[3] 这就等于明确承认了对驰名商标可以产生同类淡化，应对此类行为予以制止。

---

[1] Davidoff & Cie and Zino Davidoff v. Gofkid, Court of Justice, Case C‐292/00，paras. 22‐30.

[2] I ZR 59/13，2015 (BGH)，IIC 2016，47 (3)，360.

[3] 最高人民法院（2010）知行字第3号驳回再审申请通知书。

第十八章　商标侵权及其法律责任

　　商标侵权及其法律责任是整个商标法律制度的核心。商标法的立法目的在于确保消费者能够将注册商标与其所指示的商品或服务来源正确地联系在一起，防止消费者对商品或服务的来源产生混淆，以此维护社会公共利益并保护商标权人的投资。因此，商标法认定商标侵权的规则建立在混淆理论的基础上。

本章知识点速览

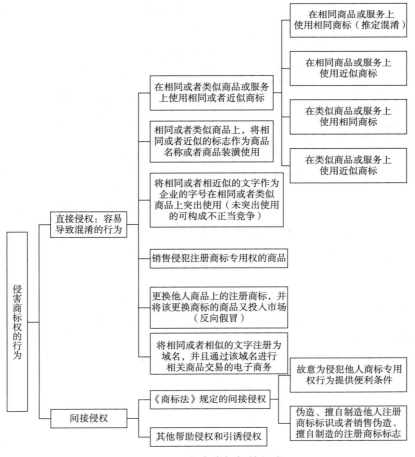

图 18-1　侵害商标权的行为

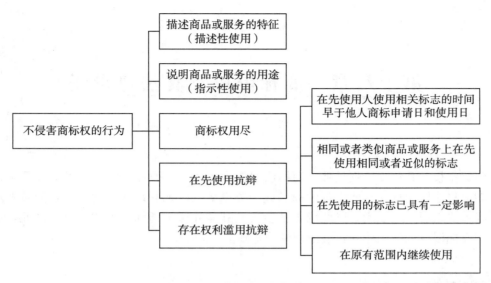

图 18-2 不侵害商标权的行为

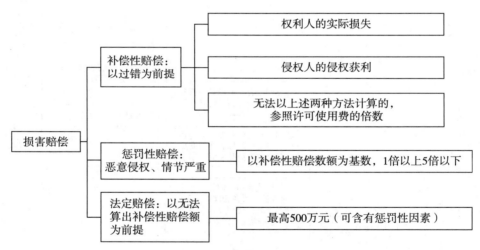

图 18-3 侵权损害赔偿

图解:

注意:(1)以权利使用费计算赔偿数额的,可以许可使用费的倍数作为计算基准,此点与《专利法》相同,与《著作权法》的规定不同。(2)《商标法》尚未规定法定赔偿的下限,此点与《专利法》和《著作权法》的规定不同。

本章核心知识点解析

第一节　侵害商标权的行为

在著作权法和专利法中,专有权利与直接侵权之间的逻辑关系非常清楚——权利人享有专有权利,就意味着除法律规定的例外情形其有权阻止他人未经许可实施受专有权利控制的行为,他人擅自实施受控行为构成直接侵权。基于此,多数国家的著作权立法和专利立法并不一一列举构成直接侵权的行为,只是笼统地规定:除了有法定例外情形,未经许可实施受专有权利控制的行为即构成直接侵权。

相比之下,《商标法》虽然规定商标权人有权"在核定使用的商品上使用核准注册的商标",享有"注册商标专用权",但并非只有未经许可在与核定使用商品或服务相同的商品或服务上,使用与核准注册的商标相同的商标才构成直接侵权。为了防止对消费者的欺骗和对商标权人商业利益与信誉的损害,各国商标法均规定商标权人有权禁止他人以可能导致混淆的方式,在相同商品或服务上使用近似商标、在类似商品或服务上使用相同商标和在类似商品或服务上使用近似商标。他人未经许可实施这些行为也构成直接侵权。需要注意的是,本章不讨论针对驰名商标的特殊侵权行为。针对驰名商标的特殊情况请见上一章。

一、混淆理论与混淆的种类

◎ **难度与热度**

难度:☆☆☆☆　热度:☆☆☆☆

与著作权法和专利法有所不同,商标法不仅要维护商标权人凝集在商标中的商誉,还要保护消费者的利益。为此,商标法要保证商标权人能够排他性地使用商标识别自己商品或服务的来源,以及消费者能够通过商标将商品或服务与其提供者正确地联系在一起,以充分实现商标的来源识别功能和品质保障功能。如果在同一市场上,使用相同或近似商标的相同或类似商品或服务来源于完全没有联系的两个经营者,导致消费者对商品或服务的来源产生了混淆,则商标就失去了其应有的作用。因此,商标法的核心任务就是要防止消费者对商品或服务的来源发生混淆:一切未经许可在相同或类似商品或服务上直接使用他人商标,导致消费者可能产生混淆的行为即构成对他人商标权的直接侵权;相反,如果在相同商品或服务上未经许可使用了与他人商标相同的标志,但在特殊情况下不会导致消费者的混淆,则不构成对商标权的侵权。

由此可见,可能导致消费者对商品或服务来源产生混淆,是构成商标侵权的必要条件,也是商标法所要防范和制止的行为;不可能导致混淆的行为对于商标权人不会造成商标法所承认的损害。正因为如此,绝大多数国家的商标立法都规定:在同种商品上使用近似商标、在类似商品上使用相同商标和在类似商品上使用近似商标都必须以"导致混淆的可能"作为构成直接侵害商标权的条件。

(一)混淆理论与"双重相同"

未经许可在相同商品或服务上,使用与注册商标相同的标志(一些国家称之为"双重相同"），是否还需要以容易导致来源混淆作为认定侵权的前提呢？《商标法》第 57 条规定："有下列行为之一的，均属侵犯注册商标专用权：（一）未经商标注册人的许可，在同一种商品上使用与其注册商标相同的商标的；（二）未经商标注册人的许可，在同一种商品上使用与其注册商标近似的商标，或者在类似商品上使用与其注册商标相同或者近似的商标，容易导致混淆的……"（该条也适用于服务商标）虽然《商标法》对于"双重相同"的情况，没有将"容易导致混淆"作为构成侵权的条件，但在解释该条时，应当根据混淆理论，将不容易导致混淆的行为排除出侵权的范围。

根据 TRIPs 协定第 16 条，"导致混淆的可能性"是商标权人阻止他人未经许可，在贸易过程中对于与已注册商标的商品或服务相同或类似的商品或服务使用相同或近似标志的前提；在对相同商品或服务使用相同标志的情况下，"推定"存在混淆的可能性。这就意味着在"双重相同"的情况下，商标权人无须举证证明被诉侵权的使用容易导致混淆，但被诉侵权人可以举证推翻容易导致混淆的推定。此时仍然应当坚持混淆理论，不能认定侵权。本章实务案例研习中的"OPEL 车模案"就是典型实例。

需要强调的是，只要对商标的使用足以"容易导致"相关公众对商品或服务的来源产生混淆，就可构成直接侵权，商标权人并不需要证明有相关公众实际发生了混淆。但"实际混淆"的证据能够在商标侵权诉讼中为商标权人胜诉提供有力的帮助。

（二）混淆理论与"商标性使用"

商标法意义上的混淆，必然来自对相关标志进行的商标性使用。《商标法》第 48 条规定："本法所称商标的使用，是指将商标用于商品、商品包装或者容器以及商品交易文书上，或者将商标用于广告宣传、展览以及其他商业活动中，用于识别商品来源的行为。"（该条适用于服务商标）该条所述的行为即为商标性使用，其核心在于让相关标志发挥识别来源的作用。只有当他人未经商标权人许可，在相同或类似商品或服务上对相同或近似标志进行商标性使用，使之发挥识别来源的作用，才可能使相关公众误认为相关商品或服务来源于商标权人，从而导致混淆（对驰名商标的商标性使用可能产生跨类混淆，这是特殊情况，见本书第十七章第二节）。如果他人虽然在相同或类似商品或服务上"使用"了相同或近似标志，但并未使该标志发挥识别来源的作用，也就是相关公众并不会用该标志识别来源，则自然不可能导致混淆。这种行为不会影响商标的识别来源功能，不应被认定为侵权行为。

发生上述情形的原因多种多样，有的是相关商标在注册时对其核定使用的商品或服务本就没有显著性或显著性很差，也没有通过使用获得显著性，原本不该被核准注册，他人在相同或类似商品或服务上使用该标志当然不是商标性使用（如本章实务案例研习中的"DDR 商标侵权案"）；有的是相关注册商标虽然对其核定使用的商品或服务有显著性，但该商标的文字或图形有其他含义，而相关公众更熟悉其他含义，同时商标权人也没有通过对注册商标的使用形成知名度，相关公众看到他人在相同或类似商品或服务上使用的相同或近似商标时，想到的是其更为熟悉的其他含义，而没有将其视为识别来源的标志（如本章实务案例研习中的"'美杜莎'商标侵权案"）；有的是相关注册商标虽然对一类商品或服务有显著性，但对其中某些特定商品或服务并无显著性，他人在该特定商品或服务上使用该标志，也很难构成商标性使用（如"大富翁"三个字对于"在计算机网络上提供在线游戏"这类服务具有显著性，但"大富翁"也是一类"按骰子点数走棋的模拟现实经商之道的游戏"的通用名称,他人提供名为"大富翁"的电子游戏的在线下载时,相关公众都会认为"大富翁"三个字表示的是游戏名称,而不是在指示游戏服务的来源)[1];有的则是他人在相同或类似商品或服务上使用相同或近似标志时,基于使用者的身份、相关商品或服务的特征、使用的特定场景和方式等因素,相关公众不会认为该标志用于识别来源(如本章实务案例研习中的"'神舟兴陇'商标侵权案")。可以说,在本章所述的描述性使用和指示性使用中,多数都不是商标性使用。

从法律逻辑上说,"容易导致混淆"的使用必然是商标性使用。因此如果被诉侵权的使用标志的行为可以清楚且无疑义地被认定为非商标性使用,则无须再考虑商品或服务之间的类似以及商标之间的近似,也无须再论证是否存在混淆的可能性。在相同商品或服务上使用相同或类似标志的情况下,由于《商标法》没有明确规定以混淆为认定侵权的前提,此时以被诉侵权行为并非商标性使用为由否定存在商标侵权,可能更为直接。

(三)直接混淆与间接混淆

商标法意义上的混淆,特指消费者对商品或服务来源的误认。根据混淆对象的不同,混淆可分为直接混淆和间接混淆。直接混淆是指使用特定商标的某商品或服务实际上来源于经营者乙,而消费者误以为其来源于与乙没有控制、许可或赞助等关系的经营者甲,即消费者未能通过商标正确地将来源于不同经营者的商品或服务区分开。多数经营者未经许可在相同或类似商品或服务上使用他人注册商标是为了搭商标权人的"便车",导致消费者误将其提供的商品或服务认为是商标权人的商品或服务而加以购买。

间接混淆是指使用特定商标的某商品或服务由经营者乙提供,与经营者甲并无任何关系,而消费者误以为经营者甲与经营者乙之间存在着控制、许可或赞助等关联关系。例如,消费者在同时看到"比亚迪汽车特约维修"和宝马汽车的图形商标时,并不会认为汽车维修服务是比亚迪汽车制造商自己提供的,但可能以为是比亚迪汽车制造商授权提供的,从而对其维修服务的品质产生信赖并前去维修比亚迪品牌汽车。如果该维修服务提供者与比亚迪汽车商标的权利人实际上并无关系,其未经许可使用商标的行为就容易导致消费者产生间接混淆。

二、混淆的判断标准

◎ 难度与热度
难度:☆☆☆☆ 热度:☆☆☆☆

《商标法》第57条中规定:未经商标注册人的许可,在同一种商品上使用与其注册商标近似的商标,或者在类似商品上使用与其注册商标相同或者近似的商标,容易导致混淆的,构成侵犯注册商标专用权的行为。本书在第十六章第三节中曾经讲解过,国家知识产权局对于在相同或类似商品或服务上注册相同或近似商标的申请,将会予以驳回。这是因为如果这样的商标申请被核准,就会造成在相同或类似商品或服务上出现两个相同或近似的注册商标的局面,可能导致消费者的混淆。该节详细讲解了判断商标是否相同或近似以及商品或服务是否相同或类似的原则,即应以普通消费者的"一般注意力"为标准,综合运用"隔离观察比较"、"显著部分观察比较"和"整体观察比较"的方法。

[1] 上海市第一中级人民法院(2007)沪一中民五(知)终字第23号民事判决书。

这些原则在商标侵权诉讼中对于判断被告对特定标志的使用是否容易导致混淆同样是适用的。

例如，原告的注册商标"SHISEIDO"（图18-4上）与被告使用的商标"SHIDOAS"（图18-4下）相比，如果仅从构词上看有不小的差异，但"SHISEIDO"中的两个"S"设计独特，呈抽象的曲线形，是给消费者留下最深印象的部分。而被控侵权的商标"SHIDOAS"中的第一个"S"的形状与"SHISEIDO"中"S"的形状完全相同，最后

图18-4　诉争商标与引证商标

一个"S"的形状与"SHISEIDO"中的"S"形状呈对称形。加之两个商标中有五个字母相同（SHIDO），字体颜色相同，二者呈现出整体上的相似。在"隔离观察比较"的情况下，很容易使消费者发生混淆。因此，法院认定被告的行为构成侵权。[1]

在进行混淆判断时，原告注册商标的显著性和知名度同样起着重要作用。显著性较强、知名度和声誉较高的商标给消费者留下的印象较为深刻，在其他因素相同的情况下，构成混淆的可能性相对较高；反之，则构成混淆的可能性相对较低。在商标侵权诉讼中，判断原告注册商标的显著性程度不仅要考虑标志自身相对于商品或服务的固有显著性（如暗示性商标的显著性高于描述性商标的显著性），还要考虑在实际使用中原告的注册商标指示商品或服务来源的能力。比如，当众多同类商品或服务提供者都在使用与原告的注册商标相近似的标志时，原告的注册商标的显著性会降低。再如，只进行过少量使用的商标实际识别商品或服务来源的能力就不如进行过大量使用的商标的相应能力。但需要注意的是，对于部分显著性极强和知名度极高的商标而言，由于公众非常熟悉，他人在使用时只要有一些改动就很容易被发现，此时混淆的可能性反而会降低，商标权人就需要借助商标法对驰名商标的特别保护机制了。

最高人民法院《关于审理商标民事纠纷案件适用法律若干问题的解释》第9条将"易使相关公众对商品的来源产生误认或者认为其来源与原告注册商标的商品有特定的联系"作为判断"商标近似"的标准，第11条又将对于商标权人的商品与被告的商品"相关公众一般认为其存在特定联系、容易造成混淆"作为判断"商品类似"的标准之一（该条也适用于服务商标）。将《商标法》和相关司法解释结合起来考虑，可以得出一个结论：在侵权诉讼中，对于商品或服务之间是否类似以及商标之间是否近似的问题，实际上不应作出"是"或"否"的绝对回答，而是一个对程度的判断，即应当考虑商品或服务之间的类似程度以及商标之间的近似程度是否已经足以使相关公众产生混淆。这就要求对所有与混淆有关的因素进行综合考虑。如果商标之间的近似度很高，即使商品或服务之间的类似度相对较低，也有存在混淆的可能；反之，如果商标之间的近似度较低，但商品或服务之间的类似度很高，且在先商标的显著性很强，则混淆同样可能存在。[2]

① 上海市第二中级人民法院（2008）沪二中民五（知）初字第110号民事判决书。
② 欧共体法院的判例：Lloyd Schuhfabrik Meyer & Co. GmbH v. Klijsen Handel，Court of Justice，Case C-342/97，paras. 19，21；Waterford Wedgwood v. Assembled Investments，Court of Justice，Case C-398/07P，para. 31.

需要指出的是，在商标注册申请中进行的混淆判断和在侵权诉讼中进行的混淆判断虽然遵循相同的基本原则，但也存在区别。在商标注册申请中，对申请商标与在先引证商标进行混淆判断时，申请商标的实际使用情况并不在考虑范围之内。例如，在先的引证商标是在房地产服务上注册的，商标注册人仅在某一个特定的省份内使用，且基本用于价格低廉的房地产的服务上；他人已在其他省份价格高昂的别墅地产服务上使用与引证商标近似的商标，并在此后申请在房地产服务上注册该商标。即使申请人举证证明此前在相同服务上对近似商标的使用，因使用地点和房产价格上的差异，并未导致相关公众的混淆，其注册申请也应当被驳回。[①] 这是因为在注册程序中的混淆判断只与是否允许相关商标的注册有关，无法预测申请人在获得商标注册后会以怎样的方式、在何种范围内使用商标。即使申请商标在此前的使用中，其交易渠道和市场划分与引证商标存在较大差异而不可能导致混淆，不会损害相同或近似商标在先注册人的利益，注册后仍可能在核定使用的商品或服务上以完全不同的方式和范围使用经核准注册的商标，从而与在先注册人的利益产生冲突并导致消费者的混淆。

但是，在商标侵权诉讼中，双方使用商标的商品或服务的交易渠道与市场区分对于判断被告使用被诉商标的行为是否侵权则非常重要，因为此时法院判断的是被告特定的商标使用行为是否侵权，并不考虑被告以其他方式和在不同范围使用商标的可能性。如果原、被告双方相关商品或服务的交易渠道和市场区分度差异过大，以至于双方各自使用商标的商品或服务的消费者群体几无重合，则混淆的可能性就会较低。同样，除"双重相同"的情况外，如果因商品或服务价格高昂等原因，消费者在做选择时会仔细观察、斟酌，则商标之间的差异很容易被消费者发现，此时混淆的可能性也较低。上述房地产商标的实例如果用于侵权诉讼，即在先商标的注册人起诉在后近似商标的使用者侵害商标权，则在被诉侵权人证明其使用行为不容易导致混淆时，法院不应判决其败诉。

三、直接侵权的类型

◎ **难度与热度**

难度：☆☆☆　热度：☆☆☆☆

对注册商标专用权的直接侵权有诸多类型，此处只讲解对普通商标的侵权行为。法律对驰名商标有更高水平的保护，如果他人未经许可对驰名商标实施下列行为无疑可以构成侵权，但对于驰名商标还存在其他特殊的侵权行为，已在第十七章予以讲解。

第一类侵权行为是未经许可在相同或者类似商品或服务上使用与注册商标相同或者近似的商标，用以指示商品或服务的来源，导致消费者产生混淆可能的行为。其中，在相同商品或服务上未经许可使用相同注册商标，导致消费者混淆的，构成假冒商标行为，是最为严重的商标侵权行为，并可能导致刑事犯罪。

根据《商标法》第 48 条的规定，对商标的"使用"包括将商标用于商品、商品包装或者容器以及商品交易文书上，或者将商标用于广告宣传、展览以及其他商业活动中，用于识别商品来源的行为。例如，某汽车维修厂竖立了带有大众汽车图形的"大众汽车特约维修"的标牌，而事实上与大众汽车公司之间并无特约维修协议。这种行为就属于

---

① Masterpiece Inc. v. Alavida Lifestyles Inc.，2011 SCC 27，paras. 53 - 58.

在广告宣传中未经许可使用注册商标，会使消费者误认为该维修厂提供的汽车维修服务得到了大众汽车的授权，并基于对其质量的信赖而使用其服务，因此，这种行为构成商标侵权行为。

需要注意的是，《商标法》第 57 条将"销售侵犯注册商标专用权的商品"的行为与"未经商标注册人的许可，在同一种商品上使用与其注册商标相同的商标的""未经商标注册人的许可，在同一种商品上使用与其注册商标近似的商标，或者在类似商品上使用与其注册商标相同或者近似的商标，容易导致混淆的"行为并列为独立类型的商标侵权行为，因此，第一类商标侵权行为中的"使用"并不包括销售带有侵权商标的商品，而只是指未经许可，将与他人注册商标相同或近似的标志附着在产品、包装、容器、交易文书和广告之上，作为商标使用，可能导致消费者混淆的行为。但这一行为的实施者应当是准备向公众提供带有该商标的商品或服务的经营者。广告商、印刷商等受托将商标附着在相关文书之上时，只可能在有主观过错的情况下构成"间接侵权"。

第二类侵权行为是在相同或者类似商品上，将与注册商标相同或者近似的标志作为商品名称或者商品装潢使用，误导公众的行为。此类侵权行为与第一类侵权行为的区别在于：前者表面上并没有直接将他人的商标用作商标，而是作为商品名称、商品装潢来使用，同时，使用者往往还会使用自己的商标。但是，普通消费者往往不能正确地区分商标、商品名称、商品装潢，只要在相关商品或服务上看到自己熟悉的商标文字或图形，就不大去细究它们究竟是否被经营者用作商标，而是直接以此来判断商品或服务的来源。因此，即使将商标作为商品名称、商品装潢使用，只要容易使消费者对来源产生混淆，均构成侵权行为。

实务中一种常见的行为是，将与他人注册商标相同或者相近似的文字作为企业的字号在相同或者类似商品上突出使用，容易使相关公众产生误认。例如，日本三洋电机株式会社注册了"三洋"商标，核定使用的商品包括电梯。而与日本三洋电机完全无关的"三洋电梯（无锡）有限公司"在其产品宣传册、员工名片、商业用信封、商业合同及网站上多处使用"三洋电梯"字样，且称自己"是日本株式会社三洋电梯公司经过详细的市场调研，于 2001 年选择无锡电梯厂作为合作伙伴，合资成立的"，这就容易使相关公众误以为其电梯为日本三洋电机株式会社所生产。最高人民法院《关于审理商标民事纠纷案件适用法律若干问题的解释》将这种行为规定为给他人注册商标专用权造成其他损害的侵权行为。在上述案例中，法院即据此认定被告将"三洋"作为企业名称中的字号使用的行为构成对注册商标专用权的侵权。[①]

2013 年修订的《商标法》第 58 条规定："将他人注册商标、未注册的驰名商标作为企业名称中的字号使用，误导公众，构成不正当竞争行为的，依照《中华人民共和国反不正当竞争法》处理。"这就意味着：将与他人注册商标相同或者相近似的文字作为企业的字号在相同或者类似商品上"突出使用"，容易使相关公众产生误认的，是商标侵权行为；没有"突出使用"的，即使误导了相关公众，并使其产生了误认，也不是商标侵权行为，而是不正当竞争行为。

第三类侵权行为是销售侵害注册商标专用权的商品，容易导致消费者对来源产生混

---

① 江苏省无锡市中级人民法院（2007）锡民三初字第 0072 号民事判决书。

淆的行为。销售侵权商品是最为常见、最严重的商标侵权行为。销售明知是假冒注册商标的商品，还可能构成刑事犯罪。需要注意的是，如果行为人先未经许可在相同或类似商品上使用相同或近似商标（如未经许可在相同商品上贴上相同商标），再销售该商品，则其先后实施了第一类和第三类侵权行为。在民事侵权诉讼中对同一被告的两个行为进行区分并无太大意义。但如果行为人从他人处购得未经许可使用了注册商标的商品后销售，则其只实施了第三类侵权行为。此时如果该侵权商品有合法来源，行为人可以提出"合法来源抗辩"，即以自己并不知道该商品为侵权商品为由，主张不承担赔偿责任。（见本章第三节）。

第四类侵权行为是擅自更换他人商品上的注册商标，并将该更换商标的商品又投入市场。这种行为又被称为"反向假冒"。在通常情况下，对商标的假冒是那些不知名的厂商为了推销自己的产品，未经许可在商品上使用与他人的知名商标相同或近似的商标，使消费者误以为其商品为知名商标权利人的商品，即所谓的"傍名牌"。而"反向假冒"与之相反，往往是知名商标的权利人将他人商品上的不知名商标去除并替换为自己的知名商标，并出售该商品，使消费者误认为该商品出自知名商标权利人。这种行为一方面容易导致消费者对商品来源发生混淆，使消费者误认为该商品来自知名商标权利人；另一方面也会损害被去除的商标的权利人的利益，因为知名商标权利人之所以要在购买商品之后更换上自己的商标，往往是因为他人的商品质量上乘，而价格相对低廉。这种行为使被去除的商标的权利人提供的优质商品无法为其带来应有的商业信誉，反而"为他人作嫁衣裳"，成为知名商标权利人积累商业信誉的工具[1]，从而影响了商标的广告功能。

例如，在"枫叶"诉"鳄鱼"案中，新加坡鳄鱼公司的授权经销商购买了北京服装一厂生产的"枫叶"牌西裤之后，将西裤上的"枫叶"商标更换为"卡帝乐"商标进行销售，被诉侵权。法院认为被告是利用原告的优质产品为其牟取暴利，无偿地占有了原告为创立其商业信誉和通过正当竞争占有市场而付出的劳动。其行为违反了诚实信用、公平竞争的基本原则，妨碍原告商业信誉、品牌的建立，使原告的商业信誉受到一定程度的损害、正当竞争的权利受到一定程度的影响，应承担相应的法律责任。[2]

第五类侵权行为是将与他人注册商标相同或者相似的文字注册为域名，并且通过该域名进行相关商品交易的电子商务，容易使相关公众产生误认的行为。将注册商标中的文字作为域名注册是商标权人在网络时代常见的经营策略，因为商标中的文字一般短小、精悍，便于消费者记忆和在网络中搜寻。如海尔集团的域名 http://www.haier.com 就是以其注册商标作为域名的。如果未经许可将他人的注册商标用作域名并进行相关商品交易的电子商务，很容易使相关公众误认为这是商标权人的网站，并在该网站进行电子商务交易，从而受骗上当，因此该行为构成侵权。例如，"SWAROVSKI"（施华洛世奇）是驰名世界的水晶饰品商标。某公司注册了 chinaswarovski.com、chinaswarovski.cn、

[1] 郑成思. 知识产权论. 3 版. 北京：法律出版社，2003：335.
[2] 北京市第一中级人民法院（1994）中经知初字第 566 号民事判决书。由于当时原告选择的诉因并非商标侵权，而是侵犯其商业信誉和不正当竞争，因此，法院并未直接对"反向假冒"是否为商标侵权行为作出认定。我国《商标法》在 2001 年修订时将"反向假冒"明确规定为商标侵权行为。

swarovski-shop. cn 和 swarovski8. cn 4 个域名，并在相应的网站上销售自称为施华洛世奇品牌的商品。法院认为：该公司在注册域名时应当知晓施华洛世奇有限公司的注册商标具有较高的市场知名度，但仍以商业目的使用上述域名，建立相应的网站从事网上经营活动，其意在于利用施华洛世奇有限公司注册商标的知名度，引起相关消费者的混淆和误认，构成对施华洛世奇有限公司注册商标专用权的侵犯。[①]

四、间接侵权

◎ **难度与热度**

　　难度：☆☆☆　　热度：☆☆☆

　　商标侵权也分为直接侵权和间接侵权。两者的含义和标准在本书第七章第一节已做过说明，此处不再赘述。但与《著作权法》和《专利法》没有明确规定间接侵权不同，《商标法》明确规定了间接侵权行为，其第 57 条列举的第六种侵权行为即为间接侵权——故意为侵犯他人注册商标专用权行为提供便利条件，帮助他人实施侵犯注册商标专用权行为。例如，经营场所提供者明知其中的商户有出售假冒商品的侵权行为，但却置若罔闻，不采取合理措施加以制止，仍然继续向其提供场所和其他辅助服务。这无异于在纵容和帮助商户实施商标侵权行为，场所提供者应当作为间接侵权者承担法律责任。

　　除此之外，《商标法》第 57 条列举的第四项侵权行为"伪造、擅自制造他人注册商标标识或者销售伪造、擅自制造的注册商标标识"本质上也属于间接侵权行为。因为该行为实际上是为他人利用该伪造、擅自制造的注册商标标识实施侵权行为提供便利，且有主观过错。国家市场监督管理总局颁布的《商标印制管理办法》（2020 年修订）规定：对于印刷、制作商标标识的"商标印制"行为，商标印制委托人应当出示营业执照副本或者合法的营业证明或者身份证明以及"商标注册证"。商标使用许可合同的被许可人作为委托人的，还应出示商标使用许可合同文本。商标印制单位应当对商标印制委托人提供的证明文件和商标图样进行核查。如果商标印制委托人没有提供上述证明文件，商标印制单位不得承接印制，否则应构成此项侵权。根据该规定，商标印制单位如果没有要求商标印制委托人提供上述证明文件或没有对商标图样进行核查，其主观过错是明显的，其行为属于间接侵权。

第二节　不侵害商标权的行为

　　本书在著作权法和专利法部分，分别讲解了对著作权的限制和对专利权的限制。如果著作权或专利权中的专有权利受到了法律的限制，在该限制的适用范围内，他人未经许可实施受该专有权利控制的行为就不构成侵权行为。这些限制的共性在于，被列入权利限制的行为本身都受著作权或专利权中专有权利的规制，如果缺乏权利限制，他人未经许可实施将构成对专有权利的直接侵权。本身不受专有权利规制的行为不会被列入权利限制条款。比如《著作权法》没有把阅读盗版书列入权利限制，这是因为《著作权法》

[①] 上海市黄浦区人民法院（2009）黄民三（知）初字第 283 号民事判决书，上海市第二中级人民法院（2011）沪二中民五（知）终字第 4 号民事判决书。

没有规定所谓的"阅读权",因此未经许可阅读作品(读盗版书)并不受任何专有权利规制,不可能构成侵权,自然也无须规定权利限制。

商标法中虽然也规定了不构成侵犯商标权的行为,但许多此类行为不构成侵权的原因,并非商标法对商标权进行了限制,而是这些行为并不属于商标法意义上的使用,即表明商品或服务来源的使用,原本就不受商标权的控制。但是,在商标获得注册之后,社会上大量存在着他人不能在相同或类似商品上以一切方式使用相同或类似文字或图形的误解,商标法需要明确列举不构成商标侵权的行为,这些行为被统称为"正当使用"(一些国家的商标立法称之为"合理使用"),其中就包括了原本就不属于商标权控制范围之内的行为。

一、描述商品或服务的特征

◎ 难度与热度

难度:☆☆☆　　热度:☆☆☆

使用与他人商标相同或近似的文字或图形等要素对商品或服务自身的特征进行描述的行为,被称为"描述性使用"。"描述性使用"通常并不会发挥他人商标的识别来源功能,消费者也不会用被使用的文字或图形等识别商品或服务的来源。

本书第十六章第二节曾经讲解过,描述性标志对商品或服务的质量、原料、功能、用途、重量、数量等特点进行了直接描述,缺乏固有显著性,只有经过长期使用取得"第二含义"、获得了显著性之后,才能被注册为商标。但即使如此,商标权人也不能阻止他人使用商标中的描述性文字或图形善意地说明其商品或服务的特征,因为这些文字或图形毕竟不是商标权人臆造出来的,它们本来就处在公有领域之中,只不过通过商标权人长期将其与特定商品或服务的来源联系在一起使用,使其被赋予了第二种含义。商标法对描述性标志的保护,也局限于这种由商标权人的使用所形成的"第二含义",而该标志的"第一含义"仍然保留在公共领域,供公众自由使用。他人只要善意地使用标志的"第一含义",也不会引起消费者对商品或服务来源的混淆。例如,某旅行社在"旅游"服务项目上注册了"长江三峡"商标,随后就试图阻止其他旅行社在提供长江三峡旅行服务时使用"长江三峡"字样。显然,其他旅行社使用"长江三峡"是为了说明自己能够向旅客提供长江三峡的旅行服务,即善意地说明服务的内容。旅客看到"长江三峡"的字样也只会认为旅行社能够提供长江三峡旅游的服务,而不会认定这是某家特定的旅行社提供的服务。换言之,其他旅行社使用的"长江三峡"并不是用于指示来源的商标,而只是描述服务内容,并不构成对"长江三峡"商标权的侵犯。再如,国内某电视机制造商曾在电视机上注册了"CHDTV"商标。但在国家技术监督局发布的设备名称术语规范中,"HDTV"是"高清晰度电视"(high definition television)的意思。商标权人无权禁止其他电视机制造商将"HDTV"作为直接说明商品特点的技术术语的英语缩写加以使用。[①]

有些标志虽然原本不属于描述性标志,但利用和标志相同或近似的文字或图形善意地描述商品或服务的特征,仍然可能在商标法的允许范围内。例如,北京著名的"中国

[①]　上海市高级人民法院(2004)沪高民三(知)终字第 87 号民事判决书。

国际贸易中心"被约定俗成地简称"国贸中心"或"国贸",附近的地铁站和立交桥也被命名为"国贸站"和"国贸桥"。"国贸中心"的开发商在不动产服务上注册了"国贸"商标。而某一房地产开发公司将其在"国贸中心"附近开发的楼盘命名为"世桥国贸公寓"。虽然这一名称中含有注册商标"国贸",但由于"国贸"在长期使用中具有地理名称的含义,将"国贸"两字放入"国贸中心"附近的楼盘名称中,是描述楼盘位置的一种手段。开发商只要在宣传和推销楼盘时使用自己的商标或其他方法避免相关公众对楼盘来源的混淆,其对"国贸"的使用就不构成侵权。①

《商标法》第 59 条第 1 款规定:注册商标中含有的本商品的通用名称、图形、型号,或者直接表示商品的质量、主要原料、功能、用途、重量、数量及其他特点,或者含有的地名,注册商标专用权人无权禁止他人正当使用。近年来,法院也在许多案例中认定:使用与注册商标相同的文字合理地描述自己产品的特征并不构成侵权。例如,有人在纸巾上注册了"薰衣草"文字商标。但在制造纸巾过程中可以加入各种不同香料,使其具有不同的香味。在纸巾上标注"薰衣草"(见图 18-5),是为了描述纸巾的香型,供消费者在购物时加以取舍,这属于对纸巾本身特点的合理描述,不会带给消费者任何该纸巾来源的区别信息。法院认定这种使用不构成侵权。②再如,某公司在制冷设备、冷冻设备上注册了"BIOFRESH"商标,其指控西门子公司未经许可在其生产的冰箱上使用了"Bio fresh"(见图 18-6),构成商标侵权。但"Bio"作为词根,有"生物"之义,而

图 18-5 纸巾上的"薰衣草"

图 18-6 冰箱上的"Bio fresh"

"fresh"有"新鲜"之义,因此,"Bio fresh"有"生物保鲜"之义。西门子公司用"Bio fresh"的意图明显是指该商品所具备的生物保鲜功能,属于正当使用,不构成商标侵权。③

二、说明商品或服务的用途

◎ 难度与热度

难度:☆☆☆   热度:☆☆☆

如果使用他人商标中的文字或图形,是为了说明自己提供的商品或服务能够与使用该商标的商品或服务配套,或是为了传递商品或服务来源于商标权人这一真实信息,即指示自己提供的商品或服务的用途、服务对象和真实来源,而非为了让消费者产生混淆,则这种使用不构成商标侵权。

法律对商标的保护是为了防止对消费者的欺骗和维护商标权人的商誉,并不是为了让商标权人垄断相关的商品或服务,因此,商标权人虽然可以阻止他人以令消费者混淆

① 北京市第二中级人民法院(2005)二中民终字第 11995 号民事判决书。

② 北京市第一中级人民法院(2006)一中民初字第 15269 号民事判决书,北京市高级人民法院(2007)高民终字第 968 号民事判决书。

③ 上海市第一中级人民法院(2007)沪一中民五(知)初字第 295 号民事判决书。

的方式在相同或类似的商品或服务上使用相同或近似的标志，却无权禁止他人提供与自己的商品或服务相配套的商品或服务，也不能阻止他人使用该商标说明自己的商品或服务与商标权人的商品或服务配套或者说明商品与服务的真实来源。例如，对于喷墨打印机所使用的原装墨盒，制造商均宣称该墨盒只能一次性使用，其中墨水用尽之后必须重新购买。但墨盒价格高昂，其中的墨水却比较便宜。一些厂商开发出了专门用于这些墨盒的"补充墨水"，即在原装墨盒中的墨水用尽后，可以将补充墨水注入墨盒之中。由于市场上原装墨盒型号众多，补充墨水生产厂商必须在墨水上注明适用于特定厂商的墨盒，这样就不可避免地会用到原装墨盒生产商的注册商标，如"本墨水适用于惠普墨盒"等。只要不是对商标加以突出使用并模仿原装墨盒中的文字、图形或产品包装风格，消费者看到之后一般就不会误认为该墨水由原装墨盒厂商生产，而只会认为该墨水能够被用于该原装墨盒。这种对墨盒商标中文字的使用并不会构成商标侵权。再如，在淘宝网上开设出售油漆的商铺，展示立邦、多乐士等知名品牌的文字和图形，只要其出售的是正品而非假货，且其使用油漆注册商标的方式不在于使消费者误认为该商铺是商标权人自己或经其许可开设的专卖店，则这种未经许可使用注册商标文字和图形的行为就是在指示商品的真实来源[1]，不构成侵权。

当然，指示性使用必须善意、合理并符合商业惯例，不能传达导致消费者产生混淆的信息。假设宝马汽车维修提供者未经许可在广告中使用"宝马特许维修"的文字，就会使消费者误以为该修理服务提供者得到过宝马汽车原厂的授权，其修理质量有保障。这样的使用就可能构成商标侵权了。

三、商标权用尽

◎ **难度与热度**

难度：☆☆☆☆　热度：☆☆☆

"商标权用尽"，又称"商标权穷竭"，是指对于经商标权人许可或以其他方式合法投放市场的商品，他人在购买之后无须经过商标权人许可，就可将该带有商标的商品再次售出或以其他方式提供给公众，包括在为此目的进行的广告宣传中使用商标。

"商标权用尽"与著作权法中"发行权用尽"的原理是相同的。商标在绝大多数情况下会附着于商品之上，商品本身是普通的有体物，合法购得商品者对其享有物权法上的所有权，有权以销售的方式对其加以处分。但销售带有商标的商品同时又是商标法意义上对商标的使用行为，需要得到商标权人的许可。因此，转卖带有商标的商品在表面上就会引起所有权人和商标权人权利的冲突。

商标法将销售带有商标的商品规定为受商标权人专有权利规制的行为，是为了阻止冒牌商品的出售，防止消费者对商品的来源产生混淆，并保护商标权人的利益。对商品的正常转售行为，并没有损害商标识别来源的核心功能，因为在转售时，商品上的商标仍然能够使消费者识别商品的来源。在带有商标的商品经过商标权人许可在市场公开流通的情况下，如果允许商标权人限制买受人转售其购得的带有商标的商品，就偏离了商

---

[1]　上海市徐汇区人民法院（2011）徐民三（知）初字第 138 号民事判决书，上海市第一中级人民法院（2012）沪一中民五（知）终字第 64 号民事判决书。

标法的立法目的，而演变为允许商标权人对他人的所有权和有形财产的合法流通加以干涉了。这将严重损害允许合法商品自由流转这一市场经济赖以存在的基本原则。因此，对于经过商标权人许可向公众提供的商品，该商品上的商标权被视为"用尽"或"穷竭"，商标权人不能阻止该商品的所有权人向公众再次出售或提供。例如，零售商在向批发商购入正牌商品后，无须再经过商标权人许可即可销售这批商品。同样道理，从零售商处购得商品的消费者也有权自行转卖，而不会构成商标侵权。需要注意的是：实务中一些商标权人与其经销商约定，或在商品上声明，该商品只能在特定地域范围内销售。但该协议或声明并不具有限制从经销商处购买商品者转售该商品的效力。只要带有商标的商品经过商标权人许可在市场中售出，商标权就已用尽，买受者无须再获得商标权人许可就可以转售该商品。①

但是，商标权人在将带有商标的商品投放市场之后，也并非绝对失去了对该商品的控制。如果带有商标的商品经商标权人许可售出后状况发生了变化，如已经损坏、变质，继续销售将可能使消费者误认为商标权人的商品原本就质量低劣，从而损害商标权人的声誉。同时，擅自对商品进行改装可能使商品的特性被实质性地改变，导致特定商品与特定来源之间的联系发生改变。最高人民法院在相关判决中指出：喷码机的墨路系统是喷码机产品正常运行的重要部件，对墨路系统的改装行为实质性改变了商品的原有品质，在对消费者的选择产生显著影响的同时，对商标与商品之间的对应关系也产生了实质性影响。在出售经过实质性改变的商品上继续使用涉案商标且未通过明显方式告知消费者改装的情况，容易造成相关消费者对商品的来源产生混淆或者有混淆的可能，因此构成商标侵权。②

四、在先使用抗辩

◎ 难度与热度

难度：☆☆☆☆　热度：☆☆☆☆

从保护商标权人的角度看，商标法是广义反不正当竞争法的一部分，其保护的主要对象是注册商标经过使用之后凝集的商誉，保护的目的之一是防止他人"搭便车"——无偿利用注册商标所体现的商誉牟取不当利益，以实现公平的商业竞争。如果他人在注册人使用和申请商标注册之前，就已经善意地在相同或类似商品或服务上使用了与注册商标相同或近似的未注册商标，而且这种使用还产生了一定影响，也就是形成了自己的商誉，自然谈不上对在后注册商标中商誉的不当利用，与"搭便车"无关。虽然在该在后注册商标投入使用，实际发挥了来源识别功能并产生商誉之后，在先未注册商标的使用者在原有范围内继续使用未注册商标，确有可能导致消费者发生混淆，但对这种使用，商标法应当予以容忍，否则，就会剥夺在先使用人通过诚实经营所积累的商誉，对在先使用人是不公平的，也有违商标法的立法目的。TRIPs 协定第 16 条第 1 款中也明确规定：上述权利（商标权人的专有权利）不得损害任何既存的在先权利，也不得影响成员国规定以使用为基础的权利的可能性。

---

① Peak Holding AB v. Axolin-Elinor AB，Court of Justice，Case C‐16/03（2004），para.56.
② 最高人民法院（2019）最高法民申 4241 号民事裁定书。

《商标法》第 59 条第 3 款规定："商标注册人申请商标注册前，他人已经在同一种商品或者类似商品上先于商标注册人使用与注册商标相同或者近似并有一定影响的商标的，注册商标专用权人无权禁止该使用人在原使用范围内继续使用该商标，但可以要求其附加适当区别标识。"（该条也适用于服务商标）。这就明确承认了"在先使用"可以作为抗辩事由，当该抗辩成立时，相关使用行为不构成对注册商标专用权的侵权。该抗辩成立的条件包括：（1）在先使用人使用相关标志的时间既早于该注册人申请商标注册的时间，也早于该注册人使用该商标标志的时间；（2）在相同或者类似商品或服务上在先使用相同或者近似的标志；（3）在注册人申请商标注册日和使用日之前，在先使用就已经具有一定影响，也就是产生了一定商誉；（4）在先使用人是在其使用该未注册商标的原有范围内使用该商标。[1]

当然，商标注册具有公示效力。在先使用人在改变使用方式、拓展使用范围和领域之前，应当查询是否存在可能与之冲突的注册商标。如果其没有尽到这一合理注意义务，或者在注册商标获得知名度后，为了"搭便车"而改变使用方式或拓展使用范围和领域，由此产生混淆可能的，商标法没有必要加以容忍。即使在传统上高度重视商标在先使用的美国，虽然当他人在某一地域在先使用商标时，在后的商标权人无权阻止[2]，但在先使用人超出原有地域范围使用则构成侵权。[3]

《商标法》第 59 条第 3 款规定，注册商标专用权人虽然无权禁止在先使用人在原使用范围内继续使用该商标，但可以要求其附加适当区别标识。这一要求是合理的。例如，2001 年，贵阳启航学校申请注册"启航学校 Qihang School"商标，核准注册后，其独占被许可人起诉北京启航考试学校未经许可使用"启航"商标。经查，北京启航考试学校成立于 1998 年，并在 1998 年至 2001 年间编写了以"启航考研"命名的各类考研书籍（其中均注明"北京启航考试学校组编"），并提供考研辅导服务。法院认为：在涉案商标申请注册前，北京启航考试学校已在全国范围的考研培训中使用"启航考研"标志，并使之具有一定的知名度和影响力，因此，原告无权禁止其在涉案商标被核准注册后继续在考研培训领域突出使用"启航考研"，但可以要求北京启航考试学校对"启航考研"附加适当标识。[4] 二审法院进一步指出：被告在先使用抗辩的范围，只能限于在先使用的商标及商品或服务，而不能延及未使用过的类似商品或服务上的近似商标，否则就超出了"原有范围"[5]。

五、权利滥用抗辩

◎ 难度与热度

难度：☆☆☆☆　热度：☆☆☆☆

对商标的注册和使用应遵循诚实信用原则。注册的目的是将自己提供的商品或服务与他人的同类商品或服务区分开，并通过经营活动积聚以商标为载体的商誉，而不应通

---

① 林某与成都武侯区富运家具经营部侵害商标权纠纷案，最高人民法院（2018）最高法民再 43 号民事判决书。
② Peaches Entertainment Corp. v. Entertainment Repertoire Associates Inc.，62 F. 3d 690（5th Cir.，1995）.
③ See 15 U. S. C. 1115（b）（5）.
④ 北京市海淀区人民法院（2014）海民（知）初字第 27796 号民事判决书。
⑤ 北京知识产权法院（2015）京知民终字第 588 号民事判决书。

过抢先注册，将他人的商誉或公共资源据为己有并误导消费者，向他人兜售注册商标或索取费用。

《商标法》规定"申请注册和使用商标，应当遵循诚实信用原则"，并将"不以使用为目的的恶意商标注册"规定为不予注册的绝对理由。但是，如果恶意注册商标是为了自己使用，该注册就不属于"不以使用为目的的恶意注册商标"，也就是不属于不予注册的绝对理由。如果是以自己使用和误导公众为目的，抢先注册他人在先使用且有一定影响的未注册商标，则不区分是出于过失还是恶意，均将其归于不予注册的相对理由。而且在商标侵权诉讼中，被告都不能直接以原告的注册商标在注册时存在不予注册的绝对理由或相对理由进行抗辩，只能先请求国家知识产权局宣告注册商标无效。这对于遏制恶意注册人恶意维权是不利的。

在这种情况下，我国法院在司法实践中根据民法中的诚实信用原则创设了《商标法》并未明确规定的不视为侵犯注册商标专用权的情形，即承认被控侵权人可以商标权人滥用权利进行抗辩。最高人民法院在涉及商标侵权纠纷的判决中指出：诚实信用原则是一切市场活动参与者均应遵循的基本准则。它要求当事人在不损害他人合法权益和社会公共利益的前提下，善意、审慎地行使自己的权利。任何违背法律目的和精神，以损害他人正当权益为目的，恶意取得并行使权利、扰乱市场正当竞争秩序的行为均属于权利滥用，其相关主张不应得到法律的保护和支持。这就意味着恶意注册人起诉他人侵犯其注册商标专用权的行为可被认定为权利滥用，法院不应判决被控侵权人的善意行为构成侵权，被控侵权人不但无须承担赔偿责任，也无须停止使用。在司法实践中，认定滥用权利的考虑因素包括：（1）是否明显出于恶意注册他人有正当理由使用的商标；（2）注册后是否没有进行真实的使用，从而无从在注册商标与相关商品或服务的出处之间建立并维持联系，以至于该注册商标未能取得声誉和知名度；（3）对他人提起诉讼的唯一目的是否为阻止他人有正当理由的使用，以从中牟利。

例如，在"优衣库商标侵权案"中。两原告在优衣库发布超轻薄（英语为 ultra light）羽绒服产品后，就在服装类商品上注册了"**UL**"商标（见图 18-7 上）。两原告指称优衣库在其销售的羽绒服上使用了与之近似的商标（见图 18-7 下），构成侵权。法院查明：两原告分别持有的注册商标共计 2 600 余个，之前并未使用过该注册商标。同时，两原告的经营范围均不涉及服装，在获得涉案注册商标专用权后，时隔 4 个月就发布了转让该商标的信息，发布 2 个月

图 18-7　诉争商标与引证商标

后就试图以 800 万元的价格将该商标转让给优衣库。最高人民法院再审后认为：两原告以不正当方式取得商标权后，目标明确指向优衣库公司等，意图将该商标高价转让；在未能成功转让该商标后，分别以优衣库公司等侵害该注册商标专用权为由，以基本相同的事实提起系列诉讼，主观恶意明显，其行为明显违反诚实信用原则，对其借用司法资源以商标权谋取不正当利益之行为，依法不予保护。[①] 因此，法院既没有支持两原告有关赔偿损失的诉讼请求，也未支持要求优衣库停止侵权的诉讼请求，也就是完全不保护两原告的注册商标。

---

① 最高人民法院（2018）最高法民再 396 号民事判决书。

第三节　侵害商标权行为的法律责任

侵害商标权的行为可导致民事责任，还可能视情况导致行政责任和刑事责任。

一、民事责任

◎ 难度与热度

难度：☆☆☆　　热度：☆☆☆☆☆

本书第七章第一讲所讲解的有关侵害著作权民事责任的规定，与侵害商标权的民事责任基本相同，包括"合法来源抗辩"的规定也相同。此处只讲解不同之处或需要关注的规定。

第一，对于商标侵权而言，虽然《商标法》并没有像《著作权法》那样为注册商标专用权人规定人身权利，但商标是商誉的载体，某些严重而广泛的商标侵权行为在使商标权人遭受经济损失的同时，也可能损害其商誉。某些侵权行为的用意甚至就是丑化商标所代表的良好商业信誉（参见第十七章第一节有关对驰名商标丑化行为的讲解）。因此，法院在判决侵权人赔偿商标权人经济损失的同时，可以视情况判决其采取登报声明等方式消除不良影响，以使其商誉恢复到受损之前的状态。最高人民法院《关于审理商标民事纠纷案件适用法律若干问题的解释》（2020 年修正）第 21 条也规定："人民法院在审理侵犯注册商标专用权纠纷案件中，依据民法典第一百七十九条……和案件具体情况，可以判决侵权人承担……消除影响等民事责任……"

第二，《商标法》对补偿性赔偿和惩罚性赔偿的规定与《专利法》规定的基本相同。《商标法》第 63 条第 1 款规定："侵犯商标专用权的赔偿数额，按照权利人因被侵权所受到的实际损失确定；实际损失难以确定的，可以按照侵权人因侵权所获得的利益确定；权利人的损失或者侵权人获得的利益难以确定的，参照该商标许可使用费的倍数合理确定。对恶意侵犯商标专用权，情节严重的，可以在按照上述方法确定数额的一倍以上五倍以下确定赔偿数额。赔偿数额应当包括权利人为制止侵权行为所支付的合理开支。"该规定与《著作权法》略有不同，因为《著作权法》只允许以许可使用费本身，而不允许以"使用费的倍数"计算补偿性赔偿并作为计算惩罚性赔偿数额的基数。

第三，《商标法》规定的法定赔偿金为 500 万元以下，但没有像《著作权法》和《专利法》那样规定法定赔偿金的下限，预计《商标法》下次修改后也会规定法定赔偿金的下限。

第四，《商标法》除像《著作权法》和《专利法》一样规定了"合法来源抗辩"（参见本书第七章第一节，此处不再赘述）之外，还有一条有关侵权损害赔偿责任的特殊规定，即被控侵权人对商标权人提出的赔偿损失责任可提出的抗辩。

商标只有在实际使用中才能发挥识别作用并积累商誉。商标在注册后如果并未进行实际使用，就无法在消费者心目中与商品或服务的来源产生联系，他人未经许可使用注册商标的行为也不可能导致消费者的混淆，或不正当地利用商誉和给商标权人造成经济损失，而只是损害了商标权人日后通过使用商标，发挥商标识别来源的功能并积累商誉的机会。因此,《商标法》第 64 条第 1 款规定:注册商标专用权人请求赔偿,被控侵权人以注册商标专用权人未使用注册商标提出抗辩的,人民法院可以要求注册商标专用权人提供此前三年内实际使用该注册商标的证据。注册商标专用权人不能证明此前三年内实际使用过该注册商标,也不能证明因侵权行为受到其他损失的,被控侵权人不承担赔偿责任。

需要指出的是,对于此前未经注册人使用的注册商标,除在注册人恶意注册并以违反诚实信用原则的方式进行维权的情况下,被控侵权人成功地进行权利滥用抗辩(参见本章第二节)外,被控侵权人未经许可使用该注册商标的行为仍然构成侵权,在通常情况下需要承担停止侵权的责任,只是不承担赔偿责任。根据《商标法》第 49 条第 2 款的规定,无正当理由连续三年不使用注册商标,注册商标可以被撤销(参见本书第十五章第六节)。这就意味着注册人为了维持商标注册,除有正当理由不使用外,最迟在获准注册三年的期间届满前应当开始使用其注册商标。在此之前暂时不使用是被《商标法》所允许的,可以供注册人用于做好使用注册商标的必要准备,如建造厂房或组建销售网络等。在此期间他人未经许可在相同或类似商品或服务上使用相同或近似商标,会使相关公众将该商标与该商品或服务的其他提供者联系起来,剥夺和损害注册人此后通过正常使用,发挥注册商标的识别作用并建立自己的商誉的机会,因此在此期间,他人的上述行为仍然构成侵权。

二、行政责任

◎ 难度与热度

难度:☆☆☆　热度:☆☆☆

侵害商标权的行为不但损害了商标权人的利益,还会导致消费者对商品或服务的来源产生混淆,从而上当受骗,在许多情况下也损害了公共利益,因此,侵权人除向商标权人承担民事责任之外,还应承担政责任。根据《商标法》第 60 条的规定,对于侵犯注册商标专用权的行为,商标权人或者利害关系人可以请求市场监督管理部门处理。市场监督管理部门处理时,认定侵权行为成立的,责令立即停止侵权行为,没收、销毁侵权商品和主要用于制造侵权商品、伪造注册商标标识的工具,违法经营额 5 万元以上的,可以处违法经营额 5 倍以下的罚款,没有违法经营额或者违法经营额不足 5 万元的,可以处 25 万元以下的罚款。对 5 年内实施两次以上商标侵权行为或者有其他严重情节的,应当从重处罚。销售不知道是侵犯注册商标专用权的商品,能证明该商品是自己合法取得并说明提供者的,由市场监督管理部门责令停止销售。

三、刑事责任

◎ 难度与热度

难度:☆☆☆　热度:☆☆☆

《刑法》第 213 条、第 214 条和第 215 条分别规定了"假冒注册商标罪""销售假冒注册商标的商品罪""非法制造、销售非法制造的注册商标标识罪"。第 213 条规定:未经注册商标所有人许可,在同一种商品、服务上使用与其注册商标相同的商标,情节严重的,处 3 年以下有期徒刑,并处或者单处罚金;情节特别严重的,处 3 年以上 10 年以下有期徒刑，并处罚金。显然，"假冒注册商标"是指未经许可在相同商品或服务上使用相同商标，即前文所述的"双重相同"。如果是在相同商品或服务上使用近似商标，或者在类似商品或服务上使用相同商标或近似商标，不能构成"假冒注册商标罪"。

《刑法》第214条规定：销售明知是假冒注册商标的商品，违法所得数额较大或者有其他严重情节的，处3年以下有期徒刑，并处或者单处罚金；违法所得数额巨大或者有其他特别严重情节的，处3年以上10年以下有期徒刑，并处罚金。据此，明知他人提供的是假冒注册商标的商品，仍然销售的，构成本罪。如果行为人既未经许可在相同商品上使用了相同商标（如在糖果包装上擅自标注"大白兔"），又销售该商标，则既构成"假冒注册商标罪"又构成"销售假冒注册商标的商品罪"。根据最高人民法院、最高人民检察院《关于办理侵犯知识产权刑事案件具体应用法律若干问题的解释》第13条的规定，此时应当依照《刑法》第213条的规定，以"假冒注册商标罪"定罪处罚。

《刑法》第215条规定：伪造、擅自制造他人注册商标标识或者销售伪造、擅自制造的注册商标标识，情节严重的，处3年以下有期徒刑，并处或者单处罚金；情节特别严重的，处3年以上10年以下有期徒刑，并处罚金。如前文所述，相关行为本质上是间接侵权，但因可能导致严重后果，因此可构成刑事犯罪。

》》 本章实务案例研习

一、OPEL 车模案

（一）案情简介

德国欧宝公司是"Opel"商标的所有者，并在汽车和玩具上注册了"Opel"商标。Autec 公司生产、销售欧宝真车等比例缩小的遥控模型车，而且模型车像原型车一样在散热格上有"Opel"标志。虽然模型车上标有 Autec 公司自己的"Cartronic"商标，但Opel 公司认为这种在模型车上对"Opel"商标的使用构成侵权。

（二）法院判决

《欧共体商标一号指令》对侵害商标权的规定与我国《商标法》基本相同。其第5条第1款 a 项规定：注册商标权人有权阻止任何第三方未经许可在贸易中在相同商品或服务上使用相同标志。第5条第1款 b 项规定：第三人在相同商品或服务上使用近似标志、在类似商品或服务上使用相同标志或近似标志，如存在导致公众混淆的可能性，则注册商标权人有权阻止其使用。两相对比，容易使人得出"只要在相同商品上使用了相同标志，即使不存在混淆的可能性，也是商标侵权"的印象。而《欧共体商标一号指令》的序言部分更是宣称：商标最重要的功能是识别商品或者服务的来源，在第三方在相同商品或者服务上使用相同商标的情况下，对该注册商标的保护是"绝对"的。①

负责向欧共体法院提供咨询意见的法务官（advocate general）指出：上述规定并不意味着无论这种使用是否存在导致混淆的可能性都构成侵权。《欧共体商标一号指令》应

---

① First Council Directive 89/104/EEC of 21 December 1988 to Approximate the Laws of the Member States Relating to Trade Marks.

当被理解为：如果第三方在相同商品上使用了相同商标，就应推定混淆的可能性，而这种推定是可以被推翻的。^① 同时，第三方对于与注册商标相同的标志的使用是否侵权，取决于这种使用是否会给消费者造成第三方的商品与商标权人之间存在联系的印象。由于忠实地按照原型车制造模型车在德国已有一百多年的历史，具有普通认知度的玩具产品消费者早已习惯接受以实物车为原型的微缩模型。而德国的汽车产业只是近年来才开始将玩具汽车用作广告去赢得消费者的忠诚。欧宝公司直到 1990 年才将 Opel 商标注册在玩具上。因此，消费者很难自然地把真车生产企业与模型车上该企业的商标联系起来。^② 因此不存在混淆的可能。

欧共体法院在判决中支持这一结论，并强调：商标的基本功能是向最终购买者确保商品或服务的来源，使消费者能够正确区分来自不同来源的商品或者服务，避免发生混淆的可能。第三方对商标的使用只有在可能影响商标上述功能，从而影响了商标权人的利益时才能被禁止。^③ 因此，对于第三方将与注册在玩具上的商标相同的标志用于模型车上的行为，除非有可能影响商标上述功能的发挥，否则不能依据《欧共体商标一号指令》第 5 条第 1 款 b 项加以禁止。Autec 公司在模型车上对"Opel"标志的使用并不影响"Opel"作为注册商标的本质功能。^④ 因此，Autec 公司的行为并未被认定为侵权。^⑤

（三）法律分析

本案是在"双重相同"的情况下不认定侵权的典型案例。判决结果明白无误地确认：他人在相同商品上使用相同商标的行为，只要不会引起消费者的混淆，即不会影响商标实现其指示来源的功能，就不构成《欧共体商标一号指令》第 5 条第 1 款 b 项规定的侵权行为。在本案中，基于相关事实，虽然在模型车上出现了"Opel"标志，但消费者会认为它只说明该产品是欧宝汽车的按比例缩小的复制品，而不会认为这是欧宝公司或者与其有商业联系的企业制造的模型车，因此不存在混淆可能，模型车的制造者并不构成侵权。

二、使用"香榭丽花园"侵犯"香榭里"商标权吗

（一）案情简介

深圳某房地产公司在深圳开发了名为"香榭里花园"的楼盘，并在与不动产服务有关的第 36 类上注册了"香榭里 Champs Elysees"商标。上海某房地产公司则在上海开发了"香榭丽花园"住宅小区，并在小区大门口，每栋楼的楼身、入口处及售楼广告上标明了"Champs Elysees 香榭丽花园"的图文标识。深圳公司认为上海公司侵犯了其注册商标专用权。

（二）法院判决

法院认为：楼盘（商品房）作为不动产的自然属性决定了围绕它的服务一般都是在

---

① Adam Opel AG. v. Autec AG. , Opinion of Mr. Advocate General Ruiz-Jarabo Colomer, Court of Justice, Case C-48/05, para. 24.

② Ibid. , para. 40.

③ Adam Opel AG. v. Autec AG. , Court of Justice, Case C-48/05 (2007), paras. 21, 22.

④ Adam Opel AG. v. Autec AG. , Court of Justice, Case C-48/05 (2007), paras. 23, 24.

⑤ Adam Opel AG. v. Autec AG. , Court of Justice, Case C-48/05 (2007), para. 45.

楼盘所在地提供的，如楼盘的出售、出租、代理、中介、管理等。本案中，原告提供的证据只能证明其开发的"香榭里花园"地处深圳市，其为出售"香榭里花园"所提供的服务行为，如广告宣传等，也主要发生在深圳市。原告并未举证证明其提供的与建立或提升其商标知名度有关的服务发生在上海市和在被告开发"香榭丽花园"之前。同时，楼盘（商品房）作为不动产，与普通商品不同，由于售价、使用期限等因素，消费者在选择的时候会施以较高的注意力，其关注的要素有楼盘的品质、周边的环境、开发商的信誉和实力等多方面。而且，商品房的销售必须签订书面合同，购房者在与开发商订立合同的过程中，首先会明确签约的主体即合同的相对方。此时，开发商出售楼盘（商品房）的服务是直接提供的，通常情况下，消费者不会对服务的来源产生混淆。因此，消费者不会轻易误认为是原告在提供出售楼盘的服务。法院最终驳回了深圳公司的诉讼请求。[①]

（三）法律分析

本案是一个在相同商品或服务上使用同一商标并不容易混淆，从而不认定侵权的典型案例。原告商标中的英文"Champs Elysees"是闻名于世的法国巴黎主要街道——香榭丽舍大街的英文名称，而"香榭里"与"香榭丽舍"相近，国人也常用它来称呼这条街道。由于原告的商标实际上是由国人所熟悉的国外街道名称构成，其显著性并不高。而且在房产业中，使用国外知名地名命名楼盘的现象是非常常见的。这样，原告阻止他人使用"香榭里"和"Champs Elysees"名称的能力也要受到影响。其次，原告的"香榭里花园"与被告的"香榭丽花园"在相距数千里的两个城市销售，而消费者同时在这两个城市买房的概率毕竟是很小的。换言之，原、被告提供的商品与服务分处于两个相对隔离的市场，双方之间的市场区分降低了产生混淆的可能性。最后，由于房屋价值巨大，消费者一般总是在经过仔细考察和比较之后才会做出购买决定。在这一过程中，特别是签订房屋买卖合同之时，消费者不大可能一时冲动，在连开发商都不了解的情况下就签订购房合同。综合上述因素，虽然被告在相同商品或服务上使用了与原告的注册商标几乎完全一样的标志，但由于不大可能导致消费者的混淆，所以并不构成商标侵权。

三、"神舟兴陇"商标侵权案

（一）案情简介

某公司在银行、金融服务、金融管理等服务上注册了"神舟兴陇"文字商标。甘肃银行发行了"神舟兴陇卡"（借记卡），在字体较大的"甘肃银行"旁印有字体较小的"神舟兴陇卡"（见图 18-8）。"神舟兴陇"的商标注册人起诉甘肃银行侵权。

图 18-8　"神舟兴陇卡"

（二）法院判决

最高人民法院指出：这是在银行卡业务领域发生的商标侵权纠纷。银行卡是由商业银行向社会发行的具有消费信用、转账结算、存取现金等全部或者部分功能的信用支付

---

①　上海市第一中级人民法院（2003）沪一中民五（知）初字第 170 号民事判决书。

工具。在我国，作为银行服务的一项业务，银行卡服务的来源是银行，而不是其他民事主体，这是持卡人、商户及其他消费者共同知晓的，容易识别而不至于混淆。根据银行卡业务的特点，在"甘肃银行神舟兴陇卡"字样中起到识别服务来源作用的是"甘肃银行"字样，而不是"神舟兴陇"字样。"神舟兴陇卡"作为甘肃银行发行的一种银行卡的种类名称，具有区分银行卡"服务的功能内容"的作用，不具有识别银行卡的"服务的来源主体"的作用。因此甘肃银行对"神舟兴陇"的使用并不构成侵权。[1]

（三）法律分析

本案的判决结果是由本案事实所决定的。"陇"本身就是甘肃省的简称，"兴陇"有"振兴甘肃"的意思，显著性本身就很弱；"神舟"与卡面上的神舟飞船的造型相结合，表示的是神舟飞船。因此，银行卡的使用者看到该银行卡时，会将"神舟兴陇"理解为要让甘肃像神舟飞船那样一飞冲天，获得振兴，也就是将它视为银行卡的类别名称。

但是，不能绝对地认为，凡是在银行卡上标注的除银行名称之外的文字都不可能起到识别来源的作用，从而不属于商标性使用。

图 18 - 9　中信银行信用卡

假如银行卡上出现字体较大的"某某银行"和字体较小的"可口可乐卡"或"华为卡"，使用者会认为银行与可口可乐公司或华为公司有合作关系。图 18 - 9 所示的中信银行发行的信用卡上的"家乐福"即使字体较小且即使没有家乐福公司的图形商标，使用者也会认为这是中信银行发行的家乐福联名信用卡，使用它就可以享受在家乐福超市购物的优惠。此时中信银行在银行卡上对"家乐福"的使用，当然是商标性使用。

四、DDR 商标侵权案

（一）案情简介

本案中，原告将德意志民主共和国（Deutsche Demokratische Republik，简称"民主德国"或"东德"）的国名缩写 DDR 和国徽图形注册在服装等商品上（1990 年德国统一后东德不复存在。因此将其名称缩写 DDR 和国徽注册为商标，不再受德国《商标法》第 8 条第 2 款第 6 项有关禁止注册国名和国徽条款的限制）。被告销售的 T 恤衫上印有"DDR"和东德的国徽（见图 18 - 10）。原告起诉被告侵犯其商标权。

图 18 - 10　被控侵权 T 恤衫

（二）法院判决

德国联邦最高法院指出：判定一个标志是否被公众理解为指示来源的标志，是审理者的核心任务。公众是将服装正面的标志视为识别来源的标志，还是仅仅视其为一种装饰，取决于该标志的风格和位置，对此必须进行个案判断。在本案中，一个有常识的、理性的普通消费者看到涉案 T 恤衫正面的"DDR"和东德的国徽图形时，没有理由认为

---

[1]　最高人民法院（2019）最高法民再 139 号民事判决书。

它除表示东德这个国家名称和其国徽外，还有识别商品来源的含义。因此原告的诉讼请求不应得到支持。[①]

（三）法律分析

本案中法院认定被告未进行商标性使用的根本原因在于，公众熟知"DDR"和涉案图形分别是东德国名的缩写和国徽的图案，它们除此之外没有公众所知晓的其他含义，印刷在服装的正面仅会使相关公众认为这是服装的装饰（可能表明对东德的一种情感），不会使公众认为这是区别服装来源的标志。当然，正如法院所指出的那样，服装正面的标志在相关公众心目中究竟起到何种作用，是识别来源还是仅为装饰，需要进行个案判断。例如，欧盟法院认为，在英国阿森纳足球俱乐部已将"Arsenal"注册在服装类商品上的情况下，未经许可在球迷经常为了表示对球队的支持而佩戴的围巾上使用"Arsenal"，落入了商标权的规制范围。[②] 这是因为足球俱乐部在球衣和围巾等周边用品上注册与俱乐部名称相同的商标并开展特许经营是常见现象，已为公众所知。公众能理解围巾上的"Arsenal"表示该围巾是经过阿森纳足球俱乐部许可而生产的，因此是商标性使用。

五、"美杜莎"商标侵权案

（一）案情简介

本案原告是知名的奢侈品经营者范思哲公司，其标志是神话中的蛇发女妖美杜莎的图案。范思哲公司除将该图案在服装、皮包和香水等公众熟知的其经营的商品上进行了商标注册外，还将其注册在"建筑材料（非金属制）"和"家具"上（见图18-11左）。在范思哲公司自己销售的瓷砖上，美杜莎图案占据了瓷砖的中心位置（见图18-11中间两图）。被告销售美杜莎图案的瓷砖（见图18-11右），范思哲公司对其提起侵权之诉。

图18-11　美杜莎图案产品

（二）法院判决

德国联邦最高法院指出：只有被诉侵权的标志作为商标使用，才有可能产生商标侵权。公众是将瓷砖上的美杜莎图案视为单纯的装饰还是识别来源的标志，取决于涉案商标的显著性和知名度。原告自己在瓷砖上对美杜莎图案的使用并不是商标性使用，因此，该商标没有通过使用提高显著性并获得知名度。公众并不知道原告在瓷砖上使用的美杜莎图案是其商标，证据也显示只有5%的公众知道原告的这一涉案商标。被告并没有将美杜莎图案作为商标在瓷砖上使用。公众只会将该图案视为瓷砖设计的一部分，也就是

①　I ZR 92/08（DDR Trade Mark）2010（BGH），IIC 2011，42（3），378-379.
②　Arsenal Football Club Plc v. Reed，Case C-206/01（2002）.

作为瓷砖的装饰。理性的普通消费者不会认为被告瓷砖上的美杜莎图案除起装饰作用外，还能识别商品的来源。因此被告的行为并不构成商标侵权。[①]

（三）法律分析

图 18-12 美杜莎雕像

在本案中，范思哲公司使用的美杜莎图案源于真实存在的、为西方公众所熟知的美杜莎雕像（见图 18-12）。同时，在瓷砖上布满图案是此类产品的常态，相关公众通常将该图案视为瓷砖的装饰，而不是识别来源的商标。这两个因素结合在一起，相关公众看到瓷砖上的美杜莎图案时，会认为相关厂商是以美杜莎图案美化瓷砖，并以瓷砖的其他信息（如"范思哲"）识别瓷砖的来源，而不会认为美杜莎图案是一个商标。范思哲公司如果将美杜莎图案置于瓷砖的一角，并在旁边打上注册商标标志，经过一段时间使用，就会逐渐使相关公众意识到该图案就是瓷砖上的商标。但范思哲公司显然并没有这样做。因此，不能说凡是用于瓷砖上的图案都不可能发挥识别来源的作用，而是范思哲公司和被告在瓷砖上使用美杜莎图案的方式决定了该图案未能发挥识别来源的作用，因此该使用不是商标性使用。

六、"汇源"水果罐头与"汇源"果汁源于同一厂商吗

（一）案情简介

图 18-13 "汇源"图文商标

北京汇源饮料食品集团在果汁等饮料类商品上享有"汇源"图文商标（见图 18-13）的注册商标专用权，菏泽汇源罐头食品公司则在水果罐头、冰糖山药罐头和八宝粥上使用"汇源"商标（见图 18-14）。北京汇源饮料食品集团起诉汇源罐头食品公司侵权，并认为双方使用的商品不属于类似商品，故请求认定其注册的"汇源"商标为驰名商标，以进行跨类保护。

（二）法院判决

图 18-14 使用"汇源"商标的产品

法院认为：从相关公众的一般认识来看，饮料与罐头均属于日常消费品。两者皆通过超市平台销售，均有礼盒包装商品销售，消费对象和销售渠道有一定的重合，且本案中的水果罐头和果汁饮料的原材料相同。因此，被诉侵权罐头商品与原告的注册商标核定使用的果汁饮料构成类似商品。同时，"汇源"系臆造词，具有较强的显著性；且经过持续性使用，已具有了较高知名度；被控侵权的文字商标"汇源"与原告的注册商标中的主要识别部分"汇源"的文字、读音、排列、含义均相同，两者构成近似商标。被告在罐头食品上的使用易导致混淆，因此无须认定原告的注册商标为驰名商标，即可判决被告的销售行为构成侵权。[②]

---

① I ZR 175/09 2011 (BGH)，IIC 2013，44（6），735-737.

② 山东省高级人民法院（2014）鲁民三初字第 2 号民事判决书，最高人民法院（2015）民三终字第 7 号民事判决书。

（三）法律分析

本案的关键是能否认定被告使用"汇源"商标的商品（水果罐头）与原告"汇源"商标核定使用的商品类似。在商标侵权诉讼中，类似商品的认定要考虑在先注册商标的显著性和知名度，因此取决于个案的情况，是动态和灵活的，而不是机械和死板的。在本案中，原告"汇源"商标在果汁饮料产品上的显著性和知名度使其获得了较宽的保护范围。被告销售的罐装水果与果汁的区别仅在于水果是以固态还是液态形式出现。消费者在看到水果罐头上的"汇源"时，容易误认为是原告拓展市场后的新产品，从而产生混淆。因此在本案中应认定水果罐头与果汁是类似商品。实际上，更为准确的表述，是综合考虑原告"汇源"商标的显著性和知名度后，被告提供的水果罐头与原告提供的果汁的相似度已到了容易导致相关公众混淆的程度。

七、使用"佛罗里达国民大学"侵犯"佛罗里达国际大学"商标权吗

（一）案情简介

美国佛罗里达国际大学是一所知名的公立大学，注册了"Florida International University"的文字商标。"佛罗里达国际学院"（Florida International Institute）是一所主要提供类似于我国大专学历教育的私立学校，在将其校名改为"佛罗里达国民大学"（Florida National University）后，佛罗里达国际大学起诉其侵犯商标权。

图 18-15　佛罗里达国际大学的注册商标　　　图 18-16　佛罗里达国民大学的标志

（二）法院判决

法院认为，他人对相同或近似商标的使用越多，商标的显著性就越弱。"Florida International University"虽然是注册商标，且经过使用后产生了知名度，但构成商标的各单词都是通用名称或描述性名称。而在佛罗里达就有 13 所其他高校使用了同时包含"Florida"和"University"的校名，如"Florida Atlantic University""Florida Christian University""Florida State University"等，且这些高校都隶属于佛罗里达州立大学系统。这就降低了"Florida International University"文字商标的显著性。在相同服务的其他提供者大量使用近似商标的情况下，注册商标与被控侵权商标之间的细微差异就具有较大意义，因为在这种情况下消费者通常会在近似商标中仔细辨别，从而降低了发生混淆的可能性。原、被告商标中不同的词汇"International"与"National"虽然拼写与发音较为接近，但在含义上差别很大，这种差异对消费者更为重要。而高等教育服务的主要的消费者——未来的学生及其父母通常会花大量的时间和精力来了解备选学校，不太可能因校名拼写和发音相近而混淆。特别是佛罗里达国际大学主要面向直接从高中升入大学的学生进行全日制本科教学，佛罗里达国民大学则针对高中毕业已工作十年左右的学生提供非全日制的大专课程（类似于我国的成人教育），学生群体的不同也降低了混淆的可能性。[1] 因此，佛罗里达国民大学并未侵犯佛罗里达国际

---

[1]　Florida International University Board of Trustees v. Florida National University，830 F. 3d 1242，1256 - 1265 (2016).

大学的商标权。

（三）法律分析

如果仅从构成商标的文字和含义上看，"Florida International University"和"Florida national Institute"是近似的。因为两者都包含"Florida"，而且"University"和"Institute"在两个名称中都是指高等教育机构。"International"和"national"在词汇构成上也是相似的。

然而，在商标侵权诉讼中，比较商标近似不是仅仅对文字构成进行对比，还要考察商标通过文字、发音和图形表达的含义以及给相关公众留下的印象。在进行商标比对时之所以应遵循"隔离观察比较"的方法（参见本书第十六章第二节），正是因为它还原了消费者购物时的实际状态——消费者购物时不可能左手拿着注册商标，右手拿着欲购商品进行比对，只能凭借对注册商标不精准的回忆进行判断。在"隔离观察比较"时，原、被告的商标是否表达了相似的含义，从而给消费者留下了相似的印象，发挥着决定性的作用。即使双方的商标中的文字、读音或图形存在相当差异，只要被告的商标瞬间激活了消费者对原告的商标的大致记忆，并使其误认为两者是一回事，混淆就会由此发生。与之相反，即使双方的商标中的文字、读音或图形中的组成要素在客观上存在相当程度的近似，但给消费者留下了差异较大的印象，以至于被告的商标无法使消费者调出脑海中留存的对原告的商标的印记，或者能使消费者清晰地分辨，则混淆并未发生。与此同时，原告注册商标的显著性和知名度也发挥重要作用。

在本案中，原告使用的校名（在发挥识别教育服务来源的作用时，当然也是商标）是由"州名（佛罗里达）"＋"国际"＋"大学（通用名称）"组成的，显著性本身不高。在佛罗里达州内大量高等教育机构的校名都包含"州名（佛罗里达）"＋"大学（通用名称）"的情况下，进一步降低了该校名的显著性。而"International"（国际）和"national"（国民）的含义存在较大差别。更为重要的是，原、被告提供的都是高等教育服务。选择大学对于消费者（学生和家长）而言极为重要，反复比较、考虑是必不可少的，在两所学校面向的学生群体存在巨大差异（类似于我国的"一本"大学与成人夜大的差异）的情况下，两个校名给学生和家长留下的印象差距甚远。此时很难发生混淆。

八、Fonovisa 案和秀水街案

（一）案情简介

在美国发生的 Fonovisa v. Cheery Auction 案中，一家二手货市场中有一些摊位大量出售假冒他人商标的唱片，商标权人曾经向市场管理者发出警告函，告知其市场中发生的侵权行为，而市场管理者未能采取措施。商标权人起诉二手市场管理者侵犯其商标权。

在我国发生的"路易威登诉北京市秀水豪森服装市场有限公司等案"中，原告路易威登的商标权人在被告管理的秀水街商厦内，从某摊位上买到了侵犯其商标权的商品。原告随即致函被告，告知其市场内存在销售侵权商品的行为，并列出了销售者的摊位号，包括其买到侵权商品的摊位。而在半个月之后，原告又在相同的摊位第二次买到了侵权商品，于是诉诸法院。

（二）法院判决

在上述两案中，法院均判决市场管理者的行为侵权。在 Fonovisa 案中，法院发现市场管理者在明知部分摊位从事侵权行为的情况下，还通过继续提供摊位、设施、停车位、广告、水管维修和客源等方式对其进行实质性帮助。法院因此认定"一个无视其中贩卖者肆无忌惮的商标侵权行为的二手市场是不能不受惩罚的"，并判决该二手市场的管理者构成"间接侵权"①。

在"秀水街"案中，一审法院认为：被告作为场所提供者在收到原告的致函之后，没有对出售侵权商品的摊位经营者采取任何防治措施制止其侵权行为的继续，使得其能够在一段时间内继续实施销售侵权商品的行为。故可以认定被告为其商户的侵权行为提供了便利条件。② 二审法院也认为：被告在收到原告的函件后，即应当知道其市场内有侵犯原告商标权的情形，却未采取任何有效措施制止销售侵权商品的行为，导致特定侵权商户仍能在此后一段时间内继续实施侵权行为，属于主观上存在故意，客观上为其特定商户的侵权行为提供便利。③ 因此，二审法院据此维持了原判。

（三）法律分析

上述两案的共同之处在于市场管理者在接收权利人发送的侵权通知后，没有采取适当措施制止商户的直接侵权行为（售卖侵犯商标权的商品），而是继续提供经营场所等各种服务，从而为侵权行为的继续实施提供了便利，因此场所经营者被认定为侵权（间接侵权）。

但需要指出的是，发出警告函并不是证明场所提供者知晓商户侵权行为的唯一方法。经营场所提供者应当尽到自己合理的注意义务，阻止那些明显的侵权行为。例如，如果某商户以极低的价格长期公开兜售某一贴有知名商标的商品，其行为已经达到了经营场所提供者不可能不知道的程度，该场所提供者就应根据租赁合同中有关禁止出售违法商品的条款，阻止该商户的售假行为。如果场所提供者采取"鸵鸟政策"，像一只鸵鸟那样将头深深地埋入沙子之中，对于一个在身处相同境遇下的"理性人"看来不可能不发现的侵权事实视而不见，则场所提供者就可以被认定为"应当知晓"商户的侵权行为。例如，上海原"襄阳路市场"中曾有大量商户出售假冒 LV 等知名品牌的廉价箱包，这一事实几乎到了妇孺皆知的程度。在这种情况下，场所提供者就不能声称自己"不知道"商户们的商标侵权行为。这恐怕也是上海市政府最终决定关闭"襄阳路市场"的原因。

九、美国教育考试服务中心诉北京新东方学校

（一）案情简介

美国教育考试服务中心（以下简称"ETS"）是 TOEFL 和 GRE 考试的主持、开发者，在中国注册了 TOEFL 和 GRE 商标，核定使用的范围包括盒式录音带、考试服务和出版物等。北京新东方学校在其出版的"GRE 听力磁带"和"GRE 系列教材"的封面

---

① Fonovisa, Inc. v. Cherry Auction, Inc., 76 F. 3d 259, at 264 – 265 (9th Cir., 1996).
② 北京市第二中级人民法院（2006）二中民初字第 13594 号民事判决书。
③ 北京市高级人民法院（2006）高民终字第 335 号民事判决书。

及包装上均突出使用了"GRE"字样。ETS 认为北京新东方学校未经许可在相同商品和服务上使用其注册商标，构成商标侵权。

（二）法院判决

法院认为：虽然 ETS 在出版物、录音磁带上合法注册了 GRE 商标，北京新东方学校在"GRE 系列教材""GRE 听力磁带"上突出使用了"GRE"字样，但北京新东方学校对"GRE"是在进行描述性或者叙述性的使用。其目的是说明和强调出版物的内容与GRE 考试有关，便于读者知道出版物的内容，而不是为了表明出版物的来源，并不会造成读者对商品来源的误认和混淆，因此北京新东方学校的行为并不构成侵权。

（三）法院判决

本书作者也曾背过北京新东方学校编写的《GRE 词汇精选》（因其封面为红色，还被学生戏称为"红宝书"），估计购买此书的学生们和本书作者一样，在看到封面上占据突出位置的 GRE 时，都只会认为这是一本有关 GRE 考试的书，而不会认为此书是由ETS 自己或授权他人编写出版的。此时的 GRE 起到的是描述出版物内容的作用，而不是识别出版物来源的作用，不会损害注册商标的功能，因此不构成侵权。

十、未经授权称自己的"刀片适用于吉列剃须刀"侵权吗

（一）案情简介

吉列公司在芬兰注册了"吉列"（Gillette）商标，指定商品包括剃须刀。LA-Laboratories 公司（以下简称 LA 公司）也在芬兰出售剃须刀，并注册了"Parason Flexor"商标；该剃须刀中的刀片与吉列公司的剃须刀刀片是相似的。在 LA 公司生产和销售的剃须刀刀片包装上印有"本刀片适用于所有 Parason Flexor 和吉列的剃须刀"。吉列公司认为 LA 公司未经许可在其刀片上使用"吉列"商标，构成商标侵权。

（二）法院判决

欧共体法院指出：《欧共体商标一号指令》第 6 条（第 14 条）是对商标权的限制，其目的是使在商标保护与推动商品自由流通和自由提供服务这两者之间达到协调。[①] 根据该条的规定，首先应当考察第三方使用他人注册商标对于说明自己的商品或服务用途是否是"有必要的"。欧共体法院认为：如果第三方不使用他人注册商标实际上就无法以易于理解的方式向公众传递有关商品或服务用途的完整信息，则对他人注册商标的使用就是"有必要的"[②]。同时，还应考察第三方对他人注册商标的使用是否符合工商业领域的诚实信用习惯。如果这种使用会导致消费者产生第三方与商标权人之间有商业联系的印象，或者通过不当利用他人注册商标的显著性或声誉而影响了注册商标的价值，或者丑化、贬低了注册商标，以及仿制他人注册商标所指定的商品并在该商品上使用注册商标，都不属于"符合工商业领域的诚实信用习惯"的使用。[③]

（三）法律分析

显然，在本案中 LA 公司对"吉列"商标的使用并不构成商标侵权。LA 公司的刀片

---

① Gillette Co., Gillette Finland Co. OY v. LA-Laboratories Ltd. OY, Court of Justice, Case C‑228/03（2005），para. 29.

② Ibid., para. 29.

③ Ibid., paras. 41‑45.

是可以用于替换"吉列"牌剃须刀中的刀片的。对于这一用途，LA公司写明该刀片"可用于吉列"，是一种最容易让消费者知晓该刀片用途的方式。如果禁止LA公司在产品包装或说明上使用"吉列"一词，则消费者实际上就无法了解这种刀片可以替换吉列剃须刀中的刀片。商标法的立法目的在于防止消费者对商品或服务来源产生混淆以及保护商标权人的声誉，而不在于让商标权人通过商标来垄断产品的配件或服务市场。只要LA公司在刀片上说明该刀片能够用于吉列剃须刀，不会让消费者误认为该刀片由吉列公司生产或由吉列公司授权LA公司生产，或以其他方式引起对"吉列"商标的弱化或丑化，吉列公司就不能阻止LA公司使用"吉列"一词来描述其刀片的用途。

十一、为气瓶充气后贴上自己的商标出售侵权吗

（一）案情简介

本案原告是气体燃料瓶的制造商，其将一种用复合材料制造的气瓶的造型注册为立体商标（见右图），同时也在该气瓶上使用自己的文字和图形商标。原告也提供空瓶的充气服务，原装气瓶的消费者只需要支付气体的费用。本案被告将收集到的原告的空瓶充气后销售，顾客也可以在支付气体费用后，用空瓶换取已充气的气瓶。被告在重新充气的气瓶上贴上标签，标明自己的名称、充气站的编号和法律要求的其他信息。原告在气瓶上使用的商标并未被移除或遮蔽。原告起诉被告侵犯其商标权。本案的争议焦点在于对被告的行为能否适用商标权用尽规则。

图18-17 气瓶造型立体商标

（二）法院判决

欧共体法院认为：原告的复合材料气瓶具有重复利用的功能，是具有独立经济价值的商品。当顾客首次购买由原告充装了气体的气瓶时，并非只为其中的气体付款，也为复合材料气瓶付款。这种以复合材料制造的气瓶作为容器出售的气体比普通钢罐装气体价格要高，其差价主要源于气瓶特殊的技术规格，而不是来自其中的气体价格。此时必须在商标权人的利益、气瓶购买者的利益和维护正当竞争的公共利益之间进行权衡。如果复合材料气瓶购买者的财产权仍然受限于商标权，则其对气瓶的财产权就是不完整的，因为他们只能找唯一一家供应商（商标权人或经商标权人许可的供应商）为气瓶充气。如果允许商标权人禁止他人为其气瓶充气，会不合理地压制气瓶充气市场的竞争，从而导致充气市场的垄断风险。而在考虑商标权人的合法利益时很重要的一点是，对复合材料气瓶的销售本身就已实现了气瓶立体商标和其中文字和图形商标的价值。此时商标权已用尽，自由使用气瓶的权利已被转移给了购买者。该权利包括在原装气体被使用完毕后，气瓶的购买者将空瓶送到任意商家去充气或换取新气瓶的权利。换言之，购买者既可以选择商标权人，也可以选择其竞争者对其空瓶进行充气。既然购买者有此权利，则商标权人的竞争者也有权为空瓶充气或提供重新充气的气瓶。[①]

欧共体法院同时指出，《欧共体商标一号指令》规定，如果商标权人有合法理由阻止

---

① Viking Gas A/S v. Kosan Gas A/S, Case C-46/10 (2011)，paras. 30-35.

将其已售出的商品再次销售，则商标权用尽规则不再适用。欧共体法院认为，如果第三方使用商标进行再次销售严重损害了商标的声誉，或者该使用是为了造成一种印象，即商标权人与第三方之间有商业关联，尤其是第三方加入了商标权人的销售网络，或者二者之间有特殊关系，则商标权人就有了阻止再次销售的合法理由。在本案中，复合材料气瓶上载有被告名称等信息的标签，以及用空瓶换取已充气气瓶的情形，并不会必然导致一般具有正常的认知、观察力和谨慎程度的消费者认为原、被告之间有商业关联，或者认为空瓶中被充入了原告生产的气体。为了判断消费者产生误认的可能性能否被排除，考虑该领域中的惯例十分重要，尤其是消费者是否有找其他商家为空气瓶充气的习惯。可以合理地推定：被告的顾客在直接找到被告，以空气瓶换取已充气的气瓶，或者要求对空气瓶充气时，很容易能意识到被告与原告之间没有任何关联。①

（三）法律分析

在本案中，被告的行为并不构成侵权，这是由案件事实所决定的。被告的客户通常会自己将空气瓶送到充气站充气，或支付气体费用后，用空气瓶换取已充气的气瓶，在这种情况下客户清楚地知道气体的来源，几乎不可能发生混淆。同时，由于气瓶的设计本身就是要使其能被反复充气，被告也举证证明由多家供应商提供充气服务是商业惯例，即使被告直接在市场上出售重新充气后的原告气瓶，并在气瓶上贴上标签标注自己的信息，相关公众也能理解新标签指明的是新气体的提供者，而不是气瓶的制造者，因此也不会对气体的来源产生混淆。

需要注意的是，不能认为任何"旧瓶装新酒"的行为均不可能构成商标侵权。可以想象，如果被告在收购原告的空气瓶并充气后，未用标签说明该气瓶由自己重新充气，然后直接在商店中出售，也就是以重新充气的气瓶冒充原装气瓶，则容易导致混淆，该行为当然构成商标侵权。

十二、歌力思商标侵权案和赛克思商标侵权案

（一）案情简介

深圳歌力思服饰公司在服装类商品上注册并使用的"歌力思"文字商标曾入选中国500个最具价值的品牌。歌力思公司后来又在手提包、钱包等商品上注册了"ELLASSAY"文字商标。王某在此之后在手提包、钱包等商品上注册了"歌力思"文字商标。歌力思公司在"ELLASSAY"专柜销售的手提包的吊牌上显示："品牌中文名：歌力思，品牌英文名：ELLASSAY"。王某起诉歌力思公司侵害其商标权。

在"赛克思商标侵权案"中，赛克思公司的前身于1997年成立，除了注册并使用公司名称的缩写 SKS 以及域名 saikesi.com，还一直在宣传手册和网站中使用"赛克思""赛克思液压""SAIKESI"字样。邵某原系某市工商行政管理局（现为市场监督管理局）工作人员，于2003年辞职，并于2006年申请在"液压泵"等商品上注册"赛克思SAIKESI"商标，于2009年被核准注册。邵某于2012年起诉赛克思公司上述使用行为侵害其商标权。

---

① Viking Gas A/S v. Kosan Gas A/S，Case C‑46/10 (2011)，paras. 36‑42.

（二）法院判决

在"歌力思案"中，最高人民法院再审后指出：在王某注册"歌力思"商标之前，作为歌力思公司企业字号和服饰类注册商标使用的"歌力思"已经具有了较高的市场知名度，歌力思公司对其拥有合法的在先权利基础，而王某未能举证其商标具有知名度。歌力思公司在"ELLASSAY"专柜销售的手提包在显著位置标明了"ELLASSAY"商标，仅吊牌之上使用了"品牌中文名：歌力思"。由于"歌力思"本身就是歌力思公司的企业字号，且与其"ELLASSAY"商标具有互为指代关系，故歌力思公司不具有攀附王某商标知名度的主观意图。同时，王某取得和行使商标权的行为难谓正当。其商标中的文字"歌力思"与歌力思公司在先使用的企业字号以及在先于服装商品上注册的"歌力思"商标的文字构成完全相同。"歌力思"本身为无固有含义的臆造词，具有较强的固有显著性，在完全没有接触或不知悉的情况下，因巧合而出现雷同注册的可能性较低。歌力思公司地处广东省深圳市，王某曾长期在广东省广州市经营皮具商行，作为地域接近、经营范围关联程度较高的商品经营者，王某对"歌力思"字号及商标完全不了解的可能性较低。在上述情形之下，王某仍在与服装商品关联性较强的手提包、钱包等商品上申请注册"歌力思"商标，其行为难谓正当。据此，王某以非善意取得的商标权对歌力思公司的正当使用行为提起的侵权之诉，构成权利滥用，其与此有关的诉讼请求不应得到法律的支持。最高人民法院因此驳回了王某的诉讼请求。①

在"赛克思商标侵权案"中，最高人民法院认为：邵某没有提供其商标注册之后的使用证据，其商标因未使用而不具有知名度。赛克思公司及其前身将"赛克思"作为企业字号使用及注册为域名使用的时间均早于邵某的商标申请日，且在行业内有较高的影响力和知名度。"SAIKESI"则是"赛克思"的拼音，赛克思公司对两者的使用并不具有攀附邵某注册商标知名度的主观意图，也不会引起混淆。最高人民法院还强调：利用职务上的便利或业务上的优势，恶意注册商标，损害他人在先权利，为自己谋取不正当利益，属于违反诚实信用的行为，不应受法律的保护。邵某在辞职前在与赛克思公司同处一地的工商行政管理部门（现为市场监督管理部门）工作，在职期间应当知悉赛克思公司的商标注册情况以及其企业名称、字号和企业名称的使用情况。邵某在辞职后在与赛克思公司经营范围同类的商品上注册与该公司企业字号主要部分中文及拼音相同的商标，至二审结束时都未使用，却针对在先权利人提起侵权之诉，其行为有违诚实信用原则，不具有正当性，属于对其注册商标专用权的滥用，其诉讼请求不应得到支持。②

（三）法律分析

上述两案均是适用"权利滥用抗辩"的典型案例。两案中，原告注册商标和进行所谓维权均出于明显的恶意，均是在明知他人在先使用某一未注册商标且该商标具有较高知名度的情况下，抢先对该商标进行注册，同时以阻止对方继续正当使用、牟利不当利益为目的提起侵权诉讼。该"维权"行为完全违背诚实信用原则，对此被告可以提出权利滥用抗辩。

---

① 最高人民法院（2014）民提字第 24 号民事判决书。
② 最高人民法院（2014）民提字第 168 号民事判决书。

本章同步练习

一、选择题

（一）单项选择题

1. 某快餐店从路边小贩处低价购入了"蓝天"牌食盐用于烹调。经查，该批食盐系假冒"蓝天"注册商标专用权的商品，对于快餐店的行为，以下说法正确的是：（　　）。

A. 侵害了"蓝天"注册商标专用权，应承担赔偿责任

B. 侵害了"蓝天"注册商标专用权，但因有合法来源，不应承担赔偿责任

C. 侵害了"蓝天"注册商标专用权，应对前来就餐的消费者进行赔偿

D. 不构成对"蓝天"注册商标专用权的侵权

2. 下列选项中关于商标侵权的法律责任的陈述正确的是：（　　）。

A. 销售不知道是侵害商标权的商品，能证明该商品是合法取得并说明提供者的，不构成侵权行为

B. 未经许可使用他人的注册商标，由于他人在商标注册之后从未使用过其注册商标，因此不构成侵权行为

C. 服务提供者不知他人已在相同服务上注册了相同的商标，不可能承担赔偿责任

D. 商标侵权可能涉及行政责任和刑事责任

3. 下列选项中的行为可能导致《刑法》规定的涉及商标的刑事责任的是：（　　）。

A. 未经注册商标所有人许可，在同一种商品上使用与其注册商标近似的商标

B. 未经注册商标所有人许可，在类似服务上使用与其注册商标相同的商标

C. 销售明知是假冒注册商标的商品

D. 在销售商品时使用未注册商标，但在旁边标示了®

4. 以下哪种行为属于侵害商标权的行为？（　　）

A. 某淘宝商铺出售正品油漆，展示出许多不同种类的油漆商标

B. 某人将从雅诗兰黛专卖店在打折时抢购的"小棕瓶"加价转卖

C. 某家电维修店未经格力公司授权在其招牌上使用放大的"格力空调特许维修"

D. 某文字注册商标经过使用已成为其核定使用商品的通用名称，但尚未被撤销，他人未经许可在该商品上使用了相同的文字

（二）多项选择题

1. 玉兔公司在香皂上注册了"玉兔"商标。该商标由艺术字体"玉兔"与一只兔子的图形组成。其字体与兔子图形的设计均独具匠心，与常见的字体和兔子图形均有很大不同。该注册商标有一定知名度，但并非驰名商标。下列哪些行为可构成侵犯该注册商标专用权的行为？（　　）

A. 甲公司在其生产的香皂盒上使用与"玉兔"商标在文字和图形上均相同的文字和图形

B. 乙公司在其生产的香皂上使用了自己的注册商标，但却在外包装上印有"玉兔香皂"的标记，其中将"玉兔"两字放大突出，而且其字体与甲公司注册商标中"玉兔"的字体相同

C. 丙公司在其生产的香皂上使用了自己的注册商标，但却在外包装上印有一只很大的兔子的图形，与甲公司注册商标中"玉兔"的图形相同

D. 丁公司在其生产的冰激凌上使用了"玉兔"标记，其字体和图形与甲公司的注册商标基本相同

2. 香蕉公司在手机产品上注册了"香蕉"商标，甲、乙、丙和丁公司都收购标有"香蕉"商标的二手正品手机，其分别实施的下列行为中，哪些侵犯了香蕉公司的注册商标专用权？（　　）

A. 甲公司选出可正常使用的手机，装入印有"二手机"的包装盒中，售价依手机的新旧程度为新机的 2 折至 4 折

B. 乙公司将手机中已损坏的核心芯片用价格便宜的非原厂芯片替换，修复手机后，装入印有"二手机"的包装盒中销售

C. 丙公司将手机换上原厂新手机壳，装入自行制造的相同手机包装盒中，宣传称"新手机 9 折优惠"

D. 丁公司发现与"香蕉"手机造型相近的"华星"手机价格更高，于是去除手机上的"香蕉"商标后印上"华星"商标销售

（三）不定项选择题

某公司在油漆产品上注册了"奥力"商标，经过多年使用，已在相关公众中建立起良好的声誉，但尚未达到驰名程度，下列由他人未经许可实施的行为构成对其商标侵权的是：（　　）。

A. 在油漆刷上使用相同的"奥力"商标，使消费者误以为该油漆刷是"奥力"商标权人生产或授权生产的

B. 一家油漆店在招牌中写有"常年出售奥力油漆"，经查，其确实出售"奥力"牌油漆

C. 购入"奥力"牌油漆后，将油漆包装上的"奥力"商标撕去，贴上自己的商标后出售

D. 成立一家"奥力油漆厂"，其中突出使用了与"奥力"商标相同的"奥力"字样

二、案例题

甲公司注册了某商标，注册时间已超过 3 年，但一直没有使用过。现甲公司发现乙公司未经许可在相同商品上使用相同商标，于是起诉乙公司侵权，要求停止侵权并赔偿损失。请区分各种不同情况，分析乙公司的法律对策。

三、论述题

《商标法》将"反向假冒"规定为侵害商标权的行为。对此存在不同的观点，因为"反向假冒"并没有直接"使用"商标权人的注册商标，也就是没有让该注册商标发挥识别来源的功能，而是通过移除该注册商标，使该商标无法发挥其识别功能。

请思考：是将"反向假冒"定性为商标侵权行为更合理还是认定为不正当竞争行为（以明显违反诚实信用和商业道德的方式损害市场竞争者的正当利益）更为合理？

参考答案

一、选择题

（一）单项选择题

1. D

解析：快餐店并没有向前来就餐的消费者出售假冒注册商标的食盐，没有使用"蓝天"注册商标发挥识别商品来源的作用，其行为不构成商标性使用。其行为可能危及食品安全，但并不侵害注册商标专用权。因此 D 项正确，ABC 项错误。

2. D

解析："合法来源抗辩"是对赔偿责任的抗辩，而不是对侵权成立的抗辩，销售侵害他人注册商标专用权的商品仍然构成侵权行为，因此 A 项错误。B 项中，注册人的注册商标可以被撤销，但未被撤销的商标仍有注册商标专用权的排他效力，他人未经许可仍使用该注册商标原则上仍然构成侵权，因此 B 项错误。注册商标由于向社会公布，具有推定经营者知晓的效力，因此未经许可使用者至少有过失，不能认为其没有过错，其行为构成侵权，应承担赔偿责任，因此 C 项错误。商标侵权行为达到行政处罚和追究刑事责任的条件的，可能会导致行政责任和刑事责任，因此 D 项正确。

3. C

解析：《刑法》第 213 条规定的"假冒注册商标罪"仅针对"双重相同"，即在相同的商品或服务上使用相同的商标，因此 A 项和 B 项错误。C 项的行为构成"销售假冒注册商标的商品罪"，正确。D 项的行为是把未注册商标冒充为注册商标，只可进行行政处罚，没有被规定为犯罪行为，此点与冒充专利（"假冒专利罪"）不同。

4. C

解析：A 项中的行为属于对商标的正当使用，因为只有这样才能向消费者说明其销售的油漆品牌。B 项中的行为属于商标权用尽，与是否加价出售没有关系。C 项中的行为会导致消费者对服务来源的混淆，构成侵权。D 项中的行为属于描述性使用，是对注册商标的正当使用，不构成侵权。

（二）多项选择题

1. ABC

解析：香皂和香皂盒是相互配合使用的，在香皂上的商标具有一定知名度的情况下，相关公众容易认为带有相同商标的香皂盒同样来源于香皂的提供者，从而导致混淆。此时应当认定香皂和香皂盒是类似商品，甲公司的行为构成侵权，应选 A 项。B 项和 C 项中的行为都是在相同商品上使用了相同商标，虽然乙公司和丙公司也使用了自己的注册商标，但这并不能消除因使用他人注册商标所带来的混淆可能性，因此两公司的行为均构成侵权，B 项和 C 项当选。冰激凌与香皂在商品类别上差距甚远，对非驰名商标不进行跨类保护，因此不能选 D 项。

2. BCD

解析：《商标法》中商标权用尽原则指的是对于经商标权人许可或以其他方式合法投放市场的商品，他人在购买之后无须经过商标权人许可，就可将该带有商标的商品再次售出或以其他方式提供给公众。但商标权人如有合法理由也可以阻止已售商品的再次出售，例如商品已经损坏、变质或造成消费者混淆等合法理由。本题中，甲公司的行为属于对二手商品的销售，并没有改变商品的形态，也没有引起消费者对来源的混淆，应适用商标权用尽，不构成侵权，因此不选 A 项。乙公司的行为改变了商品的形态，其所出售的已不再是真正的"香蕉"品牌手机的二手机，引起消费者对来源的混淆，侵犯了注册商标专用权，因此 B 项应选。丙公司的行为会导致消费者误认为其购买的是全新"香蕉"品牌手机，侵犯了注册商标专用权，因此 C 项应选。丁公司的行为属于反向假冒，即更换商品上的商标后再出售，也侵犯了注册商标专用权，因此 D 项应选。

（三）不定项选择题
ACD

解析：油漆刷与油漆是配套使用的，在"奥力"商标在油漆商品上有知名度的情况下，在油漆刷上使用相同商标容易让相关公众误认为油漆刷与油漆有相同来源，因此应当认定二者是类似商品。A 项中的行为构成侵权，应当选 A 项。B 项中的行为是对注册商标的正当使用，是为了提供其所出售的商品的信息，因此不构成侵权，不选 B 项。C 项中的行为属于反向假冒，是去除商品上的注册商标之后换上其他商标出售该商品，构成侵权，应当选 C 项。D 项中的行为是将他人注册商标在企业名称中突出使用，容易导致相关公众的混淆，构成侵权，应当选 D 项。

二、案例题

对此题应当区分不同情形进行回答，下列情形供参考。

（1）如果甲不以使用为目的恶意注册商标，如将他人未注册的有一定知名度的商标进行了抢先注册，但没有使用意图，则根据《商标法》第 4 条，属于不予注册的绝对理由。乙公司可以随时请求宣告该注册商标无效。

（2）如果甲公司恶意注册商标，但有使用意图，比如将乙公司未注册的有一定知名度的商标进抢先注册后，准备在相同商品上使用该注册商标，以便误导公众，牟取不当利益，只是后来担心其使用行为被认定侵权，一直没有实际使用。在这种情况下，甲公司的"维权"行为明显违反诚实信用原则，乙公司可提出权利滥用抗辩。

（3）如甲公司的注册不属于上述情况，仅属于注册后 3 年无正当理由不使用。则乙公司可以请求国家知识产权局撤销该注册商标，但需要注意的是，在甲公司起诉乙公司的诉讼中，由于该注册商标仍然有效，甲公司仍然享有注册商标专用权，乙公司的行为仍然会被认定为侵权。但乙公司可以提出不赔偿抗辩，在甲公司无法证明此前 3 年曾经使用过该商标，也无法举证证明乙公司的行为给自己造成何种损失的情况下，乙公司无须承担赔偿责任。

三、论述题

严格地说，"反向假冒"并没有直接"使用"权利人的商标，也就是没有让商标权人的商标发挥识别来源的功能，而是通过移除该商标，影响了该商标发挥其功能，因此，"反向假冒"与其他典型的商标侵权行为存在较大区别。如果将严格意义上未经许可"使用"与他人注册商标相同或近似的商标作为认定商标侵权的前提，则"反向假冒"并不属于商标侵权，而是不正当竞争。

反之，如果不要求严格意义上对他人商标的"使用"，而仅以是否损害商标的功能作为认定商标侵权的前提，则可以将该行为认定为商标侵权。欧盟法院即持这一观点。欧盟法院在相关判决中认为：销售者未经商标权人许可，从商品上移除商标，代之以含有销售者名称的标志，导致商品制造者的商标完全被隐瞒，会影响商标功能的发挥。一是商标识别商品来源的功能受到了损害，消费者无从区分源于商标权人的商品和源于他人的商品。[1] 二是该行为导致商标权人无法将商标用作推销商品的营销手段，凭借使用其商标的商品的质量获得用于吸引消费者的声誉，从而影响了商标的广告和投资功能。[2]

因此，究竟是将"反向假冒"定性为一种侵害商标权的行为还是不正当竞争行为（以明显违反诚实信用和商业惯例的方式损害市场参与者的正当利益），是一个政策选择问题，并没有绝对的对错之分。

---

[1] Portakabin Ltd. v. Primakabin，Case C‑558/08 (2010)，para. 86.

[2] Mitsubishi Shoji Kaisha Ltd. v. Duma Forklifts NV，C‑129/17 (2018)，para. 46.

图书在版编目（CIP）数据

知识产权法学核心知识点精解/王迁著 . —北京：
中国人民大学出版社，2022.11
　　法学核心课程系列辅助教材
　　ISBN 978-7-300-31127-2

　　Ⅰ.①知… Ⅱ.①王… Ⅲ.①知识产权法学-中国-
高等学校-教学参考资料 Ⅳ.①D923.401

　　中国版本图书馆 CIP 数据核字（2022）第 188436 号

法学核心课程系列辅助教材

知识产权法学核心知识点精解

王　迁　著

Zhishichanquanfaxue Hexin Zhishidian Jingjie

出版发行	中国人民大学出版社		
社　　址	北京中关村大街 31 号	**邮政编码**	100080
电　　话	010 - 62511242（总编室）	010 - 62511770（质管部）
	010 - 82501766（邮购部）	010 - 62514148（门市部）
	010 - 62515195（发行公司）	010 - 62515275（盗版举报）
网　　址	http://www.crup.com.cn		
经　　销	新华书店		
印　　刷	天津中印联印务有限公司		
规　　格	185 mm×260 mm　16 开本	**版　　次**	2022 年 11 月第 1 版
印　　张	34.25 插页 1	**印　　次**	2022 年 11 月第 1 次印刷
字　　数	801 000	**定　　价**	88.00 元

《   》※任课教师调查问卷

为了能更好地为您提供优秀的教材及良好的服务，也为了进一步提高我社法学教材出版的质量，希望您能协助我们完成本次小问卷，完成后您可以在我社网站中选择与您教学相关的 1 本教材作为今后的备选教材，我们会及时为您邮寄送达！如果您不方便邮寄，也可以申请加入我社的**法学教师 QQ 群：436438859（申请时请注明法学教师）**，然后下载本问卷填写，并发往我们指定的邮箱（cruplaw@163.com）。

邮寄地址：北京市海淀区中关村大街 31 号中国人民大学出版社 806 室收

邮　　编：100080

再次感谢您在百忙中抽出时间为我们填写这份调查问卷，您的举手之劳，将使我们获益匪浅！

基本信息及联系方式：※

姓名：＿＿＿＿＿＿＿＿　性别：＿＿＿＿＿＿＿　课程：＿＿＿＿＿＿＿＿

任教学校：＿＿＿＿＿＿＿＿＿＿＿＿　院系（所）：＿＿＿＿＿＿＿＿＿

邮寄地址：＿＿＿＿＿＿＿＿＿＿＿＿　邮编：＿＿＿＿＿＿＿＿＿＿＿

电话（办公）：＿＿＿＿＿＿＿　手机：＿＿＿＿＿＿＿　电子邮件：＿＿＿＿＿＿＿

调查问卷：※

1. 您认为图书的哪类特性对您选用教材最有影响力？（　　）（可多选，按重要性排序）

　　A. 各级规划教材、获奖教材　　　B. 知名作者教材

　　C. 完善的配套资源　　　　　　　D. 自编教材

　　E. 行政命令

2. 在教材配套资源中，您最需要哪些？（　　）（可多选，按重要性排序）

　　A. 电子教案　　　　　　　　　　B. 教学案例

　　C. 教学视频　　　　　　　　　　D. 配套习题、模拟试卷

3. 您对于本书的评价如何？（　　）

　　A. 该书目前仍符合教学要求，表现不错将继续采用

　　B. 该书的配套资源需要改进，才会继续使用

　　C. 该书需要在内容或实例更新再版后才能满足我的教学，才会继续使用

　　D. 该书与同类教材差距很大，不准备继续采用了

4. 从您的教学出发，谈谈对本书的改进建议：＿＿＿＿＿＿＿＿＿＿＿＿＿＿

＿＿＿＿＿＿＿＿＿＿＿＿＿＿＿＿＿＿＿＿＿＿＿＿＿＿＿＿＿＿＿＿＿＿＿

选题征集：如果您有好的选题或出版需求，欢迎您联系我们：

联系人：黄　强　宁丹丽　联系电话：010-62515955/5536

索取样书：书名：＿＿＿＿＿＿＿＿＿＿＿＿＿＿＿＿＿＿＿＿＿＿＿＿＿

书号：＿＿＿＿＿＿＿＿＿＿＿＿＿＿＿＿＿＿＿＿＿＿＿＿＿＿＿＿＿

备注：※ 为必填项。